論語正述

淞雲 著

淞雲

中国文联出版社

图书在版编目（CIP）数据

论语正述 / 淞雲著. -- 北京 : 中国文联出版社，2022.12

ISBN 978-7-5190-5049-8

Ⅰ. ①论… Ⅱ. ①淞… Ⅲ. ①《论语》—研究 Ⅳ. ①B222.25

中国版本图书馆CIP数据核字（2022）第228080号

著　　者　淞　雲
责任编辑　王　斐
责任校对　胡世勋
装帧设计　温　泉　王朝鹏

出版发行　中国文联出版社有限公司
社　　址　北京市朝阳区农展馆南里10号　　邮编　100125
电　　话　010-85923025（发行部）　　010-85923091（总编室）
经　　销　全国新华书店等
印　　刷　三河市龙大印装有限公司

开　　本　880毫米×1230毫米　1/32
印　　张　24
字　　数　550千字
版　　次　2022年12月第1版第1次印刷
定　　价　96.00元

淞雲，原名董瀛方，天津籍人，诗人，词人，擅长文字学、文史学、古典文学、古典经学、古典戏曲，尤擅昆剧创作，兼擅书画及鉴赏，现著有《淞雲诗》《淞雲词》为广大古典诗词爱好者所喜爱。

自叙一

論語。出自聖人之口。衆弟子輯而成焉。其微言大義。迨相千載。祖述其旨者。紛紜百家。多持己見。以致後學亦蔬果疇難區。又自秦燔之難。舊聞浸湮。簡節墜亂。経義多從口傳。幸古文出於壁中。又開兩漢今。古文之辯。経生各執師法。康成折衷其是。自隋唐以至兩宋。幾去聖人遠矣。

今淞雲叨緒其後。曆経數載。方全成冊。雖不揣冒昧。猶恐充數續貂。難從正軌。乖違聖教。戰兢之餘。略述穿鑿之意。權充攻玉之辭。自忖萬不敢輕侮道術。褻慢聖言。固知錯愚未免。積弊難除。或有方家指點出處則不勝惶恐。幸甚。絕無憤爭嫉嘩之態。黨代爭競之辯。豈敢存正俗宏風之念。

自叙二

漢儒趙岐有云。論語。乃五経之錧鎋。六藝之喉衿也。此誠慧眼至論。學人藉此入道。沉潛愈久。優遊愈深。遂漸得入途。則六経大義明矣。故為君子上學下達之法。致知明義之要。研其則敬乎通命。乃能提掇義理。究其則煥乎有文。乃能涵泳性情。學人篤信之。勤學之。通禮明權以知輕重。畏天知命以避亂離。窮則安身立命。達則治齊有功。

念韶華倏逝。雙鬢初染。年逾不惑。尚未臻仁境也。每思之。不覺愴然涕泣。值乙未孟春。應邀以論語。課諸學人。至辛丑暮秋之際殺青。不覺已七載矣。今搜檢舊篇。羅湊新章。假名。論語正述。予安敢以一泓之淺水欲釋滄海。憑一己之陋知以詮聖學。蓋。論語。乃經學法輪。不明則經學不立。經學不立則孔子不尊。孔子不尊則聖人失位。聖人失位則萬民無以效法。如此則天下何以得正。昔子貢有云。夫子之不可及也。猶天之不可階而升也。以人端木賜之大才。猶出此高山仰止之歎。餘以末學之身。安能惰怠。故勉力而為之。

該書博涉衆儒。兼采他說。或有所得。乃蒙前哲明示。非為己能。豈敢貪天功據為己有。初時專務白話。以求易懂。久之忽覺辭章雖衆。然頗失古義。頓乖聖哲。雖文風顯見。但味同嚼蠟。滋味全無。至雍也篇。乃思文風驟變。轉以文言闡述義蘊。探求精微。觀之文章頗澀。文理愈明。遂複寫前五章。務求前後一統。

今捫心自問。所著非為他圖。或有希贍。乃欲期國人舍末務本。以興聖人過庭之教。以期。詩。禮。復興於華夏。如此則戾氣頓銷而文明愈彰。民人日睦。風物日樸。家國日興。福斯民也大哉。予之所願遂矣。

歲在辛丑暮秋西元二〇二一年八月二十九日淞雲識於沽上寄廬

目 录

論語正述·学而篇

《论语》乃全篇之大名，《学而第一》乃当篇之小目。“第”，顺次也，乃竹简韦束次第之义。“一”，数之始也。古以漆书竹简，编列韦束而成一篇。所谓第一者，即竹简一也，居甲、乙、丙、丁、戊、己、庚、辛、壬、癸之首。孔门弟子录夫子言行，各自成篇，故《论语》二十篇乃集约而成也。

一

子曰:"学而时习之,不亦说乎?有朋自远方来,不亦乐乎?人不知而不愠,不亦君子乎?"

子曰:"学而时习之," 为人者,唯学而知之,而非生而知之,故"学而"乃人生开蒙第一步,为《论语》开篇第一章。

"子",周爵设公、侯、伯、子、男五等,以子爵称子,乃小国之君也。正卿大夫虽居尊位而不得称子,自鲁僖公、文公始,正卿大夫始称子,然独称子则未成其辞,故以夫配子,是以公卿大夫皆称夫子。夫子尝居鲁司寇位,孔门弟子皆尊其为夫子,乃沿袭旧例也。《论语》凡"子曰"皆夫子语,盖夫子圣德昭著,师范万代,虽不言孔氏,世人亦皆知其人也。自夫子殁,凡治学之士亦称子,乃师义,诸如有子、曾子、闵子、孟子、荀子,后渐为男子之通称。"曰",发语吐声之端,乃开口、吐舌、出气也,即言说也。

"学",觉也,以觉悟己所之未知。人有先觉后觉之别,先觉以启后觉,后觉以效先觉,故君子自觉觉他,达己达人。学人不学圣训,不习《六经》,不慕礼乐,何以知学问之大、人生之义。先王以《诗》《书》《礼》《乐》选士,上至王太子、王子、下至卿大夫、元士(天子之士)之子,无论贵贱皆以其为进学之通业,以成学之先进、国之俊选。学人诵经习礼,出则为士,终则成圣,积学日久,学至身殁方止,终其一生而力学不辍。或说学乃为学圣人,非为记问诵读之学,此说谬矣。盖圣人之学必一步步踏实做来,于记问诵读之学未尝不悉心学之,故小学学小道,大学学大道,岂能好高骛远。

"时"有三解:一、旦夕,谓日中之时也。学人寤寐、洒扫、修习、出游皆依时而行,日日勤学不辍,无所暂废,故所学渐成。苟过时而学则事倍功半,虽勤苦而难成也。今从此说。二、四时,即春夏秋冬四季,谓年中之时也。古以春秋概言四时,夏者春之继也,冬者秋之终也。学人于春夏学《诗》习《乐》,盖春夏为阳,阳升而清;《诗》《乐》为声,声亦升清,以阳时习此声业,则易成其学。学子于秋冬学《书》习《礼》,秋冬为阴,阴降而浊;《书》《礼》为事,事亦降浊,以阴时习此事业,则易成其学。此亦可备一说。三、学龄,谓身中之时也。学人六岁始识字识数,七岁男女不同席,八岁知礼让、洒扫、应对,十岁学书写计算,十三岁诵《诗》、学乐、舞《勺》,十五岁舞《象》,至而立之年则六艺成矣。学人遵学龄学而习之,不违不辍,以成士子之学。此亦可备一说。

"习",从羽从白,乃雏鸟于巢中振翅习飞之貌,以喻讽诵也,亦称习诵,皆属口习。然讽诵有别,反复念读为讽,奏乐念读为诵。古之为学包括诵诗歌咏、操琴习舞、杂服习礼、射艺御艺诸事,今夫子唯言诵习,乃举一端而概言诸事也。学人既已学之,且因时而勤习之则所学必熟。"之",是也,乃谓所习学问之道、六艺之事。

"不亦说乎?" "说",悦也,从言从兑,兑主口也,开口以抒内乐,故内乐为悦。学人诵习以时,于所学无所暂废,渐入渐深,故能成己,其心内喜悦,是为内乐。

“有朋自远方来，” “朋”，同门曰朋，同志为友，概言弟子。汉儒引“有朋”作友朋，后儒改作朋友，亦言弟子也。周以二十五户为一闾，其共住一巷，巷首设门，门侧设公塾。卿大夫致仕为太师，士致仕为少师，皆执教于公塾，学人朝夕共学于斯，即同门也。夫子设私学于鲁，开门授业，必别设讲学之所。

“自”，从也。“远”，遐也。“方”，四方也。春秋末世，礼崩乐坏，鲁三桓专政，自卿大夫以下皆僭离正道，致仕则多不足以为师，以致公学渐废，于是夫子退而修《诗》《书》《礼》《乐》，以师道自居，众弟子皆自远方纷沓而至。

“不亦乐乎？” “乐”，喜也。夫子于而立之年学问大成，其学足以化民，其德足以易俗，远近皆服膺而怀之，故朋自四方，弟子弥众，其道相同，其味相投。夫子以所学授人，以善道及人，乃成物达人也，故乐在教学相长，造才众多，其乐发散于外，是为外乐。

“人不知而不愠，不亦君子乎？” “愠”，怨怒。“君子”有二解：一、君者，群也；子者，丈夫之尊称，乃群领众生之尊者，即居位者，概言卿大夫。二、成德者。君子成己成物，达己达人，文质彬彬，不逾中道，是为成德。今从第二说。

夫子该言有二解：一、君子教诲之道，不求全责备于人，四方学子偶有愚钝不知者，于所学有所不解者，当恕而诲之，无所愠怒。今从此说。二、君子所学唯在端身正己，上不怨天，下不尤人，其所学上达于天，虽不为人知，然必为天所知，是以人不知君子，君子虽不为见用，亦无所愠尤。此说虽尽其理，然未合夫子本义，故不从。

夫子下学上达，进德修业，其学而不厌，故能时习也，以致成己，其愈学愈悦，安能厌学；诲人不倦，朋来也，以致达人，其愈教愈乐，安能倦教；四方学子或有不知者，亦不愠也，此君子恕道，安能怒哉。究此三事，实则治学教学之法，其旨一也，唯成德者能之。夫子值衰周之世，已知非治平天下之时也，故恪守周道，以待后学，乐得天下英才而育之。观《论语》全章，首篇言为学之道，一曰悦，二曰乐，三曰君子。夫子深知学人多厌学之苦而畏之，故以斯言诱学人生欣羡之意，使其渐入学海。孔门弟子有感于斯，故将《学而》列于篇首，以示后学。

试译：夫子说："六艺之学应该依时而学习它，不也是很喜悦的吗？众弟子们从远方来学习，不也是很快乐的吗？学子有愚钝不智的也不怨怒，不正是成德的君子吗？"

二

有子曰："其为人也孝弟，而好犯上者，鲜矣；不好犯上，而好作乱者，未之有也。君子务本，本立而道生。孝弟也者，其为仁之本与。"

有子曰："有子"，孔门弟子有若，鲁人，少夫子三十三岁，或说少夫子四十三岁。自颜渊殁，尽得夫子衣钵者，当属有子，其道高德隆，安仁尚义，且言行气象若夫子，其智亦足以知夫子，是故时人皆尊称有子，列《论语》首章之次篇。夫子殁，子夏、子张、子游及孔门众弟子多以有若为师，独曾子未执弟子礼，考其所以，盖有子与曾子既尊夫子为师，岂以事夫子之礼复事有子，况曾子于有子确无微词，固知曾子亦服膺有子矣。

《论语》凡孔门弟子称子者，唯有子、闵子、冉子、曾子四人。然有子、曾子称子，乃夫子殁后，学人皆尊二子为师，故称子。闵子骞、冉有虽各称子，乃二子门弟子所稽录，孔门弟子则直称二子之名、字，以致《论语》或称二子以子，或称二子以名、字。

“其为人也孝弟，而好犯上者，鲜矣；” “其为人”，其，乃发声之虚辞；为，作也；人，备天地之德，得阴阳之交，汇五行之气，借食味声色而生者。“弟”通悌，悌乃弟之俗写。“犯”，胜也，即侵犯。“犯上”，侵犯居上位者。“鲜”，寡少。

善事父母为孝，不孝则孽恶；善事兄长为悌，不悌则傲放；好犯上者，必不孝不悌也。古德教弟子于成童之际学小艺、履小节，乃小学之道也；于束发之际学大艺、履大节，乃大学之道也。学人知孝能悌，事父出入以随行之节，事兄出入以雁行之节，朋友之交当不逾不欺，事长处朋当不失其礼，是故孝悌者鲜有能犯上者。

“不好犯上，而好作乱者，未之有也。” “乱”，反常为乱，反德为乱，反礼为乱，以致悖逆争斗之事常有，作奸犯科之人时出。民不好犯上，岂能作乱，故云“未之有也”。

夫孝亲者必善事君，悌兄者必善事长，是故能孝悌者，必恭上顺下，其终可知也。春秋末世，庠序多废，民鲜知孝悌之道，于是乱臣贼子接踵而起，有子遂出此语以警学人。

“君子务本，本立而道生。” 此言出处有二：一、“本立而道生”之语乃引《逸诗》。二、“务本”之词乃引古成语。“务”，专力务求也。“本”，根基。“道”，所由之路，所循之理，乃人道也，即父子、兄弟、夫妇、君臣、朋友为五伦，尤以父慈子孝、兄友弟恭为本。学人能孝悌，则君臣、夫妇、朋友之伦皆得宜，是故本既立则人伦无失，然后仁道可渐成矣。

“孝弟也者，其为仁之本与。” “仁”，乃心之德、爱之理也。“为仁”，即行仁能爱。或作“为人之本”，乃谓以孝悌为人之本则功行易成，此说亦通。“与”，语助词。

学子善事父兄，皆敬爱之心所致，故孝子务存深爱，能爱必始于事亲，存敬必始于悌长，如此则仁境可期。夫仁德为性，孝悌为用，故仁德始于孝悌，治平之道必务本舍末，本不正则末必倾，始不端则终必衰。先王倡孝治，执此一善则万事得其纲纪，故天下莫不从之，固知孝悌乃天经、地义、人行也，既为人所重，亦为国所重。

夫仁道致远，学人瞻之不及，行之莫致，然则不力行终不可及也，固当勉力于孝悌以渐臻仁境。学人能先事父兄，复扩充于天下苍生，于是众德兼备，事功终成也。

试译：有子说：“孝敬父母、尊敬师长，却喜好存心犯上的人，是极为少有的；不喜好犯上，却喜好作乱的人，是从来没有过的。君子专力于事情的根本，根本建立了，道就由此而生了。孝悌应该就是仁德的根本所在吧。”

三

子曰：巧言令色，鲜矣仁。

“巧”，好也。“巧言”，即好言媚语，欲使人悦之。“令”，善也。“色”，颜气。“令色”，善其颜气以狎悦人也。

夫巧言令色者,必天资刻薄,多挟持邪说,好言如流,卑躬屈膝;不善伪言善,不仁强作仁,口以仁而行不逮,色以仁而行不中,于是美其言而善其色,以悦人而使其迷,纵肆其欲而亡其德。固知其巧善多由伪作,故少仁。

仁者,性也,性有厚薄,德有上下,完德者即仁者。自古佞人皆巧言令色之徒,多细行而少大义,此其不仁也,然夫子不重斥其不仁,唯言鲜仁,足见其人尚未自绝于仁,苟迷途知返,亦可也,苟知巧言令色为不仁,则知仁矣。

试译:夫子说:“满口的好言巧语,满脸陪着貌似和善的面色,他的仁心也就很少了。”

四

曾子曰:“吾日三省吾身:为人谋而不忠乎?与朋友交而不信乎?传不习乎?”

曾子曰:“吾日三省吾身:” “曾子”,名参,字子舆,鲁南武城人,少夫子四十六岁。夏少康封幼子曲烈于鄫(今山东枣庄附近),值春秋时,鄫沦为齐附庸小国,后为莒所灭。鄫太子巫仕鲁,改鄫为曾氏,以示亡失家国也。巫生曾阜,曾阜生曾皙,曾皙生曾参。“吾”,我也,乃自称。“日”,日行一周天为一昼夜,一昼夜称一日,一日为十二时辰。子时为始,亥时为终。“三”,计数之名。古之简册繁重,学问多以口传心授,为使易诵易记,故多以数记言记事。《论语》以数记文者多见,譬如三省、三有、三乐、三戒、三畏、三疾、三变、四教、四恶、五美、六言、九思。“省”，视也、察也。明王以省而设教，君子以省而修身。君子朝乾夕惕，故曾子以“为人谋而不忠乎”“与朋友交而不信乎”“传不习乎”三事日省其身，有则改之，无则加勉，足见其自治以诚也。

“为人谋而不忠乎?” “为”，助也。“人”，国君、世卿。“谋”，咨难咨事为谋。“忠”，诚也，内尽其心而不欺，故尽己谓之忠，乃知、仁、圣、义、忠、和六德之一。夫君为臣纲，臣事君以忠，固当无欺无诈，内省以忠而自勗，故居三事之首。

“与朋友交而不信乎?” “与”，及也，即与人相接。“朋友”，同门为朋，同志为友。“信”，诚也。朋友主信，为仁、义、礼、智、信五伦之一，故曾子内省以信而自勉。

“传不习乎?” “传”有二解：一、师所传之业。六艺之学当以好学为难事，故曾子自省于师之所传恐有未习。今从此说。二、传者，专也、业也，即所专之业。盖学子每言及师所传则必称其师，不称师者，乃弃师说也，谓之叛，故曾子以此自省。此说可补证第一说，故列于此。“习”，乃知、行二事。

古之学子日旦就学，日夕自省，可谓守业以专也。初学则患在不博，学之既久则患在不习，习之既久则患在不知，知之既久则患在不能践行也。曾子久近夫子，用功至勤，守约至严，故反求诸己，乃有此三省。以曾子之大德，犹三省于旦夕间，后学固当勤于自察自省，焉能自欺。

试译：曾子说：“我每天要对三件事自我反省：为国君和世卿谋事有不尽心之处吗？和朋友相交有不诚信之处吗？先生传授给我的学问有不认真践习的吗？”

五

子曰:"道千乘之国,敬事而信,节用而爱人,使民以时。"

子曰:"道千乘之国," "道",导也,即治理,乃治之以政教也。盖治国之道,上有所施则下有所效。"乘",四马为一乘。"千乘",即兵车千乘,乃诸侯大邦之制。"国",大国称邦,小国称国。

"千乘之国"有二解:一、周爵设公、侯、伯、子、男五等,诸公之封土方五百里,诸侯之封土方四百里,诸伯之封土方三百里,诸子之封土方二百里,诸男之封土方一百里。按周制,一跬三尺,两跬为步,三百步为一里,长百步宽一步为一亩;长宽各百步为百亩,亦称一田,约合今24.6亩。一人称一夫,夫、妇、子称三夫,三夫为一屋,有耕地三百亩,约合今73.8亩。古耕地不施肥,多用耕作十亩、休田十五亩之法,以使耕地得以养息;税赋按十取其一,休田不纳税。三屋为一井,井者,即纵横水沟而呈井字;十井为一通,有屋三十,长十里,宽一里,出甲士一人,步卒二人;十通为一成,有屋三百,长宽各十里,出兵车一乘,甲士十人,步卒二十人。以此类推,十成则地长百里、宽十里,出兵车十乘,甲士百人,步卒二百人;百成则地长宽各百里,出兵车百乘,甲士千人,步卒二千人;三百成则地长三百里、宽百里,出兵车三百乘,甲士三千人,步卒六千人;九百成则地长宽各三百里,出兵车九百乘,甲士九千人,步卒一万八千人。固知虽大邦之赋,按制兵车不过千乘,其地虽广,当以千乘为限。是故千成之地则出兵车千乘,甲士万人,步卒二万人;夫千乘之国,乃公侯大邦也,伯、子、男诸小国难容此数。或说一成则出兵车一乘,甲士三人,步卒七十二人。此农闲讲武练兵之制也,每屋出一人则不为劳民,苟逢战事则不用此制,况造车之材皆取自公家山林,故不耗民财,且牛马蓄养于民间,官府支付蓄养之费以给民用。地方四五百里之国有兵车千乘,固非虚言也。二、禹治水功成,划天下为九州,每州方千里,州设方百里之国三十,皆诸公、诸侯之封土;设方七十里之国六十,皆诸伯之封土;设方五十里之国百二十,皆诸子、诸男之封土。此夏殷旧制,诸公百里之国,以其百里之赋,当出兵车千乘,故每十井出兵车一乘;按十井一通,十通一成,一成则出兵车十乘;十成则出兵车百乘,百成(长宽各百里)则出兵车千乘,故千乘之国当为百里之国。按古制,天子邦畿千里,公侯国百里,伯国七十里,小国五十里,则千里出万乘、百里出千乘、十里出百乘也。且三屋一井,方十里必百井,方百里必万井;苟十井出兵车一乘,则万井之邦方百里,出兵车千乘可知矣。

综上二说,苟从第一说,则千乘之国当为四五百里之邦,其封域包括山川、河流、沼泽、城郭,宫室、巷陌、耕田,此详说也。苟从第二说,则千乘之国当为百里之邦,其唯言耕田,不兼言山川、河流诸附庸,此略说也。今从第二说,兼通第一说。

“敬事而信,” “敬”,敬慎。“事”,政事,即政策法令,以为教民治民之用。为政者举事敬慎,不用权诈,虑于事之先,敬于行之际,始终如一,与民诚信。为政者不敬则下必慢,慢以生害;为政者不信则下必疑,疑以误事。是故上存敬则下必有信,以致上下和睦,政无废功;上失敬则下必失信,以致上慢下疑,事皆不立。故君子之道,守常则恒,济变则宜。

“节用而爱人，” “节”，节俭。“用”，财用。“爱”，惠爱，即爱蓄民人之产，使其有恒业而得以养。“人”有二解：一、古以“人”为居位者，以“民”为冥昧无知之愚氓。夫子言“人”，乃谓群臣也。居位者有爵有禄，其封地乃恒产也，既有恒产，则何需惠爱之？苟“爱人”为爱臣子，则于义难通，故不从此说。二、人者，民也，与下言“使民”之民同义，皆谓民氓。所以言人者，乃辞令所需，以别下言“使民”也。今从第二说。

为政者以民为本，节用而无奢，不伤财，不害民，惠民而养之，是为善政，善政则国祚长久；为政者不知节用，必伤财害民以致民贫，民贫则奸智生而邪巧作，是为乱政，乱政则国运蹇促。故为政者当审度量、节财用、俭衣服，禁侈罢泰，以为长久计。

“使民以时。” “使”，使令，即役使也。“时”，时令。古之使民有小工大工之别。小工者，即小使其民，譬如修缮城郭、桥梁、道路诸土工；大工者，即大使其民，譬如治兵旅、备武事、习狩猎诸事。凡使民以小工，当视土工损坏之状而随时修缮之，不必择农隙；凡使民以大工者则必待农隙。故为政者使民以时、不违农隙、不夺农务。春秋末世，兵祸日亟，居位者使民多违农时而乖民意，故夫子出是语以儆当世之诸侯，苟能为之，亦足以治国也。

试译： 夫子说：“治理一个能出千乘兵车的大诸侯国，行事应该敬慎如一，讲求诚信，节俭财用并且爱护百姓，役使百姓要选在农闲的时候。”

六

子曰:“弟子,入则孝,出则弟,谨而信,泛爱众,而亲仁。行有余力,则以学文。”

子曰:“弟子,” “弟子”有二解:一、夫子直呼门弟子。二、弟子,俗称后生,即学人年少为人子弟之际,事师犹父兄,故称弟子。此二说可互证。

“入则孝,出则弟,” “弟”通悌,乃悌顺也。“入”,自外而入父母之所。“出”,学子出外居小学、大学之际。“出”有三解:一、古之孺子与父母异室而宿。二、学童年八岁出宿外舍,学小艺,履小节,习幼学(坐、立、行、寝、揖、拜、食、饮、言、动、笑、喜、怒、忧、好、恶、取、与、诵、书);或以学童十岁出就外傅而学,居宿于外。三、学人于十五岁束发之际入大学,学大艺、履大节。此三说可互证。

夫孝者,乃人生来所自具,然不能自见,故于弟子年幼之际,教其入孝出悌,不使见恶行,以全其幼学也。固知事亲孝则必忠君,未见能孝而不能忠者;事兄悌则必顺长,未见能悌而不能顺者。入事父兄,出事公卿,一出一入,仕道备矣。

“谨而信,” “谨”,谨慎。行之有礼,谨于事见,故谨于身;言之有实,信于言见,故谨于言。君子谨言慎行,乃立身全节之道。

“泛爱众,而亲仁。” “泛爱”,博爱。“众”,人三为众,即众人。“亲”,近也,即亲近。“仁”,仁者,即众中之贤者。

学人才优德备则必出众,能博爱,故得众。是故容众尊贤,远恶亲善，睹正事、闻正言、行正道，亲仁者而远小人，乃能善厚敦朴，学问渐成。

“行有余力，则以学文。” “行”，凡学童、束发之际，所学幼学、幼仪已毕。“余力”，余暇，即精力有余。“以”，用也。“文”，古人所遗之文，即《诗》《书》六艺之文，包括五礼、六乐、五射、五驭、六书、九数。古时育养国子以道，故称道艺，亦称六艺。

按古教之法，弟子幼学幼仪既毕，有余力则学文，苟有余力而不学文则流于粗野，无余力而学文则流于浮华。夫能文，上考圣人之既成法，下通事理之所以然，乃修齐治平之道也。是故德行为本，文艺为末，学人以躬行孝悌为先，继之以文事，安能舍本逐末，苟知所学之先后，斯可入道也。

《论语·学而》一章，先言学，次言孝悌，教学人以孝悌事亲，复推及于百行，方可启性与天道之秘。舍此孝悌实行，欲觅入道之门，岂不妄哉。

试译：夫子说：“弟子回到父母面前要孝顺，出外求学要悌顺兄长，言行要谨慎诚信，博爱众人并亲近具有仁德之心的人。如果幼学幼仪已经完成，仍有余力，再去学习礼乐文章。”

七

子夏曰：“贤贤易色；事父母，能竭其力；事君，能致其身；与朋友交，言而有信。虽曰未学，吾必谓之学矣。”

子夏该言约五事：一、贤贤易色。二、事父母，能竭其力。

三、事君,能致其身。四、与朋友交,言而有信。五、虽曰未学,吾必谓之学矣。贤贤、事父母、事君、与朋友交谓之四伦,易色、竭其力、致其身、言而有信谓之四行。学子于四伦四行无失,则“虽曰未学,吾必谓之学矣”。本节承上节“弟子入则孝,出则弟,谨而信,泛爱众,而亲仁。行有余力,则以学文”之旨。

子夏曰:“贤贤易色;” “子夏”,姓卜,名商,字子夏,世称卜子、卜子夏,晋温县人,或说卫人,少夫子四十四岁,尝为莒父宰,居孔门十哲之一。夫子卒,子夏于魏设教五十载,名士田子方、段干木,吴起、李悝尝受业于子夏门下,子夏因丧子哭盲双目,终贫归故里,独居,享年百余岁。或以卫、魏同音,加之子夏于魏设教日久,故世人多误为魏人。唐追封子夏为魏侯,宋追封为魏公,皆误传之故也。

“贤贤易色”有四解:一、前贤为动词,即敬重;后贤为名词,即妻子。“易”,轻也,即轻略美色而不贵之。“色”,美貌。考夏校、殷序、周庠三代之学,贵在通晓人伦。夫妇既为君臣、父子、兄弟、夫妇、朋友五伦之一,子夏首言夫妇之伦,以示有夫妇然后有父子,有父子然后有君臣。所谓“贤贤易色”,乃示夫妇之伦也,故君子乐得淑女,不淫其色。夫妇之道,妇以德嫁而非以貌嫁,故于择配之始,夫所敬者乃妻之女德而非其貌也。盖貌易衰而爱易弛,且夫妇之旅艰辛,唯德乃可弥久好合。今从此说。二、前贤为动词,即好慕、亲近之义;后贤为名词,即贤人。“易”,如也,即好德如好色。“色”,美貌。时人多有好色之欲而无好贤之心,故子夏出此讲劝之辞,乃谓人之于贤者,重德尤胜于重色,君子当以好色之心好贤择善。苟以“贤贤”作此解,则未合四伦之序;且好色为欲,好德从善,两者岂可并论,何以好色喻好贤亲善之心，故不从此说。三、朱熹有云：“贤人之贤，而易其好色之心”（见于中华书局版《四书章句集注》第60页第25行），按朱子语，易者，改易也；君子当以尊崇贤德之心，改易好色之心。考朱子语，乃以宋儒“亡人欲，存天理”之家风解子夏语，故不从此说。四、或说欲尊贤者，当易己平常之色，更起庄敬之容。此说迂曲，故不从。

“事父母，能竭其力；” “父母”，父者，教子以矩；母者，牧子以乳。“竭其力”，竭尽其力也。孝为道德之本，然事亲以孝，当量力而行。小孝用力，慈幼爱长，竭力耕田，以奉父母寝食之需，此庶人之孝也；中孝用劳，尊仁安义，建大功劳以光宗耀祖，慰双亲以使其身心安泰，此士子之孝也；大孝不匮，博施不疲而备其物用，恩泽万方，福祉无穷，此君主之孝也。

“事君，能致其身；” “致其身”，君子委致其身，恪守其职，不徇私谋公，不因私而废王事，尽忠守节而不私爱其身。

“与朋友交，言而有信。” “交”，交契，乃与人交好也。“信”，诚也。君子之交，其志同也，必言而有信，竭尽其诚，是为善交者也。

“虽曰未学，吾必谓之学矣。” “未学”，未通六艺之学。“必谓”，乃深信不疑之辞。春秋末世，选举制废，世卿大夫多由世袭，虽未通六艺之学，故多未学而居位者。

子夏所谓四伦乃人伦之大者，学人固当竭诚而力行之，如此则人伦厚矣，此其天性之使然，虽未学，然无异于已学。或以子夏是言为劝勉之辞，以能行四伦者等于已学，如此则辞气太过，后世有闻斯语者恐致废学之弊，凡持此说者，皆未知子夏奖劝世卿之意、折衷学问之心。《学而篇》首录有子、子夏语，固知有子重孝悌，子夏重力行，二子皆首务伦常道德，舍此而专言文学辞令者，莫不欲以辞章之学叩功名利达之门，其人虽学，然已失其学也，何如未学。苟力行伦纪，无失纲常，亦不失君子之学也。

试译：子夏说："敬重妻子的美德，而不是她的美色；侍奉父母，能竭尽其力；侍奉君上，能不惜性命而尽职；与朋友相交，能诚实有信。即使他说没学过六艺之学，我也必定认为他是学过的。"

八

子曰："君子不重则不威，学则不固。主忠信。无友不如己者。过，则勿惮改。"

子曰："君子不重则不威，学则不固。" "君子"，有君师之责者。古之治教无别，君即师，师即君，是故君子者，概言天子诸侯也。"重"，敦重。苟失敦重，必自轻于人，故君子贵重。重其言则循法有节，重其行则有德服众，重其貌则有威不佻，重其善则德行兼备、穷达皆好。

"威"，威仪，威则使人畏敬，仪则使人效法。君子进退有度，行止合义，言辞有文有章，行事循礼有序，容色和悦怡人，故威而不猛。君上有威仪则臣必畏而敬之、法而象之，于是国祚恒久；臣子有威仪则下必畏而敬之、守职安身，于是家道兴隆。"不威"，即无威仪也。居位者不重则不威，故为人所轻慢，虽重刑苛政,民亦无所畏也。

“固”有二解:一、固陋、蔽塞。凡成德者,皆由学致,不学则蔽固;学则明,明则通,通则达,犹炽灯于暗室,诸物皆见。此可备一说。二、坚固。苟不重不威,则自轻于外而内必无所守,其所学必不能坚固,以致不达于理,有害于事。是以君子敦重威严则必能固守其学,乃能达理。今从此说。

春秋末世,卿大夫多由世袭,居位者多不知礼,于是轻浮、固陋、伪诈、狎昵者时有,此举世之通病也。夫子是语乃欲儆居位者也,非为成德君子及初学者说。盖成德君子其德既成,苟与言则必谓君子之道,今独言君子,则不为成德者说明矣。若为初学者说,则不必称君子。

“主忠信。” “主”有二解:一、亲近。“主忠信”即亲近忠信者。此说与下言“无友不如己者”有重复之嫌,且德有高低,技有大小,何必求人皆如己,故君子当求同存异。今不从此说。二、以……为主也。盖忠信在己不在人,在内不在外,所谓“主忠信”者,乃奉忠信为主也。今从此说。

“无友不如己者。” “无”通毋,乃禁止之辞。“友”,相好、友爱。“己”,十天干以戊己连读,戊阳为胃肋,己阴为人腹,是故人多以“己”自称。“不如己者”,未若我之仁德者,夫子不直斥其不仁,唯言不如己,乃圣人恕道也。按夫子语,与不如己者交则损我,与贤于我者交则益我,故以仁者为师,以善者为友,君子不友不如己者。

君子亲善以正己,高比以广德,此自新之阶也;小人亲恶则害己,下比以狭行,此自退之途也。考夫子语,非贱彼贵我之辞也。

"过，则勿无惮改。" "过"，过失。"惮"，畏难。"改"，更改。人非圣贤，孰能无过，自以无过则其过大矣，自知其过则其过寡矣。凡非刻意之过者，固当改之，不可畏难而自避其过。速绝己过者为第一等，速改己过者为第二等，畏难而不改过者为劣等，有过不改则过上加过，日久必成大恶。苟自治失勇，则其恶日有所长，学人岂能不慎。

君子之道以威为主，以学为辅；为学之道以忠信为主，以亲友正己为辅。苟畏难而不改其过，岂得贤者嘉言之劝，故无以成德成学。圣贤之门以改过迁善为门径，今之学人动辄大言天性，违圣人克己之功远矣，独不知君子改过之道。

试译：夫子说："君子不敦重就没有威严，他所学就不坚固。以奉忠信为主。不与学问道德不如自己的人做朋友。有了过失，就不要怕改正。"

九

曾子曰："慎终，追远，民德归厚矣。"

曾子曰："慎终，追远，" "慎"，诚谨。"终"，天子死曰崩，诸侯死曰薨，大夫死曰卒，士死曰不禄，庶人死曰死；其中诸侯、大夫、士皆称君子，君子死统称终。"慎终"，当丧，尽其礼也。"追"，逐也，即遥思遥祭也。"追远"，即追祀远人，乃谓有家庙者（天子、诸侯、卿大夫）追祀祖父以上之亡者，必尽其敬。

昔人子事亲之道有三：生则养，故孝亲以顺；殁则丧，故治丧以哀;丧毕则祭,故祭祀以敬。行此三事,乃谓之孝子。按周制,天子设宗庙以追祀十世先祖,诸公、诸侯设宗庙以追祀五世先祖,卿大夫设宗庙以追祀三世先祖。

“民德归厚矣。” “民”,庶民。“德”,性之端也,君子内性外德。“归”,归其本原也。“厚”,笃厚。凡治丧,人多悲切有余而戒慎不足;凡祭祀,人多恭敬有余而追慕不足。君子慎终追远则其德厚矣,故过于常人。

春秋末世,民多薄待其亲而不知孝为何物,故曾子出是语以谏居位者,修宗庙,敬祭祀,视死如生,视亡若存。遂使亡者得葬、逝者得祭、生者得以慰藉、阴阳得以平衡、下民得以教化,则民风复归笃厚矣。

试译:曾子说:“慎重对待亡者的丧礼,虔诚地祭祀祖先,老百姓的风俗道德就归于笃厚了。”

十

子禽问子贡曰:“夫子至于是邦也,必闻其政。求之与?抑与之与?”子贡曰:“夫子温、良、恭、俭、让以得之;夫子之求之也,其诸异乎人之求之与。”

子禽问子贡曰: “子禽”,姓陈,名亢,字籍,亦字子禽,齐人,《史记·仲尼弟子列传》名原亢者亦此人,少夫子四十岁,少子贡九岁。子禽十八岁入孔门,仕于卫,宋追封为南顿侯,明追封其陪祀孔庙。“子贡”,复姓端木,名赐,字子贡,亦称子赣,少夫子三十一岁，生于卫，卒于齐，尝居卫鲁之相，善商贾之道，素有"端木遗风"之誉。唐追封为黎侯，宋追封为黎公，明尊为"先贤端木子"。

夫子五十八岁自卫返鲁，是年子禽十八岁，自齐至鲁初入孔门；翌年夫子适卫，又西行过曹至宋；六十岁过郑至陈，六十三岁逢"陈蔡绝粮"之厄。考子禽该问当在夫子居卫时，是年子禽十九岁。

"夫子至于是邦也，必闻其政。" "夫子"，夫子尝为鲁大夫，故弟子皆以"夫子"尊称之。"至"，到也。"是"，此也。"邦"，诸侯国。"闻"，闻知。"政"，政事。按子禽语，夫子周游列国，每至是邦，人君必有所咨诹于夫子。

"求之与？抑与之与？" "求"，请也，即请闻其政。"抑"，反语词。"与之"，即国君自愿告之，以求咨度。

夫子盛德多为诸侯所知，故每至是邦则人君皆有所咨问，夫子皆依礼而答之。子禽怪夫子每至其邦则必闻其政，故问于子贡：夫子求诸于人君欲闻其政，抑或人君求咨于夫子？

子贡曰："夫子温、良、恭、俭、让以得之；" "温"，柔也，即颜色温和。"良"，善也，即善柔不苛。"恭"，敬也，即敬肃端严。"俭"，约也，即俭约辟难。"让"，谦也，即礼让有度。夫子兼备此五德以待人，故易获敬信，人皆乐于亲附之。子贡欲使子禽明其原委，非夫子请闻其政也，乃夫子具温良恭俭让之德，故人君皆敬信而咨之。

"夫子之求之也，其诸异乎人之求之与。" "其诸"，语词也。"异"，不同。"人"，他人。夫一国之君，岂将国之政要轻与外臣知，盖夫子兼备温良恭俭让五德，故人君多视夫子为师保，安能不告之咨之？况夫子每至是邦，察其民之善恶而知其政，故异于他人求闻政事之法。

考子贡语，可谓善观圣人、善表圣人也。今去夫子二千五百余载，借五德而见圣人之容止，此正子贡劝学之功也。

试译：子禽问子贡："夫子每到一个国家，必会听到这个国家的政事。这是他请求人家告诉他的呢？还是人家主动告诉他的呢？"子贡答道："夫子是凭着温和、良善、恭敬、节制、谦逊得到的；夫子求闻政事的办法，应该是有别于他人求闻政事的办法吧！"

十一

子曰："父在，观其志；父没，观其行；三年无改于父之道，可谓孝矣。"

子曰："父在，观其志；父没，观其行；" "在"，在世。"观"，谛视，即用心审视。"其"，父也。"志"，在心为志，即意志。"没"通殁，死也。"行"，事功。

夫子此言有二解：一、观父之志，观父之行。父在，人子当谛观其心志而承顺之，是为孝也；父殁，人子当谛观其事功而承继之，以能述父事为孝。夫子既言"可谓孝矣"，当重在论孝，故以观父之志为是，以善继父志、善述父行为孝。今从此说。二、观子之志，观子之行。父在，人子无所自专，当观其志；父殁，孝子之心未尝暂歇，当观其行；其三年无改于父之道，亦可许以孝。此可备一说，然未如第一说究竟。

"三年无改于父之道，可谓孝矣。" "年"，夏称岁，殷称祀，周称年，唐虞称载。所以称"三年"者，乃谓三年之丧也，此古今之通礼。人子三岁乃离襁褓以自行自立，父母于此三载关爱备至，极尽操劳；父母卒，孝子居丧当以三载为期，以报父母大恩。

"无改"，勿改父志父行，乃见其孝；或有当改处，必待三年居丧期满而改之；苟无当改处，虽百年亦勿改之。"道"，善道。"父之道"有四：为政之道，上承天意，下应民心；为学之道，祖述尧舜，勤习六艺；为人之道，孝悌忠信，独善其身；为家之道，克勤克俭，忠厚传家。"可"，嘉许之词。

盖人子三年居丧，无改父之道，乃古制也。况孝子居丧，思慕之心尤甚，哀痛之情既深，岂有暇考父之过失，岂忍心改父之非政。或以父恶政有损，恶教害民，安能不改？殊不知夫子旨在论孝，未论父政之善恶。苟君父政恶，则有宰官斟酌改之；世卿政恶，则有家臣斟酌改之，何劳乎孝子。况夫子谓"无改于父之道"，即无改父之善道也，学子固当通大义而晓常情，方不悖圣教。

试译：夫子说："父亲在世的时候，做儿子的要用心观察承顺父亲的心志；父亲去世了，做儿子的要用心审视继承父亲的事功；三年居丧期间不改变父亲奉行的善道，就可以称为孝了。"

十二

有子曰："礼之用，和为贵。先王之道，斯为美。小大由之。有所不行，知和而和，不以礼节之，亦不可行也。"

有子曰："礼之用，和为贵。" "礼"，履也、文也，乃人事所循之仪则，天理所现之节文。盖人之升降揖让、贵贱亲疏皆当依礼，故礼主敬。国设吉、凶、军、兵、嘉五礼，以正国体；民有冠、昏(婚)、丧、祭、乡、相见六礼，以节民性。《大戴礼·本命》谓九礼者，即：冠、婚、朝、聘、丧、祭、宾主、乡饮酒、军旅。"用"，行也，即施行。"和"，调和，以使心相应，乃能和宁从容，故乐主和。是故刚柔相辅相济谓之和，不和不济谓之乖。"贵"，重也，尚也。

君子能让则敬存，恐失于严苛，遂以和为用。夫和主乐，能和则乐生，乐生则礼行，故和为贵。居位者以礼检束民迹，以和怡乐民心，遂大治矣。

"先王之道，斯为美；" "先王"，先者，乃死亡之称；王者，君也。儒家谓先王者，乃有政有德、制礼作乐之君也，诸如三皇五帝、汤、文、武、周公。"斯"，礼也。"美"，善也，古以至善为美。礼有威有仪，以致文质彬彬，故谓之美也。

"小大由之。" "小大"，谓小大有序，不失其礼也。上言君臣、朝廷、尊卑、贵贱之序，下言黎庶、车舆、衣服、宫室、饮食、嫁娶、丧祭之别。"由"，从也。小事大事，莫不从礼，从礼则和。

"有所不行，" 此承上言，但知循礼而不知用和，以致礼胜于和，失于苛严，故不可行也。

"知和而和，不以礼节之，亦不可行也。" 礼胜和则离析，和胜礼则流荡。上言纯用礼不可，此言纯用和亦不可。凡事无论大小必用和，然不知以礼节制，亦不可行也。

考有子语，贵在发明中庸之旨，以和制礼，以礼制和；礼失和则无以行，和失礼则无以节，此中庸之道也。

试译:有子说:“礼的实施,当贵在和谐。过去那些贤明君王的治国之道,都以此为至善至美的方法。小事大事都遵循这个方法。不过,有些地方也是行不通的,如果为了和谐而和谐,丧失了礼的节制,也是无法行得通的。”

十三

有子曰:“信近于义,言可复也。恭近于礼,远耻辱也。因不失其亲,亦可宗也。”

有子曰:“信近于义,言可复也。” “信”,诚也,不欺为信。“义”,事之宜也,天下之事皆以义制之,以合乎时宜。“复”,验也,践行其言而得以验证。

君子义不必信,苟守小信而失义则必害事,固非君子所为;信近于义则其言必能践守,故君子言不必信,信当视义而行,唯合义则可矣。君子每有言,必思能践守其言,可谓慎也,故无悔。苟言不能行,愚守硁硁小信而失义,虽不欺,亦不可得也。昔尾生与女子相约桥梁之下,女子未至,水涨,尾生守信不去,遂抱柱而死,其唯守非义之信,故不足取也。

“恭近于礼,远耻辱也。” “恭”,致敬。“远”,远离。“耻辱”,耻者辱也,辱者耻也,故耻辱互训。君子能恭则远耻,然恭必合礼中节,故行而免耻;苟失礼失节,虽恭敬于人,亦难免为人所侮慢,则何以免耻,遂空劳无益。有子谓“信近于义”“恭近于礼”,乃承前节“礼之用,以礼节之”之义。固知失义之信非信也，失礼之恭非恭也。

“因不失其亲，亦可宗也。” “因”，亲附。“因”“亲”二字皆谓与人交接。“宗”，宗庙，凡庙必有宗主，故引申为宗敬。士学成六艺，必仕于诸侯大夫，其所亲附者，当不失为可亲之人，乃可尊为宗主而敬之；所亲附者若不肖，则难以亲近之，又岂能宗敬之。

是故信不失义，乃能践验；恭不违礼，乃能远耻；亲附不失其亲者，乃能奉为宗主以敬之。学人明此道，可免陷于悔吝。

试译：有子说：“与人有约定要合乎时宜，这样就可以践守自己说过的话。对人恭敬要合乎礼，这样就可以免遭耻辱。要亲附值得亲附的人，并敬奉他为宗主而加以侍奉。

十四

子曰：“君子食无求饱，居无求安，敏于事而慎于言，就有道而正焉，可谓好学也已。”

子曰：“君子食无求饱，” “饱”，饱足。按周制，君子宴饮礼食当以少食为贵，不当求饱；天子一食，待人劝膳则再食；诸侯二食，待人劝膳则再食；大夫、士三食，待人劝膳则再食；庶民则力食无数，唯饱足而已。饱学之士，固当尊礼而食无求饱，以力行君子之道。

“居无求安，” “居”，坐也。“安”，蹲也、定也、止也，引申为舒适佚乐、放逸安肆。盖庄敬者则人皆敬畏之，安肆者则人皆轻慢之,故君子之朝仪必坐姿端严,勿放逸失礼。

“敏于事而慎于言,” “敏”有二解:一、敏疾,即疾勤于事而无懈怠。二、审也,即敏审明察于事。夫子教人,不务疾速,能审时度势则合乎义,故行事必疾勤而无怠也。此二说可互证。君子能审于事则必能慎于言,故能非礼勿言,以免祸从口出。

“就有道而正焉,可谓好学也已。” “就”,躬身趋近。“有道”,道隆艺成者。“正”通征,听也,即征听。

夫子前三句皆言事,独此句言道。道乃事物当然之理,不离日用,不悖伦常,无时无物不尽备斯理,然则理由性出,诚如《中庸》所谓“率性”是也。古今之学人无不诚意、正心、修身以亲道,非专务辞章记诵之学也。君子于学问之道,虽能食无求饱、居无求安、敏事慎言,然犹不敢自是,必求贤师、择良友,就有道者征听其言以正是改非。苟能行此四事,方为力行笃志者,乃可谓好学也。

试译:夫子说:“君子于宴饮礼食时不要吃得过饱,在朝堂之上要坐姿端严。行事要能审时度势而合乎时宜,说话要谨慎而合乎礼,征听道德高尚之人的言语以完善自己,这样就称得上好学了。”

十五

子贡曰:“贫而无谄,富而无骄,何如?”子曰:“可也;未若贫而乐,富而好礼者也。”子贡曰:“《诗》云:‘如切如磋,如琢如磨。’其斯之谓与?”子曰:“赐也!始可与言《诗》已矣,告诸往而知来者。”

子贡曰："贫而无谄，富而无骄，何如？" "贫"，财少也。"谄"，阿谀卑屈，不以正道求人。"富"，家丰财厚，古以世禄为富。"骄"，马高六尺为骄，以居高凌人之态矜肆于人。"何如"，何似。

盖富者多为人所求，故好生陵慢骄人之心，其为富所胜，则气必骄盈矜肆。贫者多不易自守，好生阿谀谄媚之心，其为穷所胜，则气必羸歉卑屈。常人溺于贫富之中，多生骄谄二病且难以自持，苟无骄无谄，必超乎常人。苟有我则私，于是贫富必扰我也，得之则喜，失之则忧；苟无我则公，于是贫富犹夏花冬雪，来去皆无挂碍于心，岂能患得患失。子贡善贾而富，尝致力于君子自守之道，自许能如是，乃有此问。

子曰："可也；未若贫而乐，富而好礼者也。" "可也"，尚可，然未足多也。"未若"，未如。"贫而乐"，即贫而乐道。

夫乐道则忘贫，好礼则安处，为人所难能也，非无骄无谄者则不能及之。古之得道者，穷达皆乐，其所乐者非穷达也，乃乐在道也。孔门七十子，夫子独许颜子好学，固知颜子以下，颖悟莫过于子贡者，故夫子该言乃许其所能，勉其所未至，以劝进之。

子贡曰："《诗》云：'如切如磋，如琢如磨。'" 子贡所引者乃《诗经·卫风·淇澳》之句。"云"，言也。"切"，骨谓之切，刌也，即断割。"磋"，象牙谓之磋，以使平滑。"琢"，玉谓之琢，即治玉。"磨"，石谓之磨，以使细腻。切、磋、琢、磨皆治器之名，治骨、象、玉、石以成器。

"其斯之谓与？" 子贡问《诗》所云"切磋琢磨"即此理否。盖君子贫而乐道，富而好礼，从谏如流以自修，必能尽切磋琢磨之功，以善其学也。子贡深识夫子语，遂引《诗》以证夫子意，乃善取类也。

子曰："赐也！始可与言《诗》已矣，告诸往而知来者。" "告"，教也。"诸"，之也，即子贡。"往"，前也，即夫子已言者。"来"，后也，即夫子未言者。夫子告诸以乐道好礼之训，即往也；子贡答之以切磋琢磨之功，即来也。子贡引《诗》以证已之所得，此正其闻一知二之能也，故可与言《诗》矣。

夫攻器之事、学问之道，不切则何以言磋，不琢则何以言磨，此循循递进之功，岂能骛远而舍近，故欲求大道必不舍小功。

试译：子贡说："虽贫穷但不谄媚，虽富有但不骄肆，能做到这样，如何评论呢？"夫子说："能这样已算是不错了；但不如贫穷却乐在大道，富有却喜好礼仪的境界。"子贡说："《诗》上说：'如同制作宝器那样，切啊，磋啊，琢啊，磨啊。'此话讲的不正是这个意思吗？"夫子说："赐啊！现在可以和你谈论《诗》了。告诉你这里，你就会推知那里了。"

十六

子曰："不患人之不己知，患不知人也。"

"患"，忧也。夫人者，类同而智殊，然贤者益人，不肖者害人，故君子当以知人为善。人不知我，则我无所失，何患之有？我不知人之贤与不肖，则何以亲善远恶，何以免患？夫子出是语,乃示不知人之患也。

君子居位,处己应事唯依礼而行,上不欺君,下不诳民,何用求人知我。然出仕当择善主而宗之,苟不知人则何以择可宗之人?况君子必举贤才而用之,苟无知人之明,以致贤愚混淆,则乱亡不远也。

试译:夫子说:“不要忧虑别人不了解自己,该忧虑自己不了解别人。”

論語正述·为政篇

一

子曰："为政以德，譬如北辰，居其所而众星共之。"

子曰："为政以德，譬如北辰， "譬"通辟，即譬喻；乃举他事以喻此事，举他物以明此理。"北辰"，北极星，位于天之正中，亦称天心，包括太子、帝、庶子、后宫、天枢五星；其中最明亮者为帝星，乃太乙常居之所，与太子、庶子、后宫、天枢四星合称天庭，以正四时之用。人迷而不辨东西，当视北辰以知方位。

北极星与南极星相对，二极之中为赤道，古人常以北极星喻政。近北极星者为房宿四星，此四星辖区为明堂，乃天帝布政之宫，亦称四辅。帝星南为太乙天乙二星，东左垣、西右垣为屏藩，以拱卫天庭。左垣为左枢、上宰、少宰、上弼、少弼、上卫、少丞七星，右垣为右枢、少尉、上辅、少辅、上卫、少卫、上丞七星。两藩内有阴德、尚书、女史、柱史、御女、天柱、大理、勾陈、六甲、天皇大帝、五帝内座、华盖诸星宿；两藩之外则北有传舍、八谷，南有内阶、文昌、北斗、天理、太阳守、太尊、天牢、势、天枪、玄戈，众星分布呈拱卫之势。北极星与北斗星有别，二星上方各有星名天枢，北斗星有天枢、天璇、天玑、天权、玉衡、开阳、摇光七星，呈帝车之象，自东往西绕北极星运转，春夏秋冬皆呈勺尖状，天枢星直向北极星，从无错位。北斗星转至东为春，至南为夏，至西为秋，至北为冬。

“德”，得也，行道而得之于心。“政”，正也，以正人之不正。古之谓天，一者义理之天，二者主宰之天，儒门倡义理之天。所谓“为政以德”，乃谓天子上承天道，下施德政。自古政教一体，苟有政无教，政则沦为凌人之器，终失人心。

“居其所而众星共之。” “居其所”，帝星居天庭以布政。“众星共之”，“星”乃万物之精，上列天庭而称星。众星者，即北辰周匝环列之星。

“共”，向也，即相向拱手，以手对抱行拱手揖礼。其有阴阳吉凶之别；吉事为阳，凶事为阴；男为阳，女为阴；左手为阳，右手为阴。男子行吉礼则左手于外，右手于内；行凶礼则右手于外，左手于内。女子行吉礼则右手于外，左手于内；行凶礼则左手于外，右手于内。同辈人行拱手之礼则左手于上，右手于下，且双手抱于胸前，高不过颔，低不过胸；后生向长者行礼，双手拱至前额并鞠躬。“共之”，行拱手之礼，即后生对长者行俯身长揖之礼。众星环匝北辰，皆拱手而归向之。

天子以德为本，兴不言之化，施有序之政，致无为之治。秉政而用有德者，不劳而天下治，犹北辰帝星安居帝所之喻，故天子当效法北辰，北辰不舍紫微，天子为政亦不舍明堂。北辰帝星无为，端居于紫微宫，众星皆拱服而臣之，是为有礼；众星环列井然，是为有序；众星揖让谦和，呈华锦天文之象，是为有文；众星各司其职，是为有司，亦称有节。于是四时有序，海清宇明。有礼、有序、有文、有司乃德政之本，亦万民之福。北辰安居天心不动，众星运行不悖，于是天下大治，即大同之政也。有德者施无为之政，故为政以德，无为而天下悉归之,以致天下为公,百姓知耻知礼,幼有所长,壮有所用,老有所终。

试译:夫子说:"君王以德政治理天下,就好像天上的北辰那样安居天庭,众星皆相向环列在它四周。"

二

子曰:"诗三百,一言以蔽之,曰:'思无邪'。"

"诗三百",司马迁《史记·孔子世家》误以《诗》原有三千余篇,夫子晚年返鲁,删其重者,存其合乎礼仪者,遂成三百零五篇。今疑司马氏此说有误,昔夫子返鲁当在六十八岁后,苟如司马迁云云,则删《诗》当在此时,然夫子于六十八岁前尝屡言《诗三百》,此事两见于《论语》,一见于《礼记·礼运》,固知《诗三百》早已有之,而非夫子晚年返鲁所为。司马氏或以夫子正《乐》为删《诗》,故误记之。夫子既已弦歌正《乐》,故《诗三百》多为世人所讽诵,固非独存于竹简帛书,遂逃秦火而存世。

"一言",凡引古语皆称言,乃为后学修养身心、归正性命而设也,今不可只当文字读,否则于身心性命无益。夫子所谓"一言"者,乃引《诗·鲁颂·駉》"有驔有鱼,以车祛祛,思无邪思,马斯徂"之句。诗者,思虑在心,发而成言,方得抒发怀抱,故"思无邪"者,乃谓诗人之思无邪,而非读诗者能入思无邪之境也。"蔽",断也,即断在一言也。"一言以蔽之",即一言以断之。"思"有二解:一、虚词,即语助词,无实义。持此说者释"无邪"为"归于正",然未释"思"字,故不从之。二、思虑。今从第二说。

"无邪"有二解:一、诗者,发乎性情而成句,经采诗官辑录,夫子又正之以礼乐,于是《诗》兼具礼仪,乃有正得失之功,遂成诗教。诗教者,所以讽刺时政,劝善弃恶,使归正也。《诗》上言天而下言地,其大无外,其小无内,故能动天地;《诗》至情流溢,直抒肺腑,无虚造处,故能状阴阳、感鬼神。此即"思无邪"之义也,今从此说。二、"邪"通圉,圉者,圉也,即边陲。夫子引《诗·鲁颂·駉》"思无疆、思无期、思无邪"之句,乃褒颂鲁侯也,其中"思无疆"乃谓鲁侯深谋远虑而无终止,"思无期"乃谓鲁侯深谋远虑而无尽期。私以为"思无疆"之疆既为国土,则"思无期"之期必为时间,故"思无邪"之邪必为心理也。前言"思无疆"既已言无疆,何故复以"思无邪"赘言无际,且国君之思苟无边际,尽失法天效地之旨。今不从第二说。

《诗·国风》素有好色而不淫之誉,《诗·小雅》素有怨诽而不乱之誉,故《诗三百》无邪曲之作,亦无不敬之作,此说合于夫子校《诗》正《乐》之旨。《诗》者,亦真、亦善、亦美,采诗官采诗于民,复献于天子诸侯,岂能采淫辞邪调之作;天子使乐官唱《诗》,岂能歌有邪之作。是故歌《诗》正《乐》,乃使各居其所也。夫子谓《诗三百》为"思无邪"之作,实确语也。

试译:夫子说:"《诗经》三百篇,可以用其中一句诗来概括它,那就是'思想纯正'。"

三

子曰："道之以政，齐之以刑，民免而无耻；道之以德，齐之以礼，有耻且格。"

子曰："道之以政，齐之以刑，民免而无耻；" "道"通导，即教导。"政"，政令。"齐"，使之齐整如一。"刑"，刭也，以刀割颈而断其首也，即重刑。重刑重罚自古有之，然圣王之政，尚礼不尚刑。"免"，免于刑罚，乃谓民欲逃刑避罚也。"无耻"，无羞耻之心。

为政者以政令教民，以刑法约民，民免罚逃刑，虽遁而免罪，然无羞耻心，虽不敢为恶，惜乎恶心未断也。

"道之以德，齐之以礼，有耻且格。" "德"，即智、仁、圣、义、忠、和六德。君子明于事为智，爱人及物为仁，先于他人达道为圣，依时宜行事为义，出言中礼，不失道之本为忠，刚柔相济为和，故君子用事之德首务"礼之用，和为贵"。居位者贵和则民人和睦，上下不悖，王道不远矣。"格"通恪，乃格正恪守也，以格其不善而归于善。礼之外用为格，内用为和，故以礼而格人我之非。君子外格内和，以成至善。

夫子倡德政，以为补法制之失。以道德教民，以礼义约民，民知耻而断恶，遂鲜有犯法抗命者。固知以礼义治民则民亲，民亲则康乐；以刑罚治民则民怨，民怨则哀戚。民既为邦本，刑重则民哀，民哀则祸重，祸重则天下衰；德教则民乐，民乐则福致，福致则天下安。昔桀纣之世，重刑罚而失德政；成康之世，重德政而少刑罚。为政者治民之道,必使德政与刑罚相宜;首务以德教民、以礼约民,再辅之以政令刑罚,此乃刚柔相济之道也。苟愚民教而恶习不改,于是伤义败俗成风,则复用刑罚。是以圣王德政非无刑,乃减刑也,其旨不在惩民,而在约民。如此则民必知耻,虽无刑而能自齐,虽无制而能自正。

盖有德之君先设礼而后设刑,所以刑简。春秋末世之政非礼教德政,若齐之以刑则刑重,刑重则民奸宄,民奸宄反遭重刑,此恶性相生,无有了期,终致暴民乱世,卒开战国。故刑罚非不得已而用之,绝非治国之本。昔强秦历二世,终亡于强暴;汉高祖刘邦宽厚仁慈,又历文景之治,遂使国祚长久。

为政者以政法教民,以刑罚约民,乃小康升平之治;以道德教民,以礼义约民,乃大同太平之治。固知德以养性,礼以示文,日久则民风民俗皆善。

试译:夫子说:"以政令来领导百姓,以刑罚来整治百姓,百姓虽然免于刑罚但并没有羞耻之心;以德政领导百姓,以礼教教导百姓,百姓不仅有耻辱心,而且还能够恪守正道。"

四

子曰:"吾十有五而志于学,三十而立,四十而不惑,五十而知天命,六十而耳顺,七十而从心所欲,不踰矩。"

子曰:"吾十有五而志于学," 此夫子七十岁后所言。"有"通又,"十有五",即十又五。"志于学",或作"志乎学"。

按周制，学童八岁始学，十五岁称成童，入大学，十六岁束发成人。盖男童八岁换齿，始有求知求识之心，乃入蒙学以闻小节、践小义，此即志明之学也。成童十五岁入大学，此志学之年也。学人明君臣之仪，晓上下之位，熏习大节大义，遂渐进于致知、格物、治国、平天下之功。

“志”，心向往之，念念在斯而不厌。“学”，《六经》之学。遭秦火而失《乐经》，至汉唯余《五经》，故汉制以大学所学为《五经》，于是汉儒据汉制误以春秋时学子所学为《五经》。

“三十而立，” “三十”，亦称卅。“立”，即立于学、立于德、立于礼。“而立”，经术皆有所成立。君子年三十为壮年，壮年成其所学，乃能明德知礼以居其位，于是通人伦、晓风俗，和而不违，故能居安远危。

夫子该言有二解：一、春秋末世之学子且耕且读，三年通一经，十五年通《诗》《书》《礼》《乐》《春秋》五经，至三十岁则五经成矣。汉儒持此说。二、按周制，学子春秋习《礼》《乐》，冬夏读《诗》《书》。学子至三十岁学成《诗》《书》《礼》《乐》四经并射、御二艺。今从此说。考学子所治之学，何以不包括《周易》？盖《周易·易象篇》为文王、周公衍易之秘，不可轻示于诸侯，故藏于周天子太史与鲁太史，非周大夫、鲁大夫则不能轻见。

夫子求学成圣有始有终，自十五岁志于学，至三十而立、四十不惑、五十知天命、六十耳顺，终入七十从心所欲不踰矩之境。今夫子示学人藉学入道之径，别于神圣天成之说，以示大道并非至深而无所从也，以免学人茫然不知所措。夫子倡学，教学子日新又新之法，积学十年之功则必进，此即厚积渐成之道也。

“四十而不惑，” “四十”亦称“卌”。君子自三十而立之年学至四十不惑之年，其学已成而业已通，约十年也，于是德成而能行之，遂无惑于己、无惑于人，以致人我皆无所贸乱。夫子尝言“知者不惑”，乃倡由学而致知也，故不惑。固知借学而知中，知中则不惑，不惑则所思所行皆合乎中道，故能通达无惑，不偏不倚，无过之亦无不及也。

人皆有从善之心，君子据此心以成仁、义、礼、智四德，终成中庸之道，是为知天命。小人嗜欲而失从善之心，不能践行仁、义、礼、智四德，何谈中庸。故君子中庸，小人反中庸。昔孟子尝言“四十不动心”，所谓不动心者即无欲也，无欲则气得以养，故能刚。

“五十而知天命，” “五十”，亦称圩。“天命”，天道之命。天本无言，夫子所以言天命者，乃假托之辞也。人年未满五十，多纵横义气，年至五十则此气始衰，故能自审而渐通于天命，则天地万物之理穷究也。君子于知命之年通致命之道，穷理尽性，穷达不改其志，可否不易其行，于是穷通天命，上律天时，下顺民心，遂天下大治。

天道周流而赋予万物，故天命乃人、事、物固有之正理，苟悟得此正理则必知天命，知天命即知天道，于是穷理尽性，阐幽洞冥，尽悉天、地、人、阴阳、幽冥、生死之本。盖世有明哲以教群迷，世有禄位以安人身，世有永年以成命运而存乎人世，故智、禄、命三者乃人之三福。君子修德命，安禄命，由学而入明哲，以成智者，以知天命，于是自立立他，达己达人。夫子尝言“不知命，无以为君子”，所谓知命，乃知天命也，天命亦称天令，知天命必以遵天令为要。民不知天命，不解天令，必待知天命之睿哲教化之。

“六十而耳顺，” “六十”，亦称圆。“顺”，不违也。“耳顺”有三解：一、无所违逆，闻于耳而通于心，故无所违逆，不待深思而知其中奥秘，但闻其言而知其大义微旨。此说可证经。二、或以“耳顺”者，乃谓舜之通达浅显言词所蕴藏之深义，且能虚己以听，兼收并蓄，言入于耳，舍其不善而存其善，终成公道。此说亦可证经。三、清康有为以“耳顺”能通于人天，该说同于宗教“天耳通”之境，康氏视夫子为神人，固非浅儒所能测知。此说非夫子原义，故不从。

“七十而从心所欲，” 古以七十称进、八十称枯。“从”，随顺也。人能相听于心，方可从其心。学人存诚以悟道，苟志诚于学，历日久则无待竭力深思而中道自得。

“不踰矩。” “踰”通“逾”，即逾越。“不踰”，即不逾越、不违背。“矩”中道也。“不踰矩”，即不违中道。

夫子年十五而志于学，于而立之年乃学成《诗》《书》《礼》《乐》，故自立于学问之道，历不惑之年、至知天命之年，则穷理尽性而知命；至耳顺之年于所闻皆通，终至从心所欲不踰矩之境，无待勉力而不违中道也。固知夫子积学日久，有始有终，力行君子自新之道而不辍，每历十年则必进一境，其虽生而知之，然每以学而知之励劝后学，故自叙为学次第之功，以示斯学可为、斯道可成也。

考本节所录者，犹示夫子一生为学之年谱。夫子入手为学，学久则立，继而不惑以知天命，然后耳顺心从，此皆由学所致也，是故学乃入道之门径、成圣之根柢也。

试译：夫子说：“我十五岁时立志于追求学问，三十岁时能够自立于学问之道，四十岁时所思所行都能够通达而没有疑惑，五十岁时知道了万事万物固有的正理，六十岁时对于所听到的都能够明白贯通它的意义，七十岁时可以随顺自己的内心和所欲而不违背中道。”

五

孟懿子问孝。子曰："无违。"樊迟御，子告之曰："孟孙问孝于我，我对曰'无违。'"樊迟曰："何谓也?"子曰："生，事之以礼；死，葬之以礼，祭之以礼。"

孟懿子问孝。 "孟懿子"，鲁大夫，姓仲孙，亦称孟孙，名何忌，世称仲孙何忌，谥懿，乃孟僖子之子、南宫敬叔之兄，为孟子六世祖。孟僖子卒，遣其子孟懿子、南宫敬叔入孔门习礼。考孟懿子该问，乃于夫子六十八岁返鲁之后。

按周制，诸侯之子称公子，公子之子称公孙，公孙之子则各以其父之字为氏。孟孙氏乃春秋时公子庆父之后，故称孟公孙。昔者兄弟长幼以伯、孟、叔、季为序，长者称伯，次长称孟，三弟称叔，四弟称季。昔者谥不得自封，天子崩，谥由上天赐；诸侯薨，谥由天子赐；大夫卒，谥由诸侯赐。谥之美恶大小，必据该人功行之大小、罪恶之深浅而定，不可自封以美谥。生前有大功大行者，必受大名大谥；生前有小功细行者，必受小名小谥；生前无功而有恶行者，必受恶名恶谥。春秋末世，谥多僭礼，恶人多用美谥。

子曰:"无违。" "无",毋也。"无违",毋违。孟懿子之父孟僖子,名貜,谥僖,素有好礼之名,尝侍鲁昭公访楚、适郑、及楚,闻郑楚之政多不如礼,深以为耻,遂发奋学礼,终以知礼而闻于诸侯。

鲁三家僭侈,值孟懿子问孝,夫子谏以无违父命是孝,然夫子之意未止于此,兼谓无违君命也。人能孝则必忠,未有不孝而能忠者,固知孝为礼之本也。考夫子该言,语意似有所指,然又不独为孟孙、叔孙、季孙三家出,此正夫子高妙处也。

樊迟御,子告之曰:"孟孙问孝于我,我对曰'无违。'" "樊迟",姓樊,名须,字子迟,鲁人,或以其为齐人,乃孔门七十二贤之一,少夫子三十六岁,尝兴办私学。樊迟家贫,故继以耕读,为季氏家臣。夫子晚年返鲁,冉求引樊迟入孔门,事夫子五载,乃入孔门较晚者。唐追封为樊伯,宋追封为益都侯,明尊称为先贤樊子。

昔周人车乘皆尚左,故尊者居左,御者居中,陪乘居右。帅车则以主帅居中,御者居车左,勇猛有力之士居车右,执长戈、长矛以杀敌;兵车则以御者居中,甲士执弓居车左,执戈矛居车右。鲁哀公十一年(前484),齐攻鲁,季氏宰冉求率鲁师敌齐,樊迟为车右,固知其人勇武有力、忠勇可嘉。时鲁军心怯,不敢跨沟而战,樊迟、冉求率师逾沟攻敌,终获胜。

"御",御车。"樊迟御",樊迟既仕于季氏,今奉季氏命,或迎或送夫子,以为尽礼也。夫子既答孟懿子无违是孝,恐其未审其义而有所失指,必将问于樊迟,故托樊迟复告于孟懿子。

盖人子事亲之道,当依礼赡养生者,依礼安葬死者,依礼祭奠亡者,且以敬事鬼神为常礼,于是天子知礼,诸侯依礼,大夫皆遵礼法而行。孟懿子必有违礼之处,故夫子对以"无违"。

樊迟曰:"何谓也?" 樊迟复问无违是孝作何解。苟樊迟不问,则夫子无违之说岂可全知。

子曰:"生,事之以礼;死,葬之以礼,祭之以礼。" "死",人之精气穷尽则死,犹冰冻消失之态,是故死亦言澌。"葬",人死,葬于繁杂丛生之野。君子事生者、葬死者、祭亡者如礼,即顺亲也。夫子所谓"生",上谓鲁君,下谓孟懿子之亲;夫子所谓"死",上谓已故鲁侯,下谓已故之孟僖子。昔孟僖子卒,当依大夫礼葬之,审夫子语,私以为孟僖子之丧或有僭礼处。

夫生为人之始,死为人之终,自始至终当依礼而善处,以致人道无缺,君臣合义,父子相亲,民风淳厚。

试译:孟懿子问什么是孝。夫子说:"不违礼是孝。"一日,樊迟为夫子御车,夫子告诉他:"孟懿子问我孝道,我对他说:'不违背礼是孝。'"樊迟说:"这是什么意思呢?"夫子说:"父母在世的时候,要依礼来侍奉他们;父母去世了,要依礼来安葬他们,祭祀他们。"

六

孟武伯问孝。子曰:"父母唯其疾之忧。"

孟武伯问孝。 "孟武伯",乃孟懿子之长子,名仲孙彘,谥武。孟武伯问夫子何谓孝。

子曰:"父母唯其疾之忧。" "唯"通惟。"忧",愁也。夫子此言有二解:一、父母忧子之疾。盖父母爱子之心无微不至,子病则亲心必忧,子安则亲心必安,是故人子者事亲之道当以守身为大。人子安身立命,不妄作胡为,以免父母之忧,是为大孝也。况孟武伯生于世卿钟鼎之家,恐有骄奢淫逸之疾,苟正心修身,亦不辱亲恩矣,夫子告孟武伯之隐义乃在于斯。今从此说。二、子忧父母之疾,当及时请医救治。今不从此说。

按夫子语,人子当知父母爱子之心,故正心守身、节欲寡嗜,乃能免疾,以全孝子之道。苟不知谨爱自重,疏于约身,失于言行,德不进而业不修,狎昵邪恶而疏离正道,其身心之疵尤重,以致失身丧宗、辱没名节,贻父母以大忧,过禽兽之行甚矣。

试译:孟武伯问什么是孝。夫子说:"父母只为子女身心的疾病而担忧。"

七

子游问孝。子曰:"今之孝者,是谓能养。至于犬马,皆能有养。不敬,何以别乎?"

子游问孝。 子游,姓言,名偃,字子游,吴人,少夫子四十五岁。子游问孝于夫子。

子曰:"今之孝者,是谓能养。" "是",只也。"养",奉养,有二义:一者,以衣食医药奉养父母;二者,亲力侍奉父母。

夫事亲之道,庶人与士子有别,庶人之养唯知谨身节用,以衣食医药奉养父母,虽失礼少敬,亦尽力矣。士子之养当以衣食医药奉养父母，且存敬能爱，不失礼仪，以使父母安乐。固知养而敬、敬而安、安而乐，乃君子至孝也。人生于世当以孝为本，君子奉养父母若病致其忧、丧尽其礼、祭尽其诚，全此孝行者方为至孝，若唯以奉养父母为孝，则君子无异于庶民也。

“至于犬马，皆能有养。” “犬马”有三解：一、犬为守御之用，马为役使之用，故犬马为人所豢养而得食。考其所以，夫子岂以犬马以喻人子之不敬，该喻有失苛刻，非似出自圣人口，故不从此说。二、大夫有疾则自称犬马，士有疾则自称负薪，固知古以犬马、负薪为贱称，以示谦卑也，是以大夫、士谦称奉养双亲为犬马之养。此说迂曲，亦不从。三、以喻庶民也，前言庶民之养有养无敬，特以犬马之养喻养而不能敬者，犹犬马唯供人驱使，然不能敬人也。今从此说。

“不敬，何以别乎？” “别”，有别也。此言有三解：一、时人多以衣食医药奉养父母为孝，然豢养犬马皆谓能养，若少敬，则与犬马何异？然夫子岂以犬马喻人父母，故不从此说。二、犬马虽为人所役使，惜乎犬马不知礼敬也。士子养亲失敬寡爱，则无别于庶人之养。今从此说。三、以事亲不必锦衣玉食，虽粗茶淡饭，若尽力赡养父母，又加以敬爱，虽假名庶人犬马之养，可谓至孝也。持此说者以敬养并举，以先敬而后养为宜，且易于倡行，然终非夫子原意，故不从。

综上所述，上孝养志，伸父之志，善父未竟之事；中孝养色，以礼敬之容悦亲之心；下孝养身，颐养亲身，虽家境窘困，然孝子能礼顺心和，以致养而敬，敬而乐，亦不失至孝也。

试译：子游问什么是孝。夫子说；“现在所谓的孝，是只要能养活父母就可以了。庶民的子女都能够养活自己的父母，一个士如果失去了对父母的尊敬,又怎么与庶民的孝加以区别呢?"

八

子夏问孝。子曰:"色难。有事,弟子服其劳;有酒食,先生馔。曾是以为孝乎?"

子夏问孝。 "子夏",姒姓卜氏,名商,字子夏,世称卜子夏、卜先生。晋人,或说卫人、魏人,为孔门十哲之一。值子夏问孝,夫子答以下言。

子曰:"色难。" 人子事亲之际,当以和颜悦色承顺为难。

"有事,弟子服其劳;" "事",操持劳作也。"弟子",《论语》凡言及弟子有七处,五处为门人,两处为年幼者。"服",操持。"劳",劳作。按夫子语,每遇事,皆由弟子操持劳作。

"有酒食,先生馔。" "先生",乃先于我生者,即父兄。《论语》凡言及先生有两处,皆谓年长于我者。"馔"有三解:一、专为长者置办酒食也。然以子夏之财力,终难以酒食久奉长者,故不从此说。二、或以"先生馔"当隐去"生"字,作"先馔",乃谓有酒食则长者先食,然父母先食乃天经地义之事,君子岂以此为孝,故不从此说。三、馔者,馂也,古以食人剩饭为馂。人子及妻日食父母早晚餐所剩饭食,勿使剩余,以为父母惜福;及父逝,其母早晚餐由长子侍奉进食,所剩饭食由弟、弟媳分食,勿使剩余;父母所剩可口之美食,当分与孙辈幼童,勿使剩余。是故夫子该言当作"有事,弟子服其劳;有酒,食先生馂",前言劳者，每有事，必由弟子操持；后言馂者，每有酒食，必父母先食，人子食其所剩者。如此则行文对仗工整，此说可证经。考夫子所谓"有酒食"，若言日常早晚餐，则不必用"有"字，夫子既言"有酒食"，乃谓祭祀之酒肉当父母先食，人子食父母所剩者，以使福酢共沾。

"曾是以为孝乎？" 服劳奉养乃人子本分事，能行之未足称孝，故君子不以此为孝。孔门弟子之材具有高下之别，故问仁问孝各异。考夫子教子夏语，或贬其短，或矫其失，欲使子夏明君子之孝别于庶人之孝。况奉养服劳乃人子分内事，孔门岂以此为孝？凡奉养服劳不足者，其罪大矣。今审"色难"二字，乃古今人所共病也，固当为世人所共省。

试译：子夏问何为孝。夫子说："子女奉养父母能做到和颜悦色是件很难的事。父兄有事，弟子要尽力操持；有祭酒祭肉，要吃父母剩下的。难道能这样做就是孝了吗？"

九

子曰："吾与回言终日，不违，如愚。退而省其私，亦足以发，回也不愚。"

子曰："吾与回言终日，不违，如愚。" 颜回，鲁人，字子渊，孔门弟子。"回"，从口，乃水回转之貌，亦称渊水，故回与渊互证。"不违"，颜子于夫子大道默识心融，闻之即解，触之即明，通乎心而发乎行，故无违。"如愚"，颜子于夫子之道钻仰既久，欲罢不能，竭尽己材以学之，故陶然忘怀，仿佛蒙昧不解之貌，然其似愚而非愚，实已默识，此乐道之境也。

“退而省其私，” “退”，自师处退还居所。“私”有二解：一、乃燕居独处也，而非于学堂进见请问之时，故称私。二、私者，亦称燕私，非授业之所，乃群弟子同居学中之时。此二说可互证。“省其私”，查其居所，能知斯人处世之道，故“省私”乃观人之法。

“亦足以发，” “发”，发明。颜子于夫子之道言而行之，察其退还独处或与同门演绎道义，能发明大体而不违中道，固知颜子力学，入于耳而识于心，闻一知十，其动静之间皆合于中道，且言辞精微，行持庄重，足以为学人所法象，故夫子特许颜子“亦足以发”。

“回也不愚。” 颜子与夫子大道契合如一，即合德也。以闻一知十之才，默识圣人之道而无所问，似愚而非愚，夫子称颜子不愚，实褒其慧也。

夫子与颜子谈性与天道，非常人所能识也。颜子具大智而貌似愚，虽不言而自有条理，此正颜子渐入隳聪黜明、智解皆忘之境也，故于日用、语默、动静之间皆能发明圣理，固知颜子之乐乐在大道，非凡夫意识揣摩所能知也。夫子与颜子既为明道者，于是千言不赘，虽相语终日亦不倦不违。颜子虽无语似愚，然其所悟当在言辞之外，夫子得颜子，实孔门之大幸事，故夫子以颜子为承孔门道统者。

试译：夫子说：“我和颜回终日相谈，他没有提出不同的看法，像个蒙昧愚钝的人一般。待他退下，我观察他私下与人交谈，对我所说的都能有所发明，看来颜回不愚钝啊。”

十

子曰:“视其所以,观其所由,察其所安。人焉廋哉?人焉廋哉?”

子曰:“视其所以,” “视”,瞻视。“以”,用也,即日常行用之事,亦称作为。“视其所以”,乃视其所为也,以知其人之善恶。

“观其所由,”“观”,用目为看,亦称常视,譬如看人外貌之美丑;用心为观,亦称非常视,譬如观人内心之善恶。“观”较“视”更为详致,前者重目识,后者重心观。“由”,行也、从也,即经从也。“观其所由”,其成事虽善,然其初心不善,故不得称君子,是以观其成事,则其人以往之善恶真伪见矣。

“察其所安。” “察”,复审也,即反复审究也。观与察相较,观为感性,尤重于灵感,然易失于形而上;察为理性,重于逻辑,易失于形而下。故观察并举,遂无失也。“安”,意安止于一处,乃有所好乐也,即爱好。“察其所安”,君子乐学,故恒久于道而不退初心。若知其人所乐非道,其意虽善,亦伪也,伪则不善,不善则违道。

夫子所谓视、观、察之法,由表及里,由显入微,以视为始,以观为进,以察为终,依此法观人之深刻,犹见其肝肺于目前。考其所以,视、观、察为三用,以、由、安为三因,借三用而见三因也。“所以”者,即日常现行之事;“所由”者,即由来经历之事;“所安”者,即初心所系之处。该观人之法尤重明理守中,苟不明理则何以观人,苟不中礼则何以度人。

“人焉廋哉？人焉廋哉？” “焉”，问辞，即安能。“廋”，隐匿也。君子以此法观人，则其人安能藏匿。该复言句式同于《礼记》“礼乎礼”等句，以增辞语之韵，以助确切之势。

盖君子知人之道原非易事，学人遵夫子观人之法谛观己身而外观他人，必无误矣，至此方是切身之学问。

试译：夫子说：“查看他的日常所为，观察他为什么要这样去做，分析他的喜好都在哪些方面。他的不良又如何藏匿得住呢？他的不良又如何藏匿得住呢？”

十一

子曰：“温故而知新，可以为师矣。”

子曰：“温故而知新，” “温”有二解：一、温者，寻也，乃寻绎故理之义。考其所以，则“温”古无寻绎之训，至汉许慎、郑玄乃有是说。盖寻与绎连读时，则读寻而不作通假，故寻绎故理之说为演绎也，今不从。二、温通燅，燅通燖，乃温燖也，寻乃燖之古写，与寒义相对，即温热也，置熟肉于热汤以文火浸渍，久则味醇。夫为学之道，温燖素日所学以保不忘失，是故温燖即温习也。

“故”有二解：一、故者，古也，即所学之故事旧闻，此说与“新”相对。夫记问之学虽博闻强记，然所学皆自外来，非发于心田灵苗，故不足以为人师。今不从此说。二、概言典故也，多继述先圣之言，即《六经》。“温故”，乃温习《六经》之学也。

今从此说。

“新”，初也，譬如新生儿亦称初生儿。学人于《六经》之学能通其大义，继而入圣人之道，故《六经》之学乃成己之学、自新之学也，故能苟日新、日日新，久之必洞见赤子初心，以成己成物、达己达人。盖世间真理无二，更无新故可言，学人之功夫唯一心慕学典章，不刻求其新而自成。

“可以为师矣。” “师”，事以显德，德以成事，事德不悖，饱学德隆者方可为师，以使后学有所效法。按周制，塾、庠、序、泮宫、辟雍之师无特定专立，大夫、士年七十致仕归老，时大夫为父师，士为少师，皆以德行官爵之差而设也。当夫子时，大夫、士不必有德而居位，于致仕之际或不能居父师、少师位，或妄居师位而德不配也，且官学废而礼乐崩，学子几无师可从。故大夫、士致仕，当进德修业，常温焵先王《六经》之学，以明君子自新之道，不使有所忘失，如此则明德，乃能自立立他，达己达人，以不渎师位也。

试译：夫子说：“温习圣人的典籍，就能够洞见君子自新之道，就可以做老师了。”

十二

子曰：“君子不器。”

“器”，器皿，能周人之用，万民须臾不可离之。器虽各尽其用，然不能互通。今之学者，各明一义，各守一隅，以一能而成名，惜乎未能贯通大道，更有相互攻忤者，未审殊途同归之理。“不器”，大道周流不息，无所不行，非止于一隅也。故君子之学当以德成为本，以艺成为末，正心修德而不耽于艺。夫德以事显，事以德立，固知修德为众学之本，其济乎万业而不滞，故君子不守一名，不止于一才一艺，不似诸器之殊功一用，故不器，不器则德全，于是开物成务，移风易俗。

夫人之德才，或可小知，或可大受，遂各成一器。唯君子于《六经》之学悉通，于《诗》《礼》之教尽备，或居大夫位，或领冢宰职，或治傧相事，是故成德者体用兼备。君子体无不具，能明事物之理；君子用无不周，能通事物之用。

试译：夫子说：“君子不能像只有一种用途的器具那样，只有一才一艺。”

十三

子贡问君子。子曰：“先行其言而后从之。”

子贡问君子。 “君子”，经论每言及君子，有二义，一者谓成德者，二者谓居位者。然居位者必有德，子贡问君子，必居位者也。考子贡所问，实欲究家国治乱之因，而非为君子小人之辨也。

子曰：“先行其言而后从之。” “言”，直言也，以宣彼此之意。此言句读有二：一、“先行，其言而后从之”，乃谓君子修身备德，当行于言先，能行而后言；小人言不顾行，行不顾言，多言而不能践行,故为君子所恶。此说虽非夫子原意,然可增补第二说。二、“先行其言而后从之”,乃谓居位君子,必寡言慎行,言不轻出,言出必有信,故民人从其教化。苟居位不尊,布政失诚,虽辞费而难以践守,虽多言而失信于民,故居位难久,施政难通。是故君子为政之道,殆于多言,贵于力行。今从此说。

夫君子之政,每垂训立教必躬行而后有言,故君子之言必为人之楷模、世之法则。夫子欲谏居位者,苟谨言慎行,取信于民,民则遵从而依附之。夫子所患者不在言,乃在行之艰也,故箴告于斯。

试译:子贡问执政者应该如何做。夫子说:“先践行自己所说的话,然后民众才会遵从他的教化。”

十四

子曰:“君子周而不比,小人比而不周。”

“君子”,凡经典言君子者,有二义:一、居位者。二、成德者。盖君子居位必有德,是以此二说可互证。“周”有二解:一、忠信。二、公也,即普遍广大也。盖公以义合,失义则难以至公,故忠信者其心不二,于是有始有终,圆满无缺,是以此二说可互证。“小人”,凡经典言小人者,有二义:一、庶民。二、无德者。今夫子所谓小人,乃无德者。“比”,私也,乃阿党朋比也。盖私多以利合,故偏狭处小而不能普遍也。古以五家为比,彼此如邻依附;古以五族为党,上有党首,下有党羽,多固结不友,遂盛气蔓延。固知比者虽寡于党,然其促狭有私,以致徇私枉法,谄上害下。

君子取义,忠信广大以致公也;小人趋利,攀比计较以徇私也。故君子小人之别,唯在义利二字。君子有治学之术,乃有治世之术,故爱无不施,周而不比;小人无治学之术,唯恃治人之伎,故朋比勾结,党同伐异。今夫子语破周比公私之界,以为万世法。

试译:夫子说:"君子正大无私而不勾结徇私,小人勾结徇私而不正大无私。"

十五

子曰:"学而不思则罔,思而不学则殆。"

子曰:"学而不思则罔," "学",六经之学。"罔"通惘,即罔然迷惑而无所知也。盖心之官主思,学而思其义则得,学而不求之于心,则罔然无所得也。学问之道固当精思其理,于日常反复校验之,以明经典之用,故君子之学当博学慎思。或以罔为诬罔,乃谓学问之道未能精思,以致行用乖僻,诬罔圣人大道。此亦可备一说。

"思而不学则殆。" "殆"有三解:一、危殆。此说与上言罔然有失对偶,且其义扞格难通,未合夫子之旨,故不从。二、疲殆。苟好思而不学,疲殆身心而终无所得。此说与前言罔然对偶工整,今从此说。三、殆者,疑也。盖思而不学则事无所证,以致疑不能定，空使身心疲殆。此说可补证第二说。

夫善学者必善思，学而不思则不得悟，思而不学则无由悟，是故学因思而得悟，思因学而得通。夫子斯言义理精深，乃切实心得之语，是以学与思不可偏废，废其一则非罔即殆，非善学者所为。

试译：夫子说："只是一味地学习而不加以思考，就会陷入迷惘；只是一味地思考而不加以学习，就会使身心疲殆。"

十六

子曰："攻乎异端，斯害也已。"

子曰："攻乎异端，" "攻"有二解：一、治也，乃攻治之义。古以学为治，诸如治其书、治其经；抑或专攻于一事一物，诸如专治木石金玉之工。今从此说。二、攻伐，乃攻人之恶也，即攻伐异端之说。此可备一说。

"异端"，异者，乃异于常也；端者，首也，两首为两端。执其两端而不得执中，故不正为异，不中为端，于是违中道而别为异端他说。凡异端者，必暗昧于正理，多偏溺于邪说，行事太过或不及，始为小异，久则大别；大别者，乃别于礼义人伦也。凡殊途同归者皆为善道，然异端他说者，其始既异，其终必异，终不能同归于善道。夫善道者，亦称正典，即儒家《五经》也；殊途者，即《诗》《书》《礼》《乐》也。其为教之途不一，然终能同归于仁。或以诸子百家之杂书为异端，其说多攻忤尧舜，谮毁儒行。

“攻乎异端”有三解：一、攻乎异端者，未通圣人用权之道，故各为一端，彼相悖异，不能以中道治民。或以奇闻动人耳目，或以奇巧行一时之近效，迷惑朝纲，蛊惑上下，致使天下大乱，此风至战国日趋炽盛。今从此说。二、执中而失权，唯知执中而不知两端，行事虽得执中之名，然未审圣人通权达变之道，此犹执其一端也，其害不逊于攻乎异端者。今以此说补证第一说。三、专攻于他技也。技者，乃奇巧异端之技。夫德者，未必无技，技者，未必有德，是故德以润身，技以养身，然徒知养身而不知养德者，固非君子之学。先贤多以通技而不知养德者为异端，故君子重德轻技。此说虽非夫子本意，亦可备一说。

“斯害也已。” “害”，伤害、残祸。“已”有二解：一、语气助词。今从此说。二、止也。攻伐异端之说，以止其害，则圣道愈明；殊类愈别，斯害自止也。持此说者以杨朱为我、墨翟兼爱，以其各执一端而不能兼彼，皆以异己者为非，故斯害匪浅，于是攻伐异端，以免举一废百之害。当夫子时，杨朱、墨翟未降，此二子之说乃盛于战国，且孟子尝斥杨、墨之说为诐行淫辞，未斥其为异端。夫子是语非为针砭杨墨者流，故不从此后儒演绎之词。

盖时人舍中道而旁行，夫子欲戒敕学人心不二用，后之览者，或将有感于夫子劝学之心也。

试译：夫子说：“违反中庸之道而偏执于一端，那就有害了。”

十七

子曰:"由!诲女知之乎!知之为知之,不知为不知,是知也。"

子曰:"由!诲女知之乎!" "由",姓仲,名由,字子路,亦字季路,少夫子九岁,鲁卞人(山东临沂市平邑县),为孔门十哲之一。其人伉直有勇力,尝事夫子周游列国。

"诲",教诲。"女",汝也。"知"有二解:一、识知、觉知。按此说,夫子乃谓"我从来教诲于汝,汝知我所教汝知之之道乎"。二、知通志,乃记志、谨记之义。按此说,夫子乃谓"我所教汝,固当谨记"。此二说互证。盖子路好勇,其初见夫子,或有不知为知之病,故夫子特告以"知之"之道。

"知之为知之,不知为不知," 此四"知"皆读本音,即知晓也。夫子诲子路:于我所教者,汝知则言知,苟不知则言不知。固知不知强言知,此诚无知也,是以君子之学当以意诚为要,内不欺己,外不欺人,尊贤循礼而无所懈怠,方为雅儒。

盖学由见闻而入,必由觉知而成。知者,审思也,不思则何以真知,此犹美馔佳肴,空以见闻则焉知其味美,必亲尝然后知味也。故君子所知者,必能行而后能言之;所谓"知之"者,必能行也,"不知"则必不能行。

"是知也。" "知",智也。君子之学,循知而渐入仁境,能真知则践行无误,故谓之智。

夫心之官主思,善思者必是非明鉴,此圣人心法,千载相传,学人所以博学、审问、慎思、明辨者,皆为求知也。苟不得知，犹盲人冥行，学问必无主；若得知，乃得夫子心法，学问必有主。学人知或不知，固当自知，已知则更上层楼，未知则藉闻待入。学人以不知为不知，则求知之心昭然，人必教我以知，于是道不远也；苟以不知强为知，乃自闭求知之门，于是失己失人，终不得真知矣。

试译：夫子说："由啊！我教诲你知之之道，你要谨记啊。你知道就是知道，不知道就是不知道，这才是明智的学习态度。"

十八

子张学干禄。子曰："多闻阙疑，慎言其余，则寡尤；多见阙殆，慎行其余，则寡悔。言寡尤，行寡悔，禄在其中矣。"

子张学干禄。"子张"，姓颛孙，名师，字子张，陈人，其人勇武友善，少夫子四十八岁。鲁哀公十八年(前477)，子张将返陈，时楚灭陈，子张移家至萧县。唐追封其为陈伯，宋追封为宛丘侯，后改封颍川侯，南宋封陈国公，后改称陈公，明改称先贤颛孙子。

"学"，问也，即问干禄。盖士之所学，志于干禄则不虚也，然若以子张入孔门专习干禄则过矣，况周制既倡宦学，孔门岂讳干禄之学，故君子之学必专志于道，则禄在其中矣。且《卫灵公十五》之五录有"子张问行"，固知子张所学非专务干禄，乃志于君子之学也。

"干"，求也。"禄"，禄位。禄即月俸，位即爵位；禄乃仕者之俸，故求禄亦称求仕。禄之大小依爵位之次第而定，天子有赐夺臣子禄位之权。儒者，亦称儒业，乃精通礼、乐、射、御、书、数之术士，必待三年大比以选其贤者而定爵赐禄，然后官之，遂出仕，亦称干禄。春秋末世，选举制废，贤者多隐而不仕，考子张该问，乃欲请学古制得禄之道也，以示得禄当不失其道。

自古有造士、选士之法，在汉称征召，在隋称进士，皆必有所论试然后得中。是故干禄之学不外乎言行二科，皆上合于文礼二教之旨，下合于君主、主考之好，久之则重在得位而失于修心，几成仕学之通病。今子张问干禄，夫子告以言寡尤、行寡悔之道，以正君子之学，以定士子之心，以使士心不为俗禄之风所扰乱。观子张平生，终未仕，固知其人非希利慕禄之徒也。

子曰："多闻阙疑，" "多闻"，闻通言，君子必闻圣言以入道，必广闻博识以厚德。"阙"，空也，所学有未明之义，当阙空而存疑。"疑"，学而未信，故疑。

"慎言其余，" "余"，足也。学人心无所疑谓之足，虽足，亦当慎言之。

"则寡尤。" "尤"，过也、怨也，乃自身外至。"寡尤"，即少过少怨。君子之学必广闻蓄德，疑则阙之，不疑则慎言之，故少过寡怨也。

"多见阙殆，" "多见"，见者，行也；君子所学必多见，见圣者之行以为己行之准，必践行圣迹以达其功。"殆"，危也，学而未安故危。或以危通疑，疑而不决则危，此说亦通。按夫子语，学人于未谙之理，当阙空存疑，以待明哲。

"慎行其余，" 学人心无不安，亦当慎行之。

"则寡悔。" "悔"，悔恨，乃自心内出。君子之学必多见而达功，故少悔寡恨。

“言寡尤，行寡悔，禄在其中矣。” 干禄之道不假外求，若言行寡过少悔，虽未得禄而禄自至，则同于古君子得禄之道。按周制，乡里选士，必择学业精良、品行先达者而官之，是故寡尤寡悔乃得禄之道也。时贤者虽寡尤寡悔亦有不得禄者，得禄或不得禄，固当顺乎其命。今子张问干禄，岂似世间邀名慕利之徒，况学子仕宦乃常理也，故夫子告以得禄之道。

子张夙日言行或偶失于慎，夫子以是言欲救其失，以进其学，以定其心，欲使其不为利禄所动也。是以君子之学固当谨言慎行，遂远尤悔也，于是得禄不喜，失禄不忧，乃能修身知命，修福随命。

试译：子张请教夫子官禄之道。夫子说：“要广闻，有可疑之处将它保存起来；谨慎地讲出自认为正确的那一部分，这样就可以减少懊悔。言语少过失，行事少懊悔，那么官禄就在其中了。”

十九

哀公问曰：“何为则民服？”孔子对曰：“举直错诸枉，则民服；举枉错诸直，则民不服。”

哀公问曰：“何为则民服？” “哀公”，鲁哀公，姓姬，名将，乃鲁定公之子、鲁悼公之父，春秋时鲁第二十六任君主，薨于公元前468年，谥哀。夫子既为鲁人，故本节不称鲁哀公，直称哀公。鲁爵既为侯，今何以公称？盖侯、伯、子、男诸爵于其国中，臣子皆尊为君父，故褒称为公。

周爵设公、侯、伯、子、男五等，尤以公爵为至尊。昔纣王以周西伯昌、九侯、鄂侯为三公，至周初，周公为太宰，召公为太保，太公为太师，合称天子三公；至秦乃称三司，以丞相、太尉、御史大夫合称三公，故三公之制于秦汉已成定制。“何为”，何所为也。“服”有二解：一、服从。二、畏服。此二说可互证，盖人能畏从，方有所任使。

考哀公该问，不似齐桓公问管仲称伯之道，弗如秦穆公问商鞅称伯之道，固知民服则国安，民不服邦危。是以哀公问“民服”之道，以引夫子至论也。

孔子对曰：《论语》录卑者每与尊者言，皆备称卑者之姓名，是以君每问，必称孔子对曰，以示尊君。

“举直错诸枉，则民服；” “举”，举荐，即举而用之。“直”，正直，持正见者为直，行不曲者为直。“错”通措，即废弃也。“诸”，之也，乃指示代词，即投弃于下也。“枉”，邪曲，即违于正道。按夫子语，君上举拔正直有德者，废弃邪曲无德者，民则服矣。

“举枉错诸直，则民不服。” 君上任用邪曲无德者，废弃正直有德者，民则不服。

春秋末世，世卿居位持禄，多不称其职，致使贤者隐匿，虽贤者偶有仕宦者亦多居下位。夫子以举措之道告哀公，欲使正直者居上位，以尽其才，欲使邪曲者居下位，以受其治，如此则举措得义，民安能不服。苟举措失义，致使小人得位，君子失位，民岂能服之。盖为政者举措得当，于是拨乱反正，家国得治；苟举措不当，致使群小为乱，国运渐衰。故夫子告哀公以亲君子远小人之道,以为万世之法。

试译:鲁哀公问道:“如何做才能使百姓敬从呢?”夫子回答说:“举拔正直有德的人,废弃邪恶无德的人,老百姓就会敬从了;举拔邪恶无德的人,废弃正直有德的人,老百姓就不会敬从。”

二十

季康子问:“使民敬、忠以劝,如之何?”子曰:“临之以庄,则敬;孝慈,则忠;举善而教不能,则劝。”

季康子问: “季康子”,姓季孙,名肥,谥康子,为鲁正卿。凡死者追以谥,生者封以号,各有其义,故合称谥号。谥有一言、两言之别,季康子谥康,乃一言之谥;岳飞谥武穆,乃两言之谥。凡有爵有功者卒,多追以谥,以别尊卑而彰有德也;卿大夫若居位无过,身后亦得谥。按周制,有安乐抚民、令民安乐之功者,得谥康,季康子身后得该谥则其功可知也。考季康子是问,当在夫子晚年返鲁后。

“使民敬、忠以劝,如之何?” “使”,使令。“以”,连词,而也。“忠”,尽心不欺,事上不二。君子有智、仁、圣、义、忠、和六德,忠居其五。“劝”,劝勉也。季康子欲使民人敬忠勤勉,乃有斯问。

子曰:“临之以庄,则敬;孝慈,则忠;” “临”,视也,居高以视下、临下也。“之”,庶民。“庄”,仪容端严。“孝慈”,尊老为孝,爱幼为慈。居上位者临民以庄敬,则民必敬之;居上位者孝亲慈幼,则民必忠之。

“举善而教不能,则劝。” “举善”,荐举贤才。“教”,上有所施,下必有所效,此不言之教也。居上位者举用贤者,以行不言之教,则民必得以劝勉,于是知礼明义、上下和睦。

居上位者威仪端严,其民必畏而敬之,效而法之,故君子居位有威,施舍有度,待人有礼,容止有节,行事有法,言辞有文,叙事有章,以为万民法,民必敬而法之,以成不言之教。春秋末世,卿大夫皆世袭,贤才多隐于野,夫子欲复选士之旧措,遂出此谏言。

试译:季康子问夫子:“要使民众恭敬、尽忠、勤勉,应该怎么做呢?”夫子说:“对民众态度庄严恭敬,他们就会尊敬你;你能做到孝亲慈幼,他们就会对你忠心;选用品德高尚的人以行不言之教,他们就会勤勉而努力了。”

二十一

或谓孔子曰:“子奚不为政?”子曰:“《书》云:‘孝乎惟孝,友于兄弟,施於有政。’是亦为政,奚其为为政?”

或谓孔子曰:“子奚不为政?” “或”,有也,言有其人而不显其名,故略称或。“谓”,说也。“奚”,何也,乃疑问词,即何不。“子”,夫子尝为下大夫,故尊称子。本节录“或谓孔子曰”于“季康子问”“哀公问曰”之后,乃以先后次序而列也,皆于夫子六十八岁返鲁后。昔夫子去鲁司寇位而游列国,暮年返鲁犹居下大夫位,有闻政之权,无出仕之责,或人以夫子既居其位则必为其政,特问夫子何不为政。

朱熹尝有云:"盖孔子之不仕,有难以语或人者,故托此以告之。"(见于中华书局版《四书章句》第60页第4行)按朱子语,昔鲁三桓专鲁僭君,迫鲁昭公去位往齐,又另立昭公弟姬宋为鲁君,乃鲁定公也,夫子耻昭公无正终、定公无正始,故不仕,遂托孝友之辞以讥之。苟如是,则夫子以下论上,既失于礼义,亦失于忠孝,固非圣人所为,故不从朱子此说。

子曰:"《书》云:'孝乎惟孝,友于兄弟,施於有政。'是亦为政,奚其为为政?" "《书》云",即《伪古文尚书》所云。前言"孝乎惟孝,友于兄弟"用"于",乃《尚书》语也;后言"施於有政,是亦为政,奚其为为政"用"於",乃夫子语也。故此语句读当作"《书》云:'孝乎惟孝,友于兄弟。'施於有政,是亦为政,奚其为为政?""施",施行。

"孝乎惟孝",是言乃大赞周公之子姬陈至孝双亲也。"友于兄弟",是言乃大赞周公之子姬陈友善兄弟也。"施於有政,是亦为政,奚其为为政",按夫子语,姬陈孝至亲而友兄弟,故合乎为政之道,若似姬陈之孝亲友弟,能推及此心于政令则同于为政,何必居位而为政也。

时王道萎靡,礼乐废弛,诸侯以强凌弱,以众欺寡。夫子悲道德之不张,哀礼乐之不行,遂治《五经》以为万世法。究《五经》之学,温柔敦厚乃《诗》教之旨,穷通知远乃《书》教之旨,怡情乐性乃《乐》教之旨,恭敬端庄乃《礼》教之旨,洁静精微乃《易》教之旨,修辞喻事乃《春秋》教之旨。且《五经》备言仁、义、礼、智、信五常之道,故能成就学人之德行,且以孝亲友弟为齐家之要。苟孝友之道得以张,则犯上作乱者鲜有,乱臣贼子皆受其治,于是家齐国治、天下安平。固知孝悌既为儒士之本,亦为从政之本,乃人间第一大伦也。

试译:有人对夫子说:“您为什么不去从政呢?”夫子说:“《尚书》说:‘孝啊!姬陈真是孝啊!又能够友爱自己的兄弟。’如果将这种孝悌推及于政令之中,那就相当于从政了,何必认为只有做官才算是从政呢?”

二十二

子曰:“人而无信,不知其可也。大车无輗,小车无軏,其何以行之哉?”

子曰:“人而无信,” 盖人之无信,其语必无实,如此则何以立世,何以行乎乡党州里间,以致家不能齐、国不能治。君臣失信则百姓毁谤,社稷不稳;为官失信则贵贱无序,贫富相轻,少不尊长;赏罚失信则民犯法而不可使令也;交友失信则民人离散怨恨,无以相亲。

“不知其可也。” 乃谓其不可行也。

“大车无輗,小车无軏,其何以行之哉?” “大车”,车音居,乃车行所以居人也;大车,即牛驾之车,为卿大夫所居乘。其轂(轮心至边际之长度称轂,即轮半径)长三尺,能通行于崎岖山地。“小车”,即驷马之车,居中两马称两服,两服之侧随行两马称两骖。小车轻便，故多用于兵车、田车、乘车。“輗”，即牛车车辕前端与束牛颈用横曲木衔接之销钉，长约十八寸。“軏”，即马车车辕前端衔接横木之活销，长约四寸。

车失輗軏则不行，人失信则不立，故人道贵信。夫仁、义、礼、智、信为五德，失信则仁、义、礼、智四德无托，固知失信而慕仁则伪仁无益，失信而慕义则私利刚猛，失信而慕礼则浮华无实，失信而慕智则诈巧能辩。是故学子入道，当以信为入手工夫。

试译：夫子说：“人如果言而无信，真不知道他是怎么立于人世间的？就好像牛车没有輗，马车没有軏，车又该怎么行进呢”？

二十三

子张问：“十世可知也？”子曰：“殷因于夏礼，所损益，可知也；周因于殷礼，所损益，可知也。其或继周者，虽百世，可知也。”

子张问：“十世可知也？” “世”，古以三十年为一世，十世即三百年。夫十世者，乃谓年湮代远也，后世欲知前世，近者易闻而远者难知，故子张问及十世，以为远计也。或以天子受天命而改朝换代为一世，此说亦通，然终非子张本意。

昔武王灭殷，封夏后裔东楼公于杞，封殷后裔微子于宋，以使杞宋庙祀不息，国祚绵延。春秋末世，礼乐崩坏，夫子欲考夏殷之礼，已不能征之于杞宋，自周初以至夫子之世，虽历数世犹如此，则十世之久堪忧也。故子张问于夫子，若朝代更迭历十世，可否预知礼法文质因袭损益之道。该问当在夫子暮年返鲁之后，时子张已既冠之年也。

子曰："殷因于夏礼，所损益，可知也；周因于殷礼，所损益，可知也。 "夏"，地名，以产盐著称，尝誉为"大夏之盐"，位于陕西夏县。"殷"，地名，原称商，位于河南商丘，自盘庚迁都殷（在今河南安阳），遂改称殷，或殷商并称。"周"，地名，亦称岐周，地处岐山之阳，位于陕西岐山县。"因"，因袭继承也。昔帝舜承帝尧禅让，又禅位于禹，乃因袭之证也。夏礼因袭唐尧虞舜之制，何以独言因袭而不言损益之道？盖尧、舜、禹三圣其道相授，如一而不变，守一而尚同，故唯言因袭。"损"，损减，乃废除变革也。"益"，乃增益改善也。

夏、殷、周三代之礼递相因袭，虽历千载不绝。考其所以，夏礼尚忠，其弊易使民人固陋愚顽，放纵野蛮，朴实少文；殷礼尚质，其弊易使民人荡佚浮躁，好胜少耻；周礼尚文，其弊易使民人贪利好巧，文过掩非，谄佞薄仁。是故三代之礼既彼相因袭，亦各有损益。为政者明此损益之道，苟秉承夏礼，必也救其忠弊；苟秉承殷礼，必也救其质弊；苟秉承周礼，必也救其文弊。夫夏禹、殷汤、周文武王统称三王，皆以礼教为三朝治国方略，故称三统，即夏为人统、殷为地统、周为天统；亦称三正，即夏为人正、殷为地正、周为天正。三王总民风之优劣，避前朝之不足，以成忠、质、文三代之礼。然极则返本，忠、质、文三者周而复始，相序连环，乃天地运行之理，阴阳变化之道。盖天子新朝必改制，固当斟酌文质，顺乎人情，是故因、损、益之道，既为夏、殷、周三代礼制更替之法，亦为万世法。

“其或继周者，虽百世，可知也。” 后有继周之新朝虽历百世，其礼制因循损益，亦可预知也。夫文以法天，质以法地，历代帝王所不易者，唯礼制也，然则礼有贵文者，亦有贵质者。文质或兴或废，代有不同，必依礼教为条贯而治之，虽历百世，其循环往复者，无非所因、所损、所益三事也，故夫子谓“虽百世，可知也”。

昔秦皇一统，未及二世而亡国，考其因，乃不审实事变异之规，且未循文质损益之道，舍礼教而专务刑罚，弃周道而欲求力治，殊不知以力取天下者，焉能以力治天下，此其亡国之因也，亦可反证夫子之确语。

考夏禹、商汤、周文武王礼制损益之道，夏禹以寅月（孟春）为正月，正月建寅之说始于此，其朝服、车马、仪仗皆尚青色，既称人统，亦称黑统。商汤以丑月（阴历十二月）为正月，其朝服，车马，仪仗皆尚白色，既称地统，亦称白统。周成王、周公以子月（阴历十一月）为正月，其朝服、车马、仪仗皆尚赤色，既称天统，亦称赤统。此乃三王更替三统、因循损益之措也，鉴于斯，历朝天子于始创之际，必统一度量、制礼作乐、变历法、易服色、定徽号，皆依朝代更替之定数而有所损益也。

夫礼教之治，为历代帝王所因袭者，乃三纲五常也。三纲者，即君为臣纲、父为子纲、夫为妻纲，其阴阳相生，刚柔相济，阳得阴而成，阴得阳而显，以成君、臣、父、子、夫、妇六者。五常者，亦称五性，乃仁、义、礼、智、信也，仁者爱人施惠，义者能决得中，礼者行道有文，智者真知不惑，信者诚一不二。三纲五常既为人伦之常道，虽万变而不舍其宗，是以历代帝王所不变者，乃同族相亲、尊祖敬宗、兄友弟恭、男女有别四事也，该四事唯因循而承之,不可有所损益也。

今夫子所答者,礼也;子张所问者,亦礼也。考子张所以问者,乃为欲知将来也,自兹以后,以至百世,礼制既为宰治万方之大伦,固当预知也。夫子答以知往则必知来,圣王洞彻因袭损益之道,且能上行下效,承大统而立新世,于是人心大正,宇宁道行,虽百世必可预知也。盖学人意诚、心正、身修,以致家齐、国治、天下平,须臾不可无礼也,是以礼者乃人所共依,舍礼而言他则失本也。圣人汲汲于礼教大伦,其苦心孤诣,实不孤也。

试译:子张问夫子:"三百年以后的礼制可以预知吗?"夫子说:"殷朝继承夏朝的礼制,损减与增益是可以知道的;周朝继承殷朝的礼制,损减与增益是可以知道的。以后有继承周朝的新王朝,即使历经百世之久,它的礼制也是可以预知的。"

二十四

子曰:"非其鬼而祭之,谄也。见义不为,无勇也。"

子曰:"非其鬼而祭之," "鬼"有三解:一、人死必归于土,谓之鬼。鬼字从甲从厶,亦名甲,其母名癸。据传,甲带长弓而善射,且才华出众,尝高中魁星,因获罪于天帝,遭阉割而后诛杀,遂沦为鬼,厶者,乃其遭阉割之生殖器也。鬼才高八斗,相貌奇丑,毫无阳气,为阴气凝结之魄。二、按周制,正卿大宗伯司春祭,司天神、人鬼、地祇之祀,故鬼乃天神、人鬼、地祇之统称。三、祖考。祖者,祚也,先祖所遗之福、禄、位,统称祚,谓之祖。先祖德厚,其子孙之福、禄、位必厚;先祖德薄,其子孙之福、禄、位必薄。父死称考,考者,槁也,乃死义。父、祖、曾祖、高祖、远祖、王考、皇考、显考统称祖考。

该语有三解:一、按周制,天子、鲁侯祭祀泰山之神,谓之封禅,非卿大夫所能为也。昔季氏逾制而祀泰山之神,乃“非其鬼而祭之”之证也,固知妄滥越分之祭,谓之淫祀,淫祀则不得神佑。二、非其祖考则不祭也。周天子祀天地之神,诸侯祀社神、谷神,大夫祀门神、灶神、行神、户神、中雷神,士与庶人唯祀先祖与灶神。天子、诸侯、卿大夫、士、庶人祖考之祭亦各遵其制,天子祀祖考设七庙:中为太祖庙;左三庙称昭庙,乃文王庙、高祖庙、祖庙;右三庙称穆庙,乃武王庙、曾祖庙、父庙。诸侯设五庙:中为太祖庙;左昭庙为高祖庙、祖庙;右穆庙为曾祖庙、父庙。大夫设三庙:中为太祖庙,左为昭庙,右为穆庙。士设一庙,庶民不设庙,祭祖于正寝。昔鲁桓僖二庙尝遭火厄,夫子居陈而闻之,已预知所焚者必桓僖二庙,盖鲁祖庙之数逾制也,故遭天火。春秋末世,淫祀滥觞,多僭制违礼,夫子乃有是言。三、明堂,亦称祖庙,以为策功序德也。凡有功于社稷者,当其卒,必位列明堂受享祭祀,诸如因公殉职者、平定战乱者、法令惠民者、能御灾荒者、能定大乱者皆享祀。凡不义僭礼者、欺君害上者、祸国殃民者皆不得位列明堂享祀。苟无功之鬼享祀,即“非其鬼而祭之”也。公元前481年,夫子年七十一,时齐大夫陈桓弑齐简公,陈氏有害上大罪,死后不得位列明堂享祀,然陈氏篡齐,明堂易主,宗庙改祀,非礼而受享祭祀,是为乱礼也。此三说可互证。

“谄也。” “谄”,谄媚。非其鬼而祭之,是为谄媚,故神鬼不佑也。

“见义不为,无勇也。” “义”,当为则为,义也;当为而不为,无义也。“勇”,临事能断,勇也;知义而不为,无勇也。陈桓弑君,乃弥天大罪,人神共愤之,岂能不诛。于是夫子奏请鲁哀公、三桓以伐陈桓,未果,夫子以鲁侯不讨陈氏,是无勇也。或以冉求未谏季氏祀泰山之神,故夫子责其“见义不为,无勇也”。此二说虽异,然其理一也,故并列于斯,以资后学。

按夫子语,非鬼而祭、见义不为,斯弊必有其源。自古天下有为之士藉义勇以成其事,无义则失于中道,无勇则失于懦弱。昔项籍有勇无义,坑降卒二十万,焚阿房宫三百里,卒失天下,此千古一理也。

试译:夫子说:“不是你应该祭祀的鬼神而去祭祀了,这就是谄媚。遇见正义的事却不肯去做,这就是没有勇气。”

論語正述·八佾篇

一

孔子谓季氏:"八佾舞于庭,是可忍也,孰不可忍也。"

孔子谓季氏: "谓",言及也,乃评论之辞,即遥相称论也。"季氏",鲁正卿季孙意如,谥平,史称季平子。其祖上乃季文子,季文子生季武子,季武子生季悼子,季悼子生季平子,季平子生季桓子。季平子佐鲁昭公近十年,其为人跛扈,尝纠合叔孙氏、孟孙氏胜昭公、郈氏、臧氏联军,迫昭公去位奔齐。齐待昭公以大夫礼,既而昭公适晋,季平子以重金贿晋六卿,晋使昭公居乾侯,季平子以大夫位摄鲁君事。"氏",有歌功颂德、勉人为善、以别尊卑之用,或以官位得氏,或以职业得氏,闻其氏则知其德行禄位也。盖夏之前姓氏一分为二,男子以氏称,女子以姓称,尊者得氏,卑者有名无氏,氏同而姓不同者可通婚,姓同而氏不同者则不可通婚,夏、殷、周三代以后姓氏渐合而为一。上古多以母姓为姓,故古姓多设女字旁,诸如姬、姜、姒、姚。或以国名为氏者,昔曾子之祖鄫太子适鲁,改鄫姓曾,依此类推,则齐楚燕赵韩魏秦亦然。或以邑名为氏者,春秋时晋卿荀首之采邑位于智(今山西永济市),故以智为氏,智氏乃晋大族,于公元前453年为韩、赵、魏联军击败,史称"三家灭智"。古时凡以邑为氏者约两百余家,或以乡亭之名为氏者,诸如陆、阎、郝、裴;或以居住地为氏者,诸如东郭、南郭、西郭、北郭;或以先人之字为氏者,诸如周平王之庶子林开,其后裔以林为氏。或以兄弟次第为氏者,长子称伯、孟,次子称仲,三子称叔,四子称季;鲁庄公之弟庆父,身为次子,故称仲孙氏,因弑君之罪,其后人改姓孟,或称孟孙氏。或以官职为氏者,诸如司马、司徒、司空、司寇、司士;或以职业为者,诸如巫、陶、屠。鲁之季氏,乃以兄弟次第为氏者也。

"孔子谓季氏",该句式同于下文"子谓公冶长""子谓南容",乃夫子评述季平子也。昔者称上大夫不当直呼其名,故称季氏。

"八佾舞于庭," "佾",乃乐舞行列之称,一佾为八人之列,"八佾"乃六十四人之方阵。汉儒或以佾通溢,八佾亦称八溢。

夫子是语有二说:一、天子用八佾,诸侯用六佾,大夫用四佾,士用二佾。盖八、六、四之偶数皆效法八风、六律、四时,周天子下设公、侯、伯、子、男五爵,故天子用八佾、诸公用六佾、诸侯用四佾合于此序。苟从此说,以天子用八佾、诸侯用六佾,则诸公何以用?诸公所用又岂与诸侯同。故不从此说。二、周天子用八佾,诸公用六佾,诸侯用四佾,大夫、士位列朝臣,不得享佾舞。今从此说。古以乐为阳数(奇数),易为人所感知,故用阴数(偶数)记之,以使阴阳平衡。

佾舞之数依天子、诸公、诸侯之位而设,有二说:一、汉儒以天子八佾即八八六十四人方阵之舞,诸侯六佾即六八四十八人之舞,即横八竖六;大夫四佾即四八三十二人之舞,即横八竖四;士二佾即二八一十六人之舞,即横八竖二。按一佾为八人，横列每佾八人，唯递减纵列之人数。此说合于马融、朱熹之说，今不从。二、八佾为六十四人方阵，六佾为三十六人方阵，四佾为十六人方阵，二佾为四人方阵。固知自天子以至诸公、诸侯，纵列横列皆以二佾递减，其行数、人数、纵横皆同。今从此说。

季氏何以成八佾之舞？况八佾之舞既为周天子之乐舞，又何以存鲁？考其说有二：一、周天子赐鲁八佾之舞以祀周公，季氏僭以八佾之舞祀其先祖。二、季氏私备四佾之舞，又僭用鲁侯四佾，遂成八佾。周佾舞有文舞武舞之别，于鲁襄公时乃有“万者二八”之说。万者，武舞也；二八者，盖季氏专权，侵用襄公六佾之四佾，则鲁襄公唯余二佾。固知季孙意如之祖于鲁襄公之世已僭用八佾，至季孙意如已成惯制。

“舞”，舞乐，有舞必有乐。文舞用羽龠籥，亦称羽舞、龠舞；武舞用盾牌、大斧，亦称干舞、万舞。周以武功得天下，于祭祀时则武舞在先，文舞在后。“庭”，乃祭庙之堂前阶下。歌者于堂上歌颂先王之德，舞者于堂下赞美先王之功。按周制，大夫设祖庙，太祖庙居中，左为昭庙，右为穆庙，三庙之堂下谓之庭。

昔周公辅政，尝平定三监之乱，又制礼作乐，终以德政治天下，又归政于周成王，遂开“成康之治”。周公长子伯禽封于鲁，周成王、康王赐八佾之舞于伯禽，以祀周公，故八佾之舞得存于鲁。季孙氏僭用八佾祭祖，实不德也。

“是可忍也，孰不可忍也。” “是”，此也。“忍”，容忍。鲁乃礼仪大邦，季孙氏僭用八佾祭祖，实大逆也，其罪同于杀父弑君，故夫子发此重斥，固非牢骚之辞。盖主弱臣强乃为乱之始，时人皆忍季孙氏僭礼，鲁昭公亦不能依礼而止之，夫子既慨于昭公以强忍之心维系君位,亦愤于以季氏之恶而不得诛,夫子欲儆国君、大夫、士,遂出是言。

季氏僭用八佾之事未录于《春秋》,盖《春秋》不录大夫之祭,故本节所录者,可补史书之阙。

试译:夫子在谈到季平子时说:"他在家庙庭中用天子的六十四方阵之舞祭祀祖先,人们对这种僭越的行为都能忍让,还有什么不能忍让呢?"

二

三家以《雍》彻。子曰:"相维辟公,天子穆穆,奚取于三家之堂?"

三家以《雍》彻。"家",卿大夫称家,臣于大夫之士称家臣,亦称仆。"三家",鲁大夫孟孙氏、叔孙氏、季孙氏,三家之祖乃庆父、叔牙、季友也,三人皆鲁桓公之子,世人以三家皆桓族,故合称三桓。季氏立桓庙,与孟孙、叔孙共祀三家之先祖。前节录季氏"八佾舞于庭",乃在桓庙之庭也;本节录"三家以《雍》彻",乃在桓庙之堂也。

"《雍》",乃《诗经·周颂·臣工之什》之篇名,全诗一章十六句,乃周成王撤祭之颂诗,夫子是语乃引自"有来雍雍,至止肃肃,相维辟公,天子穆穆"也。"彻"通撤,去也,祭毕以撤其俎。有二解:一、天子食毕,诸侯相见食毕,送宾,歌此诗以撤肴馔。二、周成王春祭太祖文王,歌此诗以撤祭。夫子乃谓撤祭歌《雍》也,今从第二说。

按周制，大夫祭毕不以乐撤，今三桓歌《雍》撤祭，故僭礼。昔周成王以《雍》乐赐鲁侯伯禽，以为春祭周公之用，故得存于鲁。然则周公虽有大功，终为臣子分内事，周成王岂以天子礼乐赐伯禽，故成王之赐、伯禽之受皆违制，此承袭之弊，其始已乱矣，终致三家僭佾歌《雍》。是以夫子是语，亦慨于成王赐礼乐之不当也。

子曰："相维辟公，天子穆穆，" "相"，为也，即助祭。"维"通唯，乃语助词。"辟""公"有二解：一、辟者，君也，概言诸侯；公者，专言夏后人杞君、殷后人宋君，此二君尝助祭于周成王。二、辟者，周天子之百官也；公者，诸侯也。周成王春祭文王，于是百官主内，诸侯主外，以成春祭之礼。今从第二说。

"天子"，乃天下第一等爵称，是以天子以天下为家，故称天家。上古伏羲氏、神农氏皆称皇，尧舜皆称帝，殷、周皆称王，秦王嬴政始称皇帝。"穆穆"，乃谓周天子容止庄敬，气度肃穆。时助祭者为公侯百官，主祭者为周天子。

"奚取于三家之堂？" "堂"，古之宗庙设梁五架，位南四梁称前楣，其下为堂；位北第五梁称后楣，其下为室。每祭祀则祭在室、歌在堂、舞在庭。三家于桓庙祭毕，歌《雍》彻祭，故夫子讥之。

试译：鲁国的孟孙、叔孙、季孙三家大夫，在祖庙祭祀他们的祖先，唱着《雍》诗撤收祭品。夫子说："《雍》诗中说：'助祭的是百官和诸侯，主祭的是庄敬肃穆的周天子。'怎么能在三家的庙堂上唱这样的诗句呢？"

三

子曰:"人而不仁,如礼何?人而不仁,如乐何?"

礼节,乃仁之貌;歌乐,乃仁之和。唯仁者能行礼乐,是故为政者贵礼尚乐,于是上安下治,移风易俗。

"仁",爱人也。能仁者必诚,唯祭祀以诚,乃臻天人合一之境。失仁者必失诚,人心若亡,礼乐安能饰之,虽祭祀又何益。固知古制皆依礼而定,文饰皆依礼而生,无礼犹水之无源,犹木之无根。苟僭礼者行礼乐之事,犹沐猴而冠,故仁者行礼如礼,行乐如乐。夫礼之貌者,即铺设几筵、升堂下堂、献酒进馔、举杯酬酢诸事;夫乐之貌者,即行缀兆、挥羽籥、击钟鼓诸事。君子能仁如礼,爱己爱人,言而能行,以致内外皆乐、天下太平。

夫子该语但为季氏出,季氏舞八佾、歌《雍》彻,僭滥王者之礼乐,实不仁也。春秋末世,礼乐征伐自大夫出,时人多尚利僭礼,遂渐开战国之乱。考夫子斯言重仁,能仁,必得天下之正理;苟失仁,则天下无序而乱也。故仁以爱人为本,能仁则人道立、礼乐正;不仁则人道失,徒行礼乐之表而失其质也。

试译:夫子说:"人若没有仁心,将如何运用礼呢?人若没有仁心,将如何运用乐呢?"

四

林放问礼之本。子曰："大哉问！礼，与其奢也，宁俭；丧，与其易也，宁戚。"

林放问礼之本。 林放，字子丘，春秋时鲁清河人，乃比干第二十七世孙，尝逃难于长林之下，遂以林为氏，值周敬王时为鲁大夫，拜为太傅。唐赐号"清河伯"，从祀于孔圣庙西庑首座，后祀于乡贤祠，宋追封为长山侯。或以林放为孔门弟子，位列七十二贤人，然《史记·仲尼弟子列传》无林放其人，故不以弟子称，唯称鲁人林放。

"本"有二解：一、万物各有其本，礼亦有其本，盖仁义礼智信皆根于性，故性为礼之本。苟见性，则礼之全体得矣，遂得中道也，君子执中道而天下治。二、本者，初也。事自有始终，物皆有本末，夫礼之本者，乃礼之初也，其初必始于饮食，故始为礼者岂能有奢，后世企奢慕华者，皆有违礼之本也。今从第二说。夫以俭为本，虽俭而不失仪文；以戚居丧，虽戚而不失丧纪。今疑俭、戚虽近乎仁，然未足以兼具礼之大体。林放问礼之本，固知时人多以奢易为礼，其意礼之本必不如此之奢，故有斯问。

夫礼者，理也，即天理人理也，为政者以礼治国则民人和睦安平。昔周公制礼，取夏殷礼乐之长而避其短，斟酌周初之人情风貌而成乐舞，以为周礼之典章，开文治礼治之先河。盖朝代虽因时而易，然历代帝王承袭不变之本唯礼治也。按周制，世卿大夫祭用太牢，士祭用太牢则为窃。昔管仲居大夫位，僭天子、诸侯之礼以祭，是为逾制也；昔晏子祭祖，其祭品寡甚，祭服俭甚，是为失礼也。是以管仲过之而晏子不及，皆有违中道。固知太过则失大，不及则失小，皆失其本也。

盖周礼尚文，乃文之极也，故文多质少；殷礼尚质，故质多文少；夏礼尚忠，乃质之极也，故质胜文远矣。每于政教衰微之际，三朝之弊各异：周人尚文，民人贪利取巧而不知惭，欺诈而不相亲；殷人尚质，民风躁而不静，民人放荡无拘，争竞好胜而不知耻；夏人尚忠，民风固陋而少教，民人愚而无知，骄横肆野。是以文与质互依而相制，过文则失于奢，过质则失于野，文质彬彬乃礼之道也，遂使文质各得其所，亦礼之本也。综上，礼之本有三：一、先王制礼，当承袭历代帝未变之道，不舍其本，故能取长避短，以致天时、地利、人和。二、祭礼当守制，勿过之，勿不及。三、文质彬彬，勿过之亦勿不及。

夫礼者，无而生有，质而生文，于是文质各有其功，各有其弊。是以权衡文质以调节民风，剔除陋俗。民风浮华不实则以质治之，民风野蛮固陋则以文治之，此乃礼之大用也。春秋末世，好礼者多崇繁文而尚缛节，林放疑此非礼之本也，特有斯问。

子曰："大哉问！" 当夫子之世，时人崇尚奢靡之礼，致使僭越成风，虽名为好礼，惜乎弃本崇末，文风渐衍为奢靡，已失周初以文救质之功，故夫子尝曰"吾从周"，乃欲儆时人也。从周者，欲从周公之礼也。考夏礼、殷礼、周礼文质交迭之状，以质救文，乃春秋末世可行之措也，昔夫子作《春秋》，欲遵殷人尚质之风，以治时人奢靡滥文之弊。今林放问"礼之本"者，乃欲以殷人之质匡正时弊也，夫子闻斯语，有感于林放欲寻绎礼之本，以使周礼归正，特许以“大哉问”。

“礼，与其奢也，宁俭；丧，与其易也，宁戚。” “礼”，履也，即履行礼乐之事，以事神求福也。古以礼法地、以乐象天，是故安上治民尤以礼为重，移风易俗尤以乐为重。“丧”，亡者称丧，冠、婚、丧、祭、乡、射、朝、聘诸礼仪，尤以丧礼为重。人死，何不直言死而称丧？盖生者哀悼亡者，故不忍以死称。“奢”，奢靡。儒门以祭礼太奢为铺张浪费，以祭礼太简为异端他说，此皆执二端而失中道也。

“易”有三解：一、简易。时人治丧以薄，故失于易，是以夫子宁为悲戚之心，不治简易之丧。二、和易，即和悦也。持此说者援庄子丧妻鼓盆而歌为据。或有异端他说者以丧礼从简为宜，特以吉礼代为治丧之礼，以示孝子和易之心。今不从此说。三、怠弛。治丧仪文详备，然哀戚不足，呈怠弛之貌，故失礼之本也。今从此说。好慕礼仪者，苟奢华僭礼，文以掩质，宁择朴质无文之礼；居丧以礼者，苟徒具仪文，懈怠而不知哀痛，何如心持悲戚哀思。

盖仪礼失于奢，治丧失于易，皆失礼之本也。仪礼太奢，则繁文缛节、文过其质；丧礼怠驰，则徒具仪文、肆情无度。苟倡极俭，以致羸马弊衣而失体面；苟倡极奢，以致仪文俱足而失于冗繁。皆有失礼之本也，故违礼。儒门倡至孝，人子服丧必有所节制，哀戚亦当有度。为人子者毕生怀念双亲，于先人忌日当怀以哀思，勿纵情于声色。

试译：林放问礼的根本是什么。夫子说：“你所问的问题意义太重大了！就礼仪而言，与其形式上铺张奢靡，宁可选择节俭;就丧礼而言,与其仪文详细完备,宁可哀痛悲戚。”

五

子曰:“夷狄之有君,不如诸夏之亡也。”

子曰:“夷狄之有君,” “夷狄”。夏殷周三代已有九夷、八狄、七戎、六蛮之说,谓之四海。九夷位于东方,称东夷;八狄位于北方,称北狄;七戎位于西方,称西戎;六蛮位于南方,称南蛮。东夷之民剃头文身,厌熟食;北狄之民以禽兽羽毛为衣,居穴食肉,不食五谷,其地民俗糜乱淫辟,父子叔嫂多同穴而居,彼此不知分别;西戎之民披头散发,食禽兽而不食五谷;南蛮之民额刺花纹,行步两脚趾相向,其民偶有生食者。四海边民言语习俗不通,偶有交接则必待译者。夷狄所以为名者,以名其民之短也,初谓边地放肆无礼之民,后概言不识礼仪者。

夫子所谓夷狄者,夷者吴也,狄者楚也,即吴楚二国。昔楚晋争霸,南方诸小国皆尊楚,宋、鲁亦奔走于楚晋之间。值鲁定公、哀公时,吴破楚,北败徐、齐、鲁,遂成东南一霸,又西向会盟晋定公于黄池,史称黄池之会,时各诸侯国皆会盟于斯。今夫子所谓“夷狄之有君”,乃专谓吴楚争霸也。时吴王夫差居诸侯位而自奉君(伯主),以夷人之位迫诸侯共尊其为盟主,其僭礼逞强,实夷人本色也。考夫子语,一者谴楚吴强权僭礼,二者斥诸侯皆违礼而奉楚吴为盟主。

“不如诸夏之亡也。” “诸夏”,诸者,多也,乃众和之意;既谓周天子邦畿千里，亦谓遵礼之各诸侯国。夏者，华夏也，乃中国之代称。中国一词最早见于《尚书》，时中国版图止于关中、河洛一带，至周初，版图渐远扩中原及黄河中下游大小诸侯国。中国位于东夷、南蛮、西戎、北狄之中，乃与四境边民相对而言也，既为礼仪之邦，有礼仪之盛大乃称夏，有服章之华美乃称华，是以诸夏亦名华夏。合于华夏礼仪文明者谓之华夏，不合于华夏礼仪文明者谓之蛮夷、夷狄。

“亡”，无也。吴楚称霸于天下，强使诸侯臣服，然不知奉行礼乐，虽强以君（伯主）自居，审其所为犹沐猴而冠也。诸夏之国虽未称君于天下，然礼乐尚存，故王道不失。

夫子感伤时乱，欲贬楚吴自恃强力以为君者，况夷吴狄楚乃初具文明之邦，去断发文身时日未久，岂能大行周礼于天下。诸夏礼仪之邦，虽未以君称而主盟天下，然华夏之典章礼仪尚在，故能承天道而行人道，以致人伦无缺，国泰民安。

试译：夫子说：“吴楚两国虽以盟主自居而称霸于天下，却不懂得奉行礼乐，还不如华夏诸国虽不称霸于天下而礼仪文明尚在。”

六

季氏旅于泰山。子谓冉有曰：“女弗能救与？”对曰：“不能。”子曰：“呜呼！曾谓泰山不如林放乎？”

季氏旅于泰山。“季氏”，乃季平子之子季桓子，鲁正卿大夫。按周制，诸侯为天子之臣，诸侯国之大夫亦为天子之臣，故称重臣、陪臣。“旅”，祭山称旅。祭山之礼有三：一、陈列祭品，以敬神侑神也。乃以牲玉诸祭品埋于地下，以祭地神，亦称瘗埋；以黄玉白璧诸祭品列于案几之上，以祭山神，亦称庪悬。二、祭山称庪悬。以黄玉白璧诸祭品列于案几之上，以祭山神，其远望若悬，故称庪悬。或以祭品埋于山脚为庪，埋于山上为悬，故得名庪悬。或谓祭山为陵升，升者，与庪悬同义。三、旅通胪，乃陈列牲玉诸祭品以祭山神也。诸侯必因大事祭山，以待神示，故先陈祭品祭山，然后埋之。此三说可互证，今从第三说。

“泰山”，泰者，大之极也，故称大山、太山。位于山东齐鲁交界处，亦称东岳。凡山林丘壑兴云布雨之神祇皆称神，泰山之神乃主生死之大神，故历代帝王皆封禅于泰山，于山顶筑坛祭天为封，于山脚梁父山祭地为禅。按周制，天子祭祀天下名山大川，诸侯唯祭祀其封域内山川诸神，不得祭祀封域外山川诸神，故有鲁侯祭泰山、晋侯祭黄河之说。固知唯周天子、齐侯、鲁侯主祭泰山之神，今“季氏旅于泰山”，实僭礼也。究季氏所为，其因有二：一、鲁有大事，故祭泰山之神，此鲁侯分内事，非季桓子所能为也。二、假公以谋私也，欲借祭泰山之神以为己邀福。

子谓冉有曰：“女弗能救与？”对曰：“不能。” 冉有，字子有，少夫子二十九岁，鲁人，时仕于季氏。“女”，汝也。“救”，止也，即阻止。夫子责冉有未谏阻季氏僭礼，冉有以“不能”答夫子。此非冉有不止也，实无力谏阻季氏也。

子曰：“呜呼！曾谓泰山不如林放乎？” “呜呼”，长叹词。泰山之神不享非礼之祀，夫子以林放尚知问礼，泰山之神岂不如林放知礼乎，又岂能享季氏之淫祀？

时三桓专政，鲁四分其国，且鲁君少民寡赋，虽欲祭泰山而不能也，虽欲禁季氏僭礼亦不能也。季氏既专鲁，凡鲁当行之大典皆自为之，考季氏之旅，实代鲁君而为也，其不自知僭礼耳，此非独僭于鲁侯，实僭于周天子也。

试译：季孙氏去祭祀泰山。孔子对冉有说："你难道不能劝阻他吗？"冉有说："不能。"孔子说："唉！难道说泰山之神还不如林放知礼吗？"

七

子曰："君子无所争。必也射乎！揖让而升，下而饮。其争也君子。"

子曰："君子无所争。必也射乎！" "君子"，君者，群也，即以道德才智群领民人；子者，丈夫之通称。今夫子言君子者，乃士也。"争"，比竞。人至壮年则血气方刚，多有争斗之心，君子明礼，知进退而识谦让，所以无争。

"射"，弓弩所发之矢，以中于远也。古以射为射礼，且饰以礼乐。昔民有生男者，必置桑弓蓬矢于门左，以示男儿志在四方，男子成人当以射进仕，故君子必借射而有所争也。按周制，射礼别为四者：一、大射。天子、诸侯、卿、大夫将祭，必以射礼择士以为助祭，凡预祭之士，皆受爵封土。天子于射宫行之，诸侯于大学行之，卿大夫于郊行之。二、宾射。天子于朝行之，公侯或于朝或于会盟行之，卿大夫、士于郊行之。三、燕射。天子、公侯于路寝行之，卿大夫、士于郊行之。四、乡射。天子、公侯无此礼，各乡长官或乡大夫以主人之身诚邀居于本地之卿大夫、士、学子，值春秋二季于州学行此射礼，亦行乡饮酒礼。乡射礼之傧相为处士，即德高望重、未受官爵之士，亦称宾；箭靶设在堂，亦称侯，立于堂正南三十丈处，靶左前方立一皮制小屏，以供报靶者藏身用，谓之乏。

“揖让而升，下而饮。” “揖让”有二解：一、揖与让同义，即以推手为揖，别为土揖、天揖、时揖。二、两手着于胸前为揖，推手为让。古人所以行揖让之礼，以表自逊而尊人也。“升”，登也，即拾阶登堂，“下”，沿阶下堂。“饮”，口咽为饮。春秋时凡宾主相见，皆于门前、阶前行揖让礼，主人至门前必让路，至阶前必让升，升即升阶。宾主行三次揖让之礼方至堂前，故称三让，然后主人先升堂，宾随其后升堂。

“其争也君子。” 君子德厚才笃，本无可争之事，苟有所争，必射礼之争也，虽争，亦不失君子之争。射手彼相揖让，登堂比试，赛毕下堂，败者饮罚酒。学子不胜则不能入祭祀大典，故深以为耻。胜者何以罚败者酒？盖射手默祝中靶以求不饮罚酒。酒者，乃养老祛病之用，射手中靶则免罚酒，即免除老、病之厄，犹受败方奉养，其义甚吉。射手何以决胜负：一者射礼以察士之德行。射者进退、左旋、右转皆合乎礼仪，其心沉着，其体正直，持弓稳，发矢准。二者射者依礼乐以使乐矢相合。盖士子循礼乐之节而射，能正中靶心者为贤人，不肖者则难以为之，是以循礼乐之节中靶，乃射艺至高之境也。

周天子每逢郊庙祭祀大事，必与来朝之诸侯、陪臣及京畿内诸王子弟、卿大夫、士共行射礼、祭礼。三公、诸侯逢宗庙祭祀大事,必与卿大夫、士、三公子弟及乡中才俊共行射礼、祭礼。卿大夫每逢家庙祭祀大事,则率家臣共行射礼、祭礼。

自三皇五帝始,天下皆以有道伐无道,士多以射为重技,遂引射礼并入军礼,天子每逢大射之礼,皆以射技使诸侯服,故射靶亦称射侯。天子射虎侯,公侯射熊侯,卿大夫射豹侯。汉儒则以天子射熊饰布侯,公、侯射麋饰布侯,卿大夫射虎豹饰布侯,士射鹿猪饰布侯。天子射距为一百二十步,公侯为九十步,卿大夫为七十步,士为五十步。司射礼之官称司射,司射选六士为三组,亦称三耦,即上耦、次耦、下耦。每耦两人,即上射下射。司射示射毕,上耦两射手登堂,先上射、后下射,各射四矢;然后次耦、下耦两射手登堂比射,如此三赛毕。射手每轮皆四矢,一矢为试射,不计赛绩,二矢、三矢、四矢计为赛绩。天子、公侯、卿大夫按爵位高低为主、宾,天子为上射,除天子外,主方皆为下射,宾方皆为上射。大夫与士为一耦,依次轮番献技。赛毕,胜方脱左袖、戴扳指、护臂,手持满弦之弓以示胜;负方不脱左袖,去扳指、护臂,松弛弓弦以示败北。然后各耦射手依先后次序登堂,由负方喝罚酒,且向胜方行拱手礼。第三轮赛事和以礼乐,乐工奏《诗经·召南·驺虞篇》,诗乐五节之间节奏长短疏密协调一致,年长或爵高者不必起身谢酒,太师亦不起身谢酒,胜者可入祭祀大典,且免喝罚酒而受福于败者。礼毕,堂上下之宾共饮酬酒,是时乐、舞、歌此起彼伏,气氛如礼而祥和。

值夫子时,诸侯、卿大夫纷纷以小智、武力而乱天下,夫子欲以君子礼让之风教化时人。本节略述大射之礼、揖让之风,以备后学。

试译:夫子说:“君子没有什么可与别人争的事情。如果有的话,必定是射箭比赛了。比赛时,先相互作揖谦让,然后登堂比赛;赛后顺阶下堂,由胜者罚败者饮酒。这样的相争,也就是君子之争啊。”

八

子夏问曰:“‘巧笑倩兮,美目盼兮,素以为绚兮。’何谓也?”子曰:“绘事后素。”曰:“礼后乎?”子曰:“起予者商也!始可与言《诗》已矣。”

子夏问曰:“‘巧笑倩兮,美目盼兮,素以为绚兮。’何谓也?” 子夏引《诗·国风·卫风·硕人》以问,该诗描摹卫庄公之妻庄姜之美貌,其中“巧笑倩兮,美目盼兮”二句,传神写照庄姜之曼妙神采,为历代士人所欣赏。

“巧”,好也。“巧笑”,即笑颜姣好也。“倩”,美好也,即巧笑之颜、美丽之容,“盼”有二解:一、或以美人动目则黑白分明为盼。二、或以佳人美目顾盼为盼。综此二说,盼者,乃女子美目顾盼之际,流波动人,黑白分明,故美若处子。“兮”,语助词。

“素”“绚”有三解:一、素者,粉地也;绚者,彩色也。于素底之上绘以绚烂之色,以喻少女倩盼之美质,复加以华彩之饰,则容光曼妙,楚楚动人。二、素者,白色也;绚者,多层妆饰也。古之绘画当先布五彩,后以白粉勾饰,以为除污、遮渍、整形也。或以“素”喻佳人仪容之娴雅庄静,以“巧笑倩兮,美目盼兮”为“绚”,乃借美丽容颜而焕发美好品德也。此说虽非夫子原意,然可补为证经。三、古之女子容妆先以多层妆饰为底,再敷以白粉，妆毕谓之成章，成章则谓之绚。今从此第三说。

子曰："绘事后素。" "绘"，画也。"素"，白色也，乃万物之始，故称太素、太白，有统调五色之用。绘事当先布五彩，复以素色勾饰收官，以成其文采。是以"后素"即礼也，佳人之顾盼有情、容颜美丽，必以礼成其美，固知绘事加以素则成其彩，淑丽增以礼则成其美。青赤黑黄必藉素乃呈文采，仁义智信必藉礼以践其行，礼为五德之一，犹素为五色之一，其用一也，失素则五彩无色，失礼则五德无功。夫后素者，乃谓绘事以素色收官而成文，故素以衬绚，众色始绚然分明也。

曰："礼后乎？" 子夏闻夫子以素喻礼，故复问"礼后乎"，此虽问，实为答也。夫先王制礼，兼具本、文二义。本者，忠信也；文者，节文也。故忠信者可学礼，滥德者不可学之。礼兼忠信节文，犹倩盼美貌以礼成之，苟忠而无礼则愚，信而无礼则贼，故不学礼则忠信无依、节文无托，终难为人所受。素者，即朴素之文采；礼者，即明智之忠信。素之于礼，犹宫之于商、角、徵、羽，五音乃得清明；犹甘之于酸、苦、辛、咸，五味乃得甘平；犹白之于青、赤、黄、黑，五色乃得明丽；礼之于仁、义、智、信，五德乃得醇厚。

子曰："起予者商也！始可与言《诗》已矣。" "予"，夫子自称。"商"，子夏之名。子夏论《诗》及礼，故夫子喜而赞之，以子夏能发明己意，至此可与言《诗》也。

春秋时人滥文少质，诈伪横生，僭礼常有，夫子遂倡克己复礼以矫其弊。子夏所谓"素以为绚"，亦砭时人滥文少质之弊也，故力倡反文归质，与夫子复礼之说若合一契。夫子尝云"吾从周"，以期时人勿耽奢靡之礼，以归周初文质彬彬之礼。子夏闻素绚之说而悟“礼后”，其识素为礼，知绚为繁文缛节之时弊，故夫子乐与言《诗》也。

《学而篇》尝录夫子答子贡问，且教以“未若贫而乐，富而好礼者也”，子贡自此洞见夫子之旨，亦引《诗》“如切如磋、如琢如磨”以答夫子。时夫子亦言“始可与言《诗》已矣”，且褒许子贡闻诸往而知来。今夫子大赞子夏为“起予者”，固知子夏理明辞达，逾子贡远矣。子夏因论《诗》而知礼，亦知时弊，悟“素以为绚”为反文归质，同于夫子复礼从周之旨。

试译：子夏问道：“‘美丽的脸颊绽放着姣好的笑容，黑白分明的眼睛流波顾盼、美若处子，再用淡雅的素粉增添她的美丽。’这三句诗是什么意思呢？”夫子说：“绘画先用五彩描绘，然后再用白色勾勒收官。”子夏说：“这么说礼仪是在仁义智信之后才有的吗？”夫子说：“能够启发我的是子夏啊！现在可以和你谈论《诗经》了。”

九

子曰：“夏礼，吾能言之，杞不足征也；殷礼，吾能言之，宋不足征也。文献不足故也，足，则吾能征之矣。”

子曰：“夏礼，吾能言之，杞不足征也；殷礼，吾能言之，宋不足征也。” 杞、宋皆国名，杞君乃夏禹之后，周初建都于河南开封杞县，后迁至齐鲁交界处。周武王封夏禹后人东楼公于杞，杞君以夏天子礼乐、服饰、典章、文物祭祀先王。宋君乃汤之后，宋都城于河南商丘，周武王封殷帝乙之长子、纣王之庶兄微子启（《史记》等史书为避汉景帝刘启讳改启为开，名微子开）于宋，宋君以殷天子礼乐、服饰、典章、文物祭祀先王。“征”，明也、成也，即说明、验证也。所谓“不足与成也”，即不足以说明、验证也。

夫子于夏殷之礼不曰知之，唯曰言之，乃能言其制度仪文之大概也。然虽能言之，却善而无征，惜乎杞礼已见黜，宋礼不如鲁，夫子欲得故籍旧典而成其书，惜乎文仪已失，杞、宋之君暗弱无能，且子孙不振，贤臣隐去，故不能佐证也。

“文献不足故也，足，则吾能征之矣。” “文”，典籍。“献”，贤也、圣也，乃谓杞、宋国君与贤才。“文献不足”，乃谓杞、宋所存夏殷两代礼乐典籍与贤才不足。杞、宋之君虽好礼，然礼乐典章、贤才皆不足，故不能佐证礼乐践行。昔夫子为观夏礼，适杞而考之，唯得《夏时》；欲研殷礼，适宋而考之，唯得《坤乾》。固知《夏时》《坤乾》乃夏殷独存之礼乐典籍，夫子研习夏殷之礼，皆借此而斟酌删减，以为夏殷之礼乐制式。盖鲁文有典藏，献有夫子，故周礼得全于鲁，惜乎鲁君臣终未用夫子，以致大道不行矣。

上古多以蝌蚪漆书于简策，且藏之庙堂，故难逃兵火之厄。夏殷之礼亡之既久，夫子何以欲继述之，盖代可断而史不可亡也，况年代虽远，世殊事异，然一贯不变者乃大经大法也，其昭示万代之功，承前启后之效，岂能无传。

考《春秋》之旨贵在遵礼，夫子斯言乃发于编修《春秋》之际。历代帝王设左史右史，左史录帝王之言，以成《尚书》；右史录帝王之事，以成《春秋》。是以夫子欲于故典残编之中溯源因流，循微穷本，以为万世法。叹鲜老以咨，无典可据，故出此言。

试译：夫子说："夏礼我能说个大概，但从他的后代杞人那里已不能得到全面的验证了；殷礼我能说个大概，但从他的后代宋人那里已不能得到全面的验证了，这是杞、宋两国现存的典籍和贤人不够的缘故，如果足够的话，我就能全面的加以考证了！"

十

子曰："禘自既灌而往者，吾不欲观之矣。"

子曰："禘自既灌而往者，" "禘"，禘者，谛也、第也，乃王者之大祭也，以其祭祀之辽远，故有审禘之义，故称禘祭，夏殷两朝行禘祭于夏季，周改禘祭之名为礿，非天子则不行此礼。

周始祖后稷，其父帝喾，故周天子祖庙以帝喾为天帝，位主享，以后稷为始祖，位配享。诸侯祭祖唯上及太祖，除鲁禘祭周公外，其余诸侯皆不得以禘礼祭祖，大夫、士祭祖之礼唯及祖父、高祖。或以周天子庙祭以文王为配享，郊祭以后稷为配享。今以周初庙祭以后稷居配享位，以帝喾居主享位，以示周受命于天，文王实为周奠基者，故渐以文王代后稷，居配享位。

天子设七庙，即始祖庙、二祧（高祖之祖父、高祖之父）庙、四亲（高祖、曾祖、祖、父）庙。中为始祖庙，左三为昭庙，右三为穆庙。诸侯设五庙，即太祖庙、高祖庙、曾祖庙、祖庙、父庙，太祖庙又称始庙，后四庙又称亲庙。中为太祖庙，左二为昭庙，右二为穆庙。周初始受封诸侯之君为太祖,诸如鲁始受封者为周公,故鲁以周公为太祖,是故诸侯皆以始受封之君为太祖。自太祖始,后五代世袭诸侯皆设庙受享祭祀;除太祖庙,余四庙历五代则相继而撤,以保诸侯五庙之数。奉已毁庙之神主于太祖庙,每五年行大合祭一次,届时奉已毁、未毁庙之神主同享祭祀。天子七庙亦同此。何以天子始祖庙、诸侯太祖庙恒久不毁?盖天子之始祖受命于天,诸侯之太祖受命于周天子,皆有平定天下之大勋劳,故始祖庙世代受享祭祀而不毁。

按夏殷之制,祭祀先王有四时之别,春祭称礿,夏祭称谛,秋祭称尝,冬祭称烝。礿祭于春日阳气初发时,谛祭于阳气壮大时,尝祭于阴气初起时,烝祭于阴气最盛时。礿禘之祭循阳义,时君主颁发爵位,赏赐车服田产,乃顺阳也;尝烝之祭循阴义,时君主教民田猎,启用刑法,乃顺阴也。每行尝礼后,民人方可割草打柴。夏殷之祭则礿祭在先,禘祭在后;周祭则禘祭在先,礿祭在后。周禘祭亦称祠春,时解割熟牲肉、生牲肉、牲血以祀先王,奉郁金香草混合黑熟米酿鬯酒灌于地下以祀先王,奉黍稷饭以祀先王。今夫子所言禘礼,乃鲁禘也。

昔周公薨,成王、康王追思其功,故于诸侯国中特尊鲁,赐禘祭于鲁以奉祀周公。鲁郊祭时以祭天为主,于太祖庙以天子禘礼奉祀周公,升堂时乐工唱《诗·周颂·清庙》(唯周天子以此诗奉祀始祖与天帝),下堂时管乐队合奏《象》(歌颂武功之乐),舞者手执红色盾牌、玉斧舞《大武》(于刑天氏之乐武舞衍化而来,乃颂武王伐纣之舞),以八佾舞《大夏》(夏禹时舞,乃颂大禹以禅让而得天下,故称文舞)。鲁侯禘祭周公,牺牲用白色公牛,酒用牺尊、象尊、山罍、黄目尊,灌酒用圭玉柄之勺,俎食盛以玉雕豆登，献酒用玉盏。亦备四海歌舞：东夷《昧》舞，南蛮《任》舞，西戎《株离》舞，北狄《禁》舞。时鲁侯袒左臂，于太庙门奉迎牺牲，鲁侯夫人以豆笾恭奉俎食，卿大夫随鲁侯助祭，卿大夫夫人随鲁侯夫人助祭，皆各司其职，百官若有懈怠必重罚。

按周制，禘祭与祫祭之别有四：一、西周时，周天子崩三年，继位之天子于太庙祭祀先祖，如此三年一小祭称祫，五年一大祭称禘，禘礼亦称吉禘，故禘礼大而祫礼小，是以《春秋》《尔雅》唯言禘礼，未言祫礼。汉儒误以禘祫无别，乃同祭而异名也，此说无以证经。二、大夫、士每逢祭祖大事当禀其君上，以祫礼祀诸高祖。故祫礼可下及大夫、士。三、西汉时，礼乐经秦火而殆尽，宗庙之祭有祫无禘，故汉儒多误以祫大于禘。四、周天子与鲁侯以禘礼祭祖，其余各诸侯国以祫礼祭祖。

鲁君于六月以禘礼祭祀周公，据《左传》记载，僖公八年（前652）七月、昭公十五年（前527）三月、昭公二十五年（前517）、定公八年（前502）十月皆有鲁侯禘祭之事，另据《礼记·杂记》记载，孟献子亦于七月禘祭其祖。固知鲁君臣上下僭用禘礼之事已蔚然成风。

"灌"通祼，即灌礼，为禘礼之重礼。鲁侯以尊贵酒爵盛香草、黑黍米之酿酒，灌于太祖周公灵前地下，以为降神。夏天子用鸡彝灌酒，殷天子用斝灌酒，周天子与鲁侯皆用鸡彝、斝彝灌酒。春祠夏祫之礼用鸡彝、乌彝，秋尝冬烝之礼用斝彝、黄目。

"吾不欲观之矣。" 今考夫子"不欲观"之因有四：一、鲁禘礼于群庙，未专祀于太祖庙，且上至鲁侯、下至群公皆僭用禘礼。二、鲁侯行灌酒礼时，从诸侯之礼用黄目，未用鸡彝、斝彝，是为乱礼。三、禘祭当行九献之礼，鲁侯祀周公亦行此礼。夫九献者,君行灌礼为一献,君夫人再灌为二献,君出迎牺牲且亲见杀之为三献,备血腥陈于堂为四献,奉牺牲所制食馔于堂后祭室为五献六献,奉牺牲之食馔毕为七献,君与夫人皆以酒漱口为八献,宾长以酒漱口为九献。故灌礼乃大祭之始,鲁君与夫人行灌礼之后,其降神、备牲诸礼皆简略不合周礼。四、禘礼重在序昭穆。周自始祖后稷始,其子为昭,其孙为穆;至文王时则文王为穆,武王为昭;继而周成王为穆,此昭穆之序万世不变。今按周公与武王为同辈,鲁侯以周公为太祖,则鲁侯伯禽与周成王同为穆,故伯禽为穆庙,伯禽之子鲁考公为昭庙,鲁考公之后当依此类推。然鲁庄公之子鲁闵公居位两年薨,鲁庄公幼子鲁僖公继位,居位三十三年,僖公之子文公继位,居位十八年。鲁文公继位二年(前625),鲁行禘祭,而十七代闵公与十八代僖公同为兄弟,其孰为昭、孰为穆?时三桓专鲁,凌驾于公室之上,文公与三桓以其父僖公续庄公之昭穆,以致鲁闵公不入昭穆,入太祖庙专候三年一次之祫祭。夫子睹此跻僖公、乱昭穆之举,遂叹"吾不欲观之矣"。

鲁禘礼除辨四亲庙昭穆次序之外,亦辨牺牲、礼器之等差,辨王、公、卿、大夫、士之吉服凶服,辨三族之亲疏,辨六牲之毛色、种类、名称。禘礼以灌礼尤重,且周人庙祭尚芳香之气,故于祭祀之初,第一灌以香草与黑黍米酿酒灌于圭璋以浇地降神,第二灌以泡有郁金草之黑黍米酒灌于圭璋以浇地降神,借玉气以使酒香达于地下之渊泉,以示雅洁高贵之义。诚如前言,昔者夫子欲观夏殷之礼则杞宋不足证也,欲观周礼则周厉幽厉之乱亦不足证也,所幸周礼尽存于鲁,惜乎鲁禘非礼,周道尽衰,亦不足观矣,夫子遂出此深叹。

试译:夫子说:“禘祭自第一次行灌酒礼之后,我就不想再看下去了!”

十一

或问禘之说。子曰:“不知也;知其说者之于天下也,其如示诸斯乎!”指其掌。

或问禘之说。子曰:“不知也;” “或人”,非为孔门弟子,故称或人。或人问禘祭之事,夫子避鲁君讳,故答以不知。考其因有四:一、按周制,非天子则不得行禘祭,鲁群庙多用禘祭,是为乱礼。夫子不居其位,不言其政,故讳言之。二、鲁文公二年(前625),三桓执国政,宗庙祭祀以僖公跻于闵公之上,昭穆次序自此乱矣,故夫子讳言鲁僭禘礼。三、鲁禘自灌礼之后,诸礼皆未合周礼,故夫子讳言之。四、禘礼者,以报本追远也,非诚敬谨戒则不足以行之。此或问者既非孔门弟子,恐其诚心不足,与言先王大禘尤恐致不祥,故夫子权答以“不知也”。

“知其说者之于天下也,其如示诸斯乎!”指其掌。 “示”有二解:一、指也,即以目所指。二、寘也,乃放置也。置物于掌中,易为所知也,乃谓治天下犹置物于掌中。今从第二说。盖通晓禘礼者于事理则无所不明,视天下事犹视置于掌中之物。是以夫子且言且指其掌,以示禘礼之易知,固知夫子于禘礼乃真知者也。

按周制,所以行郊社之祭,以示仁爱于鬼神也;所以行夏禘秋尝之祭，以示仁爱于祖先也；所以馈食祭奠，以示仁爱于逝者也；所以行乡社、乡饮酒礼，以示仁爱于乡也。是以宗庙祭祀必列父辈子辈之昭穆也，依爵位等级列其次序以辨贵贱，依功绩之大小列其次序以辨贤愚；后生敬长者酒，则祖先福祉可延及后人；宴饮依发齿而列座次，以使老少有序。为政者通晓郊天祭地、夏禘秋尝之礼，乃治国之通途也。

周天子禘祭于阳气至盛时，以颁爵位、赐车服，以为顺阳也；天子尝祭于阴气至盛时，以教民田猎、用刑罚，以为顺阴也。明禘尝之义乃君王分内事，行禘尝之事乃臣子分内事，是以禘尝之祭其义甚大，乃治国之本。

试译：有人向夫子请教有关禘祭的事，夫子说："我不知道。能知禘礼的人，对于治理天下的事，就好像看待置于掌中之物一般明了。"夫子一边说一边指着自己的手掌。

十二

祭如在，祭神如神在。子曰："吾不与祭，如不祭。"

祭如在，祭神如神在。 此二句乃录者语。"祭"，察也，亦称祭察，有知天命、晓鬼神之功。君子明天命而察鬼神，借外祭而达内明，故重祭祀。"祭如在"，即事死者如事生也，每祭祖，视先人犹在目前。"祭神如神在"，祭祀百神犹百神皆在。周天子、公侯、卿大夫、士之爵有别，则所祭之神亦有别，是故百神者，乃当祭诸神之总称。"如在"，即存诚观想之工夫，以臻天人合一之境。

君子临祭以诚，祭先祖必以纯孝之心，追思哀慕，犹音容可接；祭诸神必以诚敬之心，笃慎钦畏，犹神明已降。故存诚则神明可交，失诚则幽明不接，畏而不欺，信而能笃，神明有知则必报有德者也。

按周制，天子设七庙、一坛、一墠(祭祀场地)，其中父庙、祖父庙、曾祖庙、高祖庙、始祖庙月祭一次，年祭十二次；高祖以上两位远祖称两祧，每季祭一次，年祭四次。五祖、两祧合为七祖七庙。祧之远祖迁出则祭于坛，坛之远祖迁出则祭于墠，迁至墠之远祖，祈祷之时方可祭之，无须祈祷则不祭。自墠迁出之远祖谓之鬼，逢三年一袷、五年一禘受享祭祀。诸侯设五庙、一坛、一墠。五庙者，即父庙、祖父庙、曾祖庙、高祖庙、始祖庙；其中父庙、祖父庙、曾祖父庙月祭一次，年祭十二次；高祖庙、始祖庙则每季祭一次，年祭四次。自始祖庙迁出之神主受祭于坛，自坛迁出之神主于受祭于墠，迁至坛之神主待祈祷时方可祭祀，自墠迁出之远祖谓之鬼，非袷、禘则不祀。大夫设三庙二坛，三庙者，即父庙、祖父庙、曾祖庙，每季祭一次，年祭四次。大夫之高祖、始祖无庙，若有事需祈祷，于二坛分别祭之，自坛迁出之远祖称鬼。士有上士、中士、下士之别。上士设二庙一坛，二庙即父庙、祖父庙，每季祭一次，年祭四次；其曾祖父无庙，若有事需祈祷则于坛祭之，自坛迁出之曾祖称鬼。中士、下士设一庙，即父庙，其祖父无庙，若祭祀则于父庙祭之，祖父之祖先称鬼。庶人不设庙，其父、祖父卒，称鬼。

夫祭神者，天子祭祀天地之神、祭祀名山大川之神，包括五岳及江、河、淮、济之神，以宴享三公九献之礼祭祀五岳之神，以宴享诸侯七献之礼祭江、河、淮、济之神。诸侯祭祀其封地内名山大川,譬如齐侯、鲁侯祭祀泰山之神,亦祭祀社神谷神。天子与诸侯祭祀其封国内已亡国之先祖。天子四时之祭,春祭则分别于群庙行之,夏祭、秋祭、冬祭行合祭之礼(七庙之神主皆合食于始庙)。诸侯一年祭祀三次,春祭则夏不祭,夏祭则秋不祭,秋祭则冬不祭,冬祭则春不祭。诸侯春祭为分祭(一庙一祭),夏祭则一年分祭、一年合祭;秋祭、冬祭行合祭之礼。大夫祭祀五神:司命神、中霤神、门神、行神、厉神。其中司命神属天神,中霤神、门神、行神属地神,厉神属人鬼神。大夫有上大夫、下大夫之别,上大夫为有地大夫,下大夫为无地大夫。上大夫祭此五神,下大夫祭门神、行神、厉神。上士祭门神、行神。下士、庶民祭户神(家神)或灶神。大夫、士、庶人之神祭为年祭一次,夫子位居下大夫,必年祭门神、行神、厉神。

子曰:"吾不与祭,如不祭。" "与",参与。古人于祭祀前七日守戒、三日持斋,复以至诚之心临祭。

按周制,每逢春祠、夏礿、秋尝、冬烝四祭,士因公而不能亲祭,亦不能使人代之,故废祭,于是冬不服暖裘、夏不服凉葛。天子、公侯、大夫因公或病不能亲祭,可使人代之。夫子自谓值公事外出或身体有恙而不能亲祭,虽使人代之,然未能亲致肃敬之心,犹士废祭,故同于不祭。

时鲁禘违礼,奢而不知其本,仪文多形同虚文,且鲁庙昭穆之序已乱,神明安能受此僭礼之祭。夫子自谓"吾不与祭,如不祭",乃自叹不在其位,不能正其礼也。

试译:祭祖时,仿佛先人真的在面前;祭神时,仿佛神真的在面前。孔子说:"我如果不亲自参加祭祀,就如同不祭一样。"

十三

王孙贾问曰:"与其媚于奥,宁媚于灶,何谓也?"子曰:"不然,获罪于天,无所祷也。"

王孙贾问曰:"与其媚于奥,宁媚于灶,何谓也?" "王孙贾",王者之子称王子,王者之孙称王孙,故王孙贾为周王孙。或以王孙贾为周灵王之孙,或以王孙贾为周顷王之后,或以王孙贾为卫康叔之子王孙年之后,皆无以证经,故不从之。今以王孙贾为周灵王之孙,居卫大夫位。

"媚",亲顺、取悦。"奥",秘奥;乃祭室之西南隅,该处不见户明,以黑暗秘奥而得名。古以室之东墙、西墙称序,西北称屋漏,东北称宧,东南称窔,西南称奥。宗庙之祭与五祀神祭(户神、中霤神、灶神、门神、行神)皆于此,故奥乃供神之所,人不得居于此。"灶",造也,有造创物食之功,亦称爨。灶神为五祀之一,乃发明炊器之老妇,故受祀,亦称老妇之祀,是以春秋时灶神当为女性。或于灶神位行燔柴之祭,即焚牺牲玉帛于柴,然燔柴之祭乃上古祭天用,祭灶神当以瓶盛祭酒,以盆盛黍稷俎实。时人误以灶神为火神,遂以燔柴祭灶,然祭灶乃祭先炊而非祭火神,故不当为之。

考奥、灶之祭有二:一、按周制,五神(包括灶神)皆受祭于祭室之西南,此灶神之常位也。二、按夏制,奥祭于庙门外西室之西南,灶祭于庙门外之东南。今王孙贾奥、灶之问,乃谓夏制也。盖王孙贾弃周仕卫,已有献媚卫君之嫌,其误以夫子居卫假推行礼仪之名,实欲谄媚卫君,故出是言,以诱夫子明取媚之道,与其亲于卫君,未若阿附于王孙贾。

或以奥灶二神为同一尊神,古人祭灶,当于灶旁设灶神位先祭奥神,复祭灶神,祭灶毕,主祭者迎奥神(以人装扮)至祭室西南奥神之常位,复奉祭品祭之。人皆以奥神为人扮,虽尊,然献媚于奥神则不能获佑,未若执炊者掌饮食之惠,故多轻奥神而重灶神,此即王孙贾所谓"与其媚于奥,宁媚于灶"也。

子曰:"不然,获罪于天,无所祷也。" "然",如是。"不然",即否定、深斥也。"天"有四解:一、天者,理也,违理则获罪于天。然夫子所谓"无所祷也",则岂能祷之于理,且理可出于天,然理不可同乎天,故不从此说。二、天者,性也。今不从此说。三、天者,君也,乃以天喻周天子也。今从此说。四、天者,乃百神之大君也,即众神之长,既获罪之,则奥灶之神岂能佑也。此说可补证第三说。"祷",祈祷,凡告事求福,必祷于神也。

奥居内而灶居外。考王孙贾斯言,乃以灶喻外臣权政也。夫子以王孙贾弃周仕卫,其行已为逆天,故斥其"获罪于天"。夫子以天为天子,天子当奉天理而行,以其至高无上之尊,岂奥灶之神可比。苟逆天理而获罪于天,虽奉百神亦无益也,岂得以幸免。

盖人生穷达由命,固当安分守己,听天顺命,岂能逾制躁进而作非分之图。今夫子所言从容不迫,掷地有声,若王孙贾知夫子用心则获大利益;若未明夫子言下之意,亦未开罪于王孙贾而受其害,此正夫子之贤达睿智也。

试译:王孙贾问道:"与其取悦祭室西南角的奥神,不如取悦灶神，这是什么意思呢？”夫子说：“不是这样的，如果获罪于天，怎么祈祷都无济于事了。”

十四

子曰：“周监于二代，郁郁乎文哉，吾从周。”

子曰：“周监于二代，” “监”，临下也，即居高以临下，乃审察谛视之义。“代”，更替也。“二代”，夏殷二朝。“郁郁”，乃文采盛大斐然之貌。“文”，会集众彩，以成锦绣也。今所谓文者，乃代言周礼尚文也。

周礼鉴于夏殷之制，于是事得以制，曲得以防，故夫子欲从之。譬如周井田制乃鉴于殷制，大学在国、小学在郊之制乃鉴于夏制。固知周礼承鉴夏殷之礼，顺天应时而加以删减、予以践行，至天下太平则礼文备焉，故称礼仪三百、威仪三千，以致四十余年民用和睦，灾害不生，祸乱不作，监狱空置。历幽厉之乱，周礼渐衰，至春秋末世，诸侯僭礼之事时有，故多怨憎礼制妨其利，于是删改篇章典籍，致使周礼渐亡，故夫子出此“吾从周”之语，实欲从文也。

“周监于二代”，监者，乃谛察夏殷礼之本也，即夏殷皆承袭未变之本，是故监通贯，乃一以贯之也。夫礼者，从无而有，由质而文，太质则流野陋劣，太文则奢靡不实，故周公治礼，以文质彬彬为务。春秋末世，诸侯多删改周礼，时人尚奢慕华成风，遂失周初文质彬彬之旨，故夫子欲救时人奢靡之文弊，乃出是言。

“郁郁乎文哉，吾从周。” 夫子既言“郁郁乎文哉”，固知其必于鲁亲见文采斐然之周礼典章。昔周文王、武王之治国方略皆载于方策，周公以其赐予鲁侯伯禽，故礼乐简策得藏于鲁。今夫子出此大赞之辞，乃于助祭鲁定公之际，时夫子位居下大夫。考周礼质文衍化之序，其始于简约疏脱，成于文质彬彬，终于隆重盛大，是以情文俱尽乃礼至高之境也。

试译：夫子说：“周朝的礼乐制度是在考察了夏商两代的礼乐制度而制定的，文采是多么的盛大斐然啊！我主张遵从周公所制之礼”。

十五

子入太庙，每事问。或曰：“孰谓鄹人之子知礼乎？入太庙，每事问。”子闻之，曰：“是礼也。”

子入太庙， “太庙”，周公既为鲁始封太祖，故周公之庙称太庙。周公以下，鲁侯伯禽之庙称世室，群公之庙称宫。诸侯之太庙犹天子之明堂，夏称明堂为世室，殷称重屋。昔周公始建明堂于洛邑，乃天子之庙也，有通神灵、感天地、正四时、兴教化之功。鲁既为诸侯国，不得别立明堂，凡祭祀大典皆在太庙。按周制，小宗伯司建亡国祭祀神位，右为社稷坛，左为宗庙。鲁太祖庙位于库门内、雉门外，入库门、出雉门则见太庙。天子之庙设五门：皋、库、雉、应、路；诸侯之庙设三门：库、雉、路。夫子居鲁大夫位，事鲁侯助祀周公，故得入太庙。

每事问。 “每”，非一定之辞。“每事”，即牺牲、服器、礼仪诸事。夫子助祭于太庙，何以每事必问，盖鲁以虞、夏、殷、周四代礼乐祭周公，故为日常所难闻，考其必问之因有二：一、不知，固当问；二、虽有所闻知，然未践行，亦当问。

或曰：“孰谓鄹人之子知礼乎？入太庙，每事问。” “鄹”通陬，乃鲁下邑，为夫子故乡，即鲁昌平乡陬邑。古大夫多以邑冠名，鄹邑乃夫子之父叔梁纥所治邑，时人皆称叔梁纥为鄹人，故“鄹人之子”，乃夫子少年微贱时之称也。

夫子素有知礼之名，年二十为委吏，专司祭祀用薪蒸木材；年二十一为乘田吏，专司掌祭祀用牛牲、盆簝。夫子初仕之际助祭于太庙，于种种礼器、仪文每事必问。时人皆以夫子素有知礼之名，今每事必问，遂疑夫子不知礼也，遂出此疑辞。然则祭祀大典焉能轻率，若失诚谨则神灵不享其祀，卒失祭祀之旨，故祭祀首务存诚能敬。

子闻之，曰：“是礼也。” 清儒以鲁祭非礼，夫子每事必问者，必校正祭器也。然前节已述鲁祭僭礼在群庙，今祭于太庙当无僭礼处，故不从此说。或以此问当在用斋之后，此揣测之辞也，值此雍雍肃肃正祭之时，岂容夫子每事必问，故不从此说。或以此为祭祀大典前一日，时为隔日宿斋，始可每事必问，此说可证经。或以夫子入太庙助祭，必有所职守，于当行之事不敢自专，必咨于主祭而后行，此说可证经。

试译：夫子随鲁侯助祭于太庙，凡牺牲、服器、礼仪的事必问于人。有人说：“谁说鄹人叔梁纥的儿子知礼呢？他进入太庙，什么事都要问。”夫子听到了，说：“这样做就是礼啊。”

十六

子曰:“射不主皮,为力不同科,古之道也。”

子曰:“射不主皮,” “皮”,乃兽皮制箭靶。周大射之礼用兽皮制靶,称皮侯;宾射、燕射、乡射皆用五彩画布制靶,称彩侯。靶心称鹄,亦称正、质、的,约四寸。皮侯之鹄以皮制,彩侯之鹄以布绘。天子大射用虎皮侯、熊皮侯、豹皮侯,且以皮制鹄;诸侯大射用熊皮侯、豹皮候,卿大夫大射用麋鹿皮侯,皆以布绘鹄。天子、诸侯、卿大夫之爵不等,其射侯亦不等。天子射白色侯,诸侯射赤色侯,卿大夫射丹色侯。夫子欲借天子大射之礼以言“主皮”之射,兼谓诸侯大射礼、宾射礼、燕射礼。

“主皮”有二解:一、主者,中也,即射中靶心。二、主者,贯也,即贯穿靶心。今从第一说。昔武王克殷,息军旅贯革穿甲之射,于郊外学宫行射礼,禁用穿透铠甲之矢。故军旅之射以贯穿靶心为主皮,射礼之射以射中靶心为主皮,所谓“射不主皮”,即未射穿靶心也。

古之射礼当不现杀气,射者内志正、外体直、持弓稳,怀一团祥和之气而射,容止合乎礼,射艺之节合乎乐。汉儒以六德概言射礼之和,六德者,乃智、圣、仁、义、忠、信也;以六行概言射礼之容,六行者,乃孝、友、睦,姻、任、恤也。固知射礼尊礼而不务杀也。

“为力不同科,古之道也。” “力”,力有强弱,别为上中下三科,亦称上力、中力、下力。“为力”,力所能为也。“科”,等级。

“力不同科”,即力不同等。

周初重礼乐之治,故为政者借射礼以观士德,不务习战之射,不以军旅贯穿甲革之技为能,旨在中靶而非贯靶也。春秋末世,列国争强,诸侯多恃武功,以为征伐他国之需,多恃贯靶之射为能事,以彰显武力也。夫子欲以武王息兵罢戈之古道匡正时弊,以教时人礼让之道。

试译:夫子说:“射艺的目的不在于能否射穿靶心,这是因为个人力量不同,这是古人的道理啊!”

十七

子贡欲去告朔之饩羊。子曰:“赐也!尔爱其羊,我爱其礼。”

子贡欲去告朔之饩羊。 “去”,撤除。“朔”,苏也、革也,乃新生、初生之意。朔者,一月之始也,即每月农历初一,是日万物始苏,皆新生于斯,是故朔亦称新月。有朔则必有正,正者,一年之始也,故天子告朔于诸侯,亦称告正。夏以孟春(农历一月)为正,殷以季冬(农历十二月)为正,周以仲冬(农历十一月)为正;夏以平旦(寅时)为朔,殷以鸡鸣(丑时)为朔,周以夜半(子时)为朔。

“告”,颁告。“告朔”,颁告朔,乃以上而告于下也。周天子于十二月朔日告正于诸侯,颁次年历书以劝勉农时,使民人依天道而休养生息。告朔亦称告月,闰月亦称“非常日”,周天子、诸侯于闰月皆不告朔。诸侯将天子所颁历书藏于太庙,每月朔日以特羊祭庙,颁历书于国人,谓之视朔。时众大夫面南以奉命,诸侯面北而授之,且使有司告朔。诸侯听上月自朔日始一月内政事及本月政措,谓之听朔;听朔礼毕则祭神祭庙,谓之朝庙。是故视朔、告朔、听朔、朝庙合称四礼,周天子每月朔日于南门外(明堂外)行此四礼,诸侯于太庙行此四礼。

“饩”,凡祭祀、待客之生牲、禾米,谓之饩。“饩羊”,活羊,亦称腥羊、特羊。按周制,牺牲皆圈养于牢,故牛、羊、豕称太牢,羊、豕称少牢。天子祭祀用太牢,诸侯用少牢,上大夫用特牲(特牛),下大夫用特豕,士、庶人用特豚。祭肉别为脤、膰,脤者,生肉也,以祀自然之神;膰者,熟肉也,以祀人祖之神。自西周、东周以至春秋,天下每有事,天子遣使于诸侯,大事用卿,小事用大夫,是时天子、诸侯以豕、牛、羊、鸡、鱼、雁六牲飨使。年终行告朔礼,天子之使当于十二月朔日前抵各诸侯国,告朔之使位于卿大夫之下,故诸侯以特羊之礼飨使。

夏、殷、周三代之正往复运行,天下有道则纪序不失,无道则正朔不能行于诸侯。历幽厉之乱,周王室衰微,陪臣执政,遂有“史不记时,君不告朔”之事。周天子告朔于诸侯,以示威于诸侯也。当夫子时,天子已无威可示,于是告朔之礼渐废。鲁素以知礼闻名于诸侯,自鲁昭公逊齐,季孙氏虽专鲁,然不敢擅行告朔,及鲁定公、哀公时,告朔难行,有司仍存饩羊之礼。

考饩羊之礼有二:一、诸侯以此礼飨天子使臣。二、诸侯以饩羊行朝庙之礼。按本节所录,饩羊朝庙之礼统入告朔,子贡何以欲去之?究其因,盖鲁定公、哀公时告朔之礼难行于诸侯,周王室既无使可遣,鲁侯亦未以饩羊之礼飨天子之使,鲁有司每月朔日仍持饩羊朝庙,故朝庙之礼虽未废,然告朔之礼已废也，子贡以其名存实亡，以致虚费，故欲去之。

或以朝庙为朝享，考其所以，朝享之礼大于朝庙之礼。按周制，祠、礿、烝、尝、追享、朝享统称六享之礼，故朝庙不同于朝享。自古天子听朔于明堂，诸侯听朔于太庙、月祭于五庙。朝庙于每月朔日，朝享于辰、未、戌、丑四月，此朝庙、朝享之别也。是以朝庙于每年正月朔日岁首之日，其礼隆于其余十一月，时天子朝庙用牛，诸侯朝庙用羊。

子曰："赐也！尔爱其羊，我爱其礼。" "尔"，汝也。"爱"，惜也。夫子以羊去则礼亡，羊存则礼犹可复，故宁存饩羊以全其礼也。当鲁哀公时，礼虽命悬一线，然终未销亡。今夫子存羊，实欲存礼也。

试译：子贡想废去每月初一告朔所宰杀的活羊。夫子说："赐啊！你爱惜的是一只羊，而我爱惜的是礼的存在啊！"

十八

子曰："事君尽礼，人以为谄也。"

子曰："事君尽礼，" 当夫子时，鲁君权旁落三桓，君弱而臣强，三桓僭礼干君，倨傲失礼。时鲁大夫进谒鲁君多行拜上之礼，独夫子行拜下之礼，时人多误以夫子谄君，疑其违众而从礼，必有求于鲁君也，遂行此常人所不欲行之事。

"人以为谄也。" 夫子每奉君命而入公门，升堂时必鞠躬屏气，表情庄敬以示敬畏之心，然鲁大夫多不行此礼，且谄佞阿党，反以夫子行谄，夫子乃出此慨言。固知春秋末世文盛于质也，实非文增，实则质减也。概言之，鲁群臣不执臣子礼，反疑夫子徒增其文，以虚华之礼邀宠于君上。

试译：夫子说："我遵循周礼去侍奉君上，人们却以为这是在谄媚君上。"

十九

定公问曰："君使臣，臣事君，如之何？"孔子对曰："君使臣以礼，臣事君以忠。"

定公问曰："君使臣，臣事君，如之何？" 鲁定公，姬姓，名宋，谥定。鲁定公袭兄鲁昭公之位，为鲁第二十五任君主，居位十五年。定公薨，其子姬将继位，即鲁哀公。"使"，使令。天以时使则四时调顺，地以材使则物阜年丰，人以德使则士进民和，鬼神以祥使则阴阳平衡；禽兽以力使则物为我用。"事"，大曰政，小曰事；定公所言事者，乃侍奉也。君子事年长位尊者，必执事父兄之礼。

时鲁政在三桓，臣子僭礼，多不知以臣子之礼事君，故定公深以为虑。值夫子初仕，定公乃有斯问，欲求"君使臣，臣事君"之道以匡正时弊。

孔子对曰："君使臣以礼，臣事君以忠。" 夫礼仪者，乃君上治世之本，然则礼与仪同出而异名，当以礼为本而仪为表。时鲁政在大夫，有仪无礼，徒具其表，浪具其文。今夫子诲以"君使臣以礼”，乃礼也，而非仪也。考夫子语，其义有二：一、鲁礼徒具仪之文，已失礼之本。二、三桓既为僭礼之臣，呈尾大不掉之势，定公势弱，犹太阿倒持之君，于是夫子劝君以礼，诫臣以忠。

君臣知礼明仪，必能施政安国，上下和睦、民心不失。故夫子劝鲁君依礼使臣，于是臣必诚服而以忠事君。固知君使臣之道，不畏臣之不忠，乃畏己之不知礼也；臣事君之道，不畏君之无礼，乃畏己之不知忠也。是以“君使臣以礼，臣事君以忠”，乃君臣之义也。

盖位尊者临于下，易失于狂简，多颐指气使、不可一世，此乃居上无礼也；位卑者事于上，易失于欺谄，多柔声巧语、欺诳哄骗，此乃居下不忠也。是以礼使忠事，君明臣良，皆君子之学也。昔夫子为鲁大夫，于夹谷之会以示义，隳三都以正礼，固知遵礼必也有所为，非一味礼让示弱也。今以三家之强，唯以礼驭之；苟加以攻伐，必激其变。于是夫子告定公以君臣之道，用心可谓深矣。

试译：鲁定公问道：“君王指使臣子，臣子侍奉君王，该如何做呢？”孔子回答道：“君上应该依礼来指使臣子，臣子应以忠心来侍奉君上。”

二十

子曰：“关雎，乐而不淫，哀而不伤。”

子曰：“关雎，乐而不淫，” 《关雎》，乃四言体诗，为《诗·国风·周南》之篇首。全诗五章，首章“关关雎鸠，在河之洲；窈窕淑女，君子好逑”，为历代士人所传颂。“淫”，恣肆失度，即肆乐而失正也。“伤”，哀伤，即纵哀而害和也。固知淫伤者，皆失于中道。

《毛传》以“关关”为鸟之和声，以“雎鸠”为王雎，以“淑女”为善女佳丽。“逑”，匹配。“好逑”，即求得善女，以事君子；君子者，文王也。该诗所述者，乃文王后妃欲为文王征此有德有容之佳丽，以共事文王宗庙祭祀，而非淫于美色也。《毛诗序》以“哀窈窕”为“思贤才”，然郑玄以《关雎》无哀义，“哀窈窕”当作“衷窈窕”，衷者，心有所慕念也，此乃郑氏已见，无以证经，故《毛诗序》所谓“哀窈窕”，不当作“衷窈窕”。哀者，见于夫子下言“哀而不伤”。郑玄误以哀为衷，盖其注《诗》于前，注《论语》于后，故未得夫子语以证《关雎》也，卒有此误。固知《关雎》非无哀也，其所哀者唯不伤于和也，实不伤之哀也。其所哀者乃未得淑女也，既求之不得，故哀其不得，是以人皆有爱美之心，故君子哀而不伤。

《关雎》第五章诗云：“窈窕淑女，钟鼓乐之。”乐者，取悦也，乃以钟鼓合奏悦淑女而迎娶之。考君子之所以乐者，乃乐得淑女以配君子也，虽有钟鼓琴瑟之盛，仍不失其正。正者，雅音也，合于雅音则正。春秋以前古乐章皆以三篇为一章，观《诗·大雅》之首篇《文王》与《诗·小雅》之首篇《鹿鸣》，皆三篇合一之乐章，亦称一曲三章、一歌三乐。按周制，乡饮酒礼以乐队先升堂，鼓瑟歌颂三章歌曲，然后主人以酒敬之；继而吹笙者升堂吹奏三章乐曲，复由主人敬以酒；于是堂上鼓瑟一歌，堂下吹笙一曲，如是交替吹奏三章，遂曲终。夫子尝自谓于《诗三百》皆弦歌之，固知诗存而乐亡久矣，惜乎！今唯见其字，未闻其声。

“哀而不伤。” 乃就第三章“求之不得，寤寐思服，悠哉悠哉，辗转反侧”而言也，虽忧，亦不伤于和。是以人心哀乐皆有格，格者，礼也，合礼乃能至善。观《论语》全篇，夫子每言《礼》则必言《乐》，每言《诗》则必言《礼》，各不偏废。学子每于《诗》《乐》味其词而审其律，则知其不淫不伤也。人之有身则必有性情，有性情则有人道，然人道贵和，哀乐皆人之本性，苟恪守中道，乐不淫，哀不伤，必臻中和之境也。

《关雎》，于春秋之际已尽为人知，故乡乐多有歌诵，夫子闻之，乃有此赞美之词。

试译：夫子说：“《关雎》这一诗篇表现出欢乐而不放荡；表现出哀思而不伤损。”

二十一

哀公问社于宰我。宰我对曰：“夏后氏以松，殷人以柏，周人以栗，曰：‘使民战栗。’”子闻之，曰：“成事不说，遂事不谏，既往不咎。”

哀公问社于宰我。 “哀公”，姬姓，名将，乃鲁定公之子，鲁第二十六任君主，居位二十六年。“宰我”，亦名宰予，字子我，世称宰我，鲁人，少夫子二十九岁，为孔门十哲之一，其善言辞，尝事夫子周游列国。唐追封为齐侯，宋加封为临淄公，南宋再封齐公，明改称先贤宰子。“问社”，亦称问主；主者，社主也，乃社稷坛受祭之主。

天子、诸侯之社稷有别，天子之社坛广五丈，诸侯之社坛广二丈五。社稷坛之社神谓之后土，即土地之神，乃共工氏之子，其区划九州风土，使民各得其所，遂为世人奉为社神。社稷坛之稷神谓之田正，即谷物之神，乃烈山氏神农之子，有植百谷百蔬之功，于三皇时奉为稷神。据传，田神当依止于社稷之神，特于社祭坛先立田神之主，复引后土、田正立于田神之上。

天子、诸侯何以立社稷之主而祀之？盖人依土而立，依谷而食，然土地广袤、五谷众多，安能一一祀之，故天子诸侯建邦、封土、立社，集而祭之，以为万民求福报功也。

殷始建都于亳，周初谓前朝殷人之社为亳社。鲁承周制，于鲁境内殷人之奄地为殷民立亳社，称殷遗民为庶人、野人，皆祭于亳社。鲁侯与三桓同为姬姓，皆盟于国社。春秋末世，国人、野人之别渐弱，遂有国人违礼而盟于亳社之事。鲁哀公四年(前491)六月，鲁亳社毁于火灾。汉儒皆以为天降火灾于亡国之社，乃上天欲儆鲁人也。据传，鲁定公、哀公时，上天屡降火灾于社稷，亦居位者失礼所致。是以“哀公问社于宰我”，乃哀公四年六月鲁亳社遭火焚之后，哀公欲重建亳社，复立社主，而有此问。

宰我对曰：“夏后氏以松，殷人以柏，周人以栗，” “夏后氏”，后者，君也，乃褒称；舜受尧禅让为君，夏始祖禹受舜禅让为君，故夏亦称夏后氏。“殷人”，人者，殷从民人之心，以干戈而取天下，故称殷人，乃贬称，概言殷遗民故旧也。

古以林木茂盛处为神居所，特于社坛周匝广植社树，以取悦神明而降吉祥，且使民存敬畏之心，以易于表功也。昔夏后氏都河东，该地多松，于是夏后氏社坛周匝多植松以为社树；殷人都亳，该地多柏，于是殷人社坛周匝多植柏以为社树；周人都丰镐，该地多栗，于是周人社坛周匝多植栗以为社树。盖木之生长有始有终，此与人同也，故社主必有所依止，遂题名于木以为传世，故就地取松、柏、栗之材以为社主之木，该神位呈正方状。或以州县社主之位初为木制，然社祭坛不设屋，神位易遭风雨侵蚀，遂改石制。社有坛而无屋，故木制神位当供于社坛旁石匱内，欲受霜露风雨以达天地之气，后世弃石匱而改以埋石。石制社主神位长五尺、方二尺，半埋于土，其坚固耐久，通达天地之灵气。

或以社树为神，故不复立社主，此说乃后世虚诞误传也，故不足信。盖社树年湮岁远，时有怪祟异事，愚民无知，误以为神力，特为怪异神通之树立祠以祀，故误以该树为社主，此淫祀之事多发于南部偏远乡间，不足为礼，故不从此说。

“曰：‘使民战栗。’” “战栗”，恐惧貌，即胆战心惊。此复称“曰”，乃宰我引用之辞也。宰我以松有惊惧悚动之喻，柏有紧张迫促之喻，栗有战栗恐惧之喻，皆使民人心生敬畏也。然为政以德，兼以刑罚，是以君道必行。天道行于四时，君道行于人世，苟天道失时，君道失德，唯浪言使人战栗，误以物制人心，实缘木求鱼也。固知孔门行大道而不妖言，倡仁义而不妄议，今宰我引申之语，实出于己意，固非关乎圣教也。或以宰我“使民战栗”之词，不本其义，随意妄说，亦曲宰我之心也。宰我未宗社主之义而答则有之，然随意妄言则无之，盖宰我欲以杜撰之词谏哀公废三桓也，其用心可谓深矣，足见其智慧之深、口才之妙。考哀公所问、宰我所答，实为君臣秘语，其初衷固当谅，岂能深责之。

鲁哀公欲振公室，废三桓，于亳社重建、社主重立之际问于宰我，故宰我对以“使民战栗”，欲固哀公废三桓之心。

子闻之,曰:“成事不说,遂事不谏,既往不咎。” “遂”,竟也,即穷终也。“遂事”,乃已发生、穷终之事。“谏”,据证词以正其失,故通证,乃劝谏之意。是非相值,君子固当以是匡弼其非。

“成事”“遂事”,皆谓季平子不臣之事。所谓“成事不说”,谓事已成也,故不可复言之。所谓“遂事不谏”,谓事已遂也,故不可复谏之。“咎”,病也,即过失。

夫子是语乃发于周游列国尚未返鲁之际,时夫子闻宰我语,遂有感而发。所谓“成事不说”“遂事不谏”“既往不咎”,皆有所指也。昔鲁昭公发兵攻季平子,兵败,昭公逊齐亡晋,季平子以重金贿晋卿大夫,卒使昭公终未还鲁。夫子深知鲁哀公未忘季平子大逆不臣之事,时欲归罪于季氏。然鲁政在大夫已非朝夕,哀公无权无民,既不知以礼驭臣,亦不知复用夫子,唯期以宰我之策欲泄愤,妄图复掌权柄。以哀公之无能,岂能行此万难之事?夫子尤恐其反遭不测,遂出是言。一者责宰我怂恿哀公起杀伐之心也,二者谏哀公勿因泄愤而轻动杀伐之心也。

试译:哀公向宰我询问关于社主的事。宰我答道:“夏后氏用松木制社主,殷人用柏木,周人用栗木。”宰我又说:“用栗木为使民众战栗畏惧。”夫子闻听,说:“事已成不必再说了,事已行也不必再劝谏了,以往之事也不必再追究责任了。”

二十二

子曰:“管仲之器小哉!”

或曰:“管仲俭乎?”曰:“管氏有三归,官事不摄,焉得俭?”“然则管仲

知礼乎?”曰:“邦君树塞门,管氏亦树塞门。邦君为两君之好,有反坫,管氏亦有反坫,管氏而知礼,孰不知礼?”

子曰:“管仲之器小哉!” “管仲”,姬姓,管氏,名夷吾,字仲,谥敬,春秋时位居齐大夫,齐桓公尊其为仲父,后世誉为华夏第一相。“器”,象形字,犹以犬守御众器之口,以保器藏之物不失;引申为器度器量。“器小”,以喻胸襟不广,器识不深。夫子谓管仲器小,乃讥其识浅也。

按周制,周天子称王,诸侯称伯。春秋五伯者,即齐桓公、晋文公、秦穆公、宋襄公、楚庄公,史称春秋五霸,固知霸道即伯道也。伯者,原为美称,然桓公伯道不纯,故世人以霸称之,乃贬辞也。齐桓公既有大略,管仲何不佐以王道而辅以霸道,致使桓公霸业虽成而王道未果,此乃管仲器小之故也,惜乎管仲虽有一匡之大勋,然不能诚意、正身、修德,以致细行未止,盖德不足之故也。是以举世皆谓管仲贤,独夫子小觑之。

夫子以管仲器小,其因有二:一、齐桓公恃管仲之才,纠合诸侯会盟,以共扶周室。然近齐之诸侯未以言辞使其亲,远齐之诸侯未以命令使其近,且桓公恃功自傲,功未果而志已盈,致使齐渐衰,九国诸侯先后叛之。二、君子先自治而后治人,方谓大器。是故管仲若遵礼尊周,利齐国亦利他国,遂使天下得安,百姓和睦,乃可谓大器也。然则管仲骄矜失礼,利齐而损他,故夫子讥其器小。

夫天地大德,利万物而不言功,故世人皆谓尧德配天,以天喻其德可谓大器也。器小者恃小功而兴大伐,功愈大而性愈骄,得富贵而不淫者鲜矣。下言管仲三归、塞门、反坫诸事,固知其穷奢极欲、富可敌国，此正管氏不能永葆富贵之故也。

或曰："管仲俭乎？" "俭"，悭吝。或误以悭吝为器小，今闻夫子谓管仲器小，遂误以夫子讥管仲悭吝太俭，乃有斯问。

曰："管氏有三归，官事不摄，焉得俭？" "三归"有四解：一、管仲家有三处，其僭用朱盖青衣，以钟鼓之礼归家，故称三归。所谓"官事不摄"，乃谓管仲之三家各设家臣，以专司其事，该臣独立值事，互不兼职，是为僭礼。二、归者，女嫁也；女子以夫为家，故出嫁称归。所谓"三归"，按周制，诸侯娶三姓女，即娶三国异姓诸侯之女，亦称三家女，以大国之女为正夫人。凡诸侯之女嫁，随嫁者为娣（妹）、姪（侄女），此二人称媵。是以诸侯三归之礼当迎娶三国嫡、娣、姪九人；卿大夫婚不越境，唯娶一国三女，即一妻二妾，无三归之礼。管仲位居大夫，僭诸侯三归之礼娶三姓九女，必耗巨资以供三宫之用，故夫子谓"焉得俭"。此说可证经。三、归者，馈也，三归即三馈。管仲家祭僭用诸侯太牢之礼。四、三归为台名。管仲住三归之台，犹萧何以田宅而自污，欲自伤于民以为桓公掩非也。此说不足取，究其因有二：一者，《管子·权修篇》尝专言君主崇尚奢华，乃家国贫困、赋税繁重之因，管仲岂食己言而自伤于民。二者，苟论桓公之污，当以宫中七市、女闾七百为最，管仲欲掩其非，必娶三姓之女，何以造台之奢而掩桓公好色之非。综上四解，今从第一、第二说。

"摄"，兼也，即身兼众职。"不摄"，即一人一职。国君事体兹大，其臣吏各司其职，然大夫之家臣必身兼众职。管仲僭国君之礼，以家臣一人一职，互不兼通职事。今以管仲不俭有二：一者娶三姓女。二者家臣不摄职。昔管仲相齐，桓公淫，管仲亦淫;桓公奢,管仲亦奢。桓公设女闾七市,遭国人斥;管仲娶三姓女,使家臣不摄职,自取非议于民,欲掩桓公之非。是以管仲舍大义而从小义,亦其器小之故也。

按周制,天子下设六卿,诸侯下设三卿,三卿下设小卿五人,皆各司其职,官无摄职,以免权柄集于一人,以致危害君权。有封地之卿大夫不可身兼多职,下设家臣一人或数人,皆一身兼众职。家臣职事亦称官事,官者,乃助祭之位也;事者,乃祭祀诸事。卿大夫每家祭,则家臣为助祭。诸侯下设司宫,专司祭器,亦司办祭祀奥神之筵,司马杀羊,司士杀猪,以供祭祀。甸人司陈鼎薪蒸烹爨诸事。大夫家不设甸人职,以雍人(宰杀、烹饪者)兼陈鼎薪蒸诸事。固知诸侯下设专司祭祀之官,皆各司其职;卿大夫家祭,唯设家臣一人兼众职。管仲居大夫位,僭用诸侯"不摄"之制,故夫子讥其"焉得俭"。

"然则管仲知礼乎?" 俭者,大德也;奢者,大恶也。夫子以中道为裁夺政事之准,国尚奢靡当以节俭治之,国处贫困当以礼教治之。昔齐大夫晏婴倡俭,三十年不易狐裘,以簋盛少量豕蹄祭祖,且着敝服朝见景公,世人皆以其俭,然太俭则不中礼,故孔门皆以晏子为不知礼。今或人闻夫子谓管仲"焉得俭",反误以奢为中礼,遂问"然则管仲知礼乎"。

曰:"邦君树塞门,管氏亦树塞门。" "邦君",大国称邦,大国之君称邦君。"树"有二解:一、屏也,即屏蔽。二、墙也,即屏墙。此二说可互证。古之门阙殿舍前皆设屏,多以土制,亦称萧墙。天子之屏设于门外,称外屏,不使内见于外;诸侯之屏设于门内,称内屏,不使外见于内。大夫用帘,士用帷,皆不设屏。屏墙之位有二:一、周初,天子以应门为正门,外屏设于应门外；诸侯以雉门为正门，内屏设于雉门内。二、至春秋时，天子外屏设于路门外，诸侯内屏设于路门内。故春秋屏墙之制已不合周制。

春秋末世，天子式微，诸侯僭礼，大夫势胜。或有大夫家门作宫阙状，且门内设屏，其无视王命，僭用诸侯之礼，爵禄皆由己出，终致天下大乱。管仲虽贤，然僭上逾制甚矣，苟为管仲之君上则甚难也；晏子虽贤，然其约己甚矣，苟居晏子之下则甚难也。是故君子立身行事，以不僭上不逼下为宜。

“邦君为两君之好，有反坫，管氏亦有反坫。”“好”，亦称好会。有二解：一、合聚也，即相遇。诸侯朝见天子，天子享宾于庙，燕宾于朝，皆称好会。二、两国君主相见，亦称好会。

“坫”，别为土坫、木坫。土坫即短垣，乃以土筑，状若土堆，以置存酒器用。木坫高八寸，足高两寸，漆红色。土坫为古制，木坫非古制，乃后人所变通也。“反坫”，反者，返还也，即返酒爵于坫。反坫乃两国君主飨宴之礼，大夫不得享此礼，国君飨大夫则不设反坫，唯置酒器于堂下竹筐内。两国君主行好会之礼，主君酌酒进宾，宾受酒而饮，复置空爵于坫，即返爵于坫也，亦称反爵；宾拜谢于西阶，主君答谢于东阶，宾复取坫上爵，洗净复酌酒献主君，谓之酢。主君受饮，置空爵于坫，拜谢于东阶，宾答谢于西阶；继而主君取爵酌酒，先自饮而后酬宾，谓之献；宾饮复酌酒进主君，谓之酢，主君饮后复酌酒进宾，谓之酬。

太庙、宗宫、考宫、路寝、明堂称五宫，皆四角曲檐，五宫之两柱间皆设坫。周天子会诸侯，坫设于两楹之间，即堂上东西两柱之间；诸侯好会，坫设于东房门与室门之间，于斯行反坫之礼，以便于敬客也。时主君于东阶之上，则东方必为置酒爵处，故两君宴饮之礼当于东楹之间。

"管氏而知礼，孰不知礼？" 管仲僭用诸侯之礼，其人苟知礼，则天下谁人不知礼。

当齐桓公时，王者不作，周室衰微而夷狄横行，待管子出，辅桓公一匡天下，致使周德不衰，民终免于左衽之难，是以论诸侯之功，鲜有胜管子者，故夫子尝以仁者之功许之。今夫子于教人之际，必诲以诚意正心之方、修德致道之法，以明君子之器，以示臣子之道，以塞僭越之门，而非为毁訾管子也。

试译：夫子说："管仲的气量真小呀！"有人便问："先生是说管仲生活俭朴吗？"夫子说："管仲娶三姓女，并拥有三处家，官事都设有专人而不兼设，哪能谈得上俭朴呢？""既然如此，那么管仲知礼吗？"夫子说："国君在大门内设有屏墙，管仲家门内也设有屏墙；国君招待他国国君的宴会在堂上举行，设有安放酒器的坫，管仲宴客也有这样的坫。如果说管仲知礼，又有谁不知礼呢？"

二十三

子语鲁大师乐，曰："乐其可知也：始作，翕如也；从之，纯如也，皦如也，绎如也，以成。"

子语鲁大师乐， "语"，告也。"大师"，大者，太也，即太师，乃乐官名。天子下设太师二人，皆下大夫也；设小师四人、上士四人。诸侯下设太师一人，乃下大夫也。古乐官皆瞽矇者，以其无目，乃能心无旁骛于乐。择其大贤大知者为太师，居下大夫位；择其小贤小知者为小师，为上士。今夫子所语者，乃鲁乐官之长师挚。

曰："乐其可知也：" 本节录夫子语，乃六十八岁返鲁之后，时鲁哀公居位。夫子尝云："吾自卫返鲁，然后乐正，《雅》《颂》各得其所。"《雅》者，乃宫廷宴享朝会之乐歌；《颂》者，乃宗庙祭祀之曲辞。所谓"《雅》《颂》各得其所"，乃使《雅》《颂》各居其位，各得其用。"乐其可知"，乃谓乐正而后方可知也。

"始作，翕如也；" "始作"，始奏乐也。乐之始，乐师合奏钟鼓之乐。"翕如"，翕者，合也，乃赫盛合奏之乐。按夫子语，乐之始则律吕相和，观者闻钟鼓合乐之盛皆为之一振，故翕然动容。

"从之，" 从者，纵也，鸟初飞举翅之貌，即放恣、铺陈之义，乃金、石、丝、竹、匏、土、革、木八音皆作也。凡乐章之始，当以钟鼓合奏为始，乐声文雅和谐犹锦绣文章，乐曲自此铺陈展开，继之以振奋昂扬之八音合奏，如此则蔚然大观矣。

"纯如也，" 纯者，不杂也；纯如者，即人声乐声和谐如一，相应而不杂。是时以合唱为主，以乐声为辅，乃乐章之至高境界。

"皦如也，" "皦"，明也。朗朗明察以辨乐章之清浊，以使清浊有序。夫宫商角徵羽以成乐章，然五音有别，商角徵羽四音皆起于宫，其中浊者为商角，清者为徵羽。闻宫音，犹闻牛鸣于窖；闻商音，犹闻离群之悲羊；闻角音，犹闻鸡鸣于树巅；闻徵音，犹闻惊豖；闻羽音，犹闻马鸣于野。固知五声、八音、十二律皆别为清浊，清音包括蕤宾、林钟、夷则、南吕、无射、应钟等，浊音包括黄钟、大吕等。

"绎如也，" 绎者，相续不绝也，乃志意条达之义。夫闻乐，则其心必为乐所感发，故志意舒畅如如，犹草木之畅茂条达。

“以成。” 乃乐章之终篇也。乐章始于翕如，继之纯如、皦如，终于绎如，遂成整章。故整章之乐为翕如、纯如、皦如、绎如四境。

试译：夫子与鲁国乐官师挚谈到音乐演奏时说：“音乐演奏的全部过程是可知的。刚开始，钟鼓之合奏整齐盛大，令人振奋；随之展开是那样的纯正和谐而不杂糅，节奏声调清晰而分明，进而使人心情舒畅、志意条达，至此，完整的音乐就诞生了。”

二十四

仪封人请见，曰：“君子之至于斯也，吾未尝不得见也。”从者见之。出曰：“二三子何患于丧乎？天下之无道也久矣，天将以夫子为木铎。”

仪封人请见， “仪”，卫邑，乃卫西南边境。“封人”，官名。封国四疆，必造都邑以为守也；封人者，乃封疆守邑之官，诸如蔡封人、萧封人、吕封人。天子之封人为中士四人，诸侯国之封人为下士八人，皆具贤德而居下位者。“请见”，谒告求见。该封人闻夫子途经卫边城，故欲请见。

曰：“君子之至于斯也，吾未尝不得见也。”从者见之。 “君子”，谓当时之贤者。“至于斯”，至于此地。封人自谓，每有贤者至，无不相见。固知封人乃亲善求知者，故自报家门，以谒夫子。

“从者”，孔门弟子。“见之”，古者相见必由绍介，今于野外逆旅,故无绍介,必借弟子通使得见,夫子亦不拒其所请。夫子平生尝五至卫焉,首次宿子路妻兄颜浊邹家;二次适陈,经由匡地、蒲地,皆卫境也,遂返卫;三次经由曹、宋、郑、陈返卫;四次欲西渡黄河往见赵简子,未遂,返卫;五次经由陈、蔡、叶、楚返卫。今夫子至卫边城,乃五次之一也。

出曰:"二三子何患于丧乎?" "二三子",该仪封人直呼孔门诸弟子。"丧",有二解;一、丧亡。仪封人告诸孔门弟子,勿以夫子圣德将丧,盖天下无道久矣,衰极必盛,物极必反。二、失位。夫子尝居鲁大夫位,今适卫,故仪封人告诸孔门弟子,勿以夫子失位为忧。今从第二说。

"天下之无道也久矣,天将以夫子为木铎。" "木铎",大铃也,其中有舌,以绳系之,摇之而作声,乃警众之响器也。铎者,源起于夏殷,别为木铎金铎,木铎以木为舌,金铎以金为舌。天子颁布政令,必以木铎警众,故木铎亦有法度之喻。金铎用于军旅,值两军交战之际,司马以金铎发令,复击鼓而攻。两铎相较,则金铎之音响亮干脆,木铎之音沉稳温和。

夫子晚年返鲁,删《诗》《书》,正《礼》《乐》,乃为尽备礼法;定六艺,乃为天子之政;修《春秋》,乃言天子之事。春秋末世,乱极当治,仪封人预知夫子终身不遇,必将以德言施教为本,故以木铎喻夫子为宣道而生,天将命夫子制作法度以示众生,以使天道大张于天下。

当夫子时,世鲜有知之者,今仪封人既能知夫子,必达观而有所见也。天下虽乱久矣,然乱极必治,仪封人意必有圣人出以救世,今既见之,遂知天意不忘斯世而必归于夫子,圣道乃有所托也。惜乎夫子终不得位,故仪封人以木铎为喻,以示否极泰来之理,可谓知夫子深矣。"

试译:卫国仪邑封疆守邑的长官请求拜见孔子,他说:"凡是到过这里的君子,我没有不要求会见的。"夫子的弟子们领他去见夫子。出来后,他说:"诸位,何必为你们先生失去官位而忧愁呢?天下无道已很久了,天意将把你们的夫子当作警世的木铎呢。"

二十五

子谓《韶》:"尽美矣,又尽善也。"谓《武》:"尽美矣,未尽善也。"

子谓《韶》:"尽美矣,又尽善也。" "韶",舜乐名,通绍,绍者,继也。舜继绍尧德而统天下,故舜乐名《韶》。"尽美",《韶》以乐声舞容之盛大为至美。"尽善",舜受禅让于尧,以揖让之德而兴无为之政,故天下大治,乃尽善也,是故《韶》之乐舞蕴藉至善之境,尽备舜之德也,遂称尽善。

谓《武》:"尽美矣,未尽善。" "《武》",武王乐名,据传为周公所作。昔殷纣无道,天下人久仰文武王德政,故褒称《大武》,尽备武王之德也。

当尧舜禹三王时,文德胜于武德,人皆以文德为尽善,故《韶》乐尽善尽美矣。《武》乐虽大赞武王以武功平定天下,然其以臣伐君,以兵事革殷之命,未以禅让之德而得天下,故称"未尽善",此即《武》乐不及《韶》乐之故也。且武王得天下未宁而崩,时殷顽民欲反,动乱常有,故未致太平,且武王生前未及制礼作乐,故"未尽善"也。

试译:夫子谈到《韶》乐时说:"《韶》乐至美,也至善。"谈到《武》乐时说:"《武》乐至美,却没有达成至善。"

二十六

子曰:"居上不宽,为礼不敬,临丧不哀,吾何以观之哉?"

子曰:"居上不宽,为礼不敬," "居上",居上位者。盖礼乐为居上位者所独享,故夫子言"为礼""临丧",皆谓居上位者也。"宽",宽裕、缓舒也,乃谓政令宽而不猛,简而易行。为政者临下以简则民服,御众以宽则得众。

子张尝问仁于夫子,夫子亦告之以宽,固知能宽则仁。居上位者以宽为仁德则民安,以敬为义德则礼行,于是上宽下和,民风淳淳,苛政自绝,无为自治。居位之君子能攻己之恶,勿攻他人之恶,待己以严,以成义德,待人以宽,以成仁德。君子勿待己以厚,能举发己恶则诚也;勿待人以薄,攻忤他人之恶则贼也。为政不宽则民畏,民畏则政令不足观,遂使民皆远之;为礼不敬则失节,失节则威仪不足观,遂使民则轻之。

"临丧不哀," "临丧",即哭而临之。居位者临视他人之丧,当临丧不笑,面必呈哀色。临丧不哀则失本,失本则哀悼不足观。

"吾何以观之哉?" "观",观礼也。为政者倡礼则民情和睦,民无须管束而自治。春秋末世,礼繁而失本,夫子欲谏失德之君重礼之本，勿溺于虚文，故谓“何以观之”。

本节录夫子语，实必有所指也。盖为政褊狭不宽，为礼倨傲不敬，临丧狎而不哀，今古之人皆病于斯，岂能不慎戒之。

试译：夫子说：“位高者不能宽以待下，行礼时不能敬，临视丧事没有哀戚，我又依据什么来看察他呢？”

論語正述·里仁篇

一

子曰:“里仁为美。择不处仁,焉得知?”

子曰:“里仁为美。” “里”,邑也,居也,乃民之居所。古以三户为一井,四井为一小邑,千人以上为大邑。“择”,拣选也。古筑宅必择吉处而营之,故择亦训宅。“知”,智也。君子以民风仁厚为美,故择居于仁者之乡,与仁者为邻,以贤者为镜,则道德可正,学问日新。

“择不仁处,焉得知?” 昔圣王善择天下而处之,必先识地貌、辨民俗,复以九州界定天下,且委任宰官以治之,荐贤人而惩恶人,故贤人乐而歹人惧。仁者居天地间至尊之位,故君子择居,固当亲仁而远不仁,近贤而远不肖,如是则有百利而无一害。苟择居不慎,亲害远贤,焉得明智?

夫择里崇仁,人皆重礼义廉耻,故化民于无声。日久则里而乡、乡而州,风气遂开,以致家保德养,子孙贤而有成,鲜有匪彝顽狡、败身辱家者流。若择里不仁,欲苟安尚且不能,何以修身正德?遂诀于康庄之途远矣。

试译:夫子说:“选择风俗仁厚的地方居住,那是最好的。选择风俗不仁厚的地方居住,怎么算得上明智呢?”

二

子曰:"不仁者不可以久处约,不可以长处乐。仁者安仁,知者利仁。"

子曰:"不仁者不可以久处约,不可以长处乐。" "不仁",无仁德。"久",不息则久,即恒久。"约",贫困。"乐",富贵。

盖心存不仁者,失其心之本然,苟久处困约则为非作歹,苟久处安乐则骄奢淫逸,故不仁者难以久处富贵、困约。君子心安则理顺,仁无待强求而自得,是以君子以安心为重,虽处贫富日久,然德行不为所变也。固知心不安则身不安,身不安则魂不守舍,遂见异思迁而致神疲,是以心不能自守则难以自知自明,岂得大安乐。

天性仁慈者近仁,故力行仁而不移;天性不仁者则逐物意移,多欲而贪,损人利己。昔夫子居大司寇之尊,处陈蔡绝粮之困,循礼而不移其志,固知成仁者必能安贫乐道,居位而不骄奢,处困而不颓靡。不仁者居位,多为一己之私而钩心斗角、蝇营狗苟,何言心安理顺?不仁者不能久处贫富,是故圣王之政务使民有恒产,复施以礼乐教化,此诚"仓廪实则知礼节,衣食足则知荣辱"之理也。

"仁者安仁,知者利仁。" "知",智也。"安仁"。君子以仁为乐,心安于仁,故成仁者必心安。"利",贪也。"利仁",知仁之善而力行之,即为仁而仁也,较安仁则次之。夫子以仁者为三:一、仁者安仁,处顺逆皆不失仁;二、知者利仁,即为利而行仁也;三、畏罪者强仁,乃惧刑法而勉强行仁也。

夫安仁者，天性乐仁，故安于仁而无所不适，处无为无不为之间，须臾未离仁，乃一心也。利仁者，明理慕仁，知仁之利，虽出于己欲，然力行仁而不易其所守，外物不能夺其志，即有所为而为之，乃二心也。强仁者，畏罪而强行仁，尤可教化也，乃为善民，然若于己有损，遂停也，其心旌摇于利义之间，乃多心也。观孔门诸子，才俊者颇众，能利仁者尤众，谓之见道、不惑则可，然安仁者唯颜子、有子而已。是故安仁者安而行之，利仁者因慕利而行之，或有勉强行之者，苟不懈于仁道，亦可成也。是故安仁者仁，利仁者智，勉力为仁者勇。

试译：夫子说："不仁的人，不可能久处在贫困中，也不可能久处在快乐中。唯有仁者，能够安心于仁而无所不适，智者因为利益而行仁。"

三

子曰："唯仁者能好人，能恶人。"

"唯"，独也。常人多情嗜欲，爱憎皆源于私爱、私恶，故难以中道接人待物。唯仁者仁心义行，故得中正，其所好恶皆与理相应。是以仁者先审人之好恶，而后好人之所好、恶人之所恶，遂得公正也。

贵贤者，乃仁者之行；察不肖者，亦仁者之行也。是以仁者必善察于人、事、物。盖好善恶恶，乃天下人之共性，常人每失其正，则其心必不安，故终不能依礼省束身心。

试译:夫子说:“只有心怀仁德的人,才能做到喜爱好人,才能做到厌恶恶人。”

四

子曰:“苟志于仁矣,无恶也。”

“苟”,诚也。“志,”心之所向也,故君子存心在仁。“苟志”,即诚志于仁,须臾无使恶念生;君子诚志笃心于仁,必无恶也。“恶”,不善,心不善则恶。心不居正则小过生,小过渐衍成大过,大过而致大恶。

人非圣贤,孰能无过,唯自我检点则圣道不远。苟好恶分明,心中犹有分别善恶之念,是为成仁过程中。仁者爱人,然其所爱非无所不爱也,乃当爱则爱,不当爱则不爱,岂能强爱之。仁者无私,起心动念皆离不仁,然人有尊卑,事有急缓,苟不予以分别而统作一体,岂不愚哉?故仁者之用,非浑无了别矣。

考夫子语,乃承上节“惟仁者能好人,能恶人”,即专为断狱者说也。盖明王治狱,必论心而定罪,志于仁者则一心向善,虽偶有违法亦当免之;志于恶者则一心向恶,虽合于法亦当诛之。持此以断狱,则善者得全,恶者得惩。昔夫子初居司寇位,诛杀闻人少正卯,即此理也。

试译:夫子说:“如果能诚心笃志于仁德的修养,这样的人就不会是邪恶的。”

五

子曰:"富与贵,是人之所欲也;不以其道得之,不处也。贫与贱,是人之所恶也;不以其道得之,不去也。君子去仁,恶乎成名?君子无终食之间违仁,造次必于是,颠沛必于是。"

子曰:"富与贵,是人之所欲也;不以其道得之,不处也。" "贵",高也,尊也,古以爵禄为贵。"不处",即不处之、不居之。爵禄虽贵,合于礼义则得之,不合礼义则弃之,非正途之爵禄,非其道之富贵,君子不处也。

"贫与贱,是人之所恶也;不以其道得之,不去也。" "贱",古以无爵无禄为贱。"恶",憎恶。"不去",不弃。富贵为人之所欲,贫贱为人之所恶,然时有否泰,运有顺逆,君子固当知命。君子履道而处贫贱,虽贫贱亦不移其志,不为去贫贱而求不义之富贵。

君子仁德所在,虽处贫贱亦自得其乐,故无厌于贫贱;小人仁德所亡,虽处富贵亦不得其乐,故无保于富贵。君子居位知礼,处约知乐,不患为人所不知,虽布衣、疏食、陋巷,亦不违不逾,终生不辍于仁德。

"君子去仁,恶乎成名?" "去",即厌离、舍弃也。"恶乎",恶,读平声,疑辞,即何以。君子立身处世,达天知命,须臾未舍仁也,是故人皆谓之君子。苟贪富贵而厌贫贱,即自弃于仁,卒失君子之实。

"君子无终食之间违仁,造次必于是,颠沛必于是。" "终食”，乃一饭之顷。“造次”，猝也，即仓促、急遽。“颠沛”，亦称顶沛，即颠仆跋沛，乃流离倾覆之义。

所谓“终食之间”，乃寻常生活也。所谓“造次颠沛”，乃非寻常生活也。君子处寻常与非寻常之间，虽一饭之顷不违仁，虽陷仓促急遽亦不违仁，虽处颠沛流离亦不违仁，或暂或久，或变或常，其为仁无所间断也，故贫能乐处，贵能安居，此即“仁者安仁”也。欲臻此安仁之境，当明取舍之道，乃得存养之功，是以君子不处不去，远危无眚，安身立命。

夫欲成仁者，不假外力，人人皆可自成。君子若居位则安、在野不移，则去仁不远矣。昔舜于微时处约而能仁，禅让而有天下，居高位而施德政；伯夷、叔齐能仁，采薇而食，虽死于沟浍而不移仁心。固知舜帝用仁，伯夷、叔齐安仁，终成名于天下，此皆仁者处富贵、安贫贱之证也。考夫子语，先言义，后论仁，不得通释为一义。

试译：夫子说：“富与贵，是人人都想要的，但若以不合乎礼义的方法得到它，君子是不会接受的。贫困与卑贱，是人人所厌恶的，但若用不正当的手段得到富贵，君子是不会舍弃贫贱的。君子若违弃了仁德，又何以称为君子呢？君子连一顿饭的工夫也不违背仁德，仓促急遽之间一定是这样，颠沛流离之间一定是这样。”

六

子曰：“我未见好仁者，恶不仁者。好仁者，无以尚之；恶不仁者，其为

仁矣，不使不仁者加乎其身。有能一日用其力于仁矣乎？我未见力不足者。盖有之矣，我未之见也。”

子曰：“我未见好仁者，恶不仁者。” “好仁者”，必真知仁之好而好之，苟得此仁宝，则世间百宝皆不足换也。“恶不仁”，必真知不仁之可恶而恶之，苟得此智宝，则世间百恶皆不可侵也。故仁者必绝不仁之事，以致成德，是以夫子感叹未见其人也。

夫人者，乃阴阳和合而成，有阴阳则必有善恶，故人道有仁与不仁之别。君子所学，但为弃恶从善以向仁，苟向仁必善，能善则渐仁也。

“好仁者，无以尚之；” “尚”，增加。夫子乃谓所好唯仁，然仁乃至纯之德，于其上难以复加他德。“恶不仁者”，即智者利仁、强仁也。“好仁者”，即仁者安仁也。故“恶不仁者”未若“好仁者”。

“恶不仁者，其为仁矣，不使不仁者加乎其身。” “加”，施也，着也，即施加。君子能仁，所以恶不仁者，知不仁者之害而避之，遂绝不仁之事，以免非礼非议加陵于己身。

“有能一日用其力于仁矣乎？我未见力不足者。” “一日”，人将死之最终时日，即时间短促，所剩时日不多。“好仁者”“恶不仁者”虽不多见，苟一日奋然致力于仁，岂有力不足者。

“力不足者”，即中道而废者。夫为学之道，唯死而后已，若中道而死，力尽身薨，则为仁之途至此废矣，终致大道无成。若此身健在，反以力不足为诿辞，是为自尽于仁道。固知人之寿夭各有不同，然君子修仁之事，必也勉力为之，唯一息尚存，必孜孜于仁而不退初心。

夫仁，乃人之心也，在己不在外，故不可外求，君子必于心力上下功夫，虽力有所不逮，然修仁之诚岂能不足，诚如夫子所谓“我欲仁，则斯仁至矣”。夫子出是语，以儆学人向学也。

“盖有之矣，我未之见也。” “盖”，古文多以盖为疑词，今以其为语气词。夫子出此谦语，乃不欲尽诬时人不能致力于仁也，故言世间或有欲进于仁而力不能给者，独我未见之也。

考本节夫子语，三言“我未见”：先言好仁成德之未见，复言用力成仁之未见，又言用力而力之不足者之未见，其旨相续如一。夫仁道固难，学子苟实用其力，志之所至则终必成焉。

试译：夫子说：“我没有见到喜好仁和憎恶不仁的人。喜好仁的人，就会觉得世间再没有高于仁的德行了。憎恶不仁的人，正是因为他能仁，所以他能不让那些非仁的事物强加在自己身上。有人肯终其一日用力于仁吗？我没见过力有不足的。或许有这种人吧，只是我没见过罢了。”

七

子曰：“人之过也，各于其党。观过，斯知仁矣。”

子曰：“人之过也，各于其党。” “过”，过失。“党”，类也，朋也；人皆同类朋比而居，古以五百家为一党。

人各由其性，各随其类，故其有过各异。君子多失于厚，其过在容非；小人多失于薄，其过在寡德。君子过于爱，小人过于忍；刚直者执政则专务改邪，故寡于恕道，论其过，乃不能以恕道治民也。小人无德无行，居上位必依礼而循循善诱之，待之以恕道，切勿苛责过甚。

“观过，斯知仁矣。” 人皆有过，君子固当慎观其过，使贤者、愚者各居其位，皆依礼教之，如此方为仁者。譬如匠人不善治器，此匠人之过也；若反以匠人不善文章为过，岂不愚哉。君子每断人过失，当以其力所能行为准，故求仁不可失义，明义则临机决断，处世合宜，以致寡过。少仁则义无依，少义则仁无据，是以合乎义则仁可知矣。

君子修己观人各有不同，修己在于正心，观人乃为成事。正心当克治省察，勿匿己过；观人当恺恻慈恕，勿訾人非。是以君子能自讼方可化人，观人必察之以严，以致瑕瑜不掩，然待人以恕，方不失其仁也。

试译：夫子说：“人的过错，因为人不同而各分其类。观察人的过失，便知道其仁的境界了。”

八

子曰：“朝闻道，夕死可矣。”

“朝”，旦也，早也。“夕”，暮也。“朝夕”，乃谓自早至暮一日之内。“道”，乃万物当然之理，涵众妙而不可言状，合于天地人三才，行乎万物之中。圣人立于世，乃为行道也，今夫子所谓道者，乃先王修身、治世、济民之道也。苟闻道，则生者顺而死者安，遗恨顿无，是故生死事小，闻道事大。

道既为万类之实理，故为大，然大道至简，必存乎百姓日用之中，即君臣、父子、兄弟、夫妇、朋友五伦是也，其易知而难行，故君子朝乾夕惕。苟证道、践道，直至人伦无缺、功德圆满，乃士毕生孜孜以求之事功也，故夫子乃叹“夕死可矣”。所谓可矣，乃初入大道之门也。

试译：夫子说：“人能在早晨得闻道，即便当晚死了，也可以了。”

九

子曰：“士志于道，而耻恶衣恶食者，未足与议也。”

子曰：“士志于道，” “士”，古以士、农、工、商为四民；四民者，乃国之柱石也。士通事，其任王事而通古今，能辨是非真伪，故居四民之首。士既为学人进身之阶，固当有习有学，德性与道业并举。

“志”，心之所之也。士之学，固当立志于仁义，即立志于礼，亦即志于道也。孔门弟子于求学之际多未仕，故夫子屡言为士之道。夫子教人，贵在使学人行止依礼，是以礼乃达己达人之学，亦即士之道。

“而耻恶衣恶食者，未足与议也。” “恶”，粗劣。“与”，动词，与之。“议”，言也，语也，即言传。

求学者若虚以求道而实为求利，专务口体之奉而无志为良士，亦无视于大道，则何足与其言道，故不教也。君子食无求饱，居无求安，轻口体之欲以忘外物，专务礼义之学，岂以恶衣恶食为耻。若识趣卑劣，但求口体之欲，务利而忘义，其学无成即为小人，其学有小成即为奸人，退则伤小，进以害大。夫子于斯岂能不知，遂出此慨言。

盖奸宄盗寇者流，核其犯罪之因，其初皆耻于恶衣、恶食。然天理与人欲岂能并行，若能效子路缊袍不耻之风骨，则道不远矣。

试译：夫子说："士，当致力于道，而那些以穿破衣、吃粗饭为耻辱的人，是不值得与他言道的。"

十

子曰："君子之于天下也，无适也，无莫也，义之与比。"

子曰："君子之于天下也，无适也，无莫也，" "天下"有二解：一、天下之事。二、天下之人。盖天下之人事安能分别视之，有人则必有事兴，有事则必依人起，故天下者，乃谓天下人与天下事也。

"适""莫"有三解：一、以"适"读敌，"无适"即无敌；以"莫"通慕，"无莫"即无慕，乃无所贪慕之意。盖爱恨皆出于私，故君子立于朝，既无恨敌，亦无爱友，其好恶必合乎中道，固当以中道为治世之准。究天下之人事，恩以生害者有之，顺而失义者有之，爱而生逆者有之，恶反成美者有之，是以君子或居人先，或从人后，皆须因地制宜，无敌无慕，奉君爱民，唯义而行，以致天下为公。今从此说。二、“适”，厚也；“莫”，薄也。持此说者，以君子之于天下人，无问其富厚与穷薄，唯合乎义者则从之。此说颇浅，无以证经，故不从。三、“适”，可也。“无适”即无可，即不唯此以为是也。“莫”，毋也，即不可也。“无莫”，即无不可也。故“无适”“无莫”，即无可无不可也。君子不仕则安身立命，其接人处事，于无可无不可间，唯崇义而行。此亦可备一说。

“义之与比。” “比”有二解：一、从也。圣人之道，君子之学，皆于无可无不可之间，唯以义存，君子固当与义相亲，合于义则从之，不合于义则弃之。今从此说。二、亲也，即亲附。君子每与人交接，不问厚薄贫富，更非贫者贱之、富者礼之，唯以仁义者为亲。此说颇陋，无以证经，故不从。

考夫子语，重在论义，非谓经权常变也。故君子律己律人，治世处事，必依中道而行，如此则合乎义也。

试译：夫子说：“君子面对天下事，没有恨敌，也没有贪慕，没有一定可以或者不可以的，只求合于义便奉行它。”

十一

子曰：“君子怀德，小人怀土；君子怀刑，小人怀惠。”

子曰：“君子怀德，” “怀”，安也，怀思而归之，故得安。“德”，乃知、仁、圣、义、中、和六德。“君子怀德”，君子德足以载物，义足以安民，欲达己当思达人，欲立己当思立人，欲成己当思成物，其所思在德，故称怀德。天有化育万物之德，君子固当效之，利万民而不以德自居，故天下人皆以其为大德。

“小人怀土；” “小人”，庶民。“土”，田地乡土。周以井田制民之产，以使民仰足以奉父母，俯足以恤妻子，再教以善，故田地乃庶民之所依，不可须臾离之。“小人怀土”，庶民唯身家性命是图，土地既为恒产，则其所怀思者唯土地耳，唯溺思恒产而得以心安，故安土重迁，乃民之常情也。苟政苛罚重，民失恒产则必无恒心，苟失恒心则必迁徙他邦，如是则国之将乱矣。是以君子德政，贵在使民依恒产而安居乐俗，民安则国安。

“君子怀刑，” “刑”，国之刑罚。君子知礼，乐善而恶不善，故能自治而治人；庶民懵懂不知礼，亦不知畏惧法度，故待治于人。君子之政必礼法兼备，教民以礼，示民以法，如此则善民知耻，恶民畏刑，故君子怀刑。

“小人怀惠。” “惠”，仁也，即恩惠。庶民所怀思者莫过于恩惠，所惧者莫过于刑法，故君子怀德以自治自立，庶民怀惠以待治待立。居位者当先富其民，复教以礼，如此则礼义明而教化行，此为治民之本。

居位者怀思仁德而施政，则庶民怀思乡土，上不移则下不迁；居位者怀思刑辟而施政，则庶民怀思利惠，上严苛则下奸宄。是以君子之政当礼法并施，国遂安矣。

试译：夫子说：“君子怀思德性，小人怀思乡土；君子怀思刑法，小人怀思利惠。”

十二

子曰:“放于利而行,多怨。”

“放”有二解:一、逐也,即追逐;“放于利”即逐于利。二、依也;“放于利”即每事皆依利而行。今从第二说。“利”,财货。世间有百物而生百利,以供人之需,然不可唯利是图,视逐利为人生之乐;倘一心骛利,乃取怨之道也。

“怨”有二解:一、以一己之私而骛利,故多怨。今不从此说。二、恚也,即怨恨。居上位者凡事皆依利而行,必期有所获,以致违礼谋私而必害人,故遭人怨恨。今从此说。

居上位者好利谋私,乃失德取怨之道,故招民怨,大者招兵戎之变,小者起争讼之非,卒使天下大乱。居上位者重义轻利,义胜于利则国治,故不与民争利则民富国强;居上位者重利轻义,利胜于义则国乱,虽财利囤积于朝,民仍贫,以致国富民穷。此非长治久安之策,久之民怨沸腾,灾祸不期而至。

夫义与利,乃人与生俱来之欲。圣明若尧舜者,亦难治人好利之欲;残暴若桀纣者,亦难止人尚义之心。是以天子不言聚敛财货之众寡,诸侯不言利害大小,大夫不言得失多少,士不言通财牟利之事。居官者皆以谋私利为耻,不夺民之所好,且能让利于民,以致民无所困而得养,如此则国运昌隆。

试译:夫子说:“居上位者一切依利而行,就会招致诸多的怨恨。”

十三

子曰:“能以礼让为国乎,何有? 不能以礼让为国,如礼何?”

子曰:“能以礼让为国乎,何有?” “礼让”,礼为让之文,让为礼之实,故依礼文而知让,谓之礼让。若空有文而无实,则民何以化,国何以治。先王治礼,乃为治人之心志,降人血气以升中和之气,故气和民顺则国泰。

“为国”,治国。“何有”,何难之有。先民蒙昧不化,好争务夺,血气方刚而不知礼让。为政者教民知礼明让,遂使乱虐谗慝黜远,民风日渐敦厚淳和,则王道乐土不远矣。人必知礼而后能敬,敬而后能让,是以贵贱有序而无逾,乃无祸乱之忧。故圣人以礼乐调服人之七情:喜、怒、哀、惧、爱、恶、欲;修正人之十义:父慈、子孝、兄良、弟悌、夫义、妇德、长惠、幼顺、君仁、臣忠。于是讲信修睦之风大行,民人止杀伐、行揖让,皆以善为本,以致上和下睦,则国治矣。

“不能以礼让为国,如礼何?” “如礼何”,即礼有何用。国之兴立皆依礼,礼之兴立皆能让,失礼则上下混乱,民心不安,争乱竞作,国何以保,家何以安。一国上下皆遵礼,则上下之心皆礼,故上下一心,交感而生和平之气。居上位者尚贤能让,谓之懿德,以致上下不争,君臣有礼而远奸宄;居上位者恃功骄人,谓之昏德,以致上下相争,君臣悖礼而近邪佞。固知礼让乃治国之本,其道兴则国昌;逐利乃坏国之源,其道兴则国亡。

试译:夫子说:“能以礼让来治国,何难之有呢? 若不以礼让来治国,那礼又有何用呢?"

十四

子曰:"不患无位,患所以立。不患莫己知,求为可知也。"

子曰:"不患无位,患所以立。" "患",忧也、苦也,即忧虑。"位",爵位、禄位,以驭士为国之所用。"立"有二解:一、立于位。古之朝会议事,有官爵者皆各立其位。二、立,位也。"患所以立"即"患所以位",乃忧己德才称其位否。此二说可互证。

"不患无位,患所以立",乃谏士莅官也。君子居位以济民,然有位必有德才,德因行而立,才因学而得,故夫子教人不忧无位,但忧德才能否立其位。

"不患莫己知,求为可知也。" 乃劝学也。学人之德才必欲使人知,则恐有务急之失,其志但在富贵,唯求闻名于家邦,则其学必无实,其德必无修;故无位固当善学,善学始可获知,获知终可有大用。是以学人不愁无人识我,但愁己无善道也。

君子居位有为则可贵,然不能迫人贵己;君子居位能信则可信,然不能迫人信己;君子无位有才则可用,然不能迫人用己。故君子耻于学不能、德不修,不耻无人贵我、信我、用我;不为美誉所诱,不为訾谤所惧,端己正人,执中道而行,则何虑之有。

试译:夫子说:"不愁没有官位,但愁没有用以任职的才干;不愁没人知道我,但愁没有值得被人知道的学识。"

十五

子曰:“参乎!吾道一以贯之。”曾子曰:“唯。”子出,门人问曰:“何谓也?”曾子曰:“夫子之道,忠恕而已矣。”

子曰:“参乎!吾道一以贯之。” “参”,曾参,字子舆。“参乎”,曾子侍立于夫子左右,夫子知其积学日久,将有所得,故直呼其名以告之。曾参于学问之道精察力行,然尚未知一,即未识“一以贯之”之道,夫子呼而教之,乃师徒间之默契,非外人所能知。

“一”通壹,即专一不二。“贯”有二解:一、穿也,即贯统,犹以绳穿物而贯统之。此可备一说。二、行也,为也,即作为。夫子之道贵在行持,皆于行事见,而非徒以文学设教,故不独从文学而悟入圣道,若失躬身修行则无道可言。今从第二说。

圣人之道,藉耳闻目睹入,独不能由耳闻目睹出,固当力行不二,恪行“一以贯之”之道。夫子尝与子贡言及“予一以贯之”,示儒门以行事为修持之法。圣人以多闻多见为闻道,然为学仍需一以贯之、锲而不舍,以致学有所成,故儒行尤重知一、执一、行一之功。知一则治学致知有方,不致他途,以渐入圣门,故谓之小知;小知者明事理之两端,亦知守中。执一则笃而不移,舍两端而执中。行一则所学有成,必能依礼而立,执中而行,己知而能使人知,己达而能使人达,故谓之大知;大知者无所固守而中道自持,无所取舍而所行合义。固知博学鸿儒皆由力行所致，学问之道唯死而后已，岂能蔽于一端，故步自封，空言早成。

夫博学者必学而有方、笃行不辍，遂能成己之知，达人之知，以致千万人共知，如此则大同世界不远矣。昔孔孟皆举舜为大，何也？盖舜执中道以治民，持“一以贯之”之法而从天下之善，其心容万物，济人止恶，舍己之短而从人之长，乐取人之善以补己之失，可谓至善之政也，故谓大。天下万事万物，其性不齐，固当以“一”治之，故天下有序乃得太平，此即“吾道一以贯之”之旨。然执一则易偏，故以中道制衡之，以免政教失于一隅。

曾子曰：“唯。” “唯”，诺也，即回答。曾子闻夫子语已然无惑，故迅答以“唯”，以示深明夫子之旨而无所疑。或据夫子“参也鲁”之语，以曾子天资钝鲁、性格笃厚、谨言慎行，故答以“唯”。今观曾子下言“夫子之道，忠恕而已矣”，考其“已矣”之辞气，当知曾子乃深明夫子之旨而有所发，故不从曾子钝鲁之说。

圣人之道浑然天成，周流万物而无碍，故能尽人事物之性，推己及人，无所不利，故曾子概言以“忠恕”。曾子于孔门下既久，以忠恕为自身之所得所行，虽其“忠恕”二字未能概全夫子之完仁，然亦不远矣。是故夫子“吾道一以贯之”之言为体，曾子“忠恕”之解为用，明此体用，则受益无穷矣。

子出，门人问曰：“何谓也？”曾子曰：“夫子之道，忠恕而已矣。” “门人”，孔门弟子，与曾子属同门之谊。或以门人为曾参弟子，然此时曾子年未满三十，岂得门人，故不从此说。“忠恕”，忠者，敬也、诚也；君子内尽其心而无欺，是以中心为忠，即尽己之心待人。恕，近仁也，仁者必恕而后行；是以如心为恕，即推己之心及人。君子量己之需则急人之需，量己之求则全人之求，量己之好则成人之好，量己之美则成人之美；此既为保邦之本，亦为举贤之要。是以成己之谓忠，成人之谓恕，达己立己、达人立人乃忠恕之道也。君子诚实尽性而不自欺，立人达人而不欺人，无忠则无以言恕，非恕则难以表忠，故忠恕二字皆不可离心外求也。

君子知忠则必知中，知中则能行恕，能恕必知和于外，能和于外必知圣人之德。故忠恕乃成道之基，于事理不偏不倚，方可周人之急、成人之美。苟具忠恕之德，则必渐致德行圆满之境，是以君子下学而上达，下学能恕，上达能忠。忠为体，知体则无妄；恕为用，知用则能忠。

“而已矣”，乃竭尽无余之词。曾子何以“夫子之道，忠恕而已矣”答同门？盖忠以事上，恕以待下，君子上忠下恕，故曾子以圣贤之道不外乎忠恕二字，虽礼仪三百、威仪三千，亦不离此二字。固知忠恕乃仁之外用，能行忠恕，则仁境不远矣。

夫子教人，贵在因材施教，然忠恕之道则鲜有人能行之，唯曾子一生勤勉力行，故夫子教曾子“一以贯之”之道，乃以尽心之功告之。今曾子以“夫子之道，唯忠恕而已矣”复告同门，乃及日后孟子所谓“尧舜之道，孝悌而已矣”皆学脉相承，此下学上达之义，固当深究之。

试译：夫子说：“曾参啊！我的道可以用专一的理念来统贯。”曾子应道：“是的。”夫子离开以后，在座的同学问道：“这是什么意思呢？”曾子说：“夫子的道，只忠恕二字便可以统括了。”

十六

子曰："君子喻于义，小人喻于利。"

"君子"，乃居上位者，即公卿、大夫、士。"小人"，乃无位者，即庶民。古之君子、小人皆以位而言，后儒专以人品论君子小人，此去古义远矣。按周制，公卿大夫、士之子孙，若不循礼明义，可退为庶民；庶民之子孙，能通文献典籍，且身心端正，遵礼明义，可进为公卿大夫、士。"喻"，晓也，即知晓。"义"，天理当行之宜。"利"，人情所发之欲。

君子处世必依义而行，庶民少恒产而赖于温饱，故重利。是以贵者循礼明义，贱者重利寡义，此皆以礼义为别，而非以获利之多少为别。君子奉行礼义，乃谓"喻于义"；小人不能奉行礼义，且唯利是图，乃谓"喻于利"。春秋末世，公卿大夫多缓于义而急于利，以致世风多争讼而少谦让。是以夫子所言，乃讽喻卿大夫之好利忘义者。

按夫子语，居上位者倡仁，则民好仁，风俗日善；居上位者好利，则民佞曲，风俗日坏。民无恒产乃无恒心，士无恒产则不失恒心，故圣王治世，先使民有恒产，使其奉养父母、赡养妻子，再教之以义。君子教庶民循利而慕义，则庶民亦可化为君子。夫子教学人明义利之辨，舍利守己，进则为良臣，退则为良民。

人慕义好利，皆因其所习也，然人之所习皆借志之各异而有别；其志慕礼则所习所行皆礼，其志好利则所学所行皆利。士志于仁义道德则日有所习，潜修默证，日久乃能通礼达义。

试译：夫子说："君子通晓礼义，小人通晓利益。"

十七

子曰："见贤思齐焉，见不贤而内自省也。"

"见"，知人之明。"齐"，等也，即平等。"思齐"，思与之平也，乃思与贤者相等，以保有贤者之德。"省"，省察。君子见不贤者当惕然自省，恐已有此不德，勿与之同。

君子立身处世，所交接者唯贤或不贤，皆引以为镜，以为自省也。人贤，则思与之同；人不贤，则思律己而与之别。故君子冀善省恶，此进善去恶之功，学人固当慎之。苟见人贤则生妒忌之心，见人不贤则生讥讽之心，实小人也，于己则无所裨益而害于德，与人则无所裨益而伤于义。闻人善，当检束己身是否具此善；闻人恶，当检束己身是否具此恶。善德在身，则固持以自好其身；恶德在身，则忧恐以自虐其身。君子志笃行勇，日久必渐臻仁境也。

试译：夫子说："遇到贤者，就要想着与之看齐；遇到不贤者，就要反省不要同他一样不贤。"

十八

子曰:“事父母几谏,见志不从,又敬不违,劳而不怨。”

子曰:“事父母几谏,” “谏”,证也,乃以言语规劝也。“几”,动之微也,乃些许、轻微之义。“几谏”有二解:一、以微言怡色谏劝,即微谏。父母有过,人子必柔声怡气以谏,以免父母陷于不义,此成全父母之义行乃大孝也。二、几者,乃些许也,即初露端倪。“几谏”,乃谓人子于父母之过初见端倪之际,当及时谏劝。今从第一说。

“见志不从,” 盖父母之志,原不可直见,苟不从己谏,人子固当揣摩父母之容色,以见其志也。

“又敬不违,” “不违”,父母不纳己谏,人子则愈加恭顺,勿违逆其志而强从于己,待父母喜悦之时再谏。再谏又致父母不悦,与其使父母得罪于乡党州闾间,必犯颜苦谏,然苦谏亦必有度。昔夫子尝告曾子“小则受,大则走”,固知父母有小过,人子当谏而不弃;父母有桀纣大恶,子速远之,以免父子彼相伤害,固非孝子所为。

“劳而不怨。” “劳”,忧也,即忧心。人子为父母所宠爱则喜而难忘,为父母所厌恶则忧而无怨,昔舜屡遭其父瞽叟所害而不失孝心,救父母于无过之地,亦无所怨言,即此义也。

试译:夫子说:“侍奉父母时,如果父母有不当之处,当婉言劝谏;如若父母不听从,仍须孝敬而不违逆,虽忧心操劳,也不对父母心生怨恨。”

十九

子曰:“父母在,不远游,游必有方。”

子曰:“父母在,不远游,” “游”,行也。“远游”,即远行,乃从师求学、游宦求职也。夫远游者,去双亲路遥日久,又少音讯,难以回乡探望,故不远游。

“游必有方。” “方”,常也,所游必有常,即远行之方向当如约不变,以使父母心安。

古之国政虽异,家风虽殊,然自公卿大夫以至庶民,人子远游不可随意为之,必有方向以达父母,必有传讯以通父母。游子远行之方向勿朝东暮西,既已禀明父母,不可另行更改,以示己身无失,以使父母无忧,父母有事则招之即回。

考夫子此言,则“游必有方”未必专言远游也。盖出游无关乎远近,近游亦必有方,子出行虽近,亦必常返家相望,以使父母知其无恙。是以父母健在,为人子者出必告之,返必面之,游必有常,习必有业,勿使不定,以贻累父母之忧。

盖人子壮岁而有室,皆在三十岁之上,假令父母寿长,其事亲不过一二十年,是以多游于外者必失孝于内。况寒暑往替,寿夭无常,故人子出游难免返家之不及。苟一别高堂,远游无方,以致音讯皆无,遂成弥留诀别之憾,此大不孝也,当何以赎之。

试译:夫子说:“父母在世,不作远行。如果必远行,一定要有明确的去处。”

二十

子曰:“三年无改于父之道,可谓孝矣。”

夫子斯语《学而篇》已录,今复现。盖夫子必屡言之,故孔门弟子各记其所闻,并录夫子之语,以致重出。

孝子三年居丧,若父之道当改,然哀戚思慕之故而不忍改其道,此非不能改,实不忍改也。是以孝子以父志为重,是为孝行。

凡书中有重复处,用辞有反复处,善学者必用心辨察,以审其中之善道美义。盖春秋末世,礼崩乐坏,公卿大夫多僭礼,以致常违父道,伦常有失,故夫子屡言“三年无改于父之道”。

试译:夫子说:“三年内没有改变其父生前的道,就可以称其为孝了。”

二十一

子曰:“父母之年,不可不知也。一则以喜,一则以惧。”

“年”,年岁。“知”,识也,即默识于心。“喜”,乐也。“惧”,恐也。

人子事亲之道,固当养致乐、病致忧,必常知父母之年;所喜者,乃见其寿也;所惧者,乃见其衰也。君子能孝则仁,仁孝一体，仁为孝之体，孝为仁之用，不孝焉能仁，不仁何以孝。是以圣人以孝能达仁，仁道之不远，当始于事亲。

试译：夫子说："父母的年纪，不可不记清楚，一则因他们健康长寿而喜，一则因他们日渐衰老而忧。"

二十二

子曰："古者言之不出，耻躬之不逮也。"

"古者"，夫子所谓古者，乃以古劝今也。"言"，为人所言说。"躬"，身也，即身体力行。"逮"，及也，即赶上。

按夫子语，上古之人所以言不轻出，唯恐行有所不逮，以致妄语，故言行不一者可耻至极。是以君子言如其行，行如其言，言及出口当慎思，既已出口则必行之。昔子路不宿诺，乃不轻言也。

试译：夫子说："古人不轻易说话，是因为自己所行赶不上所说的而感到羞耻。"

二十三

子曰："以约失之者，鲜矣。"

"约"有二解：一、节俭。以财用俭约为美德，以奢侈腐败为不德。二、守约。君子内约其心,外束其身,慎行谨言,谦逊自守,故检束己身则寡过,非止于俭约财用也。今从第二说。“失”,过失。

君子守约之道,勿使傲惰之心滋长,勿嗜欲而无拘,勿自满其志,勿享乐失度。是故为政者以俭为德,勿以利禄为荣,则上可保国、下可立身。君子尚俭以避难,尊礼以寡过,俭则近仁以和众,信则近情以存信。君子能寡过,乃可立身治世也。

试译:夫子说:“能检束自己而犯有过失的是很少见的。”

二十四

子曰:“君子欲讷于言而敏于行。”

“讷”,迟也,即出言迟缓。君子言辞舒和缓慢,貌似难以出口。“敏”,勤敏。

夫讷敏者,皆累积熏习所致。失于讷,必以敏补之;失于敏,必以讷正之。于是进可保身,退可修德。盖学人之病多在轻言,故贵讷也;学人之病多在难行,故贵敏也。苟巧舌如簧而其力不济,尤恐失信失命也;苟行止迟缓而瞻前顾后,小事不能临机,大事不能果断,尤恐亡国丧邦也。是故夫子诲学人以慎言敏行之道教。

试译:夫子说:“君子说话要迟缓谨慎,而做事要勤奋敏捷。”

二十五

子曰:"德不孤,必有邻。"

"德",修德,成德,即积功累德也。"不孤"有二解:一、已有德,则有德之士自来,故不孤。今从此说。二、君子内以存敬,敬己、敬人、敬天地而成德;外以施义,利他、利事、利万物而成物。持此说者唯言内敬、外义二德,然则"不孤"既为有德者,必不止于此二德。故不从此说。"有邻",邻者,亲也,即亲附。

天子、诸侯素以孤家寡人自称,苟礼贤下士,则四方贤人豪士必来,遂不孤矣。昔商汤得伊尹,文王受姜尚,皆天下归仁之证也。固知君子德之既立则良朋自来,志同道合者自至,故有邻。君子以诚相待,虽非同类亦得相亲;君子以善相交,万物必交感而不忘。苟如斯,必不孤也。

试译:夫子说:"成德的人是不会孤立无援的,必有人来亲近他。"

二十六

子游曰:"事君数,斯辱矣;朋友数,斯疏矣。"

子游曰:"事君数,斯辱矣;朋友数,斯疏其。" 子游,姓言,名偃,字子游,亦名言游,吴人,尝为武城宰,与子夏、子张齐名,乃孔门十哲之一。子游胸襟豁达，学识渊博，列孔门文学科第一。夫子大道南播，乃子游之功也。

“斯”，此也。“数”有四解：一、数者，责也，即责怪。为人臣者，勿面折君上之过，以免失人臣之礼；与朋友交，勿面叱朋友之非，以免失交友之道。二、数者，疾也，乃疾劝骤谏之义。君子以忠言事君，苟疾谏不纳，当速止；君子以良言劝人，苟疾劝而不纳，当速止。若因疾谏而取辱遭疏，实违君子处世立身之道。三、数者，数己之功，数君友之过，强为己争功，遂招辱见疏。四、数者，乃亲密狎昵之义。臣子事君交友当依礼而行，进、止有仪，苟舍礼而取谄媚之术，实小人行径也，虽暂得一时之功，日久则必取辱于君、取疏于友。故君子立身处世，上交不谄，下交不渎。

考此四说，第一说则过于自保，有失臣子之义，故不从；第二说则劝谏过疾，非君子所为，亦不从。按第三说，则君子岂能争功邀赏，又岂以己之长较人之短，此义去夫子远矣，故不从。今从第四说，君子事君交友勿过亲密狎昵，此乃君子与人之别也。君不见易牙、竖刁、开方、赵高之流，无不以狎昵之能而居要位，无不以狎昵之恶而害人误国。

试译：子游说：“事君太过于亲密而不庄重，便会受到羞辱；交友太过亲密而不庄重，便会遭到疏远。”

論語正述·公治长篇

一

子谓公冶长："可妻也。虽在缧绁之中，非其罪也。"以其子妻之。

子谓公冶长： 公冶长，复姓公冶，名长，字子长，或作子芝，子苌、子张，鲁人（今山东诸城贾悦镇近贤村人），乃七十二贤之一，名列第二十，其自幼家贫，勤俭好学，博通书礼，终生不仕。唐追封为莒伯，北宋追封为高密侯，南宋以高密侯从祀夫子，明改封为先贤公冶子。

"可妻也。" "妻"，入声，动词，乃以女嫁人为妻也。古时娶妻择婿，必择为人孝悌者，且祖先世代皆遵礼明义，唯门当户对者方可通婚。

"虽在缧绁之中，非其罪也。" "缧绁"，亦称累绁、累索、羁绁，乃绑缚罪人之大索，引申为囹圄。世传公冶长通鸟语，并因此获罪。古以夷隶专与鸟语，以貉隶专与兽言，昔尧帝命精通该术之伯益作虞，专司鸟语兽言，固知擅鸟语兽言者古已有之。然以公冶长通鸟语兽言或有之，若据此为公冶长入狱之因，恐系乡谈俚语，乃无根不经之辞，故不足信，然公冶长无罪入狱之事当实有之。

以其子妻之。 "以"，主婚。"子"，夫子之女。公冶长之德才实无可考，其蒙冤入狱，夫子以己女嫁之，考其因，盖公冶长之德才必大有可取之处。

君子遵礼守节,何罪之有,然时有罪自外来而强加诸己身,苟遭此无妄之灾,若似公冶长保命而不失学,实万幸也。然君子蒙冤之事时有,以致清白者遭刑罚之辱,无辜者蒙株连之凶,是故为政者必慎用刑罚,切勿草菅人命。当夫子时,诸侯重刑用杀,遂使生民不安。夫子嫁女于公冶长,以褒诚实守正者,以儆官吏当恪尽职守,毋滥刑而使良人蒙冤。

试译:夫子谈到公冶长时说:"可以把女儿嫁给他为妻。他虽然坐过牢,但并不是他的罪过呀。"于是把自己的女儿嫁给了公冶长。

二

子谓南容:"邦有道,不废;邦无道,免于刑戮。"以其兄之子妻之。

子谓南容: "南容",字子容,鲁人,孔门弟子,乃夫子侄婿。其人言语谨慎,崇尚道德,夫子尝以君子誉之,以尚德许之。唐追封为郯伯,宋加封为龚丘侯,宋改封为汝阳侯。

"邦有道,不废;" "不废",不弃也。按夫子语,南容德高行笃,岂能久为朝廷弃而不用,值邦有道,必见用于君上。

"邦无道,免于刑戮。" "刑戮",即遭刑致残而取辱也。南容谨言慎行,值邦无道则必能明哲保身,免祸于乱世。

以其兄之子妻之。 "兄",夫子之兄孟皮。昔夫子之父叔梁纥先娶鲁施氏女为妻,生九女,叔梁纥之妾生孟皮,该子跛脚,故不能为士,于是求婚于颜征在,生夫子。“兄之子”,孟皮之女。夫子以孟皮之女嫁于南容。

或以公冶长之贤德不及南容,故夫子以己女嫁公冶长,以侄女嫁南容,固知夫子厚兄薄己,则夫子之仁可知矣。夫子既以女嫁公冶长,复以侄女嫁南容,论其年有长幼,考其事有先后,非为一时一事也。故夫子所为,乃量才量人而配之,非权衡利益轻重也。

试译:夫子谈到南容时说;“国家有道,他不会被罢免;国家无道,他也会免遭刑戮。”于是将兄长的女儿嫁给了南容做妻子。

三

子谓子贱:“君子哉若人!鲁无君子者,斯焉取斯?”

子谓子贱: “子贱”,名宓不齐,字子贱,鲁人,乃孔门弟子,少夫子四十九岁。唐封为单伯,宋追封为单父侯,从祀于夫子。

“君子哉若人!” “若人”,若此人也。“君子哉”,乃褒许子贱也。昔宓子贱为单父宰,体安心平,施善政而善用人,身不下堂而民化,鼓琴而单父治。孔门弟子巫马施亦为单父宰,凡政事皆亲为之,昼夜忙碌而未得暂歇,单父亦治。于是巫马施问于子贱,宓子贱自谓乃善用人之故,故善用人者安;巫马施唯善用力,故善用力者劳,则巫马施之治未若宓子贱之治明矣。

“鲁无君子者,斯焉取斯?” “君子者”,宓子贱为单父宰,凡该地众贤,皆以父、兄、友之礼事之。“斯”,前“斯”谓宓子贱,后"斯"谓宓子贱之德。值鲁昭公、定公时,夫子设教,天下学子多聚于孔门,子贱亲善之政,亦必有感于孔门敬业乐群之风。今夫子谓鲁之君子,固知鲁风渐化,贤人众多;苟鲁无贤者,唯寡学独德,则君子安能日进日新于道德?

按夫子语,鲁既多贤士,子贱亦尊贤亲友,乃有此政绩。考宓子贱治单父之功,其贵在用人,固知君子善用人,小则单父治,大则天下平,故夫子赞子贱有识人之明。苟鲁无众贤,则子贱焉能成其所治?

试译:夫子谈到宓子贱时说:"子贱真是个君子啊!但若鲁国没有众多君子的话,他又如何能成就君子的品德呢?"

四

子贡问曰:"赐也何如?"子曰:"女,器也。"曰:"何器也?"曰:"瑚琏也。"

子贡问曰:"赐也何如?" 或以子贡秉性好强,闻夫子以君子褒许子贱,故发此好胜之问。然夫子褒许诸弟子之辞非在一时,乃曾门弟子编纂《论语》依次集结之故,故不从此说。"赐",子贡之名,其复姓端木,名赐。"何如",子贡问己之德才如何。

子曰:"女,器也。" "女",汝也,谓子贡也。"器",有用之材谓之器,故夫子许子贡为器用之材。盖世人最怕无用,读书知礼者尤甚,苟天资尽好,饱读而无用,终入虚无尘埃也,岂不屈杀。今夫子唯言一器字,以喻子贡为天地间最为难得有用之人,实大奖之辞也。

曰:“何器也?” “也”通邪,乃疑问词。子贡问夫子己为何器。

曰:“瑚琏也。” “瑚琏”,宗庙盛黍稷之祭器,以玉为饰,其状华美。夏称瑚,殷称琏,周称簠簋;簠簋者,方为簠,圆为簋,乃盛黍稷稻粱之器,据传容量为十二升,亦称瑚簋、胡簋。其制有二:一、木制。二、陶制,乃饰有珍贵玉石之瓦器。凡祭祀宗庙内神用木簋,祭祀天地之神及外神用瓦簋。本节所录瑚琏,当为木簋。

夫子以贵重华美之瑚琏设喻,乃嘉许子贡知礼好礼也,故能登大雅之堂。今以子贡之德才相较于公冶长、南容,则子贡略专,其君子之完德尚不足也。

试译:子贡问夫子:“我的德才怎样?”夫子说:“你呀,好比一个器具。”子贡又问:“是什么器具呢?”孔子说:“是瑚琏啊。”

五

或曰:“雍也仁而不佞。”子曰:“焉用佞?御人以口给,屡憎於人。不知其仁,焉用佞?”

或曰:“雍也仁而不佞。” “雍”,冉雍,字仲弓,乃周文王之后,世居菏泽之阳(今菏泽市冉贤集人),为孔门弟子,与冉耕、冉求位列孔门十哲,世称一门三贤,亦称三冉。冉雍家贫,尝以牧为业,人称犁牛氏,尝仕于季氏,其为政居敬行简,以德化民,后辞官随夫子续修学问，以德行著称，夫子尝褒许其有“可使南面”之德。

夫圣人之道，行则天下大同，穷则圣名遗世，虽举世污浊，亦不能埋其盛名也。夫子卒，冉雍恐圣道失传，遂与闵子诸贤共著《论语》一百二十篇，独著《敬简集》六篇，皆失于秦火。

“佞”，利口能说也，是人恃无理而强辩，故华而不实，虽以口才之美取媚于君上，然丧国败家者必斯人也。“不佞”，不擅逞口舌强词以取悦于人。春秋末世，时人多佞，且以此为能事，多借谗佞而获利禄。冉雍德才兼备，行必先于人，言必后于人，且为人笃厚简默，仁而不佞。此“或曰”之问，乃以佞为能事也，其误以冉雍不佞为短，故发斯问，以哂其不能佞也。

子曰：“焉用佞？御人以口给，屡憎於人。 “御人”，以利口待人。“口给”，是人能言善辩，应对敏捷，口中言辞充备以供辩解。“屡”，数也，即屡次。“憎”，厌恶。以口给者，必屡使人厌之。

夫佞者，虽口齿伶俐，审其所言必语无伦次；虽技能博杂，然不能安民治世；虽审析迅捷，然不能救人于急难；其人不顾是非曲直，常以口胜人，此贱人之智也，其人愈众则世风愈下。固知佞人虽多巧言善辩，然终无实情以对，久之必为人所憎恶。以冉雍之大贤，岂能哂其“不佞”，是故夫子答以“焉用佞”，一者以儆时人，二者为冉雍张义。

“不知其仁，焉用佞？” 按夫子语，虽未知冉雍是否成仁，然其不佞，是为君子之贤德，安能诟病之。盖孔门所重者，在德不在佞也。夫子未以仁许冉雍，究其因，盖仁道至大，颜子唯“其心三月不违仁”，今冉雍虽贤，然终不及颜子，故圣人未许以仁。

试译：有人说：“冉雍是个仁者，可惜不是能言善辩的人。”

夫子说："为何一定要能言善辩呢？善用利口来对付他人，常令人生厌。我不知冉雍是否已经达成仁，但为何一定要他能言善辩呢？"

六

子使漆雕开仕。对曰："吾斯之未能信。"子说。

子使漆雕开仕。 "雕"通琱、凋。"漆雕开"，鲁人也，字子开。古之漆雕氏，乃专司漆饰雕刻之官，故以此为氏。本名漆雕启，汉儒为避景帝刘启讳，特改启为开。夫子居鲁司寇位，欲强公室以弱私室，非群策群力而不能为之，遂使弟子出仕，故子路、冉有、樊迟、子贡、公西华、原思、子羔皆仕，今使漆雕开仕于鲁，乃此时也。

漆雕开少夫子十一岁，夫子待如同胞兄弟，尝因无罪受刑而致残，其为人谦和刚正，色不屈人，目不避敌，故有"勇者不惧"之誉。其博览群书，著有《漆雕子》十三篇，以德行著称于世，位列儒家八派之一。唐追封为滕伯，宋加封为平舆侯，明改称先贤漆雕子。

对曰："吾斯之未能信。" "吾"，古时弟子答师所问必称吾。今疑"吾"为启字之讹写，当作"启斯之未能信"。"斯"，此也，乃谓仕也。"信"，真知真信，无毫发之疑。君子出仕即行道，漆雕开自谓于圣人之道知之尚浅，故未达治人治世之准，遂谦言"未能信"，以示斯道未熟。固知其为人之笃厚、治学之谨慎，然漆雕开从政否，《史记》无载。

孔门贵仕，以安身治世也。苟熏习日久而未仕，以致不能为君分忧，不能为民造福，故有违儒门家风也。古之学子三年通一经，故以三年为限，通一经者乃可为士。若学历三年而未仕，固为罕见，是以君子之学但为成物达人，非独为成己也。成己者，仁也；成物者，智也；仁智兼备者，即兼善也。此孔门成仁之途，学子安得不知。今漆雕开不乐为官，实恐己学未致纯熟而贻害国民。

子说。 “说”，悦也。孔门以诚意、正心、修身为成己，以齐家、治国、平天下为成物，如此则天下兼善，大同不远矣。夫子居鲁司寇，欲使漆雕开仕，则漆雕开任仕之才可知也。今闻漆雕开语，知其非汲汲求利之辈，则其器不在小成也，其笃学求实、谨慎善学之志遂令夫子大悦。

试译：夫子想让漆雕开出仕，漆雕开说：“我对为官仕进之道还不能有自信呀。”夫子听了很高兴。

七

子曰：“道不行，乘桴浮于海。从我者，其由与？”子路闻之喜。子曰：“由也好勇过我，无所取材。”

子曰：“道不行，乘桴浮于海。” “道”，礼乐之道。“乘”，驾也。“桴”，浮行水面之竹制小舟，俗称排，所以称桴者，乃欲渡而无舟楫可乘也。盖夫子之道难行，犹乘小桴入于海，其所寄者小，所期者大，终无可成也。“浮”，泛舟而渡。“于”通於，经传多互用。“海”，亦称天池，能容纳百川，故江汉皆朝宗之。今夫子所谓海者，即渤海也。殷亡，遗臣箕子携民五千及殷礼仪典籍东至朝鲜北部，周封其为诸侯国，史称“箕子朝鲜”“箕氏侯国”。箕子居东夷，能尊贤慕道，以礼仪治其国，于是民风淳淳，妇贞而不淫，民朴而不盗。夫子感世无贤君，伤圣道难行，故欲效箕子乘桴泛海，遂出此慨言。

夫子欲行道于鲁，然未见用于鲁君，遂奔走他邦，尝适楚。楚虽蛮夷之邦，然久慕中原之礼仪文明，昔周王子朝携礼仪典籍逃楚，是故楚渐为礼仪大邦。楚昭王素有好贤之名，叶公亦好士，特延聘夫子至楚，以期大用。惜乎楚王终未用夫子，夫子遂出此乘桴之叹。

“从我者，其由与？” “从”，追随。“其”，语助词。“由”，仲由。夫子叹己道之不行，故以乘桴长游之喻抒怀，更兼海况凶险，子路雄强，故出此假设之词。

子路闻之喜。 “喜”，悦也，自心头而生。盖孔门弟子唯子路与夫子之情尤深，今闻夫子欲渡海，又独许携己俱往，故心生喜悦。

子曰：“由也好勇过我，无所取材。” “好”，去声。“无所”，无处。“材”，竹木，乃造桴之材。夫子欲乘桴泛海，实不得已之喻，思度其事必不能成行。子路闻夫子语，深信其欲乘桴往东夷传道，故喜形于色，以示追随之志。子路性伉直，未解夫子隐语微言。夫子又云无处取造桴之材，欲使子路知此戏言。

试译：夫子说：“如果我的主张不能施行，我想乘着木筏到海外去，能追随我的人大概只有仲由吧！”子路听了很欢喜。夫子说："仲由呀，你好勇超过了我，可惜我们无处弄到造筏的木材啊！"

八

孟武伯问："子路仁乎？"子曰："不知也。"又问。子曰："由也，千乘之国，可使治其赋也，不知其仁也。""求也何如？"子曰："求也，千室之邑，百乘之家，可使为之宰也，不知其仁也。""赤也何如？"子曰："赤也，束带立于朝，可使与宾客言也，不知其仁也。"

孟武伯问："子路仁乎？"子曰："不知也。" "孟武伯"，鲁大夫，姓仲孙，名彘，谥武，乃孟子五世祖。孟武伯问子路成仁否，夫子答以"不知也"。

仁乃圣人之完德，其道宏远至大，不可以言语述之，不可以名相识之，是故夫子未以成仁许人，况子路之仁或有或无终不能确言，更兼孟武伯学浅，岂可轻与言仁，故权以"不知"答之。夫仁，士穷一生之功孜孜以求之，非一朝一夕所能及也，苟自许成仁，乃未死而先果也。夫子尝许颜子"三月不违仁"，亦云："吾见其进也，未见其止也。"固知成仁之途有始无终，唯死而后已也，学人岂能以成仁自居。

又问。子曰："由也，千乘之国，可使治其赋也，不知其仁也。" "千乘之国"，乃大邦也。"赋"，敛也，收敛土地之税以供天子、诸侯、大夫。古以田赋出兵，今夫子所谓赋者，乃兵赋也，亦称军赋。按周制，天子、诸侯之兵赋，兼谓征发兵役、治修武备诸事。

孟武伯误以夫子有隐，故又问。夫子以子路之才勇可任诸侯之臣，可治千乘大邦之兵赋，仁则未可知也。

“求也何如？”子曰：“求也，千室之邑，百乘之家，可使为之宰也，不知其仁也。” “求”，冉求，字子有，世称冉有，尊称冉子，鲁人（今山东定陶），乃周文王第十子冉季载之嫡裔，孔门七十二贤之一，其人多才艺，尤擅理财，为季氏宰臣。“室”，实也，蓄藏财物充实，谓之室。上古之人皆穴居于野，圣人创宫室以代之，于是文明始成。

“邑”，民人聚会而自成邑。昔者舜得民心而使民人聚居，二年乃成邑。邑有公邑、家邑之别：大夫之邑称家邑，以家为计量单位。除大夫家邑外，余者皆公邑，以里为计量单位。春秋时二十五室为一社，邑包括社与室，邑之大小视社室之众寡而定。凡有城者称邑，邑内设先君之宗庙者，虽小亦称都，无先君宗庙者称城。“千室之邑”，乃公邑也，即大邑。周天子畿内设公邑，使大夫治之；于是公邑方二三百里者，大夫之职如州长；方四五百里者，大夫之职如县正；三公采地方百里，卿采地方五十里，大夫采地方二十五里。天子畿外采地为五等：公采地方五百里，侯采地方四百里，伯采地方三百里，子采地方二百里，男采地方一百里。本节录“千室之邑”乃京畿外诸公、诸侯之采地。

“百乘之家”，乃上卿大夫之采邑，亦称大夫之家，其家富不过百。卿大夫于采邑有统治权、世袭权，由嫡长子承袭，采邑大小依爵位等级而定。“宰”，官名，乃邑长、家臣之通称。周大小官吏多称宰，如冢宰、大宰、膳宰、宰夫、宰胥、宰旅。夫子尝为中都宰，宓子贱尝为单父宰，子游尝为武城宰，皆公邑之宰也。

费宰乃季氏邑，成宰乃孟氏邑，郈宰乃叔孙氏邑，皆大夫家邑也，邑宰皆大夫之家臣。

孟武伯再问冉求成仁否，夫子以冉求之才当治诸侯千乘公邑、大夫百乘采邑，仁则未可知也。

"赤也何如?"子曰:"赤也，束带立于朝，""赤"，复姓公西，名赤，字子华，亦称公西华，河南濮阳人，乃孔门弟子，七十二贤人之一，少夫子四十二岁。其仪容不俗，好礼有节，通达儒雅，善摈相之事。唐尊为邵伯，宋加封为巨野侯，明改称"先贤公西子"。今河南濮阳市濮阳县渠村乡公西村之村南尚存唐玄宗御封公西华、闵子骞之二贤祠。

"束"，缚也，即束缚。"带"，束衣之大带。古人闲居则系带于腰，宽而松，故称腰带；每遇礼事则束带于胸，高而紧，故称束带。今夫子谓公西赤束带立于朝，当值礼事也。带有大带(织带)、革带(皮带)之别，革带以束佩韨(祭服之一，即熟皮制护膝围裙)，然后再束大带。或以带有素带、缁带(黑色带)之别，冕服(礼服)用素带，爵弁(礼冠,)、皮弁(衣冠首服之一，以皮制冠衣，皮革缝隙缀有珠玉宝石)、朝服(亦称具服，凡大典、大祀、庆成、正旦、冬至、圣节、颁诏、进表、传制所著之礼服)用缁带。周天子、诸侯下设摈相，皆戴皮弁、束缁带，以出接宾而入赞礼。

"宾客"，宾与客有别:宾为上宾，亦称大宾，兼谓他国国君、上卿大夫；客为小宾，隶属于上卿大夫之下。"立于朝"，乃立于朝、寝中庭之左右。盖春秋时行聘礼于朝，行朝会、燕飨之礼于庙，时摈相立于庙门外东侧，面西，以迎宾客入门，且传宾客之辞于主君，并代为主君授玉，时上摈前至东阶，授玉后返原处面西而立。

"可使与宾客言也," 乃谓上摈也。公西华束带立朝,依礼侃侃而谈,既使友邻交好,亦使强邻慑服。周礼别为礼仪、威仪,礼仪者,乃待客之规矩言辞,规矩在行,言辞在口,故易为之;威仪者,乃举止、风采、神态也,故难为之。公西华精通礼仪、威仪之道,实上摈之材也。

"不知其仁也。" 孟武伯复问无果,再问公西赤成仁否。夫子以公西赤之才可为上摈,仁则未知也。固知孔门诸子虽各具其才,除颜子外,终无人臻此仁境矣。

试译:孟武伯问:"子路达成仁了吗?"夫子说:"我不知。"孟武伯再问。夫子说:"仲由啊,若有一个拥有千乘兵车的大国,可使他去负责整备军事,若问他是否达成了仁,我就不知了。"孟武伯又问:"冉求此人怎样呢?"夫子说:"冉求嘛,一个拥有千户的大邑,具备兵车百辆的采邑,可使他去做那里的长官。若问他是否达成了仁,我就不知了。"(孟武伯再问)"公西赤此人如何呢?"夫子说:"公西赤嘛,可使他束大带穿着礼服立于朝,作为上宾去接待贵宾,并在那里应对一切。若问他是否达成了仁,我就不知了。"

九

子谓子贡曰:"女与回也孰愈?"对曰:"赐也何敢望回?回也闻一以知十,赐也闻一以知二。"子曰:"弗如也;吾与女弗如也。"

子谓子贡曰:"女与回也孰愈?" "女",汝也。"回",颜回。

“愈”有二解：一、胜也。二、贤也。此二解可互证。“孰愈”，谁更贤也。

夫子以《诗》《礼》设教，欲使学人知礼明让。子贡以善言辞、通世故而闻于世，颜子仁心内敛，明智不张。夫子问子贡与颜子孰贤，非夫子不知颜子之贤也，盖世人皆以子贡之名凌颜子之上，夫子恐子贡志骄意满，欲抑之以戒骄也。况子贡聪明特达，孔门弟子鲜有与之比肩者，故夫子恐其恃聪而无得，依闻而失本，欲诲以君子自知之明、为学谦逊之道，特当机而教之。

对曰："赐也何敢望回？" “赐”，子贡自称己名。“望”，茫也，远视则茫茫然含混不清，谓之望。子贡以颜子有大智大德，故未能望其项背，亦不敢与其相较高下。

"回也闻一以知十，赐也闻一以知二。" “闻”，知闻也。“一”，数之始也。“十”，数始于一而终于十，是故十者，乃数之终、数之全也。“二”，与一相对相成。

世人多尚名，然务实者鲜矣。子贡以颜子“闻一以知十”，盖颜子明睿独照，弃末崇本，故能闻始而识终，得一节而知全。子贡未能忘名也，名存则不能返其本，遂自称“闻一以知二”，即闻此而知彼，据此而及彼也。

子贡以颜子“闻一以知十”，固知“知十”乃上智也，即“生而知之”之材。孔门设教，贵在一以贯之，颜子居仁境而不掉不脱，故能“终日不违”，亦能“退省其私，足以自发”，发者，以发夫子未言之旨，以明夫子未道之义，故颜子有“复圣”之誉。考子贡语，乃自未能忘名也，名存则不能返本，遂自称“闻一以知二”，即闻此而知彼，据此而及彼也，固知“知二”乃中智也，即“学而知之”之材。

子曰："弗如也；吾与女弗如也。" 该语有二解：一、孔门以颜回德行第一，以子贡言辞第一，世人皆知以才论高低，未审以德论上下，故多以子贡为孔门第一能者。今夫子发此"孰愈"之问，欲教子贡慕仁修德，勿轻逞才智也。考子贡语，已明颜子与己愚智悬殊之别，则子贡之知礼明让见矣。夫子闻子贡有自知之明，无骄矜之态，知其近道不远矣，故欣然许以"吾与女"，以示所见略同。二、颜子求学于孔门，其心无旁骛，专务熏习于仁德，夫子自知后继有人，遂出此谦辞，一者慰子贡，二者慰己。夫子劝励子贡勿耽于知一知二之境，固当深究人理天道，由此可见夫子之恕道。夫子之广胸襟，孔门之多才具，皆由此出。今从第二说。

试译：夫子对子贡说："你与颜回相比谁更贤一些？"子贡回答说："我怎么敢和颜回比呢？颜回能闻一节而识整体，我仅能做到闻此而推及彼。"夫子说："不如啊！何止你不如他，我和你都不如他啊！"

十

宰予昼寝。子曰："朽木不可雕也，粪土之墙不可杇也；于予与何诛？"子曰："始吾于人也，听其言而信其行；今吾于人也，听其言而观其行。于予与改是。"

宰予昼寝。 "宰予"，宰我，孔门弟子。"昼寝"有四解：一、日出至日落为白昼。"寝"，卧也，即卧息于寝室。古人闻鸡鸣而作，然宰我日出仍寝寐未起，夫子恐其志气昏惰，教无从教，故深责之。今从此说。二、当昼而眠也，即午睡。古人非病疾则不得当昼卧息，故学子不得昼卧于寝，以免志气昏沉。今宰我无疾昼寝，无异于病卧，夫子恐其误学，故讥之。此说可补证第一说。三、隋人以"昼"为"画"之讹写，故误以"昼寝"为"画寝"。按此说，春秋末世，美居之风尤甚，时人多藻绘寝室、雕画木器，故宰我恐学人将有废学之心，遂假托画寝，以发切磋砥砺之教。然学子寄宿处非私宅，岂能画寝，故不从此说。四、画者，划也，即规划；寝者，卧息。宰我贪图安逸，故擅自规划起居，今不从此说。

子曰："朽木不可雕也，粪土之墙不可杇也；于予与何诛？" "朽木"，腐木。巨匠雕刻必藉良木，故"朽木不可雕也"。"粪土"，秽土，古时扫污除秽，亦称粪除。昔者筑墙多用土，历久必生秽，其中杂糅粗浮蛊卵。"墙"，障也，以障蔽阻隔也。"杇"，平涂之具，亦称槾，即木制抹刀，乃匠人抹墙之用，后世改为铁制。"诛"，诛责，以匡人过失。按夫子语，墙土坚实方可杇之，以使平滑光整，污秽之墙则难饰也。宰我有昼寝惰学之失，不可复教也，犹朽木烂墙不可杇也，故无可救药，勿用诛责之。此重斥深责也，以使其戒。

子曰："始吾于人也，听其言而信其行；今吾于人也，听其言而观其行。" 此句"子曰"复称，或以其为衍文，甚是。衍文者，有前后相互发明之功，苟此句独立为一节，岂知所言何事、所谓何人，故虽为衍文，其义亦善也。"始"，昔日。"人"，士也，"于人"，即看待士。"行"，行为。"今"，如今。

夫子以往观人，听其言而信其行，今历宰我昼寝，遂改为察其言而观其行，夫子是语已为万代选士之法。盖以言选士，则人多伪饰以美言；以行选士，则人多竭力以能行。

“于予与改是。” “予”，宰我。“是”，即听言信行。“改是”，改“听言信行”为“察言观行”。夫子自谓历宰我昼寝之事，遂改以往观人之法。

盖人多言先而行后，苟以言择人，难免鱼目混珠，以致奸佞之徒匿而不得识也。故取人之术当察言揆行，以使佞者无所隐匿，贤者有所委用，于是弃恶扬善，仁政大张。夫子观宰我志大行疏，欲诲以谨言敏行之道，以立教于众弟子。

试译：宰我白天睡觉。夫子说：“腐朽的木头无法雕刻，秽土的土墙不能再粉饰。对于宰我，我还能有什么责备的呢？”夫子又说：“以前我看待人，听他的言语就相信他的行为；现在我看待人，听他的言语还要观察他的行为。宰我这件事让我转变了看待人的方法。”

十一

子曰：“吾未见刚者。”或对曰：“申枨。”子曰：“枨也欲，焉得刚？”

子曰：“吾未见刚者。” “刚”，坚劲不屈，无求寡欲，谓之刚德，乃充沛于天地间之浩然正气。刚德者必自胜其私，不偏不倚，一切毁訾利害皆不能伤也，故能明天德而近天道，此正大光明、坚贞不屈之正气为人所难为，故夫子叹言未见刚者。

或对曰：“申枨。” “申枨”，字周，鲁人，通六艺，乃孔门七十二贤之一。唐追封为鲁伯，宋封为文登侯，明嘉靖九年封为先贤。或称申党、申棠、申堂、申倪，皆字异而音同也。《孔子家语》载有孔门弟子申续，字周，邢昺借此误以申续为申枨；或据棠与赓音近，误以申续亦名申赓；或有承此误说者，以申续亦名申绩。今不从此二说。或据《孔子家语》载有"申缭"，误以申缭、申堂、公伯缭皆申枨也，然申缭非孔门弟子，故不从此说。或以绘为续之讹写，故以申绘为申枨，今不从之。包咸以申枨、申党别为二人，以申枨为鲁人，然未言明申枨为孔门弟子。唐宋误据包咸此说，讹传申枨、申党别为二人，故唐玄宗封申党为召陵伯，封申枨为鲁伯，宋真宗加封申党为淄川侯，加封申枨为文登侯，二人并列享祀。至明代则撤除申党，唯留申枨受祀。

子曰："枨也欲，焉得刚？""欲"，贪欲。夫人之欲者，根乎性而发乎情，故性欲、情欲并称。情者，即喜、怒、哀、惧、爱、恶、欲七情也；欲者，即生、死、耳、目、口、鼻六欲也。此七情六欲皆与生俱来，不待学而自通。

人生来皆有情欲，然则圣人以智节欲、以节寡欲；小人循所爱而纵其欲，纵则贪欲，乃为欲贼。故君子养德，唯重寡欲。刚与欲相反相成，无欲则无以成刚，无刚则无以去欲。是以胜欲则刚，能刚则壮若乾能，故伸于万有之中，宰于众物之上，遂心能转物，终得解脱。多欲则心耽外物，故屈于万有之下，溺于众物之内，遂心为物转，终失自由。

试译：夫子说："我没有见过达成刚德的人。"有人说："申枨不是吗。"夫子说："申枨多欲，怎么称得上有刚德呢？"

十二

子贡曰:"我不欲人之加诸我也,吾亦欲无加诸人。"子曰:"赐也,非尔所及也。"

子贡曰:"我不欲人之加诸我也,吾亦欲无加诸人。" "加",陵也,犹大山临下之象,乃陵侮、诬谩之义。每欲以恶言凌于人者,皆谓之诬人、谩人、加人。子贡不欲人强加非议于己,亦不欲以非议强加于人,固知子贡能恕矣。学人欲初发心以求仁者必勉力存恕,待恕道纯熟则仁不远矣。考子贡语,当知其勉力行恕,志在自止止他,然君子自止则可,欲止他则不可。

君子立身有道,居位依礼。若居上位者欺凌骄慢,为我所厌恶,我则毋以此道凌下;若居下位者阳奉阴违,为我所厌恶,我则毋以此道欺上。是以君子立身处世必奉行恕道、恪守礼义,勿使人我陷危处咎,如此则己安人安,乃能成己成物。固知士欲求仁当先行恕,欲行恕当先制欲,如此则公心自见,岂受非议于人,又岂加非议于人。

子曰:"赐也,非尔所及也。" 子贡不欲以不义加诸人我,此一念恕心实难得也,然其虽勉力行恕,终未及仁,故夫子叹仁境非子贡力所能及。固知强为恕道,勉力求仁,非仁之本也。

夫子大道贵在行持,曾子尝以"唯忠恕而已"概言之。苟谤诬诋毁自身外来,声色犬马自心内起,则凡夫贤达皆难自持。故学人循礼而立,循礼而行,于是烦扰自止,内外兼修。圣人深识此理,但知修行在己不在人,在内不在外,又何必出此"两不欲"(我不欲人之加诸我也,吾亦欲无加诸人)之词。

试译：子贡说："我不想让别人把这些非议加在我身上，我也不想把这些非议强加在别人身上。"夫子说："赐呀，这不是你能力所及的呀。"

十三

子贡曰："夫子之文章，可得而闻也；夫子之言性与天道，不可得而闻也。"

子贡曰："夫子之文章，可得而闻也；""文"，文采。"章"，明也，循耳目以著见文采之实。文乃章之内质，章乃文之外见，以为人所能识也。圣道寄于文而托于章，故礼乐有威可畏，有仪可循。子贡所谓"文章"，乃《诗》《书》《礼》《乐》也。

君子治学，必借文以成章，既达文之质，亦能焕然成章，如此则文章俱果，表里兼通，方谓达也。是以文不弃章，章不舍文，相辅相成，以成教化之功。君子之学必成德于内，然后文章方见乎外，至此德、文、章三者之次第明矣。

值鲁定公时，周室衰微，礼崩乐坏，诸侯大夫多僭礼而悖正道，《诗》《书》亦有所残缺。夫子不仕，退而修《诗》《书》、正《礼》《乐》、作《春秋》，承夏、殷、西周三代之制，定《书传》之篇次，上迄唐尧虞舜，下至秦穆公，皆据史实而编审之。夫子于《诗》皆能弦而歌之，先王乐制自此恢复旧观，相续后世；夫子上述殷始祖契、周始祖后稷；中述殷周两代之盛；下述厉王、幽王之失。且以《关雎》为《国风》之首篇，以《鹿鸣》为《小雅》之首篇，以《文王》为《大雅》之首篇，以《清庙》为《颂》之首篇。夫子晚年喜《易》，序《彖》《象》《系辞》《说卦》《文言》，至此，王道备矣。

“夫子之言性与天道，不可得而闻也。” “性”，人之阳气为性，性者善也；人之阴气为情，情者欲也。君子效法天地之德，穷究天理而尽悉人性，以继圣道之行，以成万物之果，以臻至善完德之境。

盖人性各异而命不同，故性以定命。命寄于骨骸血气而得生，或别为男女，或别为贤愚，或别为寿夭，或别为贵贱。然人之性必由学而渐入善境，以成至善之性，遂通天理而达人性，固知学乃修仁进圣之途也。

“天道”，天道致广大而尽精微，通行于万物而无穷尽，故名之曰元亨。元者始也，亨者通也，亨通乃得日新，日新乃得永久。天道亦称乾元，即元、亨、利、贞四德，今不言利贞，然其旨一也。万物皆始于乾元，日月往复以成昼夜，寒暑交替以构四时，故天道即乾元运行之道，其运行不辍，生生不已，究其理则深奥精微，人不可得而闻之。君不见日月相从无已，阴阳变化无穷，风雷相薄无定，否泰相交无迹，然此无中必存一大有。夫大有者，即乾元也，以其无定，实则有凭，此消彼长，否极泰来，皆在其中矣。是故天道贵生，圣人效天法地，教化万民而不辍。鉴于斯，君子当昼则自强不息，效法乾元，以臻圣德；君子当夜则慎恭戒惧，如临危境，以免灾眚。

夫《易》，言天道，彻阴阳，通人事；夫《春秋》，录史实，彰天理，示人性。当夫子时，《易》藏于周天子太史、鲁太史，诸侯皆不得见之，故晋大夫韩宣子至鲁始见《易》。夫子年五十始学《易》，孔门弟子唯子夏、商瞿得其所传，夫子亦罕言《易》，考其旨深奥，固非初学智所能及也。是以子贡慨叹“夫子之言性与天道，不可得而闻也”。

君子治学，当熟习文章，心性熏习日久乃渐进于善道，此即由文及理、由理及性、由性及天道之通途。夫子欲使学人渐学渐进，其所教者唯《诗》《书》《礼》《乐》以为下学之本，故罕言性与天道，苟言之，恐开后世谈玄务虚之先河，以致争讼纭纭、莫衷一是。夫子殁，百家竞起，辩论之风大开，此风直至魏晋、两宋不衰，于今尤盛。故学子当以《诗》《书》《礼》《乐》为日常所学，借此入门，则大道渐通也。

盖天亦有性，即春仁夏礼秋义冬智是也；人亦有性，即仁义礼智信是也。固知天道人道唯正则行，故君子必持正以待，持正则无私，无私则存诚，存诚则尽心，尽心则知性，知性则知天道，亦即知天命。汉儒以日、月、金、木、水、火、土七星为七政，君王多据此占卜以预知吉凶，以达通天道、明天理、晓人事、兆吉凶、知寒暑、得天时之功。汉儒或多以五行生克之说诠释天道，然灾异无常，圣人罕言性与天道，以子贡之大才尚难知之，近儒安能浅言之。故圣人以善政为本，本正则流清，以致海清河晏，岂以占卜而趋吉避凶，此固非善政也。昔汉儒以性为本，以命为用，然尤务循命以观性，遂多以谶纬图书、阴阳五行而妄言天道性命，以致上诓其主，下枉其民，此实以术数而曲解圣道也。昔朱熹以天道为天理之本，即天道为体、天理为用；考天理之说，初起于汉儒，朱子虽承汉说，亦不失明眼至论也。性与天理固当相合，性初合于天理乃谓近善，性与天理无二乃谓至善，至善则无私，无私则大道为公。

夫子行止坐卧，无处不合于性与天道。夫子殁，后学无以窥其容止,唯自《诗》《书》《礼》《乐》以验夫子之文,以揆夫子之性与天道。然非明眼者终无从见之,又岂中下才具者能得闻也。故子贡偶闻夫子性与天道之至论,遂发此赞叹之语。

试译:子贡说:“夫子所讲的《诗》《书》《礼》《乐》,是可以听到的;夫子所讲的性与天道的至论,是难以听到的。”

十四

子路有闻,未之能行,唯恐有闻。

子路有闻,未之能行, 子路于《诗》《书》《礼》《乐》之学皆闻于夫子,恐所闻未及践行,复有新学迭至,以致行不逮知、知不能行,故有闻必行。

君子之学,知不务多,贵在能审所学之邪正;言不务多,贵在能究所言之枉直;行不务多,贵在能察所行之合礼。言出而能行,行则有所依止,贵在知行合一,此正知、正见、正行于人,犹性命、形骸须臾未可悖异。

唯恐有闻。 “有闻”,有通又,即又闻、复闻。子路以行不践知为病,尤恐复闻新知。

试译:子路听到一种道理,如果尚未践行,此时则担心又听到另外一种新的道理。

十五

子贡问曰:"孔文子何以谓之文也?"子曰:"敏而好学,不耻下问,是以谓之文也。"

子贡问曰:"孔文子何以谓之文也?" "孔文子",姓孔,名圉,亦名仲叔圉,春秋时卫大夫。是人有勤学好问之德,故谥文,乃文谥中最低者。"子",尊称。春秋末世,谥法多失礼。子贡疑孔圉私德有污,特问于夫子,孔文子何以谥文。

鲁哀公十一年(前484)冬,卫太叔疾娶宋子朝之女,宋子朝之幼女亦随嫁之。子朝因故而逃,孔圉逼卫太叔疾休妻,又以己女妻之。太叔疾私通前妻随嫁之妹,将其藏于犁地,设宫室以养之,待如小妻。孔圉闻此事欲攻太叔疾未果,遂强索其女返卫,又将其女改嫁太叔疾之弟遗。为臣子者,孔圉以下攻上,且转嫁其女,其行皆违礼也。子贡以孔圉帷薄有失、伦纪不修,故死后不当谥文,乃发斯问。

子曰:"敏而好学,不耻下问," "敏",敏疾,即眼明识快,乃天资也。"耻",耻辱。"下问",居上位者善问于下,以贵问于贱,以能问于不能,以多问于寡,皆下问也。

"是以谓之文也。" 夫子以孔圉天资既美,好学不辍,且能不耻下问,此德虽较经天纬地之善远矣,亦难得也,故谥文。

试译:子贡问道:"孔文子为什么得谥文呢?"夫子说:"他天资聪敏好学,向不如他的人请教不以为耻,因而得谥以文了。"

十六

子谓子产:"有君子之道四焉:其行己也恭,其事上也敬,其养民也惠,其使民也义。"

子谓子产: "子产",姬姓,名侨,亦名公孙侨,字子产。产者生也,侨者高也,今揆产、侨之义,乃以高大为美也,故子产亦字子美。子产乃郑穆公之孙、公子发之子,居郑大夫位,相郑简公、定公二十二年,卒于郑定公八年(前522)。

"有君子之道四焉:" "君子",乃谓卿大夫。夫子以子产德行高洁且身居要位,其合乎卿大夫之德者有四。

"其行己也恭," "恭",谦逊。子产修身严谨无失。

"其事上也敬," "敬",谨恪。子产事上以敬,且依礼而行。

"其养民也惠," "惠",仁政也,即施惠利于民。子产政措清明,其治下国都、采邑之车服有章、尊卑有序,田地之庐、井、遂、沟、洫、浍、径、畛、途、道区分有序,以致田地丰产,民皆受其惠,子弟皆能受教也。

"其使民也义。" "义",合乎时宜。子产使民不违农时,故合于义,以致上下和睦,国大治也。

夫子大赞子产兼具修身有格、事上有礼、养民有惠、治民有义四德,以彰善道,遂开士上进之门。

试译:夫子谈到子产时说:"子产具有君子的四种品德:他行为举止谦恭,侍奉君王谨慎有礼,养护民众讲求恩惠,役使民众合乎时宜法度。"

十七

子曰:“晏平仲善与人交,久而敬之。”

子曰:“晏平仲” 晏姓(乃以晏城为姓,位于山东齐河),名婴,字仲,谥平。晏平仲居大夫位,其制纲纪而定法规,执事循制依礼,是故其政无眚,身后得谥平,史称晏平仲,尊称晏子。《史记·管晏列传》以其为山东高密人。

“善与人交,久而敬之。” “交”,交往。“敬之”有二解:一、人之相交有别,虽相交白首而陌生如初见者有之,虽初见而如故者有之,然初见之礼易于隆重,恒久则难矣。固知人之交久则易绝,苟初衷未改,则交友之道必久也。晏子每与人交,历久而初心不改,故能存敬日久,人敬之亦久,故谓之善交也。今从此说。二、敬者,故也。晏子不遗故旧,每与人交,日久而不弃,遂使民风朴而不窃,故夫子称其善交。此说以补证前说,故列于斯。

试译:夫子说:“晏平仲善于与人交往,他与人交往越久,别人就越敬重他。”

十八

子曰:“臧文仲居蔡,山节藻棁,何如其知也?”

子曰:"臧文仲居蔡," "臧文仲",姬姓,臧氏,名辰,亦称臧孙辰,乃臧哀伯之孙,谥文,世称臧文仲,春秋时鲁大夫,世袭司寇,执礼以护公室。"居",守藏。"蔡",大龟之名,因出于蔡而得名,长约一尺二寸,以为占卜之用。或以蔡龟出于湖北广济县蕲春江蔡山。古以龟有灵而能先知,故称灵龟,多用于占卜。自天子以至于士,每有重大难决之事则不得擅自专断,必卜之以龟。周天子所藏蔡龟长约一尺二寸,诸侯所藏蔡龟长约一尺,卿大夫藏龟长约八寸。天子、诸侯、卿大夫之祖庙皆设藏龟室,悬之于室西北隅壁间,士农工商不得私藏之,苟得此龟必货于太卜。昔周天子以尺二蔡龟之制赐鲁侯伯禽,伯禽藏之于祖庙。臧文仲既居大夫位,专司守藏蔡龟之职事,实无僭礼也。然夫子既谓其不智,乃专言其"山节藻棁"为逾制也。

"山节藻棁," "山节",镂山形于柱头斗拱。"藻棁",绘水草纹样于梁间短柱。此天子宗庙之饰也,今臧文仲以饰藏龟之室,实不智也。

"何如其知也?" "知"通智。臧文仲治民无功,逾制有过,既以"山节藻棁"媚神邀福,则鬼神岂能佑之。考筮龟之所藏必有合当之处,然则臧文仲之心全在卜筮,其实为媚神,不为奢己,故夫子不斥其僭礼,不以其不仁,独责其不智也。

试译:夫子说:"臧文仲专门负责守藏天子占卜用的蔡龟,他在藏龟的宫室柱头斗拱上镂刻山岳图案、梁上短柱绘制水草纹图案,他又有什么智慧呢?"

十九

子张问曰:“令尹子文三仕为令尹,无喜色;三已之,无愠色。旧令尹之政,必以告新令尹。何如?”子曰:“忠矣。”曰:“仁矣乎?”曰:“未知,焉得仁?”“崔子弑齐君,陈文子有马十乘,弃而违之。至于他邦,则曰:‘犹吾大夫崔子也。’违之。之一邦,则又曰:‘犹吾大夫崔子也。’违之。何如?”子曰:“清矣。”曰:“仁矣乎?”曰:“未知。焉得仁?”

子张问曰:“令尹子文三仕为令尹,无喜色;三已之,无愠色。旧令尹之政,必以告新令尹。何如?” “令尹”,令者善也,尹者正也,国君委任善者居于正位,谓之令尹,乃楚上卿也,执一国之柄,居高位以率下民,内主国事,外主战事,揽军政于一身。“子文”,楚大夫,姓斗,名谷,字於菟。昔楚君若敖薨,其子斗伯比随母迁居邧国。斗伯比私与邧君之女生斗子文,邧夫人使人弃斗子文于云梦泽,时逢邧君狩猎,见雌虎哺一弃婴,遂养之,故姓斗名谷,字於菟。谷者乳也,古以牛羊乳汁喂养曰谷,亦称乳谷。於菟,虎纹也;谷於菟,即母虎喂养也。是以“子文”之文,乃虎纹斑斓之义。“三仕”,三者,虚数,以示多也;三仕,即屡居令尹之位。“三已”,屡去令尹之位。斗子文居官清廉简朴,屡去职,家无宿粮,妻子衣食不济,面有饥色,家物供给朝不保夕。

子张以斗子文屡为令尹而无喜色,屡去令尹而无怨色,于公事交接之际,尽以旧政告于新尹。故问于夫子,斗子文其人如何?

子曰:“忠矣。”曰:“仁矣乎?”曰:“未知,焉得仁?” “忠”,

敬也,直也,乃知、仁、圣、义、忠、和六德之一,君子内尽其心则不欺,谓之忠。“未知”,未知其人有他行也。子张复问斗子文成仁否。夫子答以但闻其忠德,未知其有他行,安得论其仁或不仁,故曰“未知,焉得仁”。

“崔子弑齐君,陈文子有马十乘,弃而违之。至于他邦,则曰:‘犹吾大夫崔子也。’违之。” “崔”,地名,乃以邑为氏也,位于济南章丘区西北。“崔子”,崔杼,谥武,世称崔武子,与陈文子皆为齐大夫。“弑”,臣子杀君,其虽为杀,《春秋》为正其名则称弑。“齐君”,名光,即齐庄公,尝与崔杼之妻东郭姜通奸,故崔杼愤而杀之。

“陈文子”,名须无,谥文。“十乘”,昔数马以论大夫之富,十乘为马四十匹,乃下大夫之禄也。“弃而违之”,即弃十乘马而去。前言“违之”,即弃齐而就他邦;后言“违之”,即辞别所至之邦。

“之一邦,则又曰:‘犹吾大夫崔子也。’违之。何如?” 崔杼弑君,陈文子弃爵禄而赴他邦,欲请援兵以讨崔杼,然他邦执国者亦奸人为党,其恶皆如崔杼,陈文子遂发此慨言。

郑玄以“崔子”实为齐大夫高子。崔杼弑君固为罕见,然陈文子所见闻之列国大夫虽多不贤,未必人人皆悖逆如崔杼,文子亦未必动辄以弑君之悖行视他邦执国者,是以文子所谓“犹吾大夫崔子也”,实为高子也。盖春秋之世弑君者寡,不忠者众,故文子该言乃谓高子无疑也。昔崔杼始专齐政,高子居高位而未能制之,卒成崔杼弑君之祸,此其不忠也;高子终死于崔杼之手,此其不智也。文子恶崔杼弑君悖行,且深憾于高子,遂赴他邦,每至一国,睹居位者皆庸碌如高子,故慨言“犹吾大夫”。

陈文子值乱臣弑君、家国危难之际，舍爵禄而从大义。故子张问于夫子，其人如何？

子曰：“清矣。”曰：“仁矣乎？”曰：“未知。焉得仁？” “清”，纯洁。“未知”，夫子但闻其清，未知其人有他行。

文子虽洁身去乱，于浊世不污己身，弃十乘之马犹弃敝屣，可谓清矣。惜乎文子不能治世，故夫子但闻其清，未知其有他行，安得论其仁或不仁。值子张复问陈文子成仁否，故答以“未知，焉得仁”。

考子文三仕、三已之事，距夫子百二十年，崔杼弑齐庄公，是年夫子四岁。子张拾掇往事以问，一者疑事非其人，二者欲闻其仁或不仁。夫子据所闻二人之事唯忠、清而已，焉得论其仁或不仁，遂出此不论不议之辞，以示圣人忠厚论人之法。

试译：子张问道：“令尹子文多次出任令尹，面无喜悦之色；多次遭罢免，面无怨恨之色。他每次离任，必将自己在任的旧政全部告诉新令尹。此人如何呢？”夫子说：“可算是忠了。”子张问道：“达成仁了吗？”夫子说：“他只知道忠，不知道他还有其他的品德，怎能算达成仁呢？”子张又问道：“崔杼杀了齐君，陈文子拥有四十匹马，都抛弃了，离开齐国到了其他国家。陈文子说：‘你们这里的执政大臣同我国的大夫崔子一样。’于是他又离开此国，去往另一国。他又说：‘你们这里的执政大臣同我国的大夫崔子一样。’于是又离开了。这个人如何呢？”夫子说：“可算是清了。”子张问道：“达成仁了吗？”夫子说：“他只知道清，不知道他其他的行为，怎能算达成仁呢？”

二十

季文子三思而后行。子闻之，曰："再，斯可矣。"

季文子三思而后行。 "季文子"，字行父，世称季孙行父，乃季友之子，位居鲁大夫，事鲁宣、成、襄三公。季文子忠而有贤行，为人谨慎，行事寡过，身后家无金玉，妾不着帛衣，马不食粟米。季文子既忠于鲁，故得谥文。"三思"，三者，多也；三思，以示思虑之多。所谓"三思而后行"，乃春秋时人褒赞季文子之语。

子闻之， 夫子闻时人褒赞季文子之辞。

曰："再，斯可矣。" "再"，一举而二也，即二次。明儒或作"再思可矣"，其义亦通。

夫善思者思义，不善思者思利，是故恶人举事唯任意而行，岂用思，苟善思则行事必得善果，是为君子之思者也。然思再尚可，苟思虑过重则见其私，遂失忠义，故夫子婉言以讥季文子。考夫子语，唯止于季文子因私而思虑过重之病，非概言天下之人事皆止于再思，以致不可三思或多思。

季文子处事详审，其所以明察者，皆欲自保也，以致事故太深，唯在利益得失上做计较。昔鲁宣公得大夫襄仲助，弑兄篡位，季文子未讨襄仲，反代宣公示好于齐，此其私也。季文子虽具"三思而后行"之谨，然已违君子之忠，固知三思之谨非大智也，其保身有余而成事不足，又何谈道义。若世人皆私保其身而失义，则天道人事将孰以裁夺！固知世道愈不古，明哲保身之风愈盛。是以君子欲寡过，合义则行，不合义则止，或再思，或三思，皆以循礼合义为是。

试译：季文子遇事总要反复思考多次然后去做。夫子听了这事，说："思考两次，这就可以了。"

二十一

子曰："宁武子，邦有道则知，邦无道则愚。其知可及也，其愚不可及也。"

子曰："宁武子，邦有道则知，邦无道则愚。" "宁武子"，卫大夫宁俞，乃庄子速之孙，谥武，历事卫文公、卫成公，其封邑位于今河南省卫辉市获嘉县西北修武故城，亦称古宁邑。"知"，智也。

昔宁武子事卫文公，文公有道，宁武子不争功，不邀宠，无所建树，然夫子独许其智。固知君子处太平世，无为则无险，此智非常人所能及也。昔宁武子事卫成公，成公无道而失国，值此国难之际，宁武子舍命周旋其间，济国助君，置个人安危于不顾。小人为私，于是逢泰争宠，故不及宁武子之智，然时人皆以其无智；小人尚利，于是临危惜命，故不及宁武子之忠，然时人皆以其愚钝。是以君子智则保身，义则济难，唯奉中道而行也。

"其知可及也，其愚不可及也。" 世人皆以为智者，然智或不智，独圣人明眼可识之；世人皆以为愚者，然愚或不愚，独圣人慧心可甄之。人皆有私,故宁武子保身之智固可及也,其济难匡君之忠则不可及也。

试译:夫子说:"宁武子这个人,在国家安定时他就是一个智慧的人,在国家危乱时他就是一个愚钝人。他所表现的聪明是他人可以做到的,他所表现的愚钝他人便做不到了。"

二十二

子在陈,曰:"归与!归与!吾党之小子狂简,斐然成章,不知所以裁之。"

子在陈, "陈",宛丘,即陈州,位于河南省周口市淮阳县,乃小国也,常为诸侯大邦所欺凌,吴王夫差尝伐陈而取三邑,晋楚争强亦祸及陈,夫子尝居陈三载。

曰:"归与!归与!吾党之小子狂简," "归与",归,归去;与,平声,语助词。夫子居陈,未得贤者荐,亦无相友善者,故发此叹,以示思鲁欲归之心。"吾党",古以五党为州、五州为乡;吾党者,乃乡党之统称。"吾党之小子",乃孔门弟子之居鲁者。或误以"吾党之小子"为冉求,以"归"者为冉求归鲁,今不从此说。

夫子周游四方,尝二居陈:一者乃鲁定公十五年(前495)至鲁哀公二年(前493),一者乃鲁哀公二年、三年、四年。值哀公三年(前492),季桓子卒,其子季康子承父位,故召冉求返鲁。夫子于冉求将归之际发此思归之叹,是年已六十岁矣。夫子知己道难行于诸侯,遂有归鲁之意,欲教后学,以期传圣道于来世。

子贡深知夫子思归之心，嘱冉求归鲁之后，务禀季氏召夫子返。

“狂”，猘犬凶而袭人，故以狂称；是以矫恣狂妄、倨傲自大者皆谓之狂。“简”，大也，其人志大而疏略于事。“狂简”，其才必广大，其行必多为，虽进取于大道，然多慕高务远而未得中正也。

“斐然成章，不知所以裁之。” “斐”，文貌，即文采斐然之貌。“章”，乐曲之终乃成一章。盖述事成文，当以文理有度为章，亦称文章。“裁”，节也，乃裁制、校正之义。

按夫子语，居鲁弟子多狂简之士，其心高志大，所学文理初成，已蔚然可观、斐然成章也。然众弟子于义理得安否、于是非得中否、于史实得稳否，犹待夫子返鲁裁夺而后成，恐因狂简而妨道害理，以免贻误后世。固知夫子始历聘之际，已付鲁门人编纂《诗》《书》《礼》《乐》之文，今夫子思归，犹忆乡党弟子虽进取于大道，仍恐其妄作穿凿之文章，不知所以裁制，遂出此慨言。

试译：夫子在陈国，叹道：“归去吧！归去吧！我家乡的弟子们对于道志向高远、才高志大，文章都已经文采斐然，但还不知怎样裁制。”

二十三

子曰：“伯夷、叔齐不念旧恶，怨是用希。”

“伯夷、叔齐”，姓墨（墨音眉），皆孤竹国君之子。孤竹亦称觚竹，位于北方四荒之地，即辽北秦皇岛、唐山及辽宁西南部诸地，殷、周时称孤竹国，明朝始称永平府。伯为兄，叔为弟，乃叙长幼辈分之词。伯夷，名允，字公信，乃庶出。叔齐，名智，字公达，乃正出。或以夷、齐皆兄弟二人之谥，世人以谥称其名也。按古制，不当以名、谥合称其人，且伯夷、叔齐去国久矣，身后孰能因其节而封其谥，故夷齐非谥也，实名也。

"念"，念也，即念而不能忘怀。"希"，罕少。"旧恶"有三解：一、夙怨，人之交恶，故结夙怨。二、旧憾，人心怀旧憾而无所释，于是怨恨日生。伯夷、叔齐皆豁达忘怀，不念旧恶，人虽犯而无所嫉恨，以致人我皆夙怨尽销，旧怨俱泯，即"怨是用希"也。究此事必实有，惜乎今之不传矣。第一第二说可互证，今从第二说。三、有恶能改，君子则不念其旧，仍与之相处，此清者之量也。此虽可备一说，然今不从之。

伯夷、叔齐隐居避世，世人皆以其耿介怀怨，独夫子知其不怨，此圣人知人之明、明道之用也。

试译：夫子说："伯夷、叔齐能不记念以往的旧怨，故而能够自己不生怨恨、别人也不怨恨他们。"

二十四

子曰："孰谓微生高直？或乞醯焉，乞诸其邻而与之。"

子曰："孰谓微生高直？" "微生高"，复姓微生，名高，鲁人。或以"微"通"尾"，名尾生高。"孰"，谁也。"直"，正直不曲。据传，微生高与女子相约于桥梁，久候女子未至，水涨不去，遂抱柱而死，故时人多误以微生高硁硁自守之小信为直。

“或乞醯焉，乞诸其邻而与之。” “乞”，求也。“醯”，五味之一，亦称醯酱，即醋也。

按夫子语，人或有求于己，己能与不能，必坦言相告乃为直也；昔人来乞醯，微生高家无此物，又乞邻人之醯以充己有而与之，乞者独知微生高之恩而未知有邻。审微生高之所为，其貌似小过，实则害直也，故其害甚矣。圣人观人多自微处着眼，以微生高空博美誉而悖道甚远，岂可谓直。以夫子观人之锐、察人之深、教人之谨，必不在讥微生高也，夫子之所欲者，乃规正“直”之名也，以免贻误学人。

试译：夫子说：“谁说微生高正直？别人向他讨些醋，他却向邻居讨来醋再转给人家。”

二十五

子曰：“巧言、令色、足恭，左丘明耻之，丘亦耻之。匿怨而友其人，左丘明耻之，丘亦耻之。”

子曰：“巧言、令色、足恭，左丘明耻之，丘亦耻之。” “巧言”，口柔也，以巧言好词示好于人。“令色”，面柔也，以和颜悦色诱媚于人。“足”，手足。“足恭”，即点头哈腰、前却俯仰，伪以恭敬迎合于人。“左丘明”，鲁太史，乃上士也，复姓左丘，名明，著有《左氏春秋》三十卷，乃春秋时人，卒于夫子后。

“匿怨而友其人，左丘明耻之，丘亦耻之。” “匿”，亡也，即隐藏。按夫子语，是人心怀怨恨，伪作亲近之貌，故左丘明耻之，夫子亦耻之。夫子欲深戒学人，立心当直而不佞、真而不伪。

昔夫子修《春秋》，左丘明著《左传》，互为表里，褒贬相近，于面善心恶之辈、伪诈阿谀之流皆耻之，故夫子出是言。

试译：夫子说："用巧言媚人、悦色诱人、装出过分恭敬来取悦人，左丘明认为可耻，我也认为可耻。将对他人的怨恨藏在心底，表面假装与之友好，左丘明认为可耻，我也认为可耻。"

二十六

颜渊、季路侍。子曰："盍各言尔志？"子路曰："愿车马、衣轻裘，与朋友共，敝之而无憾。"颜渊曰："愿无伐善，无施劳。"子路曰："愿闻子之志。"子曰："老者安之，朋友信之，少者怀之。"

颜渊、季路侍。 "季路"，子路。子路年长颜子二十一岁，何以列颜子之后？盖孔门尚德，颜子之仁德为世人所重，故曾门弟子列子路于颜子之后。"侍"，承也，即应承、侍候。弟子立侍于长者侧，无待长者唤而随奉其所需，务存机敏细致之心，敬则出于其中也。

子曰："盍各言尔志？" "盍"，何也，亦即何不。"各"，异词。夫子欲闻二子之志，故问其何不各言其志。

子路曰："愿车马、衣轻裘，" "愿"，思也，即心有所向往，乃谓心中之志未施于前也。"裘"，皮衣，其毛在外，亦称衣裘。或以"衣轻裘"之轻字为宋人误加。

“与朋友共，” “共”，共同，乃与朋友所共用也。盖朋友之交，财货相通而不计多少，当互济以度难。

“敝之而无憾。” “敝”，败坏。“憾”，恨也。子路乃谓车马、轻裘与朋友共用致坏敝而无憾。

盖人皆有私，于衣服车马之用无不计较人我。子路欲于日用之中除私，然则不当拘泥于轻裘车马以视子路，况子路之豪翰既出自好施之性，亦出自义理之心，故不惜轻裘车马之贵，足见其万物一体之胸襟也。

颜渊曰：“愿无伐善，无施劳。” “伐”，夸也，即自夸其能。“善”，乃己之能、己之德，包括忠、直、信、功、力、才、艺诸德。“施劳”有二解：一、施者，著也，即夸大也。劳与善相较，其文相偶，其义相辅；劳即事功；善即善德。君子功盖天下，当不自夸其善，不自称其功，固知至善者不据功自有，不与天下争其能，此圣人之德，亦颜回之志也。二、施者，实施；劳者，劳役。颜子所愿者，君子不自称善，不自夸功，其德行深藏于百姓日用之中，教导百姓而不凌于其上，亦不大兴劳役，故天下大治，于是刀剑无所用，辩才无所施，勇力无所任。然合乎天时之劳役亦属常情，是以当劳则劳之，不当劳则罢之，此正前文所述“使民以时”之义。故今从第一说，以“劳”作事功解。

子路曰：“愿闻子之志。” 子路欲闻夫子之志。夫子、颜子、子路之仁有别，其志亦有别；夫子安于仁，颜子不违仁，子路求仁。子路愿与朋友共享车马轻裘诸物，虽凋敝而无憾，此尽朋友之义也；颜子不言己功，不夸自美，此“无伐”“无施”之志虽高于子路，仍属有意而为之；夫子之德与天地造化同工，和于万物而不独著其德，固知圣人大同之至境、仁者之完德当别于颜子、子路。考子路所问，乃欲引圣教以开示于同门，以明示于后学。

子曰："老者安之，朋友信之，少者怀之。" "老"，寿也，人年满五十可通称老。"信"，给予民人未求而欲得之物，谓之信。子路轻财重友，与朋友交有信，乃义也。"少"，乃年少者之通称。"怀"，止也，即归止于师也，乃谓少者归止于长者，以受教也。

按夫子语，君子立身处事，每遇年长饱学者，必恪守弟子之义，秉持弟子之礼；每与年龄相仿者交，必恪守朋友之义，秉待朋友之礼；每遇年少或贫贱者，必教年少者而济贫贱者；于是达则无不爱，居则无不敬，与人交则无所争，遂使老者能安，朋友能信，少者皆归止于师而有所获益。或以"安之"即安于我也，以使年长者因我而得安养；"信之"即信于我也，以使朋友因我而成信义；"怀之"即怀于我也，以使年少者因我而有所依止。此亦可备一说。

考本节所录，先观子路、颜子之志，复观圣人之言，是以凡圣三境尽显，后学不可不用心。

试译：颜渊、子路侍立在夫子身边。夫子说："你二人何不说说各自的志向呢？"子路说："我愿把自己的车马衣裘和朋友们共同使用，即使用坏了，我也没有一点憾恨。"颜渊说："我愿不夸耀自己的善德，不表白自己的功劳。"子路说："想听听夫子的志向。"夫子说："我愿使老者得到安养，使朋友得到信，使年少的人得到先生的教诲。"

二十七

子曰:“已矣乎!吾未见能见其过而内自讼者也。”

子曰:“已矣乎!” “已”,止也。“已矣乎”,乃感叹之辞。

“吾未见能见其过而内自讼者也。” “吾”,我也。“见”,即察之以色,观之以言,再观其所行之事。心乃行之主,行乃心之现,故君子诚于心而见于行。“讼”,责也,即自责。人之有过,罕有能省察而自责者。“未见”,乃夫子自叹未见能自省己过者。

夫人之有私,必不欲为外人知,故君子欲内诚其意,必重慎独之功,即正心、诚意、修身也。人之起心动念为意,意有善恶之别,是以善意则善养之,恶意则善弃之,为学者尤以改过思善为重。君子能自见其过,且省而改之,谓之自讼,即自诚其意也;苟自见其过而不能自讼,是为自欺,终致大恶。盖能自讼者,其口虽不言,然其内心必自责。是以人能自知其过者甚寡,能内讼其过者实属罕见;若能内讼,则必能改过也。

盖时人多自欺而不能自讼,故于慎独之功未能着力。夫子欲儆学人重慎独诚意之功,遂出此叹惋之辞。或以夫子该语发于颜回卒后,感伤似颜回般之好学者鲜矣,此亦可备一说。

试译:夫子说:“到此为止吧!我还未见过能发现自己有过失又能在内心自责的人呀!”

二十八

子曰："十室之邑，必有忠信如丘者焉，不如丘之好学也。"

子曰："十室之邑，" 古以三户为一井，十二户为四井，四井为一小邑，约称十室，亦称一邑。

"必有忠信如丘者焉，" 忠信，乃人与生俱来之美质。夫子生而知之，庶人学而知之，然夫子未尝须臾废学，且勉励学人以忠信为本，苟不好学则难成其材。天性敦厚者不借学入则大道难闻，遂辜负其忠信之美质，固知学则成圣成哲，不学则为下为愚，此学与不学之别也。

夫学问之道，当以"如切如磋，如琢如磨"之功日臻佳境，苟能忠信，又济之以学，则渐去蒙垢以显其仁性。夫子施文、行、忠、信四教于学人，尤以文、行居四教之首；文即文采、礼仪之学，行即以文采、礼仪之行。学人根基虽善，若不学则难以至善，君子之德乃藉学而成，复践行之，于是道德永固、学问日进。

"不如丘之好学也。" 此夫子劝学之语也。"丘"，乃夫子自称其名。夫子以十室之邑，必有忠信如丘者，因其不好学之故，遂难成大材，终不知圣道为何物。苟有好学如丘者，必与丘同也。

试译：夫子说："十户人家的小邑，一定有像我一样忠信的人，只是不如我这般好学罢了。"

論語正述·雍也篇

一

子曰："雍也可使南面。"

"南面"，面者，向也；南面，即面向南。夫子是语有二解：一、天子坐北向南以听治天下，故夫子许冉雍之德可任天子之治，或以夫子许冉雍之德可任诸侯之治。夫子遵礼，岂出此僭制之喻，况冉雍乃布衣，安得僭居人君之位，故不从此说。二、盖有地有爵者皆得南面称君以治其民，是以卿大夫有南面临民之权，故夫子许冉雍之德可居卿大夫位。今从此说。

夫圣王设教，尤重人伦，君子尽人伦则身安，身安则事立。盖人之所以为学，乃欲借学以效法圣贤也，是故为人子、为人父、为人臣、为人君者皆由学而达，故为学之本当首务人伦，若舍人伦之教则舍本也，纵学亦无益。学则内达性而外成礼，于是成己成物，达己达人。冉雍敦厚好礼，宽宏庄重，具成人之德，内能修己，外能成物，可任南面之治，故夫子许冉雍有卿大夫南面临民之德。

为君者有临民之德，通达为君之务，为臣者有治事之功，通晓为臣之职，为父兄者、为弟子者亦然。为政者苟居位丧德，尸位食禄，轻则败坏性命，重则败坏社稷，是以大人居高位，必德配其位。天子、诸侯、卿大夫、士之位各异，皆德之高低所致也，故德高者居要位，德卑者居下位，依次而下，天下何愁不治。

或谓孔孟不得其位而行其道，此何故也？盖秦末之际，人皆以周公、孔子并举，孔孟并举乃隋唐以后事。昔周公制礼作乐以开王官之学，至春秋末世，王官之学废，夫子退修《诗》《书》、正《礼》《乐》，开战国百家争鸣之先河，遂为万代宗师，其道亦大兴于天下。盖上古庶民有德而王者时有其人，舜、禹皆以才高德厚而王天下。然圣人有得势不得势之别，有德者得势如舜、禹也，有德者不得势如夫子也。夫子虽不得势，尤务克己复礼，以承续周公王官之学为任，以开万世斯文之大统。

试译：夫子说："冉雍这个人可以让他做卿大夫来治理民众。"

二

仲弓问子桑伯子，子曰："可也，简。"仲弓曰："居敬而行简，以临其民，不亦可乎？居简而行简，无乃大简乎？"子曰："雍之言然。"

仲弓问子桑伯子， "子"有二说：一、尊称，大夫多以子称，春秋末世，弟子尊师亦多称子。二、男子之美称。"子桑伯子"，前子为尊称，后子为美称，其人名桑伯，朱熹以其为鲁人。今从此说。

冉雍闻夫子许己有"可使南面"之德，故问桑伯之治如何，其人是否有南面临民之德。

子曰："可也，简。" "可也"，尚可也，然未尽善。"简"，太简，乃宽大柔和之治民方略，然失于失礼少文。汉初废秦法，民得以休养生息，世称文景之治，即简义也。夫治国犹烹鱼鲜，烹技烦琐则鱼碎，治民烦琐则民乱，故为政倡简则宽，宽则得民。子桑伯子为政宽简，故夫子称其“可也”，然其政未尽善也。当夫子之世，时人质盛而文少，文质不得相宜，遂失于简。

仲弓曰：“居敬而行简，以临其民，不亦可乎？” 时人多质而少文，上无明天子，下无贤大夫，天下无道久矣，于是臣弑君、子弑父之厄时有，且居位者治民以严，约己以宽，以致法律密若网罟，成规繁如牸毛，若能“居敬而行简”，则约己以敬，治民以宽，实治世之良方也，故冉雍出此问。

“居”，独处。“居敬”，乃儒门慎独之功。君子居敬则独处必敬，自治必严。盖能敬则静，静则生慧，慧则行简，举事有序而不失法度，故为政宽和，以成圣王无为之治。君子居敬则威仪可观，行简则民人得治，事简则民人无扰，官能任贤则民能守法。冉雍斯问别于当时隐士者流，固知隐士多隐逸修洁，儒生多担当负重，冉雍发此“不亦可乎”之问，其明为问而实为答也。夫子以子桑伯子之政虽善，然未能尽善，仲弓深识夫子微言大义，故述以居敬行简。

“居简而行简，无乃大简乎？” 居位者独居失敬，则心中散漫无主而不能自治，行事必失于易野，无视文心，未达礼用，故失之太简。盖为官治民，无慎思慎行之约，行事必懈怠无规，放肆无礼，以致纲纪废弛，王道失落，日久则风俗堕落，民心殆失，斯害远矣，故仲弓复出此问。

子曰：“雍之言然。” “然”，许诺，即如是也。仲弓所述与圣人义合，故夫子以冉雍之语为善。君子独居存敬则无欲而刚直，临事能简则得民而国治，苟居行皆简，即疏略也。冉雍深明夫子之旨，固知其“南面”之德不虚。

试译：仲弓问子桑伯子的政绩怎么样？夫子说：“还可以吧，他的治民方略宽大柔和但失礼少文。”仲弓说：“如果独处能心存敬意、行事宽和，任用这样的人治理民众，岂不更好吗？如果独处心存懈怠而行事放纵，这不是太放纵无礼了吗？”夫子说：“冉雍啊，你说的很对。”

三

哀公问：“弟子孰为好学？”孔子对曰：“有颜回者好学，不迁怒，不贰过。不幸短命死矣。今也则亡，未闻好学者也。”

哀公问：“弟子孰为好学？” “孰”，谁也。哀公问夫子，孔门弟子之中谁为好学者。

孔子对曰：“有颜回者好学，不迁怒，不贰过。” “迁”，移也。“贰”，复也。“过”，不中为过。“不迁怒，不贰过”，君子有审辨之力，虽怒而不移于三者；君子有克己之功，虽有过而不复犯也。

盖喜怒乃人之常情常态，故居七情之首，今夫子独不言喜，此何故？盖常人、圣人有别，常人多任性，多违礼而悖理，于是去中道远矣，圣人依礼而节制喜怒之生发，故不违不逾。固知喜虽违理而失中道，然无害于人，唯耽迷于一己之所好而已；怒则伤己害人，悖礼伤义，贻害甚大，故为人所厌恶，是以不能节制喜怒而能守礼者鲜矣。迁怒于人者多有其人，今夫子但言怒、过二条，然其用意颇深，时鲁哀公有滥怒、二过之失，故夫子以箴言谏之。

君子克己循礼，故能修身成己；审辨毫微，方可用世成物。然君子治世亦非不怒，昔舜怒而诛混沌、穷奇、梼杌、饕餮四凶，固知君子不怒则已，怒则为天下而发，乃循公理而非徇私情也，更无伤及无辜，于是四海清宁。常人之怒但为谋私，且怒而发昏，于是迁怒他人，伤人害己，贻害无穷。颜子明辨慎思，故不迁怒于无辜者。

观孔门诸贤，皆以勤学而成就道德功名，今夫子独称颜子好学，乃谓圣人大道之学实性命之学，而非求知求禄之学也。夫子许颜子"不迁怒，不贰过"，乃赞其好慕圣王之学，且恪守中道，知过必改，尤贵在无二过也。

"不幸短命死矣。今也则亡，未闻好学者也。" "短命"，乃谓颜子寿短。"亡"，无也。颜回殁后，孔门弟子多为求禄而学，罕有好学圣道如颜回者。

考颜回之寿，众说纷纭。昔孔鲤年五十先夫子卒，是年夫子七十岁；颜子必卒于伯鱼之后，是年夫子七十一岁，颜子少夫子三十岁，则享年四十一岁。今按夫子七十岁丧子，七十一岁逢鲁西狩获麟之事，是年颜子卒；七十二岁子路义死，七十三岁夫子卒。固知天降颜渊、子路以佐夫子行道，今颜渊、子路先夫子去，乃夫子将亡之证也。考鲁哀公该问，乃夫子晚年返鲁之后，时颜子既卒，圣人感怀斯人，余痛未销，遂叹好学者之难得也。

试译：鲁哀公问："您的弟子中谁是好学者？"夫子答道："有个叫颜回的是好学的，他不迁怒于人，也不犯同样的过失。不幸的是他短寿死了，目前我再没听闻有谁是好学的了。”

四

子华使于齐，冉子为其母请粟。子曰：“与之釜。”请益。曰：“与之庾。”冉子与之粟五秉。子曰：“赤之适齐也，乘肥马，衣轻裘。吾闻之也：君子周急不继富。”

子华使于齐，冉子为其母请粟。 “子华”，鲁人，复姓公西，名赤，字子华，亦称公西华，乃孔门弟子。“使于齐”，夫子遣子华出使齐国。本节所录与下节“原思为之宰”非在同时，故曾门弟子依次记之。

“冉子”，冉有，今以子称，乃冉有门弟子所录也。或以冉子为冉伯牛，今不从。“粟”，乃五谷之首，春秋时以粟为禾米，渐代称诸谷。“请粟”，冉有代为子华之母请禄米。

子曰：“与之釜。”请益。曰：“与之庾。”冉子与之粟五秉。 “釜”，古量器，以六斗四升为一釜，亦称䥩、鬴、簠，呈长方形，有足、盖、耳。“与之釜”，即与之六斗四升粟米。“庾”，古量器，以二斗四升为一庾。“与之庾”，于一釜之外再增粟米二斗四升。

“五秉”，秉者，大也，乃量器之最大者。周以十六斗为一薮，十薮为一秉，五秉即八百斗粟米。“与之粟五秉”，冉有私以粟米八百斗予公西华之母。

子曰：“赤之适齐也，乘肥马，衣轻裘。吾闻之也：君子周急不继富。” “适”，往也。“急”，窘迫。“周急”，给不足也，以周急济难。“”继”,续有余也,乃锦上添花之义。

子华既为使,足见夫子任人得宜也。子华之母若困乏,则子华肥马、轻裘为不孝也;若不困乏,则冉有所为实不智也。然君子周急而不继富,夫子既明言“不继富”,则子华家富明矣。冉有知子华家富,复为其母请粟,乃尽朋友之义也,且先请于夫子,亦未失于孝悌。夫子宽容通理,许其少给粟米,以示不当与也,冉有私与粟米八百斗,故夫子责之。

试译:子华出使到齐国,冉子替他母亲请求粟米。夫子说:“给她一釜(六斗四升)。”冉子请求多给些。夫子说:“加一庾(二斗四升)。”冉子却给了子华的母亲五秉(八百斗)米。夫子说:“子华到齐国去,乘肥马拉的车,穿轻暖裘衣。我听说:君子周济急需帮助的穷人,却不周济富人。”

五

原思为之宰,与之粟九百,辞。子曰:“毋!以与尔邻里乡党乎!”

原思为之宰, “原思”,名宪,字子思,乃孔门弟子,鲁人,或有唐儒以其为宋人,少孔子三十六岁。“为之宰”,夫子年五十二初仕鲁,为中都宰,年五十三为司空、司寇,年五十六去位,本节所录者,当在夫子去位前,是年原宪已加冠成人。周以上大夫为有地大夫,其采邑既设邑宰,亦设家相,诸如公山弗扰为季氏费宰,子羔为孟氏郈宰,皆邑宰也,阳货、冉有、子路皆为季氏家相,亦称家宰。周以下大夫为无地大夫,其家不设邑宰,唯设家相。夫子既为无地下大夫，原思为夫子家相。

“与之粟九百，辞。” “九百”，即九百斛粟米。“辞”，辞让不受也。原宪以夫子予禄米太多，故辞而不受。

周以龠、合、升、斗、斛计量粟米，凡禄米必计以斛，则粟米九百乃九百斛也，即九千斗。时夫子为下大夫，其家相之职当为上士，上士禄米倍于中士，当收四百五十亩之税。汉去春秋不远，按汉制，每亩收税一石半，则四百五十亩计收税约六百七十五石；按一石为一百二十斤，一斛不足百斤，二斛约重一石半，则每百亩收税一百五十石，约为二百斛，故四百五十亩收税九百斛。

子曰：“毋！以与尔邻里乡党乎！” “毋”，止之词也。按周制，士有位则有禄，唯辞位方可辞禄。夫子授原宪禄米，乃礼制所定，非私授也，故不能辞。“乡”，向也，即众所向也，凡群居之地为乡，乃国附属之邑也。“党”，五家为比，五比为闾，四闾为族，五族为党，五党为州，五州为乡，故五百家为一党，一万二千五百家为一乡。

原宪辞禄，夫子秉周急救贫之旨，止其辞禄，且嘱其或有余禄可赠与邻里乡党。学人当借此悟入，圣人慈悲宽大之胸襟，固非不近人情也。

考前节子华富，究本节原宪贫，记者录此二事，以示君子于贫富取予辞受之义。原宪为宰则必有常禄，故禄米九百当不必辞；子华为使，虽无常禄，酌情则贫多予而富少予。子华既富，值冉有为友母请粟，夫子不予则有失禄养之义，故与之釜、庾，以示养老之义。原宪既贫，夫子按制授其禄米，值原宪辞禄，记者录之，与冉有请粟相形之下，遂见夫子之义、冉有之失也。

试译：原宪做夫子的家宰，夫子给了他九百斛粟米，原宪推辞不受。夫子说："不要推辞了，多余的就拿去给你的邻里乡亲吧。"

六

子谓仲弓，曰："犁牛之子骍且角，虽欲勿用，山川其舍诸?"

子谓仲弓，曰： "谓"，言及也。盖每与人子言，勿当其面以犁牛喻其父。今夫子与他人言及仲弓，而非与仲弓语也，故称"子谓仲弓"。

"犁牛之子骍且角，" "犁牛"有二解：一、犁，杂文也，即杂色；以其杂色若狸，故亦称狸牛。此杂色不纯之牛，不宜用于祭祀。二、犁，耕也；犁牛，乃耕犁之牛。古耕地法有二：人耕，牛耕。今以犁牛为耕牛，而非杂色牛。今从第二说。孔门弟子有二人皆字犁牛：一者宋人，复姓司马，名耕，字子牛，其人多言而躁；二者乃仲弓之父冉耕，字伯牛，非士人也。夫子幼丧父，尝自谓少贱，以示出身微贱，今以"犁牛之子"喻冉伯牛之子仲弓之出身微贱。"子"，牛犊。"骍牛"，乃赤色纯正之牛，其身无杂染毛色。"角"，额头两角周正。

犁牛之子色纯角正，宜用于牺牲，岂以其为犁牛而弃之不用。君不见先祖迷浊而子孙清雅出奇颇众，昔者叟顽鲧恶，其子犹有舜禹之圣，故母犁犊骍之喻古已有之，夫子引以喻仲弓之父伯牛虽贱，然仲弓盛德，仍不失为上士之才。

"虽欲勿用，山川其舍诸?" "勿用"，弃之不以为牺牲。"山川”，乃山川享祀之神。“其”，难道，乃反问语气词。“诸”，之乎，乃语气词。

周以赤色骍牛祭天、祭南郊、祭宗庙及南方山川诸神。天子、诸侯设专司牺牲之官，民间耕牛不得为牺牲，若偶有不足，可暂代以耕牛。今以耕牛之犊喻冉耕、仲弓父子之别，固知仲弓之盛德必见用于世。

试译：夫子在谈到仲弓时说：“耕牛生下的牛犊有一身红色的皮毛和端正的两角，人们虽不想用它献祭，难道山川之神会放弃它吗？”

七

子曰：“回也，其心三月不违仁，其余则日月至焉而已矣。”

子曰：“回也，其心三月不违仁，” “回”，颜回。“其心”，仁心也，亦称人心；人心本善，故人心本仁。夫心为体而德为用，故心体与德用统称仁。“三月”，三月为一季，每季则天气为之一变，乃成季节，四季亦称四时。“不违仁”，心不违仁则必无私欲，故无欲则刚，君子具此刚德已初涉仁境。

盖天道满三月亦有小变，节气虽变，然颜子之心三月不违仁，故夫子许颜子能仁且久。夫三月之久既不违仁，则四季必不违仁矣，固知颜子已永葆仁德也。颜子虽臻仁境，然终不得其位，故未能施仁于人。

“其余则日月至焉而已矣。” “其余”，乃谓除颜子外，其余众弟子。"日月至焉",或日至仁,或月至仁,然不能久住于仁。"而已矣",如此而止之语。夫子期许后学致力于仁,遂出此叹语。

颜子心安于内,故做得主,于是心不流溢,安住于仁而不违。日月至者,其心系于外,故做不得主,遂遣心为宾,偶得入时,然方入辄出,终不得安住于仁。此皆意诚与不诚之故也,故学人当以诚意正心为务。颜子三月不违,非闭户默坐也,夫子知颜子之不违仁,唯在其语默动静之间窥其气象也,后学当从此而思其深义。

试译:夫子说:"颜回呀!他的心能够三个月不违背仁德,其他的弟子只是每日、每月偶尔达成仁德罢了。"

八

季康子问:"仲由可使从政也与?"子曰:"由也果,于从政乎何有"曰:"赐也可使从政也与?"曰:"赐也达,于从政乎何有?"曰:"求也可使从政也与?"曰:"求也艺,于从政乎何有?"

季康子问:"仲由可使从政也与?" 季康子召冉求返鲁为家臣,今又问于夫子,子路是否有从政之才,该问当在夫子晚年归鲁后,时子路、冉求已仕于季氏。"从政",古之从政、执政有别,天子、诸侯、卿大夫为执政者,其子孙世袭爵禄;下大夫、士为从政者,在其位则谋其政,不在其位则不谋其政,其子孙无世袭权。

子曰:"由也果,于从政乎何有" "由",仲由,字子路,亦字季路。“果”，决之胜也，即果敢决断也。“何有”，有何难也。按夫子语，子路好勇，遇事决断果敢，使其从政治兵则何难之有。

曰：“赐也可使从政也与？”曰：“赐也达，于从政乎何有？”

“赐”，端木赐，字子贡。“达”，通达事理也；圣人通达于道，庶人通达于人情世故。季康子复问夫子，子贡可否有从政之才。按夫子语，以贡通达事理，使其从政以治外交则何难之有。

曰：“求也可使从政也与？”曰：“求也艺，于从政乎何有？”

“求”，冉求，字子有，世称冉有。“艺”，才艺，即精通礼、乐、射、御、书、数六艺。春秋末世，士之才艺皆由六艺出，值季康子复问冉求之际，夫子以冉求精通六艺，使其从政为家宰则何难之有。

当夫子之世，周礼尽存于鲁，故夫子欲存鲁，实存周礼也。惜乎哀公时鲁上下僭礼，鲁渐危矣，况又不能用夫子，苟重用仲由、子贡、冉求三者之一，则全鲁必有余力，故夫子谓之何难之有。值季康子三问之际，夫子答以子路果能任事、子贡达能明事、冉求艺能治事，其用心可谓深矣。

试译：季康子问道：“可以让仲由治理政事吗？”夫子说：“仲由办事果断，治理政事又何难之有呢？”季康子又问：“可以让子贡治理政事吗？”夫子说：“子贡通达事理，治理政事又何难之有呢？”季康子再问：“可以让冉求治理政事吗？”夫子说：“冉求多才艺，治理政事又何难之有呢？”

九

季氏使闵子骞为费宰。闵子骞曰：“善为我辞焉！如有复我者，则吾

必在汶上矣。"

季氏使闵子骞为费宰。 "季氏",季康子,前文季康子问于夫子,故本节录季氏必为季康子。"闵子骞",姓闵,名损,字子骞,少夫子十五岁,鲁人。"费"音秘,乃姓氏。"费宰",季氏费邑之宰。昔鲁桓公之季子鲁大夫季友,因掌中生友字纹,遂名季友,亦名公孙友。时庆父欲杀闵公,季友护闵公之弟公子申出奔,后返鲁逼庆父自裁,又归国于申,申即鲁僖公。鲁僖公元年(前659),季友因功受封邑(包括费邑),费邑当在山东汶水北。今考费邑有二:一、鲁大夫费伯未奉鲁隐公之命,私于郎地屯兵建城,位于今山东兖州鱼台县,即今费县西北二十里处之祊城。二、季氏费邑位于齐鲁交界处,距山东费县城西北十公里之上冶镇南。综此二说,费邑先属费伯,后统归季氏。昔季平子专鲁,南蒯不服季平子久矣,遂携忿谋反,终败逃于齐。公山不狃既为季氏家臣,尝与阳货为季平子治丧,故深得季氏之心,季桓子使其为费邑宰,历三年,即鲁定公八年,公山不狃(公山弗扰)与季桓子龃龉,遂纠合阳货囚季桓子,终致阳货兵败逃齐。

季康子以费邑为重地,与郕邑、郈邑唇齿相依,昔南蒯、公山不狃皆据此以叛,是以季氏必欲得一忠厚之士为宰,故遣使召闵子骞为费邑宰。

闵子骞曰:"善为我辞焉!" "辞",推辞不受。闵子骞不欲仕季氏,故托使者以善言代己辞之,以息季氏复召之心。

"如有复我者,则吾必在汶上矣。" "复我",重来召我。"汶上",汶水北为阳,故称汶上,位于齐南鲁北交界处。汶水出莱芜县而入济水,乃徐州之汶;汶水出朱虚县泰山而入淮水,乃青州之汶。今闵子骞所谓汶水，乃徐州之汶也。

考闵子骞辞官之因，世人多以其耻季氏专权，不欲食污君之禄，故自谓“必在汶上矣”，欲弃鲁而北适齐，以避季氏复召。然子路、冉求皆臣于季氏，君子尚同，闵子骞岂能异于同门而拒季氏于千里之外。今究其辞官之因有二：一、闵子骞以费邑为要塞，尝为叛臣南蒯、公山不狃窃据，实恐难以胜任。二、闵子骞居丧未除，身有重孝而从政，非士所为。

试译：“季孙氏派人去请闵子骞担任费邑的长官。闵子骞对来人说：‘你好好替我辞掉吧！如再来请我的话，我必定已去往汶水北边(齐国)了。’”

十

伯牛有疾，子问之，自牖执其手，曰：“亡之，命矣夫！斯人也而有斯疾也！斯人也而有斯疾也！”

伯牛有疾，　“伯牛”，姓冉，名耕，字伯牛，世称冉子，鲁人，少夫子七岁，乃孔门弟子。“有疾”有二解：一、汉儒以伯牛患癞病，乃恶疾也。持此说者多以癞病系传染病，该病多腥臊秽臭，苟如此说，断无自牖执手相探之理，况癞病盛于广、闽，伯牛既为鲁人，不当患此疾。二、癞通疠，风热侵脉而不去，谓之疠，即寒热病也。患于春称瘟，患于夏称暑，患于秋称疫，患于冬称疠。今伯牛患疠疾，当病于冬也。

子问之，自牖执其手，　“子问之”，夫子往视伯牛。“牖”，穿壁为窗，以木制成。古之房屋坐北向南，必设门设牖，牖位于东侧，门位于西侧，皆南向，故称南牖，其窗扇向室内开启，自冬至日始，每日申时末塞之，以为保暖。室北向亦设牖为通明之用，冬至日始塞之，以为保暖。汉儒郑玄以臣子患病，值君主来视之际，病者恒居于室内东首北墉下，即室之东北隅，病者头南向，以便于君主背北面南而视。郑玄所谓恒居，乃久居于北墉之下。今考亳社南向亦不设牖，于亳社屋顶北向设牖，以绝阳气而通阴气，以示亡国之社；固知阴生则物死，故北牖为死牖，人子岂使病者恒居于死牖，故不从郑氏恒居北墉之说。考其所以，今以病者恒居于室之西南隅，一者得坤地之养，二者得南向阳气之养，值君主至，则临时迁寝于北墉下，以示尊君尊礼。

今伯牛患疠疾，值夫子探病，伯牛必迁至北墉下，欲持此重礼待夫子，此为变礼也，故夫子不敢当之，遂于牖外探视，固非夫子惧斯疾而不轻入内，亦非伯牛不欲见夫子也。今伯牛迁北墉下，乃持拜君之礼待夫子，以为尊师也；夫子未入内，隔牖执其手而视之，实为尊礼，而非惧疾也。

曰："亡之，" "亡之"，有二解：一、丧也。夫子知冉耕将死，故曰"丧之"。今从此说。二、无也，即无此事。昔关龙逢力谏夏桀而遭囚，尝称"无其理"。盖患病者必有患病之因，冉耕德高，不当患此疾，故夫子悲叹"无其理"也，此亦可备一说。

"命矣夫！" "命"，人之寿称命，年五十始称寿，《庄子·盗跖》谓：年六十称下寿，年八十称中寿，年百岁称上寿，故寿夭皆命之使然。是以君子修性在我，听命于天，固知命者虽圣人亦不能挽之，君子保命之道唯慎言辞、节饮食、修气脉也。"矣夫"，痛惜之辞。人命别为三科：一、寿长者称保庆；二、行善而遭凶险称谪暴;三、善有善报、恶有恶报称督行。每有贤者遭乱世欺压、残贼迫害,或上值祸乱昏君,下逢灾变暴乱,贤者必多夭绝。冉耕危言正行,其德行亚于颜渊,今遭此厄运恶疾,故夫子发此慨言,感伤时无贤君,以致有道之士多夭病,其伤怀至深与哭颜回同。

“斯人也而有斯疾也!斯人也而有斯疾也!” “斯人”,谓冉耕也。“有斯病”,患此疠风病。夫子复语之,乃痛惜感伤至极所致。

试译:冉伯牛患了重病,夫子去探望他,在北墉的窗外握着他的手与其诀别,夫子说:“他就要去世了,这都是命啊!这样的人竟会得这样的病!这样的人竟会得这样的病!”

十一

子曰:“贤哉,回也!一箪食,一瓢饮,在陋巷。人不堪其忧,回也不改其乐。贤哉,回也!”

子曰:“贤哉,回也!一箪食,一瓢饮,在陋巷。” “回”,曹姓,颜氏,名回,字子渊,世称颜子,鲁人,居孔门七十二贤之首。“箪”,笥也,乃竹制盛饭小筐,容五升之量。箪、笥同义,别为竹制、苇制,是以箪亦称苇笥,箪呈圆形,笥呈方形,箪小而笥大。

“食”,古音嗣。“瓢”,瓠也,破瓠而得勺,乃饮水之器,容四升之量。“陋巷”,阨狭之巷。颜子家贫,居于阨狭之所,故称陋巷。“巷”,儒士居一亩之宫,以东南西北各长十步为宅,建于里巷内。儒士安贫乐道，虽一亩之宫亦得安居，后世以此一亩之宫为陋居。颜子陋巷旧址已不可考，或以其位于今曲阜市西南二里（孔庙北二百步），或以其位于今曲阜市阙里社区东，皆后世附会之辞，不足证经。

“人不堪其忧，回也不改其乐。” “乐”，安贫乐道。颜子泰然乐道，见其大而忘其小，虽箪瓢陋巷亦不害其乐。

“贤哉，回也！” 夫子许颜子“贤哉”，非许颜子乐在箪瓢陋巷也，乃褒其不为贫窭累其心而改其乐，固知箪瓢陋巷非乐也，其所乐者，道也。

试译：夫子说：“多么贤良的颜回呀！一竹筐饭，一瓠瓢水，住在简陋的小巷。他人不堪忍受的令人忧愁的境遇，但颜回仍能不改变他的快乐。多么贤良的颜回呀！”

十二

冉求曰：“非不说子之道，力不足也。”子曰：“力不足者，中道而废。今女画。”

冉求曰：“非不说子之道，力不足也。” “说”，悦也。“子之道”，夫子礼乐之道。冉求自陈欲进而不能，非不悦夫子之道，盖力不足之故也，遂自叹无力前行。

子曰：“力不足者，中道而废。” “废”，止也。向学者力极而止，欲进而力有所不逮，故曰废。

“今女画。” “女”，汝也。“画”，划也，故兼止义，乃自划界而不复前行也。周初以画司为土地划界之事,亦称画史、画吏,其后裔以官职称氏,称画氏。向学者欲进而力有所不及,故曰画。

盖仁道难行,学人既已向仁道而行,固当孜孜于斯,忘身心之将老,忘岁月之无多,勉力体仁行仁,唯身死方休,安能中途辍止。故夫子教冉求,其自陈力之不足,乃划界止步不前,非力穷之故也。

夫圣人之道,非力学而不能得也,是以士不可一日不学,日久必有进益。以复圣颜回之大才,于仁道犹有"欲罢不能"之叹,况冉求唯勉力行之、循序渐进,日久方可入德,焉能犹死者止步也。今冉求欲中道而废,又以力不足为托词,犹行人中途废足止步,实废学也。

人之力皆生于气,俗称力气。为学者当先立其志,志以鼓气,气存则不馁,若不先立志则气不振,气不振则易自弃。是以为学之道须趁壮年力强而学。待来日力尽命死之际,虽求圣未果,仍不失为贤德者。昔颜子壮岁身死,已成仁也,虽未以其功化人,仍不失为复圣。冉求正值年富力强,何以力不足自称,考其因当在"子之道"三字。按冉求语,夫子之道博大精深,既有《诗》之文,非博文之识则无以通;亦有《礼》之繁,非笃实之力则无以行;《易》有不测之功,《乐》有怡性之用,《春秋》有裁夺之义;更兼天地民物,经权变化,诸学子安能不高山仰止?固知冉求非不慕圣道、不崇仁境,盖量己之资而不能贯通也,此非自弃,实自审力不足也,遂出此慨言。

试译:冉求说:"我不是不喜欢夫子的道,而是我力量不足呀!"夫子说:"如果力量不足的话,应该是行在半路就停止。而现在你是给自己划定了界线,就不再前行了。"

十三

子谓子夏曰:"女为君子儒！无为小人儒！"

"女",汝也。"儒",濡也,柔也;学人习学既久,则身润心柔。六艺别称六术,其旨为使民风敦厚,人性温良,凡通六艺者,以斯艺教化学人,故谓之术士,亦称儒,别称师儒,即居于乡里以道艺教人者。昔子夏开馆设教,门人众多,故夫子告以为儒之道,恐子夏独擅文学而失六艺之教,唯耽于典章而失明道、正己、化人之旨。

"君子儒",君子坚决果断,然欲决断固当明理,欲明理必藉学而入,熏习日久则大道渐明,事理渐通,于是进则得禄,退则安身,遂成教人治世之功,如此方谓之君子儒。"小人儒",当夫子时,称庶民为小人,其人于道未明,于理未通,故识小而失大,唯耽于技艺而苟活身命,于是不能正己度世,遂谓之小人儒。

夫子所谓"君子儒""小人儒",皆以识道之广狭论也,而非以道德之正邪辩也。是故识道明理者为君子儒,胸襟狭隘,未能识道明理而强通艺者为小人儒。固知君子儒务道,小人儒务名。然宋儒以君子儒为义,以小人儒为利;以君子儒为公,故以公灭私;小人儒为私,故以私灭公。此说但以人品正邪、道德深浅论君子儒、小人儒,固非夫子本意也。

试译:夫子对子夏说:"你应该做君子儒,不要做小人儒。"

十四

子游为武城宰。子曰:"女得人焉耳乎?"曰:"有澹台灭明者,行不由径,非公事,未尝至于偃之室也。"

子游为武城宰。 "子游",姓言,名偃,字子游,与子夏、子张齐名,乃孔门十哲之一。"武城",鲁有南武城,近吴,乃鲁边邑;另有北武城,近齐,亦鲁边邑。曾子、澹台灭明同居南武城,时子游为南武城宰。

子曰:"女得人焉耳乎?" "女",汝也。"得人",访得人才。"焉耳乎",此三字皆语气辞。或以"耳"通"尔",然耳在古音一部,尔在古音十五部,其音义各异,固知此说为讹传也。为政必以得人才为先,子游既为武城宰,故夫子以得人为问。

曰:"有澹台灭明者," "澹台灭明",复姓澹台,名灭明,字子羽,少夫子三十九岁,乃鲁人,尝受业于夫子。世传其人貌丑性谦,公而无私,勤修儒业,非公事则不谒于卿大夫之门。

"行不由径," "径",蹊径,乃步行小径,引申为捷径。"由",循也。按子游语,澹台子羽行事不循捷径,言行皆循正道,不以小成而求速达。

居位者行事不循礼,遂开歪风邪气之端,乃启寇盗横行之绪;居位者循礼明义,则时风日正,奸邪渐绝。澹台子羽奉行圣王古法,欲人正则先己正,实孔门大贤也。

"非公事,未尝至于偃之室也。" "公事",即祭、礼、乐、射、教诸事。“偃”，乃子游自称。澹台灭明自守有道，考“行不由径”与“非公事，未尝至于偃之室也”二事，斯事虽小，然斯志宏大。时人未明古礼，多以“行不由径“为迂腐，以“未尝至于偃之室”为木讷，此皆妄见也。为政者用人治世，苟参此古法，则邪媚奸佞之徒绝迹矣。

子游素以文学称于世，然文人习气唯赏识高才，今子游独识澹台灭明之贤且重之，欲以尊贤之风为一方之化，固知尚贤尊礼乃从政之机也。究夫子所以问者，乃欲借子游所交者以观其治也。子游既为邑宰，知邑有贤者则其风必睦，其尊贤若此，武城安能不治？

试译：子游担任武城长官，夫子说：“你在那里求得人才了吗？”子游说：“有个人叫澹台灭明，行事从不走捷径，不为公事，从不到我屋里来。”

十五

子曰：“孟之反不伐，奔而殿，将入门，策其马，曰：‘非敢后也，马不进也。’”

子曰：“孟之反不伐，” “孟之反”，乃鲁孟孙氏族人，为鲁大夫，姓孟，名之侧，字之反。“不伐”，伐者，夸也；不伐，即不自夸其功。

按鲁制，每有寇侵，鲁季孙氏、叔孙氏、孟孙氏三家之二家从君率师御敌，余一家守城。鲁哀公十一年（前484）春，齐攻鲁,季康子挥师抗齐。季氏出兵为左师,冉求为帅;孟孙氏出兵为右师,孟孺子为帅,孟之反从右师;叔孙氏率部守城。当两军交战之际,冉求帅左师攻齐军,获甲首八十,右师战败,孟之反勇而殿后。夫子称其"不伐",乃褒许孟之反有功而不自夸也。

"奔而殿," "奔",走也,即败走。"殿",殿于军后。古称前锋为启,以开路驱敌也;古称后军为殿,以殿后掩护也。孟之反贤而有勇,独为溃兵殿后,故有功于鲁。

"将入门,策其马," "门",国门。"策",鞭也,即鞭策,以击马行也。

"曰:'非敢后也,马不进也。'" 孟之反不欲邀功,故言非我敢殿后也,乃驽马不能速行之故。

试译:夫子说:"孟之反不夸耀自己的功劳,兵败撤退时,他总是殿后,临近城门时,他策马说:'不是我敢在后边拒敌,是我的马跑得不快呀!'"

十六

子曰:"不有祝鮀之佞,而有宋朝之美,难乎免于今之世矣!"

子曰:"不有祝鮀之佞," "不有",乃假设之辞,即无有。"祝",庙祝之官。周以下大夫为大祝,以士为小祝、丧祝、甸祝、诅祝。祝鮀未居大祝位,故不得称大夫,汉儒皆以大夫称之,乃概括之辞。"鮀",卫大夫,名鮀,鮀者,鱼名也,故字子鱼;或作佗,亦通。"佞",善口才。祝鮀善言辞,时人皆贵之。

“而有宋朝之美，” “宋朝”，宋公子，名朝，以美色闻名，尝出奔于卫。宋朝居卫大夫位时，尝与卫宣公夫人宣姜私通，亦以美色见爱于卫灵公夫人南子，故以淫行闻于世。卫亦有名公子朝者，与貌美行淫之宋朝非一人也，尝率兵救宋。今夫子所斥者，乃貌美行淫之宋朝也。

“难乎免于今之世矣！” 盖貌美才高之士苟无佞言之能，则难以立身乱世，固知世风浅陋，多习佞言以为进，多饰容貌以为美，然君子美而不佞，故易为乱世所妒。夫子非倡君子必佞，亦非许淫人宋朝之美，惜乎世风浊乱，唯好谀尚佞而不知崇贤，唯悦色乐淫而不知尚德，遂使中正君子难容其身。于是夫子发此慨言，以示当世不善巧言之君子，虽有美德而不遇，故难容于衰世。

试译：夫子说：“如果没有祝鮀那样的口才，却只有宋朝那样的美貌，在当今的乱世很难避免祸害了。”

十七

子曰：“谁能出不由户？何莫由斯道也？”

子曰：“谁能出不由户？” “谁能”，何人能为之。“出”，出室；周宫室之制以内半为室、外半称堂。“户”，护也，乃象形字，即半扇门之貌；古以一扇为户，两扇为门。

“何莫由斯道也？” “何莫”，何不。“道”，君子所行之道也，即周礼。盖人之行为日用皆道也，故君子言行当合道而行，然世人终身于道中行却难识之。

夫礼,有大小之别,虽大,亦不可损其一毫;夫义,有显微之异,虽小,亦不可增其一分。君子修身治世固当循礼,犹人之出入由门;是以循礼则功成,功成则合道,合道则天下治,故施善政而少刑罚,无苛政而民自治。按夫子语,人之出入但知由户,然未知由礼也。

试译:夫子说:“有谁能走出屋子却不经过门户呢?但为什么没有人肯遵循周礼来行事呢?”

十八

子曰:“质胜文则野,文胜质则史。文质彬彬,然后君子。”

子曰:“质胜文则野,文胜质则史。” “质”,质朴无华。礼有文质之别,质为礼之本。“野”,郊外。居于野之民氓,多不通六艺,以致言行鄙劣而不知循礼,故称野人。夫子尝语子路“野哉!由也”,乃斥其言行几近野人也。“史”,文多而质少也。时儒专务博记,崇尚文辞,于是失实失诚,故谓之史。

文为礼之表,质为礼之实,文无实不立,实无表难施。夫礼仪者,以礼为质,以仪为文,是以文不过质,质不失文,苟失文失质皆偏矣,偏则易起争执,固非礼也。

“文质彬彬,然后君子。” “彬彬”,犹斑斑,物相杂糅之状,即文质各半。学人去浮华以存本,补不足以固德,遂渐以成德。“君子”,君者,群也,居位者有德,故能群领民人,以使天下归心。

“子”,男子之尊称。“君子”,乃彬彬于中和之礼者,故能依礼而化民。古之天子、诸侯、卿大夫、士皆以君子称,亦称有位君子。

春秋末世,诸侯、卿大夫虽名为君子,实则流于野、史,或以质胜,或以文称,罕有能彬彬者。夫子欲为天下士子正名,故谓“文质彬彬,然后君子”,以示文质兼备乃君子之道。君子崇礼施教于万民,苟失文失质则民无以效法,固知民风尚质则朴陋,民风尚文则浮华。盖世风偏颇,皆居位者不能彬彬于礼而致,故有负君子之称。

试译:夫子说:“质朴胜于文采就会粗陋;文采胜于质朴就会浮华。只有质朴和文采配合得恰到好处,方可称得上是君子。”

十九

子曰:“人之生也直,罔之生也幸而免。”

子曰:“人之生也直,” “生”,生命,即人生于世。“直”,正也,即性善,乃正直不邪曲也。盛世王道荡荡,故正直无邪。

天地造物之至德,谓之不二,不二则诚,诚者,直也,是以君子内外无欺。天道贵生,静则无为,故专一不二;动则有为,故诚直不二。是以天地之道贵诚贵直,诚直乃造物之本,人存诚则其行必直,故天助人从以使其顺,顺则自立自生,万民亦从之得以生。人生于世,能得善终者,皆赖心诚而行直也。

“罔之生也幸而免。” “罔”有三解:一、诬也,即诬罔、欺骗。邪曲者诬罔正直之道,斯人能苟存于世,实属幸免。盖无德而有禄，乃非分之得，虽为幸事，然不可久保也。二、无也，即虚无。诬罔者多造虚辞以博人悦，故谓之罔。斯人专务自欺欺人，苟不受罚亦必遭殃，若有幸免者，实侥幸耳。三、不直也，即不循直道。此三说可互证，今从第三说。

人之立身贵存诚直，苟不以直道立身，虽暂获小利，终将置己于死地。故君子得祸虽为不幸，然得福实为常理也，虽处福祸皆坦然受之。鄙者得福虽为侥幸，然得祸实为常理也，故唯利是图，虽暂为趋吉避害，久之则必遭天谴。夫子欲示学人于乱世当取直道而行，苟邪曲不直者犹存于世，实幸免也。

试译：夫子说："人生在世应该正直，不正直的人也得以生存，那是他们侥幸躲避了惩罚。"

二十

子曰："知之者不如好之者，好之者不如乐之者。"

"好"，入声。"乐"，乐于道而有所得。"知之者"，知闻有道可学者。"好之者"，好学而未得道者。"乐之者"，于道有所得而生内乐者。此三等人，皆以存诚为务。

盖学问之道，知之者未若好之者笃固，好之者未若乐而见道者深识。是以知之而未能好之者，乃所知未极之故也；好之而未得其乐，乃所好之不足之故也。昔孔门求学者弥众，然好学者寥寥，乐道者唯颜子耳，其身居陋巷，箪食瓢饮亦不改其乐，实闻道、见道、乐道者也。

春秋末世，官制乡校废弛，乡校之退官与乡里之贤达愈少，况学子多为求禄而学，志于道者鲜矣，道之为何物尚不知，又何谈乐道？故夫子出此劝学之语。

试译：夫子说："通晓学问的人不如喜好学问的人，喜好学问的人不如以得到学问为快乐的人。"

二十一

子曰："中人以上，可以语上也；中人以下，不可以语上也。"

子曰："中人以上，可以语上也；" "中人"，乃中智之人，其进则为上智，退则为下愚。中智者由学而达上智，下愚者由学而达中智，故学问之道贵在循序渐进。"语"，告也。"上"，乃上智所能知者。"语上"，语以上道也。

古以学人之品识别为上中下三科，细审之又别为九品，即上上、上中、上下；中上、中中、中下；下上、下中、下下。上上者为圣人，其生而知之，不待教而自通；下下者为愚人，其教而不通，故无须教也；唯上中、上下、中上、中中、中下、下上、下中七品可教也。夫子所谓"中人以上，可以语上也"，乃谓中上者可语上道也。固知中中之人虽不可语上，犹可语中，是故除下愚者，余者皆可藉次第之学而渐入大道。昔夫子自谓"我非生而知之者"，乃勉学之谦辞，后学勿据此谦言而误以圣人唯学而知之也。

教学之道贵在因材施教，上知则上语之，下愚则下语之，以使学人易受，勿逾智而授高深之学。故下愚者，勿语以高深大道，以致其费解；虽偶有所闻，亦恐其妄自菲薄，于学无所益，于己有所害，于人有所误，遂贻害甚矣。

“中人以下，不可以语上也。” 夫子罕言利、命、仁与天道，非夫子不言也，盖以众弟子之才智不可与言也，正所谓“中人以下，不可以语上也”。观《论语》通篇，夫子答弟子、时人所问皆因人而异，以人智之各异而语之不同，此正夫子循循善诱也。

试译：夫子说：“中等才智以上的人，可向他讲授高深的学问；中等才智以下的人，不向他讲授高深的学问。”

二十二

樊迟问知。子曰：“务民之义，敬鬼神而远之，可谓知矣。”问仁。曰：“仁者先难而后获，可谓仁矣。”

樊迟问知。 “知”，智也。《论语》录樊迟三问仁、两问知，夫子所答各异，乃因材施教之法也。今樊迟特于出仕之际“问知”，夫子答以“务民之义”，足见樊迟所问知者，乃居位者所必知也。

子曰：“务民之义，” “务民”，务者，事也；务民，即事民，乃以先王之道教民也。“民之义”，乃人之义，即父慈、子孝、兄良、弟悌、夫义、妇听、长惠、幼顺、君仁、臣忠十义。按夫子语，欲以十义教民也。

“敬鬼神而远之，” 盖天命昭彰，鬼神幽渺，皆不可见也。居位者尊天命，依礼敬事鬼神而远之？苟不尊天命而独事鬼神，既获罪于天，则鬼神安能佑之？昔夏人之政重君上而尊王命，虽敬奉鬼神，然未将其纳入政教，故近人伦而劝民忠。昔殷人之政尊崇鬼神，君上率万民以敬事鬼神，将鬼神置于首位而礼义次之，该政措虽尊，然不可亲也。昔周人之政尊礼义而尚仁政，故以人为本，敬奉鬼神而未将其纳入政教，该政措近于人伦而化民以忠。固知周人治国之道近乎夏人，其务民之义皆近于人伦，即敬鬼神而远之也。今夫子诲樊迟以人伦、礼教为务民之本，乃从周也。

“可谓知矣。” 夫子遵王命、尊周礼、重人伦，欲以礼教为治国之本，宗庙祭祀则次之。是以仁政当以民为本，鬼神乃未知之事，故祭祀之事当后为之。春秋末世，时人多信鬼神，故不能正信，遂多惑于鬼神，不信鬼神者又不能存敬，是以君子于鬼神能敬且远，方可谓知矣。

问仁。曰：“仁者先难而后获，可谓仁矣。” “难”，事难。“获”，得禄。居位者劳苦于人先，获功于人后，乃仁之所在也。前者樊迟问知，夫子答以治民之道当先予民温饱而后教以礼义；又问仁，夫子答以治身之道当先公而后私，先人而后己，为难于他人之先，获功于他人之后。樊迟或有此失，夫子遂以斯言儆之。

盖衰世则神教必兴，神教每初兴之际，但示祸福以警世人。苟淫祀横生，以致失礼而不得福佑；苟渎祀乱行，以致无礼而获罪神明。于是迷惑之信、谤慢之罪愈甚，久之则民不得治、心无所止，故居上位者僭越无等，则居下位者风俗有伤。圣人知斯垢弊，故诲樊迟明治民之道，达敬远之义，修己而无妄求，可谓知、仁矣。

试译：樊迟问如何做才是智慧。夫子说："用父慈、子孝、兄良、弟悌、夫义、妇听、长惠、幼顺、君仁、臣忠十义教化人民，尊敬鬼神却远离它，可以称得上智慧了。"又问如何做才是仁。夫子说："仁德的人劳苦在人前，享受在人后，可以称得上仁德了"。

二十三

子曰："知者乐水，仁者乐山。知者动，仁者静。知者乐，仁者寿。"

子曰："知者乐水，" "知"，智也。"乐"，喜好。智者之乐乃以一己之德才治国，犹水流而不知止。智者所以乐水者，盖水不遗细小而行，周流无碍，始终不弃，虽历险而能致远，此其智也；水经涧往川，疾徐不一，蹈深履浅而无渝，此其礼也；水流处卑下必缘理而行，此其义也；水破障穿石，逾险排阻，此其勇也；水利养群生，以致海清河晏，此其仁也。水具此四德，故为智者所乐也。

"仁者乐山。" 仁者之乐犹高山之安固，其巍然不动而生万物，故仁者安于义理而厚重，其为政更非朝令夕改。山既为仁者所乐，亦为万民所仰，其养万物而不居功，于是草木生而飞鸟至、走兽居而四民养。固知山承天地以功，卫家国以宁，松岚深处唯藏高洁之士，峻岭无涯常隐无心之云，于是仁者以山喻德，故乐之。

"知者动，" "动"，作也，即动作。智者日有所进则日有所新，故谓之动。君子进德修业，自强不息，故以水行之象为喻，孜孜于大道而不息，故称“知者动”。

“仁者静。” “静”，审也，静而能审，审而能思。仁者无私欲则静，静则思笃，思则理明。“欲”，即声、色、味、臭、安、佚六欲。仁者除却六欲则静，故无欲，克己以复周礼，起心动念皆循礼。“无欲”，无非礼之欲。

夫子前言“仁者乐山”，山为艮象，艮为止义，乃止欲之象也；君子非礼勿思，非礼勿行，故非礼之欲既除，固知“仁者乐山”与“仁者静”同义。

“知者乐，仁者寿。” “寿”，久也，即长寿。人稍久住于世者乃曰寿，上寿者二百岁，中寿者一百岁，下寿者八十岁。“知者乐”，智者之德才为世所用，虽累且难，然功成可利民，故得其乐。“仁者寿”，盖仁者性静，敦厚如山，故得长寿善终。

仁者所以多寿考，盖其内得清净，外无贪欲，故得心平气和，不失中正；善取天地之气以养心怡性，故内不伤性，外不害物，不违天忤人，行止皆正，内外呈一派嘉和之气。或据颜子之夭责夫子为妄言欺世，殊不知有德者死而不朽，颜子身殁而其道不衰，故不朽也。人之身早晚必销亡，论寿之长短不过春秋数载，唯有德者万世长存，苟无德而戕害生灵，纵寿如东海之龟，又何益哉。自尧舜以至文王、武王，自后稷以至周公、召公，君臣皆以仁得寿，此乃“仁者寿”之证也。

试译：夫子说：“有智慧的人喜好水，有仁德的人喜好山。有智慧的人好动，有仁德的人好静。有智慧的人常乐，有仁德的人长寿。”

二十四

子曰:“齐一变,至于鲁;鲁一变,至于道。”

子曰:“齐一变,至于鲁;” “齐”,齐国。“鲁”,鲁国。“道”,周公礼乐之道。齐乃太公姜尚之封国,鲁乃周公长子伯禽之封国,当夫子之世,其域内贤圣遗风犹存。齐若有明君治国,导之以政,齐之以刑,政教必为之一变,变则同于鲁。鲁若有明君治国,导之以德,齐之以礼,政教必为之一变,变则合于周公礼乐之道。固知齐政教未若鲁,鲁政教则近于周公之道也。

昔姜尚与伯禽俱受封国,姜尚以尊贤、赏有功、许民以利为政措,于是义利并施,怀柔与明刑相辅,故齐治;今考太公之政,乃伯道(霸道)也。伯禽以亲亲、倡孝悌、先仁后义为政措,于是遵礼崇义,祭祀与仁政相辅,故鲁治;今考伯禽之政,乃德政也。是故太公霸迹,以开齐之武政,致使齐俗夸诈而急利;伯禽王迹,以开鲁之德政,致使鲁风笃实而好礼。固知太公之贤未若伯禽,则齐政未若鲁政矣。时齐武备虽强于鲁,然礼乐德政则逊鲁远矣。

“鲁一变,至于道。” “至于道”,谓鲁政合于周礼也。按夫子语,鲁政一变则合于周礼,以致民风朴厚,四民皆安,幼有所教,少有所养,老有所依;于是民人修六艺、述唐尧、知廉耻、讲礼义,则大同社会不远矣。考夫子语,齐之不如鲁者,非专谓鲁政之善,乃实言齐政之危也。昔鲁昭公逃齐亡晋,三桓专鲁,然鲁仍无危殆,乃鲁民知义明礼之故也;齐景公驷马千乘,身死则国危，终陈氏所谋篡，乃齐民不知义之故也。

试译：夫子说："齐国的政教一改革，就能达到鲁国的水平；鲁国政教一改革，就能达到先王的大道。"

二十五

子曰："觚不觚，觚哉！觚哉！"

"觚"，礼器（酒器），容二升，乃寡少之义，以示饮酒当寡少。按周制，乡饮酒礼以爵献酒、以觚酌酒，凡酒器总称爵：一升称爵，爵者尽也、足也，饮酒一升当知足；二升称觚，觚者寡也，饮酒至二升当寡少；三升称觯，觯者适也，饮酒至三升当自知适否；四升称角，角者触也，饮酒至四升如不能自适，易致罪过；五升称散，散者讪也，饮酒至五升则不能自节，故为人所谤讪。是故饮酒以二升为寡、三升为当、四升为违，五升为过，饮者必顾名思义，不可违也。

夫子该语有二解：一、时人多沉湎于酒，故用觚酌酒失度，虽名其为觚，已尽失其义也，故夫子借觚以叹之。今从此说。二、觚通柧，柧者，棱也，以其有棱角而名觚，乃记事学书之木简也，其削木而成，或六面，或八面，亦名简牍。夫子感慨时人不从觚之古制，易棱形而作圆形，遂失古觚之制。今不从此说。

考夫子语，实欲借觚以喻居位者为政失道，君非其君，臣非其臣，政去王道远矣。

试译：夫子说"觚已经失去了觚的意义，这怎么能称觚呀！

这怎么能称觚呀!”

二十六

宰我问曰:“仁者,虽告之曰:‘井有仁焉。’其从之也?”子曰:“何为其然也?君子可逝也,不可陷也;可欺也,不可罔也。”

宰我问曰:“仁者,虽告之曰:‘井有仁焉。’其从之也?” “井有仁”,有三解:一、仁通人,乃谓有人堕于井也。二、仁者以救人为仁,今有人堕井,则救人行仁必在井也,故称井有仁,欲入井而救之。三、或谓有仁人堕于井。仁人救难无偏,何不直言井有人,必言井有仁人?盖仁者能好人恶人,苟闻恶人堕井,必不往救矣,故宰我但言井有仁人,则闻者必救之。综此三说,第一第二说可互证,今从之;第三说迂曲,故不从。“也”通邪、与,乃疑问词。

宰我以成仁者必济人患难,故设问有人堕井,值此忧危之际,仁者可否从其入井而救之。考宰我救人之喻非无根之辞,自古侠义之士轻身济难者众矣,或全人而殒己,或人己俱殒,此皆入井救人之属。宰我欲以假设之问以观仁者心行之极限,盖仁者无所不爱,见人危难则必救,今闻人堕井岂能袖手旁观。固知宰我信道虽笃诚,然未解仁境也。

子曰:“何为其然也?” “其然”,如此也。按夫子语,君子何以如此行事。

“君子可逝也,不可陷也;” “可逝”,逝者,往也;可逝,即可使往救也。“陷”，陷害。君子虽可杀身成仁，然不当遭陷害而自投于井。

“可欺也，不可罔也。” “可欺也”，君子可遭人欺而往井视之。罔”，迷惑。仁者闻人堕井，于井上尚可救堕井者一命，苟从其入井则人我俱灭，又何谈救人，此愚蠢至极，仁者岂能为之。

试译：宰我问道：“有人告诉仁者说：‘有人掉入井中’，他会跟着跳入井中吗？”夫子说：“为什么要这样做呢？君子可以到井边探视，但不可遭陷害而入井；君子可以被欺骗，但不能被迷惑。”

二十七

子曰：“君子博学于文，约之以礼，亦可以弗畔矣夫！”

子曰：“君子博学于文，约之以礼，” “文”，六艺之文。“博学于文”，博学而通于《诗》《书》《礼》《乐》。“约”，约束而不违也。夫子尝言克己复礼，复者，乃返于礼也，其义通约。“礼”，履也，乃遵循履行也。学人博文已成，固当约文以礼，始于文而终于礼，故无所违也。

“亦可以弗畔矣夫！” “畔”通叛，即违逆。“弗畔”，乃不违于道、不逆于礼也。盖大道之行必依礼而见也，故循礼则顺道，忤礼则违道。

夫子以博、约为二事，以文、礼为二物，君子先博学以通文，复遵礼以约文，不浪文，不失节，文有所依而不离经，礼有所表而不叛道。苟博学而不循礼，则恣肆无体，故博学循礼方可入道，是以道为体而礼为用。

学人借文而入，固当博而精；依礼而约，固当敬而笃。故“博学于文”与格物致知同义，“约之以礼”与诚意、正心、修身同义。夫子重礼，所以终其一生言礼而不言理者，盖理寓于礼，故道亦在礼中，得礼乃得入道。

试译：夫子说：“君子应该广泛地学习文典，再用礼来约束自己，就可以不背离大道了！”

二十八

子见南子，子路不说。夫子矢之曰：“予所否者，天厌之！天厌之！”

子见南子， “南子”，乃卫灵公夫人，有淫行，深得灵公宠爱。夫子适卫，欲事卫灵公依礼而施仁政。

周无男女相见之礼，亦无觌礼，唯有交爵、飨献二礼。交爵者，即主人以酒爵敬客，客亦以酒爵回敬主人；飨献者，主人以酒食待客为飨，主人敬酒于客为献。非祭祀大典，国君夫人无由得见夫子，值卫祭祀之际，夫子为助祭，南子故得与夫子见，依礼而飨夫子。南子虽有淫行，然素有知人之明，今见夫子而敬之，实存荐用之心也。

子路不说。 “不说”，不悦也。子路所以不悦者，乃忧夫子大道之不张，而非疑南子有淫也。昔夫子周游列国，诸侯皆未用之，独南子有识人之明，意欲荐用夫子。子路深惋诸侯未若一女流，皆不识夫子大道，故不悦。

夫子矢之曰："予所否者，天厌之！天厌之！" "矢"有二解，一、誓也，即发誓。汉儒以子路不悦，故夫子指天为誓以为表白。今不从此说。二、指也，乃指天而矢陈天命，而非起誓也。今从此说。"否"有三解。一、否者，不也。所谓"天厌之"之"天"，乃南子也。夫子见子路不悦，特告以若拒不见南子，尤恐南子怒而生厌。然圣人岂以天喻女流南子，此臆测之辞，不可证经，故不从。二、否者，不合于礼也。夫子以重誓相告子路，我若不合于礼，上天将厌弃我。或说"否"者，乃行鄙陋之事，以南子有淫行，子路疑夫子淫乱，故不悦。此谬说悖离夫子仁心远矣，不可证经，故不从。三、否者，乃天地否塞之义。夫子以天命有否有泰，今我道不行，仁术不张，乃天命厌此乱世也，其非关人事。固知子路之不悦乃忧夫子大道不张，而非嗔怪夫子见南子也。今从此说。

盖师与弟子语，岂能设誓！夫子圣哲，安能动辄指天咒誓而违师礼，况子路事夫子既久，岂因见南子而不悦！故"夫子矢之曰"，即以手指天而告于子路也。夫子周游列国但为行道，非为求禄位也，今天命欲塞夫子大道，子路惑而不悦。夫子遂告以我道未能大行之因，乃天厌绝此乱世之故，以解其惑。

试译：夫子去见南子，子路不高兴。夫子用手指着天对子路说："我的道之所以否塞难行，是因上天厌绝这乱世的缘故！是因上天厌绝这乱世的缘故！"

二十九

子曰:"中庸之为德也,其至矣乎!民鲜久矣。"

子曰:"中庸之为德也," "中庸",中者,无过之亦无不及也,乃中和不偏之义;庸者,用也、常也,乃日常之所用也。按夫子语,用中乃常道也,故中庸之德亦称民德,是以君子立身处世,言常以信,行常以谨。

"其至矣乎!" "至",极也,即至极。中庸之德至广大,至平易,异于高深无测、玄玄无际之谈。夫喜怒哀乐乃人之常情,此情未发之际为中,发必有所节为守中,守中则知本,故能和,能和则达道,于是天地各居本位,万物皆得以化育。是以明中庸则知本明道,天地万物之本皆存乎百姓日用之中,然为民所不知,苟知之则内尽人性、外尽物性,以赞天地之化育,此即成己成物之德也,故夫子赞中庸为至德。

"民鲜久矣。" "鲜",罕也。中庸乃民之善道至道,时人罕能行之,或偶有能行者,惜乎未能持久。昔尧舜执政,有位有德,以中庸之道治民,于是天下大治,故中庸之道虽百王而无异也。昔颜子有德无位,唯以中庸之道内守,虽无用于万民,犹不失明道之功。当夫子时,礼乐崩摧,先王之道已废,且上无明天子,下无贤大夫,民人懵懂而无所效,欲效贤者则过之,欲惩戒不肖则有所不及,于是上下皆反中庸,夫子遂慨言"民鲜久矣"。

试译:夫子说:"中庸作为德,可以说是至极的了!但民众缺少这种德很久了。"

三十

子贡曰:"如有博施于民而能济众,何如?可谓仁乎?"子曰:"何事于仁,必也圣乎?尧舜其犹病诸!夫仁者,已欲立而立人,已欲达而达人。能近取譬,可谓仁之方也已。"

子贡曰:"如有博施于民而能济众," "博施",即广施恩惠。君上无私,功德广被万民、博施天下,则大同之治不远也,于是天下无不相亲,以致少有所养,老有所依,君子各得其用。"济众",乃渡济成全也,即拯救万民于患难之中。

"何如?可谓仁乎?" "仁",在天称元,故谓"一元复始,万象更新";在人称仁,人既为万物之灵,所藉者仁也,能仁则爱人。古以东方木喻春,木性调达,主仁,故万物得以生,是以能生万物之本者,仁也,即子贡所谓"博施"之本。子贡问夫子,以居位者博施济众之功,可谓仁乎?

子曰:"何事于仁," "事",为也。"按夫子语,居位者苟能博施济众,其功德何止于仁。

"必也圣乎?" "圣",无所不通谓之圣。夫圣人者,智慧圆融,无所疑滞,察天省地,通乎人伦,体天地阴阳刚柔之道,成己成物,达己达人。仁所以异于圣者,盖圣为全德,仁乃成就全德之过程中事,待仁道大成方成圣,故夫子以圣为至难也,然圣仁虽难,必由恕为入手功夫。

"尧舜其犹病诸!" "病诸",病者,难也,即不足也。按夫子语，论博施济众之功，尧舜尤嫌不足，当其时天发洪水，民受重灾而苦不堪言，以唐尧虞舜之德犹苦于难治，尚患力之不足，难济民于祸患之中。

夫仁者，己欲立而立人，己欲达而达人。 古人年十五志于学，三年通一经，至三十岁则《五经》六艺之学毕矣，于是己立。学人既以自立，虽不得其位，然已达己于道，苟得位则以道治世，遂达人于道；故《大学》以明德然后亲民，《中庸》以成己然后成物。夫子教子贡欲立己达己，当先思立人达人，故仁者博施，达者济众。圣王有治世之功，遂使老者五十岁可衣帛，七十岁可食肉，然断非不予少年衣帛食肉，盖力所不能及也，此正尧舜"病诸"之因也。

"能近取譬，可谓仁之方也已。" "譬"，喻也，乃以己设喻也，故称近。"方"，道也，即仁道。

君子能就近取譬，深知己所欲立、欲达者，于是量己之需以为量人之需，故能恕，恕则久必成仁。诸如己欲修德则助人修德，己欲存孝则助人立孝，己欲达于学则助人达于学，量己予他，是为行仁也。固知恕为仁之先，仁为圣之先。考子贡平生事功，鲜能修恕道，今虽有志于仁，恐有徒慕高远之嫌，且未识修仁之途，故夫子诲其由己而及人，藉恕道而入仁境，苟能全此行则去仁不远矣。

夫子未尝一日以圣仁自居，其评人以圣为第一，仁者次之，贤者复次之。考子贡所问，乃自宏达辽远处问仁；究夫子所答，乃自切身入手出言仁。且子贡误以仁为圣，夫子恐其徒慕博施济众之虚名而失其实，故正其名，别述圣仁，以资子贡识之。

试译：子贡说："如果有人对民众广施恩惠和救济，这人怎样？能称得上仁吗？”夫子说：“何止于仁呢？必定是圣人啊！尧舜恐怕也难做到吧！所谓仁者，自己想立身时也帮助别人立身；自己想通达时也帮助别人通达。能以自身为例来比喻，可以说是把握实践仁的方向了。”

論語正述·述而篇

一

子曰:“述而不作,信而好古,窃比于我老彭。”

子曰:“述而不作,” “述”,循也,乃循述旧章也。夫子述唐尧虞舜之道,法文王武王之政,更作《春秋》,即述义。“不作”,即不创造。凡议礼、制度、考文皆天子事,唯天子能为之,卿大夫、士不得僭礼而为之。昔周公辅政,作乐制礼,后还政于成王,乃代周天子而“作”也。

“信而好古,” “信”,不疑也。“古”,尧舜、文武之道皆录于典籍,遂统称古。学人于圣王古道、先哲典籍必多见多闻,择其善而从之,即信而好古也。

春秋末世,礼崩乐坏,夫子自知有德无位,故不敢创礼作乐,唯倡述之。夫子正《诗》《书》,定《礼》《乐》,赞《周易》,修《春秋》,述圣王之旧章,好先贤之古义,除此则未闻有所作也。今夫子自称“述而不作,信而好古”,乃谓《五经》之学、六艺之事也。

“窃比于我老彭。” “窃”,私也。“窃比”,乃夫子谦言,不肯明言自比老彭,故言窃比,以示敬意也。老彭者,殷人也,夫子祖上亦殷人,故以“我”与“老彭”并举,所以加“我”字,以示亲密也。“老彭”有三解:一、殷贤大夫,其人好述圣王古道,尝教大夫以政事,教士以官事,教庶民以技艺,且以中道施政,以身作则,教人以德行而非教人言辞。二、以“老彭”别为二人：“老”，周守藏史老聃，生于周，其所学所传皆殷学，实“好古”者也，夫子尝赴洛邑问礼于老聃。“彭”即尧之史官彭铿，亦称彭祖，其人未见经传，世传其有御女术。三、以老彭、彭祖、老聃同为一人。今从第一说。

夫子穷毕生精力集圣王之大成而折衷之，虽自谦“述而不作”，然其功德尤倍于“作”也。

试译：夫子说：“只传述旧章而不创造，相信并爱好圣王古道，我私下把自己和老彭相比吧。”

二

子曰：“默而识之，学而不厌，诲人不倦，何有于我哉？”

子曰：“默而识之，“默”，静也、寂也，即安静。读书之道，出声以识文，默声以识理。“识”音志，有二解：一、认也，即识别。默识者，乃默记于心也。二、知也，即心知。读书乃用心蓄德之学，而非出乎口、入乎耳之学。此二说可互证，盖默识为入学第一要义，苟能默则必识之，无待用力安排，天命自性皆识也。或以夫子“默而识之”，非默于言，实默于心也；默于心则言语道断，心行处灭，豁然契合之。此以禅释儒，恐非夫子本意，故不从。

“学而不厌，”“厌”，厌足也，即满足。夫子孜孜于《五经》六艺之学，年既老而其志不衰，因好学而忘年数之不足，未尝厌足于学问也。

“诲人不倦，” “诲人”，教人。“倦”，劳也、止也，因劳累而止也。按夫子语，传道解惑，教人以学，未尝因劳累而止也。

“何有于我哉？” 有二解：一、夫子以时人失此“默而识之，学而不厌，诲人不倦”之行，独夫子有之。二、除“默而识之，学而不厌，诲人不倦”之外，我再无他行。今从第二说。

学而不厌，乃求智也；诲人不倦，乃待人也。能智且仁，方为圣人，故夫子谦言“何有于我哉”，乃不敢以圣仁自居也。盖时人推崇夫子，以其道至深而不可测，夫子遂出此谦辞，以劝诱学人向道。

试译：夫子说：“默默地记住所学的知识，努力学习而不满足，教导别人而不知疲倦，除这三件事我就没有其他的言行了。”

三

子曰：“德之不修，学之不讲，闻义不能徙，不善不能改，是吾忧也。”

子曰：“德之不修，学之不讲，” “修”，饰也、治也，即修治。仁、义、礼、智、信乃五常之德，学人必时时勤修正之，则日新日明。“讲”，从言，即讲习。夫礼、乐、射、御四术，皆以讲习为传道之途，礼、乐固当诵之、歌之、弦之、舞之，故行礼、揖让、周旋皆因习而熟，射、御亦然。《学而篇》录夫子“学而时习之”“有朋自远方来”之语，皆君子与弟子讲习也。固知修德必依己力而行，德无行则不立；学问必讲而明之，学无师则不明。是故士之于礼乐,必由师传而成也,必躬身而行之。夫子忧学人德不修、学不讲,遂出斯言。

"闻义不能徙,不善不能改,是吾忧也。" "徙",移也。善治国者必教民远罪而迁善。

盖学人之为学如蝉蜕脱,循循于礼乐以治身,见善必乐而迁之;孜孜于义理以明心,闻义必徙而从之。苟知己有所不善则不吝改之,若无此力行则无可进德。考修、讲、徙、改四者,当以修为纲,以讲、徙、改为目,此夫子日常教学人之语,尤恐教术有失,故常以此四事为忧,亦引以为己责。

试译:夫子说:"德行不予以修治,学问不认真讲习,听到合乎义的事不能改变自己,有不良善的行为不能改正。这些是我所忧虑的啊!"

四

子之燕居,申申如也,夭夭如也。

子之燕居, "燕居",燕者,安也,燕居即安居。君子退朝独处为燕居,避人独处为闲居。今夫子燕居,乃退朝闲暇无事时。

申申如也, "申申"有二解:一、其容和舒,呈和谐舒展之貌。二、申束而自持也。君子敕身斋戒,固当自我约束严敕。今从第二说。

夭夭如也。 "夭夭",愉悦和舒之貌。夫子心自舒畅,故仪容气色和悦。

本节专录夫子闲居之气象。“申申”以言其敬,犹“望之俨然,乃夫子慎独之功;“夭夭”以言其和,犹“即之也温”,乃夫子通达之趣。固知圣人约己以严,待人以宽。

试译:夫子退朝闲居时,看上去庄重敬穆,愉悦舒畅。

五

子曰:“甚矣吾衰也!久矣吾不复梦见周公。”

“衰”,弱也、耗也,乃肌肤消弱、血气衰老也。“梦”,寐而有觉也,即入于睡眠位,于人事物皆有所示见。古以梦别为六者,即正梦、噩梦、思梦、寤梦、喜梦、惧梦,皆神所交而成。“周公”,乃文王第四子,武王同母胞弟,鲁侯伯禽之父。周公继文王、武王之德,制礼作乐,儒门尊其为元圣,采邑于周,故称周公。

夫子壮岁时久慕周公礼乐大道,日日孜孜以求之,故于梦寐之中得见周公,其笃志若斯,精诚所至,久之则道心坚固,道艺精纯。春秋末世,礼崩乐坏,哲人渐衰,夫子已渐老矣,故自叹其道不行,血气渐衰而丹心渐冷,则周公久不复入梦矣。固知唯存道心则无关乎老幼,若欲行大道者,非为人主,必为佐相,年老气衰者则难以承负。

试译:夫子说:“我衰老得好厉害啊!我很久没有再梦见周公了。”

六

子曰："志于道，据于德，依于仁，游于艺。"

子曰："志于道，" "志"，心之所向、意之所慕也。"道"，乃明德亲民之道，即大学之道。道存乎人伦日用之中，随时代而行，因世代而易，诸如古之牛车、今之电车，其体虽异，然其用一也，故与人相助相亲，是以道之用必亲民也。道之体虽不可目测，然可心领神会。

"据于德，" "据"，执守也。"德"，于道有所得于心，谓之德，别为至德、敏德、孝德。至德中和，覆盖天地而养育万物，故至德乃天地之德；敏德仁义，顺应四时之序，同于造化之功，故敏德乃四时之德；孝德顺悌，尊敬先祖、孝爱六亲，故孝德乃人伦之德。所谓"据于德"，乃谓君子择中庸而行，据善德而守，虽一善，必力行不辍且从无间断也。

"依于仁，" "依"，倚也，即不违。"依于仁"，乃亲仁也，即亲近于仁者而不违之。夫仁者，必私欲去而心得全，故功行天下而政惠四方，于是民皆依附之。

"游于艺。" "游"，游艺以冶情也。"艺"，六艺。兼谓以下六者：一、五礼，即吉、凶、宾、军、嘉；二、六乐，即云门、大咸、大韶、大夏、大濩、大武；三、五射，即白矢、参连、剡注、襄尺、井仪；四、五御：鸣和鸾、逐水曲、过君表、舞交衢、逐禽左；五、六书，即象形、会意、转注、指事、假借、形声；六、九数，即方田、粟米、差分、少广、商功、均输、方程、赢不足、旁要。

古以艺教万民而养国子,乃党正、州长、乡大夫之职,是以士有通于艺而未达道者,未有不通于艺而自言达于道者。当夫子时,世人多济乎时务,以致六艺之学渐微,故夫子特言道、德、仁、艺四者,以教学人进德修业之法。志道,则心存正道而无失;据德,则盛德于心而不失;依仁,则德性不为物欲所伤;游艺,则愉情有悦于身心。此乃学人入道之次第,借此可渐入圣境。

试译:夫子说:"立志于道,坚守于德,亲近于仁,游冶于六艺。"

七

子曰:"自行束脩以上,吾未尝无诲焉。"

子曰:"自行束脩以上。" "脩"通修。"束脩"有三解:一、古以十条干肉为十脡,束干肉十脡谓之束脩。凡学子逾十五岁拜谒师门,必奉束脩之礼,若吝而不奉斯礼者,虽千里万里而来,亦失其诚,故不教也。二、学童于成人之际,束带修饰以见外傅(师)。三、君子约束其心以律己,故能束脩安贫,恭俭守善。今从第三说。

"自行",自发也。"以上",以求上进于道。今以"束脩"为约束律己,则所学日进日新,乃与"自行""以上"之义相合也,若以"束脩"为干肉条,则辞气未合于"自行""以上",若以"以上"为奉礼,则视己于弟子之上,固非圣人心意。下篇有互乡童子欲求上进，谒见夫子时未献束脩之礼，夫子亦诲之。若言夫子以束脩为礼，因馈礼而设教，则曲解圣意远也。

"吾未尝无诲焉。" "无诲"，无悔也。君子欲无咎，当存悔省之心，于日常戒慎省察，常怀悔意，日久必无犯于礼、无伤于道。圣人欲教学人修身进学之道，故自谓"吾未尝无悔焉"，实恐学人误以能行束脩之道而无悔，特儆学人自律严谨，奉礼而行。

试译：夫子说："自行约束律己以求上进于道，我未尝不怀有戒慎悔省之心而严谨自律的。"

八

子曰："不愤不启，不悱不发。举一隅不以三隅反，则不复也。"

子曰："不愤不启，不悱不发。" "愤"，懑也。学人心求通于大道而未得，故郁结于胸，以致疑而困，困而愤，必也仰思俯察，疑其情而伤其神，愤愤然郁结于中而难以排遣，废寝忘食。"启"，教也，即开启。"悱"，怅也，即心中忧思惆怅，欲言而又无从言也。"发"，启其所不未明处，即启发也。盖夫子每与学人语，必谛观审察之，待其欲得未得、欲明未明、欲罢不能之际，启而发之，以使其洞然豁然。

"举一隅不以三隅反，则不复也。" "隅"，方也，物有四方，亦称四隅。先得其一隅，再合以三隅，以成四隅，即举一隅而三隅反之也。"反"，反而思之，还以相证也。君子立身行事，有法则依法，无法则旁参同类，苟知其本则末尽识之，诸事虽异，然其理一也。是以圣人言简意赅，多以喻言而待学人自证，其文虽约，然其义无穷。

为师者于弟子初发问之际，不宜直言相告，苟告之，遂使弟子尽失举一反三之功，如此则师虽勤而无功，实学人之大不幸也。故善为师者，必待学人于心愤口悱之际，虽功力至极，仍不得其义，值此时机既熟，师启而发之，使其茅塞顿开。固知专心致志于道，乃学人必由之途。

试译：夫子说："不达到冥思苦想而不得其解的时候，我不启发他。不达到忧思惆怅、欲言而又无从言的时候，我不启发他。举示一隅，不能反证其余三隅的人，我就不再教他了。"

九

子食于有丧者之侧，未尝饱也。

"有丧者"，即居丧者。"未尝"，非偶然也，乃常如此也。"未尝饱也"，此古礼也，吊丧者于有丧者之侧不当饱食。

每值丧礼，居丧者必心怀哀戚，故吊丧者食不甘味，以助悼念之情，以示哀戚之思。若吊丧者于居丧者之侧饱食畅饮，是人必无恻隐之心，何以为儒门中人，又何以学圣人大道。春秋末世，时人多悖礼，居丧者、吊丧者亦多违制，故夫子欲正时风而行此古礼，于居丧者之侧持"未尝饱"之古礼，门人以录之。

试译：夫子在办丧事的人旁吃饭，从来没有吃饱过。

十

子于是日哭，则不歌。

“是日”，当日也。“哭”，哀声也。古以大声为哭，细声流涕为泣，君子每行吊丧礼，必哀事而哭也。“歌”，咏也，歌咏而弦之，人声与乐声相和，谓之歌。

昔者大夫、士日以琴瑟为歌不辍，以咏志也，非灾厄病痛、凭吊丧礼则不可止也，故有“哭日不歌”“吊于人，是日不乐”之说。君子吊丧而哭，于一日内当保持哀思，不得哭于前而乐于后，若当日已歌，复闻他人之丧而吊之，可哭之。学人能识圣人仁心，方可入道。

试译：夫子在吊丧之日哭过，就不再歌唱。

十一

子谓颜渊曰：“用之则行，舍之则藏，惟我与尔有是夫！”子路曰：“子行三军，则谁与？”子曰：“暴虎冯河，死而无悔者，吾不与也。必也临事而惧，好谋而成者也。”

子谓颜渊曰：“用之则行，舍之则藏，” “用”，可施行也，即出仕。“行”，庙堂上为行，庙堂下为步。士从政于庙堂之上，其道方可大行于世。“舍”，废也。有德居位者遭罢废，谓之舍。

“藏”，匿也，即藏匿。

夫子所谓“行”“藏”，乃谓行道也，即以文教、礼教化民。所谓“用之则行，舍之则藏”，乃谓君子行止无违，能行则行，当止则止，仕则恩泽加被于万民，不仕则洁身自好、修德养性，虽处江湖之远亦不失义，固知行藏之道，非乐天知命者则无以臻此境。

“惟我与尔有是夫！” 乃夫子自谓也，唯其与颜子能臻用舍随遇、行藏皆宜之境。

子路曰：“子行三军，则谁与？” “三军”，古以一万二千五百人为一军，天子设六军，为七万五千人；大诸侯国设三军，为三万七千五百人；中诸侯国设二军，为二万五千人；小诸侯国设一军，为一万二千五百人。“与”，从也、助也，即相从以助之。子路所谓三军者，乃大诸侯国也。凡孔门弟子皆怀用世之志，子路闻夫子独许颜子，自以治军有勇，故假问夫子若为三军之将，行摄三军之事，必使己相从于军，欲以己之所能得夫子之嘉许，以示不逊于颜子也。

子曰：“暴虎冯河，死而无悔者，吾不与也。” “暴虎”，徒手搏虎也。“冯河”，徒足涉河也。按夫子语，粗勇无谋者，但知逞匹夫之勇而至死不悔，徒失性命而于事无补，故不与斯人为伍也。夫子设喻以儆子路，非谓子路实如此莽俗也。

“必也临事而惧，” “惧”，敬畏。君子知惧则敬，能敬则诚，存诚则忠，忠则无二心，此乃人臣之本分也。夫子慎战，故倡“临事而惧”。

“好谋而成者也。” “好谋”，善谋也，君子虑在事先，善谋则万难解矣。“成”，决断也。盖人之无决则无成，以致善谋而不能果断,故君子善谋而能决断,不战则已,战则必克,克则事功成也。然君子善谋必据于仁,其旨但为公,无仁之谋乃小人之谋也,其旨但为私。

盖文功武备之事,仁主文谋,武主勇谋,备主事谋,仁不立则文事无纲,武不立则勇力不张,备不足则百事不成。固知仁乃谋之本,能仁之谋则武事立,武事立则有勇,有勇固当备足,故行军之道谋为关键,仁为根本。圣人以行军之道必善谋而能决,非好勇者可为也,今特教子路谋以制勇,敬而成事,乃因材而施教也。夫子达则为公,退则无私,行不贪禄位,藏非为独善,惟颜子可臻此境。子路该问亦非为私心而问也,故夫子因其失而诲之。

试译:夫子对颜渊说:“有任用我的,就出仕行道;不能任用我的,就将此道收藏好。只有我和你能这样了。”子路说:“您倘若统帅三军,将让谁相从呢?”夫子说:“空手打虎,赤脚渡河,死了也不知后悔的人,我是不会让他相从的。我要的一定是遇事谨慎小心,善于谋划且能做决断的人。”

十二

子曰:“富而可求也,虽执鞭之士,吾亦为之。如不可求,从吾所好。”

子曰:“富而可求也,虽执鞭之士,吾亦为之。”“富”,乃五福之一。夏、殷、周三代以上,士由仕而得禄,官尊则禄厚,是故求富即求干禄。“而”,如也,通乎“若”“如果”。“鞭”,驱也,引申为官刑。“执鞭之士”,即专司刑法之下士,乃贱职也。

盖富贵因学而致,因德而获,是以古之有德者皆欲有位,有位则有禄,内可安身,外可治世。夫子虽饱学,亦尝为委吏、乘田之卑职,此职同于执鞭之下士也。固知其政由道,其职虽贱亦为之;若其政不由道,其禄虽厚亦辞之。

“如不可求,从吾所好。” “所好”,夫子所好者,乃崇尧舜德政、尊周公礼乐也。“不可求”,不可仕也。鲁定公五年(前505),季氏专权,陪臣执政,是年阳虎囚季桓子,鲁自大夫以下皆悖离正道,故夫子不仕,退修《诗》《书》《礼》《乐》,此诚夫子所谓“如不可求,从吾所好”也。

夫子平生未尝着意于富贵,亦非恶富贵而不求也,然夫子求与不求,皆以合义为务,合则求之,不合则去之,命在天而择在我,故圣人于富贵无固无意,必审其可或不可,然后择之。苟不义之富贵,必弃之如敝履,非其恶富贵也,乃恶富贵不以其道而得之也。

试译:夫子说:“富贵如果可以求得的话,即使拿鞭子的差役,我也愿意做。如果不可求,还是从事我的喜好吧!”

十三

子之所慎:齐、战、疾。

“慎”,谨也,即不可轻视也。“齐”,斋也,读齐,乃动词,即恭敬戒洁也。君子将祭必齐,于祭前七日不交合、不闻乐、不凭吊，谓之散齐；散齐者，以为清心洁身、安志定虑也。祭前三日居于斋室，沐浴改服，不事不荤，谓之致齐；致齐者，以为静志虚心、诚志涤虑也。夫齐者，心得齐则容庄敬，志得齐则意敬肃，言得齐则辞信听，行得齐则动和易，于是心志不散，邪祟不侵，淫乐不受，嗜欲杜绝，此至诚之至也，以感交神明。

“战”，战争。战者，关乎民之生死，国之存亡，故君子慎战，乃能好谋而能断，临战而知惧，于是战无不克。“疾”，疾病。疾病关乎人之存亡，故君子慎疾以守身，身在则益于成道，是以人之有疾，固当善养。

考圣人所慎者，何止于此三者，实则无所不慎也，孔门弟子乃择其大者以录之。

试译：夫子日常慎重对待的事情是：斋戒、战争、疾病。

十四

子在齐闻《韶》，三月不知肉味，曰：“不图为乐之至于斯也。”

子在齐闻《韶》，三月不知肉味。 夫子年三十五，时鲁内乱，鲁昭公去鲁奔齐，夫子亦适齐，尝与齐太师语乐，且闻习《韶》乐，翌年自齐返鲁。

“味”，滋味。夫子于齐闻习《韶》乐之盛妙，遂发愤忘食，乐以忘怀，一心于斯而忘乎他事，以致三月不知肉味，足见其诚之至、感之深也。然夫子于鲁亦必闻《韶》乐，今所未闻者，乃齐太师所奏之《韶》乐也，既逢之，故乐矣。

曰："不图为乐之至于斯也。" "图"，预料。"不图"，《韶》乐之美非计度所及，夫子未料斯乐如此盛妙，故谓之不图。昔吴公子季札闻《韶》，尝慨言"德之至也，大矣"，固知《韶》乐至善至美也。

试译：夫子在齐国听习《韶》乐后，三个月尝不出肉味，他说："真没想到，《韶》乐的美竟达到如此高妙的境界啊！"

十五

冉有曰："夫子为卫君乎？"子贡曰："诺。吾将问之。"入，曰："伯夷、叔齐何人也？"曰："古之贤人也。"曰："怨乎？"曰："求仁而得仁，又何怨？"出，曰："夫子不为也。"

冉有曰："夫子为卫君乎？" "为"，去声，助也，即辅助。"卫君"，姬姓，卫氏，名辄，即卫出公辄，乃卫灵公之孙、卫后庄公之子，卫第二十九代国君。卫灵公三十九年(前496)，太子蒯聩(卫出公之父)与卫灵公夫人南子有恶，欲弑南子事败，蒯聩逃寄居于晋赵氏。灵公薨，南子欲立公子郢，公子郢礼让蒯聩之子辄继位。时赵简子欲送蒯聩返卫为卫君，卫出公辄发兵拒父于国门外，蒯聩不得入卫，遂致卫陷于动乱，自此国力日衰。

按周制，诸侯之子薨当立孙，蒯聩负罪逃于外，已自绝于卫，卫出公辄受王命而立，亦合乎礼，故卫臣民安之、大国助之。时夫子适卫，冉有疑夫子辅卫出公，故问。该问当在鲁哀公六年(前489)，是年夫子自楚返卫。

子贡曰："诺。吾将问之。" "诺"，应也，即应答。子贡自谓欲代冉有问于夫子。

入，曰："伯夷、叔齐何人也？"曰："古之贤人也。" 昔孤竹国君年将老，欲让位于叔齐。及父卒，叔齐让国于伯夷，伯夷不受，故遁于野，叔齐亦随伯夷隐去。国人遂立其子，伯夷、叔齐不食周粟，终饿死于首阳山。叔齐敬其兄，伯夷顺其亲，二人让国而不争，其孝悌忠义之节可谓得仁矣。

子贡何以引伯夷、叔齐问于夫子？盖卫出公受卫灵公之命而辞父命，叔齐亦受王命而让位于伯夷，此二人相较，则卫出公之不仁见矣。凡君子居于他邦，不非议其君与大夫，今子贡引二子为问，一者欲明蒯聩、辄父子之是非曲直，二者欲闻夫子是否仕卫。夫子以伯夷、叔齐皆贤德者为答，其言隐而意殷，固知夫子不欲助卫出公敌父也。

曰："怨乎？"曰："求仁而得仁，又何怨？" "怨"，恚恨也。子贡以夷、齐让国而隐，终饿死首阳，恐二子皆不能免怨，故问于夫子。伯夷以父命为尊，叔齐以孝悌为本，故夫子以二子让国实出于至诚，不为求仁而仁自得，既各遂其愿，岂有怨。

出，曰："夫子不为也。" 蒯聩、辄父子争国，违礼亦违人伦，实恶行也。子贡闻夫子语，遂明夫子无意仕卫出公，故出而曰"夫子不为也"。

试译：冉有问子贡："夫子会辅助卫出公吗？"子贡说："嗯，我将去问问他。"子贡入堂问夫子："伯夷、叔齐是怎样的人？"夫子说："他们是古代的贤人啊！"子贡说："他们心中有怨悔吗？"夫子说："他俩求仁而得到了仁，又有什么可怨悔的呢？"子贡出来对冉有说："夫子不会辅助卫出公的。"

十六

子曰:“饭疏食饮水,曲肱而枕之,乐亦在其中矣。不义而富且贵,于我如浮云。”

子曰:“饭疏食饮水,曲肱而枕之,” “饭”,食也,动词,即食用。“疏”,粗也,即粝米,亦称糙米,乃粗粝之食。《论语》凡三言“疏食”皆粝米也,兼谓稷米(高粱)。或以“疏食”作“菜食”,考《论语·乡党》录有“虽疏食菜羹”一语,乃以疏食与菜羹相对言,是故今不以疏食为菜食。“肱”,自肘至肩也,即上臂。“枕”,枕首而卧也。

“乐亦在其中矣。” 君子处贫贱而无所欲,无所欲必无所得,无所得必无所失,于是不患得患失,豁然无所挂碍,故自得其乐。盖成道者穷达皆乐,然穷达本无可乐,其所乐者道也,故君子穷达皆安,于是穷不萎靡,达不奢靡。苟明道,则其乐无所不在,疏水曲肱安能改其乐。

“不义而富且贵,于我如浮云。” “浮”,泛也,即散漫漂浮之状。“云”,浮于山川之云气。按夫子语,苟不义而得富贵,于我犹浮散于山川之云气,安能视为己有。固知富贵虽好,然不以其道得之,则君子不为也。

试译:夫子说:“吃着糙饭,喝着白水,弯着臂膊当枕头用,乐趣也就在这里了。不义而获得的财富和权贵,对我来说,犹如山川间浮动的云气。”

十七

子曰:“加我数年,五十以学《易》,可以无大过矣。”

子曰:“加我数年,五十以学《易》” “加”,增也。“加我数年”,即增我数年。“以”,学也。“以学易”,即依《易》而学。

昔夫子年四十三,时季氏专鲁,阳货作乱,夫子自齐返鲁,退修《诗》《书》《礼》《乐》,夫子欲待斯事竟,年五十以学《易》,遂言“加我数年,五十以学《易》,可以无大过矣”。《易》于周初独藏于周王室、鲁太史,非周大夫、鲁大夫则无以观之,按周制,年未满五十则不得为大夫,且《易》道广大,当足时以研习,夫子年五十三为大夫,继而周游列国,故未得暇学之。是故本节录夫子语,该年未满五十也。

夫子暮年返鲁,赞《易》既竟,继述前言,复云“假我数年,若是,我于《易》则彬彬矣”。彬彬者,无过之亦无不及,即中道也,与“从心所欲不踰矩”同义,夫子暮年语“我于《易》则彬彬矣”云云,乃谓学人学《易》可及中道也。

“可以无大过矣。” “过”,违中道则过也,非谓违礼。《易》之道有三:不易、简易、变易。夫变易者,变通不舍中道也,学人藉此入道,可权通达变,故无大过。学《易》之旨有二:一者为学圣人。盖有天地乃有《易》,故天地之道尽在《易》,圣人求诸《易》而尽得天理。二者为通权达变,趋吉避凶,盖学《易》能识吉凶消长之理,能通进退存亡之道。静观其象而玩其辞,故能知理,此致知之学也;动观其变而玩其占,故能趋吉,此知命之学也。苟如此则必得天佑,少悔少咎,遂无大过也。

试译:夫子说:"给我增加几年寿命,让我五十岁来学习《易》,便可以不犯大过错了。"

十八

子所雅言,《诗》《书》、执礼,皆雅言也。

"所",乃日常所用也。"雅言",正言,乃周初国语。读先王法典,必用雅音,音正则义全,故不可违也。夫子为鲁人,素日必持鲁方言,唯诵《诗》、读《书》、执礼、读《易》必以雅言,于是上承先王之圣典,下戒后学之流弊。本节所录独不言《乐》,盖《乐》寓于《诗》《礼》之中,故不独言之。

中国统四海而御五方。四海者,夷狄蛮戎也;五方者,东南西北中也。夫四海俗异,五方言殊,故圣王调达人情统一道术,言辞协调以为宪法。然天下风物不一,不可强其为一,或有言同声异者,或有意同言异者,故周公著《尔雅》一篇。尔者昵也,与"近"同义;雅者义也,与"正"同义;周公欲以雅言而使法典读音相近,故诸侯皆以《尔雅》之音为正。《诗》有《风》《雅》之别,京都音正,故称《雅》,列国音不正,故称《风》。周初定都镐京,天下皆以西都语音为正音,自周平王东迁洛邑,时西都正音尚存,故周平王继用西都雅言以正天下,又录东都洛邑之《诗》入于《风》。

“执礼”有二解：一、礼虽有读诵之需，然执礼当务行，故不言诵。执礼者，即躬身恪行，而非口诵也。今不从此说。二、执者，司掌也，夫执礼者，乃专司《礼书》以治人者，即以雅言诏告礼事。昔者学子学礼行礼，诏赞者以雅言宣唱校呼，以使无错。今从第二说。

试译：夫子平日用国语，他读《诗》、诵《书》、诏告礼事时，皆用国语。

十九

叶公问孔子于子路，子路不对。子曰：“女奚不曰：其为人也，发愤忘食，乐以忘忧，不知老之将至云尔。”

叶公问孔子于子路，子路不对。 “叶公”，叶音shè，姓沈，名诸梁，字子高，食采于叶邑，故僭称公。楚先王非周天子所封，乃僭称王也，楚臣及其守邑大夫皆僭称公。春秋末世，楚盛周衰，楚欲争霸天下，屯军筑城于楚北，叶城位于楚北，乃武备之城，故称万城、方城。或以叶公为叶城县尹，非食邑于此，然则其既为县尹而以公称，亦僭称也。“不对”，未知所以答，故不对。

叶公乃楚之良臣，尝平白公之乱，素以贤德闻于世。以叶公之德问于子路，必知礼敬夫子也。然圣道高妙，以子路之才难以言状，故无以对，固非叶公不解夫子大道而多有失礼，以致子路不答。

子曰:"女奚不曰:其为人也,发愤忘食,乐以忘忧,不知老之将至云尔。" "发奋忘食",即好学不厌以致忘食,时尚未得道也。"乐以忘忧",即乐道不忧贫,时已得道也。"老",齐景公薨,翌年,夫子自蔡至叶城,时夫子年约六十三四,故称老。"不知老之将至",夫子自谓勤学乐道,故忘身之将老。"云",如此。"尔"通耳,即罢了。"云尔",即如此而已。

试译:叶公向子路打听夫子是怎样的一个人,子路不知该如何回答。夫子说:"你怎么不说:'他的为人呀,发奋读书时竟忘了吃饭,心感快乐时竟忘了忧愁,感觉不到衰老将要到来,如此而已。'"

二十

子曰:"我非生而知之者,好古,敏以求之者也。"

子曰:"我非生而知之者," 盖生而知之者,其人自清自明,智慧通透,于经义即闻即彻,毫无滞碍,不待学而能知也。今夫子自谓"我非生而知之者",意在劝学也。

"好古,敏以求之者也。" "好古",喜好礼乐之道。"敏",疾也,引申为勤奋。夫子自谓于圣王礼乐之道未尝不勉力勤学,有进而无退。

夫子既为生而知之者,故孔门特以生而知之为最上乘。然则经义天理虽可生而知之,礼乐典故、天文地理必学而知之,夫子恐学人自恃聪明而惰于学,故谦称我亦由学而知之。

试译:夫子说:“我并非是生来就明道的人,而是喜好礼乐之道,勤奋求学得来的啊。”

二十一

子不语:怪、力、乱、神。

“语”,答述,即与人说。“不语”,不与人辩诘,亦不通答人之所问,而非不言语也。“怪”,异也。凡木、石、水、土皆精怪之属,山崩、地震、海啸、日食皆灾变之属,非怪异也。

“力”,暴力。诸如羿善射、奡荡舟、乌获力举千钧,皆力者。“乱”,民悖德为乱,诸如臣弑君、子弑父,皆乱也。“神”,鬼神之事。

怪力者其理不正,乱神者其神不正,故圣人不语之。昔南宫适尝问羿、奡,卫灵公尝问陈(阵),孔文子尝问攻(兵),夫子皆不答。苟语之,易使人信外力而迷人道,且无益于教化,是以君子语常道不语怪异,语仁德不语暴力,语礼义不语悖乱,语人伦不语鬼神。昔夫子于《春秋》亦录灾异、篡逆、战伐之事,其旨但为训诫世人能识乱臣贼子而惧之,乃不得已而为也。夫子所以不语怪力乱神者,乃欲深诫居位者,固当力修德政,依礼治国。

试译:夫子不谈怪异、暴力、悖乱、鬼神这四类事情。

二十二

子曰:“三人行,必有我师焉。择其善者而从之,其不善者而改之。”

子曰:“三人行,必有我师焉。” “三人”,乃形容众多之辞,即多人。“行”,行于道路,乃谓途中遇同行者。“师”,尊称,是人道德、学问、言行堪为他人楷模,可为师也。

“择其善者而从之,其不善者而改之。” 有二解:一、我与二人同行,彼二者一善一恶,我则以善者为师,以恶者为镜,从善而戒恶。私以为此说义未确,盖三人同行,必有可为师者,人有一善当从其一善,人有一恶则省其一恶,此即学无常师也,何必逆料此二人中必有一至德者为师,必有一不德者为镜。盖全德者、全恶者皆世无常有,故不当求全善备于一人,亦不当求全恶责于一人,此说有违圣人中道,故不从之。二、我与人同行,择善者以效之,择不善者引以为戒且改之,故学无常师。今从此说。

春秋末世,风俗轻薄,道德之学不振,鲜有尊崇圣贤者。夫子欲奖劝学人尊师向道,以振学风,遂出此言。

试译:夫子说:“与人同行,其中一定有我的老师。选择他们的长处去学习,用他们的缺点为借鉴并改正自己。”

二十三

子曰:“天生德于予,桓魋其如予何?”

子曰:"天生德于予," 人之德性、智愚皆天生,夫子四十不惑,五十知天命,自知己德乃奉天命,故自谓"天生德于予"。

"桓魋其如予何?" "桓魋",宋司马向魋,乃宋桓公之后,亦称桓氏。昔夫子去曹适宋,与众弟子习礼于大树下,宋司马桓魋欲杀夫子,遂使人伐其树。众弟子恐夫子遭不测,力劝夫子速去,夫子据天道福善之理,以解诸弟子之忧惧,乃出斯语。

夫子之圣性既为天授,其德同于尧舜而合于天地,故必受天佑,虽暂遭困厄,然无损于圣性一毫,桓魋焉能违天而加害于夫子。

试译:夫子说:"上天将德行赋予了我,桓魋能把我怎么样呢?"

二十四

子曰:"二三子以我为隐乎?吾无隐乎尔。吾无行而不与二三子者,是丘也。"

子曰:"二三子以我为隐乎?吾无隐乎尔。" "二三子",夫子直呼诸弟子。"隐",蔽也,即隐匿。"乎尔",乃齐鲁语气词。圣人智慧广大,道德高深,诸弟子久学而未能及也,然夫子重言教身教,其行、止、语、默无不示学人以中道,于身外则无法可教可循。诸弟子未明道在日用,误以夫子匿高妙之法而未示于人,故夫子自谓无所隐匿以儆之。

夫子因材施教,然久学而未明者,亦不教也,正所谓"中人以下，不可语上”。诸弟子久事夫子而未悟其旨，遂疑夫子大道深隐莫测，夫子答以“无隐”，每有所教，无不与“二三子”共学之习之。盖夫子之道，才智低下者力行而未能及，才气高迈者亦不能得其全，若误以夫子有所隐匿，实违夫子之教也。

“吾无行而不与二三子者，是丘也。” “行”，所行之事。“与”，示也，即垂示。圣道无隐，犹皓月朗然于霄汉，唯乌云自遮，固知圣道何尝不昭示于世人，奈何世人愚而不察。况圣人身体力行以示其道，众弟子希冀圣人以言辞明宣圣道，殊不知言语得来终是浅，躬身勤行乃吾师，圣人语“无隐”以戒弟子勿慕高远，示大道尽在日常行持之中。

试译：夫子说：“各位弟子以为我对你们有什么隐瞒吗？我对你们没有什么可隐瞒的。我没有什么不让你们知道的，这就是我孔丘啊。”

二十五

子以四教：文、行、忠、信。

“文”，文学，乃《诗》《书》《礼》《乐》诸典籍文献也。学子依文而学，以考圣王之成法，能识事理之当然，以致博学、审问、慎思、明辨，遂成文教之功。“行”，躬行，即孝悌恭慕诸善行。“忠”，内尽其心而不欺也，故政事主忠。“信”，不疑也；学人于己于人皆不疑，且言者必行，纤毫不爽，故言语主信。苟能忠信则不虚文，不浪行，唯忠信者方可学礼。上述四教，乃儒门教示成人之法，而非教成童启蒙之法。

夫子所谓文、行、忠、信四教，以文为先，以行为重。学人博之以文，行则不野；笃之以忠，信则不史。是以文以发蒙，行以成德，忠以立节，信以全终。

试译：夫子以四个方面教人：一是《诗》《书》《礼》《乐》等典籍文献，二是躬行实践，三是忠心不欺，四是诚信不疑。

二十六

子曰："圣人，吾不得而见之矣；得见君子者，斯可矣。"子曰："善人，吾不得而见之矣；得见有恒者，斯可矣。亡而为有，虚而为盈，约而为泰，难乎有恒矣。"

子曰："圣人，吾不得而见之矣；得见君子者，斯可矣。""圣人"，乃得悟大道者，其人道德完备，智慧通达，知本应变，通乎众物之性，达乎万有之情，有成己成物之功，以致神明难测，故谓之圣人。"君子"，乃才德出众者，其人言行守中，然未达安愉之境；其智虑执中，然未达缜密之功。故温良敦厚之君子未达圣人之境，此圣人与君子之别也。考夫子语，乃慨言世无明君也，惜乎尧、舜、文、武王、周公诸圣不复得见，故退而求其次，苟得见君子亦知足矣。

子曰："善人，吾不得而见之矣；" "善人"，亦称吉士，乃致力于仁而无恶者。然则善人虽善，然未履圣人之行迹，未入圣人之门庭，故善人之学次于君子之学。

“得见有恒者，斯可矣。” “恒”，常也，即恒心。“有恒者”，是人恒久于仁道，日久不二其心，亦不退初心，故有恒者必笃实而无虚夸，能以常心而久于学。夫子尝于川上兴“水哉、水哉”之叹，盖水德笃实而不舍昼夜，汇涓流而入大流，故初学当效水德，但求小德小善，孜孜于学问既久则功德俱果。夫子感慨善人亦不可得见，苟得见斯人，亦足矣。

本节复录“子曰”，足见此非一时一处之言也。学问之道由初学而至圣人，必历有恒者、善人、君子、圣人四境。学人于学，恒久不退初心，借勤学而成无恶之善人；善人虽未得入圣人门庭，然去博文通礼之君子不远也，苟能力行于学问而不辍，终成文质彬彬之君子；复由君子位孜孜以求仁，执守中庸之德，日久方臻圣境，终成智慧通达、功德圆满之圣人。自有恒者以至于圣人，其高下固然悬殊，然未经“有恒”则无以达圣境。固知圣人乃借学而悟入大道者，君子乃借学而力行中道者，善人乃崇仁而无恶者，有恒者乃闻仁而勤学不辍者。是以君子、小人之别当在“有恒”与“无恒”。君子有恒，则德行日进日新；小人无恒，则德行日销日亡。今夫子所谓圣人、君子、善人、有恒者，乃谓天子、诸侯、卿大夫也，时上无明天子，下无贤方伯，夫子退而求其次，以尧、舜、文、武王、周公诸圣虽不复得见，若得见恪守中道之君子亦足矣，崇仁慕德之善人虽不得见，若得见笃实守常之有恒者亦足矣。

“亡而为有，虚而为盈，约而为泰，难乎有恒矣。” “亡”，无也。“虚”，空也，即空虚。“盈”，满也，即盈满。“约”，困约。“泰”，即安泰。

夫子以“亡”“虚”“约”为不好学者之三病，是人无而伪作有，虚而伪作实，困约伪作泰，此皆虚夸不实、狭隘虚伪之病，其人既不能有恒,岂识圣人途径,岂入圣人门庭?

试译:夫子说:“圣人,我是看不到的了;我如果能看到君子,也就可以了。”夫子又说:“善人,我是看不到的了;我如果能看到有恒笃实的人,也就可以了。没有却装作有,空虚却装作满足,困顿却装作安泰,这样的人就难得有恒心了。”

二十七

子钓而不纲,弋不射宿。

子钓而不纲。 “钓”,以丝系铁钩于竿首,以钓水中之鱼。“纲”有二解:一、维紘绳也,以成组之绳编系捕鱼之网。二、大纲也,乃以大绳索横跨河流,悬列多钩,以获多鱼。今从第二说。

弋不射宿。 “弋”,缴射飞鸟也,乃以系有生丝之箭射擒飞鸟。盖宿鸟栖止于巢,或孵卵育雏,或眠而无卫,故仁者不忍擒之。

春秋末世,天子、诸侯于大祭之前必亲率宾客以狩,以躬身所猎获者,不拘多少以示敬于神祇,乃贵礼不贵财也。夫子为大夫,尝随鲁君狩猎,然钓而不纲,弋不射宿,以示仁心也。或以夫子年少孤贫,或为糊口自养,或为求祭品,不得已而钓弋,故夫子钓而不纲,亦不射杀归巢宿鸟,固知圣人仁心天成,其待物尚且如此,则待人可知矣。此亦可备一说。

试译:夫子用鱼竿钓鱼,但不用悬系多个铁钩的大绳索捕鱼;用系有生丝的箭射飞鸟,但不射在巢中栖息的鸟。

二十八

子曰："盖有不知而作之者，我无是也。多闻，择其善者而从之，多见而识之，知之次也。"

子曰："盖有不知而作之者，我无是也。" "作"，述解，即创立己说。"不知"，不解其义也。"不知而作"，时人于圣王经典不知其义而妄作述解。"无是"，无此事。盖为学者苟无正见则必不能述作，所见所闻不广，亦不能择善而从之，于是篡改圣典，违道失义，此皆"不知而作"之病也。值春秋末世，时人未解圣义，妄以私意附会典章，虽有所述解而失实，故夫子出此儆语。

"多闻，择其善者而从之，多见而识之，知之次也。" "闻"，闻远事。"见"，目见眼前之事。"识"音志，记也，乃记善恶之事以存之。"次"，近也，即次之。

昔者夫子修《春秋》，皆所见所闻，无一事为不知而作也。《春秋》凡录十二世，其别为三等：有见，有闻，有传闻。有见为三世（鲁哀公、定公、昭公，计六十一年），有闻为四世（鲁襄公、成公、文公、宣公，计八十五年），有所闻为五世（鲁僖公、闵公、庄公、桓公、隐公，计九十六年）。所谓"多闻，择其善者而从之"，乃谓圣王古法不必创述，唯多闻其善法典章，择其善而从之。所谓"多见而识之"，乃谓多见善恶邪正之事且记于心，以为慕是远非之法。所谓"知之次也"，乃谓知之者非亲闻亲见，故去真知尤远，故以知之为次也。

夫子虽生而知之，然屡以学而知之诲学人，今又言"知之次也”,固知学而知之次于生而知之也。夫子修《春秋》以别善恶、立王道、斥乱臣,皆依十二世之法依次记之,于“有传闻”“有闻”之先王善法择其善而从之,于“有见”则谨记之,以备后世之需。

试译:夫子说:“大概有自己不懂却妄加独创的吧!我就没有这样的事。广听博闻,选择善道而依从它;广泛见识并默记于心,这样的知,是仅次于生而知之的了。”

二十九

互乡难与言,童子见,门人惑。子曰:“与其进也,不与其退也,唯何甚?人洁己以进,与其洁也,不保其往也。”

互乡难与言,童子见,门人惑。 “互乡”,乡名。互乡风俗弊陋,民风恶俗,多习不善,且不信人言,故难与其言善道。“童子”,古以十五岁以下为童子。“门人惑”,有互乡童子拜谒夫子,门人怪夫子见之,故不悦。

子曰:“与其进也,不与其退也,唯何甚?” “与”,许也,即赞许。“进”,去恶从善也。“退”,退于学,退于道。“唯”,语气词。“甚”,过分。夫教人之道贵在襄助后学,今互乡童子愿求进益,夫子固当嘉许之,岂能不助其进反使其退!

“人洁己以进,与其洁也,不保其往也。” “洁”,清也,乃洁身修好、诚心向道之义。“保”,保任、保信,与担保同义。“往”有二解:一、往者,去也,即以后。互相童子既为虚己自洁而来,夫子当助其进,然不能保其日后之所为不退也。二、以往也,乃谓

已发生之事。今从第二说。

互乡童子虽身处恶乡,然不失洁身修好之心,圣人既助其善,则不究其以往,亦不保其将来,固知夫子之仁心恕道,须臾未离于日常接人待物也。

试译:人们很难与互乡这地方的人谈及善道,互乡一少年来求见,弟子们对此大惑不解。夫子说:"我赞许他上进,不赞许他退步,这样做有什么过分的呢!人家是为洁身修好而有所进步的,就应赞许他这番洁身向善的心,而不应抓住他的过去不放。"

三十

子曰:"仁远乎哉?我欲仁,斯仁至矣。"

圣人成仁,其所行皆仁,故仁道不远。固知仁心在内,莫向外求,时人但以仁心在外,故愈求愈远。夫子尝语颜子"克己复礼为仁",固知君子修身守礼,孜孜以行中道,则去仁不远矣。若以顿渐二门以别夫子所教,则本节夫子该言乃顿门顿教也,非利根则难明夫子之旨。

试译:夫子说:"仁德离我很远吗?我想到仁德,仁德就会到来。"

三十一

陈司败问:"昭公知礼乎?"孔子曰:"知礼。"孔子退,揖巫马期而进之,

曰："吾闻君子不党，君子亦党乎？君取于吴，为同姓，谓之吴孟子。君而知礼，孰不知礼？"巫马期以告。子曰："丘也幸，苟有过，人必知之。"

陈司败问："昭公知礼乎？"孔子曰："知礼。" "陈"，陈国。"司败"有二解：一、司败，人名也，乃齐大夫。二、楚、陈皆称司寇为司败，故司败为官名，即司寇，乃陈大夫。今从第二说。"昭公"，鲁昭公。古以容仪恭美、昭德有劳谓之昭，乃美谥也。鲁昭公素以知礼闻于诸侯，今陈司败问"昭公知礼乎"，夫子答以"昭公知礼"。

孔子退，揖巫马期而进之， "揖"，古相见皆行揖礼。"进之"，请巫马期近前。"巫马期"，孔门弟子，名施，字期，《说文》以施通旗，故字子旗，亦称巫马旗，少夫子三十岁，巫马乃以官为氏，其祖上必马医也。巫马期荐陈司败拜谒夫子，既见，待夫子退，时巫马期侍夫子而行，陈司败有言欲进，故揖请巫马期近前相语。

曰："吾闻君子不党，君子亦党乎？" "党"，朋比为党，乃偏私匿非之义。陈司败闻夫子谓昭公知礼，误以夫子偏私包庇昭公，遂发此问。

"君取于吴，为同姓，谓之吴孟子。君而知礼，孰不知礼？" "取"通娶，娶妇也。"吴"，吴国。"君取于吴"，鲁昭公娶吴姬为夫人。盖娶妻不娶同姓女，苟买妾而不知其姓氏，必待占卜以判可买否。鲁先祖伯禽乃周公长子，姬姓，吴先祖周章乃古公亶父长子泰伯之后，亦姬姓。鲁吴既为同祖同姓，故不得通婚，鲁昭公娶吴姬为夫人，实违制也，昭公亦知娶同姓女僭礼，故讳称夫人为"吴孟子"，而未称姬姓女，固知"吴孟子"斯名为昭公所独称也。今陈司败语"谓之吴孟子",乃昭公呼夫人也,而非鲁人皆称昭公夫人为"吴孟子"。

昔鲁昭公娶吴女,未报于周天子知,周天子亦未下王命于昭公,故上下皆违制乃始于昭公也。夫子修《春秋》亦讳此事,特改"夫人姬氏至自吴"作"夫人至自吴"。今陈司败以昭公为不知礼,故问于巫马期。

巫马期以告。子曰:"丘也幸,苟有过,人必知之。" 古之为政者,臣子每有善政必归功于君上,臣子每有失政则归责于自身,久之则民风忠朴,故君上必设辅弼谏官以为谏言也。昔昭公违制,究其错当在臣子未能尽忠也,况鲁昭公时夫子未仕,故无人谏昭公娶吴孟子之事。

鲁既为夫子父母之邦,昭公亦素有知礼之名,陈司败未直斥昭公娶同姓女之事,其先问昭公知礼否?又误以夫子偏私昭公,故谓巫马期昭公娶同姓女违制。殊不知,君子但知己过,不言君非,不言国恶,此正夫子盛德也。巫马期据实告于夫子,夫子讳言昭公有过,故自称有过,乃执臣子之礼以事昭公也。

按夫子语,若未闻陈司败语,则以昭公为无过,后世皆信夫子录"昭公无过",遂误以昭公循礼,苟如此则"乱礼"始于夫子。夫子既闻陈司败语,以昭公为违制,则后人不谬解也,故自称"丘之幸",亦后人之幸也。

试译:陈国的司寇问夫子:"鲁昭公知礼吗?"夫子说:"知礼。"等到夫子退出,陈国的司寇作揖请巫马期到近前,说:"我听说君子不偏私,莫非君子也偏私吗?鲁昭公娶吴国同姓(姬姓)之女,因此昭公称她吴孟子。鲁君若算知礼,那还有谁不知礼呢?"巫马期将这番话转告于夫子。夫子说:"我真是幸运,如果我有过错，别人就一定会知道的。”

三十二

子与人歌而善，必使反之，而后和之。

“子与人歌”，夫子与人同歌。“反之”，复也，即再次歌之。“而后和之”，喜得其详，而后以歌和之。夫子每与善歌者共教弟子习乐，必使其复歌之，欲取其善而学也，学至妙处必以歌和之，固知夫子为人和善谦逊，不掩人善也。

试译：夫子与他人同歌，他人若唱得好，必请他再歌，然后再和之。

三十三

子曰：“文莫，吾犹人也。躬行君子，则吾未之有得。”

子曰：“文莫，吾犹人也。” “文莫”，亦称侔莫，乃燕、齐方言，即劳勉、努力也。“犹人”，与人同也。

“躬行君子，” “躬行”，君子之学始于躬行，以安然笃实之志执中道而行，故无刻意勉劳。

“则吾未之有得。” 夫子自谓虽躬行而尚未得中道。

按夫子语，其勉力为学尚可同于他人，然躬行则未能及也。

夫子实不欲以圣人自居，故出此谦辞，欲示学人为学之道当勉力而行，尤重学而知之，而非生而知之。

试译：夫子说：“勉力为学，我是能同于他人的；至于躬行的君子，我还未能达到这样的境界。”

三十四

子曰：“若圣与仁，则吾岂敢？抑为之不厌，诲人不倦，则可谓云尔已矣。”公西华曰：“正唯弟子不能学也。”

子曰：“若圣与仁，则吾岂敢？” “圣于仁”，圣人之功与天地同，大而赞化万物；仁人于人道无亏，乃厚德仁爱之完人。夫子学而不厌，此其智也，诲人不倦，此其仁也。盖诸弟子以圣仁称夫子，夫子闻之，谦而不敢居圣仁之名，遂出此言。

“抑为之不厌，诲人不倦，则可谓云尔已矣。” 抑，转语，亦然之词，同于现代汉语“只不过”。“为之”，为学也。“为之不厌”，勉力于成圣成仁之学而未尝厌也。“云”，有也。“尔”，此也。“云尔”，如此而已，即“为之不厌，诲人不倦”。综上，学不厌乃圣智，诲不倦乃仁德，实一体而异词也。

公西华曰：“正唯弟子不能学也。” “正唯”，肯定词，即诚如、正是。按公西华语，夫子所谓“为之不厌，诲人不倦”，实诸弟子所不能及也，况于圣仁之境，唯仰之弥高也。

试译：夫子说：“如果说到圣和仁，那我怎么敢当呢？只不过是在这方面学而不厌烦，教人不倦怠，也只可以说如此罢了。”公西华说：“这正是弟子们所学不到的呀！”

三十五

子疾病，子路请祷。子曰：“有诸？”子路对曰：“有之。诔曰：‘祷尔于上下神祇。’”子曰：“丘之祷久矣。”

子疾病，子路请祷。 “疾病”，突来之重病。“请”，请福。“请祷”，祷请于鬼神以求福。凡父兄有病，弟子必请祷于鬼神，此事不可使病者知。今子路请祷于鬼神，欲代夫子向鬼神行斋戒之礼，一为请福，二为谢过，夫子未知其情。

子曰：“有诸？” “诸”，之也，代词。“有诸”，即有此事否。夫子闻子路请祷于鬼神，故问之。夫子此问有二解：一、夫子问子路有请祷于鬼神之事否。今从此说。二、父兄有病而弟子祷之，此古礼也，夫子恐子路未通祷礼，特问子路是否明斯礼。按此说，夫子未以请祷于鬼神之事为非礼。今不从此说。

子路对曰：“有之。诔曰：‘祷尔于上下神祇。’” “诔”，累也，累列死者平生事功，故称诔文。子路代夫子祷于神祇，必列举夫子平素事功以求福。“尔”，语气助词。“上下”，上为天，下为地。“神祇”，神者，天神也；祇者，地神也。当夫子问，子路答以有之，既称“诔曰”则必有其书，犹大祝司掌六祝、六辞之属。

子曰：“丘之祷久矣。” 夫子心存兢业，修身正行，自知素行无过，且以恭顺之心敬天地鬼神，则神明亦必知其无过，故无待祈祷而能愈，遂自称“丘之祷久矣”。夫子未直斥子路，但告以感通之道当在平日，素行合于神祇则无待祷亦吉，苟平素德行有亏，不足以感通神祇，有疾虽祷亦无益也。

试译：夫子病势较重，子路自代夫子向鬼神谢过求福。夫子问道："有这种事吗？"子路说："有的。《诔》文中说：'替您向天神地神祷告。'"夫子说："孔丘我祷告已经很久了。"

三十六

子曰："奢则不孙，俭则固。与其不孙也，宁固。"

"不孙"，不恭顺。"固"，陋也，即固陋。礼贵中道，奢俭俱有失中道，尤以奢之害甚于俭。奢则僭上而陵物，悖礼而不逊，故反受其害；俭之不足唯不及礼也，然再无他过，故其害稍轻。春秋末世，僭礼不逊之事时有，夫子欲拯时风、救时弊，乃出此言。

试译：夫子说："奢侈就显得不恭顺，俭省就显得鄙陋；与其不恭顺，宁可鄙陋。"

三十七

子曰："君子坦荡荡，小人长戚戚。"

"坦"，安也、平也，即平坦。君子独处，虽于无人处亦能怡然自得,故心体常安。"荡荡",广远也,即宽广。"戚戚",多忧惧也。君子知理循礼,心胸安闲舒泰,坦荡无私,俯仰无愧,不为名利所牵绊,便是坦荡荡也。小人追逐名利,计较得失,蝇营狗苟,种种疾患咸从名利上起,故常忧惧。

试译:夫子说:"君子胸怀平坦宽广,小人心中经常忧惧。"

三十八

子温而厉,威而不猛,恭而安。

子温而厉, "子",夫子。"温",至和调顺,乃春生之气。"厉",严肃,即威容严整。

威而不猛, "猛",健犬也,引申为刚烈,乃秋肃之气。

恭而安。 恭敬有礼,所以得安,乃阴阳合德之气。

盖人之有身皆赖天地五行之气,故气质有刚柔厚薄之别,尤以中和为最难事,唯圣人能臻此"温而厉,威而不猛,恭而安"中和之境。孔门弟子久事夫子,故能用心体察夫子日常仪容气度,可谓用心缜密也。

试译:夫子温和而严肃,有威仪却不刚烈,恭敬并且安详。

論語正述·泰伯篇

一

子曰:“泰伯,其可谓至德也已矣。三以天下让,民无得而称焉。”

子曰:“泰伯,其可谓至德也已矣。” “泰伯”,泰通太,亦称太伯,乃周先祖古公亶父周太王之长子。泰伯与次弟仲雍为同胞兄弟,泰伯、仲雍与少弟季历为同父异母兄弟,季历之母即正妃太姜。季历素有贤德,尊称公季,生圣子文王姬昌,季历薨,传位于姬昌,即西伯侯,谥文,文王生武王姬发。姬昌生有祥瑞,具圣人德才仪表,周太王以姬昌必有天下,故欲立季历为太子以传位姬昌,于是泰伯、仲雍纹身断发,遁于荆蛮之地,遂让位于季历。“至德”,德至极而无以复加也。夫天下至大,非圣人至德则不能有之,泰伯有天下而让,以能让之德行无名之事,让位而隐,故谓之至德。

“三以天下让,” 此语有二解:一、周太王病重,泰伯偕弟仲雍往吴越采药,至太王薨未归,遂让位于季历,是为一让;季历讣告传之,泰伯未返国奔丧,是为二让;待居丧期满,丧服既除,泰伯断发纹身,以其身不可为王而辞,是为三让。季历三让国于泰伯,乃不失义也;泰伯三让而不受,乃不失仁也。泰伯隐而不显,欲使后世无德可颂,故谓之至德。今从此说。二、汉儒以泰伯入吴采药,断发纹身,已随吴俗。周太王薨,泰伯奔丧既还，季历欲立泰伯为王，泰伯三让，借纹身断发、刑余之身不可为王而辞之，季历终受王位。私以为泰伯、仲雍既入吴越采药，实欲让位于季历也，值周太王薨，奔丧而返，则群臣必推泰伯为王，此非亡者所愿，亦违泰伯初心。况季历以讣告催泰伯、仲雍返，其恭兄之谊见矣；泰伯让位，其友弟之情见矣；泰伯入吴越以仁义见称，从者千余家，既立为国君，已不容返周。汉儒未解泰伯三让而不欲使人知之苦心，苟世人皆称泰伯之德，则周太王、季历必失德于天下，人子岂能拥仁德之名而陷父、弟于不仁。故不从汉儒千里奔丧之说。

“民无得而称焉。” “得”，德也。自古以天下而让者，其功莫大于尧舜，其难莫过于泰伯。泰伯让国，非让于传位之日，乃让于采药之际也，其以伯夷之心行伯夷之事，而无伯夷之迹，实不欲天下人知其贤德，民皆知其遁去而不知其让国，无见其德而称之。泰伯为善而不爱名，方是至善，故泰伯之德可追比尧舜，此正夫子深叹之故也。或以泰伯断发纹身不合于周礼，礼既为周公所制，泰伯断发纹身让国于先，周公制礼于后，岂能以不合于周礼而论之。

试译：夫子说：“泰伯可以称为道德最高的人了。他三次将天下让给季历，但民众却无法见证他的至德来称道他。”

二

子曰：“恭而无礼则劳，慎而无礼则葸，勇而无礼则乱，直而无礼则绞。君子笃于亲，则民兴于仁；故旧不遗，则民不偷。”

子曰:"恭而无礼则劳,慎而无礼则葸," "劳",忧劳不安。"葸",慎也,即畏惧。恭乃人之美德,苟不以礼节制,必失于忧劳;慎乃人之美德,苟不以礼节制,必失于畏惧。

"勇而无礼则乱,直而无礼则绞。" "乱",逆乱、犯上。"绞",绞刺也,乃两绳交缠,力相悖而急迫,引伸为急迫尖刻之义。按夫子语,勇者,人之美德也,苟不以礼节制,必失于悖乱犯上;直者,人之美德也,苟不以礼节制,必失于急迫尖刻。夫礼以制中,故道德仁义无礼不行,士必习礼而后行也。

"君子笃于亲,则民兴于仁;故旧不遗,则民不偷。" "君子",居上位者。"笃",厚也,即厚待。"亲",属也,即相连续也,凡宗族、母亲,妻属、婚姻,俗称亲属。"兴",起也,即兴起。"故旧",故通古也,旧言久也,乃君上为世子时之侍读者。"偷",薄也,即浅薄。

君子以孝事君,以悌事长,以慈使众,厚爱宗族亲属,民必兴崇仁慕德之风;苟不遗弃故旧,民必不失于薄情寡义。固知君子亲仁行义,不以私欲劳民,日久则民化而德厚。

试译:夫子说:"一味谦恭而不用礼节制,就会忧劳不安;一味谨慎而不用礼调节,就会拘谨胆怯;一味勇敢而不用礼约束,就会悖乱;一味直爽而不用礼控制,就会急迫尖刻。在上位者如果能够厚待亲属,民众就会兴起仁德之风;在上位者如果能够不遗弃故交旧朋,民众就不会变得冷漠寡情。"

三

曾子有疾,召门弟子曰:"启予足!启予手!《诗》云:'战战兢兢,如临深渊,如履薄冰。'而今而后,吾知免夫!小子!"

曾子有疾,召门弟子曰:"启予足!启予手!" "有疾",患有重病。"召",呼也,即以言语相召。"门弟子",曾子门人弟子。"启",启与啟本不同义,启者,开也,即打开;啟者,教也,即启发。今人统作启,有二解:一、开也,乃开衾也,即打开衾褥。曾子以身体发肤受之父母,故使弟子开衾视之。然曾子已明言"启予足!启予手",苟解作开衾,恐有画蛇添足、增文成义之嫌,故不从此说。二、啟通晵,乃看视也。曾子恐因疾而致肢体有所毁伤,故召门弟子视之。此说迂曲,故不从。三、开启也,以展布安顿手足。昔君子将死,不得绝于妇人之手,时曾子重疾,自知身之将死,恐手足有所拘挛,故曰"启予足、启予手"。盖身体发肤受之父母,故不敢有所毁伤,今使门弟子展布手足,以喻君子全身而殁之理,以示学人保身守节之道。今从此第三说。

"《诗》云:'战战兢兢,如临深渊,如履薄冰。'" "战战",恐也,即恐惧。"兢兢",戒也,即戒谨。"临渊",临渊而恐坠其中也。"履冰",恐陷于冰也。曾子临命终之际尚能言《诗》,其心不颠倒,意不迷乱,固知其修养工夫之深。曾子引《诗·小雅·小旻》句,自谓平生戒惧谨慎以自保其身,不敢有所毁伤,以示君子守身尤难,其于身体尚不能亏,岂能亏于君子德行而愧对父母之恩,故君子以全尸而殁者,即全德而终也。

“而今而后，吾知免夫！小子！” “小子”，门弟子。曾子语毕又呼门弟子，乃反复叮咛也，欲使其听识己言，自今而后方免于患难，乃得全身而终也。

夫人得生于父母，受养于天地，故君子保其身而终其事，不使身体发肤有所损伤。曾子自知命之将绝，遂免于刑罚、陷害、侮辱、颠簸诸难，既得全归，终无憾矣。是以君子保身之道重在存心，存心则不乱，不乱则任大事，不惧则了生死。

试译：曾子患有重病，召门弟子到身边，说：“展布我的手足吧！展布我的手足吧！《诗经》上说：‘小心谨慎呀！就像临近于深渊边，就像行走于薄冰上。’从今而后，我知道能免受祸害刑戮了。弟子们！”

四

曾子有疾，孟敬子问之。曾子言曰：“鸟之将死，其鸣也哀；人之将死，其言也善。君子所贵乎道者三：动容貌，斯远暴慢矣；正颜色，斯近信矣；出辞气，斯远鄙倍矣。笾豆之事，则有司存。”

曾子有疾，孟敬子问之。 “孟敬子”，名捷，字仪，即鲁大夫仲孙捷，乃孟武伯之子。“问之”，探问其疾。曾子有疾，孟敬子往探之。

曾子言曰：“鸟之将死，其鸣也哀；人之将死，其言也善。” “曾子言曰”有二解：一、一人自言为言，二人对答为语，今曾子不待孟敬子问而自言之。二、孟敬子为鲁上卿，今来探示，曾子将卒,无暇言他,故不言己疾,径以君子修身为政之道告之。门人特重曾子临终善言,乃于“曰”前加一“言”字,以示曾子临终“有遗言曰”之义。今从第二说。

盖禽鸟畏死,故鸣声哀惶窘迫,固知虽禽鸟亦慎待死亡也。人之将死,即将返本也,故其言亦善,是故君子于命终之际,心依正道,意不颠倒,虽死亦无违礼也。曾子下言“动容貌、正颜色、出辞气”乃礼之三德,可谓善也,其命终之际出此谦辞,乃欲诫孟敬子能识其善言可用。

“君子所贵乎道者三:” “君子”,居上位者。“贵”,重也,即重视。“道”,礼也。君子贵乎礼者有三:动容貌,正颜色,出辞气。

“动容貌,斯远暴慢矣:” “容貌”,容即气质,貌即相貌。古设容礼,天下、郡国皆设容史。“暴”,疾也,即粗厉。“慢”,惰也,即怠慢、放肆。“动容貌”,乃谓一身之气质相貌也,君子行止周旋皆合于礼,人皆敬其仪,故能远粗厉暴慢。

“正颜色,斯近信矣;” “正”,方直不曲,庄矜端正。“颜色”,“颜”乃眉目之间也,“色”,乃面目之气色也。“信”,实也。君子正颜色,庄矜严肃则人识其信,故欺诈息也。

“出辞气,斯远鄙倍矣。” “出辞气”,出者,吐辞发声也;辞者,言语辞令也;气者,音声也。“鄙”,陋也。“倍”,悖也,即悖理。君子言辞正而音声和,人乐其义,故无戾言鄙语陈于耳侧。

盖人之交接,先见容貌,次观颜色,复闻言辞,此三事既为接人待物之道,亦为观人察人之准,故君子以其为修身之要、为政之本。昔子夏所谓“望之俨然”,即容貌也;所谓“即之也温”,即颜色也;所谓“听其言也厉”,即辞气也。君子所以贵乎礼者,依礼修心则欲念不起、慢惰不生,遵礼而修仁义则忿竞暴厉之辞远也。

“笾豆之事，则有司存。” “笾豆”，笾、豆皆礼器也；笾为竹制，汉制容量为四升；豆为木制，乃木制盛肉食之器。“司”，臣也，即专司，乃司掌礼器之士。“存”，存在。“司存”一辞古已有之。

按曾子语，君子固当以诚意、正心、修身为本，凡笾豆礼器诸事则有司存。盖孟敬子行止粗厉，容貌轻浮，言辞鄙陋，曾子于命将绝之际独语之，其苦心可见矣。

试译：曾子得了重病，孟敬子前往探问。曾子言道：“鸟将死时，它的叫声是悲哀的；人将死时，说的话也是善意的。君子应重视的道德准则有三个方面：容貌严肃，这样就能避免他人的粗暴和怠慢；脸色庄重，这样就能接近诚信；言语口气得体和顺，这样就能避免鄙陋悖理之言入于耳。至于祭祀礼仪上的事，就由主管的人去负责吧！”

五

曾子曰：“以能问于不能，以多问于寡；有若无，实若虚，犯而不校。昔者吾友尝从事于斯矣。”

曾子曰：“以能问于不能，以多问于寡。” “不能”“寡”，皆谓才能学问不如己者。夫天地之大，万物各有其能，虽愚夫愚妇亦有所知所能，虽圣人亦有所不知所不能，故圣人明察善问，以己知己能问于不知不能者，遂日臻完德之境。

“有若无，实若虚，” “有、无、虚、实”，乃谓君子为学当如虚器，虚则盛物，满则物止，故君子恭其容貌，虚其心智，勿以一己之能凌于众人之上，于是人告之而不倦，故君子以虚而受教于人。学人于道，大则大识之，小则小识之，明之于心，验之以行，继之于前贤，启之以后学，乃为学之本也。

"犯而不校。" "校"通较，计量也，即计较。或解作"报也"，即报复。综此二说，君子虽受人侵凌非礼，然不以有道而报复无道。

"昔者吾友尝从事于斯矣。" "昔者"，犹前也，即以往。时颜子已卒久矣，故称昔者。"吾友"，吾同门颜渊也。

按曾子语，颜子为人谦和，故"以能问于不能，以多问于寡"，遂自立于无过之地，亦不获罪于他人；苟以非礼相犯者，亦不予以计较；苟以非理相加者，亦不予以报复。曾子所以出斯语，一者感怀颜子学问道德之笃实，二者以砥砺学人。

试译：曾子说："有才能的人向没有才能的人请教，学问丰富的人向学问寡少的人请教；有学问却像没有一样，学问充实却像空虚一样，有人无礼触犯也不计较。以前我的朋友颜渊曾经做到这些了。"

六

曾子曰："可以托六尺之孤，可以寄百里之命，临大节而不可夺也。君子人与？君子人也。"

曾子曰："可以托六尺之孤。" "托"，寄也，即托寄也。从言通讬，乃以言讬寄也；从人通侂，乃以人侂寄也；其义各不同，今从讬。“六尺”，古制以六寸为一尺，六尺为三尺六寸，以喻幼少童子也。昔齐大夫晏婴身不满六尺，时人皆以为矮人。“孤”，古以未满十五岁而丧父者为孤。“六尺之孤”，乃幼少之君也。

“可以寄百里之命。” “寄”，托也，寄与托二字互训。“百里”，乃诸侯之封国，即大国。“命”，令也，即政令。按曾子语，大国之君年幼，故上卿大夫皆有辅政之责。

“临大节而不可夺也。” “大节”，即安国家、定社稷诸事。“夺”，强取也。“不可夺”，不可倾夺也，即不可强使其放弃。

君子忠贞不二，故外力不能动其心、摇其志，值社稷安危、家国存亡之际，威武所不能屈，利害所不能移，暴力所不能倾夺也。

“君子人与？君子人也。” “君子”，即卿大夫也，凡道德学问能称其位者，谓之君子。“与”，平声，即疑辞。“也”，决辞，即肯定之辞。曾子先问而后答，以赞君子也。

试译：曾子说：“可以将年幼的幼君托付于他，可以将大国的政令托付于他，面临国家大事的紧要关头，动摇不了他。这样的人可称为君子吗？真可称得上是君子了！”

七

曾子曰：“士不可以不弘毅，任重而道远。仁以为己任，不亦重乎？死而后已，不亦远乎？”

曾子曰:"士不可以不弘毅,任重而道远。" "士",乃任事之称,得爵禄以任事也。"弘毅",弘者,大也;毅者,胜也。唯心胸宽广、坚毅能忍之士,乃能果断有决。士之所忍者,非忍他人也,乃能忍一己之私欲也,故自忍者必自胜,君子自胜然后无所不胜,遂能致其远、负其重,凡事皆得善果。弘毅二字相辅相成,唯弘不毅则宽而无矩,唯毅不弘则狭而无远;弘毅并举,方能任重而道远。重远二字亦相辅相成,唯重无远则劳而无功,唯远无重则事无所成;重远并举,方能事倍而功成。是以弘毅乃言器识也,重远乃言事功也。

"仁以为己任,不亦重乎?死而后已,不亦远乎?" "仁",乃人之全德,亦称完德,唯圣人能臻此境。"己任",仁乃人本性之德,其本自有,不假外求;既为自有,故称己任。"重",重大。"已",止也。

士以成仁为己任,固当身体力行之,可谓重矣;苟一息尚存,尚仁之志岂容懈怠,可谓远矣。是以士之于成仁必力行不辍,唯死而后已。士于成仁之途其心必诚,内诚则其心不二、外诚则德被群生,既成先觉,以启后觉,终其一生自觉而觉他,遂使天下人沐文治之恩泽,蒙礼义之熏染。故圣人之仁犹天地之大德,所以造化群生,利益有情,其德既与天齐,故谓之天德。君子既以仁为己任,然生命有限而仁道无穷,故曾子慨言"死而后已"。

试译:曾子说;"士,不可以不弘大、不强毅,因为他责任重而道路远。把实行仁德作为自己的责任,这难道不重吗?为之奋斗到死才停止,难道路途不遥远吗?"

八

子曰:“兴于《诗》,立于礼,成于乐。”

“兴”,起也。《诗》之感发力尤大,沁人心性于不知不觉中,故使人奋起当以诗歌为宜。考《诗》之义,《风》以述人情,《雅》以言道义,《颂》以陈功德。是以学子修身当先学《诗》,以通人情、明道义、慕功德,故谓之“兴于《诗》”;然后习礼,以立身处世,故谓之“立于礼”;继而学乐,以怡冶性情,涤除邪秽,于是心性和顺,仁义自成,故谓之“成于乐”。

按周制,学童十岁就外傅习幼仪,十三岁学《乐》、诵《诗》、舞《勺》,《勺》者,乃文舞也。十五岁成童,习舞《象》,《象》者,乃武舞也。二十岁加冠,始学礼,习舞《大夏》,《大夏》者,乃皋陶为颂大禹功绩所作乐舞。圣人以《诗》《书》《礼》《乐》设教,其旨在育士,故春秋教以《礼》《乐》,冬夏教以《诗》《书》,此乃育人之古法。值春秋末世,上卿大夫袭位持禄,皆不由学而得之,以致古法尽失。圣人门下亦多初学者,夫子以古法旧制语学人,当先学《诗》,然后学《礼》,继而学《乐》。《诗》中亦有乐,且多循乐而歌之,然二十岁所学《乐》非《诗》乐也,乃礼乐也,《乐》随《礼》行,《礼》成则《乐》成矣。《诗》之乐以示诗性之美,《礼》之乐以示通神之用。

所以,兴于《诗》者,盖《诗》本自性情,直抒胸臆,亦具温良之德,于吟咏间抑扬反复,感人至深且易学,学之以兴好善恶之心,故由《诗》入则其情真、其心善、其行美。是以先王以《诗》正夫妇之道，全孝子之心，笃人伦之厚，和教化之美，移风俗之善，固知学《诗》可以正心修身也。

所以，“立于礼”者，盖礼以恭敬、辞逊、礼让为本，容貌衣裳、俯仰周旋皆依礼之文；婚、丧、祭、射、乡诸礼亦各有其仪礼，固当各因其宜依礼而行，不可篡改之。故礼主立，人无礼则不立，学人起心动念当合于礼，循礼则达理，不达理则悖乱。学人起居动静、饮食衣服当依礼以节制，以免陷困遭厄；学子容貌气度、进退行止合于礼则文雅，不合于礼则倨傲。苟不遵礼则国政不施，王事不成，家国不宁，社稷将亡矣。是以君子必学礼，内以修身立身，外以立国安民。

所以，“成于乐”者，盖《乐》备五声十二律，兼备金、石、丝、竹、匏、土、革、木八音。其更唱迭和、心喜欢娱，乃乐之情也；其大小相乘、始终相生、高亢低昂、清浊和雅，乃乐之官也；其怡人之情，悦人之性，故学人于通达孝悌、学成义理、熟习仪礼之际，复以《乐》和之，遂和顺于道，故“成于乐”。先王作《乐》，虽发自性情，然融于礼义，使人四肢调达，心情和畅，心、性、情皆安，安则事不生、祸不至，强权不能夺其志，外力不能危其命。

考圣王之治，必以《诗》《礼》《乐》相辅而施政，究其先后，必先教以《诗》，民则感应而动，遂知民志，其政既良，其民必善；民人既化，复继之以礼，则民风必敦；再感之以《乐》，则民心必乐。学子学《诗》通《礼》习《乐》，得节奏之蕴藉，识文采之陶染，心日趋于仁境，德日臻于朴厚，于是修性成性，成性则成道也。所谓“兴于《诗》”者，乃修心也；所谓“立于礼”者，乃修身也；所谓“成于乐”者，乃身心俱修、俱成也。孔门弟子三千，然能兴《诗》、立礼、成乐者，约七十二人。

试译：夫子说："（学子）应从学《诗》开始，立身于礼，身心完善于乐。"

九

子曰："民可使由之，不可使知之。"

"民"，暝也，亦通冥，即昏昧无知也。或有民氓不通六艺，故昏昧固陋，而非泛言万民也。六艺乃士进身之阶，通六艺则必知礼义，虽贵为王公、卿大夫之子孙，苟不知礼义，与昏昧无知之民氓同属。"由"，用也，从也，即委用而从之。先王设教，为使民人相从，大才则大用之，小才则小用之，苟无才者，当使其为顺民。

"知"有二解：一、知晓，"不可使知之"，即不可使其知晓。盖民可使则使之，不必使民知其所以然。居上位者制定国策，勿使民知其何以为之，但循其道即可，苟知之太深，恐民意多思，枉生惶恐，恐愚蠢之徒自以为得其道，于是轻慢不肯行也，更甚者则妄生非议，曲解圣义，侮辱圣言，于国计民生不利。是以善为政者教民终身但遵王法立身行事，不必知其所以然。考其所以，此后儒知见也，盖仁义之道虽源于天命，亦发于心田，未识之则何以开蒙启蔽，民氓无知，则道何以驭百姓于日用，何以上行下效，又何以利物济世，故不从此说。二、教育。所谓"不可使知之"，乃谓凡未通六艺之民可教其通晓其道，以成士也。昔圣王治国，以仁义述著于民，以道德化之以民，故威厉不施，刑罚不用，以使民志不惑，虽孺子妇人皆知礼义。固知善治国者务使万民知礼明义，如此则国治民安。苟道义不能简而易学，则民必无所适从而受其化，故先王设庠立塾以正民风，虽其不可使，亦当教其知，苟有愚氓教而不能知者，则不必使其知其所以然，但使愚氓随顺风俗而无过即可。今从第二说，本节承上节夫子语，以能兴《诗》、立《礼》、成《乐》者为“可使”之士，乃可“由之”，故授爵禄而用之。

上节夫子以先王治学之古制教学人，本节夫子所谓“民可使”之民，乃通六艺之学人，当其时，从夫子学者约三千余人，然身通六艺者唯七十二人，即“兴于《诗》，立于礼，成于乐”者。凡未通六艺者，皆为“不可使”者，夫子亦必教以《诗》《书》《礼》《乐》，以使其知。

试译：夫子说：“精通六艺（兴《诗》、立礼、成乐）的人，就任用他；不通六艺的人，就教他知礼明义。”

十

子曰：“好勇疾贫，乱也。人而不仁，疾之已甚，乱也。”

子曰：“好勇疾贫，乱也。” “好勇”，是人不明礼义，好逞血气之勇而斗狠，故不能安身立命。“疾贫”，恶贫疾困也。凡好勇斗狠者，多具刚武之志，故不安分，加之未审礼义为何物，以致放荡恃强，多恃暴力以为己，苟久处困约，位卑而不得势，必因疾贫而多怨气，遂作乱害人。

“人而不仁，疾之已甚，乱也。”“乱”，祸乱。为政者苟重罚不仁者，使其无地自容，则必为乱，是以君子当审时度势，不仁者虽恶，然不可诛讨过甚，讥讽过疾。好勇者相较不仁者，则好勇者似略善，其实不然，盖此二者心皆不仁，苟处之不当必乱也。是故善为政者必以善俗教化好勇者，必以善道感化不仁者，勿以鄙视疾惩斯人而成大祸。

试译：夫子说：“好勇武而痛恨贫穷，就容易导致祸乱；若过分痛恨不仁的人，也容易导致祸乱”

十一

子曰：“如有周公之才之美，使骄且吝，其余不足观也已。”

子曰：“如有周公之才之美，使骄且吝，”“周公”，周公旦。“才”“美”，皆谓才智、德能、技艺之美。才智为内智，乃成己也；德能为外用，乃成物也；技艺则内以养己，外以安民。“使”，假使。“骄”，矜夸，是人自矜才能，恃才以凌人。“吝”，恨惜也，惜一己之所有，不肯轻与人。凡矜夸悭吝者，其人空有美才，惜乎终无美德。

“其余不足观也已。”“其余”，是人虽小有才能，苟骄吝，则其余不足观也。

夫骄者气盈而亏，吝者气歉而亏，皆不足也，故骄吝者必无周公之大才至德，苟小有美才亦必骄吝而鄙。盖骄者趾高气昂以失士，吝者器量狭小以失人，失士失人则失政。昔周公摄天子政七载，不骄不吝，于是尽得天下之士，若周公骄且吝，则贤士必寡也，何以永葆王业？夫子以德为本，以才为末，以骄吝者尤为可憎，故出斯语，欲儆居位者勿骄吝而失人失政。

试译：夫子说："如果有人拥有周公那样美好的才能，假使他骄横且吝啬，其余的才能也就不值得一看了。"

十二

子曰："三年学，不至于谷，不易得也。"

子曰："三年学，" "三年学"，古之学子三年通一经，三年则大比（考课之期），择德行笃厚、道艺纯熟者为吏，以达举贤治世之旨，是以天子诸侯皆以三年取士，学子每历三年可得禄位。

"不至于谷，不易得也。" "至"通志，乃谓学子志于干禄之道也。"谷"，禄米，代言禄位，君子得禄必得位。君子之为学，旨在礼义而非在利禄，苟得禄居位，内善养于己，外善养于民。

按周制，选乡中秀士至司徒处，称选士；司徒择秀士之优者，称俊士，复送俊士入太学以学礼。故庶民仕进之途有二：一者选为秀士，由司徒试用之；二者由司徒荐为俊士，入太学学礼以备大用。俊士同于国子，学至七年为小成，学至九年则智慧通达，立身于道而不迷不反，谓之大成。

当夫子时，世人急于仕进，其志多在利禄，遂欲求速达，故志趣卑劣，心胸狭隘，又何言事功。苟三年为学而不为干禄所动者鲜矣，能学至七年小成、九年大成者鲜矣，故夫子慨叹其人之不易得。

试译：夫子说："学了三年，其向学之心不为官禄所动，这种人真难得啊！"

十三

子曰："笃信好学，守死善道。危邦不入，乱邦不居。天下有道则见，无道则隐。邦有道，贫且贱焉，耻也。邦无道，富且贵焉，耻也。"

子曰："笃信好学，" "笃"，固厚而有力。君子笃信好学，方不惑于邪端异说。夫子尝言"信而好古"，即笃信圣王之道，固知信不笃则不能好学，苟笃信而不能有所悟者，乃所信不正也。

"守死善道。" "善道"，即知致、意诚、心正、身修、家齐、国治、天下平之道。君子于善道日进日新，唯死而后已，以求无愧于身心。

盖善道当死守，不死守则不能悟入，然夫子所谓"守死"者，异乎愚人但知死守而不知权变也。夫善"守死"者，但在稳守善道而不易，实笃信而善学者也，故君子循矩而不逾礼。

"危邦不入，乱邦不居。" "危"，居高而惧也。"危邦"，乃国将乱之兆，故君子当速去。"乱邦"，乃臣弑君、子弑父之邦，既为乱邦，君子当速去。

夫子之"不入""不居"，乃君子保身之善道也。苟入危邦，恐遭其祸；苟居乱邦，恐受其殃。若君子居位于危邦乱国，必临危受命，义不容辞，若循道而舍命，亦有可死、不可死之别，君子固当审时度势，尤重“不入”“不居”，以免枉死。是以君子以道德仁义而使内难不生、内乱不起，然不能避他国侵凌之乱。君子既为明道者，必也善保其身，若君上昏昧，大夫不明，政法不一、朝纲无纪，是为乱邦，宜早弃之；若百姓饥寒，财物不丰，风俗邪辟，人民流亡，是为危邦，宜早弃之。

“天下有道则见，无道则隐。” 夫明道之士值天下有道，则从王命而行王政，以功德施于天下；值天下无道，道既不能行，则抱道而隐，岂以正道而事昏君乱臣。

“邦有道，贫且贱焉，耻也。邦无道，富且贵焉，耻也。” 君上仁义开明则邦有道，于是贤士多居上位；君子逢盛世而无禄位，以致贫贱，则己道必未纯也，故君子耻之，其所耻者乃学问不实也。君上昏庸无能则邦无道，于是奸佞者多居上位，贤士多居下位而不得其用，于此衰世而苟得富贵，君子恐有附庸阿谀之嫌，故耻之，其所耻者乃不能怀正道而隐，不能守善道以终，以致蒙羞。

夫圣王之治，德盛者爵尊，功高者禄厚，德薄者爵卑，功寡者禄薄，是故观其爵禄乃知其道德高低、功德薄寡。君子重爵禄，非务华服、美食、钟鼓之乐也，乃为修、齐、治、平也。春秋末世，礼教衰微，诸侯僭礼妄为，卿大夫亦多世袭，皆不以其德而居其爵，不以其功而获其禄，以致窃国达贵、窃地达富者时出，于是奸佞遂愿、邪祟横行，贤德者苟于此衰世获爵禄，乃失志也。

试译：夫子说：“具有坚固的信念且能好学，坚持固守善道。危亡的国家不进入，动乱的国家不居住。天下有道就出来做官，天下无道就隐退不出。国家有道，自己却贫穷低贱，这是耻辱的。国家无道，自己却发财做官，这是耻辱的。”

十四

子曰:"不在其位,不谋其政。"

"谋",任事、议政。君子未居卿大夫位,则不言卿大夫之政,苟言之,乃僭礼也,是以不居其位则不议其政。若君上、卿大夫有所咨问,必实言奉告。

试译:夫子说:"不处在这个职位上,就不参与、议论这个职务上的事。"

十五

子曰:"师挚之始,《关雎》之乱,洋洋乎盈耳哉!"

子曰:"师挚之始,《关雎》之乱。" "师挚",鲁乐官,即鲁太师,名挚,乃夫子称鲁太师之名也。"始",首也,即乐章之始也。"乱",凡乐章之终,已成条理,是故乱通理,凡乐章之终谓之乱。

古以鼓声为阳,故称文,乐之始则奏文;古以铙乐为阴,故称武,乐之终则奏武。或以奏乐必始于升歌,终于合乐,故升歌谓之"始",合乐谓之"乱"。综此二说,则升歌以鼓乐为始,合奏参以铙乐为终。

昔者每大祭,以乐官太师升歌为始,夫子所谓"师挚之始"

即此义。乐终则合奏乐舞《周南·关雎》《葛覃》《卷耳》《召南·雀巢》《采蘩》《采苹》六篇，今夫子唯言《关雎》，乃概括之辞。升歌之始以言人，故夫子言师挚也；合乐之终以言《诗》，故夫子言《关雎》也，此乃起承之礼也。

"洋洋乎盈耳哉！" "洋洋"，美也，乃赞美之辞。夫子返鲁然后正乐，时师挚在官，《雅》《颂》犹存，故夫子得闻《关雎》乐章之盛而赞之。

试译：夫子说："从太师挚独奏升歌的开始，一直到合奏乐舞《关雎》的终结，美妙盛大的乐声充满我的耳中啊。"

十六

子曰："狂而不直，侗而不愿。悾悾而不信，吾不知之矣。"

子曰："狂而不直，侗而不愿。" "直"，正也，即性正直而识正见也。"侗"，无知愚蠢之貌，即未成器者。"愿"，悫也，即朴实谨善，亦称谨愿。

按夫子语，狂放者为人处世，其性必也正直，其识必也正见；蠢昧无知者则不成器，固当朴厚谨善，以免过失。苟狂放者人性不直、品识不正，蠢昧无知者不知朴厚谨慎以保身，于己于人、于家于国皆有百害而无一利。

"悾悾而不信，" "悾悾"，悫也，即诚悫朴厚。按夫子语，是人貌似诚实朴厚，然不可信靠，故学人必诚实朴厚，不为奸巧诈伪之事。固知圣人设教，务诚以训俗，以期民风自化，奸邪灭迹,民人皆归于朴厚也。

"吾不知之矣。" 乃非常决绝之词,即不屑于教诲斯人也。按夫子语,貌似诚悫而不实者,是人奸巧不正,有悖常理,夫子亦不知何以诲之,何以使之"知"?

考夫子语,乃欲示学人恪守忠信,心存诚朴。盖人之天性或未必全善,中材以下则德与病并俱,苟有其病而无其德者,乃弃材也,是以学人必意存诚而日进善。况君子虽愚,然忠朴端正,小人愚则失礼,多以虚诈奸巧自欺欺人,故反常理而行,圣人岂能教之?

试译:夫子说:"狂放而不端直,无知而不谨慎朴实,貌似诚实朴厚却不可信靠,这样的人我不知道该如何教诲他。"

十七

子曰:"学如不及,犹恐失之。"

"学",即六艺之学。"不及",所学不纯熟。盖学问之道不可自成,皆赖师之所赐,唯熟于心而达于行,遂保所学之久,若六艺之学未熟,尤恐学而复失也。是以为学之道,学之唯恐汲汲所不能及也,固当尽力学至精熟,若有所不解处,勿姑且以待来日,以免学问生疏,日久必失也。

试译:夫子说:"学问如果达不到纯熟,恐怕还是会失去的。"

十八

子曰:"巍巍乎!舜、禹之有天下也,而不与焉。"

"巍巍",高大之貌,引申为崇高之义。

"不与"有三解。一、不与求也。昔尧禅位于舜,舜禅位于禹,故天下无待力求,必为有德者居之。东汉末世,魏篡汉而得天下,苦其名之不正,于是何晏窃用夫子"而不与焉"之语,作"不与求"解,暗喻魏文帝曹丕"不与求"汉家天下,汉献帝当效法尧舜,禅让汉天下与曹魏。何氏援经典以饰曹氏逆行,自此,以"不与求"作"不与"解者弥众。二、不亲与,不亲预。盖舜禹皆禅让而得天下,上承尧之礼乐、典章、法度,且委贤任能,虽身未预政事,恭己无为而天下治。然委用贤者固非不亲预政事,下篇夫子大赞"禹,吾无间然矣",亦谓其"菲饮食、恶衣服、卑宫室"诸事,亦赞其"致孝乎鬼神、致美乎黻冕、尽力乎沟洫"诸行,固知禹于政事必也亲力亲为,故不从此无为而治之说。三、或以舜禹之世皆盛世,故夫子自叹不预见舜禹之世,然夫子尝言"吾从周",固知夫子以周公礼乐为彬彬中道,则其志在周公礼乐明矣,故不从此说。四、昔尧所忧者乃不得舜之贤,舜所忧者乃不得禹、皋陶之贤,殊不知以天下与人易,为天下得其人而与之,乃至难之事也。夫子称舜、禹之"不与",乃谓其心在公不在私,遂未以居天子之尊为乐事,犹不干己事般。今从此第四说。

人耽于名利富贵,卒生凌人之盛气,更有甚者蝇营狗苟,但为微名小利而忘身。昔舜禹皆以匹夫之身而有天下,处天子之尊而能超然物外，唯以天下为己任，未以极权为乐事，故夫子慨言“巍巍乎”，乃赞舜禹过人之处也。

试译：夫子说：“多么崇高啊！舜、禹拥有天下，却不以天下为己有。”

十九

子曰：“大哉！尧之为君也。巍巍乎！唯天为大，唯尧则之。荡荡乎！民无能名焉。巍巍乎！其有成功也。焕乎！其有文章。”

子曰：“大哉！尧之为君也。” “尧”，姓伊祁，名放勋，古唐国人（今山西临汾尧都区），为五帝之一。尧乃帝喾之子，母陈锋（陈丰）氏，十三岁封于陶，十五岁辅兄帝挚，改封于唐地（今山西翼城），号陶唐氏，尧年二十代帝挚为天子，定都平阳。尧居位七十年得舜，二十年后禅位于舜。“大”，伟大；“哉”，感叹词。“君”，亦称王，故君王二字同义，乃天地之子也。夫人者，生于天地之间以成三才，故人性本源于天地，固当法天象地。自天子以至庶民，同存于一宇之内，岂能违天忤地而自立于天地之间，故万民之王乃称天之元子，是名天子。夫子盛赞尧乃至功伟大之君。

“巍巍乎！唯天为大，唯尧则之。” “巍巍”，伟大崇高之义。“唯”，独也，即唯独。“则”，与齐同义，乃循制以画定界限也，引申为则法。

天积众精以成刚健，故天道行健，是以圣人则法天道而成王事，其动健如乾马。地养万物而不言德，故地道至柔，是以先王承顺地道而涵养至德，其静柔似坤牛。圣王法天则地，遂成万世之功，是故自黄帝始，下迄于尧，垂衣裳而天下治，皆以乾坤天地之道为准。尧循天地之恒道以教万民、全历象、授民时、定时成岁，以使四季和顺，国泰民安，于是天下大治也，尧又禅位于舜，故至德无以复加。夫子慨天道之巍巍，唯尧则法天道而行化人间，故称“唯尧则之”。

“荡荡乎！民无能名焉。” “荡荡”，广远也，乃浩大之义。前言“巍巍”以示崇高，盖世间万物，功高莫过于天，唯尧德堪与天齐；后言“荡荡”以示广远，乃喻尧帝至德于上下四方无所不在。“名”，德之名也。

尧盛德高远，广被天下，虽育万类而无言，以致民无识其德，难以言辞称颂之。固知圣人法天道以治世，罪者自罚而不加以刑，德者自功而无美以誉，其功在百姓日用，使民受其惠而无以感恩，故圣人至德“民无能名焉”。

“巍巍乎！其有成功也。” “功”，功勋。尧至功伟德，以无上之治功定邦国而化万民，故谓之“成功”。

“焕乎！其有文章。” “焕”通奂，明也，即文采焕赫，引申为文章恢宏光大之义。上古之民质而无礼，朴而少文，故圣人教以礼仪，格以法度，于是日渐文明。当尧帝时，文治斐然，礼成乐备，功成而民得以教化，故夫子出此盛赞之辞。

试译：夫子说：“伟大啊！尧这样的君王。崇高啊！只有天能那样高大，只有尧能效法于天。(尧的恩德)广大啊！民众无法用言辞赞颂他。他的功绩多么崇高啊！他的礼乐典章是多么辉煌啊！”

二十

舜有臣五人而天下治。武王曰:“予有乱臣十人。”孔子曰:“才难,不其然乎?唐、虞之际,于斯为盛。有妇人焉,九人而已。三分天下有其二,以服事殷。周之德,其可谓至德也已矣。”

舜有臣五人而天下治。 “舜”,姚姓,妫氏,名重华,字都君,谥舜,后世尊为五帝之一,史称帝舜、虞舜、舜帝,号有虞氏,乃帝颛顼之六世孙。“臣五人”,即禹、稷、契、皋陶、伯益。禹位居百揆(揆度庶政之官),稷即后稷,名弃,稷乃官称;契位居司徒,皋陶为士,伯益为虞。“治”,治理。“舜有臣”,乃夫子语,录者误将“孔子曰”移至“武王曰”之后。

武王曰:“予有乱臣十人。” “武王”,姬姓,名发,乃周文王姬昌与太姒(大妃)嫡次子,其正妻邑姜。尝挥师诛杀殷纣,史称武王克殷,居位十五年,谥武。“予”,乃谓周也,即我朝。“乱”通乿,古解作治,即治理。“乱臣”,乃治乱之臣也。

“十人”有二解:一、周公旦、召公奭、太公望、毕公、荣公、太颠、闳夭、散宜生、南宫适,文母,前九位皆男子,第十位文母乃文王之正妃太姒。据传,周王业始于内治,其功皆在大妃,大妃尝力辅文王,能知臣子之劳,荐贤德而无私,存良言以兴周,是以《诗经》之《周南》《召南》皆称大妃之德。二、武王岂以母太姒为臣,故文王正妃不当位列“十人”,是故文母者,乃武王正妻邑姜。今从第二说。

孔子曰:"才难,不其然乎?" "才",道也。古以有道德者为有才,有才则可任事治世。盖人之有德无德,皆以才或不才称之,故世人多以"不才"为谦辞,固知有才者有善德,然有德者未必有才。夫子慨叹"才难",乃叹治世之才难得也。

"唐、虞之际," "唐",道德至大也,乃帝尧之号,"虞",乐也,乃帝舜之号;舜治天下以道,民人皆安居乐业,故称虞舜。或以唐虞皆地名,犹秦起于秦地,汉起于汉中,唐乃帝尧旧都也,位于山西太原晋阳,虞乃山西蒲州虞乡县,此亦可备一说。"之际"有二解:一、乃尧舜二朝交会之际。二、下也,即之下、之后也,乃谓自唐虞之后。

"于斯为盛。" "于斯",于此也,乃谓周初。"为盛",最盛也。按夫子语,自尧舜二朝交会之际以至周初,论治国之才,当以周初人才为最盛。

"有妇人焉,九人而已。" "妇人",妇,服也,乃女持帚洒扫之象,引申为整治、服事之义,今以此"妇人"为武王正妻邑姜。"九人",乃周公旦、召公奭、太公望、毕公、荣公、太颠、闳夭、散宜生、南宫适。按夫子语,武王有治乱之臣十人,除武王正妻邑姜外,余九人而已。

"三分天下有其二,以服事殷。" 殷末,天下九州为冀、青、兖、扬、徐、豫、荆、梁、雍,时文王已领扬、徐、豫、荆、梁、雍之众,唯余冀、青、兖三州于纣王,文王以此实力犹殷勤事奉于殷,故夫子称其"三分天下有其二,以服事殷"。

"周之德,其可谓至德也已矣。" 昔殷纣失政,西伯侯姬昌以盛德闻于世,天下人心皆向周,于是周尽得人才,归周者三分有二,已有得天下之势。然姬昌虽怀庇护万民之德,未有僭为天子之心，其仁心之厚，非畏殷纣也，实以怀柔之策以待殷纣自亡。固知文王智虑深远，既有天子之大德，又有事君之坚毅，故夫子赞其至德。

试译：舜有五位贤臣而天下大治。武王说："我朝有治乱的贤臣十人。"夫子说："人才难得，不是这样吗？自唐尧虞舜之际，下迄周初是人才最鼎盛时期，武王的十位大臣中还有一妇人，所以只能说是九人罢了。天下归周的有三分之二，但周仍然还臣事殷朝，周朝的仁德可以说是最高境界了。"

二十一

子曰："禹，吾无间然矣。非饮食而致孝乎鬼神。恶衣服而致美乎黻冕。卑宫室而尽力乎沟洫。禹，吾无间然矣。"

子曰："禹，吾无间然矣。" "禹"，姓姒，名文命，字密，史称大禹、帝禹，乃夏后氏首领，夏开国君王。据传，禹乃黄帝之玄孙，颛顼之嫡孙（或以禹为颛顼六世孙），其父名鲧，帝尧封鲧于崇，因治水不利，鲧与驩兜、三苗、共工并称四罪，遂遭诛。禹划九州，疏大水而归于海，崩而葬会稽山。"间"，去声，即挑剔。"无间"，无隙罅可非议之。"然"通焉。按夫子语，禹治功盛大，无隙罅瑕疵以使人非议。

"非饮食而致孝乎鬼神。" "菲"，薄也，即粗劣。禹饮食简劣，其敬祀之牺牲、祭品、礼器丰盛洁净，以为民请福也。

"恶衣服而致美乎黻冕。" "恶"，粗劣。"衣服"，乃日常服饰。“黻”通芾、韨、绋，乃祭服也，前蔽于膝，后蔽丁股。舜帝始作黻冕，其黻呈黑青相续之纹，夏黻呈山纹，殷黻呈火纹，周黻呈龙纹。值祭祀大礼，黻以别尊卑而彰有德，天子之黻用赤红，诸侯之黻用朱红。“冕”，祭冠也，亦称礼冠，呈前俯后仰之状，别为衮冕、鷩冕、毳冕、希冕、玄冕，天子、公卿、大夫各随其爵而用之。夫子赞禹日常之服虽敝陋，然祭服犹着盛装。

“卑宫室而尽力乎沟洫。” “卑”，低矮简陋也。“宫室”，宫室二字互证，即明堂也，乃禹施政之所。周明堂之基出地表九尺，殷出地表三尺，夏承禹制出地表一尺，所谓“卑宫室”者，乃相较殷三尺、周九尺也。“沟洫”，乃田间水道也，沟广深各四尺，洫广深各八尺，以别疆界、备旱涝之用。禹以善治水闻于世，其卑宫室而治沟洫，遂使天下大安。

“禹，吾无间然矣。” 禹“菲饮食而致孝乎鬼神”之行，乃致孝也；禹“恶衣服而致美乎黻冕”之行，乃致美也；禹“卑宫室而尽力乎沟洫”之行，乃致公也。当禹之世，洪水肆虐扰民，禹约己治民，防灾治国，遂使万民安居，其功在千秋，故夫子复言“禹，吾无间然矣”以赞之。

试译：夫子说：“禹，我对他实在无可挑剔了。他的饮食简单，却将鬼神的祭品办得很丰盛洁净；他的衣服粗劣，却将祭服做得很华美；他的宫室敝陋，却尽力修筑沟洫水道。禹，我对他实在无可挑剔了。”

論語正述·子罕篇

一

子罕言利与命与仁。

“罕”，希也，即希寡。“言”，说也。“利”，和也；利与义和则谓之利，利与义违则乖事害理，故天地之道利万物，谓之大利；苟行事害身，不得谓之利也。

夫利者，乃人本能之所需，故人皆爱利，于是趋之若鹜；不利者，人皆避之若害。苟利义不和，人必唯利是图，久之则道德沦丧，人心何以宁，家国何以安。故利和于义，虽取利而不失道；利不和于义，则取利而害道也。苟独倡义而不言利则民不从，苟独言利而不倡义则世风日下，故言义必及利，固知君子务利义调和之道，小人反利义调和之道。春秋末世，周王道日颓，民风日变，君子之道日微，苟计利则必害义，故夫子罕言利；苟言之，必以义释利。时人唯知利而不识义，故多逐利忘义，然利义之理精妙，民人皆罕知。

“命”，天命。人之穷达寿夭皆由命，通乎命者则一览人命之纲目而无余也。夫子所以罕言命者，盖命理至微，不识阴阳、生死、鬼神之变化，安得轻言之？苟言之，时人焉能信知。夫子晚年返鲁，读《易》几至韦编三绝，虽赞《易》亦多言及命。然《易》藏于鲁太史，非卿大夫则无以观之，《易》所载皆天道，中材以下焉能辨识之？夫子岂以上语而语于下者，况弟子于《易》素无问辞，故夫子罕言之。夫仁道至大，夫子未尝以仁自居，亦未轻以仁许人，故罕言仁。考《论语》全章，夫子罕言利、命、仁，然三者相较，则多言仁，次言命，寡言利，是以君子不舍仁、命而独言利。

试译：夫子平日很少言及利益、天命与仁德。

二

达巷党人曰："大哉孔子！博学而无所成名。"子闻之，谓门弟子曰："吾何执？执御乎？执射乎？吾执御矣。"

达巷党人曰："达巷党人"有三解：一、达巷者，一党之名也，古以五百户为党。二、达巷者，里巷之名也；党人者，下士。夫子晚年返鲁，治学教人，因公会与达巷党人相见，是人以夫子尝居大夫位，惋惜夫子不仕，虽博学而未以一技见用于诸侯。三、此达巷党人乃一未成年童子，姓项名槖，其人智慧卓越，寿短如颜子，汉儒以项槖为不学而自知者，虽以童子之身而未入孔门，然能知学问之要。或以童子项槖七岁尝为夫子师，夫子学无常师，凡贤者、能者、有一技之长者皆可为师，后人以童子项槖跻身于夫子师之列，亦可信。今从此第三说。

"大哉孔子！" 昔者尧则法天而行化万民，故功德至大，夫子尝赞曰"大哉！尧之为君也"。今达巷党人所谓"大哉孔子"，乃赞夫子之伟大与尧同。

“博学而无所成名。” 此达巷党人美夫子博学广道，然终无一技闻于世，以致居上位者未识而用之，庶人未识而名之，故无所成名于世。盖世之博学者，皆以其所长而名于世，诸如孙武以兵事而闻名，邹衍以五行之说而著称，公输班以巧技而成事，苏秦、张仪以辩才而乱天下，此皆中材为学之故也。

子闻之，谓门弟子曰：“吾何执？执御乎？执射乎？吾执御矣。” “门弟子”，夫子晚年返鲁，归老而教学，故有门弟子。“执”，持守也。“吾何执”，夫子谓人不用我，非我不求仕也。“执御”，执御马车也。以示为君上所见用，复仕大夫之位。“执射”，执于射艺。古以射礼选士，夫子年高，且尝居下大夫位，故不能复入此试。

按周制，学人十三岁习射、御，二十岁博学，三十岁虽博学而不独守一隅，不专守一技。固知射御乃夫子少年所学，今闻达巷党人褒辞，恐众弟子疑夫子虽博学而终无所用，故列举射御二技。夫子所谓“吾执御矣”非谦辞也，亦非搪塞达巷党人也。考其所以，一者以喻年事已高而不复出仕；二者人心皆向学，然多慕高妙而轻入手功夫，诸如学人多以执御为始学最卑职事，故多慕高远而轻斯技，此风愈演愈烈，已渐为学人之病。今达巷党人既出是语，以圣人大道虽宏，然鲜有下手处而扬名天下，故夫子以“执御”之辞诲诫学子，勿以道行高远而失卑近下手之功夫，学人固当务实守谦。

试译：达巷党人（童子项橐）说：“伟大啊孔子！他博学却不以一技而成名天下。”夫子听了此言，对门弟子说：“我究竟该专执哪一项技艺为好呢？专执驾车，还是专执射箭？我还是专执驾车吧！”

三

子曰:"麻冕,礼也;今也纯,俭,吾从众。拜下,礼也;今拜乎上,泰也。虽违众,吾从下。"

子曰:"麻冕,礼也;" "麻",大麻之雄株,开雄花,亦称枲麻,其纤维可织,凡执麻枲、治丝茧皆女工之事。"冕",形声字,冒与免合为冕,以带系于下颔,不使风吹冠,为黄帝始作。"麻冕",以枲麻织制礼冠,周称周弁,殷称殷冔,夏称夏收,乃夏、殷、周天子、诸侯、卿大夫宗庙祭祀所用。盖衣服始于女工,以枲麻制冠,以示不忘本也。麻冕以黑色枲麻细丝织成,呈上玄下黄,以示天玄地黄之理。据汉制推测春秋时布匹幅宽为二尺二寸,该幅宽容二千四百缕丝,其织工精密见矣。

"今也纯,俭,吾从众。" "纯"通缁,即黑丝,相较枲麻则工俭而易制。盖古礼冠以枲麻丝制,其工细而价贵;今礼冠为细黑丝制,较麻制俭矣。君子立身处事,有所为亦有所不为,绝非尊古不化也,丝制礼冠俭而不违制,固当从之,故夫子言"吾从众"。

"拜下,礼也;今拜乎上,泰也。" "拜下",臣子拜谒君上,先于堂下行稽首拜礼,君上依礼辞之,臣子升堂稽首再拜,此乃各国通行之礼也。拜于堂下乃臣礼之正法,臣子若未拜于堂下,径自升堂行拜礼,君上亦无辞之,则君臣皆僭礼也。"泰",侈也,即骄慢。时卿大夫多骄而违制,谒见君上唯行堂上拜礼。

“虽违众，吾从下。” 时臣多骄而违礼，故夫子违众而持拜下之礼，以兴不言之教。是故君子立身处世，行事不伤义，虽从俗亦不违礼，若事伤于义，则守志不移也。

试译：夫子说：“麻织礼冠是古礼，今改用黑丝织礼冠，比用麻节省，我顺从人们的这种做法。臣子拜见君上，先于堂下拜，再升堂拜，这是古礼，如今都只是升堂拜，这样太骄慢了，虽违逆众人之意，我还是坚持先于堂下拜。”

四

子绝四：毋意，毋必，毋固，毋我。

“绝”，截也，即割截、截断。夫子绝去意、必、固、我四事，故异于时民。“毋”通无，即无有，而非禁止之辞；圣人既已断绝此四者，何用再行禁止。

“意”有二解，一、志也，即私意，察其言可知其志。二、意度也，即意测、测度。今从第二说。君子为政，目之所见犹不足信，心之能解犹不足恃，固当以礼为度，凡事不得妄加测度。昔夫子居鲁司寇位以听讼事，于判决文辞必相议于人，未尝独断也，此诚夫子“毋意”也，乃欲为后人法，以示不妄测之理。

“毋必”有二解。一、无专必之心。君子居位则行其道，去位则抱道而藏，不专必为人所见用，以免损身命而害道行。今从此说。二、凡小言必信、小行必果者，其材虽陋固专执，然言辞朗朗，信誓旦旦如小人般，故为圣人所禁绝。此虽可备一说，今不从。

“毋固”有二解。一、君子立身处世，道可行则行，不可行则藏，能体此行藏之妙，安得固心执行而不化。今从此说。二、固者，故也；毋固者，不泥于旧故也，即不执念于过往而不忘。盖此一时、彼一时也，君子于成败得失皆不予挂念。此虽可备一说，然去夫子远矣，故不从。

“毋我”，夫子述而不作，尊周公礼乐之道而未辟异说，慕习群经而不着我见，示学人毋我之义，以为万世法。

本节所录旨在诲学人智“毋意”、义“毋必”、礼“毋固”、仁“毋我”也。君子智无测度，则兼听不妄；义无专必，则合于时宜而不失礼，于是用之则行，舍之则藏；礼无执固，期必以用，则合于中道；仁无私我，则与人亲善。苟绝此意、必、固、我四者，则合于天道而亲于人道，故君子无意、必之心于事前，无固、我之念于事后。

试译：夫子能绝断四种心——无测度心，无专必心，无固执心，无自我心。

五

子畏于匡，曰：“文王既没，文不在兹乎？天之将丧斯文也，后死者不得与于斯文也；天之未丧斯文也，匡人其如予何？”

子畏于匡， “畏”有二解。一、恐惧，凡畏罪而死者，古称畏。古人不吊三死：一者畏也，即遭强加之罪于己，以致畏罪而死；二者厌也，即立于危墙之下，为崩塌物致死；三者溺也，即淹死。圣人虽无所畏惧，然心怀戒惧以自保，以免伤身害道。夫子遭困匡地，顿生戒备之心，故称畏于匡。二、畏通围，即围困。昔阳虎尝施暴于匡人，时孔门弟子颜尅与阳虎同行。鲁定公十四年（前496），夫子年五十七，过匡，颜尅为夫子御车，遂为匡人识，且夫子貌与阳虎颇似，于是匡人误以夫子为阳虎，故误围夫子。今从此说。

曰："文王既没，文不在兹乎？" "没"，殁也。"兹"，此也，乃有所指之辞。兹有二解：一、兹者，夫子自谓其身也。然古无以"兹"为己之辞，故不从此说。二、夫文、武、周公之道尽备于方策，时夫子周游列国，必载此典章于车，故夫子云"文不在兹乎"，乃反问肯定辞，即文在兹、道亦在兹也。夫子以文王虽去世久矣，然典籍尽在兹者，乃车载典籍也，今从第二说。时匡人围夫子既久，其势日渐窘急，众弟子皆生惧意，故夫子出此言以解慰之。

"天之将丧斯文也，后死者不得与于斯文也；" "斯"，此也，与上言"兹"同义。"斯文"，乃车载文、武、周公之典籍也。"后死者"，夫子自谓后死于文王，乃晚辈也。按夫子语，上天若欲丧文、武、周公之道，必不使己得之；今既已使己得之，则"斯文"与"后死者"必安然无恙，天岂能丧之。

"天之未丧斯文也，匡人其如予何？" 天不欲使文脉断绝、道风沦丧，遂使夫子得而传之，匡人岂能违天逆理以害夫子身命，而使斯文横遭毁灭？

考匡之隶属有二：一、汉儒或以匡为宋邑，则匡人即宋人。二、匡原属郑地，卫取匡为卫邑。鲁定公六年（前504），鲁侵郑，时阳虎专权，季氏随军而无兵权。鲁欲借道卫国以攻郑，然未通报于卫，阳虎使鲁军破匡城而蹂躏其民。今从第二说，以匡为卫邑。

试译：夫子被围困于匡地，他说："周文王死后，礼乐之道不就在此处吗？如果天意要丧失礼乐之道，后死的人就不会了解礼乐之道了；如果天意不愿意丧失礼乐之道，匡人又能把我怎么样呢？"

六

太宰问于子贡曰："夫子圣者与？何其多能也？"子贡曰："固天纵之将圣，又多能也。"子闻之，曰："太宰知我乎？吾少也贱，故多能鄙事。君子多乎哉？不多也。"

太宰问于子贡曰："夫子圣者与？何其多能也？" "太宰"，大夫，亦称冢宰；周天子设六卿，太宰居六卿之一。"与"，疑问辞。春秋末世，诸侯僭天子制而设六卿，宋、鲁、郑、楚亦设太宰。据《左传》所载，子贡与太宰嚭相语凡二次，一者为鲁哀公七年（前488），是年夫子六十五岁；二者为鲁哀公十二年（前483），是年夫子已七十岁高龄。故今以其为吴太宰嚭。吴太宰嚭以礼乐为大艺，以书、数、射、御为小艺，今以夫子多能于小艺为问，乃疑夫子非圣人也。

子贡曰："固天纵之将圣，又多能也。" "固"通必，即一定。"纵"，肆也，乃不可限量之义。"将"有三解。一、奉行也。二、且也；"将圣"即且圣也，乃谓夫子圣道未成也。夫子年五十而知天命，其学问之道已臻圣境，此且圣之说，或可谓夫子未知天命以前，故不从此说。三、大圣也，今从此说。按子贡语，上天力使夫子成就大圣，故使其多能多艺，固知夫子乃天纵其才，非常人可及可知也。

子闻之，曰："太宰知我乎？吾少也贱，故多能鄙事。" "鄙"，古以五家为邻，五邻为里，四里为酂，五酂为鄙，故五百家为一鄙。"鄙人"，乃郊野之人。"鄙事"，郊野之人所为贱事。夫子自谓少小贫贱，为生活所迫故，遂多为鄙贱之事。

"君子多乎哉？不多也。" 夫子不欲以圣人自居，退而以君子自谦。夫子既已自言多能，又自云君子不必多能，固知君子当以笃行守礼为本分，以明德行道为己任，非以多能为衡量君子之准。昔南唐李煜、宋徽宗赵佶皆精书善画，通音律、晓诗文，惜乎不能为君，其诗词书画纵尽其妙，实文人画工之事也，空怀此聪明技艺，然终非圣人之道。

试译：吴太宰嚭问子贡道："你们的夫子是圣人吗？他为什么这样多能呢？"子贡说："必定是上天全力使他成为圣人，又使他多能的。"夫子听说后，说："太宰真了解我吗？我因年少时生活贫贱，所以多学了些鄙贱的事。君子要多能吗？不用这么多啊！"

七

牢曰："子云：'吾不试，故艺。'"

"牢"，孔门弟子子牢。《史记·仲尼弟子列传》无载子牢其人,实缺误也。汉儒或误以其名琴牢、琴张,字子开,乃误传也。“试”,用也,即启用。本节录子牢语,乃述夫子之语也,乃前节“少贱、多能”之余续。固知夫子不为君上见用,故多艺。

试译:牢说:“夫子曾说:‘我没能得到朝廷的重用,所以学得了许多技艺。’”

八

子曰:“吾有知乎哉?无知也。有鄙夫问于我,空空如也。我叩其两端而竭焉。”

子曰:“吾有知乎哉?无知也。” “知”,识也、觉也,故通智,乃意识思维境界。学子由识而知,由知而觉,由觉而智,乃为学之次第。人之思维意识难免有私,然圣人道法圆融而天成,故无私知,亦无聪辩强解之私语。于是夫子问于众弟子,欲示己道已离聪辩意解、思维逻辑之知,所言皆由心出,非由知出也。夫能知者,因识而得知也,其所言未必尽理,亦未必尽性。夫子自谓“无知也”,乃谓已无意知也,则其言必合于天理人性,故诚尽于天理人性。

“有鄙夫问于我,空空如也。我叩其两端而竭焉。” “鄙夫”,古以五百家为一鄙,即郊野农人。夫子所谓鄙夫者,乃三年大考而未中者,虽不能为士,然异于郊野之民。“空空”有二解:一、鄙夫心中有疑,呈空空无知之貌。二、空空者,悾悾也,乃朴实耿直、悫善寡言之貌。有鄙夫问于夫子,其意必诚,其言必朴。今从第二说。

“叩”通敂，即敲击也。今以叩为反问词，盖鄙夫心中有疑，其所问必不详尽，故夫子反问以详告之。“端”，始也、首也，事物之初生谓之端。“两端”，即人事物之本末、上下、始终、高低、贵贱、粗精，君子必执其两端而用其中，以中道治民。今鄙夫有疑，必执于一端而疑另一端，故不得中。夫子叩问其两端，欲使其人疑两端皆不中，以待其自明中道也。“而竭焉”，鄙夫既知苟独执其两端，皆无所据、无所立，于是执着两端之意已竭，乃思中道也。

凡上有所好者，下必甚焉。居上位者苟劝善，尤恐诈伪乘风而起；苟不劝善，尤恐民风刁戾。居上位者苟倡理财，尤恐民人唯利是图；苟不倡理财，尤恐民穷非礼。居上位者苟重兵，尤恐暴而无功；苟不重兵，尤恐国威难张。上述皆两端也，君子固当尊礼明义，执中而行，循时宜而不偏执。夫子以仁心处世待人，虽有至愚鄙夫相问，亦必尽己之所知以告也。

试译：夫子说：“我有知吗？我是无知的。有未出仕的读书人诚恳地来问我，我也只是从他的问题两端来叩问他，使他的想法穷竭了。”

九

子曰：“凤鸟不至，河不出图，吾已矣夫！”

“凤鸟”，神鸟，凤为雄鸟，凰为雌鸟，其貌若鸡，呈五彩，乃祥瑞之兆。凤凰别为五类，亦称五凤：赤鸟为凤，黄鸟为鹓雏，青鸟为鸾，紫鸟为鸑鷟，白鸟为鸿鹄。古散文通称凤，别称丹鸟、火鸟、鶡鸡。“河”，洛河也。“河图”，该图示现于洛河，为圣人所则法。昔龙马衔河图出，神龟负洛书见，伏羲氏参以河图，取象于宇宙万类，故画八卦。据传，连山氏得河图，夏人承之，谓《连山易》；归藏氏得河图，殷人承之，谓《归藏易》；伏羲氏得河图，周人承之，谓《周易》。此三《易》皆法河图，固知河图之义理博大精深，自伏羲氏以至黄帝、尧、舜、禹、汤皆受其启示。“已”，止也。

凤鸟、河图皆祥瑞也，凡有道圣王多逢此祥瑞，受其命而法其理。然周道之衰始于幽厉，于是礼乐征伐自诸侯出。夫子怀圣人仁德而遭逢乱世，以致言不用而道不张，故感怀处乱世而不得见此祥瑞，遂自悲己道颓矣，故不得受命于天，亦不得辅政于明王。

试译：夫子说：“凤鸟不飞来，河图不出现，大概我此生也就这样了吧！”

十

子见齐衰者、冕衣裳者与瞽者，见之，虽少，必作；过之，必趋。

子见齐衰者、冕衣裳者与瞽者， “见”，乃目之所见，即望见，非依礼接见也。“齐”，上曰衣而下曰裳，上衣之下端曰齐，乃使齐整之义也。“衰”通缞，乃麻制丧服，披负于胸背，长约六寸，广约四寸。缞下端不缉缝者，称缞斩、斩衰；以黑色染缞，称缞墨。丧服别为五者，丧服愈重则用麻愈粗，缞为重丧服，故以粗麻制。子及未嫁女为父母、媳为公婆、重孙为祖父母、妻妾为夫皆服缞，诸侯为天子、臣为君亦服缞。缞左右、下端皆不缝，上端虽缝之，然边幅朝外，不掩其断处，以示不修饰之义。背负丧服，以示负哀；披于胸前，以示当心有哀。男子之缞独在上衣，女子则上衣下裳一体皆缞。

考齐、衰之别，齐则缉缝，衰之左右、下端皆不缉缝，故衰服重而齐服轻。"齐衰者"，乃着丧服者。"冕"，乃卿大夫之礼冠。或以冕通弁，言冕则含弁，言弁则不含冕。冕呈前低后高之貌，故称冕；弁则前后一平，故不得称冕。弁者攀也，以攀束其发，其别为三：爵弁，以赤黑之爵韦制成；皮弁，以浅朱之鹿皮制成；韦弁，以柔软韎韦（双层皮）制成。大夫冠冕，士冠弁。值庙祭时，凡"冕衣裳"者，即大夫着盛服也。冕、弁皆藏于公所，大夫、士于行礼当用之际，遂取于公所，用后必还于公所。今夫子得遇"冕衣裳"者，必在庙堂之上、公所之内。

"瞽"有二解，一、目盲者，即目中有珠无眸。二、无目亦无眸谓之瞽，因其无目，故平合如鼓皮也。此二说可互证，尤以第二说为准。"瞽者"，亦称瞽师、乐师，因习乐而刺瞎双目，故无目，以为不分神也。夫子于庙堂、公所得见此瞽者，民间盲者岂能至庙堂之上，故瞽者必瞽师也。

见之，虽少，必作； "少"，年少也，即童子。"作"，起身。夫子才坐，见人至则起立。按周制，君子年四十始致仕，年五十始袭大夫爵禄。当夫子之世，卿大夫皆由世袭，故有年少童子承袭卿大夫之贵位者，此虽僭礼，亦渐衍为常情。夫子于庙堂之上，偶值位尊而年少者，必起身以示礼敬。

过之，必趋。 此非在巷道也，乃夫子于庙堂之上、公所之内，每过冕衣裳者、瞽者、年少而居贵位者，必趋行以示敬意。本节录夫子行止，乃见其哀有丧者而悯德高艺重者，其或立或趋，皆不期然而遇，足见圣人之诚，其内外一致也。

试译：夫子于庙堂见到服重丧服的、穿礼冠礼服的及目盲的瞽师，即便是未成年而世袭爵位的童子，夫子也必从座位上起身；若夫子从这些人身边走过，必定疾行而过。

十一

颜渊喟然叹曰："仰之弥高，钻之弥坚。瞻之在前，忽焉在后。夫子循循然善诱人，博我以文，约我以礼，欲罢不能。既竭吾才，如有所立卓尔。虽欲从之，末由也矣。"

颜渊喟然叹曰："仰之弥高，钻之弥坚。" "喟"，太息也，即吟叹声。颜子美夫子圣道，自叹已竭力学之，终力不能及。"仰"，举首望也，即仰视，引申为心慕企仰之义。"弥"有二解：一、长也、久也，即高远。二、益也，即愈发。今从第二说。"钻"，穿也，即钻研而入。"坚"，实也、固也。

颜子从学夫子既久，积累岁月，方知其道高远，仰之弥高而学不可及；其学深厚，钻之弥坚而力不可入。

"瞻之在前，忽焉在后。" "瞻"，视也，即瞻望。"忽"，倏忽也，即顷刻也。颜子感叹夫子大道不可意会，恍惚而不可名状之，仿佛瞻望而得见其机，然终不可得也。

圣人乃完德者，已悟入宇宙人生之真谛，学子以小智欲见大道，见前而无视后，见后而有失前，顾左无右，据右失左，皆不得中道之故也。

“夫子循循然善诱人，” “循循”有二解。一、次序也，即循序渐进也。夫子诲人以循序渐进之法，先以博文，继之约礼。今从此说。二、恂恂，乃严谨温恭之貌，故使人信。圣人传道解惑，严谨恭顺以教学人，故合于师职。此虽可备一说，然独以貌恭释圣人传道之法，终失于小，故不从。“诱”，诱导引进也。君子当以为学之道善导学人，勿使其困于未知。

“博我以文，约我以礼，欲罢不能。” “罢”，休也，即罢息。“文”《诗》也，亦称文学，即致知格物也。“礼”，乃人所践行之天理，即克己复礼也。按颜子语，夫子以文博我胸襟，以礼约我行止，故学文习礼唯彬彬而已，欲进而无止境，欲罢而无退路。

“既竭吾才，” “竭”，尽也，即竭尽。“才”，才能。按颜子语，唯竭尽我才、我能、我知，使我无所据于两端，方无立锥之地，当此时则唯余中道也。颜子以夫子大道高深，虽日久而竭己能，然夫子之气象望尤不能及也，遂出此高山仰止之叹。固知学人于圣道不可轻见，然则颜子已见夫子之道久矣。

“如有所立卓尔。” “如有”，颜子以夫子之道博大精微，不敢自言能彻见之，故以“如有”为假设之辞。“所立”，有所立也。“卓”，高也。“卓尔”，卓绝也，即绝于瞻望，故目不可测也，正所谓高山仰止，望之而力所不能及也。

夫子年十五志于学，所志学者，乃博文也；至三十而立，所立者，乃立于礼也。君子志于学问之道，泠泠然孤独之感则难以言状，苟立志不移，虽泰岱之高必逾也，虽金石之坚必钻也，直至学问有所立，方谓之学成，是故其所立者，乃依中道而立于礼也。

“虽欲从之，末由也矣。” “欲从”，欲从于圣人所立之道。“末由”，乃谓无下手处，故无章可循。夫道者，在百姓日用而不为人所共知，其形无常，其理完备，唯圣人知之也，故圣人在则道显，圣人逝则道隐。今颜子以夫子之道高深，虽慕之从之既久，然己力已竭，仍无下手处，犹不可循阶而登天也，遂出此“末由也矣”之叹。

考颜子语，固知其昔日为学用工之勤，欲下手而无处着力之难。颜子出斯语，时道果已成矣，特以过来人之语，追述当初未得圣教之际，于夫子圣道先难而后获，以启学人勿辍止于初学。颜子先言博文，以示得文心、通古今、达权变也；继言约礼，以示尊所闻、所知、所行也，然后方见夫子之道卓然而立；后言“虽欲从之，末由也矣”，欲诲学人不怠不懈，不急不躁，循序渐进于大道，终必有所成也。

试译：颜渊喟然叹道：“我仰望它（夫子之道），愈望愈高；我钻研它，愈钻愈坚。我看它似乎在前面，顷刻又像在后面。夫子循序渐进地教导我，他是真的善教啊！他以文来使我博学，以礼来规范我，使我欲罢不能。当我的才能用尽的时候，好像见它高高地矗立着，我想追从它，却又感到无路可循。”

十二

子疾病，子路使门人为臣。病间。曰：“久矣哉，由之行诈也！无臣而

为有臣。吾谁欺？欺天乎？且予与其死于臣之手也，无宁死于二三子之手乎？且予纵不得大葬，予死于道路乎？”

子疾病，子路使门人为臣。 “疾病”，乃疾之甚也，即重疾。“门人”，孔门弟子。“为臣”，为者，伪也，无臣而伪作有臣。昔大夫居位，卒则葬以大夫礼，苟废职去位、致仕归政，卒则葬以士礼。子路以夫子尝居大夫位，今若病重致死，欲依大夫礼葬夫子，然夫子退仕久矣，若病逝，当以士礼葬之。子路欲僭用大夫礼，使门弟子为夫子家臣而治丧制服，斯举虽不当，斯意固非不良。

病间。 “间”有二解。一、病略有所减轻。二、病愈，昔南楚以病愈称间，亦称差。今从第二说。夫子病重时未知子路所为，待病愈方知此事。

曰：“久矣哉，由之行诈也！” “诈”，欺伪。按夫子语，子路欲行此诈伪之心久矣，固非今日偶见。

“无臣而为有臣。吾谁欺？欺天乎？且予与其死于臣之手也，无宁死于二三子之手乎？” “无宁”，无者，乃语气助词，无实义；宁者，宁愿也。“二三子”，夫子呼众门弟子。夫子尝居鲁司寇位，既已退位，本无臣，今子路僭用大夫礼，伪作有臣，实则欺人、欺天也，是故夫子曰“吾谁欺？欺天乎”。苟以斯礼治丧，与其伪以大夫礼葬而死于家臣之手，宁愿以士礼葬而死于弟子之手。盖夫子为退职大夫，由弟子治丧，是为守礼。

“且予纵不得大葬，予死于道路乎？” “大葬”，即大夫葬礼。“死于道路”，即死而不得葬。时鲁召夫子返鲁，于途中患此重疾。夫子返鲁之后必复大夫位，时可用大葬之礼，且有众弟子侍奉,必平安抵鲁。固知天道既不丧斯文,欲以夫子之教垂于万世,岂使其死于途中。考夫子语,乃知天命之言也。

试译:夫子于返鲁途中病得很重,子路便让孔门弟子充当家臣,准备以大葬之礼操办丧事。夫子病愈后,得知了这件事,说:“仲由行诈的心很久了。我没有家臣,却偏要装作有家臣。我骗谁啊?难道要骗天吗?而且与其死在家臣手里,我宁可死在你们这些弟子手里。纵然我不能享受大夫的葬礼规格,莫非会死在途中而无人安葬我吗?”

十三

子贡曰:“有美玉于斯,韫椟而藏诸?求善贾而沽诸?”子曰:“沽之哉!沽之哉!我待贾者也。”

子贡曰:“有美玉于斯,韫椟而藏诸?求善贾而沽诸?”“韫”,裹也、藏也,即收藏。“椟”,亦称匮、匣,俗称柜,以缄藏贵重物品。“贾”有二解:一、贾市也。古人重玉,每用玉必购于贾人之手。善贾者,乃贾中之善经营者也。今从此说。二、贾者,价也,乃买卖之称:此称古无之,乃后世俗称,故不从。自古商贾有别,商者,流通四方之货以求其利,故称行商;贾者,固存待殖之货以牟其利,故称止贾。“沽”通夃,卖也。子贡以夫子抱道不仕,故问于夫子,匣藏美玉,苟遇善贾而沽之否。

子曰:“沽之哉!沽之哉!我待贾者也。”“沽”,当街炫卖也。夫子以美玉固当卖,然不可当街叫卖,必居以待善贾购也。

夫子复言"沽之哉",乃欲售斯玉也,足见其急欲受聘于明君以大行其道。

君子素以美玉喻美德,故君子所重者,唯德之无瑕如玉,苟美玉无瑕,沽与不沽皆无伤于玉。子贡以善贾喻贤君,以观夫子或藏或用之志也。按夫子语,虽有贤君,必待其聘,岂能曲道而妄求之。固知夫子未尝不欲仕,然其所恶者,乃不由其道也,若君上待之以礼,犹善贾相待美玉,夫子岂能不仕?

试译:子贡说:"如若有块美玉在这里,是将它装在匣中收藏起来呢?还是找个识货的善经营者将它卖掉呢?"夫子说:"卖呀!卖呀!我在这里等识货者出价呢!"

十四

子欲居九夷。或曰:"陋,如之何?"子曰:"君子居之,何陋之有?"

子欲居九夷。 "九夷"有二解:一、九夷位于东方海中,即玄菟、乐浪、高骊、满饰、凫更、索家、东屠、倭人、天鄙诸族,其中玄菟、乐浪、高骊皆属朝鲜。本节"子欲居九夷"与前节"乘桴浮于海"皆谓朝鲜也。二、或以南方曰蛮,亦称夷,即楚夷之地。夫子尝居陈、蔡,去楚不远,故有此"欲居九夷"之说。然楚夷风俗彪悍,久为人所讥,故夫子欲居九夷者,非欲居楚夷也,实谓朝鲜也。今从第一说。夫子之道久不见用于华夏诸侯,遂生欲行海外之志。

或曰:"陋,如之何?" "陋",固陋,乃谓地处偏僻,民风顽薄，其民固陋而不知礼仪，其地难以久居，遂出是问。

子曰："君子居之，何陋之有？" 君子者，乃谓殷人箕子也，名胥余，乃帝乙之弟，纣王之叔父，官太师，因封于箕而得名。昔者周灭殷，箕子尝以夏禹《洪范九畴》陈于武王。夫子以朝鲜有箕子之治，又何陋之有？

昔武王灭殷，箕子携殷遗民景如松、琴应、南宫修、康侯、鲁启及民五千，自胶州湾东渡朝鲜，建箕氏侯国，武王封箕子侯国为朝鲜，时箕子五十二岁。箕子朝鲜尝臣于周，后臣于秦，为周、秦海外之属国，后渐为卫氏朝鲜取代，卫氏朝鲜亦自称外臣属国。箕子以礼乐教化臣民，遂使民人知禁，邑无淫盗，夜不闭户，政通而道存，延绵数百年而不衰，故东夷民性易御，素有柔谨之风。夫子以己道不行于华夏，则九夷可居也，遂以"君子居之"称许箕子之治。

试译：夫子想去九夷之地居住。有人说："那里很闭塞、简陋，怎么住呢？"夫子说："那里曾有箕子的礼治，那还称什么闭塞简陋呢？"

十五

子曰："吾自卫反鲁，然后乐正，《雅》《颂》各得其所。"

子曰："吾自卫反鲁，" 鲁哀公十一年冬（前484），夫子自卫返鲁，是年夫子六十九岁，已至耳顺之年，将入从心所欲不踰矩之年。

“然后乐正,《雅》《颂》各得其所。” “雅”,正也,以正天下也。西周定都镐京(今西安市长安区西北),乃古时最早称京都者,周以镐京之音为正音,亦称《雅》音。周平王东迁洛邑,初亦用《雅》音,久之政教衰微,难复《雅》音,故降而称《风》,《风》《雅》皆以音言也。《颂》者,容也,即舞容,《风》《雅》皆弦笙以歌之,唯《颂》始有舞容。夫子正乐,兼《风》《雅》《颂》三者,今不言《风》者,乃举《雅》《颂》已兼《风》也。

春秋末世,礼崩乐坏,夫子返鲁而正之,遂使《雅》《颂》各得其所。所谓各得其所者,乃正《诗》之乐章也,即正《雅》《颂》以入其乐部之所。诸如《小雅·鹿鸣》《小雅·四牡》《小雅·皇皇者华》,当奏以《乡饮酒礼》《乡礼射》《燕射》,此三礼之乐即三《诗》之所也,是以《风》《雅》《颂》之诗各入其部,即入其所也。考正《雅》之序,必先正《雅》各入其所,复正《雅》错入其所者;正《颂》亦然,诸如以《周颂·清庙》祀文王,当以禘礼为《清庙》之所;又如天子养老则登歌《清庙》,诸侯相见则乐歌《清庙》,此皆《周颂·清庙》之所也;再如大夫射礼奏歌《国风·召南·采蘋》,士射礼奏歌《国风·召南·采蘩》,此亦各得其所也。昔夫子必专定一书,以使《风》《雅》《颂》之所有序,遂各归其类也。

当夫子之世,郑、卫之淫乐新声兴起,遂使音律乖违,《雅》《颂》自此而乱,《诗》之声律已面目全非,故夫子尝叹言“恶郑声之乱《雅》乐”。昔者先王制礼作乐,以为节制人欲也;世人好色,特制婚姻之礼以使男女有别;世人好闻靡靡之音,特以《雅》《颂》之声正之。苟世人皆以郑声弦歌《诗》,则乐者淫而哀者伤,是以夫子使“《雅》《颂》各得其所”,必定其律而正其音,虽郑卫靡靡之风亦不可乱之。综上所述,《诗》篇目紊乱,多呈杂而无序之状，且乐章不得其所，《雅》音多为郑声所乱。夫子返鲁，必编正《诗》之篇目次第，即而正乐章以入其所，又定音正律，以免郑声之害。

试译：夫子说：“我从卫国返回鲁国，然后乐得以厘正，《雅》《颂》各自恢复了它们原来应有之所。”

十六

子曰：“出则事公卿，入则事父兄，丧事不敢不勉，不为酒困，何有于我哉？”

子曰：“出则事公卿，入则事父兄，“事”，事奉也。“公”，周天子设爵九等，亦称九命，以少师、少傅、少保称三孤，为从一品，该爵卑于公而尊于卿；大夫谓四命，亦称公，其爵高于三孤。按周制，唯周天子邦畿千里设太师、太傅、太保三公，为正一品；诸侯邦国独设孤，不设公，故权以孤代称公。“卿”，章也，即章善明理也。卿上承天子，下为万民章续善道，言明天理。大诸侯国设三卿，受命于周天子；次一等诸侯国设三卿，其二卿受命于周天子，一卿受命于国君；小诸侯国设二卿，皆受命于国君。时夫子居鲁司寇位，故出斯言。

“丧事不敢不勉，不为酒困，何有于我哉？”“勉”，尽力也。“困”，乱也。“酒困”，为酒所困扰，以致酒乱，故君子饮酒，朝饮不废朝，暮饮不废夕。“何有”，不难有也。按夫子语，君子仕于朝，必勉力忠顺以事公卿；入于家，必尽孝悌以事父兄；苟逢丧事，必勉力遵从丧礼，不耽酒乱性，以免人我俱受其扰。如此诸事，于夫子则何难之有。

当夫子时，必有恃才身贱者未肯事贵，狂悖不肖者未肯事贤，无学年少者未肯事长，且居丧违制，耽酒致乱，夫子不欲睹世风愈下，遂出此语以儆之。

试译：夫子说："出仕则以忠心事奉公卿，入门则以孝悌事奉父兄，办丧事不敢不尽力，不被酒困扰而乱心性。这类事对我有何难呢？"

十七

子在川上曰："逝者如斯夫！不舍昼夜。"

"川"，穿也，亦称穿流，乃大河穿地表而流也。凡两山必夹一川，凡遂、沟、洫、浍之细流皆汇于川，以成大流，其别为六川，即河水、赤水、辽水、黑水、江水、淮水。"逝"，往也、进也，盖言一切往者皆如川水之流。或有学人咨诹进德修业之事，夫子以川水往进不舍昼夜为答，以示进德修业固当孳孳不已，犹川水往进之势，永无止息。

夫子以水为喻，盖水滔滔不绝于源泉而归于海，犹君子立身行事，当以道德礼义为本；水浩荡往进之势须臾不竭，犹君子力学不止；水盈满循进，犹君子平实不懈；水渐进而不遗小隙，犹君子之察；水虽远必至而不迷，犹君子之智；水遇障则止而自清自净，犹君子知命；水涤污除垢以使清洁，犹君子之善教化；

水临渊壑而无退，犹君子之勇；水能胜火厄，犹君子之武；万物得之则生，失之则死，犹君子之德。固知水备圣人之全德，犹备道之全体，养万物而无穷，犹道体运行万载，故夫子临川而叹“逝者如斯夫！不舍昼夜”，以示岁月如流，以儆学人珍爱光景，及时为学。自本节始，下篇皆劝进学不止之词。

试译：夫子站在大河边，说：“往进就像这大河的水啊！它不舍昼夜地向前奔流。”

十八

子曰：“吾未见好德如好色者也。”

“色”，美色。“德”，乃谓有德之贤士大夫，而非泛言道德也。“好德”，即好贤求贤也。夫子痛惜时人好色薄德，遂出此儆语。

鲁定公十五年（前495），鲁定公薨。时卫灵公与夫人南子乘车将行，宦官雍渠陪侍，将出宫门之际，使夫子乘车随行，招摇过市。夫子以卫灵公斯举为丑，遂去卫过曹。

苟好德如好色，其诚若斯，可谓真好德也。然世人但知好色而不知好德，此诚君子小人之别也。夫子出此至言，能揭人隐恻之病。

试译：夫子说：“我从未见过有谁好德如同好色那样。”

十九

子曰："譬如为山，未成一篑，止，吾止也。譬如平地，虽覆一篑，进，吾往也。"

子曰："譬如为山，未成一篑，止，吾止也。" "为山"，积土以成山。"篑"，竹制土笼，乃盛土之器，别称篑、筹、筊、簝、籯、篝、笭，笼，皆同物而异名也。"止"，息也，即停止。

夫子引《尚书·旅獒》"为山九仞，功亏一篑"之语，欲劝人进德修业，苟使堆土成山，唯差一篑而止，遂失前功，终功亏一篑而未成其志，故不许之。

"譬如平地，虽覆一篑，进，吾往也。" 按夫子语，于平地积土成山，虽始覆一篑之功，亦不因功寡而薄之，必因力行欲进而许之。

盖天之生养万物，必因其材而成之，成材者以培之，自甘堕落者必随其自灭。夫子欲诲学人进德修业犹积土成山，自强不息者则积少成多，中途而止者则前功尽弃，故进退皆在我，非在外力也。

夫传道授业必观学子之志，有志能行者则诲之，无志无行者则弃之。若其志浅薄，无成道之望，夫子亦不复教之以文、约之以礼、达之以道，止者，当随其自止也；往者，当助其所往也。

试译：夫子说："譬如堆山，仅差一筐土就堆成了，如果停止了，我也不再帮助他了。譬如在平地，即使仅堆了一筐土，如果继续向前堆进，我也会帮助他成就的。"

二十

子曰："语之而不惰者，其回也与！"

"惰"，懈倦不敬也。夫子设教，凡语之再三而未解者，则弃而不教也。颜渊于夫子所授无所不解，且心领神会，能解能持，于颠沛造次之间未尝有所违也，故夫子与其相语终日而无惰，余人则语之再三而不得解，故有惰与语之时。

观圣人门中，有善问者若子贡，不善问者若子路，孝悌者若曾参，德高者若冉雍，居贫乐道者若原宪，然能妙解夫子之语而乐行夫子之道者，唯颜子一人耳。且颜子触类旁通，闻一知十，夫子所语者必最上乘之妙理，除颜子外，余人尽不可得之，此非道远人，乃人远道也。

试译：夫子说："能让我与他相谈而不倦的人，也只有颜回了。"

二十一

子谓颜渊，曰："惜乎！吾见其进也，未见其止也。"

"惜"，痛也。"惜乎"，乃痛惜之辞。"止"，停也。夫子于颜渊逝后发此痛惜之辞，叹颜子于学问道德日进日新，唯见其进而未见其止，其哀惋之情溢于言表。

本节夫子言进之辞，与前节川上"逝者如此夫！不舍昼夜"若合一契，皆谓君子进德修业重在进也。

试译：夫子谈到颜渊时，叹道："（他死了）可惜啊！我只见他不断进步，没有见他停下不前啊。"

二十二

子曰："苗而不秀者有矣夫！秀而不实者有矣夫！"

"苗"，谷之初生而未吐穗，谓之苗。"秀"，凡禾成穗俗称出穑，禾吐花结穗为秀。"实"，实谷也，乃子粒饱满之谷类。苟苗不能秀，秀不能实，则收成不佳。

考夫子是语，乃痛惜颜渊暴颠早逝也。盖君子好学而早夭，虽成其道而未致其用，实千古之憾事也，故夫子感慨人之有生而未得育成，人之有学而未得致用。

试译：夫子说："庄稼发了苗却没有开花吐穗，有这种情形啊！开花吐穗了却没有长成谷实，有这种情形啊！"

二十三

子曰："后生可畏，焉知来者之不如今也？四十、五十而无闻焉，斯亦不足畏也已。"

子曰："后生可畏，焉知来者之不如今也？" "后生"，即年少者。"焉知"，安知也。"不如今"，不如我之今日。夫子出此褒许之辞，盖年少者力必强，可积学而有待，故其势使人畏服，安知其未来不如我之今日。

"四十、五十而无闻焉，斯亦不足畏也已。" "无闻"，无善闻于人。六艺既为士所习之艺，无善艺则必无善闻。古以年五十其身始衰，故称老，是以养老自五十始，此时若无善艺而达善闻，则不足畏矣。故进德修业当依时循进，学人年少习艺，固当力学，苟年老体衰，时过而后学，固难成也。是故君子爱惜身命，不废须臾之学。

试译：夫子说："年轻人是可敬畏的，怎知后一辈人将来不如今天这一辈呢？一个人如果到了四五十岁仍无善闻于世，也就不足畏了。"

二十四

子曰："法语之言，能无从乎？改之为贵。巽与之言，能无说乎？绎之为贵。说而不绎，从而不改，吾末如之何也已矣。"

子曰："法语之言，能无从乎？改之为贵。" "法"，古写为灋，从廌；据传，廌乃独角神兽，能辨是非、明曲直、决诉讼，凡对簿公堂，廌以独角专攻无理者下堂，故从去。衙门多设此石兽。法者，乃依法而使有所限也，为政者欲以礼法服人，必使刑罚公平。"法语",乃以礼法正道劝人,以使人畏义而服从。按夫子语,人之有过,必以正言法语谏之,人则无不顺从,苟能改过,尤为可贵也。

"巽与之言,能无说乎?绎之为贵。" "巽",按先天八卦则巽主风,风者,入也、柔也,乃柔顺恭逊之义。"巽与之言",凡人之有过,我当以恭谨柔顺之辞与之言。"说",悦也,即喜悦。"绎"有二解:一、理也,乃抽引其理、寻绎其义也。二、怿也,乃改更也。盖人能寻绎其理,方能改过。此二说可互证。按夫子语,闻人有过,当以柔顺谨敬之言相谏,人闻之则无不悦从,必寻绎其理以改之,固为难能可贵也。

"说而不绎,从而不改,吾未如之何也已矣。" 人但闻恭逊谨敬之言,唯喜悦而不知自改;但闻礼法正道之语,唯畏义而不知自改。苟遇斯人,虽圣人亦无可奈何也。

夫法语正言,必为人所畏从,苟不能改其过则心未从其谏,犹不从也。逊言敬语必为人所欣悦,故无所乖违,苟不能绎其理则心未解其旨,故不悦。固知圣人有所教、有所不教,其所教者必悦而能改、畏而能从者,若固蔽日久者,必待其自奋然而后启之,非外力所能左右也。

试译:夫子说:"以礼法、正道的语言劝人,听到的人能不服从吗?但能够真正改过才是可贵的。以恭逊、谨敬的言语劝人,听到的人能不喜悦吗?但能够认真思考寻绎其理,并加以改正,才是可贵的。只知道喜悦而不加思考改正,只是表示服从而不加以改过,那我也就无能为力了。"

二十五

子曰:“主忠信,毋友不如己者,过则勿惮改。”

本节重出。乃圣人随机遇事再言,门人重夫子训,复录之。按夫子语,学人慎交其友,有过则必改,故有益于进德修业。

二十六

子曰:“三军可夺帅也,匹夫不可夺志也。”

“帅”,主也、率也,乃主帅、统领之义。古之三军皆为备战,故兵称死士,帅称死将。“夺”,强取也。“匹”,乃匹配之义。“匹夫”,昔者诸侯、卿大夫娶妻,正妻与媵妾有别,随正妻陪嫁之女子称媵妾。庶民无媵妾,唯夫妻相匹,故称匹夫匹妇。或以庶民衣服短狭,夫妻二人之衣服共用一匹,遂称匹夫匹妇,此亦可备一说。

按夫子语,三军虽众而其心不一,则可夺其将帅之命也;匹夫虽卑,苟笃守其志,则其志重于三军而不可夺也。盖三军之帅重在驭人,以使士气合一,虽遇强敌而战无不胜;匹夫志向专一,笃守有节,其志亦不可夺,若能夺之,则不可谓志也。是以君子为学之道必先立志,有志则进,犹川流往进之势不竭不止;苟无志,则堆山难成,为学不立。

夫居上位者言必有物，故不虚言；行必合礼，故不虚行。于是生不可夺其志，卒不能夺其谥。苟与万民同心同德，则民可为之生，亦可为之死，固知民志可得而不可强夺也。

试译：夫子说："三军之众，可以被夺取统帅，而匹夫的志向却不能被夺取。"

二十七

子曰："衣敝缊袍，与衣狐貉者立，而不耻者，其由也与？'不忮不求，何用不臧？'"子路终身诵之。子曰："是道也，何足以臧？"

子曰："衣敝缊袍，与衣狐貉者立，而不耻者，其由也与？"
"衣"，音 yì，动词，即穿着。"敝"，破旧也。"缊"，新绵絮称纩，敝绵絮称缊；汉代以精者称绵，粗者称絮。综此二说，缊袍乃无纹饰之旧绵絮袍。"袍"，乃春秋二季之服。"狐貉"，二兽名，以狐貉之皮毛为裘服。古于仲冬之际猎取貉狐之皮毛以为轻裘，乃卿大夫之服，士、民不可衣之。

缊袍乃衣之贱者，其但别贫富，然无以别贵贱。时卿大夫已着裘服，独子路着旧绵絮袍。夫子深知子路志在斯文，心安圣道，故许之。

"'不忮不求，何用不臧？'" 此句引自《诗经·邶风·雄雉》。"忮"，害也，妒人有而己无，遂起忮害之心。"求"，贪求也，耻人有而己无，遂起求诸于人之心。"臧"，善也。

世人多趋利避害，殊不知利益乃祸之依，福祉乃祸之源，士无求利获福之心则祸害远也。夫子引《诗经·邶风·雄雉》句,以褒许子路不妒不贪,外物不能牵其心,富贵不能摇其志,岂有不善。

子路终身诵之。子曰:"是道也,何足以臧?" "诵",依声节而读也。"终身诵之",常诵之,以致终身不辍。子路闻夫子称许之辞,遂喜而自矜其能,心安于斯境而不复求进于道,故欲终身诵之不辍。夫子闻子路语,特儆策子路斯境未至善也,欲期其日进日新于大道而勿止也。

试译:夫子说:"穿着破旧的绵袍,与穿着狐裘皮袍的人站在一起,而不感到耻辱的人,只有仲由了吧!正如《诗经》所说:'不忮害,不贪求,有什么不好呢?'"子路听了,从此常诵这句诗。夫子说:"只做到这些,又如何算是好呢。"

二十八

子曰:"岁寒,然后知松柏之后凋也。"

夫子遭陈蔡绝粮之厄,故出斯言以教子路。"岁",乃木星之名,古以四季一终为一岁,取岁星运行一次,故岁星亦称年星。"寒",冻也,即大寒三候;寒者,扞也、捍也,值大寒之候,人皆抵扞严寒,闭塞不出。"凋",凋落伤半也。

按夫子语,值大寒岁末,天寒地冻,松柏虽偶有小凋伤,仍不改其枝、易其叶,然众木于平岁亦有不死者,唯待大寒则木枯叶尽。固知世人于太平世亦知修治上进,其所行与君子同,若逢浊乱之世，乃知君子操守严正，无苟且处世，小人则变节而乱矣。夫子既以松柏喻君子，则众木必喻小人也，是故岁寒然后知松柏，浊困然后见君子，此君子与小人之别也。

夫子以松柏后凋设喻，褒许君子逢汙浊之世仍清流无染，常人遭危逢难，值利害陈于前，必趋利避害而失操守，唯君子无违其道，无丧其志，固知其难也。居位者若明夫子深义，必知君子之节，必通识人之法，感物理而通险阻，处浊世而保贞德；隐于野而不从陋俗，抱道而终；立于朝而不谄权贵，据德而仕。于是穷达皆善，是为至善也。

试译：夫子说："要到年终大寒节气，才知道松柏是最后凋伤的。"

二十九

子曰："知者不惑，仁者不忧，勇者不惧。"

"不惑"，不迷乱也。"不惧"，无畏惧也。

君子明理能知，能辨善恶美丑，故不惑；君子安于仁，居富贵而知礼，处困约而不改其乐，故不忧；君子见义能为，正气足而合于义，不畏强暴，故不惧。是故智者之用当在明理不惑，仁者之用当在安守不忧，勇者之用当在所行合义。是以君子明辨而不惑，知命而不忧，致公而不惧。

智者虽无惑，苟有所惑者，必忧不能知晓天命也；仁者虽无忧，苟有所忧者，必忧不能通达天性也。固知圣人虽无惑，然无一日不忧，其所忧者非为己，乃忧大道之不行、万民之无依也。

试译：夫子说："智者心无迷惑，仁者心无忧患，勇者心无畏惧。"

三十

子曰："可与共学，未可与适道；可与适道，未可与立；可与立，未可与权。"

子曰："可与共学，未可与适道；" "可与"，可与其人共为其事。"共学"，同门共学，故彼相切磋砥砺。"适"，之也，即归与。"适道"，即归从于道。"道"，乃仁义之善道也，亦称中道，有成己成物、内修外达之功。

学子虽为同门共学，并非人人皆得中道，或有得异端邪说者，遂不能同归于仁义善道。能归与道者有四焉：一、学识广；二、信道笃；三、明师教；四、天赋高。夫共学者，乃初学知学识者也，故未可同归于善道。更有志在求禄而不在学问者，其人学不待精、艺不待熟，其心骛于利禄声名，其志去道远矣。

"可与适道，未可与立；" "立"，君子笃志守道，智慧有成，立于道而不摇，百挠不可夺其志，故能立功、立德、立言。固知虽可与同门共学，然未可与其共归于仁义之道；能共归于仁义之道，未必有所立、有所成。

"可与立，未可与权。" "权"，即秤锤，俗称秤砣。权之以衡则物之轻重可知也，权之以事则义之正邪不差也，故君子依礼能宜，通权达变，犹秤锤之称来权往，虽活无定体，亦必执权守中。是以君子处变而守常不乱，治乱则归顺，归顺则得安，得安则归于善道，此乃中道之权也。然笃实守道，未审通权达变，唯固守善道而不知因时而易，遂日久弊生，弊生则不顺，唯得圣人之皮而未得圣人之心，是以不知权者，其反圣人中道而不自知。然能权者，亦常为奸佞小人所凭借，于是多误以巧舌如簧、钻营取巧为权，学子岂可不审慎识之。

夫君子能权，方得圣人之大用，苟未立于道而言权，犹人之初立未稳而欲疾行，安能不倾仆？故善学者必笃行于道而有所立，据圣人经论验之以行、权之以变，合礼执中，于己则无过，于民则有功。

试译：夫子说："有的人可和他共同向学，却未必可以和他一起归于道；有的人可以和他一起归于道，却未必可以和他一起立于道而不动摇；有的人可以和他一起坚守善道，却未必可以和他一起通权达变。"

三十一

"唐棣之华，偏其反而。岂不尔思？室是远而。"子曰："未之思也，夫何远之有？"

"唐棣之华，偏其反而。" 乃引自《诗三百》以外之诗，即"逸诗"。"唐棣"，亦名棠棣、常棣，别为白棣、赤棣。白棣果实大小如樱桃，呈白色；赤棣果实如李，呈赤色，亦名郁李、奥李、雀李、车下李。本节所录唐棣，即赤棣也，树高约五六尺，花或红或白，果实于六月中熟，可食。“华”，花也，木谓之荣，草谓之华；今所谓华者，乃散文之通称。“偏”通翩，乃谓花摇动翻转之貌。“而”，语助词。盖树木开花，必先合而后开，独唐棣之花先开而后合，其貌与花之常貌相反

“岂不尔思？室是远而。” “岂”，岂是。该诗以花喻人，乃谓思念心仪之人不得相见，岂是我心不思，盖居室相隔太远之故，遂不得常相亲近。

子曰：“未之思也，夫何远之有？” “夫”，语助词，多用于句首。古人释诗多以“夫”为句末之词，或以“夫”并入前句，作“未之思也夫，何远之有”。夫子援“逸诗”而说，以其实不思念也，苟思念，虽远居天涯，亦近在吾心，安得以远为托词。

本节承前节，前节已述共学、适道、与权，乃谓学可明善、进可入道，入道则行事能权，能权乃得道之用，即得中道。今夫子据“逸诗”以言道不远人，乃人自远道也。夫子恐学人骄惰，未以道之易得而骄学人向学，未以道之难求而阻学人慕道，学子若诚意向学慕道，加之思有序、学得法、习以勤，即可入道而能权，又何远之有。考夫子语，于问学、入道、求贤、爱人之喻颇深，故无所不指。此诗之妙、言之深，学子当再三味之。

试译：“逸诗”有所谓：“棠棣花开，随风翩翻摇摆着。我心怎能不想念你啊！只是因为相隔我的居室太远了。”夫子说：“想必是没有想念吧！如果真想念的话，怎么会觉得遥远呢？”

論語正述·乡党篇

一

孔子于乡党，恂恂如也，似不能言者。其在宗庙、朝廷，便便言，唯谨尔。

孔子于乡党， “乡”，诸侯邦国以五十里设三乡，此制同于周天子王畿千里之制；“党”，隶属于乡。夫子生于陬邑，后迁居国都阙里（亦称阙党），于此开馆设教，以孝道教化阙党子弟。陬邑乃夫子父兄宗族、宗祠之所在，夫子尝居于斯，故以乡党称；国都阙里乃朝廷之所在，夫子尝居于斯，亦以乡党称。本节所录“乡党”者，兼言陬邑、阙里。

恂恂如也，似不能言者。 “恂恂”通逡逡、悛悛、逊逊，乃温良、恭慎之义。夫子不欲以己之贤德示人，故温良恭顺仿佛不能言者，不欲使人知其有德。

其在宗庙、朝廷， “宗庙”，宗者，尊也；庙者，貌也。宗庙乃供奉先祖尊貌之所，以为祭祀也。宗庙大殿坐北朝南，配有东西两厢之堂，亦称东堂西堂。“朝廷”，朝者，见也，即朝见；或以朝通早，乃晨见也，此说亦通。按周制，诸侯宫室自内而外设路、雉、库三门，亦称三朝；下堂至路门七十步，谓燕朝，亦称射朝；路门至雉门七十步，谓治朝；雉门至库门七十步，谓外朝。廷者，平地也，燕朝、治朝、外朝皆位于无堂无阶之平地，故谓朝廷。考廷、庭之别，庭乃宫中也，有堂有阶；廷乃朝中也，无堂无阶。天子宫室自内而外设路、应、雉、库、皋五门，下堂至路门百步，乃内朝之廷；路门至应门百步，乃治朝之廷；应门、雉门、库门、皋门皆百步，乃外朝之廷。天子、诸侯君臣议政皆于燕朝，或于路寝（天子诸侯之正厅）。

便便言，唯谨尔。 “便便”，或作辩辩，虽辩言而不失恭敬也。宗庙乃祭祀礼法之所，夫子于斯每事必问，以薄正祭器，分明礼事；朝廷乃议事布政之所，夫子于斯对问政事，讲述儒行，必尽言其详，恭敬谨慎。

试译：夫子在乡里间，其貌温良恭顺，仿佛不善言谈般。在宗庙、朝廷时，他讲话却清晰明白，尤其能做到恭敬谨慎。

二

朝，与下大夫言，侃侃如也；与上大夫言，訚訚如也。君在，踧踖如也。与与如也。

朝，与下大夫言，侃侃如也； “朝”，君上在朝，称视朝；今独言朝，乃君上未视朝时。按周制，君上于日出视朝，群臣入朝必早于君上先至。卿大夫议政治事之所设九室，位于雉门内治朝之左右，犹明清午门朝房，称私朝，夫子“朝，与下大夫言”之所，即此处也。“侃”通衎，乃和悦欢喜之貌。

“下大夫”，司徒下属小宰、小司徒二人，司马下属小司寇、小司空二人，司空下属小司马一人，计五人，皆下大夫也。时夫子为下大夫，凡“与下大夫言”者，除夫子外余者四人，爵与夫子同。夫子在私朝每与下大夫言,其貌从容和悦。

与上大夫言,訚訚如也。 “上大夫”,诸侯大邦设上卿大夫三人,鲁上大夫亦称鲁三卿,时季桓子为司徒,叔孙武叔为司马,孟懿子为司空。今夫子先“与下大夫言”,复“与上大夫言”,盖位卑者先至,位尊者后至,故夫子先见下大夫,复见上大夫,录者循其次序以记之。“訚(yín)訚”,中和正直之貌,即中正和敬而能辩诤也。君子之于人事,不难于和颜悦色,尤难于中正守礼。夫子在私朝每与上大夫言,其貌中正和敬,其言辩诤合礼。

君在,踧踖如也。与与如也。 “君在”,视朝也,乃君上临朝之际。“踧踖”,恭慎敬畏之貌。“与与”,威仪中适之貌,即威仪徐徐而稳重。昔君上视朝,向卿大夫行拱手礼,时群臣皆立,以敬畏之貌面向君上,且口诵颂辞以还礼。夫子心存敬畏,故行止徐徐庄重,以免急速而失礼。

试译:夫子在朝廷,与下大夫交谈时,从容和悦而又快乐;与上大夫交谈时,中正和敬而有辩诤。君上视朝时,夫子恭敬谨慎,威仪安然适度而不急迫。

三

君召使摈,色勃如也,足躩如也。揖所与立,左右手。衣前后,襜如也。趋进,翼如也。宾退,必复命曰:“宾不顾矣。”

君召使摈。 “召”,以手为招,以言为召;本节所录召者,乃以言相召也。“摈”通傧,导也,依礼接引宾客者为摈。凡两国相交，主国遣上卿大夫为摈，称上摈，亦称旅摈，以接引宾国使者来访。每三年诸侯遣上卿大夫为旅摈，至京城朝觐天子，天子亦遣上卿大夫为摈，摈爵彼此相当，称敌礼，摈称交摈。主方称摈，宾方称介，故摈亦称宾介。东汉郑众以旅摈、交摈皆为传辞，东汉郑玄则以交摈为传辞，旅摈不为传辞。

按周制，天子、公、侯、伯、子、男之爵不等，则摈数各异。周天子用摈九人，称九介；上公之国用摈七人，称七介；侯伯之国用摈五人，称五介；子男之国用摈三人，称三介。故郑众以两诸侯国君相见用摈九人为误说，郑玄以两诸侯国君相见用摈九人，乃交摈、旅摈之总和，亦误说。故不从此二子之说。

夫子为鲁司寇，鲁无他国诸侯来聘之事，虽《史记·孔子世家》载有"孔子为鲁司寇，摄行相事"之事，然当时季氏专鲁，太史公所谓"摄行相事"非相国事，乃相礼事也。诸如夹谷之会，时夫子摄相礼而专司旅摈。或据诸侯朝觐周天子一年一小聘，遣下大夫为摈；三年一大聘，遣上卿大夫为旅摈；五年一朝觐，则国君躬至京都朝觐。遂误以"君召使摈"乃遣夫子小聘于天子也，然诸侯以小聘之礼朝觐天子则不书于《春秋》，固知鲁君召夫子暂摄旅摈职事，非为小聘于天子也。

色勃如也， "色"，颜气也，即容色。人之忧喜皆著于颜，故称颜气。"勃"通孛，盛也，即矜庄严敬。或作"色孛如也"，亦通。"色勃如"，即颜气呈矜庄严敬之貌。

足躩如也。 "足躩"，盘辟之貌，即徘徊不前也，犹使殳钩舟而盘旋于水中，引申为逡巡不敢当盛之义。夫子行止端严庄敬，不似日常平地闲步，其不逾人、不逾礼之态跃然于目前。

揖所与立，左右手。 按周制，主国以上卿大夫为上摈，专司迎聘宾诸事；以下大夫为承摈，辅上摈以接聘宾，故承摈亦称佐摈；以士为绍摈，绍乃接引之义，专司迎往礼送诸事。时上摈、承摈、绍摈自北而南依序而立，其北为右而南为左，西为前而东为后。上摈为上，承摈居中，绍摈居下；今夫子为承摈，其右立上摈，左立绍摈，故称"所与立"。三摈传主君之命于聘宾，则左向拱手，立而转腰左向，左臂曲而右臂伸；三摈传聘宾之辞于主君，则右向拱手，右臂曲而左臂伸，此即"揖所与立，左右手"也。上摈以主君所命、所问传于承摈，承摈传于绍摈，绍摈传于末摈，末摈传于末介，末介作揖传于承介，承介作揖传于上介，上介宣告于聘宾。聘宾将来意奉告于上介，复依次传递至上摈，复由上摈禀于主君。时主君依礼辞之，以示不敢当之义，命上摈再左传至上介，宣告于聘宾；聘宾再次奉言以传至主君，是为传辞。如此辞让三次，故称三辞。

衣前后，襜如也。 "衣前"，以礼服朝西为前。"衣后"，以礼服背东为后。"襜"，衣服摇摆之貌。"襜如"，衣服摇摆飘动、整齐有致之貌。

主君与宾三辞之后，再行相互辞让之辞，由上摈直接宣告于聘宾，由绍摈入内复告主君，主君则乘车出迎聘宾。时三摈皆行揖礼，必俯其首，揖礼毕，仰而立，此即一俯一仰之礼。摈行揖礼于左右，礼服必前后随之俯仰、转移、摇摆，必依礼而使不乱也。

趋进， "趋进"，趋有二法：一为徐趋，一为疾趋。本节所录趋者，乃疾趋也。或以摈自庙门外迎宾入，不当徐行，必疾趋于中庭。然宾入门不称进，故本节所录"趋进"者，非谓迎宾入门之际，必于中庭至阼阶（大堂之阶）之间也。时摈传辞于宾，中庭至阼阶约数十步，不宜舒缓徐行，必急速趋进也。

翼如也。 翼者，翅也。夫子疾趋而进，双臂张拱犹鸟舒翼般飘然端好。

宾退，必复命曰："宾不顾矣。" "宾"，来访之聘宾。"不顾"，去而不回视也。宾将辞归，上摈送至库门外，彼此致谢礼毕，宾不复回顾而去，以示圆满有终也。按周制，宾辞归，上摈必以车相送，以行三进之礼；上摈每请宾上车一次，则车进一次；如是三次，以示远送也；上摈每请，宾必还辞以谢，然不行拜谢礼，如是三次，宾遂去矣。宾初来揖让，所以退而不顾者，乃示进难退易之义也。

鲁每有朝聘之礼，鲁君必召夫子暂摄上摈。待宾去，上摈复命约二事：一者禀明主君宾去而不顾也，二者禀于上卿大夫，宾将于旦日造访其门。

试译：鲁君召夫子为摈相，夫子表情变得严肃恭敬，行路举步谨慎而不违背礼。对右手的上摈、左手的绍摈行揖礼传辞的时候，屈伸双臂，衣服前后摆动却整齐有致。在中庭就快步急速行走，他的两臂展开如鸟舒展翅一般飘然端好。聘宾退了，夫子一定禀报说："宾已经走远了。"

四

入公门，鞠躬如也，如不容。立不中门，行不履阈。过位，色勃如也，足躩如也，其言似不足者。摄齐升堂，鞠躬如也，屏气似不息者。出，降一等，逞颜色，怡怡如也。没阶，趋进，翼如也。复其位，踧踖如也。

入公门， “公门”，天子设路、应、雉、库、皋五门，诸侯设路、雉、库三门；公门为外门、中门，即天子之皋门、应门，诸侯之库门、雉门。凡诸侯邦国，人每自外来，必由库门而至雉门。

鞠躬如也，如不容。 “鞠躬”，敛身谨敬之貌。夫子将入公门，必鞠躬敛身，公门虽高，犹不能容其身，以示敬畏之心。

立不中门， “立”通位，即位于。“阈”，门限，俗称门槛。每有聘宾来访，主国上卿立于中庭，宾立于西塾（门侧西厢房）。上卿入禀主君，宾候于此，背西而向东。“立不中门。”为人臣者立行不当于枨闑中央。枨者，乃公门两侧竖置长木楔，以防车行触门；闑者，乃门橛也，即竖置于公门两侧之短木楔，亦称二闑。闑旁设枨，凡入门向北则东闑于右，西闑于左；摈由闑东入，宾由闑西入。若两国君主相见，出入皆由中门。今以二闑与二枨之间为国君车轮所经处，即二闑之外、二枨之内各行一轮。时国君将入中门，臣为避君上，皆依序由中门之二闑外、二枨内徐徐而入。夫子代鲁朝聘周天子、诸侯国时，必由闑西入；夫子为摈接待聘宾，必由闑东入。

行不履阈。 “履”，践踏。“履阈”，足踏门限。大夫、士出入君门不可足踏门限，苟踏之，则不敬不净，故大夫、士不为之。凡公门皆设阈，待启门通车则撤之，唯宗庙之门不通车，其阈经年不撤。当夫子时，人多不自重，故足踏其上，夫子则以“不履阈”为敬。

过位， 过主君之空位。每有聘宾来访，主君先于门右入中庭之位候宾，主君之位设于庭南北之正中，庭北设石碑，主君之位设于碑南。宾由门左入于中庭，宾主行揖礼毕，北向于碑前复行揖礼。时宾于君位之左,行三让之礼毕,遂升阶。宾于中庭之左略示谦退于后,主君于中庭之右略居前,时宾必过君位。君上每日视朝,出路门至雉门治朝之廷,与群臣揖礼毕,遂返路寝,臣子则自行理政,若有与君上议政者,躬随君上至路寝,时臣子必过君上视朝揖群臣之位,亦称过位。

色勃如也,足躩如也, 主君返路寝,则视朝之君位必虚,时主君虽不在位,臣子过其位亦必存敬,勿以位虚无人而轻慢之。夫子每过其位必颜色庄敬,行止谨慎,故称其“色勃如也,足躩如也”。

其言似不足者。 夫子于过位之际,或有同朝者与夫子言,夫子必依礼而应之,然答而不详,犹不足也,故称“其言似不足者”。

摄齐升堂, “摄”,摄整、敛整也。“齐”,乃裳之下缉。“摄齐”,乃敛整下裳也。凡举足登阶,裳下缉易随风扬乱,故以手而敛整之,以使勿乱。“升堂”,登堂也。宾欲登阶,必主先而客后,待主君先登二阶,宾方举足登阶,宾主之间相差一阶。主君登阶必先举右足,宾登阶必先举左足。

鞠躬如也, 此义同上述。

屏气似不息者。 “屏”,敛藏、抑止也。“息”,鼻息。夫子居鲁大夫位而听政于堂上,必屏息摄气,犹呼吸停止般庄矜严敬,以待君言。

出,降一等, “出”,宾辞出,由原路返,立于西厢候命。“等”,降阶之等级。天子堂基高九尺,阶九等;诸侯堂基高七尺,阶七等;大夫堂基高五尺,阶五等;士堂基高三尺,阶三等。考其详,则九等之阶实为八等,七等之阶实为六等,五等之阶实为四等，三等之阶实为二等，皆不计最上一等与堂平者。堂与阶之间设庪（设木架以置物），过庪为阶，入庪为堂。所谓“降一等”，即始降阶一等，乃次于最上阶之二等阶。

逞颜色， “逞”，通也、解也，即放松也。夫子去君上之尊位渐远，渐舒气解颜。

怡怡如也。 “怡”，和也、乐也，即怡然和悦也。

夫子每于堂上觐君，必屏气静心以待君言，待出堂下阶一等而渐离尊所，遂放松气息，舒气解颜，怡然和悦。

没阶， “阶”，陛也，乃帝王宫殿之阶。“没阶”，出堂，降阶至于平地。

趋进，翼如也。 夫子疾趋而进，其两臂张拱犹鸟舒翼般飘然端好。

复其位， “复其位”，来时所过中庭君位也。聘宾出堂降阶，立于阶西之西序（西厢），面向东，以候君命。时必过主君中庭之位，故称“复其位”。夫子为旅摈朝觐周天子或礼聘他国，皆如礼而行；夫子为承摈接待聘宾，则摈不升堂，故不必“复其位”。夫子若上堂与君上议政，事毕，返雉门治朝之廷，则必过君上视朝揖群臣之位，亦“复其位”也。

踧踖如也。 复起敬意也。

试译：夫子进入公门，必敛身以示谨敬，仿佛公门容不下自己一般。不站立在中庭，进门时脚不踏门限。经过君上的位置，脸色庄重谨敬，走路举步谨慎，说话好像中气不足。他提衣登上殿堂时，敛身以示谨敬，屏气犹如呼吸停止般严肃谨敬。走出朝堂，初降一级堂阶时，脸色就轻松了，显得怡然自得的样子。下至平地，便加快脚步向前，他的两臂展开如鸟展翅般飘然。再经过国君的位置时，又起谨敬之意。

五

执圭，鞠躬如也，如不胜。上如揖，下如授。勃如战色，足蹜蹜，如有循。享礼，有容色。私觌，愉愉如也。

执圭， “圭”，乃祥瑞之玉，亦称圭瑞，呈上圆下方状。上圆喻天，为阳；下方喻地，为阴。圭玉洁白，象征万物之始，乃自性洁净之义。圭亦称命圭，诸侯朝觐天子、诸侯相见皆执命圭。诸侯遣使朝觐天子或聘问他邦，执瑑圭（有纹饰之玉）以为信，瑑圭长八寸。按周制，周天子执镇圭，公执桓圭，侯执信圭，伯执躬圭，子执谷璧，男执蒲璧；镇圭长一尺二寸，桓圭长九寸，信圭、躬圭皆长七寸，谷璧、蒲璧皆五寸；执天子之圭当于颔下胸上，执公侯之圭当齐于胸。

凡诸侯邦交，每年一小聘，每二年半一大聘，时互遣大夫为使，亦称问。值君主交替之际，必遣使奉国君之圭朝聘他邦，以述新君之命，聘毕返国，必还圭于君。

鞠躬如也，如不胜。 夫子每执国君之圭，虽执轻，犹不胜其重。每执圭入公门，必谨慎之至，惶惧而行，以防圭坠地。

上如揖， “上”，奉上。“如”，犹如。“揖”，别为上揖、中揖、下揖。君上于堂上授圭，夫子奉圭时必上揖，以示谨敬，且奉玉当速而稳，以免君上久待。

下如授。 “下”，受圭下堂。夫子虽已奉玉下堂，然未敢忘礼,其谨慎犹君上初授玉时。

勃如战色, “战色”,谨敬之色。夫子恐有辱君命,故呈战兢庄矜之貌。

足蹜蹜, “蹜蹜”,亦作缩缩,乃缩小之貌,即不敢肆意,故轻步而行也。夫子奉玉时轻步顺行,两足脚趾与脚踵相接,初举前足则后足随之,徐徐前行,以示谨敬。

如有循。 “循”,顺行也,乃徐趋之礼。徐趋亦有别:大夫脚趾与脚踵相继而行,称继武;士之前后足相距一足,称中武;下阶于庙门内行走则舒缓稳便,称舒武。夫子于堂上奉玉之际,当趋以继武,奉圭下堂于庙门内行走,当趋以舒武。

享礼, “享”,亦称享献,乃以下奉上之礼,即献礼于尊者。按周制,聘礼奉圭,享礼奉璧。诸侯朝觐周天子,献圭、璧之后,复献束帛、名马、币、虎豹之皮(该国产马则用马,无马则代以虎豹之皮),谓之庭实之礼。考诸侯享礼之制,来访之公、侯、伯献璧、帛于主君,献琮、锦于主君夫人;来访之子、男献琥、绣于主君,献璜、黼于主君夫人。

有容色。 即颜气舒和。盖献圭以表德,故庄重严敬;献璧以表情,故舒畅和气。夫子初奉圭时,以战兢庄矜之色事君;行享礼时,则和气满容,不复有战兢庄矜之色。夫子持“有容色”之礼,非为媚上,实为尊礼也。

私觌,愉愉如也。 “私觌”,即私见。朝聘公礼毕,夫子于旦日以大夫之私礼再拜该国主君,故称私觌。私觌礼毕,随夫子出使之大夫介、士介皆依次行私觌之礼,礼略同。按周制,凡上大夫代邦君朝觐周天子,不行私觌之礼;大夫奉圭朝聘诸侯,值此两国交信之际,亦不行私觌之礼。

试译：夫子为聘使，手奉着君上的圭，敛身敬谨，好像力不能胜一样。夫子向上奉圭的时候如像是作揖，等到受圭玉走下殿堂，犹如君上授玉时那样小心谨慎。脸色庄重严肃，好像战战兢兢一样，行路脚步紧凑，脚趾与脚跟相继轻步顺行。进献礼物时，神气就舒畅和气了。等到以大夫的私礼再见他国国君时，就更显得轻松愉悦了。

六

君子不以绀緅饰。红紫不以为亵服。当暑，袗絺绤，必表而出之。缁衣，羔裘；素衣，麑裘；黄衣，狐裘。亵裘长，短右袂。必有寝衣，长一身有半。狐貉之厚以居。去丧，无所不佩。非帷裳，必杀之。羔裘玄冠不以吊。吉月，必朝服而朝。

君子不以绀緅饰。 本节专记夫子衣冠之制，必孔门弟子所亲见。“君子”，即夫子。“绀”，深青而含赤色，呈赤玄色。“緅”，其色赤红，微黑于绀。凡三次纁染之帛呈绀色，五次纁染之帛呈緅色。“饰”，衣缘之饰。凡领袖边缘亦称缘边，宽寸半，表里宽三寸。春秋时齐服（祭服）用绀色，苟以绀色为领袖衣缘之色，犹着齐服也。练服（丧服）用緅色，苟以緅色为领袖衣缘之色，犹着练服也。

红紫不以为亵服。 “红紫”，紫红色，以红蓝二色调和而成，以其不正，故称间色。“亵服”，乃私居之服，非公会所着，故称亵服。春秋末世尚紫之风有渐，鲁桓公（鲁第十五位国君）始着玄冠紫緌，自此紫渐代朱为正色，故常为诸侯用。然大夫私居之亵服若为红紫，是为僭君服，故僭礼。

当暑， “暑”，炎热犹煮物也，即炎热。“当暑”，当暑天时。

袗絺绤， “袗”，即单衣无裹，不着外衣也。“絺”，细葛。“绤”，粗葛。今称絺绤，乃连读也。“袗絺绤”，葛制贴身单衣。

必表而出之。 “表”，上衣，于中衣外复加其上者，即礼服也。古之着装别为内衣、中衣、外衣，外衣即礼服，中衣亦称裼衣，内衣即“袗絺绤”；居家则内着贴身之衣，外则夏衣葛而冬衣裘，待外出时加中衣，亦称裼衣，其外复加礼服。

缁衣，羔裘； “缁”，黑帛。“缁衣”，即黑帛外衣。“羔”，古，以羊之大者称羊，以羊之小者称羔，即羊子也。凡经传录羔裘，乃黑色羔羊裘皮也，故称黑裘。“缁衣，羔裘”，乃诸侯视朝之服，其纯用羔皮，不间它皮；卿大夫以此服为朝服，其袖口缘边则饰以皮毛。值君上主祭、卿大夫助祭之际，君臣祭服皆缁衣羔裘。

素衣，麑裘； “素衣”，素者，白缯也，即白绢；凡经传录素衣，皆白绢制成。“麑”，鹿子也，即幼鹿。“麑裘”，乃以白色幼鹿皮制成皮弁、亵服、裼衣。诸侯每月朔日祭告于祖庙，复听政于太庙，时君上、卿大夫皆着素衣、麑裘。考其不同，君上皮弁纯用幼鹿皮，卿大夫则以青豻（狐狗皮）为褎（袖口缘边）。且视朔之服别于丧服，视朔之服以幼鹿皮制，丧服以大鹿皮制。

黄衣，狐裘。 “黄衣”，即黄色裼衣。虽唯言裼衣，亦兼谓礼服也。“狐裘”，其色黄，值草木黄落之秋，猎取黄色狐皮以为暖裘。诸侯于每岁十二月大腊之际，必着黄冠、黄衣、黄色狐裘以祭先祖、五祀。五祀者，亦称五官之祀，即户神、灶神、土神、门神、行神之祀。时夫子为鲁臣，尝助祭于鲁君，必着黄衣狐裘为腊祭之服。或以黄衣狐裘为诸侯、卿大夫之兵服，然夫子未主兵事，故不从此说。

亵裘长， 昔庶民着犬羊皮裘，非属君子之服。君子冬日闲居着狐貉之裘，亦称裘服，其长而易得温煖。

短右袂。 “袂”，袖也，即袖口。“右袂”，右袖口。按古制，袂长为二尺二寸，加缘边半寸，其长约二尺二寸半。汉儒孔安国、宋儒朱熹皆以短右袂便于做事，然每做事，必以双手为之，岂独用右手；况亵裘之袂左长右短，有失雅观，岂大夫、士之所为。故不从此说。或以做事时必攘右袂于肘，无事时仍舒展如故，然常人皆如此，则《论语》不当录之，故不从此说。考其所以，则“右”古通又，又者，手也。今按“右袂”为又袂，即双手之袂也，故“短又袂”即缩短亵裘双袖，乃相较礼服而短之也。春秋末世，大夫亵裘袂长违制，故夫子欲以亵裘袖长之古制而正之。

必有寝衣， “寝衣”，别称燕衣，即睡衣。

长一身有半。 昔者衣不连裳，故上为衣而下为裳。夫子着此无裳寝衣，稍长，以利睡也。古以颈以下、股以上为身，身长约一尺八寸，所谓“长一身有半”，即长二尺七寸也；若以古六寸为一尺，则得古尺四尺又三寸，固知寝衣长度乃自颈至膝也。

狐貉之厚以居。 “居”，“坐也。值冬日铺席于地而坐其上，必设褥垫以取暖。狐貉之裘既为贵服，百工商贾皆不可衣之。夫子于燕居待客时必着亵裘，坐席上则铺坐于身下；未待客时，则着犬羊之裘。

去丧，无所不佩。 “去”，除也。“去丧”，丧事既除也。“佩”，以佩玉系于大带。

古之君子皆以玉喻德，无故则玉不离身，唯居丧不佩玉。

盖丧事主哀，故君子必去玉饰，自天子以至士皆执斯礼。除丧礼外，偶值灾眚凶荒之年，君子亦不佩玉。按周制，丧事既除，君子佩玉于大带，即以玉佩（德佩）系于左，以事佩（侍奉长者之饰物）系于右；天子系白玉于玄青色绶带，诸侯系山玄玉于朱红色绶带，大夫系水苍玉于黑色绶带，士系瑌玟玉于赤黄色绶带。夫子为士，必系瑌玟于赤黄色绶带；夫子居大夫位，必系水苍玉于黑色绶带；周游列国时必佩象环，环者，循而无穷也，故佩象环以示必还鲁也；周游列国而谒见其君，乃大夫去国，当从士礼佩瑌玟。夫子晚年返鲁，仍从大夫礼佩水苍玉。

非帷裳， 礼服以整幅帷裳制成，余裳皆称深衣，以整幅布制成，即衣裳相连、上下通体之服，且饰以纯彩。该服长不坠地，短不露肤，为诸侯、大夫、士所用。

必杀之。 “杀”，缝也，亦称杀缝。“必杀之”，深衣乃诸侯、大夫之法服，用整幅布制成，腰部以迭褶而无用杀缝，余裳乃用杀缝，乃将多余处裁去，再经缝制。故称“必杀之”，此古制也。

羔裘玄冠不以吊。 “冠”，乃弁冕之总称，以束发也。“玄冠”，以黑缯制成，广二寸，乃诸侯视朝之服，冠系缨。天子系朱组缨，诸侯系丹组缨，大夫、士系綦（青黑色或杂色）组缨。

“吊”，问终也，君子每吊丧，必持吊辞以问之。按周制，人之初死，吊者着朝服，即羔裘玄冠，时袒露朝服、黑裘，见缁裼（黑色中衣），正所谓“裼裘而吊”也。待亡者小殓（沐浴、穿衣、覆衾）之后，吊者不更其服，不改其冠，唯于冠上复加环绖；若亡者为朋友，则复加素带于环绖。凡吊服有四变，此为二变也。值大殓（亡者入棺）后，再服衰麻（裼衰、缌衰、疑衰），皆配绖带。天子为三公六卿服裼衰，为诸侯服缌衰，为大夫、士服疑衰；诸侯、卿大夫临吊服裼衰，士临吊服疑衰。吊者于亡者未小殓之际，可着吉服往吊之，天子着爵弁服，诸侯、卿大夫着皮弁服，士着玄冠朝服。待小殓，天子爵弁加绖，诸侯、卿大夫皮弁加绖；士则改易玄冠为皂绢制礼帽，亦加绖。是以吊者于大殓之际着成服，再服衰麻，此又吊服之二变也。盖丧礼主素，故吉服（朝服）、凶服（丧服）必加以甄别，丧主于亲初死，若易服而着深衣，则吊者亦必着深衣；若丧主着朝服，则吊者亦着朝服。

吉月， 有二解：一、“吉”训善；善者，元也；元者，始也。故吉月亦称始月，即正月。凡始月始日（正月初一）谓之吉，乃以始善为初也，先王欲借此而劝勉向善。二、“吉月”，乃月朔也，即月之初一日，乃始苏之义。周天子于每岁之岁首，以是年朔政颁赐予诸侯，亦称告朔，此天子之礼也。诸侯受朔政而藏于祖庙，于每月朔日（初一日）朝庙而颁布之，亦称视朔、听朔。本节所录“吉月，必朝服而朝”，乃夫子为鲁大夫时亲历之事。今从第二说，以吉月为每月朔日。

必朝服而朝。 “朝服”，周以夜半子时为朔，诸侯于每月朔日子时着皮弁视朔于太庙；视朔既毕，君臣将入内朝议政，遂更朝服，以示不因视朔而废视朝也。今录“朝服而朝”，兼言太庙视朔、内朝视朝二事。若闰月不视朔，则闰月亦不废视朝之礼。

试译：君子不用深青透红和赤红透黑之色来做衣领与袖的镶边。不用红紫色做日常私居之服。每逢暑天，穿葛布做的单衣，外出时必加上中衣和礼服。以黑色朝服内配黑色羔羊皮的裘，以白色朝服内配白色幼鹿皮的裘，以黄色蜡祭服内配黄色狐裘。日常闲居穿的狐貉皮袍，比外出穿的礼服长一些，双袖比礼服短一些。睡觉一定有寝衣，它的长度约一身半，下及双膝。冬日用狐貉皮的褥垫。办完丧事,大带上无不配上各种玉器和饰物。除了朝服和祭服用整幅的帷裳,其余的衣裳都以斜裁缝制而成。吊丧时不穿黑色羔裘,不戴玄色礼冠。每月朔日(初一),君臣必穿着皮弁服和朝服去太庙视朔、内朝视朝。

七

齐,必有明衣,布。齐必变食,居必迁坐。

齐, 通斋。凡斋戒必沐浴。

必有明衣, “明”,明洁也。“衣”,上下服之通称。“明衣”,乃亲衣也,即贴身之衣。古人临祭必斋,斋必沐浴,浴竟着明衣,以明洁其体。

布。 先秦时无棉布,凡言布者,皆枲葛丝麻之属,乃浴竟晞身之布衣,亦称浴衣,以拭身而使干燥。昔者洗头称沐,拭头用巾;洗身称浴,拭身用浴衣。去浴衣后着明衣。

齐必变食, “变食”,凡斋必改常食,不饮酒,不茹荤(不食葱蒜韭辛之物)。或误以不食荤为不食肉,乃私意揣测也。古人养病必持斋,然父母有疾,虽处斋戒期,亦可食肉饮酒。盖多食肉则口味变,故少食之,饮酒以不致脸红为度,若以斋戒禁肉食,则古无此礼。

居必迁坐。 “居”,尻也、坐也。乃双膝着地而坐于足,与跪有别,跪者身直立,坐者倚坐于足。“迁坐”,迁易日常起居之所也。古有内寝、外寝之别,内寝亦称燕寝,乃常居之所;外寝亦称正寝，乃斋戒之所。自天子以至于士，常居内寝，逢斋或养病则迁居外寝。“迁坐”，兼谓居宿于正寝。君子每斋，必持诚敬洁净之心以交感神明，必改常食以戒荤辛，且迁居外寝。

试译：每逢斋戒的时候，一定备有沐浴后所穿的浴衣，是用布制成的。斋戒时一定要改变日常的饮食，居住的地方要从内寝搬到外寝。

八

食不厌精，脍不厌细。食饐而餲，鱼馁而肉败，不食。色恶，不食。臭恶，不食。失饪，不食。不时，不食。割不正，不食。不得其酱，不食。肉虽多，不使胜食气。惟酒无量，不及乱。沽酒市脯，不食。不撤姜食。不多食。

食不厌精，脍不厌细。 “食”，饭食。“厌”通餍，读平声，乃饱足也，亦称厌饫、餍足。“不厌”，即不饱足。“精”通糈，取五谷之精米以为祭祀之用。“脍”通鲙，凡牛、羊、鱼肉皆细切为肉丝，称脍。夫子疏食饮水，乐在其中，不因食脍精细而饱食。或以食脍精细则养人，遂误以食精脍细为善，此去圣意远也，故不从之。

食饐而餲， “饐”，饭食伤湿而馊臭。“餲”，臭也，饭食经久而恶臭。饐餲相较，则饐味浅而餲味重。

鱼馁而肉败，不食。 “馁”，鱼肉经一昼夜而腐败。“败”，毁也，即腐坏。“肉败”，肉质腐坏。“不食”，不食用。

色恶，不食。臭恶，不食。 “色恶”，食物失常色。“臭恶”，食物生异味。色恶、臭恶皆生熟食物色味有变，故夫子不食之。

失饪，不食。 “饪”，食物大熟也，即熟食，乃食物由生转熟之准。“失饪”，肉失生熟之节，过熟则糜烂，过生则腥臊，皆为失饪，故失饪之肉不可礼祭。今夫子所不食者，乃未熟之肉。

不时，不食。 “不时”有二解：一、凡果实未熟或五谷不得其时，皆不可鬻于市。昔汉宫屋廊内植冬生葱、韭、菜、菇之属，昼夜燃火，蔬菜借温气而生长，然上下皆以食不合时令之物恐害人，故不以之献祭或奉养父母。二、除孺子外，成人皆饭必有时。按周制，诸侯每日四时以食，即平旦（黎明）食、昼（午时）食、晡（申时）食、暮（傍晚）食；大夫每日三时以食，即朝（日出）食、日中时（午时）食、夕（傍晚）食。今从第二说，夫子尊大夫礼，故非其时不食。

割不正，不食。 “割”，裂也、断也，即割解牲畜之骨肉。古以牲肉称割，脍肉称切，且割亦有礼，别为礼祭割法、燕食割法。礼祭割法用割解少牢（羊、豕二牲）之法，必甄别羊豕之前后体，再甄别肩、臂、臑（前肢）、膊（上肢）、三脊、三胁，依次按正数割解之。古以肩尊臂卑为正数，宾客为尊，故享食牲肩，主人则享食牲臂，若尊卑倒置，是为“割不正”。此割法不止于大祭祀，乡饮酒礼亦有之。今录夫子燕食，故割法必为燕食割法，苟牲肉“割不正”，则夫子必不食也。

不得其酱，不食。 “酱”，肉酱，亦称醢酱、醯醢，乃醯醢盐梅之略称。该酱经日久而酿成，多汁，古人食时皆以其佐肴，酱与肴气味相宜，其性相制，必相配而设，诸如食鱼脍必用芥酱，乃谓“得其酱”也。所谓“不得其酱”，非厨师烹调有失，乃侍御者错备之失也，故夫子不食。

肉虽多，不使胜食气。 “胜”，多也。“气”，犹性也，乃五谷之气,亦称五谷之性。人食肉过多,则谷气为肉所伤,故伤人。按周制,凡两国宾主相见,主君设宴飨宾,以牛、羊、豕、鱼、腊(干肉)、肠胃(内脏制肴)、肤(皮制肴)为正馔,皆盛于俎,以醯醢、麋臡(带骨麋肉酱)、鹿臡(带骨鹿肉酱)盛于豆;正馔以外又加馔,其肉品弥众,以稻、粱、黍、稷皆盛于簋。宾先食稻粱,再食黍稷,进食不可偏肉食而废谷食,必以谷为主,不使肉气胜于谷气。

惟酒无量,不及乱。 "乱",酒乱也,酒醉则内昏心志,外失威仪,易为乱也。故君子饮酒虽无定量,应无乱态。凡两国宾主相见,礼毕,脱履升席,晏坐尽欢,举觞饮酒无算,即"唯酒无量"也。酒酣,主君以"无不醉"之辞劝酒,以劝宾尽性;宾则降阶拜谢,以示虽醉尤能全宾礼;待辞出,钟人奏《陔夏》之乐送宾,宾以肉脯(干肉)赐钟人,以示虽醉尤未忘礼也,即"唯酒无量,不及乱"也。夫子每出聘他国,食酒皆依礼而行,日常宾朋燕饮亦然。

沽酒市脯,不食。 "沽"通酤,有三解:一、宿酒也。盖酒酿经宿而成,故称宿酒,亦称醴酒(甜酒),该酒香甜,夫子岂能不饮,故不从此说。二、酤酒也,亦称沽酒。按周制,酤酒在官,当夫子之世,礼崩乐坏,时酤酒在民,故夫子不饮私民之酤酒。今从此说。三、沽者,水名也,沽酒乃酒中之劣品,故夫子不饮之。此可备一说。

"市脯",乃购于市肆之干肉。"不食",古以酒言饮,今所以称不食,乃酒脯并称也。酒非自制,恐其不净;脯非自制,则不知何物之肉,恐其不洁。故沽市之所得,夫子不食也。

不撤姜食。 "姜食",姜乃御湿之菜,以除湿御寒,久服可除臭气而通神明，然不可多食，多食则易生内热。斋戒必戒荤辛，然姜虽辛而不属荤物，有提神遣倦、除秽涤恶之功，故食已，众食皆撤，独不撤姜。

不多食。 不贪食，当适可而止也。

试译：吃饭不因饭米精便饱食，食肉不因脍肉细便多吃。饭食因潮湿而变馊、因经久而变臭，鱼肉腐烂了，都不吃。食物色变了，不吃；味变了，不吃。食物煮得生熟失度，不吃。不是吃饭的时候，不吃。肉割得不合规矩，不吃。调味品配得不当，不吃。案上肉食虽多，但吃的量不可超过谷食。只有酒不限量，以不乱态为止。街市上买来的酒、肉脯，都不吃。饭吃完了，不撤姜食，但不要多吃。

九

祭于公，不宿肉。祭肉不出三日。出三日，不食之矣。

祭于公，不宿肉。 “肉”，祭肉，亦称胙肉。祭肉以生肉称赈，以熟肉称膰，生熟肉统称胙。按周制，大夫、士皆冕而助祭于君上，时大夫、士各献胙肉，祭毕，君上赐还大夫、士助祭所献胙肉，称归赈；大夫、士受君上赐还胙肉，称受赈。时君使人归赈于大夫，士则自持而归。“不宿肉”，古以第一日祭祀称正祭，第二日称绎祭，亦称续祭，凡杀牲皆于正祭之黎明，祭毕则分赐胙肉，至此已历三日，故胙肉再宿则不可食矣。夫子受君上颁赐胙肉，恐宿肉不鲜，尤恐延迟神惠，故不俟经宿，必于受赈当日分赐胙肉。

祭肉不出三日。出三日,不食之矣。 凡卿大夫、士家祭,胙肉过三日不分赐于人,恐亵渎神灵之赐。

按周制,卿大夫、士家祭称膳,乃自谦之语。卿大夫于助祭礼毕再行家祭,称宾尸。待家祭已,按尊卑等级(君子小人不同日)分赐胙肉,以均神惠,于第二日赠胙肉于尊者,于第三日赐胙肉于卑者,如此合计三日,过三日则肉必败而不能食,苟赠人,恐亵渎神灵之赐也。

试译:助祭于君上,所分得的祭肉不可过夜,便分赐于他人。大夫家祭的祭肉也不超过三日就分赐予他人,超过了三日,便不吃了。

十

食不语,寝不言。

"语",答述为语,乃为人说也。"言",自言为言,乃言己事也。盖食寝皆非言语之时,君子岂不慎之。食则口中有饭,语必失矜失礼;寝则心中欲静,言必心不得安。夫子心不外求,当寝则寝,当食则食,且食寝必使气息顺畅,苟言语出声,恐有伤于身。

所谓"食不语",乃夫子日常饮食也,若礼乐飨宴、祭飨养老皆当以言辞应对,故君子于礼文辞让之际安能无语,故夫子于宴饮之际必有所言语,然食时必止语。

试译：吃饭时不讲话，睡觉时不言语。

十一

虽疏食菜羹，瓜祭，必齐如也。

“疏食”，即粗食。“羹”，别为肉羹、菜羹。肉羹称大羹，肉羹和以菜称铏羹。今录菜羹者，乃以菜为羹也。

“瓜”有二解，一、瓜果。二、“必”字之大篆文与“瓜”字相近，今疑“必”乃“瓜”之讹写，故作“必祭”。盖“疏食菜羹”皆火食，宜用于祭祀；瓜为果实，何独以瓜祭而不用它果祭？况瓜与菜蔬同属，“疏食菜羹”已兼瓜也，故从必祭之说。“齐”，乃严敬、整肃之义。

古人于饮食之际，每食一物皆以少许祭先炊（始创饮食者），以示不忘本。夫子燕居饮食，虽蔬食菜羹之薄，必祭之以诚敬，虽绝粮于陈蔡之间，亦未尝间断也。

试译：即使是粗食菜羹，临食之前也一定要祭先人，一定要像斋戒般怀着恭敬严肃之心。

十二

席不正，不坐。

"席",藉也,即衬垫也,乃以席铺垫于地。昔设筵必加席,古散文多以筵席二字连读。以蒲草编制之席,称越席,亦称蒲越;以禾秆编制之席,称藁鞂;以菲草编制之席,称蒯席;以嫩竹皮编制之席,称蔑席;以箬竹皮编制之席,称笋席;以布编制之席,称衽席。复有莞席、缫席、次席、蒲席、熊席、苇席、柏席,其中莞席以蒲类编成,缫席以蒲蒻编为五彩席,蒲席即蒲草席,苇席乃以芦苇编成,熊席乃以毛长二尺之熊皮制成;次席乃以桃枝竹编成,亦称桃枝席;柏席亦称箔席,铺于苇席之下,乃丧礼神位座下之席。"不正",设席因移动而偏斜。

按周制,每坐必设正席,亦称上席,以示恭敬。东西设席,则以南为上;南北设席,则以西为上。天子、诸侯设席三重,大夫、士设席两重。所谓"席不正,不坐",盖圣人心安于正,苟席不正,则必正之而后坐。

试译:如果座席铺设不端正,就不坐。

十三

乡人饮酒,杖者出,斯出矣。乡人傩,朝服而立于阼阶。

乡人饮酒, "乡人",同乡之人。"饮酒",乡射饮酒礼,乃国礼也,昔者乡贤饮酒议事,国出其资,不能敛民财而为也,故称公酒,由州长、党正或居于州党之贤大夫主持。乡射饮酒礼分四事:一、三年大比以选士;二、乡大夫饮国之贤者,即筵请国中孝、悌、忠、信及通六艺者;三、州长于春会、秋会习射之前主持饮酒礼；四、党正于蜡祭主持饮酒礼。

杖者出，斯出矣。 “杖”，持也，持之以助行。昔者年五十始称老，可杖于家，六十可杖于乡，七十可杖于国，八十可杖于朝。“杖者”，乃老者之通称，即六十岁以上之老者。

值蜡祭乡人饮酒礼之际，祀鬼神而教民以礼，且饮酒于东序（夏始创大学，周延用夏制），旨在尊老崇年，以使长幼有序。时年六十者坐，年五十岁者立，按长幼次序，听政论役；礼毕，待老者先出，夫子从于后。固知乡射饮酒礼之四事，唯蜡祭乡人之饮酒礼贵在尊老，余者三事皆贵在重贤，无关乎敬老。春秋末世，礼崩乐坏，夫子待“杖者出，斯出矣”，时夫子已过知命之年，未及耳顺之年，其尊礼亦异于时人。

乡人傩， “傩”通难，乃摒却之义。古设国傩之职，亦名国难、方相氏，专司驱疫逐鬼诸事。按周制，诸侯于季春命国傩裂牲祭神，以顺畅春阳之气，以完结阴寒之气，大夫不得行此礼。周天子于仲秋命国傩宰牲祭神，以使秋气顺达，以使阳暑终结，诸侯不得行此礼。天子、诸侯于季冬命国难宰牲祭神，以驱疫病，禳除强阴之邪气；该礼则贵贱皆可为之，故本节录“乡人傩”乃季冬驱疫也。“乡人傩”亦称乡人裼，其所为二事：一、冬十二月由国傩宰牲祭祀，以驱疫病；二、国傩于道上祭祀、驱赶强死之鬼（暴死者）。

朝服而立于阼阶。 “阼阶”，庙之东阶。冬十二月，举国行“乡人傩”之祭，以驱疫除鬼，夫子恐惊先祖，故着朝服立于庙之东阶。

当夫子时，风俗渐坏，值此乡人饮酒、乡人傩二事，民多狎乱若狂者，夫子以君子之身与乡人处，固非易事也。苟不处之以情，则无以谐其俗；苟不示之以节，则无以异其流。是以夫子以贤德临之而不同流，唯修敬老之礼，视杖者以为度；礼毕，杖者未出则不出，既出则随其后而出；至此则乡人之情、君子之威全见也。夫子每于乡人傩祭，必朝服端严立于庙之东阶，以表国典之懔然，以显神人之有主，以示君子之威严，虽有狎戏扰杂之乱，必有所忌惮而不至于乱。夫子尽善之功、移风易俗之用，尽见也。

试译：乡人腊祭饮酒时，待老人持杖离席以后，自己再离席而出。逢乡人行傩礼驱疫除鬼时，就穿上朝服站在庙东面的台阶上。

十四

问人于他邦，再拜而送之。

问人于他邦， “问”，以言语相问讯也。凡有事问讯咨诹于人，或遣使问讯他人，必执礼以示其意，故“问”通“遗”，别称训遗，即馈礼也。今既“问人于他邦”，当有馈礼。“问人”有二说：一、聘问邻国之君。夫子周游列国，凡邻国之君遣使者聘问夫子，待使者去，夫子必再拜而送之。然为人臣者无外交，故不从此说。二、人者，朋友也；问人，即馈礼问询于朋友。时大夫、士每往来问讯，皆以弓、剑、鱼肉蒲包、饮食箪笥为馈礼，值夫子周游列国之际，尝与列国上卿大夫蘧瑗、司城贞子、晏婴、沈诸梁诸人往来，其往返必有馈礼。今从此说。

再拜而送之。 “再拜”,拜礼也,别为奇拜、褒拜;奇拜为一拜,褒拜为再拜。再拜亦称空首,空首有二解:一、跪而向上拱手,同时俯首至手。二、跪拜时以双手据地,俯首拜不至手,亦称拜手,因头空悬,故称空首。今从第二说。

凡拜使者犹拜所聘问之主,故为人使者皆代主受拜,不行答拜之礼。

试译:夫子派遣使者向其他国的友人问好时,必拜谢两次而后为他送行。

十五

康子馈药,拜而受之。曰:“丘未达,不敢尝。”

康子馈药, “康子”,季康子。“馈”,饷也、飨也,以酒食飨赐于人。凡馈礼于人,以下奉上称献,同僚朋友称馈。“馈药”,人每患病,当以草、木、虫、石、谷五药养之;季康子以药馈夫子,其礼同于酒食之馈,固知斯药非馈于疾急之时,犹今之丸散、冲剂之属。

拜而受之。 君子当酒肉之赐,勿行再拜之礼,今季康子赐药,夫子当行空首奇拜(一拜)之礼,以示敬意。

曰:“丘未达,不敢尝。” “丘”,夫子自称。“达”,晓也;“未达”,未晓此药性,故不知能治何疾。“不敢尝”,未识药性,故不敢服用。值君上赐食,熟食则先尝之,以表谢意也,苟赐生腥之食则不必先尝。今蒙康子馈药,然药性万殊,服食之法各异,断无先尝之礼。今夫子以直心待人,既言不敢尝,亦情理中事,非以曲辞防人也。蒙正卿大夫馈药,苟不尝则虚人所赐,故夫子告以"未达,不敢尝",乃谓此药能用则食之,不能用则不食也,今告来使所不敢尝者,乃不敢行面尝之礼也,非日后不食也

试译:季康子遣使者送药来问候,夫子行一拜之礼后接受了,告诉使者说:"说:"我对这药性还不了解,暂时还不敢服用。"

十六

厩焚。子退朝,曰:"伤人乎?"不问马。

厩焚。子退朝, "厩",聚也,乃牛马所聚之所,即马舍。"焚",烧也;昔者人火称火,天火称炎,火、炎统称焚。"厩焚"有二解:一、鲁厩焚。时夫子为大司寇,罢朝,问人不问马。然《春秋》尝录鲁厩修缮诸事,苟鲁厩焚,岂不录之,考《春秋》未录鲁厩焚火之事,故不从此说。二、夫子为鲁大司寇,出必乘车马,故家中必设马厩,所焚者,乃夫子家厩也。今从此说。"退",古以罢朝还家称退。

曰:"伤人乎?"不问马。 夫子闻家厩焚,恐伤人,故无暇问及马。春秋末世,时人重利寡义,多重马而贱人,今夫子问人不问马,欲矫时人重马贱人之失也。

试译:夫子家中的马棚失火了,夫子退朝回来,问道:"烧伤人了吗?"却没有问及马。

十七

君赐食，必正席先尝之；君赐腥，必熟而荐之；君赐生，必畜之。侍食于君，君祭，先饭。

君赐食， “赐”，上馈下谓之赐。“赐食”，赐飧也，乃君上以肉羹惠赐夫子。

必正席先尝之； 值君上有所赐，夫子必正席以示敬意。然既承君恩，必先尝而后分赐于人，以共沾君恩，此夫子敬君敬人之礼也。

君赐腥，必熟而荐之； “腥”通生，俗称腥生，即生鱼、生肉之属。“荐”，献祭先祖。凡君上惠赐生腥，夫子必煮熟然后献祭先祖，如此则既承君恩，亦不渎神灵。

君赐生，必畜之。 “生”通牲，乃兽畜之通称。“畜”，凡牲初蓄谓之畜，亦称饩，无故不得杀之，唯祭前宰杀之，礼称牲，亦称飧。按周制，君上祭毕，以飧牲惠赐大夫、士，且归还大夫、士助祭时所献生畜。今言“赐生”而不言牲，乃日常小礼也，若祭祀大典则不言“生”。凡君上惠赐活畜，夫子必蓄养之，无故不得宰杀。

侍食于君， 陪侍君上进食。

君祭，先饭。 “君祭”，古人每于食前当以少许食物祭祀先人。臣子侍食于君上，君上命臣子共祭于食前，则臣子必待君上祭毕而后祭；苟不命祭，则君上已代臣子祭，故臣子不与祭。“先饭”，先尝黍稷之饭，乃略言也，兼言珍馐酒馔诸食。时臣子必执臣礼而为君上尝食,故先食黍稷之饭,复遍尝各式菜肴、美酒,俟君命然后食。

古以食官之长名膳夫,专司君上饮食诸事,必先为君尝食。若膳夫因故不在其位,则臣子待君上祭毕,必承旨代膳夫为君上尝食。今夫子侍食君侧,君上于食前独行祭祀,夫子执臣子礼,先为君上尝食。

试译:君上惠赐的肉羹,一定要摆正席位先尝一下。君上惠赐的生肉,一定要煮熟后先供奉祖先。君上惠赐的活畜,一定要将它蓄养着。陪侍君上进餐,在君上饭前祭时,要先替君上尝食饭菜。

十八

疾,君视之,东首,加朝服,拖绅。

疾,君视之, 按周制,大夫疾,君上亲至或遣使三视其疾;士疾,则一视。大夫卒,君上三临其丧;士卒,一临其丧。夫子晚年归鲁,居下大夫位,有疾,鲁哀公依礼当三视夫子,苟三视未愈,必再行探视。

东首, 昔者大夫、士闲居于燕寝,斋戒沐浴、有疾则迁居正寝,寿终于正寝。今夫子有疾,必居于正寝。“东首”有三解:一、盖冬十一月冬至日一阳初升,方位为正北,故设卧床于正寝北墉下,寝卧当以东向为正。东方乃木气生发之所,头东向,受生气以利康复。二、古以室西为尊,君上入室视疾则背西向东,故病人“东首"卧以面君。或以病者卧床素无定向,唯适意而为,独君上视疾时以"东首"卧而面君。三、昔王莽篡汉,汉儒龚胜称病不朝,王莽遣使探问,龚胜卧南牖下以待来使,后儒据此则以南向为尊。然君上入室视疾,苟立于南,则病者卧于北墉下亦可面君,又何必迁于南牖,且君上视疾多次,病重者岂可屡迁。盖龚胜不欲王莽之使入室,故迁至南牖以为权宜之策,故不当以此证经。今从第一说,兼采第二说,以东为正,以西为尊。病者素以"东首"卧于北墉下,一者取生气之说,二者取谨终之义;待君上入室视疾,则以西为尊,故病者必以"东首"卧而面君。

加朝服, 加朝服于衾被之上。按周制,大夫、士燕居着深衣,斋戒沐浴、有疾而迁居正寝,必着玄端(黑色礼服),玄端别称亵衣。值君上视疾,病者必加朝服其上;待君上辞去,仍着玄端,若病故,则撤玄端而易朝服。今夫子病卧,不宜私服见君,亦不便着服束带,遂加朝服于衾被之上。

拖绅。 "拖"通拕,曳也,即牵引。"绅",大带,别为大带、革带。大带以丝制,亦名绅;革带以革制,亦名厉。大夫、士侍君,系绅而垂之,士之绅下垂约一尺五寸,大夫之绅略长于士绅。夫子有疾,特牵丝制大带覆朝服之上,不用革带。

试译:夫子患重病,君上来问视。夫子头朝东而卧,身上加披朝服,拖着束腰的大带(面向立于西面的君上)。

十九

君命召,不俟驾行矣。

“俟”，等候。“驾”，将牛马颈部套于辕前曲木之上。凡君上以二符节召臣，则臣子疾走而行；用一符节召臣，则臣子疾趋而行；若臣子居官府，不及着鞋而行；若臣子居家中，不及备车马而行。夫子居大夫位，不当徒行，若承君命急召，必不俟驾车而徒趋先行，家人则速备马车而后至。

试译：君上有命来召，不待仆人备好马车，夫子就径自先徒步前往朝廷了。

二十

入太庙，每事问。

“太庙”，周公之庙。此节乃重出，前章已有论述。时夫子入太庙为鲁君助祭非一次，故门弟子又记之。

试译：夫子入太庙助祭，对每件事都要询问一番。

二十一

朋友死，无所归。曰：“于我殡。”

朋友死，无所归。 “朋友”，与夫子相交甚切之他乡友人。“无所归”，他乡友人客鲁，病死，无亲属可归。

曰:"于我殡。" "殡",人死殓入棺,停柩待葬谓之殡。所以言"曰"者,盖必有其事也,故夫子出是言,其殡资必由夫子出。固知朋友以义合,该人既为夫子至交,夫子迎之于病危之际,生则养于适寝,卒则殡于西阶,而非迎友人灵柩也。若友人已卒于客馆,则殡资必由夫子出,不复迎也 ,但殡于馆即可。

试译:有客居朋友将死,他又无亲属可归,夫子说:"病中在我处居住,死后在我处停柩吧!"

二十二

朋友之馈,虽车马,非祭肉,不拜。

朋友有通财之义,故馈礼乃朋友之常礼,然父母在,馈礼当不及车马,盖车马为重礼,是以人子不得自专,必禀于父母方可馈人。朋友所馈者,虽车马之重亦不拜谢,祭肉则拜而受之,乃敬其先人、重其祖考之故,视朋友之先人犹己之至亲也。夫子见祭肉如见其祖考,安能不拜。

夫朋友相交,同志者寡,泛泛之交者众,然无论众寡,必也周旋以义。本节专录夫子交友之义,虽唯言及车马,据此而推之,则朋友所馈者,除祭肉外,受他礼亦不拜也。

试译:朋友向夫子馈献礼物,除了祭肉,即使是车马重礼,夫子接受时也不行拜礼。

二十三

寝不尸,居不容。

寝不尸, “尸”,人死则偃仰僵卧,手足僵直,骨节不复曲伸,故谓之尸,俗称死人。夫子寝时不仰卧四体,以免手足摆布如死人状,故曲肱而卧。

居不容。 “居”有二解:一、闲居。前既言“寝不尸”,后若以“居”为闲居,则上下失偶,况闲居已兼谓坐、卧、立、寝、行五者,苟复言“闲居”则与寝义重,故不从此说。二、坐也。与前言“寝不尸”相偶。今从此说。

“容”通客,客通愙,愙通恪,乃尊敬之义。所谓“居不客”,乃于家中闲坐之际,不以客礼自处。夫子家居闲坐,其貌安然和舒,不似上朝、临祭、待宾之严敬。

试译:寝卧时,不像僵尸那样四肢仰卧;居家闲坐时,不必像上朝、祭祀、待客时那样仪容严敬。

二十四

见齐衰者,虽狎必变。见冕者与瞽者,虽亵必以貌。凶服者式之。式负版者。有盛馔,必变色而作。迅雷风烈必变。

见齐衰者,虽狎必变。 “齐衰”,丧服也。凡丧服以熟麻布制，辑边，谓之齐衰；凡丧服以粗麻布制，不辑边，谓之斩衰。今言齐衰，已兼谓斩衰也。“齐衰者”，乃穿孝服者。“狎”，习也，即熟习亲近也。夫子每见着孝服者，虽熟习之人亦必变容貌以待，其哀悼敬重之色别于常态。

见冕者与瞽者， “冕”，盖朝聘、助祭之贵服非燕居时所能见，斯冕非卿大夫之冠冕可知也。考其所以，冕通弁，弁通絻，乃古丧服之一，去冠，以布裹发髻。“冕者”，古以三年为居丧期，凡居丧者必戴絻，故称冕者。“瞽者”，目盲者。

虽亵必以貌。 “亵”，狎也。“以貌”，即变容貌以礼敬之。夫子每见戴絻服丧者与瞽者，虽屡遇而熟习，必变容貌以示礼敬。

凶服者式之。式负版者。 “凶服”，凶者，恶也；凶服，乃送死者之衣被，亦称送故衣。“式”通轼，即车前横木。古人立乘于车，每当礼敬之际，必微俯其身以手凭轼，故称抚式。

“负”，持也，即手持。“负版”有三解：一、版者，丧服之版也，乃丧服制式之一，以粗麻制。当胸称衰，长六寸，宽四寸；背负称版，尺寸与衰同。然前已言“见齐衰者，虽狎必变”，故不当重述，今不从此说。二、以负版为负贩，乃叫卖于通衢市贾者。夫子路遇负贩者，亦抚式以示敬意。然负贩者虽有当敬者，尤以唯利是图者为众，夫子每遇之若待以礼，未合时宜也，况大夫安能示敬于负贩者，故不从此说。三、版者，判也；判从刀，乃分割之义，即以刀削木为片以成方策，以木制称方，以竹制称策。方策所载者，乃丹书绘图也，其中详备邦国土地、人民户口、车服礼器，亦称丹图，别为户籍图、土地图、礼器图。所谓“负版”者，乃官府小吏也，今夫子抚式以敬者，非为礼敬负版之吏，乃敬邦国户籍民数也。人既为万物之灵，故君王得此版图，必行拜礼而后受之，卿大夫、士亦然。今从此说。

有盛馔，必变色而作。 “作”，起也；起而行礼，以表敬意。士侍食于大夫，大夫侍食于君，必拜而后食，苟与爵位相当者共食，虽盛馔亦无行拜礼。今夫子“变色而起”，整肃端严以示敬意，不为盛馔，但为敬上也。

迅雷风烈必变。 “迅”，迅疾也。“迅雷”，亦称雷霆、霹雳。“烈”，暴也。“烈风”，即暴风。君子每临疾风、迅雷、暴雨，必整肃容貌以示敬意，虽夜半必也着衣冠而端坐。今夫子所以“闻迅雷风烈必变”，乃敬天之怒也。

试译：夫子见到穿丧服的人，即便是平素熟习的人，也一定变容色以示哀悼。见到居丧期戴絻的人和目盲的人，即便是平素相遇而熟习的人，也一定变容色以示同情。路遇送故衣的人，也得把身子微微向前俯在车前的横木上，以示同情。见到手持邦国图籍的小吏，也得把身子微微向前俯在车前的横木上，以示敬意。在盛大的宴席上，必从席上变容色而起身，以表对尊长的恭敬。遇到迅雷和暴风，必正肃容貌以敬天怒。

二十五

升车，必正立，执绥。车中不内顾，不疾言，不亲指。

升车，必正立，执绥。 本节专记夫子乘车之容。“升车”，登车也。下言“车中”，故“正立”“执绥”当在登车之际。“必正立”，正立执绥乃登车之礼，以为平稳也。夫子心体皆正，其诚敬恭肃之心无所不在。

“绥”,系于车中手挽之索。“执绥”,援绥以登车,以防跌扑。卿大夫车设良绥、散绥,良绥为大夫专用,散绥亦称二绥,为御者用。士车设一绥,乃士与御者共用。御者自车右奋力上车,乘车者自车左执绥升车;值大夫、士升车时,御者援绥于大夫、士,以助其蹬车。

车中不内顾, “内顾”,回视也。夫车教之道贵在端正敛神,大夫、士将乘车,以黄色绵球塞耳,以收视反听、心无旁骛,前视不过牛马之颈,旁视不过车两侧。所以不回视者,盖随侍者于身后,未必常使身体端正,难免旁视转顾,苟回顾,恐有督视过严之嫌,此非大德所为,故圣人不为也。

不疾言, “疾言”,高急之言。乘车居高,语声易高,然声高则惊人,故夫子乘车不疾言。

不亲指。 “亲”,此字无解,或以“亲指”为新指,今不从。私疑“亲”乃“妄”之讹写,故“不亲指”当作“不妄指”。乘车者于高车上若徒以手虚指四方,恐有惑众之嫌,遂使从者不知所从,亦使路人反感,故圣人不为也。

试译:夫子上车时,一定端正的站着,用手挽着车索而上。在车里不回头看,不高声说话,不以手向四方指指点点。

二十六

色斯举矣,翔而后集。曰:“山梁雌雉,时哉!时哉!”子路共之,三嗅而作。

色斯举矣， “色”，面色，即表情不善也。“斯”，离也，即速离而不远也。“色斯”为连读，鸟见人不善之色，顿作惊飞之貌。“举”，飞去。

翔而后集。 “翔”，鸟回飞也，即惊起作盘旋回翔之状，以审顾四周。“集”，群鸟栖止于树上。所谓“翔而后集”，乃谓鸟盘旋回翔，审顾惕视，复栖止于树上。

以上为泛言群鸟，非专谓雌雉也，以喻离去之速、栖止之迟，以示君子难进易退之理。盖古人相见，必三揖而进，一辞而退，即此理也。所谓“色斯举矣，翔而后集”，以喻君子立身处世必也舍危就安，固当谨慎审观，犹鸟之骇举。

曰："山梁雌雉，时哉！时哉！" “曰”，乃感叹之辞。“梁”，水桥也。“山梁”，架于山涧之桥，以利人通行。“雌”，鸟母也，即雌鸟。“雌雉”，即雌野鸟，俗称雌野鸡。“时哉”，乃感叹之辞。

夫子山行，睹雌雉落于山梁，感其怡然闲适，以山梁雌雉之微尤能自得其时，逍遥栖止于心仪之所，人则未得鸟之乐也，遂出此感慨之辞。

子路共之， “共”有四解：一、共者，恭也，即敛手恭行拱手之礼。子路闻夫子赞野雉，特向野雉行拱手之礼。二、共者，供也，乃谓子路投粮以供鸟。三、共者，拱也；拱者，执也，即执捕雌雉。子路于野雉倦飞之际，执捕之，此随意之乐，旋即释之，雌雉遂惊骇审顾而飞。四、共者，供奉也。子路未解夫子妙语，误以夫子感叹野雉乃时令之味，驱执而得之，烹制既成，特供奉于夫子。今从此第四说。

三嗅而作。 “作”，起也，即起身而去。“嗅”，《说文》无嗅字，别写为齅，即以鼻嗅之。子路未达夫子语，夫子亦不苟食，故以鼻三嗅其味，遂起身离去，以示不言之教。

《乡党第十》专录夫子言行，终于本节“时哉”之语，以喻归于时也。君子能归于时，当仕则仕，当止则止，当久则久，当速则速，不悖中道，不至危境，依礼得时而行，能行则大道无碍也。

试译：群鸟看见人面色不善，便振翅飞了，它们在空中盘旋回翔，审顾观察后再集于树上。夫子感慨说：“看那山梁上的雌雉，真是懂得时宜啊！懂得时宜啊！”子路不解夫子的话，驱执而获野雉，煮熟后进献给夫子，夫子没有吃它，三嗅其味后便起身走开了。

論語正述·先进篇

一

子曰："先进于礼乐，野人也。后进于礼乐，君子也。如用之，则吾从先进。"

子曰："先进于礼乐，野人也。后进于礼乐，君子也。" "先进""后进"，约有六说：一、"先进"，乃谓伏羲、神农、黄帝、尧、舜五帝之世。盖三代以上民风淳朴，礼教风俗和美，君子庶民皆能上通下达。"后进"，乃谓夏、殷、周三代。三代时政殊俗异，礼乐有所坏缺，唯君子能知礼乐而野人不能及也，故礼教不能上通下达。此说成于战国，春秋末世尚无三皇五帝之说，故不从之。二、或以"先进"为殷以前，"后进"为周初。然夫子尝云："郁郁乎文哉，吾从周。"固知礼乐至西周方臻文质彬彬，故不当以周初为后进。今不从此说。三、或以"先进"为文王、武王、周公之世，"后进"为春秋之世。春秋末世，僭礼之事屡出，诸如管夷吾僭礼，家设山节藻棁、塞门反坫；周夷王违礼，下堂以见诸侯。然若论违礼，昔文王、武王以臣子之身谋殷，亦违礼而得天下也，故不从此说。四、或以四民之有德者，以其先于庶民而学，故谓之"先进"；诸侯、卿大夫世袭爵禄，生则贵居民上，其富贵乃与生俱来，故谓之"后进"。持此说者以有德为"先进"、世袭为"后进"乃笼统之说，且无关乎礼乐，故不从之。五、汉儒就

"先进""后进"之说皆以学论,考其因有二:一者乃谓孔门弟子进学之先后次序。"先进"者,诸如颜渊、闵子骞、冉仲弓、子路先进学于《诗》《书》《礼》《乐》;"后进"者,诸如南宫敬叔、孟懿子生而世袭爵位,故后进学于《诗》《书》《礼》《乐》。二者《诗》《礼》乃孔门之学,后世尊为"过庭之教",必先《诗》而后《礼》,故学子从学必有所先后。考《先进篇》多录孔门弟子言行,故"先进""后进"必言先后进学之次序。今从此说。六、圣王之政,皆令民人先习礼乐而后仕,故学子年十三入小学,年二十由小师择其贤者入大学,太师复择其贤者入朝奉王。固知先王设教以为造士,故称进士,以为荐官材、进贤者。得中进士者,当先报于王,然后论官任爵,委以俸禄。故"先进""后进"皆谓进仕之先后,先于礼乐之学而仕进者,皆庶民也,遂谓之"先进";卿大夫乃生而居贵者,爵位皆由世袭,故先有爵而后学礼乐,遂谓之"后进"。今以第五、第六说互证,故从此二说。先进于礼乐者,乃学而优则仕者;后进于礼乐者,乃仕而优则学者。"野人",即郊外无爵禄之民,乃谓从学于孔门且保有质朴之古风者。"君子",乃贤士、大夫。

综上,凡孔门弟子中先进于礼乐而仕者,是人于礼乐不循时人尚文之时弊,自持质朴古风,虽朴野而能渐臻于君子之道,故谓之"先进于礼乐,野人也"。盖春秋时选举制废,卿大夫皆由世袭,其从政居官时于礼乐未必全通,待其入仕,固当复习礼乐,故谓之"后进于礼乐,君子也"。子路尝问夫子何谓"成人",夫子答曰:"文之礼乐,可为成人。"按夫子语,文之以礼、化之以乐者,方谓之成人。言毕,夫子又举贵胄臧武仲、孟公绰、卞庄子、冉求为成人,此四者皆为"后进于礼乐,君子也"。

“如用之，则吾从先进。” “如用之”，即如用礼乐教化也。孔门中多初学者，故亟须以礼乐而化之，此即“立于礼，成于乐”也。

夏、殷、周三代礼乐因风俗各异而各有损益，若失于质则以文救，失于文则以质救，总以文质彬彬为礼乐教化之正途。当夫子时，居位者尚奢华之文，误以尚文为礼乐之中道，反以先进于礼乐而能文质相宜者为质野。故夫子欲以“先进”之质，救时人尚文之弊，固知礼乐教化之政，偏于文或偏于质皆违中道，苟择其一，则宁质勿文。是以夫子欲从古圣选举之正制，欲变时人世袭爵禄之法。

试译：夫子说：“先学习礼乐而后出仕的人，大多是无爵禄的庶民。后学习礼乐而先出仕的人，大多是有爵禄的大夫。如果用礼乐教化他们的话，我愿从先学礼乐的人选起。”

二

子曰：“从我于陈蔡者，皆不及门也。

子曰：“从我于陈蔡者，” “从”，随行。“我”，夫子自称。“陈蔡”，即陈蔡之厄。昔者蔡昭侯畏楚，特于鲁哀公二年(前493)十二月迁至吴州来城，其故地上蔡与陈已尽归楚矣。鲁哀公四年(前491)，夫子慕楚昭王有贤名，上蔡邑宰叶公亦有贤名，是故夫子自陈往蔡，有归楚适蔡之心。时颜渊、子路、子贡、子张、宰予皆从夫子于陈蔡之间，冉有于鲁哀公三年(前492)应季康子召，已返鲁，时不在夫子侧。

“皆不及门也。” “及”，仕进。前文言“先进”“后进”，皆仕进之义，“不及”，乃不仕进也。“门”，以辨名号之用，古之将军皆营治于国门，诸如鲁庄公之子公子遂，居上卿位而任将军职，家住曲阜东门，遂立为东门氏，亦称东门襄仲。夫子所谓门者，乃卿大夫之门也，亦称私朝，必由正室之子承袭而掌其门。“不及门”，即不仕于卿大夫之私朝。

夫子周游列国，多因弟子仕于该国而得以护持，以致出入安平。然从夫子厄于陈蔡之门弟子，无一人进仕于陈、蔡大夫之门，遂失上下之交，无人以通其情实，故遭此厄。值此危急之际，夫子遣子贡游说于楚，楚昭王遂遣军以迎夫子，终免此难。

试译：夫子说：“跟随我于陈、蔡间受难的人，当时无一人仕进于陈、蔡。”

三

德行：颜渊、闵子骞、冉伯牛、仲弓；言语：宰我、子贡；政事：冉有、季路；文学：子游、子夏。

本节无“子曰”二字，乃门弟子录夫子常语，必经夫子首肯而录入《论语》。考孔门德行、言语、政事、文学四科，以言语列于政事之后，乃从《古论》之说。夫子自谓弟子受业通艺者凡七十七人，以德行著称者唯颜渊、闵子骞、冉伯牛、冉雍，以言语著称者唯宰我、子贡，以政事著称者唯冉有、子路，以文学著称者唯子游、子夏。此四科乃夫子平素所论列之语。

德行:颜渊、闵子骞、冉伯牛、仲弓; “德行”,在心为德,外施为行;德行,乃百行之美者,故为君子内外兼修之称。颜子好学慕仁,虽箪食瓢饮亦不改其乐;闵子骞笃孝事亲,不食污君之禄;冉伯牛有疾而夭,观夫子痛惜之情,固知伯牛乃德行无双之士;冉雍具“可使南面”之才,《荀子》尝以其与夫子并称。此四子皆列德行之目,固非虚名,然尤以颜子为冠也。

言语:宰我、子贡; “言语”,包括命龟、施命、能铭、造命、能赋、能誓、能说、能诔、能语九事。命龟者,占卜也,建国安邦必以占卜择吉日;施命者,依时令以理农事;能铭者,能作钟鼎、碑铭;造命者,出使他邦则不辱君命;能赋者,虽居高位,仍通田赋、兵赋诸事;能誓者,能作军旅誓师之词;能说者,能以智言巧慧使敌归顺于明君;能诔者,能作陈述亡者功绩之诔文;能语者,能为祭祀之辞。或以“言语”为宾主邦交辞令之学,此单述其一事,乃以偏概全之说。宰我、子贡言语无碍,通此九事,故居孔门言语科之先。

政事:冉有、季路; “政事”,乃治国之政。夫子尝云:“求也艺,由也果,可使从政”,固知冉有、子路皆孔门能通政事者。

文学:子游、子夏。 “文学”,乃善于先王典籍之学也。子游积毕生习礼之功,终以善文学称于世。据《礼记·檀弓》记载,凡议礼而不能决者,必以子游之辞为裁决之准。子夏亦孔门之善文学者,《诗》《书》《礼》《乐》虽由夫子正而定之,然发明章句则始于子夏。夫子尝以“始可与言诗”之辞许子夏,足见其《诗》之造诣匪浅,且《诗》《易》皆传自子夏,子夏尝与魏文侯言《乐》,子夏之门人公羊高著《公羊春秋》、谷梁赤著《谷梁春秋》,汉儒郑玄则以《论语》为仲弓、子夏撰,固知文章经传、性与天道俱因子夏而得以传世，故子夏文学之功大矣。

考四科之先后有序，尤以德行为最高者，盖德行不假言也，唯忘言然后默而识之；德行所以居其次也，盖施政有礼法典刑可循，故德高而行义者必能依礼法而权其轻重；言语所以次之，盖德行正则政事通，政事通然后成于言，遂能议之以成其变化，以应不时之需，故能守于典刑而不拘其中；文学所以居其后者，盖圣人之道终成于文，文通则理正，理正则成明教，遂为万世法。

孔门四科非夫子所设，乃门人弟子袭夫子之道而总之以目。观此四科，当知孔门以德行为本，以文学为末，则夫子因材施教之功见也。后世专事文学者，不知德行为何物，故治学者当知文以载道之功，当识学以述德之用。诸如曾子至孝，虽未跻于四科之内，然曾参其言也纯，其行也笃，其传道解惑，特为后世尊为千古大贤。固知本节虽录此十人，然孔门之贤者非止于此也。

试译：孔门四科，德行好的有：颜渊、闵子骞、冉伯牛、仲弓四人。善于言语的有：宰我、子贡二人。精通政事的有：冉有、季路二人。谙熟文学的有：子游、子夏二人。

四

子曰："回也，非助我者也。于吾言无所不说。"

"回"，颜渊。"助"，左也；左通佐，乃佐助之义。"说"有二解：一、悦也，即喜悦。二、脱也，脱通说，即说释、解脱之义，乃谓于疑惑未解处能释然豁然。今从第二说，所谓"无所不说"，即无所不解也。

颜子盛才，于夫子大道不待多言，已默然独识。夫子尝谓子夏“启予者商也”，盖子路、子贡、子游、子夏、曾参皆有疑必问，然人愈问则理愈细，理愈细则辩愈利，辩愈利则道愈远，圣人每被问难，则阐理愈明彻，故夫子谦言能启发助益于我，乃为劝学也。然圣人之道圆满无碍，岂因人问而增益，又何惧无人问而不达，故圣道唯在妙悟而不在口舌，是以上乘根器与下乘根器有天壤之别。

今夫子盛赞颜回大才，闻圣教即洞然豁然，无一处不解，无一处不明，以其无所疑问，故于我无所启发增益。闻夫子该语似有遗憾，实则深喜颜子也。

试译：夫子说：“颜回呀！他不是能助益我的人呀。他对于我讲的话，没有不解的。”

五

子曰：“孝哉闵子骞！人不间于其父母昆弟之言。”

子曰：“孝哉闵子骞！”“闵子骞”，闵姓，名损，字子骞。夫子称其字，乃述时人所称也。

“人不间于其父母昆弟之言。”“间”，入声，乃非议也。“不间”有二解：一、无非议也。闵子骞闻孝于夫子，上事父母，下顺兄弟，人闻闵子骞父母兄弟称其至孝恭顺，皆无异词。今从此说。二、闵子骞兄弟二人，母亡，父又娶，复生二子；后母薄待子骞,使其严冬着薄衣,闵子寒不自禁。父怒,欲休妻,闵子哀告:“母在一子单,母去四子寒。”后母及二弟感其孝,自此父慈子孝,家门和睦,遂使外人无非议其父母兄之辞。苟从此说,则“之言”二字似嫌多余,故不从之。“昆”,兄也,周人称兄为昆。“昆弟”,兄弟也,亦称昆仲、昆季、昆玉,乃敬称也。

盖时人误以无违为孝,殊不知至孝者必能匡正父母得失,使其不失于蹇困不义。为人子者,使人不非议其父母乃为孝,故夫子赞闵子骞至孝。为臣子者,不使内外非议其君乃为忠。若父母、人君有过,人子、臣子无所谏止,以致酿成大过,实不孝不忠也。

昔者舜之父瞽叟欲杀舜,舜知其父有杀心,一不藏,二不谏,终促成父杀子之实,遂留恶名千载,实失孝也。闵父欲休妻,闵子骞不从父命,以孝心谏父,乃上孝父母也;后母不去,二弟得温暖而无愠怒之心,乃下顺兄弟也;后母知恩改过,致均平于兄弟四人,遂成慈母。闵子骞上全父母和合,下全兄弟温睦,使父母得慈爱之名,兄弟怀悌顺之心,实大孝也。

试译:夫子说:“闵子骞真重孝道啊!人们对他父母兄弟夸他孝顺的赞许之词,也没有任何非议。”

六

南容三复白圭,孔子以其兄之子妻之。

南容三复白圭, “南容”,复姓南宫,名括,又韬,字子容,鲁人,乃孔门七十二贤之一。“三复”,古人言数目之多,皆自三始；三复，即屡读也，与子路“终身诵之”同义。

“白圭”，礼器也，乃白玉制成。《诗·大雅·抑》有云：“白圭之玷，尚可磨也；斯言之玷，不可为也。”盖言白圭之瑕尚可琢磨干净，语言之瑕疵则无可挽回。南容于该诗玩味至深，故屡诵之，其谨言自戒之心若此，则其谨行可知也。固知南容乃谨言慎行之君子，于太平世可进仕，于乱世可自保。

孔子以其兄之子妻之。 “兄之子”，夫子兄孟皮之女。“妻”有二解：一、动词，乃以女嫁人称妻。二、古以正室称妻，故夫妻皆门当户对。此二说可互证，乃以女嫁人作正室。昔者嫁女择婿，必择修身齐家之士，故谨言慎行乃君子守身保家之道。夫言为心声，圣人观人，闻其言则知其行，故夫子以侄女妻南容。

试译：南容屡次诵读《诗·大雅·抑》中那白圭之句，夫子将侄女嫁给了他。

七

季康子问：“弟子孰为好学？”孔子对曰：“有颜回者好学，不幸短命死矣。今也则亡。”

《论语》前十章夫子答定公、哀公问，皆以“孔子对曰”；答季康子、孟懿子、孟武伯问，皆以“子曰”。本章及《颜渊第十二》载季康子三问又称“孔子对曰”，故疑此二章乃前十章“孔子对曰”篇之重出。

季康子问：“弟子孰为好学？” “季康子”，姬姓，季氏，名肥，谥康，史称季康子，鲁哀公时居正卿位，乃季平子之孙、季桓子之子。“孰”，谁也。

季康子问夫子，孔门中孰为好学者。季康子斯问略同于鲁哀公之问，夫子答哀公以详，答季康子以略，此何也？盖哀公为君，君为尊，故答以详；季康子为臣，臣为卑，故答以略。或以鲁哀公有二过、迁怒之病，故夫子详答以谏；季康子无过，不劳夫子烦言，故略答。或以哀公为君，更兼有为，其心在公，故夫子以颜子之学详告之；季康子为权臣，其延览人才，用心在私，但为强私而弱公，故夫子略答之。此三说可互证，以示夫子教诲之道必因人而异。

孔子对曰：“有颜回者好学，不幸短命死矣。今也则亡。”“亡”，无也。按夫子语，颜回好学，不幸短命而亡，今再未闻有好学者。

颜子、冉耕皆好学而成仁者，不幸先亡于夫子。其成仁而先死，考二子之人生意义有二：一、有圣师则必有贤弟子，孔门有此二子，以全师徒之道。二、示夫子仁道可成也。苟无颜子、冉耕成仁之例，则世人多误以夫子之道高远，欲成仁则难于上青天，今有此二子，以明夫子之仁可证也。

试译：季康子问：“您的弟子中谁是好学的？”孔子答道：“有颜回是好学的，不幸短命而亡，现在没有了。”

八

颜渊死，颜路请子之车以为之椁。子曰：“才不才，亦各言其子也。鲤

也死，有棺而无椁。吾不徒行以为之椁。以吾从大夫之后，不可徒行也。”

颜渊死， “颜渊死”有二解：一、据《史记·孔子世家》记载，颜渊先子路卒于鲁哀公西狩获麟之前，是年夫子七十一岁。二、据《史记·仲尼弟子列传》记载，颜渊少孔子三十岁，其二十九岁早夭，是年夫子五十九岁。后儒多以太史公录“颜渊少孔子三十岁”为讹传，实则少四十岁，故今以颜渊少夫子四十岁，颜子卒，是年夫子六十九岁。

颜路请子之车以为之椁。 “颜路”，颜渊父，名无繇，字路，少夫子六岁，亦孔门弟子。“椁”通槨。自古有椁必有棺，棺小而椁大；内为棺，以藏尸用；棺外套棺为椁，椁者，廓也，以廓辟土壤，则棺不为土所迫。按周制，天子用二椁五棺，诸侯用一椁三棺，大夫用一椁二棺，士用一椁一棺，置陪葬品于棺椁之间隙处。颜子卒，家贫不能备椁，颜路欲请夫子卖车，以为颜子制椁。

子曰：“才不才，亦各言其子也。” “才”，称颜渊，乃夫子赞颜子也。“不才”，称孔鲤。夫子谦称孔鲤之才虽不及颜渊，然己与颜路同为人父，若论父子之亲，亦各是其子。

“鲤也死，” “鲤”，孔鲤，字伯鱼，乃夫子独子。孔鲤初生，鲁昭公赐以鲤鱼，夫子以君赐为荣，故以鲤为子名，以伯鱼为子字。今按夫子年十九娶宋亓官氏之女，生伯鱼，固知鲁昭公十一年（前531）或十二年伯鱼生，是年夫子二十二三岁；伯鱼死于鲁哀公十一年（前484），是年夫子当在六十九岁。考夫子年谱，夫子年六十六夫人亓官氏卒，夫子年六十七时，伯鱼犹哭母死期年，夫子年六十八返鲁，则伯鱼卒于夫子六十九岁无疑也。昔者臣子先君父而死，君父犹称其名，是以夫子直称鲤，合于礼也。或以夫子言

“鲤也死”时，孔鲤虽死未葬；今不从此说，以孔鲤先卒于颜渊而葬。

“有棺而无椁。” “棺”，关也，以掩尸而得以完全也。夫子谓孔鲤死而无椁，乃视颜渊为子也。

“吾不徒行以为之椁。以吾从大夫之后，不可徒行也。” “吾”，我也。“徒行”，步行也。按周制，居位之君子年逾六十则不徒行。夫子初仕鲁居大夫位，后从士位周游列国，及季康子召夫子返鲁，复夫子大夫位而未使其理政，终不能用孔子。夫子上朝闻政不当徒行，必乘以车马。夫子自谓“以吾从大夫之后”，乃谦辞也。

按周制，凡治丧不得外求借贷以为之，吊丧之礼本为有财者制，凭吊者有财则馈之，无财则致哀而已，不当强索财礼。颜渊卒，夫子必有赗赐，然颜路复请夫子之车以资椁用，实不合于礼也。况大夫之车乘不当鬻于市，苟鬻于市，一则有伤礼制，二则有伤朝廷体面，故君子用财当审己力而为。夫子深知与颜路情深谊厚，故不妨直言相告，颜路之请虽失礼，乃哀痛过切所致，是以夫子未责之，唯申之以礼而婉言谢绝。夫子以诚心而表直道，仁恕尽见矣。

试译：颜渊死后，他父亲颜路请求夫子将自己的车卖了，给颜渊做一个棺外之椁。夫子说：“不管有才还是无才，说来都是儿子。我儿子孔鲤死时，也只是有棺而无椁，我并没有卖了车、徒步行走来为儿子做一椁。因我尚跟从于大夫之后，不可以徒步行走啊！”

九

颜渊死，子曰："噫！天丧予！天丧予！"

"噫"，叹息声，乃痛伤之恨声也。"予"，我也，乃自称。"天丧予"，天亡我也。夫子复叹"天丧予"，盖天生圣人，必降贤才以佐之；天不欲使其道传世，则必丧其传人也。夫子感伤天丧颜渊，失其辅佐，犹天丧己道也，固知夫子据颜渊之死已觉天亡己道之兆。夫子既得颜渊，然颜子之才终不见用于世，今又死，故夫子痛惜而叹之。

夫子大道唯颜子一人能当之，颜子既逝，宰我、子贡、子游、子夏皆无颜子大才，故无人达夫子仁境。夫子尝云："文王既没，文不在兹乎。"固知夫子以羲、黄、尧、舜、禹、汤之道尽在己身，能承袭其道者唯颜子耳，今颜子卒，夫子安能不悲。夫子所以叹者有二：一者痛惜天才已逝，己道无传也；二者悲悯天下苍生，苟失礼乐圣道，民则无路可循也。当礼崩乐坏之世，民无所依止，遂各受其害，如此则老何所养？少何所依？

试译：颜渊死了，夫子哀痛地说："唉！天亡我啊！天亡我啊！"

十

颜渊死，子哭之恸。从者曰："子恸矣。"曰："有恸乎？非夫人之为恸而谁为？"

颜渊死，子哭之恸。 “恸”，哀过之辞也，即恸哭。夫子闻颜渊卒，因悲伤至极而放声恸哭。

从者曰：“子恸矣。” “从者”，门弟子也，从夫子吊于颜子家。门弟子恐夫子哀恸过甚而伤身，故谓“子恸矣”，以劝夫子节哀。

曰：“有恸乎？非夫人之为恸而谁为？” “夫人”，夫，语气词；人，颜渊也。“为”，入声。夫子痛惜颜子之逝，悲恸而不知哀伤至极，故曰“有恸乎”。夫子哭之而恸，此情非他人能及，故叹曰：“非夫人之为恸而谁为。”

夫子尝自谓“五十以学易，则无大过矣”，此虽谦辞，固知夫子大过虽免而小过未能尽免也。然君子当为则为，当恸则恸，值颜子夭逝，夫子痛惜之情，乃真性情之流露也。

试译：颜渊死了，夫子哭得哀伤过甚。跟随前往吊唁的弟子劝道：“先生您过哀了。”夫子说：“我哭得过哀了吗？我不为他哀哭，又为谁而哀哭呢？”

十一

颜渊死，门人欲厚葬之。子曰：“不可。”门人厚葬之。子曰：“回也视予犹父也，予不得视犹子也。非我也，夫二三子也。”

颜渊死，门人欲厚葬之。子曰：“不可。” “厚葬”，凡士之葬事，皆依士礼而丰备。治士丧，贫富当各因其宜，葬礼必量其家之有无而行。颜渊死,孔门弟子欲厚葬之,然家贫仍以厚葬,固非君子所欲,亦非亡者所求,夫子故曰“不可”。

门人厚葬之。 孔门弟子依士礼而厚葬颜子。

子曰:“回也视予犹父也,予不得视犹子也。非我也,夫二三子也。” “二三子”,夫子呼门弟子。夫子谓颜渊生前视我如父,然其自有生父颜路,今颜路意欲从门人厚葬,夫子亦不得割正之,故难从孔鲤之葬礼以葬颜渊。夫子既不能阻其厚葬,非不尽言以劝也,盖门弟子欲为之,故夫子有此说。

君子若有不得已时,亦可受人助,今颜渊有棺无椁,虽无厚礼陪葬,然亦能葬,故非不得已也。既得已,复受人恩惠,实不合宜也,故圣人不与也。

今夫子云“回也视予犹父也”,非空言也。颜子尝云:“子在,回何敢死。”固知其视夫子如父无疑也。昔孔门自得颜渊,门人日亲,皆视夫子如父,此颜子之功也。

试译:颜渊死后,孔门弟子想要厚葬他。夫子说:“不可以厚葬。”门弟子还是厚葬了颜子。夫子说:“回啊!你视我如父亲一样,我却不能将你视作我儿子一样。如此厚葬,这不是我的本意啊!而是弟子们决意要这样做啊!”

十二

季路问事鬼神。子曰:“未能事人,焉能事鬼?”曰:“敢问死?”曰:“未知生,焉知死?”

季路问事鬼神。 “季路”，子路。“问事鬼神”，《礼记·祭统》云：“礼有五经，莫重于祭。”故于“事鬼神”诸事，无不备至。自古死乃人生必经之途，此非子路一人之惑，乃万千人之惑也，今子路问奉事鬼神之道，其问不为不切，不为不重。

子曰：“未能事人，焉能事鬼？” “事人”，乃子事父、弟事兄、妻事夫、臣事君诸事。圣人以事鬼神诸事，皆由事人而推之，生者能尽其所养，死者能尽其所享，此人鬼一理也。孝子事亲笃孝无亏，具此诚敬事人之心方可事鬼神，若不以诚敬忠孝事人，则必不能事鬼神。固知祭祀之道，乃以事人之道教民也，苟事父不孝，事兄不悌，事君不忠，事夫不贞，安能达爱敬于宗庙？故夫子出是语，以诲子路。

曰：“敢问死？”曰：“未知生，焉知死？” 子路再问“死”，考其所问，乃欲明君子处死之道也。死乃人生之归途，早晚固有一死，此非子路一人之疑，乃万千人之大疑。处死得当，乃君子必明之事，子路未审其理，故问之迫切。然死非人之所能预也，故不当问，亦不可以言语道断。

夫世界之幽明，人生之终始，其理无二，若能全知人生意义，则死无待问而自知。死乃生之归宿，生乃死之重生，此循环往复之序，是以“知生”方得安然处死之道。学人于人、事、物之理层层悟入，理通方可达性，尽性乃能至命。固知性乃命之体，命乃性之用，能悟此则可得正，得正方得中道。故君子不以父母给予之身行苟且之事，不以匹夫之渺小而不悟大道，以有限之生命得无上之中道，归于正道方死，乃夫子所谓“知生”也。能“知生”，必知君子处死之道，故能死得其所，又何足惧哉。若生无以立命，死乃成大愚。君子于有生之年，以直道处事，以善道诲人，自知而知他，自明而明他，以《诗》《书》《礼》《乐》善教化于天下，乃教人“知生”之道也。苟能“事死者如事生，视亡者如视存”，即教人知死之道，亦即君子善处生死之道。

《易传》有云：“原始反中，故知死生之说。”按此说，不动是原，初发动是始，动而归静是反，动静循常道是中。圣人知死，亦知鬼神，夫子年五十而知天命，安能不识此道。今夫子所以不明答，乃不直言怪神也，若论生死之道，宗教皆备言之，儒门唯言谨生慎死之道。考子路所问，兼幽冥鬼神之疑，亦有死后将以何面目存在之疑。然谛观昼夜，知昼夜交替而无有止息，若明此理，则生死之道明矣。故能知生方知死，尽事人之道方知事鬼神之道。夫生者人，死者鬼，此一而二、二而一之理。或以生死事大，难以语言道断，遂误以夫子不告子路。殊不知，夫子已答之甚深矣。

试译：子路问如何奉事鬼神。夫子说：“未能奉事人，又怎能奉事鬼呢?”子路又问：“敢问如何是对待死亡之道?”夫子说：“还未得知生，又怎能得知死呢?”

十三

闵子侍侧，訚訚如也。子路，行行如也。冉有、子贡，侃侃如也。子乐：“若由也，不得其死然。”

闵子侍侧，訚訚如也。　“闵子”，少子路六岁，本节以德行高低为先后序次，故列闵子于前，以子路、冉有、子贡依次列于后。“侍侧”，卑者侍于尊者之侧。“訚訚”，乃中正恭敬之貌。时闵子骞侍立于夫子座侧，面呈中正恭敬之色。

子路，行行如也。 “行行”，行字为平声，入古阳韵；行字为去声，入古漾韵，后世转入八庚韵。乃刚强之貌。子路侍立于夫子座侧，面露刚强义勇之色。

冉有、子贡，侃侃如也。 “侃侃”，或作衎衎，乃和悦之貌。冉有、子贡皆才智超然，故得动而乐之象，面呈和悦之色。

子乐：“若由也，不得其死然。” “子乐”有二解：一、汉儒以“乐”为“曰”之讹写，当作“子曰”。此说迂曲，故不从之。二、夫子目睹闵子骞之中正，子路之刚强，冉有、子贡之和悦，其各尽其性而无所隐情，遂乐得此四贤而教之，使其德才足以致用。今从此说。“若”，预料而非速决之词。

夫子见闵子骞呈恭敬守正之象，见冉有、子贡才智通达而呈和悦之象，唯子路刚勇，恐其不得寿寝，遂出斯言以诫之。子路日后死于卫孔悝之难，当知圣人预言之不虚。

盖人之秉性不一，刚柔不济，刚则致祸，柔则无决，皆不能上通天道而下达人性，是以善教化者唯各尽其性，使各归于善途。圣人之教，化刚强而拔不足，皆使守中得正。君子守正则免俗，亦远祸，正气凛然于眉宇之间，小人自远矣。然过刚者虽可自持，唯不可以刚强加诸于人，虽能断事理之正邪，若不能通达进退屈伸之理，恐有忤人逆物之险，遂招灾而不得善终。夫子喜子路之刚强亦忧之，然虽忧而不改其喜。固知君子固有一死，若见利即趋，遇难则馁，靡靡沉沦，苟且谄媚以保命，何如刚强坦荡一死，是故子路之死可谓壮哉。

试译：在夫子座侧侍奉的闵子骞，一派中正和敬之气。子路一派刚强之气。冉有、子贡一派和乐之气。夫子很高兴，但又说："仲由这样子，怕他不能得以寿终啊！"

十四

鲁人为长府。闵子骞曰："仍旧贯，如之何？何必改作。"子曰："夫人不言，言必有中。"

鲁人为长府。 "鲁人"，乃季平子。或以鲁人为三桓，亦通。"为"，改建也。"府"，乃蓄藏财货、收藏文书之所，别称玉府、内府、外府。玉府者，乃诸侯金玉、兵器、文织宝货蓄藏之所。内府者，蓄有牛、羊、猪诸祭牲，藏有包茅祀贡之物，藏有皮、帛嫔贡之物，藏有银、铁、石磬、丹漆诸器贡，藏有绣帛、玉、马币贡，櫄杆、栝、柏、篆诸材贡，藏有金、玉、龟、贝诸货贡，藏有纻、玄绣、纤缟诸服贡，藏有羽毛、燕好、珠玑、琅玕诸斿贡，藏有方物特产、良兵、良器诸器物。外府者，乃司掌邦布（流通货币）及王后、世子祭服之所。考三府之别，玉府藏金玉、宝货，内府藏九贡之物、九赋之税，玉府、内府皆藏有兵器。所谓"鲁人为长府"，乃季平子欲改建内府、玉府。鲁昭公二十五年（前517）尝居长府，欲伐季氏。

时三桓专鲁，鲁公室弱。长府既藏有货币、金玉、财货、兵器，昭公欲伐季氏，必据之，实欲借长府而得国人之心。然昭公之侧多季氏耳目，其欲伐季氏之心久矣，所以迟迟不主动者，唯恐泄密也。故居于长府以使季氏不疑，欲趁机以伐权臣。季氏得民既久，以昭公之力固难制之，鲁大夫子家羁预知其事难成，尝力阻昭公未果，昭公遂兵败而适齐。季氏闻昭公仗恃长府欲伐己，遂忌惮不已，事后则使人降其闬闳，隳其垣墙，以使后世鲁君失此凭恃。

闵子骞曰："仍旧贯，如之何？何必改作。" "仍"，因也，即因循。"贯"，事也，"旧贯"，旧制。闵子骞以长府之修缮当有旧制可循，唯依制略加修缮即可，何故改作之。况鲁定公、哀公再伐季氏，断不能重蹈昭公旧辙，岂能重据长府以攻季氏，故季平子劳民以为私心，此季氏之不仁也。

子曰："夫人不言，言必有中。" "夫人"，彼人也，乃谓闵子骞。"中"，中理。夫子褒许闵子骞言不妄发，发必中理，固知闵子骞强公室而弱私室之心，与夫子若合一契。

试译：季平子要改建长府。闵子骞说："因循旧制，不好吗？何必要改建呢？"夫子说："闵子骞平素不怎么开口，可一开口必是中理的。"

十五

子曰："由之瑟，奚为于丘之门？"门人不敬子路。子曰："由也升堂矣，未入于室也。"

子曰："由之瑟，奚为于丘之门？" "瑟"，啬也，闲也，有戒忿止欲之用，故能正人之德；乃拨弦乐器，其弦粗细不等，每弦瑟设一柱，皆以五声音阶定弦。瑟长八尺一寸，宽一尺八寸，计二十七弦。"奚"通何，即为何。

古之为教者，以琴瑟之乐加之于《诗》，乃能格正心志，怡养心情。乐音细小而不失节；宏大而不逾礼，闻之则意广大而气平和，故乐之道贵在中和，尤戒忧哀、悲痛、暴厉、杀伐之气。乐音失于柔则靡荡荒淫，失于刚则杀伐横暴，皆贼乱亡国之兆也，故君子必慎之，上则保国民之裕，下则安七尺之躯。夫子闻子路鼓瑟，知其性刚直而未合于《雅》《颂》之音，见杀伐之气而失于中和，忧其未可善终，遂出此言以戒之。

门人不敬子路。子曰："由也升堂矣，未入于室也。" 门人闻夫子语，误以夫子轻贱子路，遂不敬子路。夫子闻之，复语子路升我堂而未入我室以释之。

夫门、堂、室三者，皆代言圣贤之域，以喻学道之深浅，入道之次第。升堂为浅，故未得其究竟；入室为深，已得学问之三昧。子路天性好勇，于闻过必改、闻义必为诸事尤见其勇，固知其才学已臻光明正大之境，然未能深入学问精微奥妙之旨。圣人既为完德者，岂以伪辞许人，此升堂之喻，乃切实难得之褒语也。子路入孔门久矣，陶染于夫子和平中正之气久矣，故许之已登堂也。然子路性近秋日杀伐之肃，未近春日熙和之温，其才学虽可从政，终未达礼乐之和，故夫子恐其有失。子路虽以戎装死于孔悝之难，世人亦多借此以子路为愚忠武夫，殊不知春秋之世文武无别，士皆以文武全才入仕。昔者冉有、樊迟挥戈仗剑，荡阵杀敌，固知士提笔立就、上马杀贼之功不虚也。夫子以预言戒子路非止一次，然终不能阻子路之死难，可谓生死有命矣。

试译：夫子说："仲由鼓瑟之声，为什么发生在我的门内呢？"门人听了，都有些不敬子路。夫子说："仲由的学问已经升堂了，只是未能入室罢了。"

十六

子贡问:"师与商也孰贤?"子曰:"师也过,商也不及。"曰:"然则师愈与?"子曰:"过犹不及。"

子贡问:"师与商也孰贤?" "师",复姓颛孙,名师,字子张,尝学干禄,然未从政,以教授终其身,位列孔庙祭祀第二等,庙祭同列十二人,为孔门十二哲之一。"商",姓卜,名商,字子夏,为孔门十哲之一。子贡问夫子,子张、子夏谁更具贤德?

子曰:"师也过,商也不及。" 子张过之而子夏不及,故夫子以二人俱失中道,犹射,过与不及皆不得中也。夫礼者,乃约人、守中、得正之准也,今夫子以二子虽敏顿各异,然皆违礼失中也。子张才具高广敏捷,急迫好为,故常过之;子夏天资笃信谨慎,规模狭隘,故常不及。

据《礼记·檀弓上》记载,昔者子夏除丧既见夫子,故哀痛未忘,弹琴而不能成其声,自谓于先王制礼不敢过也;子张除丧既见夫子,其哀痛已无,弹琴而成其声,自谓于先王制礼不敢不至。考其所以,子夏哀有余而礼不足,即不及也;子张哀不足而礼有余,即过之也。固知依礼则制中,君子修齐之道,尽在礼也。

曰:"然则师愈与?"子曰:"过犹不及。" "愈",胜也。"犹",等也,即等同。"与",读平声。子贡疑子张既过之,其贤德尤胜子夏之不及,夫子遂答以"过之"同于"不及"。

夫道者,循中以致用,过与不及皆病也,故皆有所失而未得中。是以圣人设教,欲使知行皆依礼而归于中道也。

试译:子贡问道:"颛孙师与卜商谁贤呀?"夫子说:"颛孙师总是显得过了,卜商总是显得不及。"子贡说:"那么应该是颛孙师胜了一些?"夫子说:"过与不及一个样。"

十七

季氏富于周公,而求也为之聚敛而附益之。子曰:"非吾徒也。小子鸣鼓而攻之可也。"

季氏富于周公, "季氏",鲁上卿季康子。"周公"有二解:一、周公旦。二、周国君主周公。周初,周天子封周公旦长子伯禽为鲁侯,周公旦于王畿内之采地亦称周国,由次子袭公爵而治之,故世代皆称周公。今从第一说,以周公为周公旦也。

按周制,鲁税十取其一,自鲁宣公改作十取其二,季氏家亦以宣公之税制取于民。季氏居上卿位,有车马千乘,其富可敌国,财已胜主,苟非夺其君、削其民,则何以得此富贵。校季氏之税制,已逾周公制税之准,故夫子乃言"季氏富于周公",欲以周公旦所制赋税法矫季氏之失。

而求也为之聚敛而附益之。 "求",冉求。"为",去声。"聚敛",敛取财富;清儒或作"骤敛",即急于敛财,亦通。"附益",附益二字互训,即增益。季氏巨富,其所聚敛非为救饥,实为附富也,故称附益。冉求为季氏宰,未辅以德政,征敛赋税倍于他日。

夫子晚年归鲁,举国皆奉其为国老,每有政措必诹咨之。

季康子欲增田赋，特遣冉求问于夫子，以请增益田赋之法。夫子设教、为政皆依礼而行，时周公典章尚在，季氏欲违礼而谋私，问又何益，况夫子虽有所谏，然季康子终未纳之。翌年春，季氏终施增田赋之新制。

子曰："非吾徒也。小子鸣鼓而攻之可也。" "非吾徒也"，乃夫子清理门户之绝辞。"小子"，门弟子。"鸣鼓"，钟鼓者，以讨寇伐罪之用；夫子所谓鸣鼓，即声讨其罪以责之。"攻"，攻击。

古以日食为下犯上、阴灭阳、贱伤贵之象，故称逆节之象，必鸣鼓以攻之。是以每逢日食，天子伐鼓于社，诸侯伐鼓于朝。鲁有周公典章可循，然季氏专鲁，违逆宪法，强征田赋，即以卑胜尊、以贱伤贵也。冉求既入孔门久矣，亦不失为明达者，虽从政于大夫之家，其心当在公室；今未辅以德政，违典章而顺季氏、逆师嘱，为季氏敛财。故夫子谓门弟子当"鸣鼓而攻之"，其明为攻伐冉求之过，实为声讨季氏之恶。

试译：季氏比周王朝的周公还富有，可冉求还帮他聚敛附益。夫子说："冉求已不是我的门徒了。弟子们，你们可以击鼓而声讨他。"

十八

柴也愚，参也鲁，师也辟，由也喭。

本节所录乃夫子平素闲议之辞，门弟子汇记于斯，故未标以"子曰"。后儒或以本节与下节并为一章，以下节"子曰"列为篇首。

柴也愚， “柴”，高柴，字子羔，卫人，少夫子三十岁，乃孔门弟子，其人长未满五尺，故夫子以为愚。《左传》称季羔者，《礼记·檀弓》称子皋者，皆同一人。“愚”，愚直也，即古直似愚人，以喻其人才智不足而敦厚有余。

参也鲁， “参”，曾参。“鲁”，钝词也，即鲁钝。孔门不乏聪明才辩之士，然夫子圣道唯曾参以鲁钝之性继之，曾子借此入道，其学日坚，其道日深，固知诚笃乃入学成道之基也。

师也辟， “师”，子张。“辟”通嬖，即阿谀逢迎。子张才志高远过人，虽容止依礼，然内少诚实，故有阿谀逢迎之嫌。或以“辟”为邪僻，误以子张放僻淫侈，肆意不正，此说违子张远矣，故不从。

由也喭。 “由”，子路。“喭”，畔喭也；喭与援音近，亦称畔援，乃刚强跋扈之义。按本节所录，子路有刚猛粗鄙之失。

试译：高柴愚直，曾参鲁钝，颛孙师便辟，仲由刚猛。

十九

子曰：“回也其庶乎，屡空。赐不受命，而货殖焉，亿则屡中。”

子曰：“回也其庶乎，” “庶”，庶几也，同于现代语“差不多”；乃喻近道之辞，夫子褒许颜渊几近于圣道。或以“庶几”之说未明，苟解以“近道”则有失牵强，当斟酌下文“赐不受命”，以“庶”为受命也，乃谓颜子受命，故能乐道安贫，此亦可备一说。

“屡空。” “屡”，数也。“空”，穷也。“屡空”，乃屡陷于穷乏空匮。颜子屡陷穷乏，犹能安贫乐道，虽箪食瓢饮亦不改其乐。或以“屡”通每，以“空”为虚其中也。按此说，夫子教弟子庶几（渐近圣道）之道，然诸弟子不能虚怀诚心，故未近圣道，独颜子每能虚其中，故渐得庶几之境，以致悟道深远，非他人所及也。然夫子下言子贡“而货殖焉。亿则屡中”，故今以“屡空”为屡陷穷乏，则文理较顺，故不从此“虚其中”之说。

“赐不受命，而货殖焉，亿则屡中。” “赐”，子贡。“命”有二解，一、天命，所谓“不受命”，即不受天命。盖孔门诸贤，受教夫子久矣，岂有不受天命者，故不从此说。二、禄命。所谓“不受命”，即不受禄命，此亦别为二说：一者，周设三官以治国之农、工、商三业，以司农掌粮粟，以司工掌器物，以司商掌商贾，故商贾之事皆官办，商贾亦称官商，今从此说。二者，古以士农工商各习其业，彼此不得兼顾，是以士不得兼营农工商三业，子贡既已师从夫子，又以货殖取富，此即不受命也；此可补益前说，然不得独列为一说。

“货”，财货。“殖”，积也。“货殖”，囤积货物以待升殖也。商贾诸事既为官办，然子贡资于权变之道，通于积聚之理，故能私商致富，乃不受命也，故称其货殖，而不得以商贾称。“亿”通意，即揣度。“中”，得中也；乃谓子贡善意测货值行情，故得屡中。

自朱熹始，千载以来多以子贡不受天命，殊不知货殖理财，固当顺应天理，善贾岂能违天时以求富，唯顺而受之，方得货殖致富，此亦知命也。人生贫富虽由命，然能治人谋事，亦不失为立身之本。颜子安命，乐而处贫；子贡不安命，明察去贫致富之理，终未远道半分。本节以颜子安命乐道，子贡不安命亦可就道，唯境界以颜子为优，故夫子以"庶乎"许颜子。

试译：夫子说："颜回呀！差不多了，可他常常陷于匮乏。子贡未受官家之命而经商，以囤积货物而取利，他揣度行情屡屡得中。"

二十

子张问善人之道。子曰："不践迹，亦不入于室。"

子张问善人之道。 "善人"，其人虽未入儒门，未学六艺，未通礼乐，然其心本善，故谓之善人。子张"问善人之道"，乃问未入儒门、未学六艺、未通礼乐之善人，当依何道自处。

子曰："不践迹，亦不入于室。" "践"，循也、履也，即因循、践行也。"迹"通跡，即步行。"践迹"，循故途，守故辙，因循圣人《诗》《书》《礼》《乐》之学。

善人不慕尧舜圣迹，不循周公礼乐，亦不效圣人成法，唯能自持而不为恶，然终未入圣人之室。室必由门堂循迹而入，圣人之学，有学而不能者，断无不学而能者，善人不学，则何以入圣。昔明王治世，以德政平乱，以德教化民，历三十年为一世，其仁政乃成。善人不通礼乐，不循圣王教化之道，其善政虽历百年，唯止杀戮、少刑罚而已，故善人者，乃诸侯之政也。周初，周公以礼乐教化民人，遂开周八百年基业；诸侯之政善则善矣，然不通礼乐教化之道，虽建邦百年，惜乎仁政难成，故夫子谓之"不入于室"。

试译:子张问善人自处之道。夫子说:“善人不能因循着前人的足迹走,但也不能入到室内去。”

二十一

子曰:“论笃是与?君子者乎,色庄者乎?”

汉儒郑玄以此节当与上节合为一篇,以论笃、君子、色庄为善人之证。固知本节与前节录夫子语虽非出自一时,然皆答善人之道,故自朱熹始,本节篇首以“子曰”别之。“与”,许也,即许与。

夫论笃者,非法不言,故口无败坏之辞;君子者,非法不行,故身无鄙陋之行;色庄者,不怒自威,故容止庄矜以远小人。能为此三事者,可谓之善人也,然不可据其一而以其为君子,故不以其言笃实而许为君子,不以其貌庄矜而许为君子。是以君子不专信其言、其貌,必听其言而观其行,则人之真伪明矣。

试译:夫子说:“言论笃实的人常被赞许,这种人是真君子吗?仅在容貌上庄重严肃就算是了吗?”

二十二

子路问:“闻斯行诸?”子曰:“有父兄在,如之何其闻斯行之?”冉有问:“闻斯行诸?”子曰:“闻斯行之。”公西华曰:“由也问:‘闻斯行诸?’子曰:‘有父兄在。’求也问:‘闻斯行诸?’子曰:‘闻斯行之。’赤也惑,敢问。”子

曰："求也退，故进之；由也兼人，故退之。"

子路问："闻斯行诸？" "闻斯行"，即闻义而行。"诸"，疑问辞。君子行义必广，然子路所问，乃赈穷济乏之事也。

子曰："有父兄在，如之何其闻斯行之？" 父兄在，诸事不当自专，必禀于父兄而后行，故朋友之道，不可为者有二：一者身体发肤皆受之父母，父母在，不得以性命许人；二者周人之急必禀于父兄知，不得擅馈人以财物，更毋私蓄财物。子路为人刚直，闻义必勇为，故夫子儆其行事毋自专，勿因行义太过而失当。

冉有问："闻斯行诸？" "闻斯行"，闻义而行也。乃冉有复问于夫子也。

子曰："闻斯行之。" 夫子告以闻义则可行也。

公西华曰："由也问：'闻斯行诸？'子曰：'有父兄在。'求也问：'闻斯行诸？'子曰：'闻斯行之。'赤也惑，敢问。" 考公西华之所惑乃问同而答异也，固知子路、冉有所问非在一时，公西华惑之既久，故乘机问于夫子，当知其人之善思也。公西华少子路二十三岁，该问必在既冠成人之后，时子路约四十三四岁。子路父母既已早亡，夫子诲以"有父兄在"，则子路之兄必在世也。夫子教子路孝悌在先，行义在后，故行事可缓，事缓则圆，以诫子路性急之病。时冉有父兄尚在，夫子竟答以闻义即行。夫子答二子之辞各异，是以公西华疑而问。

子曰："求也退，故进之；由也兼人，故退之。" "退"，谦退，乃禀性懦弱也。"进之"，鼓励之。"兼人"，一人兼二人之所为，故谓之胜人，即好勇而胜于他人也。"退之"，约束之。冉有秉性谦让，有见义不前之失；子路好勇而胜人，有好胜勇为之失。夫子各以其失而正之，欲规二子之行合于义；教子路先行孝而后行仁，凡事须缓，不以急遽而失义；教冉有闻义即行，不可逡巡不前而失义。

君子闻义固当勇行，力行于仁而归善于父兄，必受父兄之命而后行，此皆君子之行也。若逢人危难而急待行仁之际，待禀于父兄而后行事，恐误人性命，实违君子之行也。圣人察人以明，于二子一进之、一退之，欲使子路、冉有无过之、不及之患。

试译：子路问："听到义就去做吗？"夫子说："有父兄在，怎可听到义就去做呢？"冉有问："听到义就去做吗？"夫子说："听到了就该去做啊。"公西华说："仲由问：'听到义就去做吗？夫子说：'有父兄在上。'冉有问：'听到义就去做吗？'夫子说：'听到了就该去做。'我对此很迷惑，敢再问个清楚。"夫子说："冉求遇事犹豫退缩，所以我鼓励他向前；仲由遇事勇猛好胜，所以我抑止他，让他退后。"

二十三

子畏于匡，颜渊后。子曰："吾以女为死矣。"曰："子在，回何敢死？"

子畏于匡， "畏"有三解：一、君子不吊死于畏、厌、溺之人。畏者，横死也；人以非罪攻我，使我不能伸之以理，以致死于非命。今夫子受匡厄而未死，实有惊无险也，故不从此横死之说。二、匡人以兵围夫子，录此事者误以"畏"为畏惧，以夫子心生畏惧也。然夫子尝云："匡人其如予何。"固知圣人临危而无所畏也，故不从此说。三、畏乃围之讹写，即拘禁，乃匡人以甲士围困夫子于匡。今从此说。

颜渊后。 颜渊侍夫子于匡，遭逢匡人之厄，又迷失于后，故录以“后”。昔季氏家臣阳虎尝挥师侵暴匡人，今夫子过匡，其貌颇似阳虎，匡人则误以阳虎复来，故兵困夫子。

子曰：“吾以女为死矣。” “女”，汝也。匡人兵困夫子，以审其动静，观其踪迹，非欲杀夫子也。夫子遭困于匡，仍弦歌不辍，从容自得，匡人闻之皆感于夫子之忠信笃敬，已知夫子非阳虎也，遂去。

夫子既为全德之圣人，天必全其性命，夫子亦自知不能死于匡，其心系颜子未审保全性命之道，故翘首相望，望之未归，疑颜子为匡人杀。自古圣人无悔，贤达无患，颜子异于子路之易怒好勇，然乱世之人为利益所蒙蔽，遂使有德之士或轻死，或苟存，或死不得其节，或生不尽其用。夫子恐颜子未能穷理之妙而误死，今颜子来见，故喜出望外，乃出是言，以道心中之疑也。

曰：“子在，回何敢死？” 颜子事夫子若父，故有此答。颜子智慧德行与夫子无差，其必知圣人不死，故不敢先夫子死。既见夫子无恙，故直言答以“子在，回何敢死”，苟夫子蒙难，则颜子必捐躯以从夫子也。此正颜子知夫子也，圣贤二人一问一答，妙义尽在斯，非匹夫所能知也。

试译：夫子于匡被围，颜渊落在后面了。夫子说：“我以为你已死了。”颜渊说：“夫子尚在，回怎么敢死呢？”

二十四

季子然问："仲由、冉求可谓大臣与?"子曰："吾以子为异之问，曾由与求之问。所谓大臣者，以道事君，不可则止。今由与求也，可谓具臣矣。"曰："然则从之者与?"子曰："弑父与君，亦不从也。"

季子然问："仲由、冉求可谓大臣与?" "季子然"，乃季平子(季孙意如)之子。"臣"，乃伏地臣服之义，仕于公卿称臣，仕于大夫称仆。"大臣"，仕于诸侯、公卿者。

时季氏无道，僭周子，专鲁政，歌《雍》、舞佾、旅泰，所以不亡其家者，乃有冉求、季路之辅也，固知有正言劝谏之臣，虽无道亦不亡其家。季子然为季氏子弟，俨然视季氏之家为鲁国，其目无鲁君久矣，既得仲由、冉求为家臣，故发此目无君上之问，以国之大臣私许仲由、冉求，且咨诹于夫子，欲闻此二子是否有大臣之才具。

子曰："吾以子为异之问，曾由与求之问。" "异"，异人也，乃谓除仲由、冉求之外者，即孔门之德才兼备者，诸如颜渊、冉仲弓皆以德行称于世。"曾"，乃也，即竟然。按夫子语，孔门弟子德才能堪大任者众矣，以仲由、冉求之才具，曷足称大者。夫子该言似轻二子，实欲驳季氏不臣之心也。

"所谓大臣者，以道事君，不可则止。今由与求也，可谓具臣矣。" "道"，正道，即礼乐之道。"止"，去位不仕也。"具"，备也，即居位。"具臣"，居位而无功，唯充数而已。

考大臣、具臣之别，大臣位高权重，必以正道事君，苟不谏君上小过而从之，实有罪也；不谏君上大过而从之，实有恶也。

具臣位卑言轻,必以正术事君;不谏君上小过而从之,尚可也;不谏君上大过而从之,则有罪也。故为人臣之礼当以正道事君,苟君上有过,必婉言相谏,若屡谏不从,则臣子必去其位。士子从政但为行道,苟不能止君恶则道义不张,固当退仕而隐,一者孤立恶君,二者自保,此正“以道事君,不可则止”也。夫子示大臣之义于季子然,以仲由、冉求虽具从政良才,然终属具臣,苟相较于颜渊、冉仲弓,唯居位充数而已。

曰:“然则从之者与?” “从”,听从。季子然私以臣子当从其所使,故出此问。季子然闻夫子称仲由、冉求皆具臣之材,遂误以二子既为季氏所豢养,必以其马首是瞻。固知季子然早无事君之心,故多方笼络人才以备己用,今发斯问,其叵测之心溢于言表。

子曰:“弑父与君,亦不从也。” “弑”,杀也;杀自外来称戕,杀自内起称弑。古以臣杀君、子杀父为弑。按夫子语,仲由、冉求皆尊礼明义者,虽非大臣之材,然能守正,虽为季氏家臣,然二子尽熟君臣之义,安能为大逆不道之事?安能为杀父弑君之行?故语之“亦不从也”。夫子以君父大义语季子然,一者以示纲常名分,二者以儆季子然勿陷于大逆不道而不自知。

试译:季子然问:“仲由、冉求是否称得上是大臣呢?”夫子说:“我以为你会问及别人,哪知你问的竟是仲由和冉求啊!所谓大臣,应能以道侍奉君上;做不到,便辞去职位。现在仲由与冉求,还算是备位充数的具臣罢了。”季子然又问:“既然如此,那他二人该是肯听话的人吧?”夫子说:“弑君弑父的事,他们是不会听从的。”

二十五

子路使子羔为费宰。子曰:"贼夫人之子。"子路曰:"有民人焉,有社稷焉,何必读书,然后为学?"子曰:"是故恶夫佞者。"

子路使子羔为费宰。 或作"子路使子羔为郈宰"。考郈邑之址有二:一、位于山东郓城宿县。二、山东东平无盐县下设郈乡。昔子路为季氏宰,将隳三都,时叔孙氏隳郈,季孙氏隳费。费郈既隳,子路荐子羔为费宰,或为郈宰,今唯言费宰,乃择其一也。

子曰:"贼夫人之子。" "贼",败也,与害近义,故称贼害。按夫子语,子羔于《诗》《书》《礼》《乐》之学未成,子路荐以为政,犹贼害子羔也。

子路曰:"有民人焉,有社稷焉,何必读书,然后为学?" "民人",民者,乃官府所辖之庶民;人者,乃邑宰理政之有司。"社",按周制,大夫不独立社,群居百家以上者,以大夫为首共置一社,社与稷共祀于一坛,故本节言社而未言稷。西汉王莽于社坛外复增稷坛,自此社稷分坛,古意遂失。"稷",乃祭祀谷神之所。天子、诸侯、大夫所以封土而立社稷,春祀土神谷神,以求秋报;盖民离土不得立,离谷不得食,故立社稷,以为尊土地而祀谷神也。"读书",读者,诵读也;书者,乃《诗》《书》《礼》《乐》之总称。

春秋末世,公卿大夫之禄命皆由世袭,非由学而进仕也,故子路误以仕宦既由世袭而不在读书,遂出该问。圣人设教,必学而优则仕，苟不学而仕，斯害人矣，固非圣道也。

子曰："是故恶夫佞者。" 夫为政治民，必身修而后居位，明德而后行道。道者，寄于礼乐而行，苟礼乐不施，则慢神祇、虐生灵之事屡见。是以子路不待子羔学成而荐其仕，乃本末倒置也。考子路语，其非不知读书之要，实则愤慨时人仕不由学之状，深恶为政者多世袭而居位，徒有民人社稷而不知学礼致用，今子羔虽未学成，然比及世袭之徒犹强似百倍，遂出此讽刺时风之语。夫子深知子路之深义，故不斥其非，反以厌恶利口善辩之佞人教子路。

试译：子路使子羔担任费宰。夫子说："这是害了这个年轻人啊。"子路说："（那些）有人民、有社稷的（世袭大夫），不必一定要读书才算学？"夫子说："所以我才厌恶利口善辩之佞人。"

二十六

子路、曾皙、冉有、公西华侍坐。子曰："以吾一日长乎尔，毋吾以也。居则曰：'不吾知也！'如或知尔，则何以哉？"子路率尔对曰："千乘之国，摄乎大国之间，加之以师旅，因之以饥馑。由也为之，比及三年，可使有勇，且知方也。"夫子哂之。"求！尔何如？"对曰："方六七十，如五六十，求也为之，比及三年，可使足民。如其礼乐，以俟君子。""赤！尔何如？"对曰："非曰能之，愿学焉。宗庙之事，如会同，端章甫，愿为小相焉。""点！尔何如？"鼓瑟希，铿尔，舍瑟而作，对曰："异乎三子者之撰。"子曰："何伤乎？亦各言其志也。"曰："莫春者，春服既成，冠者五六人，童子六七人，浴乎沂，风乎舞雩，咏而归。"夫子喟然叹曰："吾与点也。"三子者出，曾皙后。曾皙曰："夫三子者之言何如？"子曰："亦各言其志也已矣。"曰："夫子何哂

由也?"曰:"为国以礼,其言不让,是故哂之。""唯求则非邦也与?""安见方六七十如五六十而非邦也者?""唯赤则非邦也与?""宗庙会同,非诸侯而何? 赤也为之小,孰能为之大?"

子路、曾皙、冉有、公西华侍坐。 "曾皙",名点,字皙;皙者,乃肤色黝黑之义。本文以字称,曾点乃曾参之父,亦名曾箴,"侍坐",四子依年齿为序,侍坐于夫子侧。子路少夫子九岁,冉有少夫子二十九岁,公西华少夫子四十二岁,独曾皙年龄未详,以其坐于子路下首,当少于子路。

子曰:"以吾一日长乎尔," "以",已也,止也,即否定词,与"毋"同义。夫子乃谓"毋以我年长一日于尔等"。"长",老也,即年长。"一日",夫子年长于四子,不欲多言年齿,故谦言一日。"尔",汝也。

"毋吾以也。" "毋"通无。"以",用也。"毋吾以",即无我用也。夫子谦言年长身老而无人见用,然四子力未衰,固当有所用也,尔等勿以我年长又无人用,则讳言已见。夫子首发此论,以诱四子之言而观其志,圣人之和气谦德见也。

"居则曰:'不吾知也!'如或知尔,则何以哉?" "居",弟子常居之时。"吾",众弟子自称;"不吾知"即"不知我"。"以",作为。"则何以哉",即何以为用。

古之士多务实,于常居之际不欲人知己志,孔门弟子以六艺为学,尚学以致用,不似今人逐名追利,于常居之际皆期冀人知,然所知者无非诗文章句而已,苟论致仕则百无一用。是以夫子问四子:"汝等于日常多以无人知己为恨事,苟有人知用汝等,诸位将何以为用?"

子路率尔对曰： “率尔”，亦作卒尔，即急促、轻遽也。侍于君子之侧，若有所问答，当顾望他人以示谦让而后言；若径自轻遽发言，则违礼也。子路于四子之中为年长者，当先答夫子，然必谦让而后言，今不待礼让而抢答，实有失谦退也。

“千乘之国，摄乎大国之间，加之以师旅，” “摄”，迫也，乃受胁迫于大国之间。“加”，兴兵。“师旅”，古以五人为伍，五伍为两，每两二十五人；四两为卒，每卒一百人；五卒为旅，每旅五百人；五旅为师，每师二千五百人；五师为军，每军一万二千五百人。“加之以师旅”，乃起兵征讨他国，或他国兴兵侵伐我国。

“因之以饥馑。” “因”，仍也。“饥馑”，世有五谷，若二谷未获谓之饥，三谷未得获谓之馑，五谷未获谓之大饥之年。凡兵祸之后必有凶灾，故子路出此知命之说。

“由也为之，” “为之”，治之。子路自谓能治千乘之国。

“比及三年，” 三年，乃大比之限，以为选士也。子路以三年大比为限。

“可使有勇，且知方也。” “方”，义也。“知方”，知义也。圣王治民，首定上下尊卑之伦，教民明贵贱而无侵凌，德不逾义，义不悖德，重六艺而尚义勇，故上下气同而意合。固知以礼教民，以法治民，则民必有勇而知方也。子路以三年大比为期，民人虽遭凶乱灾荒之厄，但能有勇而知礼。

夫子哂之。 “哂”，矧也，笑必以矧为度，笑唇过矧为过度，以致坏颜失容，是以哂笑即矧笑，乃微笑也。“之”，子路。夫子闻子路之语颇自负，又不识谦让，故哂笑之。

“求！尔何如？” “求”，冉求，字子有，世称冉有。“尔何如”，夫子直呼冉求名，欲闻其志。

对曰："方六七十，如五六十，" "如"，及也、或也。"方六七十，如五六十"亦作"方六七十或五六十"。"方"，以正方计数国境。

"求也为之，比及三年，可使足民。" "三年"，古之为政者必三年以考政绩。盖民耕三年，必余一年之蓄，于是衣食足而知荣辱，廉让之风兴也，争讼之风止也。"足民"，民人财用充足。冉求欲以三年为限，则民人富足，此说合于古制。

"如其礼乐，以俟君子。" "俟"，待也。按冉求语，至于礼乐之治，必待君子而成也。以冉求之德才当治大国，然其性谦退，又见夫子哂笑子路，故谦言唯治小国，礼乐之事非己所能也，必待有德君子而为之。春秋末世，列国兼并，小国常为大国侵凌，故不能尽如礼制。考冉求语，一者见其自谦之德，二者见其忧民之虑。

"赤！尔何如？" "赤"，公西华。"尔何如"，夫子直呼公西华名，欲闻其志。

对曰："非曰能之，愿学焉。" 公西华谦言不敢称己能，唯愿从夫子而学。

"宗庙之事，" 乃祭祀诸事。今公西华不言祭祀，但谓朝聘会同诸事也，即诸侯遣使觐见天子、朝见霸主，或诸侯遣使互见，其会同之所不在宗庙，当在坛坫。公西华所以言宗庙而不言朝聘，乃简说也。大夫助祭于宗庙，不得着"端章甫"之礼服，唯朝聘方着该服。

"如会同，" "如"，与也。"会同"，会者，合也，即会合。凡诸侯朝觐天子或两国君主相见于国界，谓之会；天子遣使安抚诸侯，或诸侯遣卿大夫朝觐天子，谓之同。公、侯、伯、子、男会盟于坛坫，乃会同之大者；两国国君结盟于宗庙，乃会同之小者。当其时，必以善言辞、通礼乐者为相，今公西华有志于礼乐，其所谓会同者，乃两国君主相见于宗庙也，属会同之小者。

“端章甫，愿为小相焉。” “端”通禂、耑，亦称玄端，无斜杀缝，唯以正幅制成。“章甫”，殷礼冠名，乃儒者礼冠之一；周用虞、夏、殷、周四代礼乐，故以殷礼冠为相者之服。夫子既为殷人之后，常着章甫，故鲁人皆以“衮衣章甫”称述夫子。“小相”，诸侯有宗庙会同之事，必择小相以佐之；小相于主国称摈，于宾国称介，摈、介统称相；卿为上摈，大夫为承摈，士为绍摈。公西华有大相之才，今唯言小相，乃谦言也。或以宗庙为天子之宗庙，所谓会同，乃诸侯着玄端章甫觐见天子也。然公西华既为知礼明义之士，岂妄言以诸侯之礼加诸己身，此乃腐儒曲解经书，故不从。今公西华谦言不能任事，唯愿从学于夫子，且逊言以小相辅君，其谦德见矣。

“点！尔何如？” 夫子直呼曾皙之名，欲闻其志。

鼓瑟希，铿尔，舍瑟而作， “鼓”有二解：一、名词，乃两侧蒙皮而中空之器，击之有声，居群音之长，故以鼓声为乐之节。二、动词，即弹奏。今从第二说。“希”通稀，即稀疏。

曾皙值夫子问，当思何以对，故鼓瑟略缓而瑟声渐稀。凡侍于君子之侧，不得擅自抚琴鼓瑟，今必夫子使曾皙鼓瑟，且鼓瑟必多吟诵，当夫子与四子语，曾皙鼓瑟而未作歌，以免相扰也。“铿”通鎗，鎗者，琴声也；是以曾皙鼓瑟，实鼓琴也。“铿尔”，鼓琴之声铿然而止。曾皙何以铿然而止琴声？盖琴声悠扬，当夫子问，曾皙以手疾按于弦上而速止其声，以为尊师也。“作”，起身以对。凡侍于长者侧，待长者问，必离席起身以对，长者命坐方坐，苟答对未竟，若长者命坐，必坐而后答。

对曰："异乎三子者之撰。" "撰"有二解：一、具也，即为政之才具。苟从此说，则曾皙自以其德才有别于子路、冉求、公西华，其自负之嫌尤胜子路一筹，故不从此说。二、"撰"通僎、诠，即善言，乃以三子陈说为善也。曾皙谦言己所言者未如三子之言善，今从此说。

子曰："何伤乎？亦各言其志也。" 夫子谓之各言其志而无害于义也，以奖劝曾皙畅言其志。

曰："莫春者，春服既成，" "莫"通暮，迟晚也。"莫春"，暮春也，亦称季春，乃春之将尽也，即阴历三月底。"春服"，内无绵絮之夹衣，亦称袷衣、单衣。按曾皙语，暮春三月，已着单衣。

"冠者五六人，童子六七人，" "冠者"，按周制，年二十加冠，亦称弱冠，是年可以为士也。"童子"，古以十五岁以上为成童，亦称童子，未加冠。考曾皙该语有二解：一、"五六人"，乃谓五人或六人也，"六七人"，乃谓六人或七人也。二、据《汉旧仪》记载，当阴历八月时，诸侯于城外东南祭祀后稷，有舞者七十二人，其中冠者三十、童子四十二，以为民报功祈福。固知冠者、童子皆舞者，五六乃三十之数，六七乃四十二之数，计七十二，乃汉天子祀神雩舞之制，亦称大雩。今考曾皙此言人数与汉制相符，固非巧合也，今虽不能以汉制证周制，然汉去春秋末世不远，舞雩之制当无大变。是以"冠者五六人"必成人三十人，"童子六七人"必童子四十二人。今持此说。

"浴乎沂，风乎舞雩，咏而归。" "沂"，沂水，其出自沂山，位于鲁城东南尼山之西北。沂水北对稷门，稷门亦称雩门；稷门外沂水之南设雩坛，坛高三丈，乃"风乎舞雩"之所。"风"有三解：一、风凉。盖雩坛周边植有大树，其下可乘凉，今从此说。

二、歌咏，即咏歌而祭也。然既言“咏而归”，苟以“风”为歌咏，则文法重复，故不从此说。三、风干。浴于沂水，当风干己身。然暮春时节天气尚寒，安能浴于沂水以待风干其身，故不从此说。

“浴乎沂”，盖雩坛位于沂水南，必涉水而至。自古天子、诸侯于暮春有乘舟之制，以为契于名川而祀神求雨也，时必行祓契之礼，亦称祓濯，乃以水盥面濯足也，以荡涤污垢邪祟，再行雩祭之礼。按曾皙语，乃欲渡沂水而往雩坛，当其时，于沂水行祓濯之礼，而非全身浴于沂水也。

“雩”，夏四月初行雩祭，祀赤帝以祈甘雨也，时必设羽舞，亦称舞雩。“雩坛”，祈雨之祭坛。按周制，国有大旱，国君帅巫舞雩，以祈雨也。时礼乐歌舞咸备，以七十二人舞雩，亦称大雩。今曾皙言“童子六七人”，乃谓鲁人行春雩，以为祈甘霖也，虽未备言男童女童，然必兼女童也。按周制，天子、诸侯之雩祭有别，天子雩祭天帝，诸侯雩祭上公（东方木神句芒、南方火神祝融、西方金神蓐收、北方水神共工、玄冥、中央土神后土）。曾皙所谓“舞雩”，盖言诸侯之雩祭也，亦称正雩。曾皙所谓“冠者”“童子”，乃祝觋及舞雩之童也。“咏”，歌《诗》也，即歌颂《诗·周颂·丝衣》。汉设有灵星祠，以为春雩祈雨之用，灵星即龙星也，当其时，必歌《诗·周颂·丝衣》以祀灵星。“归”，返家。

夫子喟然叹曰：“吾与点也。” “与”，赞许。按周制，祓濯以为调和阴阳，为民祈雨，乃恤民勤政之措。当夫子时，居位者懈怠忘民，偶逢旱灾，未行春雩之礼。今曾皙出斯言，一者乃尊周制也，二者欲刺居位者未遵古制、失政薄民。曾皙尊周礼、识天理、晓民情，于动静之中从容若此，其超脱之情非三子所及，观其言亦无逾礼处。时道销世乱，诸弟子皆怀仕进之心，独曾晳遵礼务实，与夫子"吾从周"之语相契，故夫子许之。

或以曾晳为孔门之狂者，故放浪形骸之外，乐乎优游于山水之间而忘老之将至，不肯强从其志，但为免祸也，遂出此洒脱之辞。是时夫子感怀时不我与，遂于二三子寂寞于沂水之滨，乃有浮海往夷之意，忽闻曾晳豪语，所以喟然赞之。然此非孔门家风，士既饱学，苟不仕则上失其忠，下失其孝，且夫子岂以不仕为尊，竟以忘世为美，故不从此说。

三子者出，曾晳后。曾晳曰："夫三子者之言何如？" 待子路、冉求、公西华出，曾晳复问子路、冉有、公西华三子之志。

子曰："亦各言其志也已矣。" 夫子答以三子唯各言其志耳。

曰："夫子何哂由也？"曰："为国以礼，其言不让，是故哂之。" 曾晳再问夫子何以哂笑子路。按夫子语，孔门所重者唯治国以礼，然礼贵在谦和，夫子观子路有失谦退，但笑子路直言不让，非笑其志也。

"唯求则非邦也与？" 曾晳以冉求之志但在为国，何以未遭夫子哂笑，故问于夫子。

"安见方六七十如五六十而非邦也者？" "安"通焉。夫子以冉求所言亦治国之事也，其自言唯治方圆六七十里或五六十里之小国，乃知礼识让之辞，故异于子路。故夫子反问"方六七十里或五六十里安能不算一国"，实褒许之词也。

"唯赤则非邦也与？" 曾晳以公西华之志但在为国（为政），何以未遭夫子哂笑，故曾晳再问夫子："公西华之志岂不在邦国否？"

"宗庙会同，非诸侯而何？赤也为之小，孰能为之大？" 夫子以"宗庙、会同"皆诸侯之事，苟以公西华之才委以小相，则孰为大相？夫子欲以反问之辞教曾皙，亦褒许之词也。观子路、冉求、公西华、曾皙所言志，皆务实之语，无好高骛远之嫌，不似言志凿凿，满嘴旷大无边之虚谈。四子既仕于未达之小国，独曾皙识夫子之志，故夫子赞其知时明礼。

时四子侍坐，各言其志，固知为政之道当有次第，善政者以戡祸平乱为首务，平兵旅而抚饥馑，教民有勇而知方；治民而使物阜民丰，民足则俗易，复继之以礼乐教化；至于宗庙会同诸事，则民化而俗美，熙熙和乐犹唐虞之世；至于风调雨顺之祀，以使风俗淳淳，诗教张而人天合，大同岂远乎！夫子门下聚此英材，安能不喟然许之。

试译：子路、曾皙、冉求、公西华侍坐于夫子侧。夫子说："我是年长你们一些，你们莫因我年长而无人用我便讳言己志。平常你们总说：'没人了解我啊！'若有人肯任用你们，你们将何以为用呢？"子路忙急答道："倘有一个千乘之国夹在大国中间并受其胁迫，内外受兵厄，紧接着国内又饥荒连年，让我去治理，只要三年可使民众有勇，且知礼法。"夫子对子路微微一笑。夫子问："冉求，你(志向)如何呢？"冉求答道："方圆六七十里或五六十里之地，让我去治理，只要三年，可使民众衣食丰足。至于礼乐教化，须待君子来施教了。"夫子又问："公西赤，你(志向)如何呢？"公西赤答道："我不敢说己能，唯愿学习罢了。两国君主会盟于宗庙，我穿着玄端衣，戴着章甫冠，我希望在那里做一个赞礼小相。"夫子又问："曾点，你(志向)如何呢？"曾皙因思考而至瑟声稀落，听见夫子问他，铿地一声终止了鼓瑟，舍瑟起身答道："我不能如他们三人说得那样好。"夫子说："那有何妨碍呢？只是各言其志而已。"曾皙说："暮春三月时节，身着新制的夹衣,与加冠的成人三十人,未冠的童子四十二人,于沂水行盥面濯足祓濯之礼,于雩坛周边树下乘凉,并与他们舞于雩坛祀神,唱诵《诗·周颂·丝衣》,祀礼毕则取道回家。”夫子长叹一声,说道:“我赞成曾点啊!”待子路、冉求、公西华三人退了,曾皙留在后面,问夫子道:“他们三人的话如何?”夫子说:“也只是各言己志而已。”曾皙问:“夫子为何要笑仲由呢?”夫子说:“有志于治国,要知礼让,仲由言语不谦让,故此我笑了他。”曾皙又问:“冉求所谈不算有志为国吗?”夫子说:“哪有方圆六七十里或五六十里的土地还不算是一国呢?”曾皙再问:“难道公西赤所谈不算有志为国吗?”夫子说:“两国君主于宗庙会见、会盟,这不是诸侯之事是什么?若公西赤这样的人去任小相,那谁来当大相呢?”

論語正述·颜渊篇

一

颜渊问仁。子曰:"克己复礼为仁。一日克己复礼,天下归仁焉。为仁由己,而由人乎哉?"颜渊曰:"请问其目。"子曰:"非礼勿视,非礼勿听,非礼勿言,非礼勿动。"颜渊曰:"回虽不敏,请事斯语矣。"

颜渊问仁。子曰:"克己复礼为仁。" "仁",乃圣人之全德。"克",胜也,即约束。"克己",依礼约身而胜己私,君子修身正心以渐臻仁境。"复"通反,即复归也。"复礼",学人依礼而约束视、听、言、行,即复礼也。"为",事也。"为仁",即全力致力于仁。"克己复礼"乃古成语,值颜子问仁,夫子引以教颜子。

夫仁者,但存爱人利物之心,故不二于礼,舍礼则不足以言仁,苟存私必失礼,安能进德明理。欲为仁者当全力循礼以胜私欲,以致礼全,礼全则心明,心明则理见,理见则仁境不远矣。

"一日克己复礼,天下归仁焉。" "天下",乃谓范围之广大。"归仁",称仁也。昔者颜渊笃行克己复礼之道,年及成人,天下皆以仁者许之,固知学人能一日克己复礼,则其意必诚,其知必真,乃能真知正见于礼,则终身归仁有望也,是故意诚乃修、齐、治、平之基也。君子能一日克己,则内外和谐无怨,孝悌忠信不失,无一物不怀其仁,无一事不沐其德,故天下皆称其仁也。

"为仁由己,而由人乎哉?" 君子之视、听、言、行皆在己不在人,但可内证,不可外求,必依礼修身以成仁。

颜渊曰:"请问其目。" "目",要也,即纲要。古之为学,为利于温习,必以数字举其纲目,以戒遗忘也,诸如"礼仪三百,威仪三千"之说,皆纲目也。颜子闻夫子语,深知"克己复礼"必有纲目可循,故问之。

子曰:"非礼勿视,非礼勿听,非礼勿言,非礼勿动。" "非礼",人之有私欲,以致非礼。"勿",不也,乃禁止之辞。"动",行事也。

夫子所谓"勿视、勿听、勿言、勿动",乃"克己复礼"之目,学人之视、听、言、动皆依礼而制之,乃胜私欲,凡非礼之事,目勿视,耳勿听,口勿言,体勿行,于是心意牢拴,不使嗜欲向外肆流,此君子克己之法,亦即复礼之法。夫礼者,以制欲防乱也,循礼则奸声乱色不入于耳目,淫乐妄言不触于心,惰慢邪辟不伤于身,目视正色,耳听正声,口食正味,身行正道,于是情安而德正,学问既成。

夫视、听、言、动四科,尤以视为先,盖疲神劳心皆始于视也,固知心生于物、死于物之机尽在目也。视者,内观一身,外察万有,视动则心遣,心动则视随,欲有所检束者,必以视为首要,此夫子苦心也,学子安能不识。

颜渊曰:"回虽不敏,请事斯语矣。" "事",践行也。"斯语",乃谓夫子此番教诲。颜子敬夫子所教,且默识其理,故以夫子之道为己任,将必践行之,其诚敬之心溢于言表。究师徒二人答对之辞,乃圣人传授心法切要之言,固知依礼则安,安则正,正则近仁;从欲则私,私则邪,邪则至危。

试译:颜渊问何以达成仁,夫子说:"能依礼修身,那就是仁了。只要一日真正能做到这样,天下人皆以仁称许之。依礼修身成仁,皆在己身而不在他人(唯可内证,不可外求)。"颜渊说:"请问详细的纲目。"夫子说:"不符合礼的便不看,不符合礼的便不听,不符合礼的便不说,不符合礼的便不做。"颜渊说:"颜回我虽然资质愚钝,也要遵循着夫子这番话去实践。"

二

仲弓问仁。子曰:"出门如见大宾,使民如承大祭。己所不欲,勿施于人,在邦无怨,在家无怨。"仲弓曰:"雍虽不敏,请事斯语矣。"

仲弓问仁。子曰:"出门如见大宾," 值仲弓问仁,夫子引古成语以教之。"大宾",宾位尊于己,故称大。按周制,凡君臣嘉会,宾尊于己或爵位相当,则迎宾于大门外;宾爵位低于己,则候宾于大门内。按夫子语,君子出门必庄矜整肃,犹接大宾。

"使民如承大祭。" "使民",役使民众。"承",奉事。"大祭",国祭也。所谓"使民如承大祭",乃轻徭役也。君子欲为仁政,必敬事爱人,则仁政可及也。

"己所不欲,勿施于人," "施",加也。己恶饥寒,必知天下人亦需衣食;己恶劳苦,必知天下人亦需安暖;己恶穷乏,必知天下人亦需富足。明王知己之所欲亦必施予民,不待远行而天下治,则民心可得也。

"在邦无怨,在家无怨。" "在",仕进。"在邦",仕于诸侯,"在家",仕于大夫。君子恕道无亏,仕于诸侯之邦、大夫之家,皆使民不生怨恨，民之所欲必足之，民之所恶勿加诸其身，方谓之仁政。

仲弓曰："雍虽不敏，请事斯语矣。" 仲弓不疑夫子所教，深知己力能行斯道，遂言必践行之，其诚敬之心溢于言表。仲弓出此问时，尚未仕于诸侯大夫，夫子教之以敬，乃儒门必修工夫，若笃敬无亏，则施政有成也。前节颜子问仁，夫子告以"克己复礼"；本节仲弓问仁，夫子告以忠恕。此二节互相发明，乃夫子因人施教，反复申以明之。固知圣人论仁，多着力于应用之处，必处心于情理之间。

试译：仲弓问如何达成仁，夫子说："出门要像去迎接大宾一样庄重，役使民众要像承办大祭一样认真。自己所不喜欢的，切勿施加于他人。无论仕进于邦国还是大夫家，皆不使民众产生怨恨。"仲弓说："冉雍我虽然资质愚钝，也要遵循着夫子这番话去实践。"

三

司马牛问仁。子曰："仁者其言也讱。"曰："其言也讱，斯谓之仁已乎？"子曰："为之难，言之，得无讱乎？"

司马牛问仁。 "司马牛"，名犁，亦名耕，字子牛，宋人，宋司马桓魋之弟，乃孔门弟子。今司马牛问仁于夫子。

子曰："仁者其言也讱。" "讱"有三解：一、顿也，即迟钝。司马牛言多性躁，故夫子教以言语迟缓、行为谨慎之道。二、忍难也。司马牛之兄桓魋尝受宠于宋景公，其欲害景公不成而遁。桓魋之所为上祸国而下殃族，然兄弟情深，此正司马牛忍难之处。盖仁者心性蕴藉，故不肯浪言，虽胸中有所忍难亦无轻发。夫子以司马牛多言且有忍难处，故教以“仁者其言也讱”，以示君子谨慎处世之法。三、讱者，韧也，即坚韧。此三说可互证，学人当斟酌审辨之。

曰："其言也讱，斯谓之仁已乎？" 司马牛误以仁道广大，不似夫子所言至简，遂疑言语谨慎、心性坚韧即是仁，恐不实也，故再问。

子曰："为之难，言之，得无讱乎？" 夫成仁之途，器重而道远。仁之器既重，罕有能举之者；仁之途既远，罕有能致之者；唯以举之较重、致之较远者为成仁。故君子勉力行仁犹恐不及，又岂能轻言之，当知仁行甚难，言之固非易事，故仁者不轻言仁。

盖司马牛有多言之病，其病不除则何以致仁，故圣人告诸病症所在，若未治其性躁多言之症，唯以泛泛之言综述仁德，则于司马牛毫无补益，圣人因材施教之功见矣。

试译：司马牛问如何达成仁。夫子说：“仁者讲话迟钝。”司马牛说：“讲话迟钝，就是仁吗？”夫子说：“做起来太难了，说起来怎么能不迟钝呢？”

四

司马牛问君子。子曰："君子不忧不惧。"曰："不忧不惧，斯谓之君子已乎？"子曰："内省不疚，夫何忧何惧？"

司马牛问君子。 司马牛之兄桓魋欲作乱于宋国,时司马牛求学于孔门,故常以桓魋为忧,今问仁于夫子,夫子遂出下言以解之。

子曰:"君子不忧不惧。" "不忧",仁者不忧。"不惧",勇者不惧也。仁者心胸坦荡无私,勇者能胜己私,故无忧惧。时桓魋欲作乱,此灭门绝嗣之罪,司马牛身为胞弟,忧惧之情溢于言表,故夫子以"君子不忧不惧"解慰司马牛。

曰:"不忧不惧,斯谓之君子已乎?" 司马牛误以得称君子为至难之事,唯不忧不惧安得称君子,遂疑夫子所言至简不实,故再问。

子曰:"内省不疚,夫何忧何惧?" "疚",心病也,即罪恶感。盖忧从心中来,惧从身外至,皆因内心愧疚所致,是以君子力行中道则无恶,无恶则无愧,无愧则心地泰然,故君子坦荡荡。君子每于常人不见处能自省其心,身心既得淬厉,故无愧无疚,以致无忧无惧。夫子以君子自省之道教司马牛,苟德无瑕疵,则何患之有。

试译:司马牛请问如何得称君子。夫子说:"君子不忧愁,不惧怕。"司马牛说:"不忧愁,不惧怕,就可得称君子吗?"夫子说:"只要内省不觉有愧,那还有什么忧愁和惧怕的呢?"

五

司马牛忧曰:"人皆有兄弟,吾独亡。"子夏曰:"商闻之矣:'死生有命,富贵在天。君子敬而无失,与人恭而有礼,四海之内,皆兄弟也。'君子何

患乎无兄弟也。"

司马牛忧曰:"人皆有兄弟,吾独亡。" "亡",无也。司马牛有兄弟五人:向巢、桓魋、子牛(司马牛)、子颀、子车。向巢为宋左师,即统帅;桓魋为司马,掌兵权;司马牛有采邑,子颀、子车皆参与桓魋之乱。时桓魋欲杀宋景公,景公纠合向巢、皇野败桓魋,桓魋败逃于曹、卫,向巢恐遭诛连,遂逃于鲁。桓魋既有恶行,必遭败厄于朝夕之间,今虽幸存而亡命他国,其义犹亡也。司马牛忧桓魋作乱,以其残灭无日,非旦则夕,故慨言"人皆有兄弟,吾独无"。

子夏曰:"商闻之矣:" "商",乃子夏自称。"闻之矣",乃谓闻诸夫子。桓魋作乱于宋,此事后二年夫子卒,子夏该言,当在夫子身后。

"'死生有命,富贵在天。'" "有命",乃谓禄命。司马牛因桓魋之乱而失世禄,又出奔于鲁,今子夏称命言天,以慰子牛也。按子夏语,命不由自主,贵不在力求,人之生死禄命皆在天,固当顺受之,故君子安命。

"'君子敬而无失,与人恭而有礼,'" "失"有二解:一、差失。二、佚也,即淫佚。今从第二说,以"敬而无佚"与"恭而有礼"为对文。"敬而无失",即修己存敬也。"与人恭而有礼",君子接人待物,当依礼而行。按子夏语,君子存敬而不敢淫佚,无佚则敬,有礼则恭。

"'四海之内,皆兄弟也。'君子何患乎无兄弟也。" "四海",泛言四夷荒远之地,今子夏专谓中国也。或解作"九州之人",亦通,盖周承夏九州之制,故"九州之人"亦谓中国。按子夏语,君子远恶亲贤，天下人无不与之相亲，故四海之内皆兄弟也。司马牛忧惧桓魋之不贤，子夏遂出此言以慰之。

子夏以“四海之内，皆兄弟也”之词宽司马牛之心，其言也真，其情也笃，然其理有失圆融。昔夫子有“天下归仁”之说，无“天下皆兄弟”之论，盖兄弟者，乃天伦至亲也，此手足之情岂以他人代之，苟以天下人皆为兄弟，孰能为之？此言既出，惜乎难以践守，乃空言之病也。若以子夏之言推之，苟司马牛忧其父，子夏岂慰以“四海之内，皆父子也”，固知子夏以巧语解司马牛之忧，其理未通，然其情可嘉，学人当明辨之。

试译：司马牛很忧伤地说：“人人都有兄弟，唯独我没有啊！”子夏说：“我曾听夫子说：‘死生有命，富贵在天。君子存敬而不敢淫乐，待人恭敬而遵循礼。那天下都是你的兄弟啊！君子何愁没有兄弟呢？’”

六

子张问明。子曰：“浸润之谮，肤受之愬，不行焉，可谓明也已矣。浸润之谮，肤受之愬，不行焉，可谓远也已矣。”

子张问明。 子张所“问明”者，乃问目前之人情事理也，君子能辨人、事、物之理，乃能明远。子张该问非虚慕高远也，更非欲穷极天地大道而忽略人情事故。盖君子眼明则理明，故能甄别贤与不肖、是非黑白，故不惑，且知人善任，任贤而无所疑也。昔尧舜皆具此明德，举贤任能而四海治。

子曰:“浸润之谮,” “浸润”,遭水浸淫,久处糜湿而不自知也。“谮”,愬也,即诬陷谮毁之词。按夫子语,诬陷谮毁之词犹水渐浸渐湿,其力虽不暴而深,久必为其所害而不觉也。

“肤受之愬,” “肤”,皮也。“肤受”,即切肤之受。“愬”,谮也,谮与愬可互训。君子外受谮毁之词,虽切肤之受,然不能内伤于心,故君子静心以察之,不可以暴相抗,人我俱损。

“不行焉,可谓明也已矣。” “不行”,乃无伤于己也。君子听受谮言诉语而不为其所毁伤,可谓明察事理也。

“浸润之谮,肤受之愬,不行焉,可谓远也已矣。” “远”,动词,及远也;君子于人情世理无不彻察遍知,方可及远。

君子立身处世,近及人情,远及民情,当察之于目而明之于心,眼中自有标准,胸中自有主张,谄谮岂可伤其怀?奸邪安能摇其志?夫谮愬之害,无不感祸召邪,害中生乱;苟销之于方萌,挫之于初生,可谓明也。为人君者,蒙谮毁谄邪之言,苟听之任之则贤人退;苟明察人情事理,不信其邪,不喜其谄,不受其谮,则谄邪退而贤人进,仁政不远矣。君子博览兼听,明此进良退邪之术,以致贤德不没、良言不塞,谄贼远而君子至,故君子知明,方可致远。夫子必为子张之失而诲之。

试译:子张问怎样才算是明事理。夫子说:“谄谮之言像水般的浸渍,诬陷之词像切肤般的感受,在他的面前皆行不通,可算是明事理了。谄谮之言像水般的浸渍,诬陷之词像切肤般的感受,在他的面前皆行不通,可算是能知远了。”

七

子贡问政。子曰:“足食,足兵,民信之矣。”子贡曰:“必不得已而去,于斯三者何先?”曰:“去兵。”子贡曰:“必不得已而去,于斯二者何先?”曰:“去食。自古皆有死,民无信不立。”

子贡问政。 子贡问为政之道。

子曰:“足食,” “足食”,按周制,待五谷入库,太宰于岁终制定国用,视国土之大小,计收成之丰歉,量入定出,以三十年国用之平均值为通制,方知民足食否。是以国无九年之储为不足,国无六年之储则危也,国无三年之储则国不成其国。故为政者必节用爱民,备九年之储方谓之足食,以抵御凶荒之厄。

“足兵,” “兵”,械也,即兵械。昔蚩尤以金制兵器,谓之五兵,即弓、殳、矛、戈、戟。后世以“兵”代称兵器、士卒,兼言武备与兵源。按周制,天子设六军,诸侯大国设三军,诸侯次国设二军,诸侯下国设一军。“足兵”,强兵也。盖春秋末世,民生贫瘠,虽空设兵籍,然军额不足,且平素不修武备,以致车甲朽坏、兵力不足,故夫子有是说。

“民信之矣。” “民”,庶民。“信之”,乃谓居上位者以礼乐教化而使民人信之。君上有信则百事不废,庶民有恒业乃可依存,上下各行其道而不相凌。

综上所述,“民信之”“足兵”“足食”乃为政之三要,仓廪实而武备修,民信而无叛离,于是民富国强。考夫子语,乃为弱国言,若强国则无待“足食”“足兵”,直教以“民信之”则国治。

子贡曰："必不得已而去，于斯三者何先？"曰："去兵。" "足食""足兵""民信之"既为政三要，原不可去其一，苟不得已时，三政必去其一，子贡问当先去何者，夫子答以先"去兵"。盖圣王之治，值饥荒凶岁则兵备不制，必轻徭役、薄兵赋。既已去兵，唯留食、信为立国之本，民有食能信则尚可固守，仍不失为一国。

子贡曰："必不得已而去，于斯二者何先？"曰："去食。自古皆有死，民无信不立。" 去兵之后，凶岁荒年之势未减，苟不得已时，于食、信必择其一，留食则失信，全信则无食，子贡问当先去何者，夫子答以"去食"。盖凶岁荒年可去食，然信终不可去。自古有不亡之道，无不死之人，固知死乃古今之常事，人皆有一死，然君子所崇者唯"朝闻道，夕死可矣"。夫治国之道，无信不立，故夫子答以"自古皆有死，民无信不立"。

夫民以食为天，不得食则必死，若得食失信，虽临难苟免，偷生度日，苟且抱惭于世间，仍无以立身，反不如守信而死为安。苟去兵、去食，则君上必先死，然君上虽死，君德恒久不失。是故为政者重信，宁死而勿失信于民，于是万民拥戴犹手足拱卫身体，虽危难亦必同舟共济。是以信乃立国治民之基，苟失信，虽足兵、足食亦不能久守也。

子贡乃孔门之善问者，每有所问，无一事不欲追思其本。考本节子贡所问，非子贡则不能问，非夫子则不能答。时人多以食足兵足可获民心，然信为人之本，人无信不立，故信甚于食、兵。为政者守信待民，于危急之中亦不弃信。

试译：子贡问为政之道。夫子说："粮食充足，军备充足，民众就会对执政者保持信任。"子贡说："倘若迫不得已，于此三者之间必去其一，先去掉哪一项呢？”夫子说：“先减去军备吧。”子贡说：“倘若迫不得已再去掉一项，在粮食和信任这两项中先去掉哪一项呢？”夫子说：“先减去粮食吧。自古无不死之人，倘若民众对执政者失去信任，则国将不立。”

八

棘子成曰：“君子质而已矣，何以文为？”子贡曰：“惜乎，夫子之说君子也，驷不及舌。文犹质也，质犹文也。虎豹之鞟，犹犬羊之鞟。”

棘子成曰：“君子质而已矣，何以文为？” “棘子成”，乃卫大夫，或作棘子城、革子成。盖古文读棘，今文读革，其音相同。昔殷纣王内有微子、箕子，外有胶鬲、棘子，后人疑棘子成乃殷人棘子之后。下文子贡称其“夫子”，乃大夫之称也。“以”，用也。“何以”，即何用。“为”，语气助词。

夫子尝言“文质彬彬，然后君子”，棘子成必闻夫子是语。值春秋末世，文胜于质，棘子成以孔子教人“文质彬彬”乃务虚之辞，于世道毫无裨益，故讥毁圣言，误以君子但尚质而不必尚文，故出此妄语。

子贡曰：“惜乎，夫子之说君子也，驷不及舌。” “惜乎”，伤叹之词。“夫子”，子贡称棘子成。“驷”，古以四马为一驷，即一乘。子贡闻棘子成谬言唯应尚质、不必尚文，其言既已出口，虽驾驷马也难追其咎，故谏言棘子成勿出此败坏圣教之语。

“文犹质也，质犹文也。” “犹”，即相似、等同。礼者，无质不立,无文不行,是以文质皆不可偏废,故子贡以文质相等而告之。

"虎豹之鞟,犹犬羊之鞟。" "鞟",革也,即皮革。按子贡语,虎豹之皮华丽,犬羊之皮素朴,虎豹之皮所以贵乎犬羊之皮,正在其纹也。若尽去虎豹炳焕之皮,杂于犬羊皮内,欲使其纹质相等,则何以别之。故文质不可独存其一,苟必去文而独存质,则君子与小人何别?子贡以焕彩虎豹之皮喻文,以素朴犬羊之皮喻质,虎豹犬羊之皮各有其用,犹文质不可废其一也。

试译:棘子成说:"君子只要质就行了,何用再加以文呢?"子贡说:"真是可惜啊,先生您竟这样的解说君子!即使四匹马也追不及您口中的失言了。文之于质,质之于文,二者同样重要。去了毛的虎豹之皮便如同犬羊之皮了。"

九

哀公问于有若曰:"年饥,用不足,如之何?"有若对曰:"盍彻乎?"曰:"二,吾犹不足,如之何其彻也?"对曰:"百姓足,君孰与不足?百姓不足,君孰与足?"

哀公问于有若曰:"年饥,用不足,如之何?" 本节直称有若,乃君上问臣之辞也。旧说以哀公该问当在鲁哀公十二年(前483)或十三年,时鲁遭蝗灾,鲁又用兵于邾,外有强齐威胁,内则国库空虚,故哀公自称"年饥,用不足"。然考其所以,哀公何以下言"二,吾犹不足"?盖鲁自宣公施行"初税亩",税收于公田之外再收十分之一,如此则十取其二。今哀公自谓田亩税收以十取其二,乃既成之事。复观《春秋》,未见哀公十二年(前484)以前有螽蝗之灾,固知哀公十二年以前鲁虽谷物歉收,然未成灾害,故《春秋》未记之,是以哀公此问若于哀公十二年或十三年间,则与下言"二,吾犹不足"不合,故不从旧说。"用",国用也。考哀公所问,乃欲征收布帛税、粮食税、人力税,以充国用,故问于有若,当如何推行此制。

有若对曰:"盍彻乎?" "盍",何不,乃反问辞。"彻"训通,即通例、通法。按周制,一夫有田百亩,凡共用一井者必通力合作,计亩均收,民得其九,公取其一,以十取其一为征收田税之通例,乃明君治天下之正法。

鲁自宣公十五年(前594)始行"初税亩",以十取其二征收田赋,乃非礼之措。殊不知,民富则国强,民足食乃可供徭役、征赋税,是故每值荒年,居位者务使民人得食。今鲁年成歉收,苟强征十取其二之税法,则民不足必散,散则国危,危则国将不国。于是有若以荒年用"彻"法,乃循周制也,以为厚民利生之策。

曰:"二,吾犹不足,如之何其彻也?" "二",以每亩十取其二。哀公以十取其二犹嫌国用不足,苟依十取其一之通法,安能足其用。

对曰:"百姓足,君孰与不足?" "百姓",人之所生必有姓,而民非一姓,故称百,以示不同也。"孰",谁也。"与"通予,即取予。

按有若语,货财赋税皆自百姓出,民贫则君亦贫,民富则国用亦富,是以井、田、乡、野乃财富之本,仓廪国库乃财富之末;百姓足食知礼乃财富之源,国库仓廪乃财货之流。为政者岂不识本末,若唯知富国而乏民,节其源而开其流,乃本末倒置也。故明君当斟酌主次,使天下足食而有余,不扰民而民自治,于是上下皆富，此乃养民生、利国计之方略。

“百姓不足，君孰与足？” 食足或不足，前文已有论述，若国无九年之蓄谓之不足，无六年之蓄谓之悯急，无三年之蓄谓之穷乏。是以明君取于民必有所节制，轻徭役，薄税赋，百姓得以恩养，无饥寒流离之患，无兵荒凶厄之扰，国遂安也。苟贪戾暴德之君，视万民如草芥，巧立名目而剥万民之福祉，以达其奢欲，则亡国不远矣。

考有若语，民富则君上不独贫，民贫则君上不独富，于是君民一体，上下同气。惜乎亡国之君未明此理，骄奢淫逸于己，横征暴敛于民，以致民贫而无依，国危若覆卵尚不自知也。

试译：鲁哀公问有若道：“如果遇到饥荒歉收之年，国用不足，该怎么办？”有若对道：“为何不实施十成取一的赋税制呢？”哀公说：“实施十成取二，我还感到不足，怎能实施十成取一的赋税制呢？”有若对道：“百姓充足了，谁可使君上不足呢？百姓若不充足，谁又能使君上足呢？

十

子张问崇德、辨惑。子曰：“主忠信，徙义，崇德也。爱之欲其生，恶之欲其死。既欲其生，又欲其死，是惑也。诚不以富，亦祇以异。”

子张问崇德、辨惑。 “崇德”，人有德而尊崇之。“辨”，判也，亦称判别。“惑”，迷也，即疑惑不解。君子明礼，不惑于是非曲直；不明礼，则不知以义厘清是非曲直，故惑。其所行若异乎人道，必遭祸乱。“克己复礼”与“崇德辨惑”皆古训，今子张借古训以问夫子，乃欲问君子取善之道也。

子曰：“主忠信，徙义，崇德也。” “主”，亲近也。“主忠信”，即亲近忠信者。“徙”，迻也，乃迁徙之义。“徙义”，君子见义而从之，改一己之私欲以向善道。

君子立身处世，必亲近忠信者，每当行义之事，必迁改私意而从义也。是以“主忠信”“徙义”乃崇德之法，故君子以“主忠信”为本，以“徙义”为用。

“爱之欲其生，恶之欲其死。既欲其生，又欲其死，是惑也。” 盖昏昧者未审人之有无可爱可恶之实，于是爱恶皆由己出，故多以私意择人。苟爱其人，必拥其于座上；苟恶其人，必叱其为仇雠。故爱恨皆以私欲为度，或爱或恶，以致善恶无别，无以甄别贤德与不肖，故无识人之明而有毁人之实。于是夫子以爱恶皆由己出为不识人，即不明也，不明则惑，故答以“是惑也”。固知君子亲忠信而辨小人，遂使邪佞不生，奸猾不起。

人生于父母而养于天地间，生死各由其命，不可因一己之私而用之废之。昔泰山太守应仲远尝荐一孝廉，然月余又杀之。孝廉既为国之俊才，应氏若举荐得当，何以杀之而渎太守之职；苟孝廉有罪，则应氏荐人不明，亦渎职也。此其爱恶皆由私之故，以致草菅人命，实玩忽职守也。夫子知子张为人高远疏阔，未明知人听言之义，此其短也，故夫子以是言箴之，勿蹈取祸致乱之途。

“诚不以富，亦祇以异。” 夫子引《诗·小雅·我行其野》之句以教子张。《诗》云：“我行其野，言采其葍。不思旧姻，求尔新特。成不以富，亦祇以异。”固知“诚”通成、“祇”通适。

据《诗》云，盖言其人所行诚不能致富，亦必怀新欢之异心。夫子引《诗》义以教子张，以示不尊礼而成其家者，安得永葆富贵？是以“诚不以富，亦祇以异”不当置于本节“是惑也”之后，当置于《论语·季氏十六篇》“齐景公有马千驷”之前。昔者齐景公有马千驷，富甲诸侯，然不修德政，安得永葆不礼之富贵。如此则本节与《论语·季氏十六篇》皆有着落，是故今未以“诚不以富，亦祇以异”纳入本节。

试译：子张问如何尊崇德行、辨别是非。夫子说：“亲近忠信的人，改徙私意而从义，这样可算是崇德了。喜爱一个人，便想让他生，厌恶一个人，又恨不得要他死。既想要他生，又想要他死，这就是不辨是非了。”

十一

齐景公问政于孔子。孔子对曰：“君君，臣臣，父父，子子。”公曰：“善哉！信如君不君，臣不臣，父不父，子不子，虽有粟，吾得而食诸？”

齐景公问政于孔子。 “齐景公”，姜姓，吕氏，名杵臼，乃齐灵公之子，齐庄公同父异母之弟，春秋后世齐国君主，居位五十八年。按周制，居位能施义政，行为刚正无私，身后得谥“景”。鲁昭公末年，夫子适齐，齐大夫高昭子荐夫子于景公，时景公问政于夫子。

孔子对曰：“君君，臣臣，父父，子子。” 时景公失政，大夫陈氏为笼络民心，以大斗出、小斗进厚施于民，欲取齐而代之。景公既不能禁之，又多宠幸内嬖，未立太子，以致齐上下皆失正道，故夫子谏以君臣、父子之道。

昔陈氏自武子开渐成势于齐，武子开卒，传位于弟僖子乞，乞之子田恒，亦称陈恒，弑齐简公，另立齐平公。田恒之后人田和废齐康公，又逐其于海上，遂自立为齐君。周安王封田和为诸侯，自此田氏取代姜姓齐国，史称“田氏代齐”。本节录景公问政于夫子，约于武子开、僖子乞兄弟时。

按夫子语，为君者当思何以为君，为臣者当思何以为臣，为父者当思何以为父，为子者当思何以为子，是以君臣、父子、上下皆正其名而省其职。为君者依礼而统群下，以使万民归心；为臣者依礼而忠君治民，为父者教子以规矩法度，为子者勤勉孝敬双亲，且使子嗣不绝。于是君臣父子各正其名，各尽其责，以致长幼有序，贵贱有别，君臣、父子、夫妇各居其位，上不乱行，下不逾节，少者不邪悍，长者不惰慢。此乃人伦之根本，亦为政之大经也。

公曰：“善哉！信如君不君，臣不臣，父不父，子不子，虽有粟，吾得而食诸？” 今疑本节所录“吾得而食诸”之“吾”字下漏字，当作“吾焉得而食诸”。“信如”，倘若。

当齐景公时，齐已有陈氏将代齐之危，景公知夫子所言甚善，亦知君臣之礼不立则国必亡之理，苟国之既亡，纵仓廪有粟，则景公安得食之。然景公知善而不能用善，且世子未定，终为陈氏篡齐遗祸，此即乱齐之始也，固知圣人无虚言。

试译：齐景公向夫子问为政之道。夫子对道：“君要守君道，臣要守臣道，父要守父道，子要守子道。”齐景公说：“好极啦！倘若君不守君道，臣不守臣道，父不守父道，子不守子道，纵仓廪有积粟,我能吃得到吗?"

十二

子曰:"片言可以折狱者,其由也与?"子路无宿诺。

子曰:"片言可以折狱者,其由也与?" "片",读半。"片言",即半言,乃单辞也。盖狱辞有单两之别,单辞为一片讼词,两辞为两片讼词。古之断决狱辞必备两辞,将狱辞书于两券,每券各书一半狱辞,每听狱,必以二券合一以定是非;听狱毕,再书判决新辞于二契分存。

"折",鲁方言读制,亦称制狱,即裁决诉讼诸事。"狱",埆也,埆通确,即坚刚相持也,乃囚禁犯人之所,亦称圜土、狱城。昔者囚犯人于乡亭,谓之犴,犴乃守狱之犬,以示其严也,亦称犴圄、犴狱;囚犯人于朝廷,谓之狱。"折狱",乃最终判决,时判官通览前券后契,若前券不能两具,是为单词,唯单词则不可决讼。

子路素以忠信刚直闻于世,故能取信于人,其断决讼狱自得民人信服,故诉讼双方皆不敢谎欺子路。子路虽独据"片言"亦可取其直理,无待诉讼双方对质即可决讼,人皆以子路片言之决为正,不待对验而从之。苟讼事曲折不明,亦必待两辞具全方可决之。固知子路果断明决,实事求是,非他人所能及。

子路无宿诺。 夫子不宜以"子路"称弟子,今疑此句乃孔门弟子称之。"宿",止也、留也,即久留之义。"诺",应诺。子路素无轻诺,有诺则必行,故以重诺闻名于诸侯。子路忠信明决,故无宿诺，每决讼断狱必速，以免人久受拘禁之苦。夫子美子路有服人之德，有断狱之才，以其忠信不欺，欲为折狱听讼者砭也。

试译：夫子说："仅凭片言、半词便可决讼断狱的，大概只有仲由吧。"子路践行诺言，从无拖延。

十三

子曰："听讼，吾犹人也，必也使无讼乎。"

子曰："听讼，" "听讼"，听其所讼之词以判是非、决曲直。古以五声为听讼为断狱之法：一者听其讼词以决是非，二者听其态度以辨真伪，三者听其气息以观虚实，四者听其始末以察善恶，五者听其良伪以辨忠奸。

"吾犹人也，" "犹人"，与人相等。按夫子语，其听讼断狱之法与他人同。凡诉讼之事，无理亏实者多闪烁其词，故其言虚诞不实；以圣人之明，必畏其心志而不敢强辞狡辩，则诉讼双方必为圣人道德所感召，尽其诚而勿彼相攻忤，狱讼遂得平息。是以圣人断狱先礼而后法，必以礼义感召于前，复以刑罚惩治于后；固知礼以劝善，刑以止恶，苟非圣人则孰能为此。

"必也使无讼乎。" 先王以礼法而天下大治，行正术则四时和顺，无私则万民协从；故化育在先，启良善于初蒙处；惩治在后，杜顽恶于未发前；遂使民人徙善而远罪，犹春雨润物于无声，久之则民风淳朴，争讼自息，人无嗔怒之心，民无幽怨之象，上下和睦，人伦和谐。固知圣王之治以民心为上、民事为下，使民人厚德知义，亲爱而无伤害之心，忠厚而无奸邪之意，法不施，律不张，万民得以自律自治，故文礼二教之功不可偏废。是以君子仁政，必胜残去杀，功在千秋。

夫子听讼之法与他人同，无异法可施也，且决辞必与众共视，非独裁也。然夫子虽不以听讼为难事，反以使民无讼为难事，故为政者立政修德，以德义化民，则民无讼也。

试译："审听诉讼案件，我和他人一样，必定要使人不兴讼事才好！"

十四

子张问政。子曰："居之无倦，行之以忠。"

子张问政。 子张问为政之道。

子曰："居之无倦，行之以忠。" "居"有二解：一、居于官位。二、居心。君子居位无倦，则其居心可知也，故此二说互证。"倦"，懈倦。"行"，推行政事。按夫子语，君子居位必勤政爱民，存心无所倦怠，施政必表里如一，忠信待民，敬人以成事。苟居位懈惰简慢，事主不忠、行事无成，安能取信于民人，于是上下不相应，内外不同气，又何以治国。

宋儒但以子张少仁，又无诚心爱民，故有倦怠不尽心处，是以夫子出此言以诫其不足。然夫子答对，必因其所问而专答，安能问事而答人之病；苟如此，昔夫子答颜子"郑声淫"，则颜子必淫乎！是以夫子答子张问，乃论政之要，而非讥其病也。

试译：子张问为政之道。夫子说："居于官位心无懈怠，推行政事出自忠信。"

十五

子曰："博学于文，约之以礼，亦可以弗畔矣夫。"

此节见于《雍也第六》，今重出，乃谆复圣教也，故本节试译从略。

"弗畔"，不违道也。先人重礼，后人重理而失礼，以致虽博文而未能如礼，后学固当慎之。

十六

子曰："君子成人之美，不成人之恶。小人反是。"

子曰："君子成人之美，不成人之恶。" "成"，劝导奖掖也，以成其道德、学问、事业。

盖君子德厚而小人德薄，君子所好必善，小人所好必恶，皆善恶之心所致也。君子所以"成人"者，必以道德学问谏劝民人渐入善道而无邪；小人之"不成人"，必以私欲权柄治人，陷人于无所适从，使人神疲意狂而不惜性命。此"成"与"不成"皆各循其心，则一善一恶明矣。君子能善，所以乐人善；小人不善，所以纵人恶。故夫子作《春秋》,以为扬善抑恶也。

“小人反是。” 小人有恶,反不思悔改,又畏人非议,既知其非,仍以伪辞饰之,于人我皆两害,故谓之“反是”。

试译:夫子说:“君子成全他人的美处,不助成他人的恶处。小人则恰恰与此相反。”

十七

季康子问政于孔子。孔子对曰:“政者,正也。子帅以正,孰敢不正?”

季康子问政于孔子。 季康子,姬姓,季氏,名肥,谥康,史称季康子,位居鲁上卿。今问政于夫子。

孔子对曰:“政者,正也。” “政”,为政,乃君子居位而群领民人之道。“正”,正己正人之道,即诚意、正心、修身也。君子身修心正,然后一家皆正,于是九族祭礼、丧礼、冠婚之礼皆正;推之则百官皆正,于是吉、凶、军、宾、嘉五礼皆正;如此则天下得平、家国得齐,民人得正。夫子以“正”训政,不假他言,此“正”字既出,则为政之名定矣。

“子帅以正,孰敢不正?” “帅”通率。鲁有三卿,季康子居大司徒位以率诸臣。春秋末世,鲁政由大夫出,大夫既僭礼,其家臣亦多有效尤,据邑而叛者时有。季康子既为鲁三公之首,乃百官之统领,万民之表率,当以“正”为克己修身之道,己正则何患人之不正,故君子欲正人则先正己。季康子苟得正则三家皆正,于是君臣各居其位而正其名;君上苟得正则百官必正,万民从之亦正；君上苟不正，则万民无正道可从也。故夫子诲之“子帅以正，孰敢不正”。惜乎，季康子未识也！

试译：季康子向夫子请教为政之道。夫子对道：“政，即正。你如果率先以正道来推行政事，谁人又敢不正呢？”

十八

季康子患盗，问于孔子。孔子对曰：“苟子之不欲，虽赏之不窃。”

季康子患盗，问于孔子。 “盗”，凡窃人财物为盗，凡假公济私者亦为盗，凡窃人城邑者为大盗。当鲁定公时，季氏家臣公山不狃据费邑叛，叔孙氏家臣侯犯据郈邑叛，皆大盗也。当季康子时，鲁多盗，季康子深为盗贼猖獗之势而忧，今问于夫子，以求止盗之方。

孔子对曰：“苟子之不欲，虽赏之不窃。” “子”，古尊称大夫为子。“欲”，私欲也。居位者奢欲好财，则民人多从其欲而不从其令。“不欲”，居位者以公室为重，以万民为先，不欲则天下治。“赏”，赐有功以为劝善也。按夫子语，居位者不欲，施仁政而劝善于天下，则民无盗。

盖天子好利，则诸侯必贪、大夫必卑、庶人必盗；居位者穷奢极欲，则民人必多盗；居位者好财色，岂使民人不盗不淫。固知盗窃安能为富，贼害安能为寿，犯上安能为福。是以明王之治居正得体，则百官行义有方，庶民敦朴知睦，于是上下各循其道，刑简而道行，则盗贼不起也。凡盗必源于不足，故为政之道首务当足民,民足而知礼义,则贪心止而盗心息。盗既源于欲,今夫子不言"苟子之不盗",唯言"苟子之不欲",此夫子恕道也,其词气婉转而寓意深远,故制欲方可止盗。夫子圣哲,久负重望于诸侯,季康子虽为重臣,然仍属后学,其既请问于夫子,夫子安能直斥上卿大夫为盗,故婉言以"不欲"箴之。

夫子之"不欲",实拨乱反正之良药,救时定世之妙法。为君者不欲则源清,源清则流清,以致上下皆清,于是上无贪腐之官,下无疲弊之民,既无吸血榨髓之政,又何来盗贼猖獗之势,民安则国安也。

试译:季康子对鲁国多盗甚为忧患,于是向夫子请教。夫子对道:"只要您自己不贪欲,即便悬赏让民众行窃,他们也不会去的。"

十九

季康子问政于孔子曰:"如杀无道,以就有道,何如?"孔子对曰:"子为政,焉用杀?子欲善而民善矣。君子之德风,小人之德草,草上之风,必偃。"

季康子问政于孔子曰:"如杀无道,以就有道,何如?" "杀",杀戮也。每杀有罪,必埋其尸以归于土也。"就",成也,即成全。季康子误以杀戮无道,方可杜绝奸邪,以成全善道,遂问于夫子,可否行此除恶扬善之政。

孔子对曰:"子为政,焉用杀?" 古以不教民而杀之,谓之虐,故为政者当以德化民,勿用杀。圣王之治,必先德教而后刑罚;霸王之政,则德教与刑罚并施。或有先刑罚而后德教者,乃强国权宜之计,不宜久为之。故治民之道务使其安居乐业,乃有司之责也;苟民风陋劣,凶顽辈出,其罪在有司而不在庶民。苟政昏教暗,民人必无所依止,于是食用不足而凶顽出。是以善为政者务于教而缓于刑,秉礼爱民,杜绝奸邪于未发之前,绝是非而少拘禁,宽囹圄而鲜刑罚,贵德不贵杀。

"子欲善而民善矣。" 居位者欲行善道,民虽不善,久之则化为善。居位者可更易治国方略,然国不可易也;居位者可更易官吏,然民人不可易也。是故足民以食、安民以礼、教民以德,乃仁政也。

"君子之德风,小人之德草," 夫子设喻,乃谓为政者之德如风,民人随化之德如草随风。昔者鲁有父子争讼于官,季康子以父不慈、子不孝,欲杀此二人;然夫子以居位者失道而致民不善,故不当杀。

"草上之风,必偃。" "上"或作尚,以喻风加于草也。"偃",仆伏。风加于草则草必偃伏,犹居位者施德政则民人随化如风,譬如西风则草仆伏东向,东风则草仆伏西向。固知为政者身教重于言教,以身教则万民从,以言教则万民讼。

试译:季康子请问政事于夫子,说:"若杀无道的人以成全有道的人,如何呢?"夫子对道:"您治理政事,何必要用杀人的手段呢?您想从善道,民众自会向善道。君子施德政如风,百姓随教化如草,风从草上刮过,草必随风扑伏。"

二十

子张问:“士何如斯可谓之达矣。”子曰:“何哉,尔所谓达者?”子张对曰:“在邦必闻,在家必闻。”子曰:“是闻也,非达也。夫达也者,质直而好义,察言而观色,虑以下人。在邦必达,在家必达。夫闻也者,色取仁而行违,居之不疑。在邦必闻,在家必闻。”

子张问:“士何如斯可谓之达矣。” “达”,通达。君子通达修己处人之道,出忠信之言,行笃敬之事,接人处事皆依礼而行,民人必无所违逆,虽处偏远之乡,其政亦通。今子张问夫子,士何为可谓通达。

子曰:“何哉,尔所谓达者?” 子张务外,误以士闻名于诸侯则达也。夫子知子张意,故反问之,欲使子张明之病归于正。

子张对曰:“在邦必闻,在家必闻。” “在邦”,仕于邦国。“在家”,仕于卿大夫家。子张以士仕于邦国、卿大夫家,人皆闻其名而著其誉,乃谓达也。

子曰:“是闻也,非达也。” “闻”与“达”义异。闻主名,故好名者众;达主实,故好实者寡。苟闻名于世,然未必有其实,故好名者多存伪;君子能达,必能自处处人,善察人言辞,善观人容止,世事洞达且合于礼,必存诚而有其实也。

“夫达也者,质直而好义,” “质直”,质朴正直,内奉忠信而不慕虚饰。“好义”,行事合乎义。

“察言而观色,” 君子有识人察人之明,故因材顺情以教人,未尝多加一毫于人,亦未少加一毫于人,不耽人亦不误人,是故君子善察言观色。

“虑以下人。” “虑”有二解：一、思也，君子但思卑己以待人。二、“虑”通每，“虑以下人”即“每以下人”，即君子每以谦德处己于人下。此二说可互证，尤以第二说为宜。

“在邦必达，在家必达。” 夫达者，忠信朴质，行事合宜，内外相成，有礼有节；有察人之明，且心存敬畏，无忤慢他人之言行，常以谦德而处人下。于是出入皆宜，仕于邦国或卿大夫家，虽不慕名而名自至。

“夫闻也者，色取仁而行违，居之不疑。” 佞人借仁者之虚名而闻于世，其貌厚心奸，外饰仁义美德，然所行违礼逆圣，窃居于假仁假义而不知，其自以为巧密，遂无所忌惮、浪得浮名，以致虚誉盛大而实德不足，故谓之闻，实伪仁也。故为学者贵在务实，苟欲求近名则其本尽失矣。

盖乱世则伪仁谄佞者众，其邪说害人匪浅。昔夫子为鲁司寇七日，以心达而险、行辟而坚、言伪而辩、记丑而博、顺非而泽五恶诛杀鲁闻人少正卯，固知闻人奸邪，故为圣人所深恶痛绝，必早除之，以使民人少受荼毒。昔王莽未篡时，好礼而躬行仁义，师友皆称其仁，宗族皆许其孝，此正“色取仁而行违”之证也。

“在邦必闻，在家必闻。” 闻人佞德，故多获美誉于邦、家，故党羽必众，君子苟不明察，抑或为其所惑。以子张之学，夫子恐其误以闻为达，陷于“色取仁而行违”而不知，故诫之。

试译：子张问：“士如何做才算是通达呢？”夫子说：“你所说的通达，是怎样的啊？”子张对道：“仕于邦国必有名闻，仕于卿大夫家也必有名闻。”夫子说：“这是名闻，不是通达啊！通达的人，必然质朴正直，行事合于义，有察人言、观人色之明，每以谦德处于人下。仕于邦国必能通达，仕于卿大夫家也必能通达。

那些以虚名声闻于世的人，仅在外表装以仁德，行为却违逆仁德，以仁人自居尚不自疑。这样的人，仕于邦国必有名闻，仕于卿大夫家也必有名闻。"

二十一

樊迟从游于舞雩之下，曰："敢问崇德、修慝、辨惑？"子曰："善哉问！先事后得，非崇德与？攻其恶，无攻人之恶，非修慝与？一朝之忿，忘其身，以及其亲，非惑与？"

樊迟从游于舞雩之下， "从游"，从夫子游。鲁雩坛下广植树木，其下可供游冶，樊迟从夫子游于舞雩之下，故有此问。时鲁哀公欲除季氏，是年夫子自卫返鲁，复追溯前言，列举昭公之事。

曰："敢问崇德、修慝、辨惑？" "修"，治也，即修治。"慝"，匿也，即隐恶阴奸。"修慝"，治恶从善也。"崇德、修慝、辨惑"三词以"德""慝""惑"为韵，实雩祷之词也。时樊迟引而问于夫子，以喻鲁空设雩礼而未崇德也。

鲁昭公二十五年（前517）秋，七月上旬辛日，尝行大雩之祭；七月下旬辛日，又行雩礼。考昭公复行雩礼之故，盖欲聚众以攻季氏也，惜乎昭公终败。今樊迟从游雩下，感怀昔日昭公未从鲁大夫子家羁谏言，遂败，究其因，实未崇德也，特引雩辞以问夫子。

子曰："善哉问！先事后得，非崇德与？" 夫子所以许樊迟"善哉问"者，乃善其汲汲切己之问也。君子先劳于事，固难，然必力行而不计功，于是其德渐积，其事渐成，故得后报，乃崇德之故也。

“攻其恶，无攻人之恶，非修慝与？” 樊迟勇而志于学，夫子恐其质朴狭隘，预事则计得，以致恕己而严人，故诲以“修慝”之法以为修正己恶，非为攻他人之恶也。固知君子责己以严，责人以宽，以恕己之心恕人，于是寡尤少悔，则己恶无所匿也。昔鲁昭公若礼敬天子，则卿大夫必尊昭公，然昭公有亏于自省之道，见人恶而独不见己恶，遂失修慝之功，故悖于王道。

“一朝之忿，忘其身，以及其亲，非惑与？” “忿”，恨也、怒也，即愤怒。“及其亲”，祸及其亲也。按夫子语，苟不忍一朝之小忿，妄逞少顷之怒，以致忘身忘亲，故毁身毁亲之祸大矣，必殃及亲族、社稷、宗庙，是为大不孝，此皆未能“辨惑”也。诚如鲁昭公未忍一朝之忿，以致忘身、忘亲、忘宗庙社稷，欲攻季氏而招败，实由惑而起也。惑则不明，不明则招祸，遂祸及宗庙。故君子必“辨惑”，方自利利他。

春秋末世，儒者鲜有事功，独樊迟仕于季氏，尝以勇力退齐军，审其人有从容成事之能。今发此“崇德、修慝、辨惑”之问，尤为可贵。盖人皆有爱利之心，故陷于粗鄙近利而不自知；夫子教以行事不计功，先劳而后获，即“崇德”也。人皆有宽己严人之非，然未明君子恕道；夫子教以严以律己，宽以待人，即“修慝”也。人皆有易忿之失，以致忘身忘亲，陷己于不义，陷亲于不安；夫子教以不忘其身其亲，毋逞小忿而毁身灭亲，固知君子惩忿方得自保，即“辨惑”也。

试译：樊迟随夫子出游于舞雩坛下，问夫子：“敢问如何崇尚道德、修治隐恶、明辨惑乱？”夫子说：“你问得好极啦！做事在先,获报在后,不就是崇德吗?修正己恶,不要攻击他人之恶,不就是修慝吗?不忍一时的气忿,忘记了自身的安危,以致于祸及亲人,不就是惑吗?"

二十二

樊迟问仁。子曰:"爱人。"问知。子曰:"知人。"樊迟未达。子曰:"举直错诸枉,能使枉者直。"樊迟退,见子夏曰:"乡也吾见于夫子而问知,子曰:'举直错诸枉,能使枉者直。'何谓也?"子夏曰:"富哉言乎!舜有天下,选于众,举皋陶,不仁者远矣。汤有天下,选于众,举伊尹,不仁者远矣。"

樊迟问仁。子曰:"爱人。"问知。子曰:"知人。" "爱人",施爱于人。"问知",问智也。君子以知贤为务,故知人则智,固知爱人乃仁之大用,知人乃智之大用。时卿大夫专鲁,君上虽有知人之明,然无任用之权,故不能任贤用德以利国。今樊迟问仁,夫子教以爱人、知人为仁智,用心可谓良苦也。

樊迟未达。 "达",通晓。"未达",未晓。樊迟已明夫子爱人即仁之旨,然未达知人为智之义。盖爱人必周全而无别,唯用心即可;知人必有所辨,择材以选之,苟无智则安得知人。樊迟未明,必另有问辞,录者从简而未辑之。

子曰:"举直错诸枉,能使枉者直。" 该语已录于《为政·哀公问》,今夫子复引以教樊迟。"直",正直;君子自正为正,使枉曲者改正为直。"错",废也,即废置。"枉",枉曲不直也。古以小非小过为枉,以大非大恶为邪,然枉者可直之,独邪者不可直也;故居位者荐用正直者,教化枉者知正守直,废置邪曲者。夫子诲以“举直错诸枉”,欲使正者得用、邪者得废,乃知人之智也;欲使枉者直之,乃爱人之仁也。

樊迟退,见子夏曰:“乡也吾见于夫子而问知,子曰:‘举直错诸枉,能使枉者直。’何谓也?” “乡”通向、曏,即不久也。盖乡者乃假借之辞,正写为曏,用于祭文、祷辞、告示;俗写为向,用于日常。樊迟未达“举直错诸枉,能使枉者直”之义,故退而往见子夏,欲问之。既见子夏,遂复述夫子语,欲闻于子夏。

子夏曰:“富哉言乎!” “富”,盛也,即盛大。昔舜帝任用皋陶,商汤任用伊尹,皆具任贤用能之智,以为万世法,故子夏大赞夫子该言之义盛大。

“舜有天下,选于众,举皋陶,不仁者远矣。汤有天下,选于众,举伊尹,不仁者远矣。” “皋陶”有二说:一、皋陶,号庭坚,居士师位,即下大夫,隶属于大司寇。二、《尚书·舜典》《孟子·尽心》皆以皋陶为士。综此二说,今居位时为下大夫,退位时为上士。“伊尹”,伊氏,字尹,名挚,乃殷汤之名臣,本节录“伊尹”者,乃以字称。

按子夏语,舜、汤皆施仁政而有天下,其不拘一格用人,以使皋陶、伊尹各尽其才,故仁者毕至,不仁者遁去。固知贤者为政则同类感召,必引贤者俱立于朝,贤者在野,必思与贤者俱进于道。子夏深知夫子谓尧、舜、禹、汤举贤任能之政,开万世选举用人之法,故公、卿、大夫、士必待选举而后仕。盖卿大夫权高任重,恩泽广大,且辅政日久,必择循礼有德者居其位;苟德薄悖礼者尸居该位,必上削其君而下夺其民,以致国必将不国。春秋末世,选举制废,卿大夫皆由世袭,世家子弟多骄奢淫逸、不通今古之徒，其人但居高位，未审积功治国之道，于民于国皆无所裨益，以致君臣忿争不和，政治昏昧，国家社稷危如覆卵。是故卿大夫既由世袭，则“举直错诸枉”之古法难行其道，于是居位者常以不知人为患。今子夏追述舜举皋陶、汤举伊尹之例，盖皋陶、伊尹皆未由世袭而得爵禄也，固知选举制优于世袭制。圣人处此乱世，希冀废黜世袭制，渐复“举直错诸枉”之古制。

夫子既言“能使枉者直”，未言“使枉者去”，乃欲示樊迟以明王教化之功。惜乎子夏未明夫子“使枉者直”之旨，唯言“不仁者远矣”，固知子夏未达夫子仁境，又以未达之言误教樊迟。圣凡之别，唯在一念之间。子夏所谓“不仁者远”，乃谓贤愚相殊而远，此诚如“性相近，习相远”也。今樊迟既问于夫子，又问于子夏，当见其笃实之志、务实之风。

试译：樊迟问什么是仁，夫子说：“爱人。”又问什么是智，夫子说：“知人。”樊迟没有明白。夫子便说：“举用正直的人，废置枉曲的人，也能使枉曲者正直起来。”樊迟退下，又去见子夏，说：“刚才我见到夫子，请问什么是智，夫子说：‘举用正直的人，废置枉曲之人，也能使枉曲者正直起来。’这是什么意思呢？”子夏说：“这话的含义很丰富啊！舜有了天下，在众人中选拔皋陶并任用他，那些不仁的人也就远离了；汤有了天下，在众人中选拔伊尹并任用他，那些不仁的人也就远离了。”

二十三

子贡问友。子曰：“忠告而善道之，不可则止，毋自辱焉。”

子贡问友。 子贡问交友之道。

子曰:“忠告而善道之,不可则止,毋自辱焉。” “道”,导也。“不可”,否辞。

按夫子语,君子交友之道,教之以善道,告之以是非;苟不见从则勿复强言,以免自取其辱。当朋友有过,固当忠信无隐,然忠谏亦必循礼合义,心平气和以告之,故进退自如;苟不纳善言则不复言也,以全朋友之交,以尽朋友之礼,待其羞耻之心萌生而自省。切勿言辞峻利,容色躁急,以致失友取辱。

试译:子贡问交友之道。夫子说:“忠言劝告且善言劝导,他如果不听从,就无须再言了,以免自取其辱。”

二十四

曾子曰:“君子以文会友,以友辅仁。”

曾子曰:“君子以文会友,” “文”,即《诗》《书》《礼》《乐》。“以文会友”,乃共就一处进学《诗》《书》《礼》《乐》者,故学文必有所得,遂成其德,固知同门当以进德修业为务。

“以友辅仁。” “辅”,辅佐。朋友彼相切磋砥砺,辅以成仁也。

昔者明王设大学必以《诗》《书》《礼》《乐》为业,学人行止退息之间必念念不辍,修习日久则礼熟能恭,乐熟能奏,《诗》熟能诵,《书》熟能敬。大学上有贤师,侧有良友,课业有《诗》《书》

《礼》《乐》，学人安学而敬师，友人而守正，谦虚谨笃，日久则近仁。固知古以斯文为交友游学第一要务，舍文则无以言也，故君子以文会友，能《诗》则通雅言，能《书》则存恭敬，能《礼》则出入皆宜，能《乐》则识雅音。夫以文为主、以友为辅，君子得善文良友则日臻仁境。

试译：曾子说："君子以《诗》《书》《礼》《乐》之德来结交朋友，以朋友之交来辅助仁德。"

論語正述·子路篇

一

子路问政。子曰:"先之劳之。"请益。子曰:"无倦。"

子路问政。子曰:"先之劳之。" "劳",用力者谓之劳,即劳作。"先之劳之"四字不得断句,当作一句读。

子路问为政之道,夫子答以"先之劳之"。盖居位者身教重于言教,必先正己心、备己德,然后勤政于民;居位者必先行孝悌,则民和睦相亲,不待令而行。故治民之道当先导之以德,务使民信,民信则知礼明义,然后劳役之,则民悦而忘其劳,故劳而无怨,是以君子劳心而小人劳力。苟民不劳之,则易生逸怠,于是放纵淫乐而忘善,忘善则恶心生,恶心生则世道乱。圣人深明此理,故诲以"先之劳之"。

请益。 子路以夫子之言有未尽之义,欲请详解,故请益。

子曰:"无倦。" 或作毋倦,亦通。为政者先劳于民,日久易生倦怠,固当自励以"无倦",故圣人所谓无倦于政,乃千古治乱之良方。凡勇者,必善于作为而难于持久,子路、子张皆乐于始而倦于终,此二子之病也。值子路问政,夫子特教以"无倦",乃砭其症也。

试译: 子路问为政之道。夫子说:"能以身作则,先以德教导民众,而后使民众劳作。"子路请夫子再讲详细些。夫子说:"行之不倦就行了。"

二

仲弓为季氏宰,问政。子曰:"先有司,赦小过,举贤才。"曰:"焉知贤才而举之?"曰:"举尔所知;尔所不知,人其舍诸?"

仲弓为季氏宰,问政。 "宰",大夫家臣、采邑官长之称。仲弓为季氏费邑宰,于将行之际特问为政之道,欲以夫子之言为刑赏之准。

子曰:"先有司," "有司",隶属于宰官,乃众职之总称。"先有司",为政当先用有司,使各居其位、各尽其职,然后以政务责成有司,复再核其政绩,故无待亲为而政治清明。

夫为政之道尤以治人为先,然治人犹御马,凡欲胜马者,必得御马之良术。宰官治诸有司,必使少长有序则群邪不起,必使职务有序则政事无滞;恩威并施,礼法兼善,可谓善治者也。古之明王必知人善任,昔舜举皋陶、汤用伊尹,诚知人善任之证也。春秋末世,选举制废,卿大夫皆由世袭,举贤之政不行,仲弓遂问政于夫子。

"赦小过,举贤才。" "赦",置也,即搁置其过而不论。"过",过失。"赦小过",诸有司或小有过,固当宥之,以达劝善奖功之效。今夫子唯言小过可赦,固知大过大罪不可赦也。"举",荐用。"贤才",即有德有才者。"举贤才",即荐用德才兼备者,以使有司衙门各得其人,以备辅政修政之用。

古之宰官下设有司,故职位分明、责有所归。然善为政者当宥其小过，以成劝善全功之道。贤才既得荐用，然行事孰能无过，苟求无过，唯庸人与奸人必无小过，皆以大罪而坏己害国。若小过不赦，则贤者因小过而受大罚，以致避祸而走，遂使人才尽失，则亡国不远矣。

曰："焉知贤才而举之？" 仲弓宅心仁厚，忧己未能尽知贤才而荐用之，故有此问。

曰："举尔所知；尔所不知，人其舍诸？" 人皆各举其所知之贤才，苟有所未知者，安知他人弃而不用？故无须忧之。

仲弓问政，夫子诲以重在举贤；仲弓问何以尽知贤才而举之，夫子诲以唯举己之所知者。昔夫子尝许仲弓有"可使南面"之德，固知仲弓仁德之笃厚，今师徒二者之问答，无关仁心之大小，故不当误以夫子德盛而仲弓德薄。自古明王皆以知人善任为甚难之事，听其言未必见其行，见其行未必见其才，且校考功过得失，其真伪繁杂，故德厚才能者鲜见。是故善为政者，当尽识天下可用之人，以太平盛世付诸于天下人，遂不负夫子厚望。

试译：仲弓任季氏宰，他向夫子请教为政之道。夫子说："先任用、责成各有司，宽宥他们的小过失，荐举贤才以辅政。"仲弓说："怎样才能尽知贤才而荐举他们呢？"夫子说："荐举你所了解的贤才；而那些你不了解的贤才，难道别人会舍弃他们而不用吗？"

三

子路曰："卫君待子而为政，子将奚先？"子曰："必也正名乎！"子路曰：

“有是哉，子之迂也！奚其正？”子曰：“野哉由也！君子于其所不知，盖阙如也。名不正，则言不顺；言不顺，则事不成；事不成，则礼乐不兴；礼乐不兴，则刑罚不中；刑罚不中，则民无所措手足。故君子名之必可言也，言之必可行也。君子于其言，无所苟而已矣。”

子路曰：“卫君待子而为政，子将奚先？” “卫君”，卫出公，姬姓，卫氏，名辄，乃卫灵公之孙，即卫后庄公蒯聩之子，卫第二十九代国君。“待”，用也，与下篇“齐景公待孔子”同义。鲁哀公六年(前489)，夫子年六十三，自楚返卫；哀公十一年(前484)，夫子年六十八，自卫返鲁。固知夫子居卫五载，时孔门弟子多仕于卫，卫君以养贤之礼待夫子。子路知卫出公欲用夫子，故问。

子曰：“必也正名乎！” “名”，名爵也，乃国之重器，不可假以他人。“正名”有三解：一、黄帝尝为百物正名，以使各安其类，故夫子所谓“正名”者，乃正百事之名也。此泛说未合于时事，故不从。

二、宋儒以正名者，乃使国之名爵归正也，于是礼仪俱备，是非分明，同异并列，此乃政教之准绳，道义之门径。

春秋末世，礼乱时昏，上下之爵多失其本来名号，故为政者必以正名为先。诚如卫出公辄不尊其父蒯聩，反宗其祖卫灵公，其名实乱也，故孔子欲以正名为先。盖卫世子蒯聩与卫灵公夫人南子有恶，故欲杀南子，事败，蒯聩逃宋奔晋。他日卫灵公欲立少子郢为太子，公子郢坚辞不就。灵公薨，公子郢礼让太子蒯聩之子辄即位，乃卫出公也。

时赵简子送太子蒯聩返卫，卫发兵击蒯聩以阻其返国。蒯聩既为世子，卫灵公亦未废其世子位，蒯聩身负世子之名逃于他邦,今闻丧即返,卫人不当拒之国门外。若卫灵公实废蒯聩世子位,蒯聩返国奔丧,当谓之篡;然灵公未废其位,其归卫乃名正言顺也,故卫人拒之无名。卫出公辄年约十岁而灵公薨,是时南子在堂,故拒蒯聩返卫者,必南子也,固知辄即位非出自灵公本意,必南子所为也。辄于政事虽不得自专,迫于南子之威而不敢迎其父返卫,然尚可学公子郢辞而不就。今卫出公辄以其父蒯聩获罪于灵公,虽身为蒯聩之子,然尊灵公之命而辞父命。辄与父争国,待其父如寇仇,此皆南子之故也,遂使蒯聩、辄父子名分颠倒。蒯聩既获罪于灵公,辄又获罪于蒯聩,此其父子两恶之处。

今夫子以蒯聩居于外,其子辄居于内,名之不正则莫过于此也,故务在先正其名。辄既君国九载,时南子或老或死,辄之威信足以驭民,必能为此正名之事;苟如夫子之意,辄迎其父蒯聩为卫君,自为世子,上下皆合于礼,内外皆称其德,则卫中兴有望也。

圣人所谓正名者,虽为卫君出,然为政之道,必以正名为先。夫子居卫日久,岂不闻卫出公拒父之事,况出公依礼奉养夫子,夫子亦必与言善道,故欲进正名之言,以劝其归正。宋儒以本节所录虽未明言以何法正名,然审思文理,则夫子必欲以至德感化卫出公辄,使其明父子伦常,迎父蒯聩返国,且归政其父。夫子以至诚调和其父子,蒯聩受君位,辄自为世子,时蒯聩不受君位,仍命辄为卫君。辄复上请周天子,再告诸方伯、诸侯知,然后依礼率臣子民人奉蒯聩为太公,如此则外和内睦,卫大治有望。

昔蒯聩欲杀南子,此弑母胁父之行实为不孝,其不为卫君,当时自有公论；辄但尽其孝，则其君位未必不保，苟以诚心行该事，则公论必在辄，辄又何虑之有。时辄求仁得仁，天意民心尽在辄，是故辄让国为正，迎父为孝。

然今考宋儒该说疑点重重，今试论其误如下：春秋末世，强晋以方伯自居，欲抑齐、鲁、卫多年，终招致齐景公、卫灵公约鲁国抗晋。蒯聩获罪于南子，先奔宋，后逃晋，晋赵鞅用阳货计，欲借蒯聩奔丧为名以击卫，事若成，则蒯聩之戚邑尽归晋。翌年春，齐景公遣军攻晋私占之戚邑，卫大夫石曼姑挥师从齐攻戚邑，皆合乎道义也，此即宋儒所谓卫出公辄拒父返卫之战。

苟蒯聩欲弑南子，岂凭南子一面之词为证？抑或出自南子谗害，亦未可知也。南子原为宋人，蒯聩欲弑南子不成，岂能逃于宋，蒯聩既已逃宋，则必无弑南子之事。苟夫之“正名”乃欲正蒯聩、辄父子名分，必先上报周天子及方伯、诸侯知，然此时晋自为方伯，又巧取戚邑，夫子安能不知？又岂能邀晋为卫主持公道？况上报天子、旁告诸侯以扬卫君父子之丑，辄又无请夫子为政之实，夫子便自请行正名之事，欲使辄检省己逆，此于情于理实不通也，岂夫子所能为也？且辄执政既成事实，苟重蹈继嗣之争，实玩火也，或将危及社稷民生，圣人岂不识此理？此宋儒不察之失，故不从此说。

三、盖上古字少，人之往来必称其名；后世字渐多，遂称字。字者，滋也，人读之而有所滋益；正名者，即正书字也。时礼教不张，故夫子欲正文字典章之谬误，然夫子“正书字”，必以古文为正，苟使文字得正，则先王之道不失也，礼义方得以远播天下。下文夫子曰“君子于其所不知，盖阙如也”，乃谓史料缺乏之际，必存疑待真也，固知正名乃为政之本，与删《诗》《书》、正

《礼》《乐》、作《春秋》旨同，以垂明教于万世，故今人不当以夫子"正名"之说为空言，以致辜负圣教。夫文字事大，非圣明独照，安能正之，是以下言"名不正，则言不顺"当作"书字不正，则言不顺"。文字之用乃为表道达义，若文谬字误，则失之毫厘差之千里，是故正文字之谬误即正失，正失即正名也。圣人静则居正，动则名正，遂为万世道德人伦之表率。今从此第三说。

子路曰："有是哉，子之迂也！奚其正？" "有是哉"，时人多以夫子迂阔，今子路闻夫子语，遂信时人讥夫子之辞乃实语也。"迂"，迂阔不合于时宜。当夫子时，竞乱时起，子路以正名非急务也，何其先正其名？故问。

子曰："野哉由也！" "野"，人之鄙俗，故不达于理。夫子责子路之言粗鄙未达，于己所不知处未知存疑待真，故轻以妄言答对。

"君子于其所不知，盖阙如也。" 君子以言取信，故心中有疑则毋轻言，苟有所不知，必存疑待真，勿妄自为是。今子路误以夫子迂阔，夫子教其勿因未达圣意而妄言。

"名不正，则言不顺；言不顺，则事不成；" "言"，乃出令布告诸事。凡名不副实者，出令布告则不顺；出令布告不顺，则难察其事，故百事不成。是以为政者必先审其名而察其用，苟指鹿为马则事功难成；官民必使各居其位，各安其道，正名分，明职权，则百事有序可成也。

"事不成，则礼乐不兴；礼乐不兴，则刑罚不中；" "刑罚"，罚者，小罪也；刑者，大罪也。"中"，入声，即为政者用刑、用罚适度。"不中"，即量刑过重，故滥用刑罚。按夫子语，礼之用贵在使百官有序，百官有序则国安；乐之用贵在使万民和顺，万民和顺则民化。苟不施礼乐德政,恐有刑罚淫滥之失。

“刑罚不中,则民无所措手足。” “措”,安置。为政者不施礼乐德政,必失其道,以致滥施刑罚而不得中,于是民心紊乱,手足无措而无所适从。

“故君子名之必可言也,言之必可行也。” 夫名正则必可言,可言则必可行,是以名与实固当相称。名不副实则事出无名,事出无名则事无所成,是以明王必以孝治国,父子伦常名分得正则人亲其亲,苟父子之名不正,而欲使一国得正,则其事必不成。

“君子于其言,无所苟而已矣。” “苟”,草也,即草率。一言苟则一事苟,一事苟则事事苟,是以君子其言不苟则行事必不苟,故君子于名、于言皆不苟。

夫子出此正名之说,时子路未仕于孔悝,之后从夫子返鲁,又仕于季氏,继而返卫为孔悝家臣。夫子圣哲,既居人邦国,必不非议其君上大夫,故唯言正名乃为政之本,惜乎子路未悟。

试译:子路说:“如果卫君有意等待您从政,夫子您将从何处着手做起呢?”夫子说:“必先正名啊!”子路说:“果如人所说,夫子您真的迂阔成这样啊!为何非要先正名呢?”夫子说:“你真粗野,仲由啊!君子对于自己所不知的事,就存疑而不谈论它。名不正,就说来不顺;说来不顺的,做事就难以成功;做事不成功,礼乐就不能兴起;礼乐不能兴起,刑罚就不会适当;刑罚不适当,民众就会手足无措而无所适从。因此,君子所确立的名分一定要说得清楚,说得清楚一定能做得成事。君子对于每一句话,一定要没有一点马虎。做到这样就可以了。”

四

樊迟请学稼。子曰:“吾不如老农。”请学为圃。曰:“吾不如老圃。”樊迟出,子曰:“小人哉,樊须也! 上好礼,则民莫敢不敬;上好义,则民莫敢不服;上好信,则民莫敢不用情。夫如是,则四方之民襁负其子而至矣。焉用稼?”

樊迟请学稼。子曰:“吾不如老农。” “稼”,凡植禾、黍、稷、稻、麦五谷,谓之稼。“农”,耕人也,辟土犁田以植谷。居位者知农事之艰,故能惠爱其民,遂上下得安。“老农”,在野之民。樊迟请学稼穑,夫子以“吾不如老农”婉言拒之。

请学为圃。曰:“吾不如老圃。” “圃”,凡植菜蔬,谓之圃。“老圃”,在野之民。今樊迟请学园圃,夫子以“吾不如老圃”婉言拒之。

樊迟出,子曰:“小人哉,樊须也!” “小人”,乃谓老农、老圃。盖古之四民(士、农、工、商)皆有恒业,谓之小人之事;士致力于成己成物、达己达人之学,谓之大人之事。是故儒学乃大人之学,儒政乃大人之事。君子以礼、义、信内修其身、外治其民,既致力于大人之学,则无暇于稼穑园圃诸事,非其不能,实不必能也。苟致力于稼穑园圃,虽可洁身自好,然尽废礼、义、信,故君子不为斯业。今樊迟请学稼穑园圃诸事,夫子惜其未审大人之学、大人之事,而甘为庶民之事,久之必自入于野民之流而不知,故待樊迟出,叹曰:“小人哉,樊须也。”

按古制,耕可得食,学可得禄,然圣人门下专务耕读,断无因耕而废学也。昔子贡经商致富,未尝不慕学圣道,夫子殁,子贡尝守墓六载，其笃学至孝若此，可谓好学者也。昔颜渊箪食瓢饮，但有向学之志，却无废学之心，故向道志学唯死而已。今樊迟所以问者，盖公卿大夫皆由世袭，贤德之士多不在其位，以致无爵无禄。居位者既无贤德，此无学之辈欲以文教治民，则民焉能信从之。故樊迟自忖莫若以稼穑治民，以井田古法教民，则民可得食，故劳于事而不生是非，以达安民富国之旨。今樊迟欲学稼穑园圃，必欲习古农书而知农事也。夫子诲其学大人之学、行大人之事，不必以农夫末学为治世之术，可谓用心深矣。

“上好礼，则民莫敢不敬；上好义，则民莫敢不服；上好信，则民莫敢不用情。” “情”，情实也。“用情”，民人以真心实情从于居位者，其义如同尽忠。

夫礼、义、信三者既为大人之学，故为君上、公卿、大夫、士所必修。居位者苟好礼行礼，则不必求万民存敬，万民莫敢不敬。居位者苟好义行义，知人用人皆宜，礼教法制皆宜，则百事皆宜、上下皆义，不必迫万民服，而万民莫敢不服。居位者苟好信施信，则名分必正，于是上下心悦诚服；其信寄于法令则无废功，其信寄于政事则民人安居乐业；是以不必迫民人忠信，万民莫敢不尽忠。居位者能行礼、义、信三事则顺天应民，故圣王以修礼、达义、体信为务，以大学明德、亲民之道为修已治世之方。

“夫如是，则四方之民襁负其子而至矣。焉用稼？” “襁”，负婴儿之衣，以织缕为之，宽八寸，长尺二寸，以负婴儿于背而行。居位者力行礼、义、信，以成己成人之德治世，何愁民人不治，岂用稼穑之术御民，故君子不施舍本求末之政。

夫子上言“小人哉，樊须也”乃感慨之语，而非斥责之词。樊迟欲以农事御民，以招四方民人归鲁，以期民众而国强，此樊迟用心之处也。

试译:樊迟向夫子请学稼穑。夫子说:“我不如老农。”樊迟又请学园圃。夫子说:“我不如老圃。”樊迟退出后,夫子说:“樊迟成了在野耕作的庶民了！居上位者能奉行礼,民众则不敢不敬;居上位者能施行义,民众则不敢不服;居上位者能务实践信,民众则不敢不用真心实情来对待为政者。如果能这样,四方百姓就会背负着他们的幼子来投奔,还用得着自己学稼穑之事?”

五

子曰:“诵《诗三百》,授之以政,不达;使于四方,不能专对;虽多,亦奚以为?”

子曰:“诵《诗三百》,” “诵”,循乐声之节以诵诗。古以诵、弦、歌、舞之法学《诗》,所谓诵《诗》者,乃专以口诵也,以思绎义理。“《诗三百》”, 昔者吴公子季札访鲁,《诗三百》之编次已为世人耳熟能详,时夫子年甫八岁。盖夫子未生之前,《诗》原有三百一十一篇,是故《诗三百》已编纂成册,夫子既生之后,则《诗三百》之名未更,况《论语》每录夫子言《诗三百》者,未注明该言于夫子六十八岁返鲁后。今辑《诗三百》者,乃总其大约之数也。

“授之以政,不达;” 《诗》者,本人之性情而发,兼括人理、物理、事理,读之,以体风俗之盛衰,以察为政之得失,故通《诗》能达于政事。苟不通《诗》,纵居高位,焉能达仁政于民人也。固知《诗》有检制夫妇、成全孝敬、敦厚人伦 美化教化、移转风俗之功，故明王以诗教为务。

“使于四方，不能专对；” “专对”，士，必独断而能答对也。《诗》之辞令敦厚平和，且长于讽喻，学之能通文教，能达于政而善于辞。昔者遣使朝聘，使者别为正使、介使，凡正使不能赋诗答对致辞，则介使必助答于侧，即能“专对”也。况朝聘诸事，应对皆无定准，若能依礼而临机决断，亦能“专对”也，于是不辱君命。

夫读经习典以为致用，诵《诗》亦然，若能从政专对，乃善学者也；若耽于章句之学而不能专对致用，乃学者之大患也。

“虽多，亦奚以为？” “奚”，何也。“以”，用也。“为”，乃疑问语气助词。按夫子语，诵习《诗三百》虽众，苟不能致用，则学奚以为？

试译：夫子说：“诵习《诗》三百首，使他处理政事，却不能通达；使他出使他国，却不能独立应对；即使书读得再多，又有什么用呢？”

六

子曰：“其身正，不令而行；其身不正，虽令不从。”

“令”，教令。为政者颁布政教律令，以教导民人弃恶从善。

昔尧舜未以爵禄赐民而民能行善道，未滥施刑罚而民不犯法令，此皆尧舜躬行正道之故。春秋末世，居位者虽以高爵厚禄赐民，然民风亦不能从善；居位者虽以重刑制民，然奸诈欺伪不止；此皆为政者未能躬行正道之故，遂使民人不信。固知尧舜治天下以仁，则民人随化亲仁；桀纣施天下以暴，则民人随化近暴；居位者虽颁布律令而不能躬行，则民人必不从也。是故欲施德政于下必修德于上，欲施律令于下必不废于上，欲禁下之不违必不违于上，苟国失其君则亡国也，苟有法不依则无法也，是以欲立法施令于国，躬行于上则通行于下。

夫君子正己方可正人，达己方可达人，取信于民则万民随化，此非法令之功，乃修正取信之功也。苟居位不正则失信于民，欲施法令而无应，欲布政教而无和。君上失礼失正而欲使民人守正，此犹望梅止渴，终不可得。

试译：夫子说："居上位者身能行正道，即使不颁布法令，万民也会执行他的法令；居上位者自己不能行正道，即使下令，万民也不会服从。"

七

子曰："鲁卫之政，兄弟也。"

"政"，正也；为政者以正道教化民众，故设食、货、祀、司空、司徒、司寇、宾、师八政，以平邦国、正百官、均万民也。此八政之食政，亦称农政，盖民以食为天，特以食政列八政之首。

夫子此语有二解：一、鲁为周公之封国，卫为康叔之封国。周公与康叔乃同胞兄弟，皆文王正妻太姒所生，二人情义笃洽，皆有功于周，其封国之政亦同如兄弟。昔周公尝辅武王伐纣，制礼作乐，且致政于成王，其长子伯禽为鲁君。康叔，亦称卫康叔，将赴卫，周公尝作《康诰》《酒诰》《梓材》以为卫治国之准，康叔依礼治国，明德宽刑，尊贤爱民，卫遂大治。康叔薨，其子卫康伯即位。固知鲁卫皆承周公、康叔之政，以礼乐教化民人，以致鲁卫贤达君子颇众，虽处春秋末世犹贤于他邦。考夫子该言乃褒义也，况既以兄弟设喻，安得以兄弟喻腐败之政。今从此说。二、宋儒以春秋末世，鲁君臣悖礼，以致上下僭礼；卫君臣僭礼，以致父子不亲。昔鲁哀公逃于邾而死于越，卫出公奔于宋而死于越，此鲁卫之政衰乱相似，鲁卫二君其结果亦相似，故夫子叹之。今不从此说。

试译：夫子说："鲁国与卫国的政事，真好像兄弟一般啊！"

八

子谓卫公子荆："善居室。始有，曰：'苟合矣。'少有，曰：'苟完矣。'富有，曰：'苟美矣。'"

子谓卫公子荆： "卫公子荆"，卫献公之子，字南楚，乃卫大夫。夫子尝言及郑国子产，则直言子产，而未加郑字；尝言及齐国晏平仲，则直言平仲，而未加齐字。今独称卫公子荆者，盖鲁哀公有庶子名公子荆者，其人无可称之才，是以夫子特言卫公子荆，以别之。

"善居室。" 公子荆治其家而不为奢侈之事，故夫子许以"善"。

"始有，" "有"，有爵禄。时公卿大夫皆由世袭，必年满五十方为大夫。卫公子荆年少时长于深宫，今已年满五十而初居大夫位，必承采邑而受爵位，故称始有，即始有禄、始有爵、始有家之义。

“曰：‘苟合矣。’” “苟合”，苟者诚也，合者给也、足也，即诚足也。盖公子荆始有家，故诸物未足，今公子荆自谓“苟合矣”，以示知足之心。

“少有，曰：‘苟完矣。’” “少有”，祭祀诸器物稍有增加。“完”即器用完备。公子荆于祭祀诸器物略有增加而未足时，自谓诚完备矣，以示能俭之心。

“富有，曰：‘苟美矣。’” “富有”，乃谓器用增多，以致富有。“美”，尽美饰也。诸物虽富有而完备，然未能尽其美也，故公子荆自谓“苟美矣”，以示无奢侈之心。

卫乃富庶之邦，然公子荆处俭尚朴，不以速富、速美劳其心，遂出此“苟合”“苟完”“苟美”之词。盖人之欲无穷而志无限，若逐之，则欲不能填，志不能满，终致损人害己。固知其欲不可纵也，其志不可盈也。公子荆生于世家豪胄，自幼锦衣玉食，尚知遵礼守节，安于少欲知足，其居室不务华美，其居心平淡可知也，固异于时人穷奢极侈之风。时公卿贵胄大兴土木，甲第连云，独公子荆善处浊世，视富贵为形骸之外物，已具入道之心也，故夫子以嘉言许之。

试译：夫子在谈到卫国公子荆时，说：“他善于处理家室。当他初有些财用之时，便说：‘实在是足够用了。’当他财用稍丰富些，便说：‘实在是完备了。’当他财用富有时，便说：‘实在是完美了。’”

九

子适卫，冉有仆。子曰："庶矣哉！"冉有曰："既庶矣，又何加焉？"曰："富之。"曰："既富矣，又何加焉？"曰："教之。"

子适卫，冉有仆。 "仆"，给事也，凡供人役使者称仆。本节所录仆者，乃仆夫也，即御车者。凡长者行，弟子当为其御车，今夫子适卫，冉有为之御车。

子曰："庶矣哉！" "庶"，多也。夫子乃谓卫民人众多也。

冉有曰："既庶矣，又何加焉？"曰："富之。" 按冉有语，国之人口既已众多，复加之以何政，故问。夫子答以"富之"，乃薄赋税、轻徭役之政也。夫治国必先富民，民富则安居乐业，故易治。民贫则抛家舍业，僭上犯律，故难化。是以明王之治务使民富，民富则乐生，乐生则知礼，知礼则畏死，畏死则无犯，无犯则民心既安、民志既定，民随化而国大治。

曰："既富矣，又何加焉？"曰："教之。" 按冉求语，民人既已富足，又加之以何政，故复问。夫子答以"教之"，乃立学校、兴礼乐、明礼义之政也，于是民人得以教化。

盖礼乐之道，使人知荣辱而怡心情，以礼乐加之民，可化其性情。刑罚之治，使人存敬畏而无妄为，以刑罚加之于民，可约其陋质。夫子所谓"教之"者，乃以礼乐为主、以刑罚为辅也，故兴教则明化。苟不识夫子"教之"之道，遂使善人堕于下人，下人堕于恶人，恶人堕于罪人，则国无宁日矣。

凡庶民之性朴野无格，必以礼义调和其性，以渐臻于善道；凡庶民之情放逸无拘，必先使其富而安居，不致铤而走险。故善为政者，必尊古制而使民有百亩耕田、五亩园圃，且不夺其农时，不乱兴徭役，久之则民富矣；继而立太学、设庠序，教民人修六礼（冠礼、婚礼、丧礼、祭礼、乡饮酒礼、相见礼），明十教（父慈、子孝、兄良、弟悌、夫义、妇听、长惠、幼顺、君仁、臣忠），此圣王之治也，故夫子诲以“富之”“教之”。

试译：夫子到卫国去，冉有为他赶车。夫子说：“卫国人口真多啊！”冉有说：“人口多了，又该增加些什么呢？”夫子说：“要让人们富裕。”冉有说：“富裕之后，又该增加些什么呢？”夫子说：“要让人们得以教化。”

十

子曰：“苟有用我者，期月而已可也，三年有成。”

本节所录乃夫子居卫时语，故置于前节“子适卫”之后。时鲁卫之政犹兄弟，夫子所以适卫，一者鲁卫皆礼义之邦，二者夫子有参政之心。

子曰：“苟有用我者，期月而已可也，”“苟”，诚也，乃假设之辞，通乎白话语“果真”。“期”，会也，即会合。古以三十日为一月，每月别为前期、中期、后期，每期十日；积十二月以成年，故十二月至此会合，谓之周年，亦称期年。夫子所谓期月，乃言一周年也。“可也”，乃不足之词。夫子自谓若我之为政，一年则纲纪初布，遂小治也。盖圣人为政，于年内必先依礼渐除旧弊，以使规模初立，纲纪初建，即小成也，故称“可也”。

“三年有成。” “有成”,治功大成也。盖三年一闰则天道一成,故为政必待三年然后有成。夫民耕三年,仓蓄一年之余粮,民则衣食丰裕,复教之以礼、齐之以刑,民知礼明让,争讼既息,民风既化,故明王以三年为考政之期。今夫子既言“三年有成”,亦兼言前节“富之”“教之”也。

考夫子是言,一者以示王道循行之序,二者以明为政渐进之理。然书生平素皆存悲天悯人之心,苟为政,动辄改弦更张,变法求新,此皆私心张扬之故也,遂致国体民风尽受其害。昔宋神宗用王荆公之法,即弱国用猛法也,终招败。是故久病羸弱之邦安能施以暴力盛气之法,固知除弊乃甚难之事,岂可轻议之。凡欲以一己之偏私而疾除痼政者,终致自穷穷他、亡家亡国之厄,自古每以急法猛药治国而亡国之狱众矣,固非义也。

试译:夫子说:“如果有能用我的人,一周年便可初见成效,三年便可大成。”

十一

子曰:“善人为邦百年,亦可以胜残去杀矣。诚哉是言也!”

子曰:“善人为邦百年,” “善人”,诸侯上奉天子,下辖公卿大夫,是故体善德贤之诸侯谓之善人,其虽善,然不能践行先王礼乐之教,不能循迹圣贤修养心性之法,故未能登堂入室,未达学问至深之境。“为”,治也。“为邦”,即诸侯治其邦也。按夫子语,诸侯君主之贤达者,其为政不似明王三年有成,必待百年方可国治。

“亦可以胜残去杀矣。” “残”，贼也，凡破坏道义者谓之残，凡践踏仁爱者谓之贼，故残、贼二字互训，皆谓践踏礼义、典章、制度而使其坏者。“胜残”，善人治邦百年，虽未绝奸宄残贼，终依礼法而制其不为恶，且使民人随化，于是残暴不起。“去杀”，为政者未施刑杀而民自治。周设大辟、割鼻、断耳、宫、黥五刑，亦称五虐之刑、五杀之刑，固知杀与虐同义，乃重刑。今夫子所谓“去杀”者，即去虐也。夫子欲免民人惨遭刑戮，但求以礼义教之，以刑法约之，务使民人去恶从善。虽去杀，然轻罚不免。汉自高祖平定海内，继以文景之治，时刑罚不举，残暴不兴，民得以休养生息，以致民风醇厚，国家安平，终成汉武盛世。

“诚哉是言也！” 夫子称“胜残去杀”者，乃引古语以教学人也。周自平王东迁，诸侯时有征伐，民人困于伤残杀戮之厄已二百余载。但有王者出，必待百年方可胜残去杀，其断不可速成，唯止乱而已。夫子叹此乱世，痛惜斯人未复古制也。

试译：夫子说：“古人曾说：‘贤达的君王治理邦国，经百年之久，方可使残暴不起，使庶民免遭刑戮。’这话真是正确啊！”

十二

子曰：“如有王者，必世而后仁。”

“王者”，盖受命之王必承天命而兴，以造福斯民，故称王者。其人高于前节“为邦百年”之善人贤君，此其别也。“世”，古以三十年为一世。“仁”,上下相亲谓之仁,即仁政也。按夫子语,但有圣王受命于天,其仁政必待三十年乃成,必也荐用贤者,民人沐德风而修睦能信,遂使老、壮、幼、女各随其分,鳏、寡、孤、独各得其止,国遂大治也。

周自太王古公亶父、季历、文王以至武王,此四圣相承已历四世,遂致周道渐美。武王伐纣功成,周公既已还政于成王,于是礼乐并具,天下太平,至此已五世矣。固知圣王受命于天,必父子相承而后仁政乃成,民人亦渐随化而归仁。周道何以历世方可功成?盖殷积弊既久,殷人染乱亦久,故难以一世而随化。武王以革命之王承殷大乱之后,克殷不久既崩,其行事与寻常受命而王者大不同,必缓革弊俗,渐兴善道,其改物、易世、兴礼必历数世方可功成。如此日久代远、熏习渐进,渐达世变人改、习俗敦睦,民众随化而亲仁。固知周积数世之功而使民人道德和洽,家国灾难不生,内外祸乱不作,以开周八百年基业。

诚如前节所述,治民之道必先富之而后教之。是故食为民之本,苟饥寒交至,虽尧舜之君亦不能使盗寇绝迹。是以圣王兴起,必保民人田里丰收,使其自给自足,复继以礼义教化。固知圣王之治,必量民所需所能,不可以私意迫民。

试译:夫子说:“纵然有受命于天的王者兴起,也必须用三十年时间,他的仁政方可成功。”

十三

子曰:“苟正其身矣,于从政乎何有?不能正其身,如正人何?”

“正”，端正。“从政”，以正己正人之道治世。“何有”，何难之有。君子欲正人必先正己，己正则任事无难；苟己之不正则何以正人，虽令而无从也，故夫子乃谓“如正人何”。

昔汉开国功臣申屠嘉为人廉洁正直，位居宰辅而未受人私谒，尝欲杀文帝宠臣邓通，终因文帝通融未果。西汉名臣魏相为人刚正不阿，其整顿吏治，抑制豪强，尝力劝汉宣帝削重臣霍光后人之兵权，以固汉家江山。观申屠嘉、魏相之为人，皆因正己而使权臣受挫，固为正己正人之证也。

试译：夫子说：“假若能使自身端正了，那么处理政事又何难之有呢？如若不能端正自身，又怎么能使他人端正呢？”

十四

冉子退朝。子曰：“何晏也？”对曰：“有政。”子曰：“其事也。如有政，虽不吾以，吾其与闻之。”

冉子退朝。“冉子”，冉有，所以称子者，乃其门人所记也。“朝”，别为公朝私朝。按周制，路门外设正朝，谓之外朝，亦称公朝、治朝，乃诸侯公卿问国政之所。外朝旁设九室为内朝，亦称私朝，乃公卿问家政之所。君上于每日旦时巡视外朝，复退于路寝听政，公卿则退于九室听政。卿大夫之家臣仕于私朝，不得朝见诸侯。“冉子退朝”，时冉有为季氏宰，朝于季氏私朝，议毕，自季氏私朝退。

子曰:“何晏也?” “晏”,迟晚也。“也”通邪,乃疑问辞。按周制,公卿大夫先视私朝,待黎明初辨,揖别家臣往外朝面君,家臣退朝正此时也。今夫子诘问冉有何以晏退,然周无家臣于早朝晏退之礼,家臣辞主当在黎明前。盖冉有与季氏议事太久,已误季氏面君,故违制;且二人议事过久,乃治下多事之兆。

对曰:“有政。” “政”,昔者政事有别。君上教令必合于礼法,故经国治民之属皆谓之政,公卿奉旨承教而行,故谓之事,亦称家事。冉有与季氏议于私朝而晏退,既已违制,又僭言“有政”以混淆议事,其僭制又重一等。

子曰:“其事也。” “事”,在君为政,故国事为政;在臣为事,故大夫家事为事。卿大夫所议既为大夫家事,安得以“有政”称,且国政不当私议于大夫私朝,苟鲁有政事当面君议于外朝,固知其僭礼太深矣。今夫子以政事有别诲冉有,以为正名分、抑季氏也。

“如有政,虽不吾以,吾其与闻之。” “以”,用也。“不吾以”,即不用我也。夫君上国政大而公卿家事小,国政既大,固为非常之事,每于匡正时弊之际,必集众卿大夫合议之。苟国有政事,夫子居大夫位,必知其情实也。然季氏专鲁,凡国政未公议于外朝,但与家臣议于私朝,故夫子无闻鲁有政,值冉有晏归,疑必季氏家事也。

当夫子时,鲁上下僭乱久矣,凡窃国者,必先窃其实而存其名,久之则名实俱窃之,天下从此大乱。故君子必先正其名、定其分,厘定公私,则上下各循其道。今季氏与冉有相谋者必国政也,然冉有对以“有政”,实失礼也。

试译:冉有从季氏私朝退下,来拜见夫子。夫子说:“为什么这样晚啊?”冉有答道:“因为有国政商讨。”夫子说:“那只是季氏的家事吧!如果有国政,我虽不被见用,也该会听到的。”

十五

定公问:“一言而可以兴邦,有诸?”孔子对曰:“言不可以若是其几也。人之言曰:‘为君难,为臣不易。’如知为君之难也,不几乎一言而兴邦乎?”曰:“一言而丧邦,有诸?”孔子对曰:“言不可以若是其几也。人之言曰:‘予无乐乎为君,唯其言而莫予违也。’如其善而莫之违也,不亦善乎?如不善而莫之违也,不几乎一言而丧邦乎?”

定公问:“一言而可以兴邦,有诸?” “定公”,鲁定公。“兴邦”,兴国。“有诸”,有此言否。盖古语有“一言而可以兴邦”之辞,故鲁定公引以问夫子。

孔子对曰:“言不可以若是其几也。” “几”,近也,即近似。虽一言不可兴邦,然有近似之言可以兴邦者,故夫子谓“其几也”,以定公所引之辞不足证兴邦之理,特举其义相近者为定公说。

“人之言曰:‘为君难,为臣不易。’如知为君之难也,不几乎一言而兴邦乎?” “人之言曰”,盖当时已有“为君难,为臣不易”之辞,今为夫子引而述之。前言夫子既以定公所引之辞不足证兴国之理,特举其义相近者以启之,遂引“为君难,为臣不易”以为定公说。

夫善为君者必知为君之难，固当谨而存敬，无一事敢恣意，更无一事敢僭礼违理，是故为君者当以为戒，不可恃“一言而可以兴邦”之词，遂误以一言可兴国而速行之，以致贻害家国。盖邦国之弊久矣，且古今兴邦丧邦之因多端，岂以一句而定其要，又岂以一言而兴国丧邦。为君者当以天命、国命、民命系于一身，以治国安民为忧，勿以高居君位为乐，万事皆不可轻言功成，如此则善政不远矣。为人君者如是，为臣子者亦如是，君臣朝乾夕惕，夙夜无怠，遂或可兴邦也。

曰：“一言而丧邦，有诸？” “丧邦”，亡国。盖古语有“一言而丧邦”之词，故鲁定公引以问夫子。

孔子对曰：“言不可以若是其几也。” “几”，近似。虽一言不可丧邦，然有近似之言可以丧邦者，故夫子谓“其几也”，以定公所引之词不足证丧邦之理，特举其义相近者为定公说，以为鉴也。

“人之言曰：‘予无乐乎为君，唯其言而莫予违也。’” “违”，违逆。“莫予违”，即臣子莫敢违逆君命。盖昏庸无道之君，其所乐者不在治国，而在人莫敢违逆其命也。故夫子特引时人语，以为鲁定公戒。

“如其善而莫之违也，不亦善乎？如不善而莫之违也，不几乎一言而丧邦乎？” “违”，逆也；臣子不从君命，故有所违逆。君上为佞语谗言所蒙蔽，又无忠臣谏告，于是淫乐安逸，忌惮逆耳良言，以致君日益骄奢，臣日益谄媚，此乃亡国丧邦之道也。

盖为人君者其言善，其下必无违之者，遂皆从善；为人君者其言不善，苟实无违逆者，则犹似因一言而丧邦也。固知兴邦丧邦必渐微日久所致，非一言之力、一时之因而兴丧也。为人君者苟以一言而知敬谨，则或可兴邦；为人君者苟以一言而肆意妄为，则或可丧邦。

试译：定公问道："只一言便可兴国，有这回事吗？"夫子对道："这话不可以这样说，但有与此言近似之语。有人说：'为人君难，为人臣不易。'如果能知道为人君之难，这也就是几乎一言可以兴国了？"定公又问："只一言便可亡国，有这回事吗？"夫子对道："这话不可以这样说，但有与此言近似之语。有人说：'我做君王并不觉得有什么可乐处，只是我所说的话没人敢违逆。'如果他说的话正确，而又无人敢违逆，这难道不是好事吗？如果他说的话不正确，而又无人敢违逆，这不就几乎是一言可以亡国吗？"

十六

叶公问政。子曰："近者说，远者来。"

"说"，悦也。时诸侯争霸，皆以砌山垒石固其塞，欲施强兵而失仁政。楚大夫叶公子高尝问政于夫子，夫子以叶城之民皆有背离之心，故为政务在轻徭役、减赋税，则近民悦而远人来，以至民人渐增，日久必成大邑。固知为政者依礼而自正，且施仁政而利民，则民必亲睦，于是父慈子孝，兄友弟恭，男女有别，旧者必新，远者必至。

试译：叶公问如何治理政务。夫子说："让近的人欢悦，远处的人就会前来投奔。"

十七

子夏为莒父宰，问政。子曰："无欲速，无见小利。欲速则不达，见小利则大事不成。"

子夏为莒父宰，问政。 "莒父"，父音甫，乃鲁邑名。古邑别为三等，产粮十万石以下为上邑，产粮六万石以下为中邑，产粮三万石以下为下邑；莒父者，乃鲁下邑也。子夏为莒父宰，故问政于夫子。

子曰："无欲速，无见小利。欲速则不达，见小利则大事不成。" "无"通毋。或以第一句作"毋欲速"，第二句作"无见小利"；今审辞义，上下两言无别，当皆作毋。"速"，急也，即急遽。

盖国不可速治，事不可速成，为政者欲速治其国则必累其民。利者，便国而利民也，为政者苟好小利，其所见必小，其所为必小，故因小害大，斯害甚也。是故善治民者，毋希高慕远，毋为民所不能及者，以免民人疲弊而远离。固知善为政者必因地制宜，使民裕而知敬，待一年而小成，复以中道治民，且明察无偏，刑赏得宜，则上下循礼明义，待三年而大成。是以为政毋求速成，速成则无序，无序则不达。

夫利者不可大小兼得，贪小利则必失大利；忠者不可二国兼事，守小忠则难得大忠。是故明王之治，必取其大而舍其小也。盖莒父之政废弛日久，子夏既为莒父宰，欲急修仁政而使民近小康，故夫子以是言以儆之。

试译：子夏做了莒父宰，问行政之道。夫子说："不要一味求速成，不要贪求小利。求速成，反而达不到目的，贪求小利，就不能成就大事。”

十八

叶公语孔子曰：“吾党有直躬者，其父攘羊，而子证之。”孔子曰：“吾党之直者异于是，父为子隐，子为父隐，直在其中矣。”

叶公语孔子曰：“吾党有直躬者，” “语”，彼此相互应答。“党”，古以五百户为一党。“直躬”有二解：一、乃谓君子不曲，当以直道立身于世。二、直者，坦直之道也；躬者，人名也。盖其党有名躬者能行直道，乃楚叶县人氏。夫子下言“吾党之直者异于是”，固知直必行直，躬必人名也，今从第二说。叶公称其乡党中有行直名躬者，乃欲自夸于夫子也。

“其父攘羊，而子证之。” “攘”通儴，因仍也，即顺手窃取。“证”，告也，即谒告于官。按叶公语，楚有名躬者素以坦直称，其父攘窃他人之羊，躬告于官，于是楚人皆以躬能行直道。

孔子曰：“吾党之直者异于是，父为子隐，子为父隐，直在其中矣。” “隐”，蔽也，即隐瞒。考夫子语，父子何故互隐其过，盖其事未安于理，故隐之，于恻隐羞恶之中以待是非之理昭然渐明。父子乃天生血缘至亲，苟父子有罪，必互为瞒藏，此乃天理人伦之所需也。然大公无私者，当行仁爱之际必也一视同仁，仁爱之所及，固无亲疏之别。是故公而无私者非揭亲之过、扬亲之短也。苟亲有过，必也先尽人伦之孝，慈孝无缺则忠信无失也。今父窃人羊而子告于官,其但博大公无私之虚名,殊不知人皆有爱亲之心,独此人因公而忘私,其苟无私乎？圣人犹难胜于无私二字,况其人乎。盖公者,必也亲亲、爱民、爱物,循礼明义而无所违逆,是故行则合于礼,止则归于正。考躬之所为,实大私、大逆、大奸也,未关乎公字一毫。苟以其所行为信者,未若无信也;苟以其所行为直者,未若无直也。

夫子但宣直义于叶公,乃以合义顺理为直也。固知孝子敬爱其父,慈父私爱其子,彼此安得扬其过于天下。是以亲亲慈孝则人情无失,于是顺天应理,不求直而直在其中矣。

试译:叶公告诉夫子说:“我家乡有一位名叫躬的行为坦直之人,他父亲攘窃他人的羊,他出来告发了。”夫子说:“我家乡能行直道的人与此不同,父亲替儿子隐瞒,儿子替父亲隐瞒,而直道却在其中了。”

十九

樊迟问仁。子曰:“居处恭,执事敬,与人忠,虽之夷狄,不可弃也。”

樊迟问仁。 樊迟问仁于夫子。

子曰:“居处恭,执事敬,与人忠,虽之夷狄,不可弃也。” “居处”,所居之处。“恭”,君子内恭外敬,依礼而矜庄独处,不生肆惰之心,谓之恭。“敬”,依礼而敬人敬事,不生怠慢之意,谓之敬。“执事”,行事也。“夷狄”,乃东西方偏僻地域之民,概言礼仪不到处。“不可弃”,君子不可背弃恭、敬、忠三事。

按夫子语，士循礼明义，其行止方得用力，独居则庄重而无懈怠，行事则存敬而无违礼，每与人交接必也诚敬笃厚无二，虽处蛮貊夷狄之地，必也固守恭、敬、忠三事。苟独居有一处不恭，行事有一处不敬，待人有一处不忠，其心则忐忑不安，是故士毋自欺，自欺实欺心也，又何谈仁义。

试译：樊迟请问何为仁。夫子说："日常独居时庄重而不懈怠，行事认真笃敬，待人诚实不二，即便到了夷狄之邦，也不可背弃这三项啊！"

二十

子贡问曰："何如斯可谓之士矣？"子曰："行己有耻，使于四方，不辱君命，可谓士矣。"曰："敢问其次。"曰："宗族称孝焉，乡党称弟焉。"曰："敢问其次。"曰："言必信，行必果，硁硁然小人哉！抑亦可以为次矣。"曰："今之从政者何如？"子曰："噫！斗筲之人，何足算也？"

子贡问曰："何如斯可谓之士矣？" "士"，已仕者。按子贡所问，士仕于大夫之家，当何以为治。

子曰："行己有耻，" "行己"，乃躬行礼义之道。"知耻"，君子心知有耻，故有所不为，以至风俗敦厚。当其时，风俗日下，时人多不知耻，虽处富贵而不知礼，故骄奢淫逸，放肆无礼；虽处困约而不知礼，故凶顽放纵，好勇斗狠。是以君子处富贵而不淫，处贫穷而不移。

"使于四方，不辱君命，可谓士矣。" 孔门尚事功，故特以

"使于四方,不辱君命"为先。"使于四方",盖诸侯朝聘之事,必以士为摈相而使于他邦。夫君命既出,必不可违也,使者奉君命而至他邦,必言辞得体而无所失礼,称扬君德以喻四方,诚可谓不辱君命也。春秋末世,诸侯尤重邦交,苟不辱君命,方谓之上士也。盖子贡言辩口利,故夫子因其才而善导之,教其善为使者不唯贵在能言,必贵在遵礼而知耻,遂不辱君命也。考夫子语,非为砭子贡之病也,乃欲就子贡之长而加勉也。

曰:"敢问其次。" 子贡闻夫子所言皆周制旧法,故问除此条陈之外更复有何,遂复问"敢问其次"。

曰:"宗族称孝焉,乡党称弟焉。" "宗",尊也,为尊先祖也。君上、公卿、大夫、士皆以嫡长子大宗,以次子、庶子为小宗。诸侯自称小宗于天子,自称大宗于邦国内,是以大宗司领小宗,固当依礼而互通。"族",聚也、凑也;盖人生则爱而死则痛,故会聚之道,必依血缘亲属而聚生繁衍不息,当依礼而互通。汉儒以宗族别为父四族、母三族、妻二族,计九族:父四族即姑之子、姊妹之子、女儿之子、己之同族(父母、兄弟、姐妹、儿女);母三族即外祖父、外祖母、娘舅;妻二族即岳父、岳母。"称",称许也。

昔者闾、族、党、乡皆立学,择道艺纯熟、道德精深之族师、少师、太师以教学人德行、学业、道艺,再择学人之孝、友、和、睦者入太学,凡士之造就皆由此出。当夫子时选举制废,卿大夫皆由世袭,故夫子再扬古制而教子贡。夫子以宗族皆称扬其人有孝行,乡党皆称许其人能友爱,斯为下士之材也,亦可谓之善士。盖孝悌者乃人伦之必需,故入孝出悌无待学,乃依其本性而自成也,特以孝悌为儒道之末事,故居其次。

曰:"敢问其次。" 子贡又问,除此陈述之外,再次一等更复有何。

曰："言必信，行必果，" "行"，去声。"果"，果敢也。"行必果"，凡欲行之事，固当果敢为之。夫言信而行果者，其言行未必合于义，但能笃守小忠小信，故异于大人之大忠大信。是故居位者不必笃守小忠小信，行事当以义为度，合乎义则信而果，不合乎义则不必信而果。前节夫子云"父为子隐，子为父隐"，诚合义度情之举也。

"硁硁然小人哉！抑亦可以为次矣。" "硁硁"，其声硁硁然而坚实细密，犹中空之磬音响亮坚实，故引申为固执之义。盖小人器小而固执，虽不害人而能自守，然终不入君子流，故唯居其次而已。苟低于硁硁者，已堕市井者流，故无足称士。

曰："今之从政者何如？" "今之从政者"，乃谓鲁孟孙氏、叔孙氏、季孙氏三家。子贡素于三家心有不平，故每问欲下，今特问夫子，此三家如何。

子曰："噫！斗筲之人，何足算也？" "噫"，心有不平，故发此感叹之声。"筲"，别为竹制、菅草制，以盛黍、稷、麦，可容五升。"斗"，量器，可容十升。今先言斗而后言筲者，乃筲小而斗大之故也。"算"，计也，即计算。"何足算也"，即不足以算数也。按夫子语，三家皆一斗五升者，其器狭质劣，故无足算数，又何足道哉。

以子贡之高才、天资之聪颖，向来喜作高远之问，今问士，其意必不在士，盖为从政者而发，故终问及鲁三家也。子贡以鲁三家之政无可圈点处，虽问，然子贡不欲以此为问之端，故先问士，复及于大夫。夫子循子贡所问而答，言语中肯而合礼；待子贡问及三家，夫子答以器小而无足道哉，以儆子贡勿居下而言上也。

试译：子贡问道："怎样才算士呀？"夫子说："知耻且能依礼而行，出使他国能不辱没君命，这样就可称作士了。"子贡问："斗胆问次一等的如何呢？"夫子说："宗族称他孝顺，家乡人称他友爱兄弟。"子贡又问："斗胆问再次一等的如何呢？"夫子说："出一言必信而不悔疑，行一事必果敢而不改变，固执的像块石头一般，这是浅见固执的小人啊！也可算是再次一等的了。"子贡再问："当今那些从政者如何呢？"夫子说："唉！那些都是一斗五升般器量狭隘之人，哪里可以算数呢！"

二十一

子曰："不得中行而与之，必也狂狷乎！狂者进取，狷者有所不为也。"

子曰："不得中行而与之，必也狂狷乎！" "中行"，得中庸之道而行也。"狂"，进取于善道而不退初心，其人志高才殊，其行有所不逮，故不能言行合一。"狷"，才智不足而守节有余，虽未进取于善道，然能笃守礼节，故能自律而不为恶。"与之"，与其交往也。

盖能中行者必也合礼明义，故圣人设教，必欲得中行之士而教之，以使圣道大张，儒风方振；苟不得中行者，则退而求其次，必欲得狂狷之士而教也。

"狂者进取，狷者有所不为也。" 盖狂近乎智，故能进取于善道，惜乎有太过之嫌；狷近乎愚，故能守节且不为恶，惜乎有不及之嫌。考二者之同者，皆恒志于道而不退心，是故唯中行者无过亦无不及也。昔夫子居陈，常怀思家乡狂狷之士，乃出此慨言。夫子深知己道难行于诸侯，故欲得中行之士而教之，然中行之士既不可得，但教笃厚守节之士则尤恐圣教不宏，遂生返鲁之心，欲得家乡狂狷上进之士而教之，以振拔儒风也。

孔门弟子能中行者唯颜子耳，仲弓、有若、曾子皆次之，子贡、曾皙、琴张近乎于狂者，子夏、原思、高柴近乎于狷者。

试译：夫子说："我不能与行中道之士交往，就只有选择狂狷之士了。狂者能积极求进于善道，狷者能守节而不为不善。"

二十二

子曰："南人有言曰：'人而无恒，不可以作巫医。'善夫！""不恒其德，或承之羞。"子曰："不占而已矣。"

子曰："南人有言曰：'人而无恒，不可以作巫医。'善夫！""南人"，南国之人。"无恒"，无恒心。"巫"，巫者，祷以驱病请福，舞以降神通灵。古之巫官亦称司巫，由中士二人任之，司掌政令，国每有灾，巫官必率群巫舞蹈、降神、歌兴。女巫称巫，男巫称觋。巫官下设男觋、女巫无数。"医"，治病之工也，除兽医外，乃谓医师、食医、疾医、伤医也。按周制，以上士二人、下士二人为医师，亦称医官，司掌医政，凡邦国有患疾者，皆使医分而治之。以中士二人为食医，司掌君王六食、六饮、六膳、百羞、百酱、八珍，调和食、饮、膳、羞，确定饮食寒温；诸如主食当温，羹汤当热，酱当凉，酒性当寒；调节饮食五味与节气之度。以中士八人为疾医，以医万民之疾、四时之疠疾，诸如春有痟首疾、夏有痒疥疾、秋有疟寒疾、冬有漱上气疾。以五味、五谷、五药调养疾病，凡民人患疾，疾医则分而治之。以下士八人为伤医，以疗肿疡、溃疡、金创疡、骨折疡。凡从医者，必择其祖上仁高德厚之氏，其人当有仁爱之心、博爱之德、聪明之智、廉洁敦厚之风。固知巫以交鬼神，医以托生死，必有恒德者为之，其事也祥，其术也精。苟使无德、恶德者卜筮，实不敬鬼神也，故祈福不成，反降灾眚。是故巫医皆士也，其人崇道怀德，其行悫诚笃孝，其术代代相传，无恒心者安得通其术。今反以巫医为贱事，固非古德所愿也。"善夫"，善哉，乃夫子称许南国之人也。

"不恒其德，或承之羞。" "恒"，恒常。"或"，常也，即经常。"承"，进也，乃承续其后也。夫子该语乃引《易·雷风恒》九三爻辞"不恒其德，或承之羞，贞吝"，吝者，即悔吝艰难之义，乃谓不保其德则蒙羞，虽卜问，恐唯得艰难之兆，固知无恒德者则无所容其身，以致蒙羞受辱。《易·雷风恒》之上卦为震、下卦为巽，巽者，风也，主进退，故其象不稳，乃不恒其德之象也。《易·雷风恒》之互卦为《泽天夬》，上卦为兑，下卦为乾，全卦为金象，上卦兑金缺而不全，主毁损，乃毁折之象；且互卦以示将来，乃后蒙羞受辱之象，固知不恒其德者，必遭毁损羞辱之果。

子曰："不占而已矣。" "占"，视占卜之兆以预知吉凶。"已矣"，已，止也；矣，乃语气词；已矣，犹白话语"罢了"。《易·雷风恒》六五爻辞有云："恒其德，贞。妇人吉，夫子凶。"乃谓恒久其德，操行一贯，妇人卜得此爻辞则吉，男子卜得此爻辞则凶。盖妇人操守贞洁，故从一而终则吉，以喻从夫以终其身之理也；男子其道多方，固当因事制义，苟以妇德约男子则必遭凶险。是故丈夫处事必遵礼合义，其言不必小信，其行不必小果，不因拘小节而害大局。

夫恒者，一也，学人笃志不移，一心不二，固非恶衣恶食者所能及也。君子恒常守德，必不蒙羞，故无待问占，已知吉善也。不德者必蒙辱，苟问占亦无益，故无待问占，已知其凶吝也。

试译：夫子说："南国的人有句话说：'人如果没有恒德，不可做巫医。'这话说得好啊！《易·恒》卦上说：'无恒德的人，常会有羞辱而承随其后。'"夫子说："这就是要那些无恒德的人无须再去占问罢了。"

二十三

子曰："君子和而不同，小人同而不和。"

"和"，和顺。君子言行皆合于礼，无乖悖违戾之心，无急躁易怒之性，故能和。"同"，心怀阿谀逢迎之意，迎合他人之所好，以谄媚而求同。

君子中礼则和，和则得义，行止自得其宜，中节而无所乖违，行事和于义，待人合于礼，故不同于小人。盖君子循礼合义而无伤于和，而非标新立异、固执己见也。小人则嗜欲好利，终其一生但在名利二字，以致彼相争竞，故欲同而不和。

春秋末世，为政者失君子之和而欲求小人之同，大多失义尚利，以致礼崩乐坏，是以为政者务利则国祚不昌。昔强秦劝民耕、励战备，民以战功而获爵，然礼义尽失，盖秦政之本既同于庶民之欲，故去圣王之治远矣，遂不能长久。

夫为政尚和，和以养民，民既得养，复教以忠信则天下安平也。君子尚和，则乖戾之心渐除；小人尚同，则中正之气渐失。故君子位于帝王之侧，事于父兄朋友之间，当以和为贵，以义为重，匡人之恶，扬人之美，用之则行，舍之则藏，无须巧媚阿臾、逢迎俯仰，故君子贵和不贵同。

试译：夫子说："君子能与人和谐相处，但不相同；小人则阿臾逢迎一味苟同，却不相和。"

二十四

子贡问曰："乡人皆好之，何如？"子曰："未可也。""乡人皆恶之，何如？"子曰："未可也。不如乡人之善者好之，其不善者恶之。"

子贡问曰："乡人皆好之，何如？"子曰："未可也。" "好"，亲好，即亲近而与其相好也。"未可"，未得肯定之辞。按子贡所问，一乡人皆与其亲好，其人如何？夫子以此非善也，故答曰"未可也"。

"乡人皆恶之，何如？"子曰："未可也。不如乡人之善者好之，其不善者恶之。" "恶"，厌恶。按子贡所问，一乡人皆与其疏恶，其人如何？夫子以此非恶也，故答曰"未可也"。

诚如子贡所问，其贵在一"皆"字，若举乡皆称许其人，则其人必阿臾苟合，其心必邪曲谄媚，或求同于众，或阿比朋党，实大奸大佞者也，安得以善称。圣人有察人之智，有知人之明，岂肯借众口以为善恶之准，况乡人多愚而无明，于礼义之道懵懂难知，曷足为凭。今子贡所以问，乃欲砭时弊以引夫子至论，以示后学识人之明。夫子屡答以“未可也”，遂更为子贡说，权以“善者好之”“不善者恶之”为善恶之准。按夫子语，若举乡之善人皆亲好其人，举乡之恶人皆疏恶其人，则其人之善明矣。此衡量善恶之准，行于乡里如是，行于国中亦如是。

夫君子立身，当求无愧于善者，若一味汲汲于善者之嘉许，又孜孜于恶人之称扬，则其人必瞻前顾后、懦弱无为，终身必无所成就，堕于乡愿之流而不自知，安能入圣道。

试译：子贡问道：“乡里人都喜欢他，您觉得此人如何呢？”夫子说：“不可以说他就是好的。”子贡又问道：“乡里人都厌恶他，您觉得此人如何呢？”夫子说：“不可以说他就是坏的。不如乡里的善人喜欢他，不善的人厌恶他。”

二十五

子曰：“君子易事而难说也。说之不以道，不说也；及其使人也，器之。小人难事而易说也。说之虽不以道，说也；及其使人也，求备焉。”

子曰：“君子易事而难说也。” “君子”，居位者。“易事”有二解：一、易与共事；二、易于侍奉。君子厚德居位，不求全责备于人，故易于侍奉，今从第二说。“难说”有二解：一、凡《论语》二十篇，皆以说通悦，独此节六“说”字皆读说，即言说也。“难说”，盖居位者定事言政，上使下事，皆在言说，苟言说明白得体，则在下位者乃能行也，故君子厚重简默，终日慎言，凡事合义则行，悖义则止，出言必中礼合义。二、说者，悦也，即谄媚示好于人。君子接人待物必中礼合义，非礼失义则不为也，不违礼而谄媚示好于人，凡悦人不以其道则不为也，谄媚之徒亦不能违礼以悦君子。今从第二说。

“说之不以道，不说也；及其使人也，器之。” “使人”，用人也。“器之”，度其德，审其才，委以官而用之。善为政者必善治人，人之才具短长不一，固当量才而用之，务使各尽其用，此善治之道也。君子厚德明智，谄佞者虽欲以非道而悦之，必也远之，安得为其所惑。

“小人难事而易说也。” “小人”，乃寡德薄义而居高位者。“难事”，难于侍奉。“易说”，易于取悦。小人心性刻薄，嗜欲而存私，逐利而废公，故谄媚之徒但能取悦之，此皆从其私欲之故也。是以小人尸居高位，尤难于侍奉而易于取悦。

“说之虽不以道，说也；及其使人也，求备焉。” “求备”，求全责备。盖无德居位之小人，嗜欲慕利而违礼失义，且又无识人之明，故多用佞人，凡事皆投其所好，虽不以其道而悦之，亦悦也，此其存私之故也。然存私者必苛刻而求全责备，故难以侍奉，遂无人可用也。

今夫子并论君子与小人，乃欲昭示后学，君子存公心所以识人，故能量才为用，则天下皆可用之人；小人存私而慢人，但以一己之私为用人之准，且求全责备，故天下无可用之人。

试译：夫子说：“君子易于侍奉却难以取悦。取悦他却不合于道，他是不会喜欢的；待到他使用人的时候，他会量才而用人。小人难以侍奉却容易取悦。取悦他虽然不合于道，他仍会喜欢的；待到他用人的时候，他却求全责备。”

二十六

子曰：“君子泰而不骄；小人骄而不泰。”

“泰”，安也，即安舒泰然。“骄”，骄肆自满。君子坦荡安舒，心貌和怡，故行为通达而无悔吝，自能舒心安泰，貌似骄矜而令人惧，实无骄肆也；小人多欲，违礼乖义，其貌似拘束忌惮，然行事多悔吝而不得安舒，故多骄矜之态。固知君子通礼而任事，以礼治国，以德化民，以其所知所能放之四海皆准，故庄重严正，不怒而威，然时人多以此为骄，实非骄也。小人嗜欲而乱政，故以权制人，其藏首匿尾，心常戚戚，实则自以为是，欺凌傲物，故貌似不骄而实骄也。

试译：夫子说：“君子平和泰然，但不骄矜；小人骄肆自大，但不平和泰然。”

二十七

子曰：“刚、毅、木、讷近仁。”

“刚”，坚强而不屈挠；前者论申枨，以多欲而不得以刚称，固知无欲则刚。“毅”，果敢；力行于仁，且见义勇为，故谓之毅。“木”，质朴无文。“讷”，言语迟钝，故不妄说。

夫刚者无欲而仁者能静，故刚近于仁；毅者果敢而仁者有勇，能济贫周急，故毅近于仁；木者质朴而仁者尚朴，故木近于仁；讷者言语迟钝而仁者慎言，故讷近于仁。刚、毅、木、讷皆仁之质，苟加以礼乐之文则成仁也，故夫子称此四者近仁。春秋末世，善辩利口者屡出，皆以辩材谈理议事，故多违仁。夫子恐学人为此风所惑，遂出此言，以戒巧言令色之病。

试译：夫子说：“刚强的、坚毅的、质朴的、言语谨慎的人接近于仁。”

二十八

子路问曰：“何如斯可谓之士矣？”子曰：“切切偲偲，怡怡如也，可谓士矣。朋友切切偲偲，兄弟怡怡。”

子路问曰：“何如斯可谓之士矣？” 子路问夫子，如何行事可谓之士。

子曰：“切切偲偲，怡怡如也，可谓士矣。” “切”，扌也、儆也，乃以恳辞责勉劝诫也。“偲偲”通愢愢，即竭力切磋责勉也。“怡怡”，和顺之貌。盖朋友相交当以义合，必也切磋砥砺、诚恳合义；兄弟相处当以恩合，必也和顺恭敬、戒厉无怠。是以朋友相交、兄弟相处，当各因其宜，各循其礼，苟不学则不知不能，故君子必学而知礼明义，遂尽人伦而善往来，乃谓士也。夫子欲儆子路于朋友、兄弟之间勿过深责而违古训。

"朋友切切偲偲，兄弟怡怡。" 凡此二句，乃孔门弟子恐后学不明夫子之旨，特增以为释。

试译：子路问道："如何做可称得上士呢？"夫子说："相互切磋责勉，又能和悦相处，这样就可称作士了。朋友间切磋砥砺，兄弟间和顺以待。"

二十九

子曰："善人教民七年，亦可以即戎矣。"

"善人"，前节已述，乃诸侯之政也。"教民"，居位者所以教民人者，即务农以养身、孝悌以齐家、忠信以治事、讲武以备战四事。"七年"，乃谓时间之久，古人言数字常取一、三、五、七、九诸奇数。古择士三年一考，六年二考，九年三考，今夫子言七年，乃于二考已竟、三考未始之际。值此时若国有急难，不待九年大考毕，可使士攻战卫国。"即戎"，即者，就也；戎者，兵也：乃谓用兵攻战也。

盖诸侯教民为士，但为造士以备国需，不为备战也；若国有急难，亦可使士战也。

试译：夫子说："善人治国，教育民众七年，也可以让他们去打仗了。"

三十

子曰:“以不教民战,是谓弃之。”

“以”,用也。古之练兵皆为习战,凡出师称治兵,回师称振旅。然兵既为凶事,岂能空设,必四季皆有所习战也。是以明王教民习战,必以礼义之道教民;苟不习其民而使之临阵强战,必遭破败,乃弃民于死地而不顾也,固非善治国者所为。

试译:夫子说:“让未经训练的民众去打仗,就是抛弃了他们。”

論語正述·宪问篇

一

宪问耻。子曰："邦有道，谷；邦无道，谷，耻也。""克伐怨欲不行焉，可以为仁矣？"子曰："可以为难矣。仁，则吾不知也。"

宪问耻。 "宪"，原宪，亦名原思，字子思。《论语》凡录诸弟子皆以字称，故以子思称，独此节直书其名而不书其姓，或疑为原宪自记。然则《史记》《孔子家语》并记子贡尝结驷连骑以见原宪，皆以子贡称字、原宪称名，固知非原宪自记也。盖原宪受业于孔门，其同门子路、冉有皆学而优则仕，时君上多失道，原宪高洁孤傲，尤恐出仕则违心，不仕则违时，故问耻于夫子，乃问仕进之道当何以免耻也。

子曰："邦有道，谷；" "邦"，邦国。"谷"，禄也，即食禄。按夫子语，邦有道，士则出仕以食禄。

"邦无道，谷，耻也。" 邦无道，士在朝食禄，是为耻也，固知邦有道，士无为无禄，亦耻也。原宪怀君子之德，未苟合于当世，夫子尝委以邑宰，夫子卒，原宪遂隐于乡间草泽之间，终身陋室蓬扉，粗衣疏食而不厌。是以邦有道抑或无道，若一味食禄不休，则其人必近于苟且。原宪知进明退，乃孔门真君子也，其学亦为后世举为孔门大宗。

"克伐怨欲不行焉，可以为仁矣？" "克"，尅也、肩也，乃以肩相抵也，即好胜于人。“伐”，自矜，即自夸其功。“怨”，忿恨。“欲”，贪欲。“不行”，遏制克、伐、怨、欲四贼。原宪自谓能遏使克、伐、怨、欲四贼不起，遂以己之所能再问于夫子，如此可谓之仁也。

子曰：“可以为难矣。仁，则吾不知也。” 夫子以遏制克、伐、怨、欲四贼尤为难事，然曷足称仁。

仁乃圣人之全德，能仁，必无克、伐、怨、欲之牵累。昔周文王无克，以德使诸侯服；颜渊无伐，以仁称著于世；伯夷、叔齐无怨，遂求仁得仁；老子少私寡欲，亦大仁也，故有道德五千言传世。然《论语》载孟公绰不欲、孟之反不伐、原宪居蓬门陋室而无怨，此皆修身养性之事，尚未及仁也。今原宪自谓能遏克、伐、怨、欲四贼不起，其制欲犹御寇也，虽能正心修身而无损于人，然终未益于人，故不能达己达人，是故夫子以原宪为苦心洁身之士，叹其虽难，然终未成仁，故夫子未许以仁。

原宪但识成仁之工夫，惜乎其但知制欲而未能体仁，然其用力至勤，能识克己复礼之旨。原宪所谓四贼，常人唯攻其一尤难，似原宪般工夫成片而使四贼不起，固为难事也。

试译：原宪问何为耻辱。夫子说：“国家有道，应当出仕食禄。国家无道，如果还出仕食禄，就是耻辱了。”原先又问道：“好胜、自夸、怨恨与贪欲都能遏制而使其不起，可以算得上仁吗？”夫子说：“可以算得上难能可贵了。是否算仁，那我就不知道了。”

二

子曰：“士而怀居，不足以为士矣。”

“士”,事也,士以一己之德才,仕于有德之君。“怀居”,怀顾家居之安逸。

按周制,凡女子出嫁,其母必授帨于女,以为擦拭不洁之用,居家则悬于门右,外出则系于身左。是故每产子则悬木弓于门左,每产女则悬佩巾于门右。悬弓者,以示尚武也。待此子血气方刚时,当效命于君上,若四方有事,必也拯危救乱以尽士之责。所以士志于道而不求苟安,若顾恋家居,偷安故土,唯知于自己身心上打点,于富贵上用心,曷足称士。

试译:夫子说:“士,若顾恋于安逸舒适的居家生活,就不足以称作士了。”

三

子曰:“邦有道,危言危行;邦无道,危行言孙。”

子曰:“邦有道,危言危行;” “危”有三解:一、危者,厉也;“危言危行”,即厉言厉行。二、危者,在高而惧也;“危言危行”,即高言高行。三,危者,正也;“危言危行”,即正言正行。此三说互训,尤以第三说近于夫子本义。按夫子语,邦有道则君子可行其志,固当正言正行,以为尽忠也。

“邦无道,危行言孙。” “孙”,逊也、顺也,即顺言。按夫子语,邦无道,君子正行,不随恶俗,不入流俗;君子顺言而无所违逆,乃可远祸,此君子明哲保身之道也。是故君子之行贵有恒,无谄媚之举，有安身之智：邦有道，正言可立命兴邦；邦无道，顺言以保命安身。后世多过激推崇气节二字，以致伤身害命，终酿成党祸而不知，此固非圣人之本义也。

试译：夫子说："国家有道，则正言正行；国家无道，仍须正行，但言语须谨慎、谦顺。"

四

子曰："有德者必有言，有言者不必有德。仁者必有勇，勇者不必有仁。"

子曰："有德者必有言，有言者不必有德。" "必有德"，人之有德，必述之以言辞，若失言辞，人难以臆测其德，故有德者必有言。夫德本而言末，然则言虽末尤可宣德本也。君子效法先王，遵行礼义，教育民氓，固当有言，故善言乃君子分内事。

盖有德有言者，必中和其内而英华其外，是故有德者为君必发政令以导群氓，故"必有言"兼谓颁告政令也。有德者为臣，必使政令畅行无阻，凡出使他邦、说服民众、决讼断狱、献祭祷告，皆"必有言"也。苟言者无德，其人必甘辞利口，佞言狡辩而僭礼，是以有德者不舍言也，然有言者未必有德。

"仁者必有勇，勇者不必有仁。" 仁者，不贵勇而能勇，其心不为私欲所牵绊，诚爱无私，见义勇为，临危受命，此皆仁者之本性也，故能为道而忘身，此乃仁者之勇也。勇者，往往逞血气方刚之勇而不计后果，其人肆武胜人，轻死而未必为仁。故仁者能勇，勇者未必有仁。

试译：夫子说："有德的人必有好言论，有好言论的人未必就有德。仁人必然有勇，有勇的人未必就是仁人。"

五

南宫适问于孔子曰："羿善射，奡荡舟，俱不得其死然。禹、稷耕稼而有天下。"夫子不答。南宫适出，子曰："君子哉若人，尚德哉若人。"

南宫适问于孔子曰："羿善射，奡荡舟，俱不得其死然。""南宫适"，适通括，亦名南宫括，其人有二解：一、南宫敬叔，时为鲁大夫。按周制，命士（受爵命五百石者）以上，自元士（受爵命六百石）以至公卿、大夫，父子皆异宫而居，别为东宫、南宫、西宫、北宫。南宫适者，必居于南宫而以此为氏也。二、乃孔门弟子南容。今从第二说。

"羿"有三说：一、帝喾时人，以射称于世。二、帝尧时人，名羿，其人善射，尝力射九日而除天下之害，故有功于社稷，死后奉为宗布神。今南宫适所谓羿者，非此人也。三、有穷国之君，其人善射，以勇力称。羿谋篡夏仲康之子王位，后遭其臣寒浞弑，寒浞遂灭有穷氏而自立为王。今从此第三说。"奡"有二解：一、尧帝之子丹朱。二、寒浞之子，今从此第二说。奡，亦称"浇"，乃寒浞之子，为夏后人少康所杀。

"荡舟"有三解：一、荡者，推也；奡力大，于陆地推舟而行。二、奡力大而能覆舟，尝率水师攻东海过国，终胜。三、荡者，左右冲杀以荡敌阵也；奡力大勇猛，尝亲率舟师冲锋荡阵，此说与第二说互证，今从此第三说。南容以羿奡好勇而不施仁政，皆不得善终，故问于夫子。

“禹、稷耕稼而有天下。” “禹”，大禹；其人有平水土、修水利之功，受舜禅让而有天下。“稷”，后稷，亦名弃，乃黄帝玄孙，帝喾嫡长子，生于稷山，封于有邰，乃周先祖也；稷有教民稼穑、树艺五谷之功，遂奉为农耕始祖、百谷之长。

夫子不答。 南容感怀诸侯皆好力战而不修民事，既未施德政于民，岂能坐享其国，故有斯问，然夫子讳言尊者，故不答。况南容所言乃知命之辞，夫子闻其言必已首肯，故不必答也，且南容贵德贱力，其语意分明，亦无须答也。

南宫适出，子曰：“君子哉若人，尚德哉若人。” 南容贱羿奡自恃勇力而灭人家国，因其不义，故不得善终。南容赞禹稷之有德，皆以大功而有天下。南容既有此尚德之心，则其人必为尚德者，故夫子以君子许之。

盖不义者不得善终，有德者坐有天下，乃善恶果报之定数也。然或有不义者不得祸而反得福者，抑或有德者不得福反得祸者，此乃变数也，安得以变数代言常数。是故君子以常数为戒，小人以变数为辩。

试译：南宫适问夫子：“羿善于射箭，奡善于率水师冲陷敌阵，但都没得好死。禹有治水之功，后稷有教民稼穑之功，他们都有了天下。”夫子没有作答。南宫适退出后，夫子说：“这个人可算是君子啊！这个人可算是尚德的人啊！”

六

子曰："君子而不仁者有矣夫，未有小人而仁者也。"

子曰："君子而不仁者有矣夫，" "君子"，君子致力于仁，然未达仁，故偶有懈怠时，难免有不仁之处，仍不失为君子。

仁乃圣人之全德，虽仁道难成，苟孜孜以求之，终有成仁之日。原宪尝问"克伐怨欲不行，可以为仁矣"，夫子未许以仁，固知原宪既为君子，然未成其仁也。或以"仁"为"备"字之讹写，当作"君子而不备者有矣夫，未有小人而备者也"。持此说者以君子必仁，小人安得求仁，是故君子或有德才不备之时，然小人之于德才则未可得也。此虽可备一说，然不足以证经，故不从。

"未有小人而仁者也。" 君子虽偶有不仁，仍不妨其为君子，小人一心纯是私欲，况其心早丧，天理尚不知，何以知仁？且小人顽痹，安能向道崇仁，或偶有良心发现，亦随现随灭。夫子欲儆学人毋堕小人者流，苟沦为小人，犹江河之一去难返，曷足谈仁论道。夫子用心之切、观人之深见矣。

试译：夫子说："君子或许偶有不仁德之处，但没有小人是仁德的啊！"

七

子曰："爱之，能勿劳乎？忠焉，能勿诲乎？"

“劳”有三解：一、劳者，勉也、诲也，乃告诫、劝诫之义。苟以“劳”“诲”并称，私疑其义有重复之嫌，故不从此说。二、劳者，勤劳也。三、劳者，忧劳也，君上当竭力忧劳万民。《论语·里仁篇》尝录夫子“劳而不怨”，乃以“劳”训忧虑勤思也，是以“能勿劳乎”当作“能勿忧乎”。夫子前言爱之、忧乎：其所爱者，民人也；其所忧者，乃民人不循礼、不明义也。夫子后言忠之、诲乎：其所忠者，民人也；其所诲者，乃欲以礼乐之道教化民人也。今从第三说。

夫“爱之”者，即圣人爱民人、师爱弟子、君爱臣民、父爱子、兄爱弟、士爱友。夫“忠之”者，即为人谋当不二其心，必尽其忠也，诲人必尽其义而勿存私。夫子是语，乃欲教学人通晓爱忠之道。

试译：夫子说：“爱人，能不忧劳他们吗？忠于人，能不教诲他们吗？”

八

子曰：“为命，裨谌草创之，世叔讨论之，行人子羽修饰之，东里子产润色之。”

子曰：“为命，裨谌草创之，” “为命”，凡聘问盟会，必受主国之命，其辞命皆有定式。本节录为命者，乃郑盟会之辞命也。“裨谌”，郑大夫，或称卑谌。“草创”，草者，草创也；创者，始造也，即始制辞命也。郑每有诸侯之事，必咨于在野之民，今使裨谌谒其民而咨之,以为起草辞命之用。

“世叔讨论之,” “世叔”,名游吉,公孙虿之子,乃郑正卿。世者,大也,亦称子大叔。“讨论”,讨者,寻究也;论者,讲议也。世叔就裨谌所拟始稿议而论之,以为定稿。

“行人子羽修饰之,” “行人”,官名,司朝觐、聘问诸事。“子羽”,郑大夫公孙辉,字子羽。“修饰”,修者,损也;饰者,增也。所以增损者,乃修正不足,以使辞文练达,主旨明确。

“东里子产润色之。” “东里”,子产所居处。“子产”,郑大夫,姬姓,公孙氏,名侨,字子产,亦字子美,谥成,乃郑穆公之孙。“润色”,增美其辞,以使文采可观。

郑之为辞命,必借四贤之手而成,固知郑君臣之详审周密,且群贤和睦,各尽所长,是以答对诸侯之事皆成也,则子产之政宽而不专可知矣。

试译:夫子说:“郑国制定聘问盟会命辞,先由裨谌起草,再经世叔审核讨论并提出意见,然后由外交官子羽修正不足之处,最后由东里子产作文辞上的润色。”

九

或问子产。子曰:“惠人也。”问子西。曰:“彼哉!彼哉!”问管仲。曰:“人也。夺伯氏骈邑三百,饭疏食,没齿无怨言。”

或问子产。子曰:“惠人也。” “惠”,仁也,以仁爱之心施财与人,谓之惠。“惠人”,惠爱其民也。

昔子产闻郑大夫世叔政宽失柔，遂告以宽猛并济之道，以矫世叔为政懦弱之弊。是故举世皆谓子产为政严苛，殊不知子产为政以宽仁著绩，或偶用严政，犹雷霆虽不可常见，亦不可无也。今有问子产之为人者，夫子独许以惠人，可谓知之深矣。

问子西。 “子西”，春秋末世有子西三人：一、郑穆公之孙，公子騑之子公孙夏，字子西，与子产为同宗兄弟，卒于公元前544年。今从此说。二、楚司马斗宜申，字子西，乃斗班之子，于公元前632年因谋乱而遭诛。三、楚令尹公子申，字子西，乃楚平王之庶长子，楚昭王之庶兄，于公元前479年为白公胜杀。子西尝与子产相继执政，齐鲁皆悉知其人，故先问子产，再问子西。

曰：“彼哉！彼哉！” “彼”有四解：一、彼者，哀也。公孙夏未若子产善政，终至碌碌无为而死，故哀其人。此说牵强，今不从。二、彼者，佊也、褎也，乃邪恶、不正之义。然以此谓公孙夏则太过矣，故不从此说。三、彼哉，急遽也。楚令尹公子申治国无道而致乱，故夫子复言“彼哉”，以示彼地不可久住，当急去，今不从此说。四、尔汝之称也，“彼哉”同于白话语“他啊”。公孙夏于仁义道德无可称处，故夫子贬言“彼哉”，今从此说。

问管仲。曰：“人也。” “人也”有四解：一、人通仁。夫子尝云：“管仲之器小哉。”固知管仲虽有至功，终未臻仁境也，故夫子未许以仁。据此，则“仁也”之说无凭，故不从此说。二、“人也”者，乃人耦也，即人我相亲相敬之义。人无爱则独，独则无耦；耦则与人相亲，故得人。是故居位者施恩爱民，故谓之“人也”。三、“人也”者，即此人也，同于白话语“此人啊”。四、“人也”者，伊人也。诚如《诗经·秦风·蒹葭》“所谓伊人，在水一方”之句，乃喻贤德之人也，是故夫子重管仲之贤，故谓之伊人。

按此说，则夫子言子产、子西、管仲皆有着落：夫子谓子产以“惠人也”，称其有惠爱民人之古德；谓子西以“彼哉”，砭其无可称处；谓管仲以“伊人”也，乃以贤德者许之。

“夺伯氏骈邑三百，饭疏食，没齿无怨言。” “夺”，削夺也；臣子有大罪，故削夺其家财以充公。今伯氏有罪，管仲削其爵、夺其禄、治其罪，今谓夺者，以喻治狱得当也。“伯氏”，名偃，齐大夫。“骈邑”，地名，即山东临朐县。“三百”，三百户，约为一成之地，亦称十通之地，约有人口九百。按周制，大国之下大夫与小国之下大夫同制，皆食邑三百户。“齿”，寿也、年也，即寿命、年龄。古以齿序谓年龄大小，故没齿即终身也。

昔者明王制黥、劓、刖、宫、大辟五刑，皆与罪民之罪相应，遂使罪者无怨，良人不惊。今伯氏有罪，管仲治狱得当，依法夺其食邑，伯氏自知有罪，虽终身粗食而无怨。本节所录三问三答，夫子随其问而答，谓子产有惠民之贤，于子西则置之不议不论，以管仲有止兵之功，故称其功而略其罪。固知夫子有知人之明，遂出此至公至正之论。

试译：有人问子产，其人如何？夫子说：“他是位惠爱人民的人。”又问子西，夫子说：“他啊！他啊！”又问管仲，夫子说：“他是贤人啊！他削夺了伯氏的骈邑三百户，使伯氏终身吃粗食过活，可伯氏直到死也没有怨言。”

十

子曰：“贫而无怨，难；富而无骄，易。”

或以本节当并入上节共为一节，苟从此说，则“富而无骄，易”一辞无着落处，故不从之。

盖贫者常怀嘘嗟怅怏之怨，富者常怀傲慢矜肆之骄，此人之常病也，若似颜子处贫不怨、子贡居富不骄，尤其难也。今以颜子、子贡相较，颜子处富贵无骄则易，子贡处贫困而无怨则难矣。民人有恒产，上可侍奉父母，下可蓄养妻子，故善为政者必知民之所依，务使民无贫则无怨，富而后教之。

试译：夫子说：“处于贫困时无怨，这很难做到；处于富贵时无骄，这容易做到。”

十一

子曰：“孟公绰为赵、魏老则优，不可以为滕、薛大夫。”

子曰：“孟公绰为赵、魏老则优，” “孟公绰”，鲁大夫。“赵、魏”，昔周穆王封造父于赵，造父之子孙世代仕晋为卿；晋灭魏，赐魏地于大夫毕魏，毕魏之子孙世代仕晋为卿。“老”，乃群吏之尊者，故卿大夫之家臣皆称老，亦称室老。“优”，饶也，即优足有余也。

赵、魏皆大国，其贤人众多而职事简易，故赵、魏之家臣多无事，故称优。孟公绰淡泊寡欲，苟使其为赵、魏家臣，则其力优足有余也。

“不可以为滕、薛大夫。” 滕、薛皆小国也，其贤人寡少而职事繁杂,故滕、薛之大夫事繁责重,必勉力而为之。固知大国当以德治,德治则不必劳力也;小国当以才治,才治则必劳勉也。孟公绰廉静寡欲,苟使其为滕、薛大夫必劳心费神,虽能优游于大国而不能勉劳于小国也。

夫国之用人必知其人能与不能,故量才而用也。以孟公绰之贤德,犹有能与不能,考夫子语,乃专为用人者言,而非为贬孟公绰也。

试译:夫子说:"孟公绰做晋国大夫赵氏、魏氏的家臣,是绰绰有余的,但不可让他做滕国、薛国的大夫。"

十二

子路问成人。子曰:"若臧武仲之知,公绰之不欲,卞庄子之勇,冉求之艺,文之以礼乐,亦可以为成人矣。"曰:"今之成人者何必然。见利思义,见危授命,久要不忘平生之言,亦可以为成人矣。"

子路问成人。 "成人",即成德之人,亦称全人。其人以礼乐之道诚意正心,端己修身,故能通乎性而达乎理,审乎物类之变,察乎阴阳顺逆之迹,辨乎风云变化之源,彻天道而行仁义。是故践行仁义礼乐乃成人之准也,今子路所欲问者,即此也。

子曰:"若臧武仲之知,公绰之不欲,卞庄子之勇,冉求之艺,文之以礼乐,亦可以为成人矣。" "臧武仲",鲁大夫臧孙纥。"知",智也。"公绰",鲁大夫孟公绰。"不欲",无欲也,君子无欲则廉。"卞庄子",乃鲁卞邑大夫,世称卞庄子,尝以勇力称。

昔齐伐鲁，忌惮卞庄子之勇，齐军不敢过卞邑。卞庄子其人未见于《左传》，《左传·襄公十六年》载孟庄子有勇力，有孝母之名，是故清儒疑孟庄子即卞庄子，此说可证经。

夫子欲博子路之知，遂告以臧武仲、孟公绰、卞庄子、冉求四子之长。以臧武仲之智，智明则穷理尽性；以孟公绰之无欲，无欲则廉政怡心；以卞庄子之勇，有勇则力行不辍；以冉求之艺，艺纯则上下皆宜。以四子智、廉、勇、艺之长，复节之以礼，和之以乐，以至文质彬彬，才全德备，遂使德成于内而文见于外，可谓成人也。

曰："今之成人者何必然。" 此夫子复言也，故再加一"曰"字。夫子前言已述成人之高格，然值此坏乱之世，此完人之准已降格矣。

"见利思义，见危授命，" "见危"，即临危。"授命"，即致命。士取利而不失义，故不苟得也，且临危不私爱己命，故能致命以报恩。

"久要不忘平生之言，亦可以为成人矣。" "久"，旧也。"要"，约也。"久要"，即旧约，每有约，必记于簿书。"平生"，乃年少之时也。盖旧约历时久远，故君子至老未忘年少时之旧约。按夫子语，君子虽未能谙熟礼乐，然能见利而不失义，临危而能致命，且不忘年少之旧约，可谓之忠信也，亦可为成人之次。

试译：子路问如何才算成德的人。夫子说："像臧武仲那样的智，孟公绰那样的廉，卞庄子那样的勇，冉求那样的多艺，再加以礼乐熏陶出的文采，也可算得上是成德的人了。"夫子又说："如今的成德之人，何必一定要这样呢？只要见到礼就想到义，见有危难，能不惜把生命付出，虽年长日久却不忘少年时的诺言,这样也可算得上是成德的人了。”

十三

子问公叔文子于公明贾,曰:“信乎,夫子不言,不笑,不取乎?”公明贾对曰:“以告者过也,夫子时然后言,人不厌其言。乐然后笑,人不厌其笑。义然后取,人不厌其取。”子曰:“其然!岂其然乎!”

子问公叔文子于公明贾, “子”,夫子。“公叔文子”,卫大夫公孙拔,亦名公孙发,乃卫献公之孙,成子当之子。昔公孙拔于灾年赈济荒民,此其惠也;值凶年尝舍命奉事卫君,此其贞也:是故公孙拔卒谥贞惠文子,简称文。“公明贾”,公明氏,名贾,卫人。今夫子问于公明贾,公叔文子其人如何。

曰:“信乎,夫子不言,不笑,不取乎?” “信乎”,疑问辞,同于白话语“真的吗”。“夫子”,即公叔文子。夫子尝闻公叔文子不轻言,不苟笑,不私取一毫于人,故问于公明贾,果有其事否。

公明贾对曰:“以告者过也,” “过”,过度也。公明贾以夫子所闻乃言过其实之传辞也,故以实言告于夫子。

“夫子时然后言,” “时”,当其时。公明贾称公叔文子言得其时,当言则言,不当言则不言。

“人不厌其言。乐然后笑,人不厌其笑。义然后取,人不厌其取。” “厌”,苟言辞不当,抑或取利不宜,故招人厌。按公明贾语,公叔文子言得其时且合乎礼,人安得厌之;公叔文子快乐则笑,其情亦真,人安得厌其笑;公叔文子合乎义则取其利,人安得厌其取。

子曰:“其然。” 然者,如此也。苟如汝今所说者,理当如此也。

“岂其然乎!” 岂如人所传者,公叔文子实非“不言、不笑、不取”者也。时好名邀宠之流,多伪作不言、不笑、不取者,然当其时则言,顺乎情则笑,合乎义则取,乃出贤入圣者所为也,其贵在得时合义。夫子论人,誉则以实,贬则以恕,不抑人之长,不褒人之短,苟有疑处,必核其情实,未肯存一丝刻薄之意而待人。

试译:夫子向公明贾问及公叔文子,说:“真的吗?公叔文子不轻言,不苟笑,一毫不取于人吗?”公明贾回答说:“告诉你的人说得过分了。公叔文子该说话时才说,所以别人不讨厌他说的话;真的发自内心的快乐时才笑,所以别人不讨厌他的笑;取利要合于义才取,所以别人不讨厌他取。”夫子说:“理当如此啊!又岂能如他人所传言的那样呢!”

十四

子曰:“臧武仲以防求为后于鲁,虽曰不要君,吾不信也。”

子曰:“臧武仲以防求为后于鲁,” “防”,防邑,乃鲁封地名。鲁名防者有三:一、臧武仲之封邑,即东防,位于沂州府费县。二、鲁隐公十年,鲁纠合齐、郑以败宋,取防地,即西防,位于兖州府金乡县。三、曲阜东二十里处有防山,夫子父母葬于此。臧武仲据防邑而自请命于鲁侯,其所据者乃东防也。“为后”，臧武仲自请立其后以承袭封地防邑。

昔臧武仲尝获罪于孟孙氏而遭诬陷，遂逃于邾，后转至防邑，据防邑而自请于鲁君，欲立其嗣以承袭其封地防邑。

“虽曰不要君，吾不信也。” “要”，约也，即挟而有所求也。“要君”，以言辞约请鲁君从己所求，故有要挟之嫌。按夫子语，臧武仲自请于鲁君之辞虽逊，然考其辞意，若鲁君不立其嗣，或将据防邑以叛。然立嗣当出于鲁君，岂由臧氏自专自是，今臧武仲据邑自请，乃智高而德不足之故也。其虽美其名曰不要君，实则挟君之罪大矣，夫子安得信之。

试译：夫子说：“臧武仲凭借他的防邑向鲁君请求立他的后人为鲁国卿大夫，虽然有人说他不是要挟鲁君，可我不敢相信啊。”

十五

子曰：“晋文公谲而不正，齐桓公正而不谲。”

“晋文公”，姬姓，名重耳，乃晋献公之子，晋第二十二任君主，为春秋五霸（齐桓公、晋文公、秦缪公、宋襄公、楚庄王）之一，与齐桓公史称“齐桓晋文”。“谲”，权诈也。权者，权衡变通，乃善德也；诈者，诡诈不正，乃恶德也。固知君子善用谲则为权，小人不善用权则为诈。夫子前言“谲而不正”，后言“正而不谲”，是故谲非恶德也，否则于文法不通，今以谲为善德，即权衡知变之智也。“正”，正者，圣人经法也。“不正”，乃谓晋文公行权变而不能守圣人经法也。

按夫子语，晋文公行权而不能守正，齐桓公守正而不能行权，二君各有所长短。昔晋文公以方伯自居，召周襄王移驾践土而使诸侯朝之，时有晋、鲁、齐、宋、蔡、郑诸国会盟于斯，史称"践土会盟"。是年冬，晋文公召秦、齐、鲁、宋、蔡、陈、莒、邾诸侯会于温，大夫元咺控诉卫成公无道，滥杀无辜，晋文公遂处死卫成公侍从士荣，断钺庄子足以代卫君受刑，拘卫成公以还京师，扶立公子瑕继位。晋文公以臣召君已然违礼，又代天子行杀伐之权，此即晋文公知权而不守能正也。考其所以，盖晋文公返国即位时已近暮年，其尤恐霸业不成，为求速成而不得不行权。昔齐桓公九合诸侯，一匡天下，以使四海安定。他日山戎攻燕，燕告急于齐，桓公发兵救燕，将返国，燕庄公送齐桓公至齐境。按周制，诸侯送周天子执此出境之礼，齐桓公守周制，特遣人于齐境内燕庄公送别处挖界沟以为齐燕交界。桓公既为伯主，其分沟割燕，犹待诸侯以礼，此即齐桓公之守正也。

君子行事当以正为本，若正法不得行，乃可用权，是故守正而行乃大节也，权变而行乃小节也。齐桓公有大节而小节废，晋文公有小节而大节废，夫子先言"晋文公谲而不正"，后言"齐桓公正而不谲"，以示二君霸绩有别，以明行事终归于守正之理。

试译：夫子说："晋文公能行权变而不守正，齐桓公能守正而不行权变。"

十六

子路曰："桓公杀公子纠，召忽死之，管仲不死。"曰："未仁乎？"子曰：

“桓公九合诸侯，不以兵车，管仲之力也。如其仁，如其仁。”

子路曰：“桓公杀公子纠，召忽死之，管仲不死。” 齐僖公有三子，即公子诸儿、公子纠、公子小白。僖公薨，公子诸儿即位，即齐襄公。公子纠之母为鲁人，公子小白之母为卫人，二人乃同父异母兄弟，公子纠为兄，公子小白为弟。

昔齐襄公政令无常，鲍叔牙谏而无从，遂奉公子小白奔莒，襄公堂弟公孙无知弑襄公而自立，齐人又杀公孙无知。鲁纳公子纠及其臣召忽，又出兵伐齐未竟，公子小白趁乱先入齐，自立为桓公，迫鲁杀公子纠，召忽亦殉死，鲁遣管仲返齐，齐桓公立管仲为齐相，遂成霸业。公子纠为兄，当先立为齐君，然小白先公子纠自立为齐君，故《春秋·公羊传》视桓公为篡，《春秋·谷梁传》视桓公为不让。

曰：“未仁乎？” 此乃子路自请之问，故特加一“曰”字，以为别也。子路以管仲欲立公子纠而不成，是为无能；忘其主而事桓公，是为不贞；不计公子纠死于小白之仇，是为不义；召忽徇死而管仲苟活，是为不忠：管仲既有此诸病，安得称仁。

子曰：“桓公九合诸侯，” “九”有三说：一、九者，纠也，“九合诸侯”，即纠合诸侯。二、九者，乃虚辞也，即多次。三、九者，实数也。《左传·襄公十一年》录桓公“八年之中，九合诸侯”，《管子·小匡篇》录桓公“兵车之会六，乘车之三”，皆谓齐桓公居伯位而九合诸侯，即鲁庄公十四年会于鄄，十五年又会于鄄，十六年盟于幽，二十七年又盟于幽；鲁僖公元年会于柽，二年会于贯、三年会于阳谷，五年会于首止，七年盟于宁母。今从第三说。

“不以兵车，管仲之力也。” 桓公有任贤之明，管仲有知人之能，所以九合诸侯，无劳兵车而一匡天下，此皆管仲之力也，故夫子出此誉辞。

“如其仁，如其仁。” “如”通乃，“如其仁”即“乃其仁”也。昔召忽殉死于公子纠，乃殉小节也；管仲有“九合诸侯，一匡天下”之功，乃大节大仁也。夫子褒许管仲功在华夏，其虽未臻仁境，然已具仁者之功也，故复言乃其仁也。

试译：子路说：“齐桓公杀了他哥哥公子纠，纠的家臣召忽因此而自杀，而管仲却没有死。”子路又说：“管仲不应该算是仁吧？”夫子说：“齐桓公九次与诸侯会盟，而不凭仗武力，这都是管仲的功劳啊。这就是他的仁了，这就是他的仁了。”

十七

子贡曰：“管仲非仁者与？桓公杀公子纠，不能死，又相之。”子曰：“管仲相桓公，霸诸侯，一匡天下，民到于今受其赐。微管仲，吾其被发左衽矣。岂若匹夫匹妇之为谅也，自经于沟渎而莫之知也。”

子贡曰：“管仲非仁者与？桓公杀公子纠，不能死，又相之。” “相”，百官之长也。时管仲相齐，居百官之长，桓公尊其为仲父。子贡以桓公杀兄公子纠，是为不仁；管仲未殉死公子纠，又相桓公，其过甚矣，安得以仁称，故有斯问。

子曰：“管仲相桓公，霸诸侯，一匡天下，民到于今受其赐。” “霸”，把持也，即固守王道政教。霸与伯音近，伯者，乃方伯也；天下九州设九伯，受天子命为诸侯之长，亦称州伯。居方伯之职，必会诸侯而朝天子，以使诸侯不失人臣之礼。春秋末世，天子衰而诸侯兴，齐桓公、晋文公初未受命于周天子，唯自恃国强而胁迫诸侯，虽后序为伯，然伯道未纯，故春秋时称霸者，有胁迫之义。“匡”，匡正也。“一匡天下”，即一正天下。

按夫子语，时周天子势弱，管仲辅桓公会诸侯而尊周室，攘夷狄而使天下有序得正，民人至今皆受其恩赐，故其功至大。

“微管仲，吾其被发左衽矣。” “微”，无也。“微管仲”，即无管仲也。“吾”，吾中国也。“被发”，被读披，发披而不结也。昔男女成人皆以冠、笄结发于首，戎狄无此礼，唯编发披于体后。“衽”通襟，交衽也，亦称交领，即衣襟于胸前相交。“右衽”，衣左襟以掩右也，亦称领右，华夏礼服皆右衽。“左衽”衣右襟以掩左也，亦称领左。戎狄与中国饮食、习俗相异，言语不通，其衣用左衽。

自周幽王始，南夷北狄交相侵扰中国，时华夏礼仪相续如丝。管仲辅桓公南伐强楚，北击山戎，存周室于乱世，使天下遵礼，君臣有序而归正，华夏文明得以存正无染，万民皆受管仲之赐，故夫子以其功大矣。

“岂若匹夫匹妇之为谅也，自经于沟渎而莫之知也。” “匹夫匹妇”，即庶民。夫子所谓匹夫匹妇，非贬斥贱民，乃谓独行之士也，其人为一己之小节而不顾天下。“谅”，信也，即小信。公子纠之臣召忽伏节殉死，其但守匹夫小信而不知有天下，故谓之谅也。“自经”，自缢。“沟渎”，乃田间水道沟渠。

管仲、召忽虽从于公子纠，然其君臣名分未立，故召忽之死虽得殉节美名，然不足以深嘉，管仲虽未殉死，亦不足以非议。

管仲怀佐天子、相诸侯之才，苟殉死，则齐社稷破、宗庙灭、祭祀绝，徒得殉节之名而无功于社稷，唯添沟渎中一腐尸耳。管仲未殉死，则齐国利、桓公霸、天下正，存周道而不衰，华夏礼仪未染于夷狄之风，固知管仲之不死别于召忽之殉死也。然召忽殉死亦尤为难得，故夫子誉管仲之功，未直斥召忽，唯简言其自经于沟渠，此圣人厚德恕道，学子不可不察。

试译：子贡说："管仲不能算是仁者吧？齐桓公杀了公子纠，管仲非但不能为纠殉死，反而辅佐了齐桓公。"夫子说："管仲辅佐齐桓公称霸诸侯、匡正天下，直到今天百姓仍享受他的恩赐。如果没有管仲，我们怕是会成为披发左衽的人了，莫非要管仲像那些普通男女一样守着小节小信，自缢于沟渠中而无人知道吗？"

十八

公叔文子之臣大夫僎，与文子同升诸公。子闻之，曰："可以为文矣。"

公叔文子之臣大夫僎，与文子同升诸公。 "臣大夫"，此三字当连读，亦称家大夫，即家臣。昔者仕于家，称家大夫；仕于邑，称邑大夫：家大夫、邑大夫统称臣大夫。家臣之爵禄有别，以家大夫为尊，次一等为士。"僎"，人名，乃臣大夫之名也。"公"，公朝。"同升诸公"，公叔文子荐家臣僎于君，同升公朝位列大夫。

子闻之，曰："可以为文矣。" "文"，凡大夫薨，谥以文者其功有六：经天纬地、道德博学、学勤好问、慈惠爱民、愍民惠礼、锡民爵位。考此六者，唯锡民爵位之功与公叔文子荐家臣僎为大夫相符。其功虽一，然其善有三：一、知人之明；二、忘己无私；三、事君以忠。文子荐贤，有大臣风度，故谥文。

试译：公叔文子的家大夫僎，在公叔文子的举荐下同升公朝为大夫。夫子听说后，说："公叔文子可以'文'为谥了。"

十九

子言卫灵公之无道也，康子曰："夫如是，奚而不丧？"孔子曰："仲叔圉治宾客，祝鮀治宗庙，王孙贾治军旅。夫如是，奚其丧？"

子言卫灵公之无道也，康子曰："夫如是，奚而不丧？" "子言"，夫子与季康子言及卫灵公。"灵"，按周谥法，凡诸侯薨，其人乱而不损，好祭鬼神，谥灵；考卫灵公之谥，当取乱而不损也。"奚而"，奚为，乃疑问辞。"不丧"有二解：一、不亡其国；二、不失其位。今从第二说。

夫子与季康子言及卫灵公无道，季康子问夫子道："既如此，灵公为何不失其位。"

孔子曰："仲叔圉治宾客，祝鮀治宗庙，王孙贾治军旅。夫如是，奚其丧？" "仲叔圉"，卫大夫孔文子。"治"，治理。仲叔圉、祝鮀、王孙贾皆卫臣也，此三人未必贤，然卫灵公虽无道，犹能各尽其才而用之，使仲叔圉司宾客之事，使祝鮀司宗庙祭祀之事，使王孙贾司军旅之事，遂保其位而不失。固知善用人才关乎国运兴衰，夫子平素言及此三人皆有所不许，独此节夫子不以其短而舍其长，实出自圣人至公之心也。卫灵公无道犹能如此，则有道之君必善用贤者，其邦国焉能不兴。

试译：夫子与季康子谈及卫灵公之无道，季康子说："既如此，为什么灵公仍不失其位呢？"夫子说："卫国有仲叔圉掌管接待宾客之事，祝鮀掌管宗庙祭祀之事，王孙贾统率军旅之事。这样，怎么会失位呢？"

二十

子曰："其言之不怍，则为之也难。"

"怍"有二解：一、怍通作，乃显赫振起、勇于有为之义。君子之言必有振起奋励之态，若言不奋励，其行必犹豫无决，终无所成。二、惭也，不怍即不惭。君子言之有实则不惭，若言无其实，乃大言也，欲践其言则难矣，是故君子言直辞辨，行事敬慎。今从第二说。

君子立身，无必为之志，有自知之明，必审时度势然后言之；若不自度其能而大言不惭，则难践其言，以致自欺欺世。

试译：夫子说："一个人若说起话来大言不惭，那做起来就困难了。"

二十一

陈成子弑简公。孔子沐浴而朝,告于哀公曰:"陈恒弑其君,请讨之。"公曰:"告夫三子。"孔子曰:"以吾从大夫之后,不敢不告也。君曰:'告夫三子者。'"之三子告,不可。孔子曰:"以吾从大夫之后,不敢不告也。"

陈成子弑简公。 "陈成子",齐大夫陈恒,谥成,世称陈成子。"简公",名壬,谥简。齐简公性情平和,行止笃敬,当以平易不訾之功得谥简。陈恒弑齐简公于鲁哀公十四年,是年夫子已返鲁。

孔子沐浴而朝, 按周制,常朝无须斋戒,夫子以兹事体大,将告于哀公,故沐浴斋戒三日而后朝。

告于哀公曰:"陈恒弑其君,请讨之。" "讨",征讨。凡以臣弑君者,人伦尽失,天理不容,人人皆可得而诛之,故诸臣必讨之,乃以有道诛无道也。鲁为礼仪之邦,又与齐为邻,安能坐视陈桓弑君而不顾,是以夫子斋戒而朝,欲请哀公发兵讨之。

公曰:"告夫三子。" "三子",鲁三卿,即季孙氏、孟孙氏、叔孙氏三家。时鲁政事兵权皆在三家,哀公不得自专,故使夫子告之。

孔子曰:"以吾从大夫之后,不敢不告也。君曰:'告夫三子者。'" 按周制,夫子既从于大夫之后,凡事当禀于君上,而非谒告于三家。夫子复言"君曰:'告夫三子者'",乃叹哀公不能自专,反遣夫子告三家知,夫子必遵君命而告之。此夫子退朝时自谓也,其无奈之情溢于言表。

之三子告,不可。 “之”,前往。夫子奉君命往三家而告知,然三家专鲁,昧于礼而明于利,故素无尊君之心,其情实同于陈恒,焉得为道义而讨之,遂拒夫子之请。

孔子曰:“以吾从大夫之后,不敢不告也。” 夫子自三家出,再出此叹言,以示不敢违逆君命也。时鲁公室式微,王纲不振久矣,若哀公振发有为,从夫子之请以讨陈恒,君命既出,则三家岂能拒之。如此则鲁兴正义之师以伐陈恒,齐鲁两国权奸皆有所忌惮,此乱世之治也。惜乎哀公未解夫子深意,终不从夫子谏,遂失此良机。

试译:齐陈成子杀了齐简公。夫子斋戒沐浴后上朝,告诉鲁哀公说:“陈恒杀了他的君上,请出兵讨伐他吧。”哀公说:“你去告知三位大夫吧。”夫子退朝后说:“因为我还追随于大夫之后,这样的大事,不敢不禀告君上。君上却说:‘你去告知三位大夫吧。’”夫子于是向三位大夫告知了此事,而三位大夫都不同意出兵讨伐陈成子。夫子说:“因为我还追随于大夫之后,不敢不禀告啊!”

二十二

子路问事君,子曰:“勿欺也,而犯之。”

“欺”有二义:一、居臣子位,唯知明哲保身,不肯谏言君上,是欺也。二、臣子出言不敬君上,是欺也。今从第二说。“而”,古通能,故“而犯之”亦作“能犯之”。“犯之”,犯颜力谏也。

夫臣子事君之道，义在不欺，岂能犯颜忤君，苟不得已必也谏诤，固当勿欺于前而力谏于后。子路秉性忠直，勇而担当，其所难者非在无犯，而在勿欺。值子路问事君之道，夫子知子路非邪佞者，恐其但恃勇气，每谏君不能铺叙详明，却必要君听，以致言辞太过而欺君，于是先告以勿欺，后教以犯颜直谏，固知臣子事君当无所隐匿，必以忠言直谏也。子路既仕于季氏，时季氏欲伐鲁附庸小国颛臾，子路未加谏止。夫子恐子路堕为充数之具臣，故先告以“勿欺也”，以明臣子之道当存敬尽忠，又恐子路不明其义，复告以“而犯之”，以明犯颜谏诤乃臣子本分事。

试译：子路问事君之道。夫子说：“不要欺他，又能犯其颜而竭力劝谏。”

二十三

子曰：“君子上达，小人下达。”

“小人”，庶民也。“达”通达。“上达”“下达”有三解：一、君子立身处世，以德为本，以财为末，故君子上达于仁义之道，小人下达于财货之利，此君子与小人之别也。盖财货通达天下，故小人好利亦称达，是以君子小人各安其业，各守其本。今从此说。二、宋儒以君子上达与天理合，故循天理而日渐高明；小人下达于人欲合，故循利肆欲而日渐卑污。此实误说也，苟言小人污下，岂可称“下达”，故不从此说。三、君子崇道上达，日臻大器，然大道无形，不可以小智度之；小人智短器浅，不见道之大，反执著一隅而不知。按此说，则小人执著于小道，不可称"下达"也，故不从此说。

试译：夫子说："君子向上通达仁义之道，小人向下通达财货之利。"

二十四

子曰："古之学者为己，今之学者为人。"

"为己"，为学之道贵在践行，是故遵礼笃行，成己然后成物，此为己之学也。"为人"，学而不知践行，但能称说显扬，以口给人，初学便急欲见知于人，此为人之学也。固知君子之学，虽得一言之善，但在美其心而力行；小人之学，虽得一言之善，但在取悦于人而博名利。

古之学人八岁始入学，十五岁入大学，凡洒扫应对之事、修齐治平之术，无不悉心践行之，故为己者，乃治己之学也。春秋末世，时人初学便欲人知其能，遂四处称扬以博爵禄，故为人者，乃治人之学也。是故君子治己，乃能治人；小人治人，乃失治己。君不见苏秦、张仪者流，陋衣敝裘、巧舌如簧皆为富贵二字，终致损人害已，实小人之学也。

试译：夫子说："古时的求学之人贵在身体力行，现在的求学之人重在言语称扬。"

二十五

蘧伯玉使人于孔子。孔子与之坐而问焉，曰："夫子何为？"对曰："夫子欲寡其过而未能也。"使者出，子曰："使乎！使乎！"

蘧伯玉使人于孔子。 "蘧伯玉"，名瑗，乃卫大夫。夫子居卫，尝寄于蘧伯玉处，时夫子将去卫，蘧伯玉特遣使来问。

孔子与之坐而问焉，曰："夫子何为？" "与之坐"，授之以座也。来使虽微，然夫子敬其主必敬其使，特与座谈，以全宾主之礼。"夫子"，大夫之称，乃谓蘧伯玉也。夫子问来使，蘧伯玉大夫近日何为。

对曰："夫子欲寡其过而未能也。" 按使者语，蘧伯玉欲寡己过而未能无过，固知蘧伯玉素日修身进德之功，虽老之将至而无所倦怠，其克己以严，故能笃志精进而自省不足也。

使者出，子曰："使乎！使乎！" 使者传辞谦恭有度，且有识主之明，故不负其主之托，不负使者之职。待使者出，夫子乃言"使乎！使乎"以誉之，既赞伯玉得其人为使之美，亦赞使者知伯玉之心。

试译：蘧伯玉遣使者到夫子那里拜访。夫子和使者坐下，问道："他老先生近来做些什么啊？"使者回答说："他老先生很想要减少些过失，但总觉得不能如愿。"使者告辞后退出，夫子说："好一位使者啊！好一位使者啊！"

二十六

子曰:“不在其位,不谋其政。”曾子曰:“君子思不出其位。”

子曰:“不在其位,不谋其政。”此句见于《泰伯篇》,今重出。按夫子语,为臣子者当不逾职也。

曾子曰:“君子思不出其位。”曾子引《易·艮卦·象辞》,以申夫子“不在其位,不谋其政”之旨。艮者,止也,乃两山重叠之象,君子观此卦象当明止之道,于心神固当常用常止,不致劳神亡心。是以君子思不出其位,君臣、上下、大小各居其位,各司其职,不滥谋他人之政,不淫思分外之事。居上位者不凌下,在下位者不谄上,上下皆知约身克己之道,上不怨天,下不尤人。

试译:夫子说:“不在那个职位上,就不要思考那个职位上的政事。”曾子说:“君子所思量的,不越出自己当前的职权范围。”

二十七

子曰:“君子耻其言而过其行。”

君子所耻者,或有辞无德,或有言无行,是以学人顾其言而慎其行,勿使空言而不得践行也。盖过犹不及,圣人自有至论,君子必也执中而笃行,言不过其行也。

试译：夫子说："君子感到羞耻的是，他说的话超过了他的行为。"

二十八

子曰："君子道者三，我无能焉：仁者不忧，知者不惑，勇者不惧。"子贡曰："夫子自道也。"

子曰："君子道者三，" 夫子是语有二解：一、君子之道有三；二、下言仁、智、勇皆德也，而非道也，是以"道"训"由"，即遵循也，乃谓君子所由者有三。今从第二说。

"我无能焉：仁者不忧，知者不惑，勇者不惧。" 夫成德以仁为先，进学以智为先，行事以勇为先，故仁、智、勇亦称三达德，君子不忧、不惑、不惧方可成德。夫子自谓"我无能焉"，乃谦言也。

子贡曰："夫子自道也。" "自道"有二说：一、自谦之辞。子贡恐孔门弟子未晓夫子"我无能焉"乃谦辞也，遂表以"自道"，以示夫子已达不忧、不惑、不惧之境。二、自身已有之；乃谓夫子至圣，已具足仁、智、勇三德也。此二说可互证，今从第二说。

试译：夫子说："君子应该遵循的三德：仁德的人不忧虑，明智的人不困惑，勇敢的人不畏惧。我一项也不能做到啊。"子贡说："夫子本身已具备这三德啊！"

二十九

子贡方人。子曰:"赐也贤乎哉,夫我则不暇。"

子贡方人。 "方人"有二解:一、谤人也,即诬陷于人。以子贡之德才,焉能诬陷他人,故不从此说。或以谤为谏义,即谏言也。子贡谏言人之过恶,以助其改也。此说迂曲,亦不从。二、方者,比也,即比方人也。盖治学之道,朋友彼相切磋以为进益,必也高下短长相较,以为穷理尽性也。今从此说。

子曰:"赐也贤乎哉,夫我则不暇。" "夫",指示代词,谓方人也。"不暇",无闲暇也。同门相切磋,乃其谊也,虽如此,若专务此道,则其心驰骛于外,必责人以密,克己以疏。夫子知子贡热衷于斯,特言"我则不暇"以戒之。

试译:子贡与人切磋高下,相较短长。夫子说:"赐啊,你就那么贤能吗?对于那些,我就没有这闲工夫。"

三十

子曰:"不患人之不己知,患其不能也。"

此节重出,乃夫子平素屡言之辞,其谆谆叮咛之意见矣。

夫学成六艺谓之能,然人知我之所能或不能,则在人不在我;我之学问成或不成,六艺能或不能,则在我不在人,此乃为己之实功也。故君子所畏者，非他人不知我，乃己之无能也。

试译：夫子说："不担心别人不知我，只担心自己的无能。"

三十一

子曰："不逆诈，不亿不信，抑亦先觉者，是贤乎！"

子曰："不逆诈，" "逆诈"，以诈心猜度人也，故能预度于事未至之前，人虽未以诈谋我，然我已先预度人必诈欺我也。君子正德正行，故不逆诈于人。

"不亿不信，" "亿"通臆，臆测也。"不亿"，不以私意臆测于事未至之前。君子不怨人、不曲人，事未至则不先以私意度人，人未见则不疑人不信我。

"抑亦先觉者，是贤乎！" "抑"，转辞，同于白话语"然而"。"先觉"，预先察觉也。盖世有似真而实伪者、似伪而实真者，故君子于人情诈伪必有所觉，或据人之辞色而先觉之，或据人之行止而先觉之，故能察微知渐于事之几也。虽待人以诚，然不失识人之智，不求觉而能先觉，不待察而能善察，是为贤人也。

试译：夫子说："不事先猜度他人诈我，不事先臆测、怀疑他人对我怀有不信，然而若遇到有人诈我或不信我，也能预先察觉，这样的人是贤人啊！"

三十二

微生亩谓孔子曰:“丘何为是栖栖者与? 无乃为佞乎?”孔子曰:“非敢为佞也,疾固也。”

微生亩谓孔子曰: “微生亩”,姓微生,名亩,或称尾生晦。

“丘何为是栖栖者与?” “丘何为是”,丘何为如是也。微生亩称丘者,乃直呼夫子名也,其言辞倨傲若此,盖其年长之故也。“栖栖”,乃谓夫子周游不已,栖遑而不得不安居。

“无乃为佞乎?” 夫子所至邦国,必以礼义之道谏言人君,今微生亩见夫子修饰威仪而周游于列国,疑其欲以佞言取悦于诸侯,遂出此讥讽之问。

孔子曰:“非敢为佞也,疾固也。” “疾”,恶也,即厌恶。“固”,固陋也。夫子周游列国,非为名利,但为化民,疾世风之固陋,故欲以礼乐之道而化之。或以夫子讥微生亩固陋不通,殊不知仁者不辩,夫子岂能与长者斗嘴,故不从此说。

试译:微生亩对夫子说:“丘啊! 你为何栖栖遑遑的四处游说呢? 怕是像个佞人一样,专以口才取悦于人吧?”夫子说:“我不敢作善辩的佞人,只是深恶世风固陋(要以礼义之道教化他们啊)。”

三十三

子曰:“骥不称其力,称其德也。”

“骥”,古之善马称骥,有日行千里之力,故称千里马。“德”,善马调良谓之德,其性驯良,能称人心,能为五御威仪,即鸣和鸾、逐水曲、过君表、舞交衢、逐禽左,固知骥虽有力,然其美在德。夫子设喻,以示人之有才而无德,实不足取也。

试译:夫子说“骥马不以力为人所称道,而是以德为人所称道”。

三十四

或曰:“以德报怨,何如?”子曰:“何以报德? 以直报怨,以德报德。”

或曰:“以德报怨,何如?”子曰:“何以报德?” “德”,恩惠之德。“报”,酬答。《礼记·表记》录有“以德报怨,则宽仁之身也”之辞,固知春秋时已有此说。《道德经·恩始章》亦云:“大小多少,报怨以德。”观《论语》全章,唯“以德报怨”四字与《道德经》相关,实则《论语》《老子》各引以宣己说,后世多据此误以夫子之学得于老子,实谬传也。

今有“以德报怨”为善者,特问于夫子。苟如其所问,人皆以德报怨,则何以报德,故夫子未许之。若世人皆效“以德报怨”,则怨德之报有失公允,且违情乖义,徒使世风沦于浮华谬误,致使大奸大伪顿生,此取怨之道也,小则害人,大则误国。

“以直报怨,以德报德。” “直”,至公无私谓之直。人所以怨者,盖有爱憎之欲,是故当以义为度,以至公无私之心而报之,既非厚报之,亦非刻薄之。人若待我以德,无论大小,固当报之以德，且当报则报，不当报则止。岂能刻意权度小德当小报之，大德当大报之，刻意思报若斯，恐致以私废公，固非圣人所愿。考夫子语，简约明白，义理微妙，学人当审而明之。

试译：有人问道："以恩德酬报怨恨，如何啊？"夫子说："那以什么来酬报恩德呢？应该以公正无私酬报怨恨，以恩德酬报恩德。"

三十五

子曰："莫我知也夫！"子贡曰："何为其莫知子也？"子曰："不怨天，不尤人，下学而上达，知我者其天乎！"

子曰："莫我知也夫！" 鲁哀公十四年春狩猎于大野，叔孙氏之车夫鉏商获麒麟。今夫子与子贡语，乃于西狩获麟之后。夫子慨时人不解礼乐之道，遂悲叹己道不行于世。

子贡曰："何为其莫知子也？" 子贡闻夫子慨言无人知其道，故问："何以无人知夫子之道？"

子曰："不怨天，不尤人，" "尤"古通訧，即归咎、抱怨也。夫子既不得见用，然夫子穷通天命之理，虽不得天时，又何尝怨天；人皆不知夫子，然夫子深知否泰之变，虽不为人知，又何尝尤人。

"下学而上达，" "下学"，乃约己修身之道，以全人礼、晓人事，故使人道无失。"上达"，约言之，即上达于天道；实言之，乃夫子痛惜周道衰微，叹己言未用于诸侯，己道难行于天下，故退而追修经术，以传先圣治世之道。固知学子下学，然后上达。

"知我者其天乎！" 夫子知上天既生德于己，欲使其立文垂制以为万世法，故周游列国，居无定处，欲以礼乐之道化民而各得其所。然其道不张，于是退而修订《诗》《书》《礼》《乐》《易》《春秋》六经。《春秋》乃本天治世之作，其文直而事详，不虚言粉饰，亦不匿罪藏恶，夫子唯以公正之心而使天理昭彰，乃上通于天也。夫子作《春秋》，终于哀公西狩获麟时，此即夫子知天、天亦知夫子也，故夫子自叹"知我者其天乎"。

孔门尤以子贡之才智为上等，故夫子教以下学上达，乃学问入手之处也。固知四书五经皆言君子下学上达之道，苟不由下学入，纵使神机天纵，安得上达。昔屈子报怨行吟，怀沙沉恨，其病但在"怨""尤"二字，故有失于下学，虽自居清流而未明君子保身之道，终其一生未得上达而知天命，学人固当引以为戒。

试译：夫子说："没有人能知我的道吧！"子贡说："为什么说没有人能知夫子的道呢？"夫子说："我上不埋怨天，下不抱怨人，下学人事，上达天理，能知我的也只有上天了！"

三十六

公伯寮愬子路于季孙。子服景伯以告，曰："夫子固有惑志于公伯寮，吾力犹能肆诸市朝。"子曰："道之将行也与，命也。道之将废也与，命也。公伯寮其如命何？"

公伯寮愬子路于季孙。 "公伯寮"，复姓公伯，名寮，鲁人，或称公伯僚、公伯缭、公伯辽。本节所以称伯寮者，犹称公冶长为冶长。“愬”通诉，谮也，即谗言诽谤。

子路素以忠信闻于世，公伯寮谮言子路于季氏，考其因，盖夫子尝使子路隳三都，欲强公室而弱私家，故不利于季氏也，于是公伯寮乘机“愬子路于季孙”。

子服景伯以告， 子服景伯，子服为氏，名何，字伯，谥景。“以告”，子服景伯将“公伯寮愬子路于季孙”一事告于夫子知。

曰：“夫子固有惑志于公伯寮，” “夫子”，称季孙氏。按子服景伯语，季氏受公伯寮谗言蛊惑，疑子路而生怨恚之心。

“吾力犹能肆诸市朝。” “吾力”，我之力。子服景伯既为孟孙族人，乃鲁三家之一，当有势力与季氏语，故自称“吾力”。“肆”，戮罪人而陈尸。按周制，干支和合之日为协日，故于此日处决罪犯，处决大夫当陈尸于朝，处决士当陈尸于市，以为儆示也。公伯寮既为士，当陈尸于市，故称“肆诸市”，今言“肆诸市朝”者，乃连读也。

子服景伯欲谏季氏勿从公伯寮谗言，以明子路无罪，以示公伯寮诬谮，当以国家常刑诛杀公伯寮且陈尸于市。

子曰：“道之将行也与，命也。道之将废也与，命也。公伯寮其如命何？” 君子循义知命，不逆人道，不抗天命，于贫富、贵贱、得失皆不可强求，凡义所不许者皆不为也，故君子心泰命安。小人欲以巧智知命，欲以力争命，其心必多恚恨，故小人蝇营狗苟，终不得安身立命。夫子为鲁司寇，子路为季氏宰，今子路既见惑于季氏，则夫子之不用可知也。故夫子权言以道之行废，预见己道难行于鲁，遂生去鲁之意，此夫子能知命也。

夫子闻公伯寮谮子路于季氏，未责之，固知公伯寮未入孔门弟子之列。夫子以道之将行、将废皆天命使然，苟天不废道，纵公伯寮百般谮毁，季氏未必听之任之。考夫子是语，一者宽子路之心，二者止子服景伯之愤，三者儆公伯寮之愬。

试译：公伯寮向季孙氏谗愬子路。子服景伯将这件事告诉了夫子，说："季孙氏听信公伯寮谗言，已对子路有所怀疑，凭我的力量能使季孙氏依国刑杀死公伯寮，并将他暴尸于市。"夫子说："我的道如果能实施，这是天命；我的道如果遭废弃，这也是天命。公伯寮如何抵得过天命啊！"

三十七

子曰："贤者辟世，其次辟地，其次辟色，其次辟言。"子曰："作者七人矣。"

子曰："贤者辟世，" "辟"通避，即避去。"世"，世主也，乃当世之主，即诸侯。天下无道，君子不逢明主则隐而不仕，昔者伯夷、叔齐即是也。

"其次辟地，" 君子弃礼崩乐坏之乱国，徙居讲信修睦之治国。

"其次辟色，" 或作"其次避人"，亦通。逢人面色不善，当避去。

"其次辟言。" 闻人恶言且不善者，当避去。

按夫子语，虽辟世、辟地、辟色、辟言所遇各异，然皆当避去，尤以贤者辟世为最上。盖贤者处乱世，知其道不可行而隐以避罚,安身以自保,虽无功,亦远祸害也。其余辟地、辟色、辟言,皆各随所遇之不同,虽有大贤小贤之别,然无优劣之分。

子曰:"作者七人矣。" "作",为也,即作为。"作者",为之者也,乃谓能为夫子所谓"四辟"之道者。"七人"有三解:一、乃长沮、桀溺、丈人、石门、荷蒉、仪封人、楚狂接舆七人,皆与夫子同时人。二、或以七人为伯夷、叔齐、虞仲、夷逸、朱张、柳下惠、少连,皆夫子以前之人。三、或以辟世者三人,即伯夷、叔齐、虞仲;辟地者三人,即荷蓧、长沮、桀溺;辟色者二人,即柳下惠、少连;辟言者二人,即荷蒉、楚狂接舆:计十人,皆夫子以前之人。

天地否塞,抱道而隐者,以避昏君而逃乱臣也,是故辟世者乃上贤也;其次辟地之士,虽不能绝世高栖,然能择善地自处,乃中贤也;其次辟色者,虽不能治乱,然能临机观色,遂能自保,乃次于中贤者也;再其次辟言者,虽未能观色而退,然能闻恶言即退,亦不失为下贤也。

试译:夫子说:"贤者避开当世的昏君而去隐居;其次,避开危乱之地而移居他地;又其次,避开别人难看的脸色;更其次,避开别人的恶言恶语。"夫子说:"能做到这样的人有七个。"

三十八

子路宿于石门。晨门曰:"奚自?"子路曰:"自孔氏。"曰:"是知其不可而为之者与?"

子路宿于石门。 "石门",乃鲁城外门,即郭门。石门右侧以石砌水门,横跨于洙水之上,时子路自鲁外出,夜宿石门外。

晨门曰:"奚自?" "晨门",按周制,下大夫司掌全城城门,每座城门设下士二人守卫,本节所录晨门者,乃专司石门晨启夜闭者,故称晨门,乃下士也。"自",从也。"奚自",乃咨诹子路自何方来。

子路曰:"自孔氏。" 子路答以来自孔子处。

曰:"是知其不可而为之者与?" "与",平声。晨门讥夫子处礼崩乐坏之世,明知不可为而强为之,虽不为世主所见用,犹期以礼乐之道治世。然以晨门之固陋,安知夫子以公心而视天下无不可为之时也。

试译:子路于石门外住了一宿。守门人问他:"你从什么地方来的?"子路说:"从孔子那里来的。"守门人说:"就是那位明知干不成却硬要干的人吗?"

三十九

子击磬于卫。有荷蒉而过孔氏之门者,曰:"有心哉,击磬乎?"既而曰:"鄙哉,硁硁乎!莫己知也,斯己而已矣。深则厉,浅则揭。"子曰:"果哉,末之难矣。"

子击磬于卫。 "磬",乐器。夫子客居于卫,一日正击磬。

有荷蒉而过孔氏之门者, "荷蒉",荷者,担负也;蒉者,篑也,即土筐。前节夫子尝言"贤者辟世,其次辟地",今"荷蒉而过孔氏之门者",即辟地之隐者也。

曰:“有心哉,击磬乎?” “有心”,乃谓忧苦之心寄于磬音。盖乐由心生,夫子遭逢乱世,其心未忘天下,其志已契合于磬乐也。荷蒉者偶值夫子之门而闻磬音,深识夫子其心忧苦,乃出此叹。

既而曰:“鄙哉,” “既而”,不久也。“鄙”,否也,乃谓小邑闭塞而不能远通也。盖心有所感则乐必有所发,夫子感慨时衰世乱,其踧踖不安之意必见于磬,以致磬音抑郁不扬,故荷蒉者谓以“鄙哉”。

“硁硁乎!” “硁”古通磬、罄,即磬音罄罄然坚致而专确,以喻夫子虽自信而无益于世也。

“莫己知也,” 乃谓诸侯未知夫子之心,故不能用之。夫子居卫,时卫灵公年老怠政,不能用夫子,故荷蒉者乃出是言。

“斯已而已矣。” 按荷蒉者语,人皆为己,士遭逢乱世,但能独善其身则可矣,何必汲汲不止以为他人。

“深则厉,浅则揭。” 乃引《诗·国风·邶风·匏有苦叶》“匏有苦叶,济有深涉;深则厉,浅则揭”之句。“厉”,凡水位至腰上,必合衣而涉深水谓之厉。“揭”,撩衣也,凡水位至膝下,必揭衣而涉浅水谓之揭。《说文》以“厉”通砅,乃足踏石以渡河也,亦通。按荷蒉者语,水深则履石涉水而过,水浅则揭裳而过,岂有一定之规,唯合宜通权则可也,是以天下有道则见,无道则隐,焉能不识权宜深浅而为之。

子曰:“果哉,” “果”,果决武断也。荷蒉者未审夫子以天下为己任之公心,遂妄加讥议。夫子闻此讥语,叹其未解己意而出此语,乃果敢武断之甚也,故称“果哉”。

“末之难矣。” “末”,无也。“末之难矣”,即无所难矣。夫裁夺天下之事当以循礼合义为准,安得从厉、揭权宜之计而专断;苟从荷蒉者语,则行道于天下几成易事,当无所难也。今人或以"末之难矣"解作"我无言以驳之",乃望文生义之说,不足以证经。

试译:夫子在卫国,一日正在击磬。一个担着草筐的人正好从夫子门前经过,他说:"有心事啊,这样的击磬声!"接着又说:"其心抑郁不通啊!从这硁硁的磬声中可以听出他的意志坚确!没有人得知你自己啊!那就独善其身罢了。就好比过河,'水深,就穿着衣服踏着石头过去;水浅,就撩起衣裳过去。'"夫子说:"这话说得太专断了,天下大事如果依这样的权宜之计,也就没有什么可难的了。"

四十

子张曰:"《书》云:'高宗谅阴,三年不言。'何谓也?"子曰:"何必高宗,古之人皆然。君薨,百官总己以听于冢宰三年。"

子张曰:"《书》云:'高宗谅阴,三年不言。'" 子张引《尚书·说命篇》之语问于夫子。"高宗",殷王武丁。时殷道渐衰,高宗武丁承弊而起,依礼治国,故称中兴之王。

"谅阴",亦称梁闇;闇者,庐也,庵也,乃严、默之义,故居此不当说笑;乃天子居丧之凶庐,昔殷高宗武丁尝居丧于此。或称亮阴,乃寅亮之反写;寅亮者,乃谓人建于寅也,盖有人类始有礼义文明,此亦可备一说。今以梁为正字,以亮、谅互为通假。凡居丧之庐必设柱楣,即竖置短柱,谓之梁,以架构长梁也。大夫居丧于庐,该庐位于中门外东壁之下,何以不设于门内,以戒思念故物也,且孝子悲哀,恐闻人声,必于谅阴练居;士居丧于垩室(涂以泥而后饰以白灰之室)。古之百官守责,百物齐备,故天子居丧期内,虽不言不笑而政令通达于四方。

"三年",丧期也,即父母之丧。"不言",不言政事。按周制,凡三年父母之丧,君子唯言治丧之事而不语政事。昔殷高宗武丁为太子时,悉知民人好恶、民情冷暖;居天子位则施以仁政,于是百官尽职,政令通达,虽居丧三年不言政事,然天下皆无背离之心。

"何谓也?" 春秋乱世,天子、诸侯、大夫多不奉居丧三年之古制,是故子张怪而问也,以待夫子教。

子曰:"何必高宗,古之人皆然。" 按夫子语,服此古制非止于殷,何独褒美于高宗,上古之人君皆守居丧三年之制。夫子实欲以斯言激时人也。殷自高宗之前政教衰颓,天子、诸侯、大夫皆不守此三年居丧之制;自高宗武丁中兴,欲以孝治天下,故于居丧古礼率先为之,于是《尚书》特载高宗此事,以为万事师表。

"君薨,百官总己以听于冢宰三年。" "君薨",崩、薨乃颠、坏之响声词,引以喻死也。天子死谓之崩,诸侯死谓之薨,今夫子所以言薨者,乃统称也。"百官",众官。"总",总摄也。"总己",总摄己职之政事。"冢宰",冢者,大山之顶也,故谓之大;宰者,官也,即太宰,殷称天官;冢宰供职于天子之侧,位于百官之长,故谓之大。天子设冢宰,以统御百官、掌国治邦,以督百官不失其职也。

所以听命于冢宰三年者，盖冢宰职在制国之政事、财用，故百官皆听命之。天子居丧三年不言政，欲示孝子之道未终也，然国不可一日无主，君虽不言，冢宰之责重矣，昔武王崩，周公摄政即此义也。待天子三年居丧期满，必也南面听政。

今子张之所忧者，若从古制，则天子、诸侯三年不言政，尤恐百官无所禀令，祸乱或由此生也。夫子告以天子尽人子之孝心，臣子守为臣之节命，故百官皆听政于冢宰，正人伦而化天下，于是祸乱可免也。

试译：子张问道："《尚书》上说：'殷高宗守孝，三年不言政事。'这是什么意思啊？"夫子说："不一定仅高宗是这样的，古人都这样。前代君王死了，朝廷百官便各自总摄自己职务上的政事去听命于太宰三年。"

四十一

子曰："上好礼，则民易使也。"

为政者尚德好礼，则民人莫敢不敬，故易于听命。是以为政者祭祀神祇、致敬祖先，以奉天为本；崇孝悌、彰孝行，以人伦为本；恭稼穑、倡农桑，以足食为本；固封土、安四方，以疆土为本；设庠序、明教化，以礼乐为本：于是万民和睦、恩爱、有礼、有序，无待苛政而听命于朝廷。

试译：夫子说："在上位者能奉行礼，民众就易于听命了。"

四十二

子路问君子。子曰:"修己以敬。"曰:"如斯而已乎?"曰:"修己以安人。"曰:"如斯而已乎?"曰:"修己以安百姓。修己以安百姓,尧舜其犹病诸?"

子路问君子。子曰:"修己以敬。" "君子",乃居上位者。"修己",即修身。"以敬",君子身敬则心敬,故修己以礼则心身皆敬。君子修身之道尤重存敬,即貌端、言谦、视正、听明、思慎也,学人入太学之际已学成此五事。今子路问于夫子,居上位者当何以为,方得称君子。夫子以"修己以敬"答之。

曰:"如斯而已乎?" "如斯",如此也。子路于夫子所教尚有疑惑,继而又问:"如此而已乎?"

曰:"修己以安人。" "人",乃九族、朋友也。"安人",齐家也。按夫子语,君子循礼则能敬,能敬则心正,心正则身修,身修则家齐。《易·风火家人·彖传》有云:"家人,女正位乎内,男正位乎外;男女正,天地之大义也。"按此彖语,女子居内卦二爻中位,以示女子居内依贞德而守其位;男子居外卦五爻中位,以示男子居外依正德而守其位。固知男主外而女主内,乃天地间之大义,亦君子齐家之本也。

曰:"如斯而已乎?" 此子路惑而又问也。

曰:"修己以安百姓。修己以安百姓," "安百姓",即治国平天下。按夫子语,君子循礼存敬则家齐也,于是民人得安,家国得治,天下遂平矣。夫子复言者,以强其语气也。

"尧舜其犹病诸?" "犹病诸",犹难于此也。盖万国风殊,百姓品异，虽圣道至广，然未必能使四海皆得安平，尧舜犹以安百姓为难事，况常人乎。

考夫子深意，居位者修己则能敬，敬则贯彻远近，家齐而后天下安。固知君子约己以敬，自能心平气和，家和友亲，此乃学子入手功夫，若舍此而妄求安天下之大道，岂不谬哉。夫子出此言，乃欲戒子路勿好高骛远，来日子思作《中庸》，首务慎独戒惧之功，盖得夫子深旨也。

试译：子路问居上位的君子该如何做。夫子说："依礼修身以存敬。"子路说："这样做就够了吗？"夫子说："修身便可以齐家。"子路说："这样做就够了吗？"夫子说："依礼修身便可使天下百姓安定。如果谈到使天下百姓安定，就连尧舜也担心做不到啊！"

四十三

原壤夷俟。子曰："幼而不孙弟，长而无述焉，老而不死，是为贼。"以杖叩其胫。

原壤夷俟。 "原壤"，春秋末世鲁人。昔原壤母死，夫子尝助其沐椁，固知原壤乃夫子故旧也。"夷"，踞也，即蹲踞。"俟"，待也，即等候。"夷俟"，乃蹲踞以待，未依礼相迎。

子曰："幼而不孙弟，" "幼"，年幼时。"孙"通逊。"弟"通悌。"不孙弟"，未以恭顺之心侍于长者。昔原壤母死，原壤尝嶝嶝敲棺而歌，实不孝也，然夫子未深责之，其因有二：一者原壤之罪弥天，非言语所能诲也；二者夫子为全其孝子守丧之行，苟叱责之，必也惊动朝廷，如此则原壤性命不保，又何以尽孝，固知圣人宽仁，可谓仁至义尽也。

"长而无述焉，老而不死，是为贼。" "无述"，无德为世人所称述。"贼"，贼害也。按夫子语，原壤自年幼而至年长，无一善状，其久生于世间，既无道德为人所称述，且放肆无礼，败常乱俗，自放于礼法之外，可谓生不如死也。夫子尤恐原壤之行为时人所效法，遂害人乱世。

以杖叩其胫。 "叩"，轻击。"胫"，胫骨，即小腿。夫子言毕，又以杖叩其胫，乃视原壤为故人也，欲促其勿蹲踞。或以原壤为方外圣人，故不以礼敬，夫子为方内圣人，恒以礼敬为常事，二人既为朋友，夫子见其不敬，特历数其事以诫门人。持此说者或据时风以解经，故不从之。

试译：原壤蹲着双脚等候夫子。夫子说："你年幼时就不知恭顺长者，年长后又无道德为人所称述，待老了还偷生不死，以至于贼害世人。"夫子说着便以拐杖轻轻地敲打了一下他的小腿。

四十四

阙党童子将命。或问之，曰："益者与？"子曰："吾见其居于位也，见其与先生并行也，非求益者也，欲速成者也。"

阙党童子将命。 "阙党"，亦称阙里，乃夫子居处，约有人家二十五户。里门设塾，闾师授教其中，夫子幼时尝受教于此。

“童子”，乃未冠者之称。“将”，传也，出入以传宾主之辞，乃擯相之职事也。“将命”，此童子为阙党人之傧，特传辞于夫子之门。

或问之，曰：“益者与？” 此童子聪慧伶俐，出入夫子之门以传党人之辞。或以其有向学请益之心，故问。

子曰：“吾见其居于位也，” “居于位”，就座于成人之位。按周制，凡童子侍长者当立而不坐，无事时面南立于主人身后。今此童子俨然居于成人位，实悖礼也。

“见其与先生并行也，” “先生”，兄先我而生，故称先生，乃概言成人也。“并行”，乃成人之礼，即并肩而行，不落于后也。按周制，年幼者随行于兄，当步于兄后侧，犹雁行也。今此童子与成人并行，实悖礼也。

“非求益者也，欲速成者也。” 夫子以此童子僭礼，审其无进学之心，唯求速达而已。苟使此童子为孔门弟子，则夫子必教以长幼有序，尊卑有别，固知童子非夫子门人也。

盖礼之于人其义大焉，故君子必循礼而行。前节原壤老而不知礼则贼害于人，本节童子幼而不知礼则贻害于己，是故老少失礼皆各受其害，唯遵礼乃明道之基，除此无捷径可循也。

试译：阙党的一位童子来为夫子传话。有人问夫子：“那童子是求进益吗？”夫子说：“我见他坐在成人的席位上，又见他与长辈并肩而行，那童子并不想求进益，而是一个急于求成的人啊！”

論語正述·卫灵公篇

一

卫灵公问陈于孔子。孔子对曰："俎豆之事，则尝闻之矣。军旅之事，未之学也。"明日遂行。

卫灵公问陈于孔子。 "陈"通阵，陈为古写，阵为俗写，俗写始于晋人王羲之《小学章》。古阵别为天阵、地阵、人阵、云鸟阵，皆军旅阵列之名。春秋末世，各国别制阵法以为备战，诸如郑之鱼丽阵，鲁之支离阵，楚之荆尸阵。鲁哀公二年，卫灵公问阵于夫子，是年夏，灵公薨。

孔子对曰："俎豆之事，则尝闻之矣。" "俎豆"，乃礼器也：俎载牲礼，乃四足盘，长二尺四寸，广尺二寸，高一尺；豆盛醯酱，乃三代时食肉器，至汉代已弃而不用。凡祭祀礼仪诸事，其事祥和，必怀诚敬之心以邀神致福，君子固当熟习其礼，故夫子对曰"则尝闻之矣"。

"军旅之事，未之学也。"明日遂行。 "军旅"，古以一万二千五百人为军，以五百人为旅。凡军旅之事，非不得已而用之，是故治国之道当以礼义为本，使民化俗美，知荣辱进退之节，乃能尊君亲上；治国当以兵事为末，苟礼义之本未立，不能教以军旅末事。固知孔门首务教民，苟不教以礼仪而使其战，即殃民也。卫灵公志在战伐之事，不务化育之道，故不问礼反问兵，于是夫子答以未学,翌日遂去卫。

试译:卫灵公向夫子请教兵阵之事。夫子答道:“礼乐方面的事,我是学过的;军旅方面的事,我从未学过。”第二天夫子便离开了卫国。

二

在陈绝粮,从者病,莫能兴。子路愠见曰:“君子亦有穷乎?”子曰:“君子固穷,小人穷斯滥矣。”

在陈绝粮,从者病,莫能兴。 “粮”,行于道称粮,亦称糒;居于家称食,亦称米。今夫子于途中,故称粮。“从者”,门弟子。“兴”,起身。盖绝粮受饥日久,孔门弟子多卧病不起。

夫子去卫至曹,又至宋,遭匡人困厄,复经陈而欲适楚。时吴伐陈,陈大乱,故绝粮,七日无火食,弟子皆有饥色。是故夫子“绝粮”与卫灵公“问陈”非在同时,故独为一节,古以“问陈”“绝粮”二节简牍相续,故未分别前后,至今犹并为一节。

子路愠见曰:“君子亦有穷乎?” “愠”,愠怒。子路勤侍夫子而无怠,衣敝裘而无以为耻,焉得愠于绝粮。考子路之所以愠者,盖君子之道当达于四方,盛德君子必也蒙天福佑,安得遭此厄,故子路愠天之不佑夫子,以致困穷至此,此子路未知命之故也。

子曰:“君子固穷,” “固穷”,君子守道固穷,必也笃守节操,安于贫困,故其心不忧,其志不衰,以待天时。

“小人穷斯滥矣。” “滥”有二解：一、窃也，即盗窃。夫困以辨德，处困约乃可辨君子小人也，是故君子遭困厄则守节保德，小人遭困厄则滥德为盗。二、溢也、泛也，即水溃溢而泛滥。士无恒产，必耿耿守节保德，宁死不为下作；苟民无恒产则失节亡德，必放辟滥行，无恶不作。此二说可互证，固知君子小人之别在己不在人也。

试译：夫子在陈国绝了粮，随从的弟子都饿病了，起不来。子路面带怒色的来见夫子，说：“君子也有如此穷困的时候吗？”夫子说：“是啊！君子处于穷困时能固守节操，小人穷困时就会放纵胡为了。”

三

子曰：“赐也，女以予为多学而识之者与？”对曰：“然，非与？”曰：“非也，予一以贯之。”

据《史记·孔子世家》记载，本节录夫子语子贡，当在“在陈绝粮”之际。

子曰：“赐也，女以予为多学而识之者与？” “赐”，端木赐，字子贡。“女”，汝也。“识”，音 zhì。“与”，平声，同欤，乃疑问辞。

子贡聪颖多识，夫子恐其但以多闻而识圣道，故疏于践行圣人忠恕之道，遂发此问欲使其知本，以示圣道当勤于践行。

对曰：“然，非与？” “然”，是也。“非与”，乃反问词，同于白话语“难道不是吗”。夫子尝自谓好古敏求，多闻而识，固知其道尤贵博学广闻，子贡必以为是因，遂答曰“然，非与”。

夫圣人设教，必首务遵礼而行，诚如《礼记·中庸》所谓“博学之，审问之，慎思之，明辨之，笃行之”，如此则无大过，故能行之有效也。苟熟读《诗三百》，出使四方而不能达，不能据《诗》以专对，遂有负君命，乃无用功也。子贡积学日久，于圣人之道将有所得，故发此问。

曰：“非也，予一以贯之。” “贯”，贯通。《论语·里仁》夫子尝谓“一以贯之”于曾参，曾子遂发明为“忠恕而已矣”。曾子所谓忠恕者，即成己成物之功，固当一以贯之。

盖行路千条，终归于一；思虑万端，终归于一。一者，众理之根也，故称一理。夫《诗》虽三百，一言以蔽之，“思无邪”也；仪礼纵三千三百者，一言以蔽之，“与其奢宁俭”也；明王之治各殊，一言以蔽之，唯“仁与不仁”也：是故众理必同归于至理，即圣人所谓“一以贯之”之“一”也。何谓一？用中之道也，即择其两端而用其中，夫子以一心而化同万善，以中庸为修齐治平之准。固知用中得权者，乃圣人也；执其一端而不知用权者，乃异端也。

惜乎杨朱为我，墨子兼爱，于是两家互斥而不能贯通，为我者不知有人，兼爱者而不知有我，独圣人用权，贯通“为我”“兼爱”而执其中。苟不利我则无以自立，何以利人；苟不利人则不恕不仁，其害甚大。凡多学广闻之为病者，皆不知中也，于是各执一词，有违圣人执中用权之道。

昔者夫子不待曾子问，告以一以贯之，曾子答以“唯”，更无多言，亦无些许疑惑处。今夫子问于子贡，待其起疑再释以一以贯之，固知子贡之不及曾子，二子学力之深浅可见矣。

试译：夫子说："赐呀！你以为我是通过博学才得以洞见道的吗？"子贡答道："是，难道不是吗？"夫子说："不是的。我是在这个博学之中有个'一'来贯通着的。"

四

子曰："由，知德者鲜矣。"

前儒以此句为竹简脱漏，当与前节"在陈绝粮，子路愠见"并为一节。此不根之说，今不从。二节之中尤隔夫子告子贡"一以贯之"一节，既已间断，安得通为一节。况本章第一节卫灵公"问陈"时夫子居卫，"子路愠见"时夫子在陈，卫、陈两地相距数百里，是以两节非在一时已明也，本节夫子语子路于何时何地，虽无据可考，若与第二节"在陈绝粮，子路愠见"通视为一时之事，则不敢苟从也。

"由"，仲由，字子路，亦字季路，夫子呼子路名而教之。"德"，中庸之德。按夫子语，民人不知中庸之德，知此德者甚少而难得，苟知之，亦难久也，故称"鲜矣"。

试译：夫子说："仲由呀！真正知道德的人太少了。"

五

子曰："无为而治者，其舜也与？夫何为哉？恭己正南面而已矣。"

子曰:"无为而治者,其舜也与?" "无为",圣人之治尤重礼教,于是人尽其才,物尽其用,无为而天下治。圣人之无为者,乃依礼而不劳人为也,其不同于庄老之清净无为。"舜",舜帝。"与",问辞。

夫子唯称舜无为而治,何以不称尧禹?盖三代以上经法有所不备,伏羲、神农之前,民苦于无智,于是伏羲定人伦以别男女,神农教民稼穑饮食之道,民人知识渐开,然伪诈之心又起,是故黄帝、唐尧之治,务使民存厚归朴,遂使伪诈之风渐息,固知尧所承帝业非圣王礼乐之政也。禹传位于子,违禅让之古制,固非圣王所为。舜承尧位又授于禹,唯改正朔、易服色,余则皆依尧制,且任官得人,用才得贤,左有大禹,右有皋陶,故夫子不称尧禹,特许舜无为而天下治。

"夫何为哉?恭己正南面而已矣。" "恭己",依礼而修己,约身以存敬,谓之恭己。"南面",君位也。"正南面",乃正君位也,即端坐于君王之位。

按夫子语,舜恭敬其心,端正其身,不动而敬,不言而信,不赏而劝,不怒而威,正其性则天下正,成其德则天下成,治其身则天下治,故端居君位,无为而天下平。

试译:夫子说:"能无为而治的,也只有舜了吧?他做了些什么呢?恭敬、端正地坐在君王的位子上就是了。"

六

子张问行。子曰:"言忠信,行笃敬,虽蛮貊之邦行矣。言不忠信,行

不笃敬，虽州里行乎哉？立则见其参于前也；在舆则见其倚于衡也，夫然后行。”子张书诸绅。

子张问行。 “行”，达也。士所学既成，当行道于天下。据《史记·仲尼弟子列传》记载，子张少夫子四十八岁，从夫子于陈蔡之间，时值绝粮，故问行。然夫子于陈蔡绝粮之际年六十三，苟从《史记·仲尼弟子列传》所载，则是年子张十五岁，安得以少年之身侍夫子周游列国，又安得出此问，故不从太史公此说。今以子张此问当在夫子晚年返鲁之后，时子张已成人为士也。

子曰：“言忠信，行笃敬，虽蛮貊之邦行矣。言不忠信，行不笃敬，虽州里行乎哉？” “笃”通竺，厚也，即厚爱于人。“行笃敬”，存恭敬而不邪行也。“蛮貊”，蛮者，南蛮也；貊者，北狄也：即南北偏远部族之称，乃礼仪不到之处。“州里”，古以二十五户为里，二千五百户为州，乃王道教化之所。

子张欲以平生所学而达于天下，固知其志务外，是故夫子教以忠、信、笃、敬之道。君子以忠信笃敬约己则不入邪道，故圣道不远矣；君子约己宽人以免困厄，虽处蛮貊之邦，其道亦可行也。苟言辞不恭，行事不敬，是人必多灾眚，虽居州里文明之所，其道亦不可行也。

“立则见其参于前也；” “参”有三解：一、音cān，参者，值也，乃参照之意。“参于前”，即相参于前。二、音sēn，乃森然无限之义。“参与前”，乃森森然在目前也。三、参通厽，厽者，絫也，乃积絫之义，即絫坺土以为墙壁也。“参于前”，即积絫于前。第三说兼前二义，故从第三说。按夫子语，立身犹见忠、信、笃、敬絫絫于目前。

“在舆则见其倚于衡也，” “舆”，车舆。“在舆”，在车舆内。“衡”，车前横轭，乃扼牛马颈之曲木。按夫子语，君子在车舆内犹见忠、信、笃、敬倚于车前横轭之上，如此则念念不忘忠、信、笃、敬，随其所在而无处不见也。固知诚意、正心、修身之功必积久而有效，非一日而能骤至也。

“夫然后行。” 君子行止不舍忠、信、笃、敬，虽处蛮貊之邦，其道亦可行也。

子张书诸绅。 “绅”，乃大带之垂者，长约三尺，礼服所以必束绅带者，以示谨敬也。“书诸绅”，绣文字于绅，以为不忘；或说绅有囊，书毕置于囊中。时子张已成人为士，故着礼服而书绅带。

试译：子张问如何能使自己行道于天下。夫子说：“言语忠信，行事诚恳恭敬，即使去到蛮貊之邦，也行得通。如果言语不忠信，行事不诚恳恭敬，即使近在州里，能行得通吗？站立时好像看到‘忠、信、笃、敬’这四个字粲粲于目前；在车厢中好像看到‘忠、信、笃、敬’这四个字如倚于车前横轭般。这样你才能通行无阻。”子张将夫子这番话记在他束身的大带上了。

七

子曰：“直哉史鱼！邦有道，如矢；邦无道，如矢。君子哉蘧伯玉。邦有道，则仕；邦无道，则可卷而怀之。”

子曰：“直哉史鱼！邦有道，如矢；邦无道，如矢。” “史鱼”，史者，官名也，乃卫大夫。名佗，字子鱼，亦称史鰌，卫灵公时为祝史，亦称祝佗。“如矢”，无论邦有道无道，史鱼外宽而内直，其行始终如一，其志刚直如矢。夫子以矢喻史鱼，其义有三：一、嘉许史鱼其志如矢，坚确如一，无论进退行藏，皆以礼乐正道达己达人。二、矢者，其用也刚，其性也直。夫子赞许史鱼直己而不直人，其行顺礼，其言顺理，故能公平无私，固知《千字文》“史鱼秉直”非虚辞也。三、矢出必中的，夫子称许史鱼行直道而有效，故能恪尽职守，忠君爱民，不似腐儒佞贼坏己败人。据传，史鱼病将死，托其子以遗言谏卫君，当启用贤人蘧伯玉，辞黜宠臣弥子瑕。史鱼尸谏卫君，遂使贤者进而佞者退，可谓直矣。

“君子哉蘧伯玉。邦有道，则仕；邦无道，则可卷而怀之。”“蘧伯玉”，名瑗，字伯玉，卫大夫。“卷”，收也。“怀”，归也，即归而藏之。按夫子语，邦有道，蘧伯玉遵礼而仕，忠君守正，居位以行直道；邦无道，蘧伯玉抱道而隐，去位以行直道。固知蘧伯玉体行藏之趣，明进退之宜，行止循礼合义，辞气柔顺悦人，仕则达天下，藏则免祸殃，在其位则谋其政，不在其位则不谋其政。非贤达之君子，孰能至此，故夫子以君子许之。

试译：夫子说：“史鱼可称得上正直了！国家有道时，他像箭一般的刚直；国家无道时，他还像箭一般的刚直。蘧伯玉可称得上君子了！国家有道时，便出仕；国家无道时，他就隐退不仕。”

八

子曰：“可与言而不与之言，失人；不可与言而与之言，失言。知者不

失人，亦不失言。”

子曰：“可与言而不与之言，失人；” 自古人才难遇，失之可惜，若其人可与共言而不与其言，以致亡失人才，故谓之失人。

“不可与言而与之言，失言。” 君子非礼勿言，故慎言贵言。言贵则身尊，身尊则道重，道重则教成。苟不遇其人而与之言则失言，失言则身贱，身贱则道轻，道轻则教废。

“知者不失人，亦不失言。” “知”通智。唯有智者阅世广而穷理深，有识人之明，不失人亦不失言。

试译：夫子说：“该和他谈却没有谈，是错失了人才；不该和他谈却和他谈了，是说错了话。唯有智者，既不错失人才，也不说错话。”

九

子曰：“志士仁人，无求生以害仁，有杀身以成仁。”

“志士”，其人能守义，故谓之志士，虽处沟壑山野，必守义而不忘其志。或有清儒将志士解作智士，乃牵强臆说，故不从。“仁人”，乃成德爱人之人。

盖人皆重生厌死，若生命与仁德必择其一，君子舍生而求仁，小人苟活以求生，此其别也。是故君子不敢害仁以求生，但为成仁，虽杀身亦不避，遂心安而德全也。昔者比干死谏，伯夷、叔齐饿死首阳山，皆杀身成仁之证也。然自古亦有成仁而不必杀身者，昔管仲不殉死于公子纠，相桓公而霸诸侯，终一匡天下，固知圣贤不以死与不死为准，乃以仁与不仁为准也。自古有死而成仁者，亦有不死而成仁者，故君子得仁不必死，死则必成仁也。

试译：夫子说："志士仁人，不会为苟且贪生而妨害仁德，只会宁愿牺牲自己生命来成就仁德。"

十

子贡问为仁。子曰："工欲善其事，必先利其器。居是邦也，事其大夫之贤者，友其士之仁者。"

子贡问为仁。 "为仁"，行仁也。子贡问夫子行仁之法，非问何谓仁也，故夫子下言何以行仁。

子曰："工欲善其事，必先利其器。" "工"，善工巧饰者也。"利"通厉，磨砺钝器于旱石，以利其用也。自古善工以利器为用，然利器必由磨砺出，是以君子立身修德，侍贤者而亲仁者，必切磋砥砺而后成。

"居是邦也，事其大夫之贤者，友其士之仁者。" "居是邦"，乃夫子周游列国之际。"事"，大夫位贵，故言事。"友"，士从于大夫，故言友。

夫德以成事，事以显德，是故君子立身处世，合于礼则为之，悖于礼则远之。善工以利器为用，善德以贤友为辅，子贡乃天生之高洁奇才，夫子尝以瑚琏喻之，然高洁者多恃才傲物，必悦己之能而轻人之善。夫子恐其骄人，故诲以亲师取友之道，以子贡之高才美质，若经仁贤之陶染，师友之辅益，其德行固当日新也。

试译：子贡问如何实现仁。夫子说："工匠要想干好他的工作，必先将工具磨砺得很锋利。居住在这个国家，应该侍奉这个国家大夫中的贤者，并与士中的仁者交友往来。"

十一

颜渊问为邦。子曰："行夏之时，乘殷之辂，服周之冕，乐则韶舞。放郑声，远佞人。郑声淫，佞人殆。"

颜渊问为邦。 "为邦"，乃有国之王者。考颜子所问，未来世承周道而王者，当据何道而治。孔门弟子屡问政于夫子，夫子未告以三代损益之道，考其所以，盖问非其人也。孔门中唯颜子有王佐之才、伊尹之志，故夫子备言三代损益之道。

盖为政之道无法则乱，守法而不识权变则悖，悖乱则国祚不久。夫事随世迁，物因缘聚，法变当因时合义，是故议法乃贤主之责，守法乃有司之责，民人唯从教而化，依法而行。是以守恒知变乃辩证法则，苟依礼而通权，实仁君贤主也，故颜子有此问。

子曰："行夏之时，" "行"，施行。"夏时"，夏正，即夏历，俗称阴历。古之历法别为天正、地正、人正，天正以合天开于子，地正以合地辟于丑，人正以合人建于寅。于是周以子月为天正，即十一月为正月。是月阳气极盛于地下阴泉，遂始发以养万物根株,万物皆呈赤色,故周国色尚赤。殷以丑月为地正,即十二月为正月。是月万物始牙而呈白色,白色主阴,故殷国色尚白。夏以寅月为人正,即寅月为正月。是月万物条达,孚甲而出,呈黑色而主生机,人得此生机可加功也,故夏国色尚黑。圣王之制尤重农事,故夫子以田猎、耕作、祭祀皆用夏时,如此则万民易于施功,遂举鲁旧法以告颜子。

“乘殷之辂,” “辂”通路,殷称大车为大辂。昔者舜之辂谓之鸾车,乃饰以鸾铃之车,行则铃声若鸾鸣;夏辂谓之钩车,车轼弯曲如钩;殷辂谓之大辂,乃木制大车,车中结草为席,亦称木路、素车;周辂谓之乘路,乃饰以金玉之车,亦称玉路。按周制,车别为五等,即玉路、金路、象路(饰以象牙)、革路(装以皮革、饰以油漆)、木路,其中玉路、金路、象路、革路皆奢侈易毁,尤以木路质朴坚固。殷车尚质,能节民之用,故夫子乘车从殷制。

“服周之冕,” “服”,戴也。“冕”,礼冠,别为六等,亦称六冕。天子礼冠前端以彩线穿珠玉若干,谓之冕旒,遮目以蔽妄视也;礼冠两侧设黄色绵球,塞耳以杜妄听。冕两侧系玉石者,谓之瑱。悬系瑱玉之丝带,谓之紞。天子用玄紞,诸侯用黄紞,大夫用青紞,士用素紞,皆各循其序。自黄帝始,祭礼至周已臻完备,故周礼文质彬彬,华美而不靡奢,于是夫子以礼冠礼服当从周制。

“乐则韶舞。” “舞”通武,故韶舞亦称韶武。汉儒马融以《韶》《武》乃虞舜之乐,然夫子首言夏时、次言殷辂、复次言周冕,乃依时序语之也,苟《韶》《武》乃虞舜之乐,则夫子必首言之,今夫子既后言《韶》《武》,则其乐固非虞舜之乐可知也。今以《韶》《武》为周乐,相较夏、殷之乐,周乐已尽善尽美矣。

“放郑声,远佞人。” “放”,罢废、禁绝。“郑声”,郑国之音。

“远”，疏远。“佞人”，卑谄者。夫郑声悖于《雅》乐，故惑人心志，使人淫乱；佞人异于贤人，以佞口巧辩搬弄是非，颠倒黑白，遂使人危殆。夫善为政者，固当禁绝郑声、佞人于未果。

“郑声淫，” 郑有溱水洧水，民人多依山傍水而居，错杂无礼，于是男女欢会多以郑音讴歌悦怿，夫子以郑音失正少礼，故斥言“郑声淫”。据传，郑音滥觞，淫佚心志；宋音耽色，沉溺心志；卫音急蹙，烦扰心志；齐音放辟，骄志傲物。所以淫声之害者，溺心志而伤德，致疾厄而害寿，侵礼乐而靡民，特为祭礼所禁绝。然郑、宋、卫、齐皆有淫声，夫子何以独言“郑声淫”，乃举一而兼它也。

“佞人殆。” “殆”，危殆。佞言乱心，佞人乱政，故有亡家覆国之害。昔夫子初为鲁司寇，即诛杀闻人少正卯，盖其祸人乱政久矣，民人受其荼毒亦久矣，固当绝佞人之罪于未果。

试译：颜渊问未来称王者应该以何道治理国家。夫子说：“推行夏代的历法，乘殷代的车子，戴周代的礼冠，乐舞就取法《韶》《武》，罢废郑声，禁绝卑谄之人。因为郑声太过放荡，卑谄之人太过危险。”

十二

子曰：“人无远虑，必有近忧。”

君子居安思危，谋远虑渐，故能防患于未然，乃得身安、家稳、国保也。夫造化人事，乐忧相倚，利害共存，是故智者以正谋而不以私计，顺则思逆，成则思退，以为避祸防害也，苟如此，虽行百事而不殆。

试译：夫子说："一个人若没有长远的忧虑，那他必定会有眼下的忧虑。"

十三

子曰："已矣乎！吾未见好德如好色者也。"

"已矣乎"，乃感叹词，犹白话语"算啦""罢了吧"。

本节所录与《子罕篇》同，唯多"已矣乎"三字。齐馈乐女于鲁，季桓子受之，三日不朝。夫子疾女色兴而道德废，惜乎大道不行于鲁，将去鲁，遂发此叹。

试译：夫子说："算啦！我未见过好仁德像好色一样的人啊！"

十四

子曰："臧文仲其窃位者与？知柳下惠之贤，而不与立也。"

"臧文仲"，鲁正卿，臧孙氏，名辰，谥文仲，历事鲁庄公、闵公、僖公、文公。"窃位"，臧文仲不知让贤举能，窃居其位且无愧。"与"，平声，乃语气词。

"柳下惠"，鲁大夫，姓展，名获，字禽，谥惠，以其食邑柳下，故号柳下惠。宋儒以柳下惠为士师，亦称士史，乃司刑狱之官。昔秦攻齐，尝明令禁止士卒于柳下惠之冢五十步内伐薪，有犯者死罪。按周制，大夫、士卒，多葬于食邑，固知柳下惠之冢，即其食邑之所在，位于齐南鲁北，该此地原属鲁地，后沦为齐地。

“不与立”，未荐柳下惠同立于朝。臧文仲为鲁大夫，若不知鲁有贤德，是其不明；若明知鲁有贤德而不荐，是其蔽贤。是故不明罪小，蔽贤罪大，夫子以臧文仲不仁，故责其窃位。

试译：夫子说：“臧文仲，算是个窃居官位的人吧！他明知柳下惠是个贤人，却不举荐他，与他同立于朝。”

十五

子曰：“躬自厚而薄责于人，则远怨矣。”

“厚”，厚己之德也。君子约己以礼，爱人以仁，不称己德，不疾人恶，故责己以重则身修，责人以轻则人从，自厚己德而不深求于人，乃能寡怨少咎。

试译：夫子说：“对自己责备要严，对他人责备要轻，这样就可以远离怨恨了。”

十六

子曰：“不曰‘如之何’‘如之何’者，吾末如之何也已矣。”

“如之何”，犹白话语“怎么办”。“吾”，我也。“末”通无。“末如之何”，犹白话语“不知道”。居位者违礼悖义，故妄行，匿恶政而耻问贤德，犹病而未就良医，遂生灾眚。夫天下事，皆防微杜渐于未然，苟其祸既成则如之奈何，圣人虽有心教之，亦不知当何以教之也。

当夫子时，君昏臣乱，奸邪居位，圣道淹隔，仁义不张，道德匿而不用，教化绝而不通。圣人至德，居下位而不妄议其上，故夫子未明言诸侯、大夫之失。固知礼乐之道无权则不立，失势则不行，夫子遂有此叹。

试译：夫子说：“遇事从不说‘怎么办’‘怎么办’的人，我实在不知道该对他如何办是好了。”

十七

子曰：“群居终日，言不及义，好行小慧，难矣哉！”

子曰：“群居终日”， “群居”，群者，辈也，乃同窗共学之人。三人以上为群居，即共聚也。今夫子言者，乃孔门同学而终日共居者。

“言不及义，” 言谈未及道义。

“好行小慧，难矣哉！” “小慧”，亦作小惠，即小才私智。

凡共学于师门者，当以善道切磋砥砺，苟群居终日而言不及义，且好逞轻狂小智相诱，则入下民之流，其所好不过山肴海错、冶游狎乐也，故难以成人，是以学人不可饱食终日而无所用心，以致放辟邪恶滋生。固知小逞私智微能者，或险行侥幸，然终无所成。夫子疾人才日坏、世道日颓，遂出此言以教学人。

试译：夫子说："终日群居在一起，言谈从不涉及道义，喜欢逞小才、耍小智，这样的人难以有所成啊！"

十八

子曰："君子义以为质，礼以行之，孙以出之，信以成之。君子哉！"

子曰："君子义以为质，" "君子"，乃谓大夫、士之操守德行为人所效法者。"义"，义者，宜也，约言有十义，即父慈子孝、兄良弟悌、夫义妇听、长惠幼顺、君仁臣忠。"质"，本也。按夫子语，义乃为行事之本，人行十义，日久则性合于义，故能制七情而防六欲，遂使本性良善，乃可谓君子也。是故君子以义为本，小人以利为本，此义利之别，即君子小人之别也。

"礼以行之，" 君子以礼驭行，凡朝聘、射御、丧祭、冠昏、饮食、辞让皆依礼而行，于是民人讲信修睦，民风敦良，乃止争竞杀伐之患。

"孙以出之，" "孙"，逊也，即谦让恭顺。君子言辞谦恭雍顺，为人亲善和睦，故处世安平。

"信以成之。" "信"，诚也，即诚实。君子言之以诚，信实无欺，遂使人我不悖，如此则事成。

"君子哉！" 能行夫子上述四端者，方可谓君子。

试译：夫子说："君子以义为行事的根本，按礼节去施行它，以谦逊来表达它，以诚信来完成它。这样才是君子啊！"

十九

子曰："君子病无能焉，不病人之不己知也。"

"病"，忧虑。本节所录与《宪问篇》夫子所谓"不患人之不己知，患其不能也"同义。

盖大德得大用，小德得小用，以天下之大，君子何虑无知己者，是故君子所病者，乃未识圣人大道也，不病人不知己也。

试译：夫子说："君子只忧虑自己无能，不忧虑别人不知道自己。"

二十

子曰："君子疾没世而名不称焉。"

"疾"，疾恨。"没世"，身后也。"称"，称扬。凡国君、大夫身后得谥，其美谥当与功德相符，遂不为人所诟病，若空有美谥而无功可考，则必遭耻笑。

君子所学为己，谓之达己立身；以平生所学治世教人，谓之达人立人。夫子所以贵身后之名，盖君子生前不争不谗，饱学而无名者众矣。若身后无名，则其所学必无实，无实则无以使后学进益于道；若身后有盛名，则所学必有其实，后学必因我而有所进益。故君子不重生前之虚名，但重身后之实名，苟身后无名，此君子之恨事，亦君子所惧处也。

试译：夫子说："君子所恨的，是去世后声名无人称扬。"

二十一

子曰："君子求诸己，小人求诸人。"

"求"，责也。"求诸己"，即责己；"求诸人"，即责人。

君子责己以严，依礼而处，循义而行，无不反求于己；小人反是，故责人以严，待己以宽，徇私利而违礼，悖礼干誉以望人知其能。

试译：夫子说："君子严格要求自己，小人则苛求他人。"

二十二

子曰："君子矜而不争，群而不党。"

"矜"，矜庄，乃庄敬自律也。"群"，君子和敬而合于众。"党"，阿比私好，违礼私助。"不党"，君子依礼自处，无阿谀私好之朋党。

小人自矜而私重,故多争竞,群居乃成党。君子依礼守中而不偏执,庄重和敬,文雅合群,无乖戾之心,无阿臾之意,无争竞偏私,虽群居以为切磋成德,故不党。

试译:夫子说:"君子庄重自律而不与人争,能与人合群但不勾结成党。"

二十三

子曰:"君子不以言举人,不以人废言。"

子曰:"君子不以言举人," "举人",荐人。夫子尝云:"有言者不必有德。"是故君子不可以言举人。

"不以人废言。" 君子不以郊野之人未备盛德而废其善言。夫荐贤举能,一者观其道德,二者考其事功,三者察其言行。是故有德则正,有功则能,有言则明,此三者不可偏废。居上位者以言用人,下则皆尚言;居上位者以功荐人,下则皆尚行。上有所好,下必成俗,至于王化之淳漓,风俗之升潜皆系之也,故君子用人听言之道,不以人之能言而举其人,以免无德能言者侥进,不以人之微贱而废其言,以免言路堵塞。自隋唐以后专以言辞取士举人,千百年已成定制,遂渐远圣人之道矣。

试译:夫子说:"君子不因一个人善言便荐用他,也不因一个人地位卑微就不听取他的言论。"

二十四

子贡问曰："有一言而可以终身行之者乎？"子曰："其恕乎！己所不欲，勿施于人。"

子贡问曰："有一言而可以终身行之者乎？" "一言"，即一字。古以一字为一言，故诗有五言七言之别。昔伏羲作十言之教以示民，亦称十字之教，即乾、坤、震、巽、坎、离、艮、兑、消、息。今子贡问夫子："可否有一字可以终身奉行者？"

子曰："其恕乎！己所不欲，勿施于人。" 按夫子语，君子以恕道待人，推己及物，毋以己之所恶而施于人。

夫子以恕为行仁之方，乃砭子贡之症也。凡己所不欲者，乃饥寒、劳苦、贫困也，故为政者不以此三者加之于民，必使民人得衣食，取安乐，致富足，圣王能行此恕道，足不出户则天下治。

试译：子贡问道："有没有一个字可以终身奉行的呢？"夫子说："那就是'恕'字了！自己不愿意的事，切不要施加给他人。"

二十五

子曰："吾之于人也，谁毁谁誉？如有所誉者，其有所试矣。斯民也，三代之所以直道而行也。"

子曰："吾之于人也，谁毁谁誉？" "吾"，我也。"之于人"，夫子相待时人。“毁”，诋毁。所谓毁者，乃于其恶未萌之前，亟亟诋毁其恶而损其本真。“誉”，称扬。所谓誉者，乃其善未著之前，积极称扬其善而过其实情。夫子之心正大光明，有称物平施之德，无憎毁爱誉之私，其以恕道待人且平等如一，故乐道人善而恶称人恶，乃出此“谁毁谁誉”之语。

“如有所誉者，其有所试矣。” “试”，验证。按夫子语，若有为民所称扬者，其人必有善绩可试，必有事功可考，不当虚信而誉之，必先验其德而后誉其人。夫子此验德试功之法，乃据夏、殷、周三代行之有效之成法。考夫子语，惟见其有所誉者，未见其有所毁者，圣人之恕道见矣。

“斯民也，三代之所以直道而行也。” “斯民”，即夫子“如有所誉”之时人，其人事功已臻善道，如同夏、殷、周三代能行直道者。“直道”，居上位者以德化民，兢兢于善道，耿耿于直道，荐贤举能于国，以至民人皆孝悌忠信，其风渐淳也。

夫子之于《春秋》，无阿比之心，无逢迎之意，不虚美誉，不隐罪恶，固知夫子斯言乃于修正《春秋》之后，以时人之善绩与先民之直道互证也。时礼崩乐坏，奸诈邪曲者多见，经秦之凋敝，及汉则繁苛尽除，民人得以修生养息，遂成文景之治。后人言周必成康，论汉必文景，是故文景之治乃再现成康之道也，此正夫子所谓“其有所试矣”。

试译：夫子说：“我对人，毁谤过谁，称誉过谁？我如果对人有所称誉，必定是他的善绩是经过验证的。正是因为这样的人啊，夏、商、周三代才得以奉行无私心、无邪曲的直道。”

二十六

子曰："吾犹及史之阙文也。有马者借人乘之，今亡矣夫！"

子曰："吾犹及史之阙文也。" "犹"，尚且。"及"，目能及之也。"史"有二解：一、古之学童能识诵六书（象形、指事、会意、形声、转注、假借）九千字以上者，可候选为史，再以古文、奇字、篆书、左书、缪篆、鸟虫六体试之，择其优者为尚书、御史、史书、令史，皆掌书之官也，其中史书、令史专司校正字体之谬者。夫子所谓史者，乃诸掌书官之通称。二、古以字书为史，史者，史籍文书也，皆书以六书、六体。盖古之书必同文，若有书字不知则存疑空缺，不得妄随己意而为之。今从此第二说。

夫良史者，遵修先王旧典，勿以私心穿凿其中，苟有不知，必存疑空缺以待知者。固知良史安敢以一己之私而使史书失正，遂惑人未解圣道，贻误学人向道之心。先王以经纶度世化人，以垂万世之教，是故良史能识古圣先贤之心，即知本也，本既立则道生焉。

"有马者借人乘之，" "借"，藉也，即假借。"借人"，即借他人之力也。"乘"，乃乘习、调良之义。按夫子语，有马不能调良，必借他人之力以驯服之。六艺之五驭者，兼具鸣和鸾、逐水曲、过君表、舞交衢、逐禽左五事，今夫子所谓"有马借人乘之"，乃欲以五驭之术驯马也。

"今亡矣夫！" "亡"，无也。夫子自谓往昔尝见良史善治文书，良御善调良马，皆借人之力而不敢自专也。夫子暮年，世风浇流，六艺之学将废，于是史不识字，以致擅自专断，穿凿附会，不知存疑以待明师，犹有马者耻言不能调良，必自训乘，以致倾覆之危。是故夫子慨叹昔者所见史阙文、马借人二事，今无矣。

试译：夫子说："我还能看到史籍文书上有空缺存疑之处。有马的人不能自己驯服它，就凭假他人之力加以驯服调良，现在这些都没有了。"

二十七

子曰："巧言乱德。小不忍，则乱大谋。"

子曰："巧言乱德。" 巧言者辩乱是非，利口者戕害德义，遂使闻者喜悦相从，丧节失守。

"小不忍，则乱大谋。" 君子能忍一时之忍，乃合义得宜也。若逞匹夫之勇而不忍一时之愤，若遂妇人之仁而不忍一时之爱，此皆"小不忍"也，皆以一时之小冲动而丧大谋略，以致亡家丧国。是故似是而非、巧言乱德者，是为乱仁；因"小不忍"而辱身丧国者，是为失仁。此二者皆为圣人所厌弃。

夫明王之政亦有所不忍，然非小不忍也，其所不忍者，乃似是而非、巧言乱德、佞言乱义者也，固知口柔辞甘皆取乱之由也。昔夫子初为鲁司寇，诛杀闻人少正卯，即圣人之不忍也。凡欲以坚忍而成就大业者，乃以诡诈之术窃人信也，虽小同于圣言而实异也，昔越王勾践卧薪尝胆以为雪耻复国，虽为能忍者，然其所忍但为私也，未干圣人所言"小不忍，则乱大谋"一毫，于是文种遭诛，范蠡潜去。

试译：夫子说："花言巧语会扰乱人的道德，小处不能忍，则坏乱了大谋划。"

二十八

子曰："众恶之，必察焉；众好之，必察焉。"

君子循礼明义，故有识人之明；小人循私嗜欲，故朋党比周而悖礼失义。"众好之"，小人与时同好，众人皆谓其善，然其人未必善，明君必深察之。"众恶之"，君子不佞不谗，众人皆谓其恶，然其人未必恶，明君必深察之。

君子以天下为公，或因独行而遭众口，或因公心而忤人私，或因大义而冒不韪，故易蒙群小诋毁。君子安为博美誉而僭礼悖义，虽遭众口贬毁，然明君必不为众口所迷。小人循私，故矫情而博高名，虽蒙众口褒誉，然明君必不为众口所惑。是故居位者明鉴，赏罚当依礼而不依众。春秋末世，居位者昏乱失察。赏者不察其功，反以众人之褒誉为准；惩者不察其罪，反以众人之毁谤为准。于是奸邪进而贤良退，遂有功不赏，有罪不罚，此乱主取乱之道也。

试译：夫子说："众人都厌恶他，必须要仔细审察；众人都喜欢他，也必须要仔细审查。"

二十九

子曰:“人能弘道,非道弘人。”

“弘”,大也,即弘大。“道”,人不舍道,道不离人,人在则道存,是故道者,乃人道也。

道者,寂然不动也,必由人之德才而大小,德高才广则其道必大,德卑才狭则其道必小。人之有思,乃大道之理也;道之无迹,必托道于人哉。故人能弘道,非道能弘人,苟无圣人至德,则道隐而不张也。君不见道依文、武王、周公而光大,道随幽、厉王而衰亡,固知道之兴衰皆在人也。

今夫子此语必有所指也,盖春秋末世,时人多尚无为而无不为,言道者多一任自然而不介于人事,视礼仪为繁文缛节。夫子遵礼,欲正视听,遂有此说。

试译:夫子说:“人能将道弘大,而非道弘大人。”

三十

子曰:“过而不改,是谓过矣。”

按夫子语,有过能改则无过也,于是日进日新;苟有过不改,恕已过而美之,终成大罪。

试译:夫子说:“有了过失却不加以改正,就真可谓是过失了。”

三十一

子曰："吾尝终日不食，终夜不寝，以思，无益，不如学也。"

"思"，思其所学也。夫子尝终日不食，彻夜不寝，以思所学也，终劳心苦思而无所益，固知滥思无益，力学有成，唯学利人也。

夫子欲砭思而不学者，以教学人由学至道。圣人大道，犹中天丽日之光，独处静思，犹暗室烛火之明。学人唯思而不藉学入道，犹弃丽日之光而取暗室之烛也，此舍大取小，固非圣教也。于是夫子诲人必由力学躬行而后得，是故尚学乃入道不二法门。

试译：夫子说："我曾经整日不吃饭，彻夜不睡觉，全身心地去思索，却总是无益，不如去研习学问。"

三十二

子曰："君子谋道不谋食。耕也，馁在其中矣；学也，禄在其中矣。君子忧道不忧贫。"

子曰："君子谋道不谋食。" "君子"，君子劳心，小人劳力，故君子乃劳心治民者。君子志存高远，但忧不得道，常患未以礼义之道化民，故大人之志安得遑遑以口腹易其志，故君子谋道不谋食也。

“耕也，馁在其中矣；学也，禄在其中矣。” “耕”，犁也，即以牛犁田。“馁”，饥馑。庶民尤恐财匮利乏，常思耕作以供饱暖，故不能志道求学。然上古农人靠天得食，苟值饥荒凶歉之年，虽耕亦未必饱暖，故“馁在其中矣”。学人志学乃为谋道，道可致用，用则得禄，得禄则免冻馁，故“禄在其中矣”。

当夫子时，学子鲜能得禄，多辍学而就他业，故习耕者众，昔樊迟尝学稼圃，亦缘于斯也。然长沮、桀溺、荷蓧丈人诸隐者流，耕作以养身，皆谋食也。固知谋食者众，然谋道之心不专，故夫子出此言以掖学人，耕者未必得食，志学犹可得禄。

“君子忧道不忧贫。” 道者，本也，故君子治本，常忧学道不深，不能行大道于人间。君子向学谋道，修天爵以全人事，则禄在其中也，故不忧贫。

试译：夫子说：“君子谋求道，而不谋求吃穿。耕田，也常有饥饿的时候；学道，则可以得到俸禄。君子忧虑的是不能明道行道，不忧虑贫穷。”

三十三

子曰：“知及之，仁不能守之；虽得之，必失之。知及之，仁能守之，不庄以莅之，则民不敬。知及之，仁能守之，庄以莅之，动之不以礼，未善也。”

子曰：“知及之，仁不能守之；虽得之，必失之。” 按夫子语，天子不仁则其位不保，四海难固，故君王当以仁德安国保位。本节所录者乃专为君主言，非为从政者言也。昔桀纣所以失天下者，乃失德于民也，是以“得之”即得民，“守之”即守民，“失之”即失民。“知及之”，即施礼法于民也。天子若不以仁德安守民人，虽得民，必也失民。

“知及之，仁能守之，不庄以莅之，则民不敬。” “庄”，威仪庄重。“莅”，莅临，居位者庄敬以临民。按夫子语，以政法推及于民，以仁德安守于民，若不能威仪庄敬以临民，则民必失敬畏之心。是故天子怀德守正，庄敬临民，威可使人畏，仪可使人法，行止庄敬可观且严谨有文，于是四海安定，国祚长久。

“知及之，仁能守之，庄以莅之，动之不以礼，未善也。” “动之”，役使民人。“动之不以礼”，即不依礼役使民人。夫子以礼制为善治，居上位者苟制民以法，爱民以仁，教民以礼，则其果必善。苟以政法治民，以仁德守民，以威仪庄敬莅民，然不能依礼使民，以致上下不睦，内外不顺，动静无度，故有失善治也。

本节录夫子言治民之道，尤以“不庄以莅之”的“之”字谓民也。夫子前言“知及之，仁不能守之；虽得之，必失之”，后言“知及之，仁能守之，庄以莅之，动之不以礼，未善也”，其中“之”字皆谓民也。昔刑名法家者流，虽能驭民，然不能保民安民，秦二世亡国，即此理也。

试译：夫子说：“政教法令可推及于民众，若不能以仁德安守民众，虽然能拥有民众，也必然会失去民众。政教法令可推及于民众，也能以仁德安守民众，但不能以威仪庄敬的态度对待民众，那么民众就不会敬畏。政教法令可推及于民众，能以仁德安守民众，也能以威仪庄敬的态度对待民众，但不能依礼来使唤民众，这也未达到善政啊。”

三十四

子曰：“君子不可小知，而可大受也。小人不可大受，而可小知也。”

“君子”，有大成、大量、大略者。“小知”，由小事细节而察知。“大受”，即委以大功重任。

夫君子者，其道深远，其略弘大，可委以大功重任，于小事或不足观，故不可以小事细节而察之。夫小人者，其术短浅、其器促狭，可以小事细节而察之，其未必无一技之长，然不可委以大功重任。盖人各有其才，器各有其用，或有举重若轻者，或有举轻若重者，圣人不耽大功，不遗小才，人各尽其才，物各尽其用。能以大节大事观君子，故不屈君子之才；若以小节小事观君子，则君子输于小人矣。固知本节录夫子语，乃圣人观人用人之法。

试译：夫子说：“君子，不可从小事细节去认知他，但可委以重任。小人，不可委以重任，但可以从小事细节认知他。”

三十五

子曰：“民之于仁也，甚于水火。水火，吾见蹈而死者矣，未见蹈仁而死者也。”

子曰:“民之于仁也,甚于水火。” 夫水、火、仁三者,皆民之所藉而得存也,故不可一日无之。然此三者尤以仁为重,水火皆外物,仁则存乎心。人无水火,不过害身而已,苟失仁则失心,失心则非人,是以人不可一日无仁。

“水火,吾见蹈而死者矣,未见蹈仁而死者也。” 盖水火无情,人践水履火,或为水火所害;仁乃万物初生之本,故求仁得仁,安得为其所害。

昔者死而不弔者有三,即畏、厌、溺也。人夭于水火,谓之凶死,固知水火于人则利害并存,人借水火而得生,然亦畏之。仁乃圣人之全德,即乾元生生之道,故仁有好生之德,此其所以异于水火者也。学人孜孜以求仁,岂以水火之利害得失而喻仁,岂以逐利之心而求仁。

试译:夫子说:“民众对于仁的需求,比对水火的需求更迫切。我看见践水蹈火而死的,却没见过践习仁而死的啊”

三十六

子曰:“当仁,不让于师。”

“让”,谦让。“当仁,不让于师”有三解:一、当者,任也,即担当。君子以仁为己任,不逊于师。此说悖礼,故不从。二、师者,众也。君子求仁,不逊于众也。此说迂曲,亦不从。三、师者,太师、少师也,即大夫。当者,值也、遇也。“当仁”,乃当行仁之际。今从此说。

士仕于大夫家，每有大事，必请命于大夫而后行，若亟须行仁而救民人于危难之际，当先行仁，而不预先禀让于大夫，以免贻误民人生死。

试译：夫子说："如果遇到亟须行仁的事，应该先行仁以救急，不必请命于大夫。"

三十七

子曰："君子贞而不谅。"

"贞"，正也。"谅"通亮，小明也，乃于道小有所明也。因其见小得小，故谓之小德小信。笃守小信则难通大道，故违礼。

君子遵礼守正，权变合义，不必笃守小信小得。苟好守小信小得而不知礼、不合道，必执于一端而失中也，故未知君子用权，遂沦为贼道而不自知。固知君子权变无常，动则合义，合义则知权，知权则得理，得理则合道，是以君子不必笃守小信而自堕于沟渠。

夫子恐学人执其一端而违中道，故诲人藉学而识中道，若好小信而不学，遂失中道也。

试译：夫子说："君子行正道，而不必执着于小信。"

三十八

子曰:“事君,敬其事而后其食。”

“敬”,自警饬而不敢废慢也。“食”,食禄。凡侍奉君上,必自警饬而不废慢政事,在官而不避难、不辞贱,然后可食君之禄也。故君子之仕当恪尽职守,然后得禄,不可先存求禄之心。

试译:夫子说:“侍奉君上,应该先做到敬守职位,将食禄的心放在后面。”

三十九

子曰:“有教无类。”

“类”,类别。人虽别为贵贱、尊卑、贫富,然师之所教者,必也一视同仁,不得以下愚不移而弃之。

夫人性本善,虽其类有别,善恶相殊,习气各异,然善教者当教以礼义,使其褪去染污而复归正道,以免沉沦于无知而无以自拔。

试译:夫子说:“人人都需要被教化,而不能有贵贱、尊卑之别。”

四十

子曰:“道不同,不相为谋。”

“谋”,谋事,以致用也。夫子是语有二解:一、善恶邪正各异,故不相为切磋谋虑。今不从此说。二、盖伯夷、伊尹、柳下惠之道各异,虽同为善道,然各据其道而固守其仁,各遂其志而致其用。今从此说。

按夫子语,道为体,谋为用,道不同则用不同。夫子恐后世学人各据一已之见为善道,遂各言其能,举一废百,彼此攻忤而失仁,故出是言以为戒也。

试译:夫子说:“道不相同,他做事的方法就不相同。”

四十一

子曰:“辞达而已矣。”

“辞达”,乃傧相专对之辞也,必也文辞明达而不辱君命。按夫子语,君子言必有实,不以文辞艳丽而过其实,切勿文以掩非,是以辞不务多,贵在达其实而通其义。

试译:夫子说:“文辞、言辞表达清晰、准确就行了。”

四十二

师冕见，及阶，子曰："阶也。"及席，子曰："席也。"皆坐，子告之曰："某在斯，某在斯。"师冕出，子张问曰："与师言之道与？"子曰："然。固相师之道也。"

师冕见， "师"，瞽者，乃乐师也，名冕，唐人或称师免。"见"，相见。

及阶，子曰："阶也。"及席，子曰："席也。" "及阶"，至阶前。"及席"，至座席侧。昔者每客至，凡爵位相当者必迎于门，每过门必让；若来客爵卑，主人当候于堂下。今师冕来见，必有侍者相随，夫子必候于堂下。夫子待以宾主之礼，故告之"阶也""席也"。

皆坐，子告之曰："某在斯，某在斯。" "某"，古称某者有三：一、讳君上名，故称某。二、名称佚失，故称某。三、乃通言概括之辞。今师冕来见，必有客先至，故夫子告以座中客人姓名、座位，乃待瞽者之礼也。

师冕出，子张问曰："与师言之道与？" "道"，礼也。圣人门徒，于夫子之行止无不悉察。子张见夫子待师冕以礼，及师冕出，遂问夫子与师冕相语皆礼否。

子曰："然。固相师之道也。" "相"，扶也，即搀扶。瞽师随行必有相者以扶助导引瞽师，乃相师之道也。

夫子待师冕以礼，非作意而为之也，观其言辞从容恳切，虽逾千载，然圣人之音容犹见也。

试译:师冕来见夫子,走至阶前,夫子告诉他说:“这是阶了。”走至座席旁,夫子告诉他说:“这是座席了。”等大家都入座后,夫子对师冕说:“某人坐在这边,某人坐在那边。”师冕告辞后,子张问道:“与师冕说的这番话,是接待乐师之道吗?”夫子说:“是的,这就是扶助乐师之道啊!”

論語正述·季氏篇

一

季氏将伐颛臾。冉有、季路见于孔子曰:"季氏将有事于颛臾。"孔子曰:"求!无乃尔是过与?夫颛臾,昔者先王以为东蒙主,且在邦域之中矣,是社稷之臣也。何以伐为?"冉有曰:"夫子欲之;吾二臣者,皆不欲也。"孔子曰:"求!周任有言曰:'陈力就列,不能者止。'危而不持,颠而不扶,则将焉用彼相矣?且尔言过矣!虎兕出于柙,龟玉毁于椟中,是谁之过与?"冉有曰:"今夫颛臾,固而近于费。今不取,后世必为子孙忧。"孔子曰:"求!君子疾夫舍曰欲之而必为之辞。丘也闻有国有家者,不患寡而患不均,不患贫而患不安。盖均无贫,和无寡,安无倾。夫如是,故远人不服,则修文德以来之。既来之,则安之。今由与求也,相夫子,远人不服,而不能来也;邦分崩离析,而不能守也,而谋动干戈于邦内。吾恐季孙之忧,不在颛臾,而在萧墙之内也。"

季氏将伐颛臾。 "季氏",季康子。"伐",击也,即攻伐。"将伐",欲伐而未成也。"颛臾",乃伏羲氏之后,为鲁附庸小国,距季氏费邑约六十五里。季康子觊觎颛臾国土,欲攻而占为己有。

冉有、季路见于孔子曰:"季氏将有事于颛臾。" 鲁定公十二年(前498),子路仕于季氏,又辞季氏而从夫子周游列国。鲁哀公十一年(前484),子路从夫子返鲁,再仕于季氏。鲁哀公十五年(前480),子路仕于卫大夫孔悝,故冉有、季路臣于季氏,当在鲁哀公十一年至十五年间。

昔者欲伐他国必先问于仁者，冉有、季路既为季氏家臣，闻季康子无故欲伐颛臾，故特告于夫子。孔门弟子侍坐，子路为长，当先于冉有。今二子来见，先冉有而后子路，考其因有二：一、鲁哀公三年，冉有仕于季氏；鲁哀公十一年，子路复臣于季氏。所以先冉有，乃《春秋》笔法也。二、冉有为季氏敛财尤为用心，今季康子欲伐颛臾，则冉有必为其谋，故先言之。

孔子曰："求！无乃尔是过与？" "尔"，谓冉有。"过"，过失。"尔是过"，即归罪于冉有。冉有为季氏宰，尝助季氏聚敛，故夫子独责之。

冉有、子路皆以王佐之才相于季氏，今季氏有恶，冉有、子路必谏矣，夫子何以冉有为季氏谋。盖冉有未止季氏悖逆，又顺其意而告于夫子，实揆己之力不能制季氏也，夫子所以独责冉有，乃欲借其口以杜季氏也。

"夫颛臾，昔者先王以为东蒙主，" "东蒙"，即蒙山，位于鲁东，故称东蒙。昔者先王封颛臾于东蒙山，以主祭蒙山。

"且在邦域之中矣，" "邦域"，邦者，封也，乃诸侯治下之封土，亦称封域。昔周成王以周公有大勋劳于天下，故封周公于曲阜，其封地约七百里，颛臾位其域中，故夫子出是言。

"是社稷之臣也。何以伐为？" "社稷"，乃公室之称。时鲁一分为四，季氏占其二，孟孙、叔孙各占其一，余者皆附庸小国，尚为鲁公室之臣，亦称公臣，故夫子称颛臾为社稷之臣。颛臾既为鲁公臣，不当伐之，今季康子欲伐之，实有违先王之政也。

冉有曰："夫子欲之；吾二臣者，皆不欲也。" "夫子"，称季康子。"欲之"，欲伐颛臾。"吾二臣"，冉有自称与子路二人也。"者"，语气辞。冉有实干季氏之谋，恐夫子责之，故归咎于季氏。

孔子曰："求！周任有言曰：'陈力就列，不能者止。'" "周任"，古良史。"陈"，度也。"陈力"，自度己力也。"就"，就任。"列"，官位。"不能"，力不胜其位。"止"，辞去。

夫子引古良史周任之语以教冉有，为人臣者当自度其力能胜其位，乃就其职；苟自度力不胜任，当辞位而去。

"危而不持，颠而不扶，则将焉用彼相矣？" "危"，于行走时倾倒。"持"，扶持。"颠"，颠仆而失队。"扶"，搀扶。"相"，助也，乃扶助瞽师者。相者扶助瞽者乃分内之事，若见瞽者于危难而不助、颠仆而不扶，此相者失职也。昔舜相尧，禹相舜，伊尹相商汤，周公相武王，皆居臣子位以辅其主也。今夫子以相辅瞽者设喻，以示臣子相主之义。

季氏以无道而滥伐有道，乃自取危亡也，冉有既为人臣，固当尽职以谏。今冉有未能谏止季氏，故失职，犹相者失职于瞽者也；且又以巧辞相辩，故夫子不许冉有归咎季氏，遂直呼其名，引周任之言、相者之喻以教之。

"且尔言过矣！虎兕出于柙，龟玉毁于椟中，是谁之过与？" "且"，况且。"兕"，乃色青独角之雌犀牛。"柙"，槛也，囚虎兕之笼。"龟玉"，龟者，龟甲，用以占卜；玉者，乃祭祀用玉石。"椟"，柜也，以储珍宝。按夫子语，虎兕脱于柙，龟玉毁于椟，此典守之过也。夫子以季氏有恶，则冉有难辞其咎，故引此喻以责之。

冉有曰："今夫颛臾，固而近于费。今不取，后世必为子孙忧。" "固"，国称固，野称险。冉有谓颛臾城郭完固，兵甲坚利，且近于费邑，若不乘势取之，恐为后患，固知冉有实干季氏伐颛臾之谋也。

孔子曰:"求!君子疾夫舍曰欲之而必为之辞。" "君子疾夫",君子痛恨如尔所言。"欲之",即贪求其利。"舍曰欲之",即弃己贪利之说。"而必为之辞",乃更作他辞,即编伪辞以为搪塞。

"丘也闻有国有家者,不患寡而患不均,不患贫而患不安。" "丘",夫子自称。"有国",即诸侯,"有家者",即卿大夫。"患",忧虑。"寡",民人因流亡而寡少。"均",田里均平,民人各得其份。"贫",财力贫乏。"安",上下相安。"不安",居位者不能安民。夫子此言当作"不患贫而患不均,不患寡而患不安",以贫对不均,以寡对不安,如此则文理顺也。

按夫子语,民安然后国富,故诸侯、卿大夫不以财富匮乏为忧,当以财富不均为忧,不以民户寡少为忧,当以上下不安为忧。季氏欲伐颛臾以谋私,实忧寡患贫也。时季氏专国,鲁侯无民,即不均;鲁侯弱而季氏强,即上下不安。夫子该语乃专为季氏言。

"盖均无贫,和无寡,安无倾。" 夫求富慕利,乃人之常情也。然富则易骄,骄则暴;贫则易忧,忧则盗。圣人深识极富极穷之弊,故倡富以显贵而不至于骄,不骄则无暴;贫以养生而不至于忧,不忧则无盗;如此则上下相安,相安则易治。是以政教均平则民无疲敝,上下和睦则民心思归,故无寡少,则国无倾危之祸。

"夫如是,故远人不服,则修文德以来之。既来之,则安之。" "夫如是",诚如上述,苟能为之。"远人",朱熹以远人为颛臾,然颛臾既臣于鲁,固非远人之属,故不从朱子说。据《左传》记载,鲁哀公元年冬、七年秋,鲁二伐邾国,又请邾子来鲁;哀公八年夏吴伐鲁,鲁遣邾子还国。邾距鲁约七十六里,故夫子所谓"远人"者,乃邾国也,亦代称敌国。"不服",不归顺。"修文德",乃以文治之德治其国。"以来之",即招之则来。"安之",王者以化育之道使民各遂其志、各安其业。

夫国有礼仪之教、祭祀之礼、刑罚之备、威让之令、攻伐之兵,以文德布告四方,以礼义召感天下,以祭祀悦顺天地、和顺民心,以刑罚慑于内,以武备防于外,于是近人无不听,远人无不服;又以德化民,以礼教民,以文美民,使民修生养息,安居乐业,此乃文功武卫之道也。季氏唯知独裁于内,勤兵于外,实取祸之道也。

"今由与求也,相夫子,远人不服,而不能来也;邦分崩离析,而不能守也。" "相",辅助。"夫子",季氏。"分崩离析",民人有异心谓之分,欲离去谓之崩;分崩不能会聚,谓之离析。当夫子时,赋税繁苛,上下相疑,家臣屡叛,鲁不能安守其邦,苟穷兵伐外,乃以无道伐有道也。

子路虽未干季氏之谋,然未能秉义以谏季氏,亦难辞其咎,故夫子并称"由与求"以责二子。

"而谋动干戈于邦内。吾恐季孙之忧,不在颛臾,而在萧墙之内也。" "干戈",干者,盾也;戈者,戟也。秦、晋、楚称釪、鏔,吴扬一带称戈。"邦内",亦作封内。

"萧",肃也,即严肃。"墙",屏也,即垣墙,以障蔽内外也。"萧墙",按君臣相见礼,臣子至此墙当矜庄肃静,故谓之萧墙,亦称肃墙。或以萧墙为季氏家,此乃不知礼之说也。按周制,天子设萧墙于宫门外,诸侯设萧墙于宫门内,大夫设帘,士设帷,是故季氏家不得有萧墙。

时鲁哀公欲削弱三家，季氏实以此为隐忧，且季氏家臣屡有抗命，若季氏与哀公反目则季氏危矣。季氏处哀公、家臣、颛臾之中，故欲伐颛臾而克之，一者免后顾之忧，二者据颛臾以为己有，以增季氏之力。苟不克颛臾，则劳鲁师于外，以削鲁君、孟孙、叔孙、颛臾之力，乃一石多鸟也。今以萧墙之内者必哀公也，夫子不得直言鲁君，故出此婉言以示季氏所忧者不在颛臾，但在鲁侯也，实欲弱哀公而强季氏，则哀公不能撼季氏也。季氏欲伐颛臾之事未见于经传，考其因，或封内兵事不录，或季氏闻夫子谏言而止也。

试译：季氏将攻伐颛臾。冉有、季路去见夫子，说："季氏将对颛臾用兵了。"夫子说："求呀！这难道不是你的过错吗？那颛臾嘛，从前先王封它为东蒙山的主祭人，而且它又在鲁国境内，是鲁国的公臣啊！为什么要攻伐它呢？"冉有说："我们的主公季康子要讨伐它，我们二人都不愿这样做。"夫子说："求呀！从前周任曾说过：'先度量你的才具是否胜任你的官位，如果力不胜任，就该辞位而去。'正如负责扶助瞽师的相者，倘若瞽师面临危难而不去抱持，颠仆而不去搀扶，那还用相者干什么呢？况且你的话实在是错了，老虎、犀牛从囚笼里逃逸，龟甲、玉石在箱中毁坏，这是谁的过失呢？"冉有说："现在的颛臾，城郭完固，兵甲坚利，而距离费又很近，如果现在不攻取它，将来必成为子孙后代的隐患。"夫子说："求呀！君子痛恨那些不肯实说自己贪利而编个说辞来搪塞的人。我听说国君或大夫，不愁财富贫乏而怕分配不均，不愁民户寡少而怕上下不安。财富均了，便没有贫困了；上下和睦了，便没有寡少了；上下相安了，便没有倾覆之危了。如果能这样做，若再有敌国不归顺，就以礼乐和仁德感召他们来。他们既然来了，就要使他们安居乐业。现在你们二人辅助季氏，敌国不归顺，你们又不能感召他们来；国家分崩离析，你们又不能很好地守护；却想在国内动用武力。我担心季孙氏的忧患并不在颛臾，而在国君的门屏之内啊。"

二

孔子曰："天下有道，则礼乐征伐自天子出；天下无道，则礼乐征伐自诸侯出。自诸侯出，盖十世希不失矣；自大夫出，五世希不失矣；陪臣执国命，三世希不失矣。天下有道，则政不在大夫。天下有道，则庶人不议。"

孔子曰："天下有道，则礼乐征伐自天子出；天下无道，则礼乐征伐自诸侯出。" "征"，以上伐下也。天子征伐诸侯，乃以有德伐有罪也，然诸侯彼相攻杀不得称伐。按周制，礼乐征伐自天子出，天子有九锡之礼。锡者，赐也；九锡，即天子九赐：一锡车马，乃赐金车大辂、兵车戎辂、玄牡二驷于有安民之功者；二锡衣服，乃赐衮冕之服、赤舄一双于有富民之功者；三锡乐则，乃赐定音、校音之器于有谐和悦民之功者；四锡朱户，乃赐朱漆大门于有使民繁衍之功者；五锡纳陛，乃赐登殿之陛级于有进善之功者；六锡虎贲，乃赐守门虎贲卫士若干或三百于有退恶之功者；七锡鈇钺，乃赐武器于有诛杀有罪之功者；八锡弓矢，乃赐彤弓矢百、玄弓矢千于有征伐不义之功者；九锡秬鬯，乃赐黑黍、郁金草酿制之香酒于孝道完备者，许其用于祭祀。

天子奉天应时，有制定成法、调改律法、颁布礼乐、征伐无道之权；诸侯唯奉天子命，非天子命则不得擅用兵事，固知礼乐征伐乃褒贤德、诛不肖之成法，唯天子独操之。苟天下无道则上必凌下，下必犯上，于是礼乐征伐不待天子赐命而自诸侯出。当夫子时，诸侯多私改政教，僭礼悖制，强霸四疆，以致时危世乱，民不聊生。夫子倡周礼、尊天子而卑诸侯，遂出此言。

"自诸侯出，盖十世希不失矣；" "盖"，乃大略之辞，"盖十世"，即约略十世。"希"，少也。"不失"，不亡失也。

自幽王死于犬戎之难，平王东迁，周室式微，于是诸侯私作礼乐、专行征伐。齐虽大邦，然自齐僖公小霸，齐桓公九合诸侯，历孝、昭、懿、惠、顷、灵、庄十世，继而陈氏篡齐。鲁虽礼乐之邦，然自鲁隐公始僭礼乐，历桓、庄、闵、厘、文、宣、成、襄，至鲁昭公丧政奔齐，又死于晋乾侯，亦历十世。固知诸侯僭礼，其政不过十世也。

"自大夫出，五世希不失矣；" 鲁自大夫东门襄仲杀文公之子赤而另立宣公，于是政在大夫，爵禄不由君出。鲁自文公、宣公、成公、襄公、昭公，凡五世，后昭公逃于齐而薨于晋。鲁大夫季文子初得政，历文、武、平至季桓子，凡五世，季氏之政归于家臣阳货，后终为阳货所囚。固知礼乐征伐自大夫出，其政不过五世也。

"陪臣执国命，三世希不失矣。" "陪"，重也，即相隔一重也，故陪臣亦称重臣。古之天子以诸侯为臣，诸侯以大夫为臣，大夫以家臣为臣；诸侯之大夫自称陪臣于天子，大夫之家臣自称陪臣于诸侯。当夫子时，诸侯专天子，大夫专诸侯，家臣专大夫，鲁政自定公、哀公始，政在家臣矣。阳货侍季平子、季桓子二代，继而阳货专权，后败逃于齐晋，已历三世矣，固知陪臣执邦国政令，至三世必失其政也。夫天下之事，违礼逆理愈甚者则失势愈速，天子、诸侯、大夫、家臣之世数皆然。

“天下有道，则政不在大夫。” 天下有道则政不在大夫，礼乐征伐必由国君出。

“天下有道，则庶人不议。” “议”，语也、谋也，即谋议国政。夫天下有道，俊杰之士皆入仕居位，在野必无遗贤；居位者苟无失政，则下无私议。若无道，则庶民必有所非议也，虽钳其口亦不能止私相评议之声在道。

君子知义而远虑，小人嗜欲而近利，是以国政不得弃大臣而谋于小人。况政事当有府吏、文书、告示传与民知，故不得下资于民也。昔阳货有言则鲁乱，乃鄙人论政则国亡之证也。

试译：夫子说：“天下有道时，礼乐征伐之事由天子决定；天下无道时，礼乐征伐之事由诸侯决定。礼乐征伐由诸侯决定，大概能传到十代，很少能再传下去了；由大夫做主，传至五代，很少能传下去了；如果大夫的家臣把持了国政，传至三代，很少能传下去了。天下有道时，政权不会落在大夫手中。天下有道时，庶民就不会谋议国政了。”

三

孔子曰：“禄之去公室五世矣，政逮于大夫四世矣，故夫三桓之子孙微矣。”

孔子曰：“禄之去公室五世矣，” “禄”，百官之禄也；先有爵而后有禄,故称爵禄。按周制,君王于太庙赏爵于有德者,赐禄于有功者。鲁自东门襄仲杀鲁文公之子而另立宣公,于是鲁君失政,爵禄不由君出,赏赐用舍之权皆在大夫。自鲁宣公始,历成公、襄公、昭公、定公,凡五世也。

“政逮于大夫四世矣,” “逮”,下及也。“四世”有二解:一、乃季文子、季武子、季悼子、季平子四世。季氏家自季友有大功而贵为鲁上卿,遂受封于费邑;自季文子始专鲁,历季武子、季悼子、季平子,凡四世。今考季文子之生平,尝佐鲁宣公、成公、襄公,其人尤以忠贞守节、克勤于邦、克俭于家闻于世,实无专鲁也,故不从此说。二、昔季武子以三军增黜之伎成三家分鲁之势,故首居三桓,遂成一荣俱荣、一损俱损之势。自季武子始专鲁,政令赏罚由大夫出,历季悼子、季平子、季桓子,凡四世也,继而季桓子为家臣阳虎所囚。今从此说。

“故夫三桓之子孙微矣。” “三桓”,即仲孙、叔孙、季孙三家,仲孙乃鲁桓公之子庆父之后,叔孙乃鲁桓公之子公子牙之后,季孙乃鲁桓公之子公子友之后,故称三桓。

夫子是言乃于鲁定公之初,即定公五年阳虎作乱之际,时三桓势力未衰。本节专论鲁政,自鲁君失政则禄去公室,政逮于大夫,至哀公时三桓势颓,气数乖舛,遂不复振兴。固知大夫凌上则无以命下,下不从上则不能久安,此千古一理也。

试译:夫子说:“鲁国君上失去爵禄赏赐的权力,已有五代(宣公、成公、襄公、昭公、定公)了;政权下落于大夫手中,已有四代(季武子、季悼子、季平子、季桓子)了。故此,三桓的子孙至此也就衰微了。”

四

孔子曰:“益者三友,损者三友。友直,友谅,友多闻,益矣。友便辟,友善柔,友便佞,损矣。”

孔子曰:“益者三友,损者三友。” “益”,饶益。“损”,减损。夫子所谓益友有三、损友有三,乃砭人君之语也,以为取益远害。

“友直,友谅,友多闻,益矣。” “友”,动词,相友也。“直”,正言直谏。“谅”,信也,即忠信不欺。“多闻”,乃通达政教礼治之要者,能以言辞使人明。凡人君者友此三者,乃取益之道也。

“友便辟,” “便辟”有五解:一、便者,巧;辟者,譬也。便辟即巧譬,即巧为譬喻也,以讨人悦。然夫子下言便佞者已属巧喻,故不从此说。二、便者,近也;辟者,嬖也。便辟即便嬖,乃以邪僻获宠,即亲近小臣、宠幸贱者。然小臣贱者亦有良者,故不从此说。三、或作便僻,即邪僻也。然夫子所谓“善柔”“便佞”皆邪僻之行,苟从此说,则赘言也,故不从之。四、便者,便习也,即习熟。按此说,是人虽熟习威仪,惜乎美饰于外而失诚于内,故反君子直道也。然则威仪乃君子正心之外见,岂可伪饰,故不从此说。五、辟者,避也,便辟即便避。是人善避人之所忌而无谏,以媚人也。今从此说。

“友善柔,” “善柔”,面柔善以媚悦于人,面虽从而背毁也,故反君子直道。

“友便佞,” “便佞”,便者,谝也,即花言巧语。便佞即辩佞、谝佞。是人巧言辩词,以掩不实。

“损矣。” 便辟乃体行之事，即足恭也，亦即体柔。善柔乃面色之柔，即令色，亦即面柔。便佞乃辩辞，即巧言，亦即口柔。此三者皆自损损人，反君子之道也。

自天子以至庶民，凡失友则事必无成，故人生不可无友，交友不可不慎，固当与直、谅、多闻者相友。友直则闻过而改之，于是生善救病，德业日进；友谅则日进于诚，意诚然后身修；友多闻则日进于明，道明则无惑，于是成己成物。苟与便辟、善柔、便佞者相友，于是傲长恶遂，心骄意满，道业学问日堕。今圣人诲以交友损益之道，为政者安得不慎。

试译：夫子说：“有益的朋友有三类，有害的朋友有三类。与能正言直谏的人为友，与忠信不欺的人为友，与广见博闻的人为友，就会有益；与虚情逢迎的人为友，与谄媚伪善的人为友，与巧言善辩的人为友，就会有害。”

五

孔子曰：“益者三乐，损者三乐。乐节礼乐，乐道人之善，乐多贤友，益矣。乐骄乐，乐佚游，乐宴乐，损矣。”

孔子曰：“益者三乐，损者三乐。” “益”，饶益。“损”，减损。“三乐”，乐事有三。凡有益之乐有三，有害之乐亦有三。

“乐节礼乐，” “乐”，以斯为乐也。“节”，检制、节制。礼得中则得体，乐得节则得和，故礼乐贵在有节有制，于是君子乐于以礼约己、以乐养己。昔古之君子必佩玉，右佩玉以合于五声之徵角，左佩玉以合于五声之宫羽。趋走之节与《采荠》相应，行走之节与《肆夏》相应；转回呈圆，折行呈角；进则身微俯，退则身微仰。佩玉鸣声铿锵，故君子乘车能闻鸾和之声，步行能闻佩玉之鸣，遂杜邪僻之念入心。此正夫子所谓"乐节礼乐"也。

"乐道人之善，" "道"有二解：一、道者，导也，乃引导、启发之义。二、道者，说也，即称道。君子好称人善，故慕人之善而扬之；苟以道训导，乃乐导人从善也，则不当谓"之善"，故从第二说。

"乐多贤友，益矣。" "贤友"，乃直、谅、多闻之士。君子乐与直、谅、多闻之士为友，相友愈众则愈善。

"乐骄乐，" 是人自恃尊贵而失态，放逸为乐而失节，虽暂为嗜欲之乐，则忧苦随之而来。

"乐佚游，" "佚"通逸，即放逸。是人性骄惰而厌闻善，乐肆游而不知返，悖礼失节，遂日渐生害。

"乐宴乐，" "宴乐"，燕乐也，乃谓饮食安于礼也，亦称享宴。当夫子时，宴乐多违礼失制，人多贪享饕餮之乐，亲狎阿谀之人，遂溺于淫乐而不知。然则宴饮之事，非时则不办，非故则不牲，不得以口腹之欲而为之。

"损矣。" 上述三事乃自损之道，故夫子以为害。

君子循礼则谨慎仪节，安乐则怡养性情，礼乐须臾未离于日用，故君子"乐节礼乐"。君子身心咸淑，乐闻人善而扬之，又以道德感众，以所长资人，日久则直、谅、多闻之士日众，忠孝廉洁之友日广。若得一贤友则有大益，相友者愈众则受益愈深，故君子以"乐节礼乐，乐道人之善，乐多贤友"三事为益。反之，君子视放逸为乐甚于鸩毒卧病，视出入失节、肆意游荡犹陷水火之灾,视沉溺宴乐、亲狎小人为取祸之道,故君子以“乐骄乐,乐佚游,乐宴乐”三事为损。

试译:夫子说:“有益的快乐有三种,有损的快乐也有三种。喜欢以礼乐节制自己,喜欢称扬他人之善,喜欢广交贤友,这样就有益了。喜欢骄肆放逸,喜欢肆意游荡,喜欢宴饮淫乐,这样就有损了。”

六

孔子曰:“侍于君子有三愆:言未及之而言谓之躁,言及之而不言谓之隐,未见颜色而言谓之瞽。”

孔子曰:“侍于君子有三愆:” “君子”,乃有德居位者,即卿大夫。“愆”,过也,即罪过。“三愆”,即罪过有三。按夫子语,侍于有德居位之君子,易犯过失有三。

“言未及之而言谓之躁,” “躁”有二解:一、疾也,性疾而不得安静,故曰躁;然则躁人辞多,不当言而强言,故言多有失。二、古读躁为傲,夫子该语当作“言未及之而言谓之傲”。盖躁者言多,未可与言而强言,欲以己之所知强加于人,以胜人之不知也。此二说可互证。

“言及之而不言谓之隐,” “隐”,匿实情而不告。按夫子语,当言而隐匿不言,未告以诚实语,故失于欺隐。

“未见颜色而言谓之瞽。” “瞽”,无目之盲者,以喻不能察言观色者也。是人不能预料人意,不能辨人颜色,于是逆先而语，强辞以答，斯病犹瞽者也。

是故君子言以时发，则无躁、隐、瞽三过也。考夫子所谓“侍于君子有三愆”，固知“三愆”必侍于君子之际乃得见。盖君子行止合礼，非礼者近于君子则相形见绌，是故久友于野鄙群小则难见己过，唯久与君子交则愆过必见，见而能改也。故久事君子乃能寡过，德日进而愆日少，以致察言辨色，得时而言，悔吝不生。苟失君子之交则失进益之门，遂终其一生而不得振拔。

试译：夫子说：“侍奉君子时，易犯有三种过失。没轮到他说话却先说了，此为急躁；轮到他说话却不说了，此为隐匿；不看对方脸色便轻率发言，此如无目的瞽者。”

七

孔子曰：“君子有三戒：少之时，血气未定，戒之在色；及其壮也，血气方刚，戒之在斗；及其老也，血气既衰，戒之在得。”

孔子曰：“君子有三戒：” “戒”，诫也。君子肃然警惕，洗心以戒，以防患也。按夫子语，君子忧勤惕厉之事有三。

“少之时，血气未定，戒之在色；” “少”，学人年未满三十，谓之少。“血气”，血主阴，行乎脉中以养身；气主阳，行乎脉外以卫身。血气周流上下而无息，乃生命所赖以生存者也，然血气有盛衰则人有强弱。学人年未满三十，血气犹自薄弱，故不能好色纵欲，过欲则精、气、神俱损，此取损之道，君子焉得不戒。

“及其壮也，血气方刚，戒之在斗；” “壮”，大也，即壮大；人年满三十谓之壮，亦称壮岁。“斗”，争也，乃两士执兵杖以对决也。夫年满壮岁，年齿已壮，血气方刚，是时性力雄猛，锐利好斗而无所与让，故夫子诲以“戒之在斗”。

“及其老也，血气既衰，戒之在得。” “老”，有二解：一、《礼记·王制》以年五十者始衰。然则始衰而非尽衰，是以年五十乃服官从政之年也，遂继大夫位，不当称老，故不从此说。二、《礼记·曲礼》以年满七十称老，今从此说。“得”，贪得也，即贪求爵禄财货。

盖年满七十乃入衰年，时血气既衰，无复争斗之身，唯余贪得之心，故老人因歉而好贪。固知年老犹秋冬，秋冬主阴，阴主敛藏，年老者多嗜聚好敛，故夫子诲以“戒之在得”。

圣人血气之盛衰与常人同，当历少未定、壮而刚、老而衰也，所不同者唯在志气二字，血气固有衰时，然则志气无衰也。圣人所谓三戒者，乃养气、养正之法也，是故圣人之志气当在戒于色、戒于斗、戒于得也。苟志气有养则不为血气盛衰所囿，于是视得明、听得聪、身得正、思得睿、血气得顺，乃致心无所累，身无所碍，圣人之道见矣。

试译：夫子说：“君子有三件事当警惕：年少时血气尚未稳定，当警惕贪恋女色；壮年时血气已刚强，当警惕好斗争抢；年老时血气已衰，当警惕好贪嗜得。”

八

孔子曰：“君子有三畏：畏天命，畏大人，畏圣人之言。小人不知天命

而不畏也，狎大人，侮圣人之言。”

孔子曰：“君子有三畏：” “畏”，畏惧。盖心服而生惧，惧而存敬，敬而生畏，君子惧内则己无过，畏外则外无眚，心存敬畏则祸患不生。是故夫子诲以“君子有三畏”。

“畏天命，” “天命”，乃天所赋予之正理，亦称天理，兼谓德命禄命。盖人命源于天命，故学人当修德命、安禄命、顺天命，修身备德则仁义之道无失。故知天命可畏，当戒谨恐惧，顺天命则吉，逆天命则凶。苟任意妄为，逆天而行，则命乖运违，诸事不成，故君子畏天命不敢逆之。

君子顺天命，居位则行义达道，以安天下；去位则正己存志，以安身命。天地至德以养万民，必降德于圣人而使民安，故君子知天命而畏之。其所畏者，乃畏己德之不备，恐不能成己成物，遂有负天命，故君子必修己安人，则天下安也。

“畏大人，” “大人”有二解：一、大人者，乃圣人也。然圣人与天地合德，夫子既下言“畏圣人之言”，则“畏大人”乃赘言也。夫子言简意赅，岂作重复语，故不从此说。二、大人者，乃居位者也，即有德之天子、诸侯、大夫。盖天子有天下必封诸侯，与诸侯分而治之，诸侯必委政于卿大夫。大人之位受命于天，故称天位天职，系天命之所在也，是故大人进退合礼，举止皆正，乃能正己正人。君子所以“畏大人”者，非畏其贵也，君子既效命于大人，犹听命于天，固当畏之。于是循礼怀刑，上无犯而下能安，于是天下有序，万民得安。春秋末世，臣弑君、子弑父之事时有，此皆不“畏大人”之故也。

“畏圣人之言。” 夫子是言乃引古训也。夫天理杳冥难见，人事成败之理固非常人所知,唯圣人见常人所不能见、知常人所不能知,故圣言可畏也。

"小人不知天命而不畏也," 小人不知天命,未审义理,傲慢而无所忌惮,不务修身之道,唯伤天害理,慢天侮人。

"狎大人," "狎",惯见而轻慢也。"狎大人",大人正直忠厚,无私意与人,无轻慢与人,故易于交接。小人误以大人易欺,虚以逢迎而实则犯上,多以轻慢之罪而遭刑受戮。

"侮圣人之言。" "侮",轻也,即轻慢戏辱。圣人代天宣言,然则小人智浅识短,不怀德,不循礼,未窥天命天理,难解圣人大道,故肆无忌惮,以戏侮圣言而遭祸。若读圣人典籍而不知践行,徒说撰文以博名利,此亦"侮圣人之言"也。

试译:夫子说:"君子有三件事当敬畏:敬畏天命,敬畏有德有位之人,敬畏圣人之言。小人不知有天命,因此不敬畏天命,轻视居于有德有位之人,戏侮圣人之言。"

九

孔子曰:"生而知之者,上也;学而知之者,次也;困而学之,又其次也;困而不学,民斯为下矣!"

孔子曰:"生而知之者,上也;学而知之者,次也;" 盖生而能知者乃上智圣人,故谓之"上也";学而能知者乃上贤,上贤借学而知,遂知礼明义,渐臻仁境,故谓之"次也"。

"困而学之,又其次也;" "困",木宥于口而不得伸也,以喻穷困,即有所不通也。凡既壮而无学者,其行止无据,多不能任事,遂困也。盖其人本不好学,然知耻而后学,但为有所用也,于是借学而入道,是故次于上贤,乃中贤以下者也,故谓之"又其次也"。

"困而不学,民斯为下矣!" 是人既不好学,又困又不知学,遂陷于蠢闷下愚,乃才智最下等者,且冥顽不化,难以为士,故谓之"民斯为下矣"。

夫子所谓上、次、又次之序,乃谓学人资质器识各异,非谓其智之深浅也。虽学有先后,资质各异,或生而知之,或学而知之,或困而学之,然其究竟所知无二,故君子唯学为贵。苟处困而不知学,则沦为下流,流转生死,竟无有出头之日。夫子所谓知之者,乃知本性也,苟本性之外求知,犹骑马觅马,终无所见知也。人之器识清浊各异,浊则不知,清则无所不知,是以君子文器改识以致知,故夫子出此谆谆之教。

试译:夫子说:"生来就知道(知礼明义)的,是为最上等。学了之后才知道的,是为次一等。经历了窘困后才知道要学的是又次了一等。虽经窘困却仍不学的,这样的人是为最下一等的了。"

十

孔子曰:"君子有九思:视思明,听思聪,色思温,貌思恭,言思忠,事思敬,疑思问,忿思难,见得思义。"

孔子曰:"君子有九思:" "思",念也、虑也。盖心之官主思，心有所念，遂主于心而通于意，绎理而思，以解惑达义也，故思则得理，不思则悖理，是以君子严于思。“九思”，九者，众也；九思者，概言君子之思九端。夫子举言九思，乃欲示思诚之道也，思诚则意诚，意诚则身修。

“视思明，” 视无蔽则明，明则能察。君子明察，故能尽精微而致广大。

“听思聪，” “聪”，察也。听无塞则聪，聪则无所不闻，故能善听。君子善听则无所逆，乃解人情。

“色思温，” “色”，容色，见于面也。“温”，温和柔畅。君子容色温和，使人如沐春风，故从者日众。

“貌思恭，” “貌”，礼容形貌。“恭”，矜庄恭敬。古以礼容庄敬别为七者：足容重、手容恭、头容直、口容止、声容静、气容肃、立容德。

“言思忠，” “忠”，诚也。君子笃诚则顺理而有信。

“事思敬，” “事”，临于事。“敬”，敬肃。君子敬以临事，事无败也。

“疑思问，” “问”，不蓄疑而问也。君子每有疑，必问，故不自误也。

“忿思难，” “忿”，心生愤恨，故欲迁怒于人。“难”，患也。苟不忍一时之忿，遂忘身而害亲，遭患蒙难。故君子必忿而思难，乃无患。

“见得思义。” “得”，获利也。“思义”，君子见利必思义，不可贪利而伤义。

盖君子每与人见，先接以视听，次瞻以色貌，再述以言辞，又继以行事。凡事者，或有疑难，或有忿恨，或有得失，固当审思之、明辩之,故夫子示学人九思之序。

试译:夫子说:“君子有九种考虑:当他看的时候,要考虑是否看清楚了没有;当他听的时候,要考虑是否听清楚了没有;脸色要考虑是否温和:礼容要考虑是否庄敬;讲话要考虑是否诚实;临事要考虑是否认真;遇有疑惑要考虑是否向人请教;欲发怒要考虑是否有后患;见有利益可得要考虑是否合乎义。”

十一

孔子曰:“见善如不及,见不善如探汤。吾见其人矣,吾闻其语矣。隐居以求其志,行义以达其道。吾闻其语矣,未见其人也。”

孔子曰:“见善如不及,见不善如探汤。” “如不及”,如己之所不能及也。“探汤”,探者,取也;汤者,热水也。苟以手探汤,易致烫伤。按夫子语,君子必亲善,闻善恐己有所不能及也,见不善则避若探汤之手,以示去恶务速也。

“吾见其人矣,吾闻其语矣。” “闻其语”,乃闻古语也。昔孔门亲善者有颜渊、曾参、闵损、冉有之众,故夫子谓“吾见其人矣”;古语典籍多载亲善去恶、洁身养志之士,故夫子称“吾闻其语矣”。固知好善如慕、避恶如畏者,夫子既见之于时人,亦闻之于古语。

“隐居以求其志,行义以达其道。” “求其志”,尚志也。“达其道”,崇道也。君子困约未达,隐而合义,退以养志,当固守圣人之道;君子居位任官,达而合道,行以合礼,当弘大礼乐之道。

是故穷而养志不失义，失义则身不能修；达则行义不失道，失道则世不能治。昔伊尹佐成汤、姜尚辅武王，微贱而未堕沟渠，既达而未失圣道。

夫子处无道之世，但为弘道故，遂周游列侯，栖栖不已。虽概言无道则隐，然夫子之隐，但为求志守道，非为逃世忘忧，此君子与野人之别也。春秋末世，时有隐者，诸如长沮、接舆、丈人者流皆自洁其高，而非为求志守道也。

"吾闻其语矣，未见其人也。" 时孔门有大贤颜渊，隐而求其志。惜乎颜子早逝，其志未达，其道未行，故夫子称但见诸古语，而未见诸当世之人也。考夫子语，则长沮、接舆、丈人者流未在隐者之列，夫子未以求志达道许其人，固明矣。

盖君子隐居求志，其志在道，苟逃世忘忧而隐，则其志不在道，纵出仕亦必无道可弘，或偶有事功，不过权诈偶遇而已，此野人之隐，非君子之隐也。昔磻溪伊尹、渭水姜尚，皆于微时心牵苍生、志在天下，出则拨乱反正，使天下治，固非自诩高洁者所能及也。

试译：夫子说："看见善的，就像自己赶不及一样全力去追求；看见不善的，就像将手伸进热水里似的赶紧避开。我见过这样的人，我听过这样的话。退而隐居时以求全其志，行义时以求实现其道。我听见了这样的话，没见过这样的人。"

十二

齐景公有马千驷，死之日，民无德而称焉。伯夷、叔齐饿于首阳之下，

民到于今称之。其斯之谓与?

本节贵德,凡以德通得者,乃为异域他邦所改也。

齐景公有马千驷,死之日,民无德而称焉。 “齐景公有马”,乃官马蓄养于官厩,非官马牧养于民间也。“千驷”,古以四马为一乘,千驷者,马四千匹也。按周制,天子有良马十闲,即二千一百六十四;有驽马二闲,即一千二百九十六匹:计三千四百五十六匹。齐景公时,齐土大于周王畿,景公性好狗马,有良马千驷,已逾天子蓄马之数,故僭制。固知诸侯廉洁守制,乃可保社稷、睦民人,若骄奢淫欲,必亡国丧邦,君不见纣王建鹿台而逢凶,暴秦筑阿房宫而遭灭。景公踞位而富逾天子,然无德政于民,景公薨,民无以称其德。

伯夷、叔齐饿于首阳之下, “饿”,饥也。“首阳”,山名,亦称雷首山,首阳之名始见于《诗经·采苓》,黄河经壶口西循山麓南行,至太华山又折往东,首阳山位于华山之北,河曲之中,即河东郡蒲坂之南。据《史记·伯夷列传》记载,昔殷乱既平,天下莫不宗周,伯夷、叔齐耻食周粟,故采薇而食,终饿死于首阳山。考其所以,盖古以粟米为禄,伯夷、叔齐未仕周,故不居位食禄,非独食采薇而不食粟米也,若粟米不足时,二贤必采薇而食,日久乃死。伯夷、叔齐让国守节,与景公迥然不同,乃有德无德之别也,学子固当甄之。

民到于今称之。 民人至今称扬伯夷、叔齐让国之德、饿死不食周粟之节。

其斯之谓与? “斯”,此也。景公知夫子之圣,惜乎不能用之;知晏子之善,惜乎不能行之。纵有良马千驷,富甲诸侯,然无一德可称，故不足荣也。伯夷、叔齐逊位让国，此其仁也；叩武王之马而谏之，此其义也。二贤求仁得仁，求义得义，特为万世所称扬，是故夫子喟叹“其斯之谓与”。

本节所录似显突兀，文势似有断续，或以此句前当有文辞脱落，或以本节无“子曰”二字，当与前节并为一章。凡此说皆无可考处，故无足证经。考《论语》文体，凡援引古礼古事者，或单为叙事者，则篇首大都无“子曰”，故本节开篇虽无“子曰”二字，亦非属文字脱落也。

宋儒程颐以本节当置于《颜渊篇》“诚不以富，亦只以异”二句之后，以合为一章。今详审本节词意，以程子此说虽可证经，然则当以“诚不以富，亦只以异”二句置于“其斯之谓与”之上，如此则理顺义安也。按夫子语，饿夫能仁有节，遂名垂青史；景公不尊礼而富，故泯没无闻。固知天道酬善惩恶，则天下治也。

试译：齐景公有四千匹马，到他死时，人民觉得他没有可称扬的。伯夷、叔齐忍饥挨饿于首阳山下，到如今人民仍在称扬他们。《诗经·采苓》上说“这样的行为确实不能致富，只不过是另有新欢的异心罢了”（此诗喻示不尊礼而成家室，则不能永葆富贵。）说的就是这个意思吧。

十三

陈亢问于伯鱼曰：“子亦有异闻乎？”对曰：“未也。尝独立，鲤趋而过庭。曰：‘学诗乎？’对曰：‘未也。’‘不学诗，无以言。’鲤退而学诗。他日，又独立，鲤趋而过庭。曰：‘学礼乎？’对曰：‘未也。’‘不学礼，无以立。’鲤

退而学礼。闻斯二者。"陈亢退而喜曰:"问一得三:闻诗,闻礼,又闻君子远其子也。"

陈亢问于伯鱼曰:"子亦有异闻乎?" "陈亢","亢"读 gāng 妫姓,字子亢,一字子禽,乃陈国国君陈胡公第二十世孙,亦孔门弟子,少夫子四十岁,尝为单父宰。北宋大中祥符元年(1008)赠封陈亢为南顿侯,明嘉靖九年(1530)陪祀于孔庙。"伯鱼",夫子之子孔鲤,字伯鱼,先夫子逝。"子",陈亢称伯鱼也。"异闻",异教独闻。

陈亢私以伯鱼乃夫子之独子,故疑夫子有所私授,伯鱼所闻必异于同门,乃有是问。

对曰:"未也。" 伯鱼答以"未也",乃谓夫子未尝私授于己,己未尝异闻于夫子。

"尝独立," "独立",夫子尝当庭独立,时左右无人。

"鲤趋而过庭。" "鲤",伯鱼自称。昔者人子当自称名于父前,今伯鱼未当夫子面而自称名者,乃存敬也。按周制,凡受命有爵之士,父子当异宫而居,视子与弟子无薄厚之别。今伯鱼过夫子庭前,必徐趋而行,以示敬意。

"曰:'学诗乎?'对曰:'未也。'" 夫子呼伯鱼而问之:"学《诗》否。"伯鱼答云:"未学《诗》。"

"'不学诗,无以言。'鲤退而学诗。" 夫学《诗》,乃能比兴答对,酬酢往来,于是言语温润,辞气文雅,事理通达无碍。苟不学《诗》,则无以专辞答对,虽出使他邦,必也有负君命。夫子闻伯鱼未学《诗》,故诲之。伯鱼既闻夫子教,退还己舍而学《诗》。

"他日,又独立,鲤趋而过庭。" 乃伯鱼自述于陈亢也。翌日，夫子独立于堂，伯鱼徐趋过庭。

"曰：'学礼乎？'对曰：'未也。'" 夫子呼伯鱼而问之："学礼否？"伯鱼答云："未学礼。"

"'不学礼，无以立。'鲤退而学礼。" 夫礼者，乃君子立身之本也，学礼则恭俭庄敬，德坚性定，故有礼则安，无礼则危。苟不学礼，则无以自立，无以进仕。夫子闻伯鱼未学礼，故诲之。伯鱼既闻夫子教，退还己舍而学礼。

"闻斯二者。" 乃伯鱼又答陈亢，己之所闻者唯此二旨，更无异闻也。

陈亢退而喜曰："问一得三：闻诗，闻礼，又闻君子远其子也。" "远"，乃进见有时、交接依礼也，非朝夕厮守狎亵也。陈亢臆窥夫子必私厚其子，教以同门未闻之学，然则圣人至公，圣道无二，此《诗》礼之训，陈亢、伯鱼皆闻之久矣，今陈亢误以圣道有异，圣心有别，爱子之私与常人同，故有是问。今闻夫子更无私授，遂退而生欢喜心，自谓问一事而闻三教，即学《诗》、学礼、君子远其子也。固知陈亢既为孔门弟子，未尝疏闻《诗》礼之教，其所喜者，乃闻君子不独亲其子也。

今伯鱼过庭，夫子唯诲以《诗》礼二教，何不授以《周易》《尚书》《春秋》《乐经》？盖《周易》穷理，乃君子知命而后学也；《尚书》制法，乃君子经事而后学也；《春秋》断物，乃君子志定而后学也；《乐经》和德，乃君子德全而后学也。是故此四经者，唯久学诣高者能学之，今夫子视孔鲤为后学，故先启以《诗》礼，待熏习日久，志定德全，复深教之。

试译：陈亢向伯鱼问道："您从您父亲那里听到过特别的教诲吗？"伯鱼答道："没有。有一次，我父亲独立堂上，我恭敬地趋过中庭,我父亲问我:‘学《诗》了吗?’我答道:‘没有。’我父亲说:‘不学《诗》,就无以与人对话。’我退回后便学《诗》。又一次,我父亲又独立堂上,我恭敬地趋过中庭,我父亲问我:‘学礼了吗?’我答道:‘没有。’我父亲说:‘不学礼,便不能立身处世。’我退回后便学礼。我私下里只听到过这两次教诲。”陈亢回去后高兴地说:“我问了一件事,却得到了三个收获:一是知道了该学《诗》,二是知道了该学礼,三是知道了君子不私爱自己的儿子。”

十四

邦君之妻,君称之曰夫人,夫人自称曰小童;邦人称之曰君夫人,称诸异邦曰寡小君;异邦人称之亦曰君夫人。

邦君之妻,君称之曰夫人, “邦君”,国君也。“夫人”,天子之妃称后,诸侯之妃称夫人,皆正室嫡尊也。国君所以称其夫人,乃敬称也。诸侯之妾乃娣媵之属,位卑而不得称夫人。

夫人自称曰小童; “小童”,乃幼小之称。国君夫人谦称小童于国君,乃自谓智能寡少犹蒙童也。

邦人称之曰君夫人, “邦人”,国人。“君夫人”,乃国人敬称国君夫人。

称诸异邦曰寡小君; “寡小君”有二解:一、乃国君夫人自称。按周制,国君夫人年少于国君,故自称小君。凡诸侯聘问之事,国君夫人当依君夫人飧法、仪礼以飧来使,时国君夫人自称寡小君于异邦,自称小君于本邦,以示自谦也。二、国君夫人薨，当遣使赴他邦，使者每言及君夫人则谦称寡小君；凡使者受君夫人命赴他邦致辞，每言及君夫人则谦称寡小君。此二说可互证。

异邦人称之亦曰君夫人。 当夫子时，嫡妾之礼不正，悖礼之邦多以妾为夫人。昔鲁文公有二妃，齐桓公有内嬖六人，郑文公有芈氏、江氏，此三公皆僭以妾为夫人也。夫子为正嫡妾之名，乃出是言。

试译：国君的妻子，国君称她为夫人，她对国君自称为小童；国人称她为君夫人，对他国之人称她为寡小君；他国之人称她为君夫人。

論語正述·阳货篇

一

阳货欲见孔子，孔子不见，归孔子豚。孔子时其亡也，而往拜之。遇诸涂。谓孔子曰："来！予与尔言。"曰："怀其宝而迷其邦，可谓仁乎？"曰："不可。""好从事而亟失时，可谓知乎？"曰："不可。""日月逝矣！岁不我与！"孔子曰："诺，吾将仕矣！"

阳货欲见孔子，孔子不见，归孔子豚。 "阳货"，姬姓，阳氏，名货，亦称阳虎，乃季氏家臣，跻于鲁卿大夫之列，尝囚季桓子而专鲁，开家臣执鲁政之先例。"归"，馈也、遗也，乃以财物馈人。"豚"，小豕也，古以小猪称豚、大猪称彘。

时阳货已专鲁政，欲使夫子仕，恐夫子不见，特馈豚于夫子。按周制，大夫馈士，士必往拜大夫家。今阳货遗豚，必期夫子来谢，因得与见也。阳货既臣于季氏，今何以大夫称？盖季氏官司徒，下设小宰、小司徒二人，皆下大夫也，阳货既从于季氏之后，故以大夫称。

孔子时其亡也，而往拜之。 "时"，伺也，即伺察、窥伺。"亡"，外出。阳货僭礼违制，夫子知其见饷之意，故不欲往见阳货而盘桓其家，于是窥伺其外出而往拜之。

遇诸涂。 "遇"，相值也。"涂"通途，乃旅途也，古称五涂，即径、畛、涂、道、路。今夫子与阳货不期而会于途中。

谓孔子曰:"来!予与尔言。" 阳货路遇夫子,自称欲与夫子语。世人皆以阳货作骄语,殊不知阳货欲用夫子,且馈豚于夫子,今既见于途,实阳货所求也,岂作骄人之词以诎夫子。考阳货该言,乃欲以娓娓之词释说于夫子也。

曰:"怀其宝而迷其邦,可谓仁乎?"曰:"不可。" "怀其宝",以喻夫子腹有《诗》《书》,身怀礼义,藏道德而不仕也。"迷其邦",乃谓夫子明知国将不治,亦隐而不仕,不得为鲁君分忧,未能救鲁于迷乱衰微之际。阳货以此为失仁,故继答曰"不可",所以加一"曰"字,以示加重语气也,乃欲以断然之理以劝夫子出仕。

"好从事而亟失时,可谓知乎?"曰:"不可。" "亟",屡次。"失时",殆失时机也。"知",智也。"好从事",乃谓夫子意欲参政也。按阳货语,夫子虽欲仕,然屡失时不遇,故失智,是以阳货于继答曰"不可"。

"日月逝矣!岁不我与!" 鲁定公八年,阳货叛鲁,时夫子年五十一。今阳货谏劝夫子出仕,当在未叛之前,时夫子年五十也。古以年五十始称衰,故阳货以日月已逝,时不我待,君子固当疾仕。

孔子曰:"诺,吾将仕矣!" 所以加"孔子曰"者,以别阳货之辞也。夫子非不欲仕,实不欲仕于阳货也,今初闻其言而未审其详,故缄默以对,既知阳货劝仕,又不欲久与阳货语于途,故答以"诺,吾将仕矣"之逊词,权为免难也。考夫子言辞行止,动静之间无须臾违仁悖礼也。

试译:阳货想要夫子去见他,夫子不去,阳货便送了一头蒸熟的小猪给夫子。夫子打听到阳货外出时,前往他家拜谢。不料，二人于途中相遇了。阳货对夫子说："来呀！我有话同你说。"接着又说："你身怀道德之宝，却眼看着国家迷乱衰微而不救治，这能算仁吗？"阳货自答道："不能算作仁。""你意欲参政，却数次失去时机，这能算智吗？"阳货又自答道："不能算作智。"阳货说："光阴一去而不返，岁月可不等人啊！"夫子说："好，我准备要出仕了。"

二

子曰："性相近也，习相远也。"子曰："唯上知与下愚不移。"

子曰："性相近也，习相远也。" "习"，概言善习恶习。君子循礼而行，日久则善习备也；苟违礼，日久则恶习满盈。

夫大道混沌无形，涵容万千，无为自存，恒生不灭。万有皆气化而生，然物类有别，各因其类而得衍生。道动则生一，一者，性也；一又生二，二者，阴阳二极也；继而五行生焉，五行阴阳既成则万物备矣。固知道本无为，所以生万有者，必借一而有所为也。一者，承道而动，故化生万物，即先天初始而未用之际也，凡一动则生二，是为后天。是故一乃先天之性，人所以禀性而生也；二以至万者，乃后天之命也。若积恶习日久，虽性无须臾远离，然则恶习者终不能见性，故不能识本。夫缘性而下则生万也，故顺于命；溯命而上则合一也，故合于性。性于万类生发之际，因其染污各异，于是命有偏全、厚薄、清浊、昏明之别，故各由其性而生其命，以至万殊。

今夫子唯言“性相近”，以诲学人慎习，而非专为论性也。若专论性则性为本，本即一也，一者更无不善，又何言相近。人既为天地间之贵者，则“性相近”乃言人性善也。圣人为完德者，然与我亦属同类，虽圣道至难，苟孜孜以求之，终可成也。于是君子慎其所习，积善习则清扬明朗，日久必见性，见性则知本，知本则生命由我做主而不借外力，习气安得染污自性也。故君子自勉从善，且劝人以善，于是成己成物。

按夫子语，“性相近”即善相近，非谓恶相近也。性无有不善，若不善，则反善，又何谈相近。是故亲善则必善，近恶则必恶，学人慎其所习，从善远恶，出淤泥而无染也。

子曰：“唯上知与下愚不移。” “上知”，乃上哲上智者，即生而知之者也。“下愚”，处困而不知学，于是自暴自弃，昏愚至极，故谓之下愚。“不移”，不可移易也。人有哲愚之别，故上智者生而知学，成己成物，外力不可使其为恶也；下愚者处困而不知学，遂自绝于圣人之道，难与言礼明义，故不可移易，外力不可使为善也。考夫子语义有二：一、贤愚品众，若举大而言之，则别为上中下三等也，上品为圣人，下品为愚者，唯中品者乃能改易，其人习善则善，习恶则恶。二、夫子唯言不移，未言不可移，固知圣人诲人不倦，岂因下愚而厌教也。凡蒙昧下愚者，但得有所畏怀之师，以启向学慕道之心，必改愚向善，沐于礼乐之道，遂渐进于中智、上智也。况人之愚不同于牲畜之愚，以犬马之愚则无仁、义、礼、智四端，然则下愚者未必全无仁、义、礼、智也，苟使改习从善，秉彝成德，则合于圣人大同之旨也。

试译：夫子说：“人的天性是相近的，由于习气不同而使人的差距拉大了。”夫子说：“只有上智的人与下愚的人不可移易。”

三

子之武城，闻弦歌之声。夫子莞尔而笑，曰："割鸡焉用牛刀？"子游对曰："昔者偃也闻诸夫子曰：'君子学道则爱人，小人学道则易使也。'"子曰："二三子！偃之言是也。前言戏之耳！"

子之武城，闻弦歌之声。 "之"，往也。"武城"，鲁邑名，孔门弟子子游时任武城宰。"弦歌"，以琴瑟奏乐咏诗。古之设教，党有庠，家有塾，必教学人以《诗》《乐》，且诵之歌之、弦之舞之。春秋末世，庠塾之教渐废，故礼乐不张，《雅》《颂》之音不振。子游为武城宰，复庠塾之教，欲依古礼而教学人，故学者日众。今夫子游武城，乃得闻弦歌之声。

夫子莞尔而笑， "莞尔"，悦而舒张眉目，即微笑。夫子闻此弦歌之声，故笑也。

曰："割鸡焉用牛刀？" "牛刀"，割牛之刀。以子游之大才可治千乘之国，今治武城，犹以牛刀割鸡，不能尽施其才也，夫子深惜之，遂出是言。

子游对曰："昔者偃也闻诸夫子曰：'君子学道则爱人，小人学道则易使也。'" "偃"，姓言，名偃，乃子游自称名也。"君子"，居位者。"小人"，庶民。"学道"，乃学礼乐之道也。

夫礼以节人，乐以和人，故善治者必以礼乐之道教民，则民人日亲日睦。按子游语，武城虽小，然礼乐事大，固当以斯道教民，于是上爱人而下易使。今子游引夫子语，乃夫子之常言也。

子曰："二三子！偃之言是也。前言戏之耳！" "二三子"，乃从夫子行者。城邑有大小之别，皆当以礼乐之道治之。春秋末世，诸侯多不能行此道，独子游年少而能笃行礼乐，虽小试于任内，然颇有成效。夫子深喜子游之笃信笃行，且能答以正言正理，故称"偃之言是也。前言戏之耳"，一者嘉许子游，二者解从行者之惑。

试译：夫子去武城，听到弦歌之声。夫子微微一笑，说："杀鸡何必用宰牛的刀呢？"子游回答道："以前我曾听您说过：'做官的学习了礼乐之后，就懂得爱人；庶民学习了礼乐之后，就容易听使唤。'"夫子对从行的弟子们说："弟子们，言偃的话说的是啊！我刚才所说的只是和他开个玩笑罢了。"

四

公山弗扰以费畔，召，子欲往。子路不说，曰："末之也已，何必公山氏之之也？"子曰："夫召我者，而岂徒哉？如有用我者，吾其为东周乎！"

公山弗扰以费畔，召，子欲往。 "公山弗扰"，复姓公山，姬姓，名弗扰，字子泄，春秋时鲁人，亦名公山不扰、公山不狃，今统称公山不狃。"费"，费邑。"畔"，叛也。

据《左传》记载，鲁定公五年（前505）九月，阳虎囚季桓子；定公八年，季寤、公鉏极、公山不狃、叔孙辄、叔仲志皆依从于阳虎，阳虎设享礼于蒲圃，欲杀季桓子而代之，事败而逃，时公山不狃为费邑宰，叛季氏之心未著。定公九年（前501），公山不狃虚张强公室之名，据费邑而叛季氏，实未叛鲁君也；定公十二年(前498)，子路为季氏宰，尝隳三都，是时公山不狃、叔孙辄率军袭鲁，夫子命申句须、乐欣败之。是故公山不狃以费邑叛，又召夫子，当在定公九年。

按周制，公山不狃既为季氏家臣，其叛主实僭礼也，夫子何欲往费邑。盖三桓专鲁而畔鲁君久矣，公山不狃叛主，虚藉强公室、弱三家之名，乃伪以公心而实私也。为人臣者知其主僭礼，固当去位不仕，安得窃据城邑而叛。况以臣叛主，终为乱礼，若家臣皆效之，天下岂不大乱。阳虎与公山不狃尝共执季桓子，既同为一党，其志同而事同，阳虎称是则公山不狃未必不称是，故夫子拒阳虎之邀则必拒公山不狃之邀。今夫子欲往者，实不失礼也，此与往拜阳货馈豚之礼无二。公山不狃既以强公室之名相召，其名亦正，其辞亦顺，惜乎公山不狃未知张公室之政非家臣所能为也，苟强为之则悖礼，故夫子欲往费邑谏之，以止乱归鲁也，此圣人之仁也。昔阳虎假公济私，但为制大夫而利己，然以乱制乱则愈乱，如此则家国安得治邪？阳虎如此则公山不狃未必不如此，夫子深察公山不狃之不可改，终未往，此圣人之智也。

子路不说，曰："末之也已，何必公山氏之之也？" "不说"，不悦。"末"，无也。"之"，往也。"末之"，即无处可往也。"已"，止也。"之之"，二之皆往也。子路以夫子大道难行，误以道之不行则止，何必强行，以夫子不当往费邑也，故不悦，

子曰："夫召我者，而岂徒哉？" "徒"，空也。"岂徒"，不徒召我往也。夫子以公山不狃假强公室之名，其所召亦师出有名，岂无事而空召我也，既召我，则必欲用礼乐之道辅政也。

“如有用我者，吾其为东周乎！” 此言有三解：一、其通岂，“吾其为”亦作“吾岂为”，即吾岂能为之。昔武王伐纣，定都镐京，史称西周，亦称宗周；至幽王时，犬戎灭宗周，幽王死于骊山，平王迁都洛邑，史称东周。洛邑乃周公所营，史称“周公营洛”，以督殷之顽民也。至敬王时，王子朝又乱，敬王姬匄尝暂居洛邑，故称洛邑为陪都。周室自敬王避难、平王迁都，始衰颓不振，于是君臣无上下之别，诸侯有争竞之心。夫子既宗周，遂出此反语，乃谓如有用我者，必兴西周之盛，必复周公之礼，固知夫子之志不在东周也。二、夫子遭逢乱世，怀仁者圣德，伤纲纪废弛，睹三桓专鲁、家臣叛主，故游说诸侯，周流应聘，以为恢复礼乐之治也。今夫子未明言欲教正公山不狃之不臣，亦未以子路事季孙氏为正，故慨言“如有用我者，吾其为东周乎”，以示欲效周平王续周统而复周礼也。夫子生于东周，故以东周为喻，乃近事近说也。三、周敬王为避王子朝之乱暂居陪都洛邑，为固王室，欲以礼乐大道教化洛邑之殷人。时值公山不狃召夫子，鲁费邑当在洛邑之东，故称其为东方。考夫子语，乃欲兴礼乐大道于费邑也。综此三说，夫子克己复礼，欲复周统之纲常。时世乱道衰，周室已呈渐颓之势，夫子若轻东周而重西周，则不闻时事，不重敬王，但欲以一己之力自兴西周之礼，则置敬王于何地，难免有僭礼凌君之嫌。况夫子岂能黜东周而僭天子，又岂能揽天功于己有，出此气壮违礼之辞，故不从第一说。夫子与周敬王为同世之人，公山不狃召夫子，时值周敬王暂居洛邑，夫子固当审时事而后言，故不从第二说。考第三说则合时合义，夫子尊礼敬君之心见矣，故从第三说。

试译：公山弗扰据费邑而叛季孙氏，他召夫子去，夫子考虑前往费邑。子路心里不高兴,说:"无处可去就停下来,何必要到公山氏那里去呢?"夫子说:"来召我去的人,难道是无事白白地召我吗?如果有肯用我的人,我或许能在东方(洛邑之东)兴起周道(礼乐之道)。"

五

子张问仁于孔子。孔子曰:"能行五者于天下,为仁矣。""请问之?"曰:"恭、宽、信、敏、惠。恭则不侮,宽则得众,信则人任焉,敏则有功,惠则足以使人。"

子张问仁于孔子。孔子曰:"能行五者于天下,为仁矣。""请问之?" 本节所录不类于前后文,略显突兀,考夫子语,似答问政也。子张问仁于夫子,夫子答以"能行五事于天下"为仁,子张复问五事者何也。

曰:"恭、宽、信、敏、惠。" "恭",恭敬。"宽",宽厚。"信",守信。"敏",敬也,即庄敬敏审,以庄敬审慎之心行事,故能敬事而有功。"惠",顺也。夫子以五事答子张,乃砭其病也。

"恭则不侮," 居位者恭敬,则不为人所侮慢。

"宽则得众," 居位者宽厚,乃得人心,故从者众。

"信则人任焉," 居位者出令有信则无废功,行事有信则民从而有恒业。

"敏则有功," 君子朝乾夕惕,庄敬审慎,行事无所怠慢,可致大功。苟懈怠不敬,朝废事而夕无功。是故君子敬审于事则功成也。

“惠则足以使人。” “惠”，顺也。仁者居位治民，务顺乎民情，凡役使民人，固当量长避短，劳逸有度，施惠于民则民安也。

试译：子张向夫子请问仁道。夫子说：“能行五种品德于天下，就是仁了。”子张问：“请问是哪五种品德？”夫子说：“恭敬、宽厚、守信、敬审、慈惠。恭敬就不会遭受侮慢，宽厚就会得到民心，守信就会得到民众信任，庄敬审慎就会取得成功，慈惠就会很妥当地以使民众。”

六

佛肸召，子欲往。子路曰：“昔者由也闻诸夫子曰：‘亲于其身为不善者，君子不入也。’佛肸以中牟畔，子之往也，如之何？”子曰：“然！有是言也。不曰坚乎，磨而不磷；不曰白乎，涅而不缁。吾岂匏瓜也哉？焉能系而不食？”

佛肸召，子欲往。 “佛肸”，或称作佛肹、茀肸。据《史记·孔子世家》记载，中牟乃晋范氏、中行氏之封邑，佛肸臣于范氏、中行氏，为中牟宰。鲁哀公五年（前490），晋大夫赵鞅挟晋侯借伐卫之际以攻范氏、中行氏，欲成三家分晋之势。佛肸据中牟而敌之，特召夫子。依圣人明鉴，赵鞅取中牟而灭范氏、中行氏，则三家分晋之势成也，苟大夫自立为诸侯，此恶行一开，群雄竞相效之，则天下乱矣。故夫子欲往中牟，其用世之心、行道之义见也。

子路曰：“昔者由也闻诸夫子曰：‘亲于其身为不善者，君子

不入也。'" "昔",往昔。"由",子路自称。"者""也"皆语气辞。"亲",自也。"亲于其身",即亲身。"君子不入",居位者有不善,则君子不入其国、不入其乡。子路见未及师,智未达圣,但能笃守"亲于其身为不善者,君子不入也"之训,误以佛肸敌赵鞅为不善,则夫子不当往中牟,故持师训复问夫子,一为求知,二为止夫子中牟之行。

"佛肸以中牟畔,子之往也,如之何?" "中牟",邑名,原属晋土,卫乘赵魏竞乱之际巧得之,遂归卫,此后事也。卫北境汤阴县西五十八里处有牟山,中牟邑位于牟山之侧。晋卫交邻,中牟乃卫晋必经之路。"畔"古通叛。赵鞅挟晋侯而攻中牟,实假公济私也。佛肸据中牟以敌赵鞅,乃固守家臣之职也,故义于范氏、中行氏而畔于晋,遂称"以中牟畔"。"如之何",即如是何,乃于事何补之义。按子路语,赵简子攻中牟之事既成,则佛肸难脱"畔"名,故不善,夫子若应召而往,实于事无补也,故欲止夫子。

子曰:"然!有是言也。不曰坚乎,磨而不磷;不曰白乎,涅而不缁。" "磷",褲也,乃薄义。"不磷",即不薄。"涅",化也,乃用水化黑土以染白为黑也。"缁",黑色。

子路持师训复问,夫子答以尝有是教也。然则至坚者虽磨而不能薄,至白者虽染而不能黑,夫子引此喻以慰子路,以示君子处困约而其志不摇,处浊乱而其心不污。

"吾岂匏瓜也哉?焉能系而不食?" "匏",即瓠瓜,别为两类:一者味甘可食,称瓠;二者味苦不可食,称匏。今夫子所谓匏者,乃不可食者。古以匏瓜为星宿名,亦称匏瓜星,其位孤而未邻众星,故世人皆以匏星孤单无匹,唯悬系于宵宇而无所用。圣人之学犹可食之物,必也周流四方,恩养万民,是故士当以材智佐时理政，安得如匏星孤高无用于世。

当夫子时，诸侯逾制，大夫专制，值佛肸召而夫子欲往，究其因乃为存晋也。时晋君主盟而尊周，晋灭则周亡，赵鞅假伐卫而围中牟，佛肸必敌之，若范氏、中行氏败，则赵氏强而晋君弱，于是强暴成势而礼义失势，故夫子不斥佛肸之召，但为儆赵氏也。固知圣人道高德厚，意至虑深，非子路所能知也。

试译：佛肸召夫子去，夫子想要前往。子路说："我曾听夫子说过：'那人亲身做了不善的事，君子是不会进入他的国家的。'佛肸据中牟以敌赵鞅，夫子您要去他那里，这样做是否会于事无补呢？"夫子说："是的，我说过这样的话。可我不是也说过坚硬的东西磨也磨不薄吗？不是也说过洁白的东西染也染不黑吗？我难道是匏瓜吗？哪能只挂在那里，不想有人来采食呢？"

七

子曰："由也，女闻六言六蔽矣乎？"对曰："未也。""居！吾语女：好仁不好学，其蔽也愚；好知不好学，其蔽也荡；好信不好学，其蔽也贼；好直不好学，其蔽也绞；好勇不好学，其蔽也乱；好刚不好学，其蔽也狂。"

子曰："由也，女闻六言六蔽矣乎？"对曰："未也。" "由"，仲由。"女"，汝也。"六言"，即下言仁、知、信、直、勇、刚六者。"蔽"，障也，即障蔽；苟不能通明于道，故滞于一隅，似有物障壅也。"六蔽"：即下言愚、荡、贼、绞、乱、狂六者。此六言六蔽之说乃古成语，夫子引而问子路，子路答以未闻也。

“居！吾语女：” “居”，坐也，即双膝跪席而坐。“语”，告也。凡长者问，弟子当立而答对，以示敬意也；答毕，则还席复坐，若答未竟，待长者命然后坐。今子路答未竟，故立待夫子命，夫子许其坐，又告以六言六蔽之义。

“好仁不好学，其蔽也愚；” “愚”，愚蠢、暗昧。君子好仁博学则明智无过，故能明道祛蔽；苟空好仁而不学，不知礼义，则行止裁度失据，久必沦为下愚。

“好知不好学，其蔽也荡；” “知”通智。“荡”通惕，即放荡。苟好智而无学，无礼而妄自为用，纵穷思竭虑，终放纵流荡而无所依止，于是自障于道，故称蔽。

“好信不好学，其蔽也贼；” “贼”，贼害。徒好小信而无学，唯重小诺而失大义，是非不明，事理不通，必害己害人。昔者尾生与女子期于梁下，女子不至，水涨，尾生但守小信，抱柱而亡。若尾生之信为时人所竞效，则贼害道义匪浅。昔宋襄公但守小信而失大人之信，未击渡河之楚军，遂败。此二者皆害己害德之证也。

“好直不好学，其蔽也绞；” “绞”，以尖刻急迫之语叱人。按夫子语，好直而不好学则行止无依，遂陷绞急不和之境，以致忤人害己，败家亡国。

“好勇不好学，其蔽也乱；好刚不好学，其蔽也狂。” “勇”“刚”互为表里，勇乃刚之用，刚乃勇之体。“乱”，违礼者多犯上作乱，故有勇无礼则乱，“狂”，狞直者言行必忤人，故有刚无义则狂。

盖春秋战国之世，多有剑客游侠者挟刚勇之气，动辄轻身殉人，慕私义而违公义，逞刚勇而忤纲纪，犯上作乱，害已害人，皆不好学、不尊礼、不明义之故也。君子好学,乃成仁、智、信、直、勇、刚六德;苟不好学,乃生愚、荡、贼、绞、乱、狂六蔽。固知子路勇于为善,其不足者,盖学之不足而有所失也,故夫子诲之藉学而达信、直、勇、刚六德,以救其偏也。

试译:夫子说:"仲由啊!你听说过六言六蔽的说法吗?"子路回答说:"没有啊!"夫子说:"坐下,我告诉你。好仁而不好学,其蔽容易沦为愚蠢;好智而不好学,其蔽容易沦为流荡无依;好信而不好学,其蔽反成贼害;好直而不好学,其蔽容易尖刻急迫而不近人情;好勇而不好学,其蔽容易犯上作乱;好刚而不好学,其蔽多因犷直而抵触他人。"

八

子曰:"小子!何莫学夫《诗》?《诗》,可以兴,可以观,可以群,可以怨。迩之事父,远之事君;多识于鸟、兽、草、木之名。"

子曰:"小子!何莫学夫《诗》?""小子",夫子呼门弟子以教之。"何莫",即何不。《诗》,亦称《诗三百》。夫子重诗教,故有此问。

"《诗》,可以兴,""兴",夫学《诗》者,必由风、赋、比、兴、雅、颂六门而入,故言兴必言比,比兴二义相近,皆缘物而感发志意也。夫比者,以物比方也,凡国有失政,不可直斥其失,故多以物象比喻而劝也。夫兴者,以物托事也,凡国有美政,不可直言其美,恐涉谄媚,故多取善美之物象比喻而赞也。《诗》所以温柔敦厚者，乃借比兴也，其专务抒情而不务述理，专务感人而不务胜人，遂免于径直失礼，故为人所乐受而改其过。

“可以观，” 太平治世则政和乐安，荒年乱世则政乖乐怒，丧邦亡国则民困乐哀，考其因，乃世变政异则乐殊也，故学《诗》可以观风俗、知盛衰、明得失。

“可以群，” “群”，群居以切磋砥砺。《诗》敦厚温良，学之则狎玩谬戾之习气渐销，是故学人群居而切磋砥砺，以使道业日进。

“可以怨。” “怨”，讥谏，虽怨谏上政而不怒也。凡君亲有过，必藉《诗》以劝也，虽谏上而不直斥其非，于是言者无罪，闻者足戒，或偶有谏而不从者，亦不遭嫉害身，此君子两全之道也，故《诗》有正得失、动天地、感鬼神之功。

“迩之事父，远之事君；” “迩”，近也。盖人伦之道尽备于《诗》，故能经夫妇、成孝敬、厚人伦、美教化、移风俗，是故先王以《诗》设教，近以事父母，远以事君上。

“多识于鸟、兽、草、木之名。” “鸟”，古谓两足羽毛之禽为鸟。“兽”，古谓四足有皮毛者为兽。夫饮食医药乃人之所需，故贵在多识，以甄别其名、其形、其性也，以免滥用。鸟兽草木之学虽儒学之余绪，然《诗》涵括广识博物之学，特为士所重，故学《诗》乃博文之途也。

试译：夫子说：“弟子们，为何不学《诗》呢？学《诗》，可以通比兴之喻，可以观风俗而知盛衰，可以群居以相互切磋砥砺，可以劝谏居上位者而不怒。就近处而言，可以懂得如何奉事父母，就远处而言，可以懂得如何奉事君上；还可以使你多认识一些鸟兽草木之名。”

九

子谓伯鱼曰:“女为《周南》《召南》矣乎?人而不为《周南》《召南》,其犹正墙面而立也与?”

子谓伯鱼曰:“女为《周南》《召南》矣乎?” “伯鱼”,孔鲤,字伯鱼。“女”汝也。“为”,学也。西周以《周南》《召南》为诗教,特教于邦国、乡党,此制至春秋末世未废,故夫子从《二南》之义而教伯鱼。

《国风》亦称“十五国风”,其中十三国皆曰《风》,独周、召曰《南》,盖王化自北向南,故以《周南》《召南》为正格,列《国风》篇首。《周南》有诗十一首,言夫妇男女者九篇;《召南》有诗十四首,言夫妇男女者十一篇。考二南所言者,皆修身齐家之事,无淫邪狎翫之私,故《周南》《召南》位于三刚之首、王化之端,学人熟习之,熏习心性则身修,于是经夫妇、友兄弟、厚人伦,乃至家齐邦御,是故家室之道尽备,则天下之理可得也。

“人而不为《周南》《召南》,其犹正墙面而立也与?” “正”,向也。“正墙面而立”,即向墙而立,止步而难行也。夫圣王设教,尤以《二南》为德化之本、王化之基,该诗备言淑女以配君子,以示夫妇之道乃人伦之始也。人伦正而后有父子,父子亲然后有君臣,君臣敬然后有上下,上下和然后有礼仪,礼仪尽备则文明斐然。故文王制《周易》,上经以《乾》《坤》为首,下经以《咸》《恒》开篇,列夫妇之道为三纲之首。按夫子语,学人不学

《二南》,犹面墙而立,举目难视,举步难行。

本节录夫子语,乃伯鱼过庭之际,于学《诗》学《礼》二问之后,又详述《二南》宜学之义于伯鱼,诲伯鱼以善处夫妇之道也。考日后伯鱼出妻之事,或当时伯鱼夫妻间有难言处,夫子明察,遂以《二南》为训。

试译:夫子对伯鱼说:“你学了《周南》《召南》吗?一个人如果不学《周南》《召南》,那就好像正对着墙壁站立而无法再前行了。”

十

子曰:“礼云礼云,玉帛云乎哉?乐云乐云,钟鼓云乎哉?”

子曰:“礼云礼云,玉帛云乎哉?” “云”,语气词,古汉语句首、句中、句尾皆用之,诸如:云谁之思?岁云暮矣。“玉”,乃圭、璋、璧、琮之属,皆祥瑞贵重之礼器。“帛”,乃束帛之属,每卷长约二丈。夫祭礼之旨贵在安上和下,非尚玉帛也,故夫子以礼奢器侈则伤德害礼。

“乐云乐云,钟鼓云乎哉?” “钟”,乐钟。钟音喻动,以示阳气发动于黄泉之下而生养万物。乐旨贵和,于是和内修外,上下相亲,风移俗易。主祭者享献辞受、诗歌言咏、登降跪拜必存敬,于是感应道交,固知敬为礼之本,和为乐之本。是故玉帛为礼之用,非礼之本也;钟鼓为乐之器,非乐之主也。献祭者假玉帛以达礼,藉钟鼓以显荣,苟重用不重本,重器不重荣,遂无序也,无序则非礼,非礼则乖违,乖违则盗贼起,以致天下大乱。夫善祭者,必存礼于无形,和乐于无声,和亲于近者,敬畏于远人。

试译:夫子说:“礼呀礼呀,难道仅仅是说玉帛吗?乐呀乐呀,难道仅仅是说钟鼓吗?”

十一

子曰:“色厉而内荏,譬诸小人,其犹穿窬之盗也与?”

子曰:“色厉而内荏,” “厉”,矜厉。“荏”,柔怯。按夫子语,貌矜厉则内必柔怯。

“譬诸小人,” “小人”,邪行者,乃谄佞、奸盗、强暴、私邪之徒也,是人非止于一端,或内柔怯而外矜厉,或内强暴而外柔佞。今夫子所谓“小人”者,乃专谓色厉内荏之徒也。

“其犹穿窬之盗也与?” “穿窬”有二解:一、穿者,钻洞以穿壁也;窬者,逾墙而过也。然钻洞者唯钻土墙,且土墙多为庶民之居所,其财物无多安得招贼;卿大夫家则宅深、墙高、砖坚,盗贼安得钻洞而入,故钻洞而入富贵之家行窃者不常见,唯逾墙之说可信也。二、窬者,亦称圭窬、小窬,乃凿于墙之木户也,以为采光。穿窬者,乃窃贼穿木户而入也。

综此二说,穿洞逾墙者,乃无所畏惮之强盗;穿户入内行窃者,乃心怀鬼祟之暗贼。夫子所谓“色厉而内荏”者,其外示严正而内实柔佞,隐暗之心犹穿窬之贼,故异于肆无忌惮、钻洞逾墙之强盗，是以穿窬之窃贼可拟夫子原义，故从第二说。

试译：夫子说："外貌威严而内心柔怯的人，拿小人作比喻的话，就像是穿窗户入内行窃的小偷吧。"

十二

子曰："乡原，德之贼也。"

"乡原"有三解：一、乡者，向也，竞向人前行谄而博人悦也，以求苟合于世。是人无德而有害，故夫子斥之为"德之贼也"。二、原者，愿也、善也；乡原者，乃乡中之鄙俗而伪善者。是人虚厚而怀乡人之愿，假托忠信廉洁以谄人欺世，虽无杀人之罪，然足以乱德。三、原者，傆也，即狡黠、圆滑。乡傆者既为诡诈之人，故未尝授把柄与人，虽欲讽谏驳斥之，然无可举也。其行止假托忠信廉洁，遂同流合污于世，又自以为是，惜乎不近圣道，故夫子斥之为"德之贼也"。今从第二说，以第一、第三说为辅证。

盖乡原者，假托忠悫，欲合于君子；谄人媚世，乃欲合于庸人。其欲屈己而尽合于天下人，于是阳奉阴违、模棱两可，似有德而实悖德，故迷人正道，害人匪浅，以致庸人皆悦之，君子皆恶之。

试译：夫子说："一乡中全不得罪的那种伪善的人，是戕害道德的贼啊。"

十三

子曰："道听而涂说，德之弃也！"

"道""涂"，皆道路也。道听者，乃闻于道也；涂说者，既闻于途，又转述其所闻。

夫学问之道贵在审思笃行，研精习久乃能立为论议，故君子闻善言而蓄为己有，酝酿既久，必明德明道，苟再遇可传者则传之可矣。若初闻于途，乃记问之学也，其入耳不入心，且修行又浅，不足以为人师。故"道听而涂说"必妄谬，其所闻不能化为己学，以致逐末愈深，障道匪浅，遂害人害己，是为自弃其德也，乃为有德者所鄙弃。

盖道听途说乃读书人之通病也，苟读圣贤典章而不忘嘉言善行，继而潜修深悟，默识于心，于是蓄德既久乃能通明于道。岂能入耳出口犹浅流之渠，虽暂为讲习研讨，口给度日，然则未入于心，固知君子蓄德，小人弃德。

试译：夫子说："在道路上听到便在道路上乱说的人，是自弃其德。"

十四

子曰："鄙夫可与事君也与哉？其未得之也，患得之。既得之，患失之。苟患失之，无所不至矣。"

子曰:“鄙夫可与事君也与哉?” “鄙夫”,庸恶陋劣之徒。“与哉”,即欤哉,乃语气词。按夫子语,不可与庸劣之徒共事君上。

“其未得之也,患得之。” “其”,鄙夫。“得之”,获取禄位。“患”,忧虑也。或以“患得之”为楚俗语,然夫子既为鲁人,岂作楚人俗语,故不从此说。或以“患得之”为齐人语,原为“患不得之”,盖齐音疾切,故省略“不”字而读“患得之”,乃患不能获爵得禄也。

“既得之,患失之。” “失之”,失禄去位。凡道卑德劣者,未得禄位时,但忧不能得之,故遑遑于仕进之途而不得安也;既得禄位,又恐失之,故多以柔词媚态接人,于是招权纳贿,尸位素餐,不敢正言谏上,是人上不能匡君主之失,下不能兴万民之利。君子正己无私,唯恐德不配位,但耻力不称职,故竭忠进谏,虽失禄去位亦不惜也,此君子与鄙夫之别也。

“苟患失之,无所不至矣。” 鄙夫恐失禄位,于是邪曲佞媚无所不为,小则吮疽舐痔,大则杀父弑君,可谓无所不用其极也。

自古士别为三等:一、志在道德者,不为功名累其心。二、志在功名者,不为富贵累其心。三、志在富贵之鄙夫,其行止卑劣,无所不至,于是患得患失,但有终身之忧,惜无一日之乐。夫子深病之,故诲学人以鄙夫为耻。

试译:夫子说:“难道可与一个卑劣无耻的人一起侍奉君上吗?当他没得到禄位时,只担心得不到;既然已经得到了,又担心失去。如若担心会失去禄位,他就会无所不为啊。”

十五

子曰："古者民有三疾，今也或是之亡也。古之狂也肆，今之狂也荡；古之矜也廉，今之矜也忿戾；古之愚也直，今之愚也诈而已矣。"

子曰："古者民有三疾，今也或是之亡也。" "疾"，病也，气失平和则致疾。"三疾"，即夫子下言狂、矜、愚三病。"亡"，无也。夫子感古民有狂、矜、愚三疾，今世已无之，故感伤民俗之衰也。

"古之狂也肆，" "狂"，志高言大。"肆"，不拘小节，肆意敢言。按夫子语，古之狂者志高言大，故能肆意直言。

"今之狂也荡；" "荡"，其人行止无据，自放于礼法之外。夫子以今世之狂者虽志存高远，然放荡无德可据。

"古之矜也廉，" "矜"，矜持守正过严。"廉"，鲁方言读贬，乃自行贬损检饬也，引申为棱角峭厉。按夫子语，古之矜持方正者，其检德饬己过严，故色峭厉而辞犀利，难使人近也。

"今之矜也忿戾；" "忿戾"，忿者，愤怒也；戾者，乖戾也。夫子以今世貌似矜持严苛者，恶理恶行而悖礼，故忿戾多争。

"古之愚也直，" "愚"，暗昧不明。凡以是为非、以非为是者，皆谓之愚。"直"，爽直。按夫子语，古之暗昧愚者，虽是非不明，然其人径直，不谋人亦不防人。

"今之愚也诈而已矣。" "诈"，挟私而妄为也。君子循礼而用智，则是，是则正；小人徇私而用智，则非，非则诈。夫子以今世貌似愚直者，其内怀狡诈而外用机便，故僭礼而妄作。

古民有狂、矜、愚三疾，然肆可救狂，廉可救矜，直可救愚，是故虽有三疾，然尚能活也；今人荡则害狂，忿戾则害矜，诈则害愚，既成三死，故不可活也。当夫子时，世风日下，人情日变，今德未若古德，故夫子欲以礼乐之道救之。

试译：夫子说："古人常有三种病，现今或许这些病都不见了。古代的狂人常易肆意直言，现今的狂人却是放荡无度了。古代矜持严正的人棱角峭厉，现今矜持严正的人却是态度蛮横，悖礼违理了。古代愚人常易直爽而不谋人，现今的愚人却是狡诈妄为了。"

十六

子曰："恶紫之夺朱也，恶郑声之乱雅乐也，恶利口之覆邦家者。"

子曰："恶紫之夺朱也，" "恶"，厌恶也。"紫"，非正色也。古以黑加赤为紫，故紫又称间色，紫与疵谐音，乃不正之义也。青、黄、赤、白、黑五色皆有间色，以杂二色也，其色似真而非真，不正而惑人，故时人多悦而忘正色。"朱"，赤色，周以朱为正色。

盖诸侯好服紫，乃始于鲁桓公，至春秋末世，齐景公好服紫，于是齐人多尚紫，遂以五素帛换一紫帛。固知僭君乱礼则世风日下，夫子感时人邪好紫色而夺朱色，故恶之。

"恶郑声之乱雅乐也，" "郑声"，淫声。"雅乐"，正音。郑声靡乱雅乐之正，世人皆邪爱郑声而衰迷无度，故夫子恶之。

"恶利口之覆邦家者。" "利口"，是人专以佞心巧口惑人，心小而失大，言巧而通辩，给足而应急，思黠而断难，故好说不倦,多言无实,乱信背义,以致败坏大道,故夫子恶之。

今夫子何以言利口而不言佞人,盖佞人雄辩逞才,其辞虽颇悦人耳,亦有可憎之实,故其迹显著,易为人所防范。利口者赘言不烦,虽言大义而寓私欲,故不易为人所辨识,是以利口之害甚于佞人。

试译:夫子说:"我厌恶紫色代替了朱色,厌恶郑国的淫声扰乱了雅乐,厌恶巧言利口使国家覆灭的人。"

十七

子曰:"予欲无言!"子贡曰:"子如不言,则小子何述焉?"子曰:"天何言哉!四时行焉,百物生焉,天何言哉?"

子曰:"予欲无言!" "予",我也。学人多由圣语以观圣道,徒得圣言而未得其实,遂无察天理运行之本,故夫子语以"欲无言",欲设无言之教以化难化之民。是以欲明道通性者,必于行止静默之间随机体认,精察力行,故在心不在言也。然则圣人传道必借典章,诲人不废言辞,苟弃言坏字则六经皆糟粕矣,固知圣人所欲教者,勿耽于章句而略其本也。

子贡曰:"子如不言,则小子何述焉?" "子",乃子贡尊称夫子。"小子",门弟子也。"述",循也,循圣言以渐入圣道。若颜渊在世,闻夫子语必默而识之,余者皆难免生疑。子贡居孔门言辞第一,特发斯问,欲于夫子无言之教得一言以为入手功夫,以开蒙后学也。苟无子贡该问,何以引圣人至论,后学或误以夫子不言之教为不教，顿乖圣人千里也。

子贡尝慨言“夫子之言性与天道，不可得而闻也”，固知子贡得夫子心法久矣，今子贡于无中又生妙有，以为后学探引圣言，其用心可谓深矣。是故子贡已逾言辞科而跻于德行科，其识道之德、诠道之功当在千秋。或以子贡多借圣言以观圣道，故未解夫子“欲无言”之教，遂误以夫子苟“无言”则门弟子将无所从也，乃有是问。此腐儒愚见，今不从。

子曰：“天何言哉！四时行焉，百物生焉，天何言哉？” 夫天运行之道，春夏秋冬皆依律而行，春暖以滋生万物，夏暑以生养万物，秋清以肃杀万物，冬寒以敛藏万物，虽季节各异，然春生夏长、秋收冬藏之功同也。按夫子语，天道无言，然四时行之有序，万物得养而成，得和而兴，皆天德之功也，是故天德至大，然天下人不见其事而独见其功。是以夫子恐学人循言以求道，故欲开讷于言、敏于行之学风，学人必存诚而默识之，乃能随感而应。子贡得力于夫子此“欲无言”之教，深知圣人之道有不言之妙，其在行不在言，在心不在辩。

试译：夫子说：“我想不再有言语之教了。”子贡说：“夫子不再有言语之教，我们这些弟子们将遵循什么呢？”夫子说：“天说过些什么呢！春夏秋冬四季照常运行，万物照常生长，天说过些什么呢？”

十八

孺悲欲见孔子，孔子辞以疾。将命者出户，取瑟而歌，使之闻之。

孺悲欲见孔子，孔子辞以疾。 “孺悲”，鲁人。“疾”，病也。昔仲由死，依士丧礼而治丧，哀公感其丧如礼，特遣孺悲往孔门以学士丧礼，遂使该礼传世。汉儒或以孺悲初欲见夫子，因不知礼，又无绍介而入，故夫子称疾而拒之。私以孺悲初谒孔门时非为孔门弟子也，苟实为孔门弟子，则谒师安用绍介。

《士丧礼》借孺悲而传世，其传经之功昭著。然则后世腐儒据夫子称疾不见而欲责孺悲，遂疑夫子不屑教其人，苟夫子不教，孺悲亦不复见，则《士丧礼》何以传世，惜乎孺悲虽至功而未享配食。或以孺悲奉君命，夫子不当拒之，此乃望文生义之见也。孺悲既奉君命，然又无绍介，于是孺悲失臣子之义，且置鲁君于失礼之地，若夫子见之，则孺悲违制？抑或鲁君违制？此圣人深虑，遂施不教之教，岂鸚鵡学舌者能知。或以孺悲必有得罪夫子处，故圣人辞以疾。今孺悲既奉君命而来，夫子岂以私废公，是小而非大，故不从此说。

将命者出户，取瑟而歌，使之闻之。 “将命者”，即传辞者，乃孔门绍介也。“出户”，出室户也。古人燕居于室，见宾客亦在此。夫子居于室，待传辞者出，遂取瑟而歌，欲使孺悲闻知夫子无疾，以促其改过。夫子未揭孺悲之短，又诲以自新之旨，可谓用心深矣。

孺悲归而克责自洁，遂日进其德，待复见时，夫子授以《士丧礼》。固知孺悲有功，夫子有教。

试译：孺悲要求面见夫子，夫子推托有病拒而不见。传话的人刚走出室门，夫子就取瑟弹唱起来，故意让孺悲听到。

十九

宰我问:“三年之丧,期已久矣。君子三年不为礼,礼必坏;三年不为乐,乐必崩。旧谷既没,新谷既升,钻燧改火,期可已矣。”子曰:“食夫稻,衣夫锦,于女安乎?”曰:“安。”“女安,则为之。夫君子之居丧,食旨不甘,闻乐不乐,居处不安,故不为也。今女安,则为之。”宰我出。子曰:“予之不仁也!子生三年,然后免于父母之怀。夫三年之丧,天下之丧也,予也有三年之爱于其父母乎?”

宰我问:“三年之丧,期已久矣。” “三年之丧”,亦称居丧、守丧、值丧,兼谓饮食、居处、哭泣、容体、言语、衣服、丧期七事。东汉郑玄以“三年之丧”为二十七月,即首尾三年必二闰月,计二十七月为居丧之制。“期”,期限。此三年之丧,乃古制也。春秋末世,周衰礼废,当鲁文公薨,其丧未合古制,固知此制不行久矣。

昔子夏、闵子骞皆笃守三年居丧之制,于是圣门竞相行之。宰我乃孔门高流,既与诸门人久处,安得不闻其详,岂能不守此制,安得为食稻衣锦而问于夫子?考其所以,盖宰我亲闻圣教,又善言辞,特举时人欲以一周年为丧期之实,以引夫子至论而砭时人也。

“君子三年不为礼,礼必坏;三年不为乐,乐必崩。” 此古成语也,乃谓学人勤习礼乐,苟三年不为之则礼坏乐崩也。固知该成语非专为居丧者言,于是持短丧之见者借此语以为口实,今宰我复述之,以待夫子教。

“旧谷既没，新谷既升，” “谷”，乃百谷之总名。“既没”，已尽也。“升”，成也。按宰我语，旧谷已尽，新谷已成，乃示期年天道复始之迹也。

“钻燧改火，期可已矣。” “钻燧”，燧者，别为木燧、金燧。木燧，乃钻木取火也。金燧，亦称阳燧，乃取火于日也，即以金属尖底杯置于日光下，聚光于杯底以燃艾绒。士出当左佩金燧，内佩木燧。今宰我所谓钻燧者，乃木燧也。“改火”，春以榆柳之木取火，夏以枣杏之木取火，季夏以桑柘之木取火，秋以柞楢之木取火，冬以槐檀之木取火，是故循四时之序而易木取火者，谓之改火。譬如春取榆柳之火，乃以榆木为钻，以柳木为燧，钻燧相磨而成火。燧火既燃，当常保不熄，待燧木将燃烬，必以木续之，夏、季夏、秋、冬亦然。此改火之制始于上古，行于夏殷周三代，废于魏，复兴于隋，后又废。“期”，朞也，一朞为四时，即一周年。“已”，止也。

按宰我语，持短丧之见者以期年则天道运行一周，时燧火既改，风物既变，星辰既更，万象既新，故居丧期年可止矣。下愚者虽行此短丧而耻言之，独宰我不避嫌疑，引而问于夫子，以待圣教也。

子曰：“食夫稻，衣夫锦，于女安乎？”曰：“安。” “女”，汝也。“安”，安心。“稻”，粳稻、糯稻。盖居丧所食者，必止于黍稷也，北方以稻为谷中之贵者，故居丧不可食之。“锦”，绣有文采之帛也，以为朝服、祭服之用。

凡父母之丧，人子断无食稻衣锦之理，夫子乃万世名教之主，始终以大义委责宰我，欲使其自悟所以不忍之心，故诘之于心安否。居丧者僭制，宰我必有所见闻，知斯人窃礼之名而亡礼之实，苟如此，反不如适其所愿而行短丧之制，或可激发其欲习礼乐之心，故宰我答夫子以“安”，以期圣教。

“女安，则为之。夫君子之居丧，食旨不甘，闻乐不乐，居处不安，故不为也。今女安，则为之。” “旨”，美也，即甘美。“食旨”，别为饮、食二则。君子居丧，悲哀在中，痛疾在心，故身不安美服，耳不闻美乐，口不甘美味。

夫子初言“女安，则为之”，以诘宰我所引之辞。再言“今女安，则为之”，乃惜宰我之不察，恐其失恩于双亲，故启之，以期宰我自悟于心也。

宰我出。子曰：“予之不仁也！子生三年，然后免于父母之怀。” “予”，夫子称宰我名。“怀”，怀抱。子生而未满三岁，未离父母之怀，故父母养育之恩难报。

人之所以得生者，乃父传种而母妊娠也，子之未生，母极尽生育之苦，既生，双亲极尽抚育之劳。历三年，人子方能言行，勉为自立，遂得享人身之乐。故父母之恩堪比天地，孝子当终身以报也，是故人子于居丧期食稻衣锦，实不孝也。

宰我既出，夫子何以责宰我不仁，未斥其不孝。盖宰我久学圣门，且冠于辞令，怀不辱君命之才，有达于四方之能，乃明智明德之人也，岂能发此悖情之问。况宰我欲为寡恩僭礼者安合理之名，此风既开，则违制不仁者反居其正，若居位者行此短丧之制则不仁也，继而不仁于万物。夫子恐宰我误以短丧可行，故先责以“予之不仁也”，欲使其闻此斥语，以激其反求诸自心而终有所得，再示守丧必三年之故，以示父母之恩当终身以报，而非三年可尽报也。是故三年守丧者，乃初尽孝心也，而非至孝也。

“夫三年之丧，天下之丧也，” “三年之丧”，亦称通丧、达丧,夏殷周三代时,自天子以至庶民皆笃守此制,故夫子称其为“天下之丧”。

“予也有三年之爱于其父母乎?” 此夫子再申其理也。按夫子语,莫非宰我未得父母三年之爱。固知夫子欲以此反语,诘宰我闻此而改过。

近儒或以夏殷周皆行期年短丧之制,夫子欲创改为三年之制,故宰我以但循周旧制而不必加隆,特出此商榷之辞。持此说者,实以臆想揆度之辞乱经也,昔滕文公欲行三年丧制而百官不从,固知三年之丧必古礼也。

试译:宰我问夫子:“父母去世后守丧三年,似乎期限太久了。君子三年不行礼,礼就会废掉;三年不作乐,乐就会失传。旧谷已吃尽,新谷已成熟,钻燧取火的木头也都改换了一遍,守丧一周年也就够了。”夫子说:“居丧期间就吃稻米饭,穿锦绣衣,对此你心能安吗?”宰我说:“心安。”夫子说:“你既觉得心安,就可以做吧。君子居丧期间,食了美味而不觉得甘甜,听闻了音乐而不感到快乐,日常起居也总觉得不安。因此,不会像你说的那样去做。现在你要觉得那样做心安,就去做吧。”宰我退出后,夫子说:“宰我不仁啊!小孩生下三年后,方可离开父母的怀抱。三年的守孝,是天下通行的守丧期。难道宰我没有从他父母的怀抱中得到过三年之爱吗?”

二十

子曰:“饱食终日,无所用心,难矣哉!不有博弈者乎?为之,犹贤乎已。”

子曰:“饱食终日,无所用心,难矣哉!” “难”,难以成德。“用心”,心之官主思,故理义唯思可得,不思则不得也。若“饱食终日,无所用心”,以致懦弱畏事,嗜饮食而耽安居,虽群聚终日,然则言不及义,且无廉耻,好行小慧,更无善思义理之心,遂陷于危殆而不知,故难成德也。

“不有博弈者乎?为之,犹贤乎已。” “博”通簙,乃古之局戏也,亦称簙戏,秦晋称簙,吴越称蔽,或称箭里、簙毒、夗专、棋,以为赌博之用,为上古乌曹所发明。“弈”,围棋,亦称对弈。“为之”,乃行此博弈二戏也。“贤乎”,胜人也。“已”,止也,即无所事事。

夫博弈者,当以数为先机,不专致其心则难胜也,斯虽小技,必也凝神用心,苟笃好之,遂使人废时忘业而起贪竞之心。然则精此术者必善用其心,尤胜于饱食终日、无所用心者。盖君子忧劳则必思,思则善心生;民氓安逸则必淫,淫则忘善,忘善则恶心生,遂无所不为,亡身害性。

盖人之心体无须臾止息,好善则善业生,耽恶则恶业起,若顷刻间无所用心,则邪僻之念顿作,故圣人以此为难事。譬如鼓琴写字,心牵于一处而不致他图,博弈之理亦然。苟心无所系则放逸无据,于是危殆不远矣。

试译:夫子说:“整体吃饱了饭,心却无处可用,这种人难以成德啊!不是有玩簙戏和下围棋的吗?你去做这些事,也比无事可做要好。”

二十一

子路曰:“君子尚勇乎?”子曰:“君子义以为上。君子有勇而无义为乱,小人有勇而无义为盗。”

子路曰:“君子尚勇乎?”子曰:“君子义以为上。” “尚”,上也。“尚勇”,乃以勇为上。子路好勇,其初见夫子时,鸡冠佩剑,豪气未销,唯知以勇力自卫,不知以礼义自处,故以“君子尚勇乎”问于夫子。夫子答以“君子义以为上”,以救其失。夫子虽言义而未言勇,然义已兼谓勇也。

“君子有勇而无义为乱,小人有勇而无义为盗。” “君子”,居位者。“小人”,乃无位民氓。夫子是语乃就位而言也。

君子知礼行义,有义则谓之真勇敢。固知天下无事则用礼义,以至家国顺治;天下有事则用义勇,以至外无敌寇。君子礼义、义勇兼备乃真德也,故真无敌。苟恃勇失义,内滥用刑罚无当,外乱施杀伐无义,实取乱之道也。小人好勇失义,争荣辱而夺财利,行止不知逊让,戾气而猛,果敢而暴,眼中唯利益二字,遂沦为窃、盗、寇。窃者,暗偷也;盗者,明抢也;寇者,夺人财物而伤命也。夫子所谓盗者,则窃寇二则兼具矣。

试译:子路说:“君子以勇为上吗?”夫子说:“君子以义为上。君子有勇无义,就会犯上作乱;小人有勇无义,就会沦为盗贼。”

二十二

子贡曰："君子亦有恶乎？"子曰："有恶：恶称人之恶者，恶居下流而讪上者，恶勇而无礼者，恶果敢而窒者。"曰："赐也亦有恶乎？""恶徼以为知者，恶不孙以为勇者，恶讦以为直者。"

子贡曰："君子亦有恶乎？" "恶"，憎恶。子贡问夫子："君子亦有憎恶者乎？"考子贡该问，非不知君子之所恶者，实欲引夫子至论以诲学人也。

子曰："有恶：恶称人之恶者，" "称"，称说也。按夫子语，君子隐恶扬善，凡好称说人恶者，必为君子所憎。

"恶居下流而讪上者，" 汉以前无"流"字，"流"字乃后儒所增也。"讪上"，谤上也。讪上者有三：一、文人讪上法，譬如少正卯邪说害正。二、小臣讪上位，即以下犯上、三、民氓得食则无讪，苟不得食则无所不讪。此三者皆讪上，乃不知礼之故也。

君子立身，必以忠敬为本，虽谏上亦不失敬也，岂可谤言人君之过。居人臣位而讪言君上者，是人既无忠敬之心，亦必寡仁薄义。

"恶勇而无礼者，恶果敢而窒者。" "窒"有二解：一、窒者，悭也，乃刚狠恶戾也。凡恶勇者必无礼，果敢妄为者必刚狠暴戾。二、窒者，塞隔不通也。此二说可互证，凡不通圣人恕道者，必肆意行事而窒塞不通。是故勇武而无礼者，易犯上作乱；肆意而果敢者，必狠厉恶暴，遂肆意行事而陷于窒塞，故为君子所憎恶。

曰："赐也亦有恶乎？" 夫子发此反问，实欲启子贡以教之。

"恶徼以为知者，" 乃子贡答夫子所问也。"徼"有二解：一、抄袭他辞以为己说，窃取他义强为己义。盖君子知之为知之，不知为不知，苟不知而强说知，据人说以增丰己见，此行径尤甚于窃人财宝者，故为子贡所恶。二、徼者，绞急也，乃急于自炫其能以为智也。今从第一说，以第二说为补证。

"恶不孙以为勇者，" "孙"，逊也。粗鄙者误以不知逊让为勇，其实卑劣无勇，以无礼而强名勇也，故为子贡所恶。

"恶讦以为直者。" "讦"，攻发人之阴私也。小人专好当面攻发人之隐私，又误以此败坏恶习为直，其实已奸邪失直也，且以邪恶而强名为直，故为子贡所恶。

考夫子所憎者有四，即"恶称人之恶者、恶居下流而讪上者、恶勇而无礼者、恶果敢而窒者"；考子贡所憎者有三，即"恶徼以为知者、恶不孙以为勇者、恶讦以为直者"。后儒借此误以子贡减师半德，实无凭之说也，不足以证经。子贡此三言实发自肺腑，已发明夫子之义也，故有开示后学之功。

试译：子贡说："君子也有憎恶的人吗？"夫子说："有的。憎恶喜好称说他人之恶的人，憎恶身居下位而毁谤身居上位的人，憎恶恃勇武而无礼的人，憎恶肆意武断行事而顽固不通的人。"夫子问："赐啊，你也有憎恶的人吗？"子贡答道："我憎恶抄袭他人的言说而自以为智的人，憎恶不懂逊让却自以为勇武的人，憎恶揭发别人的隐私、短处反自以为刚直的人。"

二十三

子曰："唯女子与小人为难养也，近之则不孙，远之则怨。"

"养"，待也，即相处。"女子"，侍妾近婢。"小人"，奴仆下人。侍妾较奴仆尤近，故列于前。"孙"，逊也。君子每与人处，愈近则愈敬，故君子之交淡如水，虽相忘于江湖而无怨。"女子"与"小人"，近之则不知止足，唯嘻狎而不知敬逊，远之则误以遭疏远而易生忿恨。

夫子是语乃欲儆有国之诸侯、有家之大夫也，盖有家有国者多着意与君子大人交，易无视侍婢、奴仆之觉受，殊不知斯人最难处，固当以慈爱之心养之，以庄重之心处之。盖君子之道不当崇大轻小，故能修身齐家，勿以侍妾亲近而怠慢无教，勿以奴仆鄙贱而肆意役使，唯教之以礼、蓄之以慈、待之以敬，以免仆妾祸乱于家国。

试译：夫子说："唯有家里的侍妾与奴仆最难相处，如若和他们太近了，他们就会失礼而不知敬逊；如若和他们太远了，他们便会怨恨。"

二十四

子曰："年四十而见恶焉，其终也已。"

本节所录者，乃夫子潸然自叹之词。“四十”，成德之年，即四十不惑之年。学人年四十，德成则明；年未及四十，其德犹可进益，虽有过失，亦可改观。“见恶”，见恶于人，故为人所厌恶。“其终也已 ”，其人不得善理，不通仁义，故终其一生而无望。

是故学人年至三四十，必也六艺精通，以致士德咸备，若未通六艺则无艺也；年五十而无善迹善闻，则无所称无闻也；年七十而无德，虽偶有微过，亦当免于责罚。若浑浑噩噩一生而无所成者，实苟活矣。

试译：夫子说：“年龄到了四十岁还让人憎恶，他这一生也就无望了。”

論語正述·微子篇

一

微子去之，箕子为之奴，比干谏而死。孔子曰："殷有三仁焉。"

微子去之，箕子为之奴，比干谏而死。 或以本节所录之序为先易而后难也，即微子先去为易，比干谏死为难。然若论君子之行，尤以微子为上，箕子次之，比干之死实下策也。

"微子""箕子"，微、箕皆国名，此二人皆子爵，故称微子、箕子，尝为卿士而居大夫位，故常在朝。微子为纣王庶兄，箕子为纣王叔父。按殷制，天子邦畿内设公、侯、伯三爵，邦畿外增设子爵，固知二子之封国于殷邦畿之外也。"比干"，或称王子比干，乃纣王叔父，尝仕于朝歌，无封国。

微子、箕子、比干见纣无道，皆直谏之，纣王俱不听，于是微子弃位而遁于野，箕子被发佯狂为纣王罪奴，比干以直谏而遭诛。周武王复微子子爵如故，及武庚灭，周公改微子封国为宋，微子为宋公，乃宋始祖也。武王复箕子子爵如故，封国于朝鲜。

考微子、纣王嫡庶之说有二：一、纣王同胞兄弟三人，长兄微子名启，二弟名仲衍，三弟名受德（纣王）。其生母为妾时生微子启、仲衍，立为正妻时生受德，故立为太子，即纣王。二、帝乙之长子微子，名启，乃纣王庶兄，其生母贱而不得立；帝乙之幼子辛，其生母为正后，辛即位，号帝辛，乃纣王也。今列二说于此，以备后学。

微子既为兄，何以去之。盖微子审时度势，知不可复谏，谏必有凶，且长子兼祭祖之任，殷将覆，其祖必有所祀，是故微子潜去，保命以全先祀也，其存心在国，非存私在身，可谓至孝矣。是以有微子乃有宋，有宋则殷先君皆得承祀，此微子深智也。箕子何以佯狂为奴？盖古之有爵者不可罚为奴，箕子既居子爵，虽去爵而封国不免，为免祸，故佯狂而后免子爵、撤封国，再罚为罪隶之奴。箕子明哲保身，未以杀身而彰君恶，免害纣王于以不义，其用心良苦，可谓忠矣。比干知必死亦谏，遂取死，然君子死则死矣，忠心不亡，可谓忠勇矣。

孔子曰："殷有三仁焉。" 微子、箕子、比干皆同姓之臣，有亲属之恩，时纣王无道，臣子不当弃之，乃君臣之义也。微子预知大道终不能行，为全先祀，故不得不去之，故微子之去，乃合于孝道，亦合于君子以智避祸之道。箕子、比干之不去，一奴一死，皆合于君臣之义，故夫子许以"殷有三仁焉"。春秋乱世，大夫见杀遭戮之事时有，皆未以智而自免也，故夫子称此三人可师也。

试译：殷纣王无道，微子避他而去，箕子佯狂成为纣王的奴隶，比干因直谏而被纣王杀害。夫子说："殷代，有三位仁人啊。"

二

柳下惠为士师，三黜。人曰："子未可以去乎？"曰："直道而事人，焉往而不三黜！枉道而事人，何必去父母之邦！"

柳下惠为士师，三黜。 “士师”，典狱官，主察典狱诉讼诸事。天子王朝设典狱官，位居下大夫；诸侯国设典狱官，为中士、下士。柳下惠既为鲁士师，必中士、下士也。“三黜”，遭黜退三次。今先言“为士师”，后言“三黜”，乃谓柳下惠虽经三黜，仍居士师位。

人曰：“子未可以去乎？” “去”，弃鲁而往他邦。时人闻柳下惠遭“三黜”，以其有受辱之嫌，哂其迂，特问之何不弃鲁而往他邦。

曰：“直道而事人，焉往而不三黜！枉道而事人，何必去父母之邦！” 按柳下惠语，时举世丧乱，难容正直君子，苟以直道事君，虽迁居他邦亦难免“三黜”之难；小人以邪曲事君，固无“三黜”之忧，又何必迁于他邦。是故柳下惠虽屡遭降职辱身，然其心不动，其志不拔，未因保爵守禄而苟行枉曲，故能终老于父母之邦，以和闻于世。

试译：柳下惠担任鲁国的典狱官，三次被罢免。有人说：“你就不能去往他国吗？”柳下惠回答说：“以正道侍奉君上，去到哪里又能不遭罢免呢？如若以邪道侍奉君上，又何必要离开自己的父母之邦呢？”

三

齐景公待孔子曰：“若季氏则吾不能，以季、孟之间待之。”曰：“吾老矣，不能用也。”孔子行。

昔者鲁昭公奔齐，夫子继而适齐，齐景公尝问政于夫子，夫子答以君君、臣臣、父父、子子，时夫子年三十五至四十二之间。景公欲以尼谿之田封夫子，因晏婴龃龉而未果，景公乃言“吾老矣，不能用也”，夫子闻而返鲁。另据《左传》记载，齐景公年二十八即位，景公三十一年夫子适齐，时景公年已六十，故称老嗟衰。

齐景公待孔子曰:“若季氏则吾不能，以季、孟之间待之。” 景公是语有二解:一、季孙氏为鲁上卿，孟孙氏为鲁下卿。景公时，田氏居上卿位而专齐，故景公无力赐夫子上卿之位，然又不能使夫子之位低于鲁孟孙氏，故欲“以季、孟之间待之”。二、或以鲁三家司军权，季孙氏帅左师，孟孙氏帅右师，叔孙氏别引一军，故三家势力相当。景公所谓“以季、孟之间待之”，乃言季孙氏之下、孟孙氏之上也，即授夫子之位同于叔孙氏。此二说可互证，固知景公待夫子心诚意敬，其礼甚隆。

曰:“吾老矣，不能用也。”孔子行。 齐景公此语与前言“以季、孟之间待之”非出自一时，故以“曰”字别之。

时田氏以大斗出、小斗进而贿民，民皆受其利而心有所向也。景公欲以夫子礼治其国，以免民人嗜利忘义。苟民皆好礼，则进退有节，上下和睦，田氏欲谋齐之心则难成也。故景公欲以夫子居田氏之下，且孔门又多高义，田氏岂敢妄动。此景公用心最苦，后学不能不识也。

景公欲厚待夫子，终未果，故权以“吾老矣，不能用也”为推辞，固知景公该言非与夫子面语也，乃嘱其近臣以告夫子知。夫子闻是语，知圣道难成，遂返鲁。

试译:齐景公谈到如何待遇夫子时说:“像鲁君待遇季孙氏那般对待他,我是做不到的。我可以用季孙氏、孟孙氏之间的待遇对待他。”但他私下又说:“我已经老了,不能用他了。”于是夫子离开了齐国。

四

齐人归女乐,季桓子受之,三日不朝,孔子行。

齐人归女乐,季桓子受之,三日不朝, “归”,馈也,即馈赠。“季桓子”,鲁上卿季孙斯。昔夫子初居大司寇位而行摄政事,即诛杀闻人少正卯,鲁则大治。齐人误以夫子相鲁则鲁必称霸于诸侯,故谋阻之,遂以歌姬舞女八十人、文马三十驷馈鲁。季孙斯微服往观再三,又怂恿鲁君受齐人之馈,君臣相与观之而怠于政事,三日不朝,废朝礼三日。

孔子行。 据《史记·十二诸侯年表》《史记·卫世家》记载,以“齐人归女乐”当在鲁定公十二年冬、十三年春之间,“孔子行”当在鲁定公十三年春。

季桓子非不知礼者也,特于临终之际嘱其子季康子务接夫子返鲁,可谓知夫子深矣。今考季桓子诱鲁君受齐人女乐文马则必有隐情,盖夫子强公室而弱三桓,是故季桓子欲迫夫子去鲁,以利其私也。

试译:齐国给鲁国送来一批歌姬舞女,季桓子接受了,三天不举行朝礼,于是夫子离开了鲁国。

五

楚狂接舆歌而过孔子,曰:"凤兮!何德之衰?往者不可谏,来者犹可追。已而已而!今之从政者殆而!"孔子下,欲与之言。趋而辟之,不得与之言。

楚狂接舆歌而过孔子, "接舆",楚狂士。凡四解:一、接舆,楚人也,佯狂以避世。时夫子将适楚,接舆歌而过夫子车前。今不从此说。二、接舆者,既非其名,亦非其字,乃楚狂人陆通接于夫子乘舆之后而歌,以为感切夫子。今不从此说。三、夫子适楚,楚狂接舆歌而过夫子门,时夫子居堂上,故下言"孔子下"乃下堂也。诚如前章所谓"下而饮""拜下",虽言未及堂,然则"下堂而饮""拜于堂下"之义见也。今从此说。四、姓接,名舆,楚人,其好养性,以躬耕自给。楚王欲官之,尝赐金百镒,接舆则变易姓名为陆通,佯狂隐居不仕,于是世传楚狂姓陆名通,字接舆,今未录其名,但以字称。此说可补证第三说。

曰:"凤兮!何德之衰?" 接舆知夫子有圣德,特以凤鸟设喻。盖凤鸟待圣君乃出,世有道则见,无道则隐,夫子怀盛德而周行于日渐衰败之世,欲行其道而未遇明君,此犹凤德之衰也。

"往者不可谏,来者犹可追。" "往者",以往之事。"来者",未至之事。按接舆言,以往所行之事不可谏止,自今以后,未至之事尚未发生,故可追止。楚狂接舆叹世悲时,且敬重夫子,故欲劝夫子隐去,以免遭不遇之厄。接舆所歌"衰""追"者,皆韵脚也。

“已而已而！” “已”，止息也。“而”，语气词。所以复言“已而”者，以示感切伤怀之深也，喟叹世道坏乱已甚，不能复行圣王礼治。

“今之从政者殆而！” “殆”，危殆。时从政者悖礼而行，危殆而不能自保，故不能救治之。盖楚政之治或不治，士之可仕或不可仕，楚狂接舆必详审矣，今闻夫子适楚，故歌以止之，欲劝夫子防患于未然，固知其必非常人也。

孔子下，欲与之言。趋而辟之，不得与之言。 夫子下堂，欲与接舆略叙周游列国、出入君前之意。接舆疾行，欲避夫子辩言也。

圣人于天下有不忍绝弃之心，故欲救治之。隐者忘世而隐，但为自洁己身，以全己志。是故圣人之大德别于隐士之孤德，以隐者小智岂解圣人大道。夫子悲悯接舆，又深解其意，遂下堂欲与之语，以博其闻而广其志，惜乎接舆避而不得见也。

试译：楚国的狂士接舆唱着歌走过夫子门前，他唱道：“凤啊！你的德为什么这般衰微呢？以往的不可挽回，未来的还可以追。算了！算了！如今的从政者危殆而不能自保啊！”夫子听到接舆的歌，走下堂来，想和他谈谈自己的想法。接舆却疾行避开了，未能与其交谈。

六

长沮桀溺耦而耕，孔子过之，使子路问津焉。长沮曰：“夫执舆者为

谁?”子路曰:“为孔丘。”曰:“是鲁孔丘与?”曰:“是也。”曰:“是知津矣。”问于桀溺。桀溺曰:“子为谁?”曰:“为仲由。”曰:“是鲁孔丘之徒与?”对曰:“然。”曰:“滔滔者天下皆是也,而谁以易之?且而与其从辟人之士也,岂若从辟世之士哉?”耰而不辍。子路行以告,夫子怃然,曰:“鸟兽不可与同群,吾非斯人之徒与而谁与?天下有道,丘不与易也。”

长沮桀溺耦而耕, “长沮”“桀溺”,皆隐士。时子路问津,无从知二隐之名,故以水名之,非真名实姓也。“耦”,古以翻土农具称耒,亦称耜;一人一耒称伐,二人二耒称耦。长沮、桀溺并耒伐土而耕也。

孔子过之,使子路问津焉。 “津”,水渡也,即渡口。鲁哀公六年(前489),时夫子年六十四,自楚叶城返蔡,欲渡河,遂遣子路问津于长沮、桀溺。

考子路问津处,或以子路问津处位于山东鱼台县城北三十里处,该地有桀溺里,济水畔有问津亭、渡、桥、庵,有碑载夫子往陈蔡之事。然则夫子由叶城返蔡,时未居鲁,故不从此说。或以楚叶城西有黄城山,乃长沮、桀溺耦耕之所,该地有水东流,子路问津于此。或以黄城山俗名菜山,位于许州叶县西南二十五里处。综此二说,则叶城、叶邑为同址而异名,乃子路问津处。

长沮曰:“夫执舆者为谁?”子路曰:“为孔丘。”曰:“是鲁孔丘与?”曰:“是也。” “执舆者”,执辔者。时子路御车,既奉夫子命下车咨问津渡,则夫子代子路执辔。长沮问车上“执舆者为谁”,子路对曰“为孔丘”。长沮又问“是鲁孔丘与”,子路对曰“是也”。

曰:"是知津矣。" 按长沮语,夫子周游列国,固知津渡处。此隐语也,乃谓夫子既知天下大治之路,如何不知津渡之所在。

问于桀溺。桀溺曰:"子为谁?"曰:"为仲由。"曰:"是鲁孔丘之徒与?"对曰:"然。" 子路复问于桀溺,桀溺问子路"子为谁",子路对曰"为仲由";桀溺复以"是鲁孔丘之徒与"相问,子路对曰"然"。

曰:"滔滔者天下皆是也," "滔滔"或作"悠悠""漖漖",乃水势悠缓、回旋周流之貌;或作"慆慆",谓水流纷乱不息之貌。此二说可互证,皆喻天下大势纷乱不息。

"而谁以易之?" "谁",当世之诸侯。"以",与也。"易",治也,即治而有所改易。按桀溺语,当世之诸侯皆庸碌寡德,无见用夫子而治其国者。时子路、长沮、桀溺皆立水边,故桀溺以水设喻,谓天下纷乱之势犹回旋周流、纷乱不息之水,且诸侯少贤,夫子既无所依,故难行其治乱之道。

"且而与其从辟人之士也,岂若从辟世之士哉?" "且",语气转词。"而",乃言子路也。"辟",避也。"辟人之士",避无德昏君之贤士。"辟世之士",避无道乱世之贤士。自古士有辟人、辟世之法。今桀溺以夫子为士,乃从辟人之法也;其二人亦为士,乃从辟世之法也。故以夫子为"辟人之士",自许为"辟世之士",遂劝子路与其从夫子周游列国,未若从己。

耰而不辍。 "耰",农具,以耙土也。凡耕作必先耙平沟垄,再覆种入土。"不辍",不止也。桀溺言竟,遂耙土不止,终未告子路津渡之所在。

子路行以告,夫子怃然, "怃然",乃怅然若失、寂然不动之貌。夫子闻子路述长沮、桀溺之语,怃然既久,深惜其未明圣道,又妄议于己,久而乃言"鸟兽不可与同群"也。

曰:"鸟兽不可与同群," 山林乃鸟兽栖息之所,人隐居于此,实与鸟兽同群,然人生在世,固当与人同群,岂与鸟兽为伍。

"吾非斯人之徒与而谁与?" "与",与人同群也。夫子至仁,岂以诸侯无道而万民,既欲以礼乐之道治世,固当与天下人同群,故有此语。

"天下有道,丘不与易也。" 按夫子语,我道乃礼乐之道,虽不能行于天下,然仍不失为大道,夫自诩有道者,其道乃隐居山林之小道,岂以我治民之大道易彼隐居山林之小道。

盖天下乱则贤人隐,圣人出则大伦兴,是故圣人宏物,隐士全身,乃各行其道也。圣人不以长沮、桀溺避世之行为高,长沮、桀溺亦未体圣人入世之心为仁,然夫子不忘天下,欲使天下殊途同归、百虑一致,岂为自洁其身而绝迹人寰。

试译:长沮、桀溺二人并肩在田中耕作,夫子从那里经过,让子路去向二人询问渡口在何处。长沮问:"那在车上执辔的是谁?"子路回答说:"是孔丘。"长沮问:"是鲁国孔丘吗?"子路回答说:"是的。"长沮说:"那他应该自知渡口在哪儿了。"子路再问桀溺。桀溺问:"你是谁?"子路回答说:"是仲由。"桀溺问:"是那鲁国孔丘的弟子仲由吗?"子路回答说:"是的。"桀溺说:"天下纷乱的大势似那回旋周流的河水般不息,诸侯混乱无德,孔夫子将依从谁来治理这纷乱之世呢?你与其跟随回避无德君主之士,还不如跟随回避乱世之士呢。"桀溺边说边不停的耙土。子路回来将方才的事告诉了夫子,夫子怅然若失的久久没动,然后说道:"人不可以与鸟兽同群,我不和那天下的人同群又与谁同群呢?如若天下有得道者,我也不会以治民的大道更换他们的小道啊。”

七

子路从而后，遇丈人，以杖荷蓧。子路问曰："子见夫子乎？"丈人曰："四体不勤，五谷不分，孰为夫子！"植其杖而芸。子路拱而立。止子路宿，杀鸡为黍而食之，见其二子焉。明日，子路行以告。子曰："隐者也。"使子路反见之。至，则行矣。子路曰："不仕无义。长幼之节，不可废也；君臣之义，如之何其废之？欲洁其身，而乱大伦。君子之仕也，行其义也。道之不行，已知之矣。"

子路从而后， 子路从夫子行而落于后。

遇丈人，以杖荷蓧。 "遇"，不期而遇。"丈人"有二解：一、尊称，乃谓深识法度、地位尊贵之长老。此说异于荷蓧丈人之身份，故不从。二、老者也，亦称长老。今从此说。"荷"，担也。"蓧"，莜也，乃除草农具。子路路遇丈人以杖荷莜而行，欲往田中除草疏苗。

子路问曰："子见夫子乎？" 子路尊咨丈人路见夫子否。

丈人曰："四体不勤，五谷不分，孰为夫子！" "四体"，四肢手足。"五谷"，五谷之说纷纭，今以禾、黍、稷、稻、麦为五谷。"孰"，谁也。

"五谷不分"有三解：一、分者，辨也。荷蓧丈人讥子路不事农业，不辨菽麦，从师以游列国。然下文丈人留宿子路且杀鸡蒸饭，待子路以礼，故不从此说。二、分者，理也，即分理。谓农事当分理种性，通达时节之迟早，知晓气候之湿燥，明辨土地之沃瘠。然此说过深，未合瞬间谈话之旨，故不从。三、分者，粪也，乃动词，即粪种，乃古耕作之法。古以土壤别为九类，当煮取九种动物骨汁以养五谷之种，谓之粪种。按此说，荷蓧丈人自谓忙于粪种，未得须臾闲暇以目行人，故不知孰为夫子。丈人乃高隐超逸之士，安能直斥初逢者，固知此必丈人自谓也。今从此说。

凡古汉语两“不”字并语之词，多为发声词，而非否定词。譬如《诗·小雅·车攻篇》之“徒御不惊，大庖不盈”：所谓不惊者，即惊也；所谓不盈者，即盈也。又如《诗·小雅·桑扈篇》之“不戢不难，受福不那”：所谓不戢者，即戢也；所谓不难者，即难也；所谓不那者，即那（难以计量之多）也。是故丈人自谓“四体不勤”者，即四体勤也；“五谷不分”者，即五谷分也。此古谚语，今丈人引以自谓，乃言勤于农事、忙于粪种，故无暇得见夫子。

植其杖而芸。 “植其杖”，植通置，乃置杖于地也。“芸”通耘，即除草疏苗。丈人至田中，置杖于地，芸除田间之草，疏除茂密之苗。

子路拱而立。 “拱”，拱立也，两臂若抱鼓，敛手正视，平肩正背，双足间相距二寸，上身微前倾以示敬意。子路闻丈人语，知其为贤者，礼愈敬之。

止子路宿，杀鸡为黍而食之，见其二子焉。 “止”，劝止也。“为黍”，备黍饭。“食之”，以飨子路。天色既暮，丈人止宿子路，杀鸡备饭以飨之，又引二子相见。

明日，子路行以告。子曰：“隐者也。”使子路反见之。 翌日，子路往见夫子而述之，夫子知丈人为隐者，特遣子路返见丈人以传辞也。盖丈人言辞敦厚，循礼有文，虽年事已高，仍勤于农事，且留宿子路，极尽人情客礼，其既敬子路为贤，实尊夫子之道也，且丈人引二子与见，未废长幼之节。丈人既为知礼明义者，故夫子遣子路告以君臣大义，以期丈人之子出仕。

至，则行矣。 子路返，丈人已出行，故未谋面。或以丈人预知子路将返，故避之。此无凭之说，今不从。盖丈人待子路以礼，又引二子与见，子路乃路行客，既已辞去，丈人岂知其复来。

子路曰："不仕无义。长幼之节，不可废也；君臣之义，如之何其废之？" 子路谓二子之大义必夫子所授。"长幼之节"，即长幼有序，乃五伦之一也。此兄弟二人行止有节，长幼有序，子路深恐其但知父子相养之义而废君臣大义，遂转夫子语以诲之，毋隐而不仕。

"欲洁其身，而乱大伦。" "大伦"，人之大伦有五：父子有亲，君臣有义，夫妇有别，长幼有序，朋友有信。今子路所谓大伦者，乃君臣之义也。按子路语，士隐而不仕，虽自洁其身，然则乱君臣之大伦深矣。

"君子之仕也，行其义也。" 此亦子路述夫子语也，君子之仕，方得以行君臣之义也。

"道之不行，已知之矣。" 圣道难行于世，夫子已自知也。夫君子之学但为成己成物，仕则成物，乃行义也，亦即行道，不仕则君臣之义尽失，故大伦废也。夫子周游列国，知其不可为而为之，其非欲强行，但为尽义也。夫子之道行于世，则君臣之义备矣；夫子之道不得见行，则君臣之义未尝一日敢废。是故夫子之道乃万载之大道，其用非在一时，夫子必有自知之明，故子路语"已知之矣"。

试译：子路随夫子出行，落在了后面，遇到一位老者，杖头挑着莜在路上行走。子路问道："您见到我的先生吗？"老者说："我的四体勤于农事，忙于五谷粪种，哪位是你的先生啊？"将杖放置于地下，俯身以莜除草疏苗。子路拱着手恭敬地站在一旁。老者劝子路不要前行，留他到家中过夜，杀只鸡，做些黍饭款待子路，又叫来他的两个儿子来与子路见面。次日，子路辞别老者后上路，赶上了夫子，将昨日的事告诉了夫子。夫子说："这是一位隐者啊！"于是让子路返回去见那位老者。子路来到他家，老者已经出门了。子路对老者的儿子说："读书人不出仕，是不义的。长幼之节尚不可废，君臣之义又如何可废呢？为了让自己清白，却乱了君臣大伦。君子所以出仕，也只是尽自己的义务罢了，至于道不能得以实行，他也早已知道了。"

八

逸民：伯夷、叔齐、虞仲、夷逸、朱张、柳下惠、少连。子曰："不降其志，不辱其身，伯夷叔齐与！"谓"柳下惠、少连，降志辱身矣，言中伦，行中虑，其斯而已矣"。谓"虞仲、夷逸，隐居放言，身中清，废中权。我则异于是，无可无不可"。

逸民：伯夷、叔齐、虞仲、夷逸、朱张、柳下惠、少连。 "逸"通佚。"民"，无位之民。"逸民"，佚民也，乃无位有德而隐于野者，其人节操高洁，行为隐逸。昔者伯夷、叔齐、虞仲、夷逸、朱张、柳下惠、少连诸人，皆逸民之贤者，此七人之序乃古排序也。

“伯夷”“叔齐”前章已述。“虞仲”，殷末古公亶父之次子，吴太伯之弟，名虞仲，知古公欲立季历为世子，遂与兄太伯隐于荆蛮。太伯道德显著，为荆蛮举为吴君主，太伯死，无子，传位虞仲，即殷末吴国第二位君主。虞仲承太伯之位而有国，然其隐居时亦为民，虞仲乃后有之名，虞之本字应为吴，故称吴仲。按年代之序，虞仲当位列七人之首，本节重德，故列伯夷、叔齐于前。

“夷逸”，或称夷佚，其人未见经传。“朱张”，或称侏张、侜张、诪张，其人未见经传。晋人或以朱张字子弓，与夫子同世，此说无以证经。“柳下惠”，初为民，后居士师位，故列逸民之属。“少连”，东夷人，长于父母居丧之礼。

子曰：“不降其志，不辱其身，伯夷叔齐与！” 按夫子语，伯夷、叔齐但求正志直心，非其君则不事，非其友则不交，故洁身自好，饿死不食周粟。

谓“柳下惠、少连，降志辱身矣，言中伦，行中虑，其斯而已矣。” “言中伦”，言辞合乎义理伦常。“行中虑”，君子居位，所虑合于道而后行也，故能深合人心。

柳下惠上不忤君，下不卑民，在位尽职，退位无怨，进退合义，遭三黜而不去，虽不得展其志，亦未蒙羞受辱也。少连之事不可考，必也善居丧之礼，故谓之“行中伦”。

谓“虞仲、夷逸，隐居放言，身中清，废中权。” “放言”，置言也。君子值乱国无道则默隐其身，不复言世务。“身中清”，君子处污浊之世，身不位乱朝，心合于自清自洁之道。“废中权”，君子去位自保，以免祸患，合乎君子中权之道。虞仲隐居吴地，断发文身，放言弃位，故得中清中权。

“我则异于是，无可无不可。” “是”，上述七人。“可”，居位。“不可”，去位。夫子当仕则仕，当止则止，居位当久则久，去位当远则远。故进退合义，不强进亦不强退，正所谓“圣之时”也。

本节录逸民者，皆各随其因缘隐而不污其身，其行虽同，其心各异。或天下有道则进、无道则退，或天下有道而己志不遂则退，或为自保其名而退，或为自保其身而退，或天下无道亦进，或虽贤而不恭。其道皆异于圣道，故夫子自谓“异于是”。

试译：隐逸的人有：伯夷、叔齐、虞仲、夷逸、朱张、柳下惠、少连。夫子说：“不屈其志、不辱其身，就是伯夷、叔齐吧！”夫子又说：“柳下惠、少连，虽降低心志辱没身份，然而其所言能合乎伦常，其行为能深虑而合于道，他们能如此也罢了。”夫子再说：“虞仲、夷逸，能避世隐居，放弃谈论世务，他们的身心是合乎清洁了，他们放弃官位合乎中权之道。我就和这些人不同，我只是无可无不可。”

九

大师挚适齐，亚饭干适楚，三饭缭适蔡，四饭缺适秦，鼓方叔入于河，播鼗武入于汉，少师阳、击磬襄入于海。

大师挚适齐， “大师”，亦称父师、太师，乃乐官之长。“挚”，乃大师之名。本节录大师挚、亚饭、三饭、四饭、鼓方叔、播鼗武、少师阳、击磬襄，其人其事有三解：一、大师挚，即《泰伯篇》所录师挚也，乃鲁乐官之长，大师挚以下诸人皆鲁乐官，与夫子同世。今不从此说。二、或以师挚生于周厉王之后，历宣王、幽王、平王。然则夫子生于公元前551年，自周平王崩至夫子降，间隔169年，是故大师挚与夫子非同世也。三、大师、少师皆殷官制，故汉儒以师挚诸人为殷智人。时纣王无道，取悦妇人而断弃先祖之乐，以淫声变乱正声，故师挚诸人抱乐器而赴他邦，或往诸侯，或居河海。齐乃夏殷之旧国也，武王改封该地为太公姜尚之国；周成王封楚先祖熊绎于楚，封秦先祖非子于秦，皆因地而封也；昔周文王尝咨诹于殷遗臣蔡公，固知蔡亦殷之属国也。前节录“逸民七人”，后节录“周有八士”，皆殷末周初之贤人，本节录适齐、适楚、适蔡、适秦者夹于其中，是故此八人必殷末周初之人也。今从第三说。

亚饭干适楚，三饭缭适蔡，四饭缺适秦， “亚”，次也。“亚饭”，亦称次饭，乃乐师也。“干”“缭”“缺”皆乐师名。

天子至尊正德，拥四方之物，食四时之功，故日以四食。平旦（日出）食者，乃少阳之始也；昼食者，乃太阳之始也；餔（申时，下午15—17时）食者，乃少阴之始也；暮食者，乃太阴之始也。天子饮食必有乐，以示天下富饶太平。亚饭、三饭、四饭皆乐章之名，乐师干奏亚饭，乐师缭奏三饭，乐师缺奏四饭，以为天子侑食。时纣王无道，乐官四散，亚饭干适楚，三饭缭适蔡，四饭缺适秦。

鼓方叔入于河， “鼓”，击鼓。“方叔”，击鼓者之名。“河”，河内，即黄河以北。纣王无道，击鼓者方叔隐于河内。

播鼗武入于汉， “播”，摇动而出声。“鼗”，小鼓，两侧缀小耳，有柄，执柄摇之则两耳击鼓作响。“武”，播鼗者之名。纣王无道，播鼗者武隐于汉水之畔。

少师阳、击磬襄入于海。 “少师”，乐官之佐也，次于大师。“阳”“襄”皆乐师名。“海”，海滨。纣王无道，少师阳、击磬者襄皆隐于海滨。

时纣王僭礼尚力，悦淫声而毁正乐，天下将乱矣，于是此乐官八人逾河蹈海，四散而去。当夫子之世，周道既衰，鲁政渐亡，三家之势尤炽，且郑声靡而女乐兴，先王礼乐之道多为人所厌弃，是故乐官失位而遁，遂使正音渐绝矣。夫子虑而言古贤，欲儆后人重视之。

试译：太师挚去了齐国，亚饭干去了楚国，三饭缭去了蔡国，四饭缺去了秦国，击鼓的乐师方叔去了黄河以北，摇小鼓的乐师武去了汉水之畔，少师阳与击磬的乐师襄去了海滨。

十

周公谓鲁公曰：“君子不施其亲，不使大臣怨乎不以。故旧无大故，则不弃也。无求备于一人。”

周公谓鲁公曰： “鲁公”，乃周公之子伯禽，封于鲁。本节录周公诫伯禽语，为鲁人所传诵，故久而未忘。夫子尝引以诲门弟子，遂录于此。

“君子不施其亲，” “不施”有三解：一、施者，与也，乃谓君子不私与其亲也。二、施者，劾也，即劾治其罪也。乃谓君子不隐族亲之过，苟有过则必罚之，此君子待公族之道也。三、施通驰，驰者，弃忘也。乃谓伯禽既为鲁始封之君，必也加恩于亲，不敢有所弃忘也，以致父、兄、弟皆无怨。今从第三说。

“不使大臣怨乎不以。” “大臣”，乃三卿也。“以”，用也。“不以”，不听用大臣之言。盖明君用人，有德称位者则用之，寡德失职者则退之，不可委大臣以位而不用其言。大臣乃万民之表率，故大臣怨则不亲，不亲则民不宁，于是天下乱矣。

“故旧无大故，则不弃也。” “故旧”，伯禽既为世子，必有伴学于师门者，包括王太子、王子、群后所生之子，卿大夫、元士正妻所生嫡子。“大故”，恶逆之事。按周公诲伯禽语，凡昔所共学者，若无恶逆大非，当用则用，不得轻言弃之。

“无求备于一人。” 是语乃周公诫伯禽也。凡用人之道，务使各尽其宜，小智则小用之，大智则大用之，当量才而用其人也，勿求全责备于一人。

天子初治天下，必先行五事：一、敬亲而有序；二、报答有功之臣；三、举拔德才兼备者；四、委用可用者；五、体恤有仁爱之心者。今周公儆伯禽之语，已极尽此道也，今夫子独举之以谏哀公，人君固当亲贤近仁而远小也，于是大人无弃功，小人无尸位。

试译：周公告诉鲁公说：“君子不忘弃他的亲属，不让大臣抱怨未被重用。故交旧友如若无恶逆大非的事，就不要弃之不用。勿求全责备一个人。”

十一

周有八士：伯达、伯适、仲突、仲忽、叔夜、叔夏、季随、季騧。

当周武王之世，尹氏有母四产而生八子，皆显达之士，故录于此。或以此八子为周公辅政时人，或以为周宣王时人，或以为周文王时人，尝事于文王。此三说皆无以证经，故不从。

古之称号凡四者，乃依伯、仲、叔、季之序而称之，以别长幼之序，以合四时之功。伯为最长，乃迫近于父之义也；仲者居中，叔者为少，季者为幼。此八子之前二子称伯，即伯达、伯适；中二子称仲，即仲突、仲忽；少二子称叔，即叔夜、叔夏；幼二子称季，即季随、季騧。

周尚文崇礼，事功至大，于是国多贤俊之士。盖人才之盛，必仁以育之，义以处之，是故唯礼乐之道可任也。夫盛世气和而善盈，故能感上化下，乃得天佑，尹氏妇四产而得八子，皆伟岸君子，足证周多士而能任也。夫子怅思周初之盛，感慨今世之衰，故有是言。何不称子曰者，盖周初即有此说，夫子引以示于学人也。

试译：周代有八位士：伯达、伯适、仲突、仲忽、叔夜、叔夏、季随、季騧。

論語正述·子张篇

一

子张曰："士见危致命，见得思义，祭思敬，丧思哀，其可已矣。"

《子张篇》所录皆孔门弟子言论，计二十五篇。第一先录子张语，第二录子夏语，第三录子游语，第四录曾参语，第五录子贡语，皆五子之门人所辑。辑《子张篇》时，颜渊、子路已殁，故未录二子言论。本章独曾参以子称，故疑为曾子门人所辑也。自夫子殁，孔门弟子彼相切磋砥砺，为启教后学，特辑《子张篇》。本节录子张语，乃其素日受教于夫子也。

"致命"，授命也，士临危徇义，不私爱其身。"得"，爵禄富贵，俗称利禄。"可已矣"，仅足矣，乃谓能尽行"见危致命，见得思义，祭思敬，丧思哀"四事可为士，然则君子之道非止于此四事也。

子张所谓四事者，乃君子立身之大节，苟失其一，则其余三事皆不足观。其中"见得思义，祭思敬，丧思哀"皆言思，独"士见危致命"乃言君子处生死之际，临危难之时，惟义是从，不待思而亟需立决也。

试译：子张说："士遇到危难能够献身，见到利益要想到大义，祭祀时想到是否恭敬，办丧事时考虑是否悲哀，这样做也就可以了。"

二

子张曰："执德不弘，信道不笃，焉能为有？焉能为亡？"

子张曰："执德不弘，" "执德"，亦称据德、持德。"弘"，大也，即宏大。按子张语，"执德不弘"乃小道也，虽有所得，若守之太狭则其德必孤，虽有小用，然无以致远。

"信道不笃，" "笃"，厚也、固也。虽有所闻，然信之不笃，以致道废。时人多安于小成，迷于异说，故子张以是语药其病也。

"焉能为有？焉能为亡？" "亡"，无也。苟生而不见大道，无德可成，无义可循，唯庸碌平生，虚度时日，于己无所成，于世无所益，世无其人则无足为轻，世有其人则无足为重，故无足轻重也。

试译：子张说："持德却不能宏大，信道却不能笃实，这样的人，世上有他则不足为重，世上没他则不足为轻。"

三

子夏之门人问交于子张。子张曰："子夏云何？"对曰："子夏曰：'可者与之，其不可者拒之。'"子张曰："异乎吾所闻：君子尊贤而容众，嘉善而矜不能。我之大贤与，于人何所不容？我之不贤与，人将拒我，如之何其拒人也？"

子夏之门人问交于子张。子张曰："子夏云何？" "子夏之门人"，时子夏居河西，田子方、段干木、吴起、禽滑釐、魏文侯、公羊高、谷梁赤诸人皆受业子夏门下。"问交"，问交友之道。子夏门人问与人交接之道于子张，子张则反问子夏何以诲之。

对曰："子夏曰：'可者与之，其不可者拒之。'" "拒"，弃绝。子夏门人引子夏语以答子张：可与为友者，当与之为友；不可与为友者，当弃而断交。盖子夏性宽和，故夫子教以"拒之"为交友之道，考子夏诲弟子语，其已深得夫子"损者三友，不可与其相交"之旨也。

子张曰："异乎吾所闻：君子尊贤而容众，嘉善而矜不能。" "异乎我所闻"，子夏该语异于往昔我所闻夫子之教。"嘉"，美也。"嘉善""尊贤"义同，乃互为对仗之词。"矜不能"，怜惜无能者。盖子张性褊狭，故夫子教以"尊贤、容众、嘉善、矜不能"为交友之道。考子张语，其已深得夫子"泛爱众而亲仁"之旨，然则"泛爱众"亦必异于亲不仁之泛交也。

"我之大贤与，于人何所不容？我之不贤与，人将拒我，如之何其拒人也？" 考子张语，乃受夫子诲而有所心得，然子张仍有过高之嫌。凡大贤之人，虽无所不容，于损友亦当避之，若值不德者拒我于千里之外，亦避之。

子张、子夏皆孔门高义，二子虽俱为贤者，亦各有所偏失。子夏性宽而得众，交友易失之于滥，必也通"拒之"之道，以明"损者三友，不可与其交"之义。子张性狭而失友，易失之于偏，偏则身孤，必也通"泛爱众"之义。是故夫子各以其病而药之，二子各据所闻以诲子夏门人，实非相攻忤也。是以子夏所云者，乃小子之交，即志同道合之交也；子张所云者，乃成人之交，即尊贤、怜不能之交也。二子各随其长，各救其偏，各立其业，故无所轩轾也。盖人之交际各有亲疏厚薄之别，狷介者明“有容”之德，敦和者通“拒之”之道，以成君子厚德载物。

试译：子夏的学生向子张请教交友之道。子张说：“子夏对此有何说法？”学生回答说：“子夏说：‘可以做朋友的人就结交，不可以做朋友的人就拒绝。’”子张说：“这和我所听到的不同。‘君子应该尊敬贤者，也能宽容众人；赞美善人，也能怜惜那些无能的人。’如若我是个大贤，对他人又有什么不能包容的呢？如若我自己不贤，他人将会拒绝和我交往，哪里还等得及我去拒绝他人呢？”

四

子夏曰：“虽小道，必有可观者焉，致远恐泥，是以君子不为也。”

子夏曰：“虽小道，” “小道”有四解：一、诸子之说，即异端之说。战国末世，纵横谲诡之术风行，诸子之说多非难圣人大伦，反对儒家经术，或崇鬼神而迷物怪，以致悖乱经国大道。今从此说。二、或以农圃医卜为小道，此说可补为证经。三、或以书画辞赋为小能小善，未能通经释义、治国理政。此说述小道之一端，可补为证经。四、或以小说家虽自成一家，然所作多取自街头巷尾、道听途说，乃闾里小智者所为，虽偶有华彩，然终为小道。此说亦述小道之一端，可补为证经。

“必有可观者焉；” 百家竞说之词并非全无其理，必也有其可观之处。

“致远恐泥，是以君子不为也。” “泥”，入声，即溺于泥沼而不能自拔。按子夏语，专慕小道之人少有才力，易陷于泥难而不通也，遂无以致远，故君子不为之。

子夏该言必夫子昔日所教也，特录于此。圣人之道一以贯之，以天下为大，遂通天下之志，故其道为大。异端之说执一而失中，多执着于己言小智，未审天下大同之理，故其道为小。学人若耽小道既久，则贻害大道也。是以君子修己治人，当以家国天下为己任，必也从大舍小。

凡书画、辞赋、小说皆小道之属，固无异词，然何以农圃医卜之术为小道？考其因，盖农圃起于神农后稷，卜筮起于伏羲，医术起于轩辕岐伯，此三术皆圣贤始创，唯巧智者可承述之，既为民人之所常用，原不可轻视，故谓之“必有可观者焉”。然农圃医卜旨在安民，君子经国大术欲使国治而天下平，相形之下则小道大道分矣。

试译：子夏说：“虽说是小道，也必有可观之处。但要长远的去实施它恐怕行不通了，所以君子不行这种小道。”

五

子夏曰：“日知其所亡，月无忘其所能，可谓好学也已矣。”

子夏曰：“日知其所亡，” “亡”，无也，乃己所未及之学也。

学人日知己所未闻之学，以增益己所不能，乃上进之途、自新之道也，故能日日新、又日新，积日新以至月异，岁月既久则道成德至也。

“月无忘其所能，” 积月之久而不忘其所学，固其所学而不失，乃学人为学之道。

“可谓好学也已矣。” 苟日知其所未学，月固其所学而不忘，可谓好学者也。此子夏劝学语，初读之似觉浅白，然玩味愈久，愈知其所言乃学问之定法也。君子治学，日进而无疆，故能日新其德；月积而不忘，故能渐臻仁境。

是故“日知其所亡”即知新也，“月无忘其所能”即温故也，此乃子夏受教于夫子“温故而知新”之心得，故录于此。

试译：子夏说：“每天能学到自己所不知道的，每月能不忘记自己所学的，这样可以说是好学了。”

六

子夏曰：“博学而笃志，切问而近思，仁在其中矣。”

子夏曰：“博学而笃志，” “博学”，广学也。“笃志”，笃识，即笃记厚识。夫君子之道，必博学而后笃识之，于圣贤经典必也入于目、闻于耳、入于心，故无忘也。

“切问而近思，” “切”，急也，“切问”，恳切急问。凡已学而未悟者，毋存疑过久而滞新学，固当急切咨诹以明之。“近思”，乃近思己所能及之事。学人宜思近学，勿存心高远，以致贪大而无功；苟已学而有所悟者，必也近思其所学而务使精熟，切勿浅尝辄止、似是而非。

"仁在其中矣。" 子夏以博学、笃志、切问、近思为学问思辨之事，学人行此四端则心不外驰，日久则所学纯熟，人道无失，具此知善固学之功则仁在其中矣。

是故学问之道，博学而志不笃则大而无成，泛问而无近思则劳而无功。博学即广学，笃志即深识，此相辅之法也；切问即竭诚而后得，近思即思不出位，无贪则易有功，此相乘之法也。如是则得正，得正则成道不远也。。

试译：子夏说："广泛地学习，笃厚地识记，未领悟的能急切的咨问，已领悟的能实际地审思，仁就在这中间了。"

七

子夏曰："百工居肆以成其事，君子学以致其道。"

子夏曰："百工居肆以成其事，" "百工"，俗称巧师，乃工匠之统称。"肆"有二解：一、乃官府制造器物之所，百工居此以造百器，故谓之"以成其事"。二、凡货物必有囤积布陈之所，通称肆，亦称市肆，百物俱集其间，百工常往其内，以悉知民氓之好恶，百物之优劣，故能"以成其事"。此二说可互证，尤以第一说为准。

"君子学以致其道。" "学"，学人从学进道，凡就学之所有二：一、家学。凡士家子弟，幼事父以孝，长事兄以悌，仕则事君以敬，此皆有赖于父兄之教也，于是士之子仍为士。二、乃序、庠、闾塾之学，学人于此熟习六艺，以极尽其知。“致”，极也、尽也。学人尽力治学，积日月之功则道自至也，故唯学能致其道，若慕道而失治学之功，实不足以称君子。

是故百工学人皆各居其位，于是志勤业专，故百工“以成其事”，学人极尽六艺之学，故谓之“以致其道”也。

试译：子夏说：“各类匠人在制造器物的作坊才可以制成他们的器物，君子通过学习才可以完善学问。”

八

子夏曰：“小人之过也必文。”

“文”，动词，读入声，即文饰也。“小人”，民氓不知礼，不明义，虽有过亦不欲文也；凡欲文过者，必恃聪逞才者，是人窃义伪仁而假君子之名，实真小人也。按子夏语，小人不欲改过，故文饰其过，以美言自为开脱，闻其言辞犹无过者，实自欺欺人，罪加一等。

君子之过能自见，众人亦能见之；小人之过独其自见，众人皆不得见也。然君子有过必为误犯，其病在行不在心，故知过必改；小人有过实明知故犯也，且文饰其非，其病在心，故反复无常，以致罪恶难返。

试译：子夏说：“小人犯有过失，必定会加以文饰。”

九

子夏曰:"君子有三变:望之俨然,即之也温,听其言也厉。"

子夏曰:"君子有三变:" 子夏谓"君子有三变"者,此三变并行,固非有意造作之变也。

"望之俨然," "望之",远望之,以观其貌。"俨",严也,即矜庄严敬。君子衣冠端正,容貌庄敬,远望之,俨然而使人生畏。

"即之也温," "即之",就近见之,以观其色也。"温",温良和润。

"听其言也厉。" "厉",乃确切之辞。君子敬而内直,义而外方,故体正辞确,每言必掷地有声。

试译:子夏说:"君子有三种变化:远望他,威严庄敬;接近他,温良和润;听他说话,言辞确切。"

十

子夏曰:"君子信而后劳其民;未信,则以为厉己也。信而后谏;未信,则以为谤己也。"

子夏曰:"君子信而后劳其民;" "信",君子意诚,故使人信。"劳",劳使。按子夏语,居位者以诚意取信于民,然后劳使之。

"未信,则以为厉己也。" "厉"有二解:一、厉者,古读赖,即恃赖也。居位者未取信于民而劳之,则民误以其无能,反生怠慢之心,久之则上下颠倒,纲常紊乱。此说迂曲,今不从。二、厉者,病也,即祸害。居位者未取信于民而劳之,则民误以为其所害,反生怨恨之心,久之则上下离德,祸事衍生。今从此说。

“信而后谏;未信,则以为谤己也。” 臣子以诚意取信于君上而后谏,苟未信而谏之,抑或误以为谤辞,遂遭黜受戮。此事君之道也,臣子固当慎之。

是故君子事君以忠,若其忠未达圣聪则不谏,否则恐有僭上之嫌,此取祸之道也。君子以诚意治民则民服,虽有所役使,民人必知其无私,故能从也。盖事上使下之道,必诚而互为交感,有信而后有为,故能同言而信,同命而行,遂以诚而天下化也。

试译:子夏说:“君子先取得民众的信任,而后劳使他们;否则,民众会认为是祸害自己。君子先得到君上的信任,而后再进行劝谏;否则,君上会以为臣子在诽谤自己。”

十一

子夏曰:“大德不逾闲,小德出入可也。”

“大德”,大节。“小德”,小节。上德守大节,乃上贤以上者;上德以下为小德,乃贤人也,故守小节。夫大德小德皆有德之人,所谓大小者,乃优劣之别也。“逾”,逾越。“闲”有二解:一、法也,即礼法。二、阑也,阑通栏,以为防御之用,引申为法度。此二说互证。

大德守大节，常无逾于礼法，遂谓之“不逾闲”，故大德严正，亦称正经；小德笃守礼法，或偶有违处，然则虽不中亦不远矣。“可也”，乃行权之道。按子夏语，小德者不能无弊，偶于礼法有所出入之际，不当以大德之准而约之。

试译：子夏说：“大德的人是不会逾越礼法的，小德的人遵守礼法方面有一些出入是可以的。”

十二

子游曰：“子夏之门人小子，当洒扫、应对、进退，则可矣，抑末也。本之则无，如之何？”子夏闻之曰：“噫！言游过矣！君子之道，孰先传焉？孰后倦焉？譬诸草木，区以别矣。君子之道，焉可诬也？有始有卒者，其惟圣人乎？”

子游曰：“子夏之门人小子，” “门人小子”，乃子游直呼子夏门弟子之幼者以告也。

“当洒扫、应对、进退，则可矣，抑末也。本之则无，如之何？” “洒扫”，先以水泼地，令不扬尘，再持帚扫之。“应”，应诺而无语，“对”，以言辞答对。“应对”，应与当互训，亦称当对。凡后生学子值父母先生召，必应诺敬对，默而行之，此幼仪所当学也。“进退”，进退威仪容之节，出入周旋之礼，学人熟习之，乃能中规中矩。

子游熟习礼乐，深知礼乐之本首务先王之道，必以礼乐文章为大事，凡洒扫、应对、进退诸事皆礼仪之末也，学子不可耽末而失本，故子游直言“本之则无，如之何”，以为劝学也。或以子游讥子夏教法失本，今不从。盖子游所言发自肺腑，非为攻忤子夏也。

子夏闻之曰：“噫！言游过矣！君子之道，孰先传焉？孰后倦焉？” “噫”，心中不平，乃出此感叹之声。“君子之道”，即礼乐大道。“倦”，古通劵，乃印契传信之物，以喻师徒两相印契，亦通传，即传授也。所以先“传”而后“倦”者，盖古文凡对仗处、前后字相同处，必多用通假以示变化。

按子夏语，弟子才具各异，固当因材施教，学人藉洒扫、应对、进退而砺其性，乃得入圣人门，圣人礼乐大道岂能一律先传，又岂能一律后传，是故子夏以子游之言太过矣。

“譬诸草木，区以别矣。” “草木”有二解：一、草木者，乃自然界之草木，譬如春花夙落，秋荣成实。然则子夏所言若实为自然草木，必杂草丛生而难以类别，固非子夏本义，今不从此说。二、古有区种五谷之法，田以径畛之法分割为畦，又类植谷蔬果蓏，其长短丰盈随类而别。是以子夏所谓草木者，乃谷蔬果蓏之属也，今从此说。“区”，类也，以地域为区，归类以别之，乃喻学人之才智各异，当因材施教。

“君子之道，焉可诬也？” “诬”有三解：一、诬者，怃也；怃者，爱也。乃谓岂能私爱君子之道而不肯教授于人。或以怃训大，乃谓岂以君子之道大而未肯教授于人。此二说虽近义，今皆不从。二、诬者，欺罔也。子夏以君子礼乐之道当循次第而学，其门弟子岂如子夏所谓唯知洒扫、应对、进退诸末事，故子夏以子游之言虚漫诬罔。此说以子游、子夏彼相攻忤，故有违圣人训，然二子皆孔门高义，岂能于夫子殁后彼相抵逆，今不从此说。三、以诬训怃,怃者,兼也。乃谓君子焉能不论学人才智之深浅,统以小道大道兼而授之。前言“譬诸草木,区以别矣”,乃谓学人才智犹谷蔬果蓏之属,当归类而别之;后言“君子之道,焉可诬也”,乃欲依学人才智深浅而教以君子之道,故教人有序,岂能不分次第以小大之道兼而授之。今持此说。

“有始有卒者,其惟圣人乎?” “卒”,终止。盖圣人治学之道不废本末,知本则必知末,知末既久而必知本,此君子一贯之道,故始终如一,虽圣人亦不外乎此也。

是故君子教人有序,固当因材施教,先传以小道,复授以大道,而非一律先教以小道或一律后传以大道。圣道本无精粗之别,安得以洒扫、应对、进退为粗鄙之事,昔者夫子年少为营生故,多为农牧杂役诸事,其苦心志、劳筋骨、饿体肤,终成仁道。固知物皆有本末,事自有终始,君子岂习末而不知本也,学子明此循序渐进之理,不厌末而求本,故子夏所言几近夫子教人之道矣。

试译:子游说:“子夏的那些学生们,做些洒水扫地、言辞应对、迎接送往之类的事是可以的,可惜这些只是末节小事。而礼乐根本的东西却没学到,这怎么可以呢?”子夏听到这话,说:“唉! 子游的话说的过头了。君子的礼乐大道,哪些是先来传授给人的? 哪些又是后传授给人的? 譬如谷蔬果蓏,也是按不同的种类来区别的啊。君子的礼乐大道,岂能不论学人才智的深浅而以小道大道一起来传授的呢? 君子的道始终如一,本和末都不废,这难道仅有圣人才能做到的吗?”

十三

子夏曰:“仕而优则学,学而优则仕。”

“仕”有二解:一、古训仕为学,即六艺之学。儒门以六艺之学为事功,学成乃入官,以忠君爱民。二、今训仕为入官。盖仕与学分家始自本节子夏该语,《论语》亦录“子使漆雕开仕”一节,训仕为仕于朝。今从第二说。

“优”,饶也,即行有余力。昔者大夫、士年七十则辞官致仕,必设教于乡里,大夫任大师,士任少师,倾毕生之所学以资学人,是故“仕而优则学”,乃就已仕者言。学人六艺之学纯熟,学至大成乃仕,以验其所学,是故“学而优则仕”,乃就未仕者言。固知仕未优而学,则有负师职;学已优而未仕,则有爱身忘君之嫌。故学仕相资,当以学为本,以仕为用,仕优乃出于有学,君子不可学外求仕,不可仕外求学。

盖春秋末世,卿大夫子弟多世袭而居位,凡未学而仕者,固当居位以学。学而未通经论,虽登仕途,然所学不足以致用也。仕而未辅以学,于职事漫无用心,虽富贵利达,惜乎不能辅世爱民。夫论仕学之次第,则学为先而仕为后,子夏观学人一旦入仕,虽余裕良多亦不复学也,故先言仕而后言学,既仕,尤不可以不学也。

试译:子夏说:“做了官的人有余力就可以去学习,学至大成的人有余力就可以去做官。”

十四

子游曰："丧致乎哀而止。"

该言有二解：一、居丧者不尚文饰，不崇奢靡厚葬，以丧尽其哀则可也。二、丧礼主哀，然孝子不得哭泣辟踊而伤及身命，以丧尽其哀则可也。今从第二说。

试译：子游说："丧礼只要充分表达服丧人心中的悲哀就可以了。"

十五

子游曰："吾友张也为难能也，然而未仁。"

"吾友张"，即吾友子张。子游但言"难能"，未明言子张何以"难能"，故下文连载曾子语"堂堂乎张也"，固知子张所"难能"者，乃堂堂之仪容盛服也。汉儒以子游讥子张务为高广，其仪容盛服难及也，故未及仁。今不从此说，盖子游既言"吾友"，又言"难能"，欲示我所以与子张相友者，乃慕其德而尊其人也，绝无文人相轻之病。今考"为"字是实字而非虚字，系行为之为也，子游以子张素日行为高洁，着盛服而重仪容，为人所不能及也。今子游所以称其"未仁"，盖子张仪容过盛，但以堂堂仪容待己，则何以待人，况仪容盛大易使人疏离，故不能平和相处，遂有失仁者之风。

试译：子游说："我的朋友子张是难能比及的了，但是他还没能达到用仁待人的境界。"

十六

曾子曰："堂堂乎张也，难与并为仁矣。"

"堂堂"，盛大也，乃谓子张容仪之盛，故使人难近。"并为"共学也。夫子尝有云："刚毅木讷近仁。"固知君子其外虽不足，然其内必有余，久之则近仁；苟外有余而内不足，实难近仁矣。

弟子终日群居以求学，但为修德体仁，素日必以忠信、笃敬、谦恭待人，遂与人相睦，即待人以仁之道也。苟仪容太盛，不免有矜己爱身之嫌，其盛装仪容之锋芒必拒人于千里之外，故失和违仁，难于人久处，难与共学于仁道。

子张少夫子四十八岁，乃孔门众贤之最少者。其列八儒之一，门下更有公明仪、申详之贤，故其学并非寂寂无闻之学也。夫子年六十八返鲁，子张年二十始入孔门，夫子卒，子张年二十五，其年正少。曾子平生为人最为谨慎，素有口不言人过之风，曾子是语怀笃谏之意，非讥刺之辞，当在子张初学未壮之际。

试译：曾子说："仪表堂堂的子张啊，让人很难同他一起学习仁道。"

十七

曾子曰:“吾闻诸夫子:人未有自致者也,必也亲丧乎!”

“吾”,我也。“闻”,听闻。“致”,尽其极也。按曾子语,人之真情,未必因事而得尽情流露,唯遭逢丧事,必释也。

试译:曾子说:“我从夫子那里听说:‘人没有将全部感情真正的释放出来,想必是遭逢父母之丧,才能将感情全部地流露出来。’”

十八

曾子曰:“吾闻诸夫子:孟庄子之孝也,其他可能也;其不改父之臣与父之政,是难能也。”

“孟庄子”,鲁大夫仲孙速,乃孟献子之子。孟献子素有贤德,孟庄子素有孝名,三年守丧,能用乃父故臣,能守乃父旧政,故曾子转述夫子“是难能也”之语以赞之。曾子所以称其“不改”者,即父在、父殁皆未改也。

是故孟庄子之孝行虽可称道,然尤以“其不改父之臣与父之政”为难事。盖时人居丧,三年必改易父政父臣,独孟庄子能行常人所不欲行之事,其所不改者,乃不忍心改之也,故谓之

"难能也"。昔鲁襄公十九年孟献子卒,二十三年孟庄子卒,其父子相继四载而逝。固知孟庄子居世卿之位四载,居丧三载,故夫子独言此事以称之。

试译:曾子说:"我从夫子那里听说:'孟庄子所尽的孝,其他方面别人可以做到;但在不改换他父亲所用的旧臣、不改变他父亲的政措方面,别人是难以做到的。'"

十九

孟氏使阳肤为士师,问于曾子。曾子曰:"上失其道,民散久矣。如得其情,则哀矜而勿喜。"

孟氏使阳肤为士师,问于曾子。 "阳肤",乃曾门弟子。"士师",典狱官。孟氏委阳肤为典狱官,阳肤问从政之道于曾子。

曾子曰:"上失其道,民散久矣。如得其情,则哀矜而勿喜。" "民散",民人与居位者情义乖违,以致违经犯道,上下无相维系,民心涣散而不知检束。"情",情实,即民人犯罪之实。"哀矜",哀民受刑,矜民无知,原宥其罪或有不得已之故。"勿喜",勿以惩治罪民有功而自喜。

夫圣人治民之道,务使民人得养,待仓廪实而教之,民知礼义则其心必亲附和睦,于是服从而无所违逆。为政者虽以刑罚惩治罪民,然心中不免忐忑哀惜,悯其不闻礼教而遭诛,必也检省为政之不足。

春秋末世,居位者心中无民而行止无礼,于是民失教久矣,以致陷罪戾而蹈刑罚,究其因,乃居位者失道所致。是故居位者施仁政而倡礼教,则民人不迷、上下不惑,威厉存而刑措不用,乃长治久安之道也。

试译:孟氏派阳肤担任典狱官,阳肤向曾子请教。曾子说:"在上位者政措失道,民心涣散已很久了。如果你能审得他们犯罪的实情,就应该同情怜悯他们,而不因明察而沾沾自喜。"

二十

子贡曰:"纣之不善,不如是之甚也。是以君子恶居下流,天下之恶皆归焉。"

子贡曰:"纣之不善,不如是之甚也。" "纣",殷帝乙之子,名辛,字受。殷无谥法,周人以帝辛有残义损善之恶,有失政丧国之耻,特封以恶谥"纣"。按子贡语,纣虽不善,然未如天下人所诟之罪恶滔天,其失政而失天下,故周人尽以天下之恶名悉归其身。

"是以君子恶居下流,天下之恶皆归焉。" "下流",众流所归于地之卑下处,乃喻不肖者有污贱之实,以致恶名聚汇其身。

子贡该喻乃为有国者谏也。明君治国必得良臣佐之,昏君败国必有乱臣坏之,皆得臣、不得臣之故。考纣王亡国之因,一者无道,一者无臣,以致身居下流而受下恶名。君子固当引以为戒,勿堕于不善之境。

试译:子贡说:"纣王的恶行,并不像后世所说的那么严重吧。因此,君子最厌恶处于下流之地,一旦处于下流之地,天下的种种罪名就都会归到他身上。”

二十一

子贡曰:“君子之过也,如日月之食焉:过也,人皆见之;更也,人皆仰之。”

“食”,蚀也。日月侵亏之象犹虫食树叶,故谓之日食、月食。“更”,改易。“仰”,仰望。

夫日月行于天庭,人皆仰戴之,故日食月食人并见之。然日月之食非其本有,犹君子之过本自无心,故日月之食不隐,君子之过亦不隐。日月食罢则光明愈曜,君子改过则仁德加隆,故君子不隐过亦不二过。

试译:子贡说:“君子的过失,就好像日食、月食一般:他犯过失时,人人都看得见;他改过时,人人都敬仰他。”

二十二

卫公孙朝问于子贡曰:“仲尼焉学?”子贡曰:“文武之道,未坠于地,在人。贤者识其大者,不贤者识其小者。莫不有文武之道焉。夫子焉不学?而亦何常师之有?”

卫公孙朝问于子贡曰:“仲尼焉学?” “卫公孙朝”,诸侯之子称公子，公子之子称公孙；朝音潮，乃卫大夫。时鲁有大夫公孙朝，楚有武城尹公孙朝，郑有子产弟名公孙朝，故本节称“卫公孙朝”以别之。“仲尼”，仲者，中也；尼者，和也；乃夫子之字，以示中和之德。古多以字为谥，夫子卒，故谥仲尼，鲁哀公诔称尼父。“焉”，何也，即何处，乃疑问词。“焉学”，即从学受教于何处。

夫子尊周，故平生所学皆宗周，考其大道之承继，盖自尧舜递至周文王、武王，以克己复礼为修习仁道之本。

子贡曰："文武之道，未坠于地，在人。" “文武之道”，乃周文王、武王之道。“坠于地”，坠落于尘埃。按子贡语，文武之道所以未坠于地，盖夫子同时之贤者、不贤者各有所识所得，故云“在人”也。

"贤者识其大者，不贤者识其小者。莫不有文武之道焉。" “识”，记也，古读志。按子贡语，贤者识承天治人之大道，不贤者识名物制度之细则，文武之道所以长存者，乃赖于夫子修《诗》《书》、定《礼》《乐》、序《周易》、作《春秋》之功，遂有文献典章可考循。

"夫子焉不学？而亦何常师之有？" 按子贡语，圣人虽生而知之，然未尝不学于礼乐之道，且学无常师。昔者夫子入太庙，每事必问，则祝史亦夫子师也；又问礼于老聃，访乐于苌弘，问官于郯子，学琴于师襄；每遇人有善言善行，夫子无所不从学，终集大成于一身，所以为圣也。

试译：卫国的公孙朝问子贡说：“仲尼的学问是从哪里学来的？”子贡说：“周文王武王并没有散失到尘埃里，仍在人的身上得以继承。贤人能学会它大的方面，不贤的人能学到它小的方面，但他们所继承的都是文武之道。（无论道大小）我们的夫子哪有不学呢？而且又哪有固定的老师呢？”

二十三

叔孙武叔语大夫于朝曰：“子贡贤于仲尼。”子服景伯以告子贡。子贡曰：“譬之宫墙，赐之墙也及肩，窥见屋家之好；夫子之墙数仞，不得其门而入，不见宗庙之美，百官之富。得其门者或寡矣。夫子之云，不亦宜乎！”

叔孙武叔语大夫于朝曰：“子贡贤于仲尼。” “叔孙武叔”，鲁大夫，姬姓，名州仇，谥武。叔孙武叔何以于朝堂之上谬言“子贡贤于仲尼”？盖夫子殁，孔门弟子切磋砥砺以成其学，时众门人皆以有若貌似圣人、子夏学拟夫子，叔孙武叔、陈子禽皆以子贡贤于夫子，是故三子进修德业之功见矣。昔子贡初入孔门，尝以巧智辩辞闻诸世，加之用功不辍，久之则道业坚固，智慧大成。时人虽多以有若、子夏、子贡为孔门集大成者，然此三子皆奉夫子为天纵其才，终为万世递传大道之圣人，固知三子之不及夫子远矣。

子服景伯以告子贡。 子服景伯以是语转述于子贡。

子贡曰：“譬之宫墙，赐之墙也及肩，窥见屋家之好；” “宫墙”，按周制，寝庙居中，四周皆设墙，墙南开门以通出入。儒士所居者，称一亩之宫，寝庙与儒士一亩之宫所不同者，乃宫墙高低广狭有别也，惜已无典可考。“赐”，乃子贡自称。“及肩”，宫墙低矮，与人肩齐，此及肩之墙即士、庶人之垣墙，故子贡自谓“屋家”，以示己学之小。子贡以宫墙设喻，乃谓自家学问犹低矮及肩之墙，故为人所易见，隔墙则窥见“屋家”之美好。

“夫子之墙数仞，不得其门而入，不见宗庙之美，百官之富。” “仞”，通刃，乃古之计量单位，有四解：一、或以八尺为一仞。二、或以五尺六寸为一仞。三、或以四尺为一仞。四、东汉包咸以七尺为一仞。今从第四说，以包氏七尺为一仞。昔测量宽度称寻，以八尺为一寻；盖人之身高以八尺为准，测量宽度当以左右手全伸，故一寻为八尺。测量高度称仞，以七尺为一仞，展双臂测量则身必弯侧，以致双手不得全伸，故一仞为七尺。所谓数仞之墙，乃谓天子、诸侯之宫墙也。“宗庙之美”，即宗庙之辉煌。“官”，古谓家室房屋，后引申为官职，天子诸侯之家室与宗庙前后相接。“百官之富”，即家室富贵盈实。

叔孙武叔未闻夫子圣教，故耽于圣门之外，但自墙外窥其内，唯见士、庶人之家室，安得窥见天子诸侯宗庙之辉煌、家室之富贵。子贡闻子服景伯述语，亦无所惊惧，仍为其设喻，一者示敬仰夫子之心，二者讥叔孙武叔之无知。

“得其门者或寡矣。” “寡”，少也。按子贡语，能得夫子大道之门而入者少也。

“夫子之云，不亦宜乎！” “夫子”，子贡称叔孙武叔。按子贡语，叔孙武叔简陋无知，出此语乃在情理之中，曷足称怪。

盖人之器量各有深浅，深者难窥，浅者易见。夫子圣量至深，犹数仞高峻之墙，苟不得其门而入，则难窥见其美其富，固知圣人之门非贱者所能轻入也，能入其门者，孔门众贤弟子中唯颜子耳，以叔孙武叔之凡愚安得识之。

试译：叔孙武叔在朝上对大夫们说：“子贡比仲尼更贤明。”子服景伯将这话告诉了子贡。子贡说：“就拿围墙做个比喻吧，我的墙只有肩膀那样高，人在墙外就可以窥见里面房屋的美好。我们夫子的墙有好几丈高，若不从大门进去，便看不到里面宗庙的壮美以及各类房屋的富丽。能寻到我们夫子大门的人或许太少了。叔孙武叔先生这样说，不也是很正常的事吗！”

二十四

叔孙武叔毁仲尼。子贡曰：“无以为也，仲尼不可毁也。他人之贤者，丘陵也，犹可逾也；仲尼，日月也，无得而逾焉。人虽欲自绝，其何伤于日月乎？多见其不知量也。”

叔孙武叔毁仲尼。 “毁”，訾毁、毁谤。鲁孟孙、叔孙、季孙三家，唯孟僖子最知夫子，季桓子虽不知夫子犹荐用之，季康子虽不用夫子，然多用孔门弟子，固知三家皆尊夫子也。今叔孙武叔以下智下才窃据高位，前节尝妄议夫子，本节又毁谤夫子，然则夫子不可毁也，其所毁者，乃欲入孔门修习大道之学子。叔孙武叔徒以此言欲使学人信心不坚，意志不固。

子贡曰：“无以为也，仲尼不可毁也。” 子贡该言乃禁止之词。夫子圣道，下智难知，何以出此訾毁之词。

“他人之贤者，丘陵也，犹可逾也；” “丘”，自然之土丘，非人力所为。“陵”，古以大阜称陵，即大土山。“犹可逾也”，以丘陵之高，犹可登而逾越也。按子贡语，贤人之才智犹丘陵之高，相较于常人，犹丘陵胜于平川，然人皆可循路而逾践之。

“仲尼，日月也，无得而逾焉。” 夫子圣智高如日月，日月丽于中天,固非人力所能逾越也。

"人虽欲自绝,其何伤于日月乎?" 叔孙武叔不测圣道之高深,谮毁圣人而自绝于圣道,何伤圣德半分,其自甘愚暗,犹自绝于日月,于日月之明又何尝有些许损坏。

"多见其不知量也。" "多",只也,即仅仅也。只叔孙武叔此番谬论,足见其不自量力,不知高低轻重。

圣人犹不免叔孙武叔之毁,不毁则不足以见圣道之大;君子为世道所不容,不容则然后见君子。无群小则难见圣人之伟岸;无丘陵则难见泰山之高峻,谮言毁语,于夫子何伤之有。

试译:叔孙武叔毁谤夫子。子贡说:"不要这样做,夫子是不可毁谤的。他人的贤德,犹如丘陵,还可以逾越;夫子犹如日月,别人是无法逾越的。有人即使想自绝于日月,那对日月又有什么损害呢?足见他多么不自量力啊。"

二十五

陈子禽谓子贡曰:"子为恭也,仲尼岂贤于子乎?"子贡曰:"君子一言以为知,一言以为不知,言不可不慎也。夫子之不可及也,犹天之不可阶而升也。夫子之得邦家者,所谓立之斯立,道之斯行,绥之斯来,动之斯和。其生也荣,其死也哀,如之何其可及也?"

《论语》录陈子禽问有三:一、疑夫子求闻政。二、疑夫子私爱其子。三、谓子贡贤于夫子。考子禽三问,则每况愈下。《子张篇》录子贡赞夫子语有三:一、以数仞之墙喻夫子大道。二、以日月之明喻夫子大道。三、以天无阶可登喻夫子大道之深。考子贡三誉,则每进愈高。子贡与子禽皆孔门弟子,然其所见则天壤之别。夫子卒,子贡以哀慕之心守墓六载,足见其进德修业之功。以子贡之才智,足以知圣人而体仁道;以子贡之言辞,足以辟群小而弘圣道。

陈子禽谓子贡曰:“子为恭也,仲尼岂贤于子乎?” “子”,乃子禽尊称子贡。“为恭”,谓子贡故作恭逊之态以崇夫子。“也”通邪,乃疑问助词。夫子至道未见用于诸侯,故下愚者时有讥毁之辞。子贡暮年见用于鲁,其功至高,故鲁人皆以子贡有大贤德。今陈子禽作如是问,足见其小也。

子贡曰:“君子一言以为知,一言以为不知,言不可不慎也。” “知”音智。按子贡语,乃责子禽不谨言也。君子有知人之智,闻人一言则知其得失,遂识其智或不智,故与君子交必慎言。

“夫子之不可及也,犹天之不可阶而升也。” “阶”,登屋之阶。子贡以夫子道高如天,无阶可升。

“夫子之得邦家者,” 邦者,诸侯也;家者,卿大夫也。夫子大道如若见用于当世,得为诸侯、卿大夫,其教化民众之旨与尧舜同。

“所谓立之斯立,” “立之”,乃依礼而立人也。夫子为政,必施礼乐圣教之治,己欲立而立人,故无所不立。

“道之斯行,” “道”,教也。教民以德,己欲达而达人,则民无不循行。

“绥之斯来,” “绥”,安抚也。“来”,归附也。施仁政则民安,四方远人皆来归附。

“动之斯和。” “动之”,以礼乐鼓舞民人。民闻乐则忘其劳，故无不和睦庄敬。

“其生也荣，其死也哀，” 夫子以礼立民，以乐和民，以义治民，以六艺教民，故万民以夫子为荣，夫子卒，则万民哀痛之情如丧考妣。固知圣人生则时物俱荣，圣人死则时物俱哀。

“如之何其可及也？” 夫子大道虽未大用于世，世人亦不知其圣而时有毁誉之词，岂知圣道存神入化，其理无二，固非人力所能知、所能及也。

试译：陈子禽对子贡说：“你是太恭敬了吧，仲尼哪能比你更贤呢？”子贡说：“君子只听人说句话就可以看出他是智慧的，当然，只听人一句话也能看出他不是智慧的，所以说话不可不慎重啊。我们夫子是不可赶上的，正像天上不可能沿着阶梯登上去一样。夫子如若担任诸侯或卿大夫，他教民众立于礼，民众就会立于礼；教导民众，民众就会遵行；安抚民众，远方的民众就会来归附；动员民众，民众就会响应。他在世时，民众就会以他为荣耀，他去世后，民众都非常哀痛。这样的人，如何能赶得上呢？”

論語正述·尧曰篇

一

尧曰:“咨!尔舜!天之历数在尔躬,允执其中。四海困穷,天禄永终。”舜亦以命禹。曰:“予小子履,敢用玄牡,敢昭告于皇皇后帝:有罪不敢赦,帝臣不蔽,简在帝心。朕躬有罪,无以万方;万方有罪,罪在朕躬。”周有大赉,善人是富。“虽有周亲,不如仁人;百姓有过,在予一人。”谨权量,审法度,修废官,四方之政行焉。兴灭国,继绝世,举逸民,天下之民归心焉。所重:民、食、丧、祭。宽则得众,信则民任焉,敏则有功,公则说。

尧曰:“咨!尔舜!” “尧曰”,以下尧所语者,乃禅让帝位之际告舜之辞。“咨”,嗟叹声,尧有训诫于舜,故叹而后语。“尔舜”,尔者,你也;舜者,舜帝也。乃尧称舜也,即白话语“你这位舜”。

“天之历数在尔躬,” “历数”,历与数为连文,亦称历象。古有五纪之说,一者,岁也;二者,月也;三者,日也;四者,星辰也;五者,历数也。固知历数乃岁、月、日、星辰运行之法,即岁时节气之先后列次也。昔先王造历数、定星宿、立五行、观消息,正闰余,察四季运行之迹,观天地运动之法,审日晷而核星辰,于是寒暑顺序,四时不违,万民恒业而不失其所。故圣王之治,当慎守日月之数,明察日月之行,通晓四时顺逆之序。

“在尔躬”,在者,察也;尔躬者,尔身也。尧以天之历数申戒于舜,嘱其遵循历数,省察己德,养至善以承天命,存敬畏以蒙天福,以恭敬谨慎之心勉力侍奉上天,以使万民得天福佑。

"允执其中。" "允",用也。"执其中",执中道而用之,无过之亦无不及。尧谓舜以中庸之道治国,固知中庸之义始自尧,后世圣贤论礼教政法之道皆本乎此。

"四海困穷," 当尧之时天下未平,洪水横流泛滥,禽兽蛇蝎繁殖,于是五谷不登,冻馁常有,民无所定,四海贫穷。尧忧恤苍生,故禅位于舜而治之,出此语以咨告舜,故言"四海困穷",以为儆辞。

"天禄永终。" "天禄",天子有四方之土,其禄食皆蒙天所赐,故称天禄。"永",长也,即永远。"终",终绝也。"天禄永终"乃承上言"四海困穷",亦劝勉之词,乃谓四海民人苟陷于困穷,则天子所享天禄亦当永绝。

舜亦以命禹。 舜继尧位,年老又禅位于禹,故复述尧命于禹。

曰:"予小子履,敢用玄牡," "曰"字上当有"汤"字,乃商汤告天之祷文。"小子",王者以天为父,以地为母,当自称天子;汤既居天子位,今祷告于天,特谦言小子以示恭逊。"履",乃商汤之名,后更名为天乙。或以此文为舜命禹事,然舜本不名履,故不从此说。"敢用",斗胆敢用也。"玄牡",玄者,青色也;牡者,雄牛也。每大祭,天子必以青色公牛献祭上帝。

殷国色尚白,夏国色尚青,商汤未变夏玄牡为祀之礼,以自身代为牺牲而行玄牡之祭,考其所以,则下文有详述。

"敢昭告于皇皇后帝:" "昭",明也。"昭告",明告上帝,不敢有所隐匿。"皇",大也。"后",君也。"皇皇后帝",即大君天帝,乃尊称上帝也，亦称昊天上帝、大皇大帝，居太微五帝之首。昊天上帝位于北极，当祭于冬至日，亦称总祭，祭牲用青色公牛，主祭者服大裘而加冕。今商汤告天求雨，该祭当在春夏之际。

"有罪不敢赦，" 商汤自谓顺天守法，凡有罪者不敢擅自赦免之。

"帝臣不蔽，简在帝心。" "帝臣"有三解：一、乃禹也，今不从此说。二、乃桀也。盖夏桀居帝臣之位，其罪不可隐蔽，故祈天帝核阅其罪。此辞若为商汤伐夏桀告天之文，必历数夏桀之罪，又何出"万方有罪，罪在朕躬"之辞，故不从此说。三、前言既以"有罪"为恶，此言则以"帝臣"为善，乃言普天下之善者贤人皆上帝之臣子。下言"帝心"承此二句，乃商汤自谓举贤黜罪皆本乎上帝(天心)之心而行，未敢存私而障蔽之。今从此说。

"朕躬有罪，无以万方；万方有罪，罪在朕躬。" "朕"，我也。上古之人无论贵贱皆自称朕，至秦始皇独以"朕"为天子尊称。商汤告天称朕，乃谦称也。按此祷辞，君上有罪，非四方民人所致；四方民人有罪，乃君上无道所致。凡盛世之治，若偶有失政处，则君上必自矫其过，以求善治；凡衰世之乱，则君上必诿罪于臣子，臣子又诿罪于民人，于是民人皆不肖，上下相视若仇寇。

商汤该祷文出处有三：一、乃引《商书·汤告》之辞，时商汤流放夏桀，以是辞咨告诸侯。二、乃商汤伐夏桀告天之文。综此二说，苟流放、讨伐夏桀，必历数其罪，何以自请罪而又为万民谢罪，故不从此二说。三、昔商汤克夏，天下大旱，五年不收，商汤躬身代为祭牲，以玄牡之礼祀于昊天上帝，固知此祷文确为商汤告天求雨之辞也。

周有大赉，善人是富。 “周”，周朝。“赉”，赐也，即赐予、分封。此下皆述周武王之事功。周王朝受天之大赐，故善人靡众，有功者皆为诸侯，又设公侯伯子男五爵，遂使善者各得富贵。

“虽有周亲，不如仁人；” “周亲”，有三解：一、“至亲”，乃谓殷纣王至亲虽众，然不如周王朝仁人靡众。今不从此说。二、昔武王崩，成王继位，周公辅政，武王之弟管叔、蔡叔作乱，周公挥师平叛，管、蔡虽亲而不贤不忠，必诛之；箕子为纣王叔父，微子为纣王长兄，既已怀德投周，必用之。箕子奉《洪范九畴》于武王，武王封微子于朝鲜。持此说者以武王之事混杂于周公之事，不合出于武王之口，故不从此说。三、周者，至也；亲者，亲近也。文王、武王亲仁胜过亲亲，不贤者虽为至亲，必远之；贤者虽非至亲，必亲之。武王亲箕子、封微子，故封建有功，乃定周朝八百年基业。今持此说。

“百姓有过，在予一人。” 武王借商汤告天之辞，概言诸邦国之百姓若不迪律典，不备善性，乃天子授政分封不当之过，遂使分封诸侯未得其人而不称其职，故引以自责。

谨权量， 以下皆夫子语。“权”，秤也，有知轻重之用，以公平称物。权者，别为五权：一龠重二十四铢，二十四铢为一两，十六两为一斤，三十斤为一钧，四钧为一石。“量”，斗斛也，斗、斛皆量器。古以龠、合、升、斗、斛为计量单位，十龠为一合，十合为一升，十升为一斗，十斗为一斛，本节所谓权量乃略称。为政者谨审权量，则民信可立，四海可通。

审法度， “审”，定也。“法度”，亦称律度。律乃十二律，即古乐十二调，其阳律六者：黄钟、太簇、姑洗、蕤宾、夷则、亡射；其阴律六者：大吕、夹钟、中吕、林钟、南吕、应钟。盖律正则声正，声正则数明，数明则万物皆正。"度"，别为五度，即分、寸、尺、丈、引。古以宫、商、角、徵、羽为五音，考五音之本，盖生于黄钟之律，以九寸为宫，然后或增或减，以成商、角、徵、羽四音。度亦起于黄钟，黄钟之长为九十分(九寸)，一为一分，十分为一寸，十寸为一尺，十尺为一丈，十丈为一引。于是五声具，五度备。是故审法度者，即制定礼乐制度。

修废官， "修"，恢复。古设鸿胪官署，官大行人之职者掌"权"；古设太仓，官大司农之职者掌"量"；古设内官，官廷尉之职者掌"度"。所谓修废官者，即恢复大行人、大司农、廷尉之职，以免有职无官或有官无职，使各司其职，上下有序。

四方之政行焉。 天子特设专官以审查权量、法度，历久不废，遂使奸商不生，贸易公平，积弊永除，王道行于天下，文明达于四海。

兴灭国， "灭"，灭绝。"国"，诸侯。明君于开国之际，兴建无罪之国，苟其国有罪固当灭之，又何言兴建。

继绝世， "世"，乃世卿大夫。盖天子分封诸侯，诸侯辖每百里则有采地三十里，诸侯辖每七十里则有采地二十里，诸侯辖每五十里则有采地十五里，其后世子孙皆赖此生活，虽有所罢黜，然采地不废，使诸侯之贤德子孙守之，且立祠，世代祀其始祖，此即"兴灭国，继绝世"。封国卿大夫皆守此制，若有家国遭他国非理而灭者，明君于新朝之际亦当兴立之；若贤卿大夫之世绝而不能祀者，亦当立其后人封采地而祀之，以使享祀不绝。

举逸民， 凡民人有才行超逸而不仕者，当荐举于朝廷为官受爵。

天下之民归心焉。 武王立纣王之子武庚，使其宗庙不毁，祭祀不绝；释箕子于囚笼，封微子于朝鲜，即兴灭国、继绝世、举逸民也。固知为政者能行兴、继、举之措，则万民归心矣。

所重：民、食、丧、祭。 民为国之本，故为政者必重民，教民以礼乐；食为民之命，故为政者必重食，教民以稼穑；丧尽民之哀，故为政者必重丧，教民以追孝；祭致民之敬，故为政者必重祭，教民以敬神。

宽则得众，信则民任焉，敏则有功，公则说。 "说"，悦也。"公"，公平。此语未见于武王诸事，乃夫子泛说帝王之道也。《论语》载圣人微言大义，以期万代传守之，欲使后学藉此而明道，故于终篇载尧、舜之言，备汤武之义。

夫君上能宽，则民人归之，故得众；君上能信，则民人从之，故民任；君上依礼而敏疾，不废事功，则大功易成，故有功。圣王必以公治世，公则天下平。故居上位者志于公，其下不偏不党，以至王道加被于四海。政教公平，不私爱一物，不私短一类，于是举措赏罚各得其所，民人无不心悦诚服。

夫古之为文，多以序文缀于篇末，故《尧曰》一章乃《论语》之后序也。

试译：尧禅位时，对舜说："唉！你这位舜啊！天的历数命运就要落在你的身上了，你要谨慎地以中庸之道治国。天下百姓如若陷入了困穷，上天赐给你的天禄也就永远终结了。"舜禅位时，也用这番话告诫禹。商汤说："我小子履，胆敢用青色公牛作祭品，斗胆的禀告伟大的昊天上帝：有罪的人我不敢擅自赦免，那些上帝的贤臣，我也不敢隐瞒他们的功绩，上帝您心里是非常清楚的。如果我自身有罪，切不要连累天下民众；如果天下民众有罪，请归罪到我一人身上。"周武王朝受到上天的大赐，在分封的时候，就使众多的善人得到富贵。武王也说：“虽然有至亲的人，但不如有仁德的人；百姓若有过错，罪责都在我一人身上。”夫子说：“谨慎地审查权量，制定法度，恢复被废弃的官职，国家的政令就会顺利地推行到四方了。复兴那些被灭亡的无罪之国，承继那些无罪而遭灭绝的世族后代，提拔任用那些被遗弃的隐居野外的贤者，天下的百姓就归附了。为政者所看重的：民众，粮食，丧礼，祭祀。宽容就会获得民心，诚信就会得到民众的信任，勉力行事就会取得大功，公正民众就会心悦诚服。”

二

子张问于孔子曰：“何如斯可以从政矣？”子曰：“尊五美，屏四恶，斯可以从政矣。”子张曰：“何谓五美？”子曰：“君子惠而不费，劳而不怨，欲而不贪，泰而不骄，威而不猛。”子张曰：“何谓惠而不费？”子曰：“因民之所利而利之，斯不亦惠而不费乎？择可劳而劳之，又谁怨？欲仁而得仁，又焉贪？君子无众寡，无小大，无敢慢，斯不亦泰而不骄乎？君子正其衣冠，尊其瞻视，俨然人望而畏之，斯不亦威而不猛乎？”子张曰：“何谓四恶？”子曰：“不教而杀谓之虐；不戒视成谓之暴；慢令致期谓之贼；犹之与人也，出纳之吝，谓之有司。”

子张问于孔子曰：“何如斯可以从政矣？” 子张该问亦如昔子贡问“何如斯可谓之士矣”，二子所问必有详辞，亦必有其深意，《论语》略而录之。子贡既为士，岂不知士，盖欲以所问而求夫子论士品之高下；子张入孔门既久，岂不知从政之道，今所以问从政者，但求夫子深解，以正己正人。

子曰："尊五美，屏四恶，斯可以从政矣。" "尊"通遵，乃遵行也。"屏"通摒，乃摒弃也。按夫子语，遵行五美，摒弃四恶，可以从政也。

子张曰："何谓五美？" 本节句首已录"子张问于孔子曰"，故以下诸问皆略"问"字。子张闻夫子语，复问何谓五美。

子曰："君子惠而不费，" "惠"，恩惠。为政者以恩泽爱民，以仁政慈民，身后可谥惠。"不费"，不费财用。为政者体恤民情，政以养民，故顺民性，使民各遂其生，惠民而不费国用。

"劳而不怨，" "劳"，劳民，即修治沟渠、兴修城墙、修桥补路诸事。为政者择民农闲以讲武备、兴土功，择时劳民则民无怨，避夏暑冬寒，事虽急而不伤民力，事虽缓而不误农时，于是上下和睦，远人来归。

"欲而不贪，" 欲施仁政于民，不好大喜功，故其政畅行，欲行仁而得仁也。

"泰而不骄，" 君子不欺寡，不侮正，泰然而不骄慢。

"威而不猛。" "猛"，凶狠。君子正衣冠，端容貌，慎威仪，言正而无戏谑之辞，身正而无滑稽之行，不渎亲，不狎友，入闺门而德行不失，化乡里而谏论不废，故威严而不凶狠。

子张曰："何谓惠而不费？" 此独记子张问"何谓惠而不费"，以下四问皆略也。

子曰："因民之所利而利之，斯不亦惠而不费乎？" 夫子以子张不解五美，故无待子张问而并答之。按夫子语，民人各有短长，为政者必量长避短，因势利导，使各安其业。譬如近山之民则利以果实木材，近水之民则利以鱼盐水产，中原之民则利以五谷稼穑，于是万民皆安，此即“惠而不费”也。

“择可劳而劳之，又谁怨？” 为政者使民以时，量民所能而用之，不疲民力，不乏民心，故民无怨。

“欲仁而得仁，又焉贪？” 为政者志于仁而别有所图，即贪也。故君子欲行仁政，以天下为公，以万民为本，厚生而正德，于是上下无不和，民人无不服，故得仁政，除此又复有何贪求。

“君子无众寡，无小大，无敢慢，斯不亦泰而不骄乎？” “小大”，小者，民人也，大者，群臣也。“慢”，怠慢。君子处世虚心，接物存敬，不以诸邦国之民人众寡而改其初衷，不以爵位之小大而改其本意；无论众寡小大，皆一视同仁而无所敢慢，亦不误以侮慢他人为刚直，此即“泰而不骄”也。

“君子正其衣冠，尊其瞻视，俨然人望而畏之，斯不亦威而不猛乎？” 君子容貌端严则其心正，于是仁义存而盛德著。衣冠冕服乃礼之所需也，君子形于外而发于内，内庄矜而外衣冠，故法象得立。君子冕服彩章，佩玉鸣璜，以示庄敬，于是人我皆无所敢怠，使人存敬畏而无犯，无加以刑而民自治，此即“威而不猛”也。

子张曰：“何谓四恶？” 子张继问何谓四恶。

子曰：“不教而杀谓之虐；” “虐”，残也，即残酷不仁。为政者未以礼义教民，民犯法则量其罪而杀之，谓之虐。

“不戒视成谓之暴；” “戒”，告诫。“暴”，急遽失渐，残暴不仁。为政者预先儆戒于民，然后方可责其成功；苟不预儆之，临时责其成功，遂使民无功而受刑，谓之暴。

“慢令致期谓之贼；” “慢”，惰也。为政者职事怠惰，以致政事缓慢无期。"致期",刻期也。"贼",贼害。为政者惰待无信,缓于前而急于后,未解民情而盲目设限,民受其误导,于是误期而遭戮,谓之贼。

"犹之与人也,出纳之吝,谓之有司。" "犹之",均之也,即均物与人。"纳"通内,入也,即自外而入于内,古人多以"出纳""得失"为常言。"出纳",支出也。盖专司库府财物之吏,凡财物必出其手而入于人,其多吝于财物支出,苟财物入库,又何吝之有?"有司",专司库府之小吏,其精于出纳算计,故多呈悭吝刻薄之气。

盖有司府吏位卑、心贪、名吝,因其职责所在,每于财物出纳之际必有所咨问,遂不肯轻与人。为政者既均物与人,苟于出纳之际吝啬而未果,悭吝同于有司府吏,故有违人君之道,所予财物虽厚,则人亦不怀惠感恩。固知为政者乃操国柄者,安能审细悭吝犹有司每事必问,苟得悭吝之名,遂与虐、暴、贼一律也,以致虐、暴、贼、吝四恶俱全。昔夏桀商纣、秦皇项霸之失,皆不出四恶也,故夫子以人君之道教子张。

试译:子张向夫子问道:"如何做才可以从政呢?"夫子说:"尊重五种美德,摒除四种恶行,这样就可以从政了。"子张说:"五种美德是什么呢?"夫子说:"君子所制定的政策能够广施恩惠又不浪费,役使民众而不产生怨恨;想要实施仁政却不好大喜功,威仪严正却不凶狠。"子张说:"怎样才是恩惠民众,国家又没有浪费呢?"夫子说:"使民众做对自己有利的事情,各安其业,这样做,不就是民众得到好处而国家又无浪费吗?选择民众能干的事情让他们去干,这样做,民众有谁会怨恨呢?想要实施仁政而得仁政,还有什么好贪求的呢?无论君子就职的邦国民众是少是多，他就职的大夫爵位是小是大，都须一视同仁而不生怠慢之心，这不就是泰然处世而不骄慢吗？君子衣冠端正，目不斜视，态度严肃，让人产生敬畏之心，这不就是威严而不凶狠吗？”子张说：“四种恶行是什么呢？”夫子说：“不事先教化民众，等他们犯了罪又妄加杀戮，这叫暴虐；不事先告诫民众，临时要求他们尽快成功，这叫残暴；发布命令缓慢无期，又突然限期完成，这叫贼害。同样是要给予民众赏赐，但在财物支出的时候，却吝惜不肯出手，这叫小吏作风。”

三

孔子曰：“不知命，无以为君子也；不知礼，无以立也；不知言，无以知人也。”

孔子曰：“不知命，无以为君子也；” “命”，德命、禄命，亦称天命，其各有穷达之别。夫子尝云“五十而知天命”，今又言“不知命，无以为君子”，则知命必知天命也。人之寿夭有别，亦各有其命，君子尽其道而死谓之正命，桎梏囹圄而死谓之非正命，故君子正身远害，立己立人。

夫天地之性以人为贵，贵天性者乃能自贵自重，遂生仁义礼智顺善之心，故处善循礼，是为君子；苟失仁义礼智顺善之心，故处恶行非，是为小人。君子知命则信之，于是居安不淫，处危不惊；小人不知命则违之，于是趋利避害，蝇营狗苟，居安必淫，处危必乱。

盖人之命不当死而自寻死，不当穷而自寻穷，皆不知命也；反之亦然，人之命当死而寻不死之法，当穷而寻发达之途，亦不知命也。昔子畏于匡，颜子不敢死，皆知命以避非命之死也，遂成圣人之事、君子之德。君子有德有位，其道可行天下；有德无位，其道虽不行，然犹可自立。固知道行、道废皆命也，故君子乐天知命。君子以义知命，非义不为，进虽无禄命，退亦不失义，故能安命。小人欲以小智知命，竞夺禄命而有失德命，故其心多怨。是故知命乃君子安命之学也。

“不知礼，无以立也；” 夫礼以恭俭庄敬为本，苟不知礼，则何以立身处世，是故知礼乃君子立命之学也。或以知礼为知理，此说未合夫子之旨。夫礼者乃礼乐之礼，若礼外求理，不免有图慕高远之嫌，故不从此说。

“不知言，无以知人也。” “言”，宣于口而著于书，故称言。夫言为心声，其言是则其心必是，其言非则其心必非，故君子闻其言而知其良善也。不知古言之善恶，则误承其法，以致祸害深远；不知今言之良莠，则误交误用，以致害私废公。是故知言乃君子知人之学也。

学人能知命、知礼、知言，闻圣人之言足以解惑，听邪佞之辞不为其迷，则君子之事备矣，然则君子所知者，非止此三事也。孔门弟子以此节为《论语》终篇，欲俟诸于百世之学子，兢业初学于圣道，固当审思其理也。

试译：夫子说：“不知天命，就不能成为君子；不知礼节，就不能立身于世上；不会辨别他人的言论，就不能了解一个人。”